Régulation indépendante du marché de l'énergie

Logiques Juridiques

Fondée par Gérard Marcou
Dirigée par Jean-Claude Némery et Thomas Perroud

Le droit n'est pas seulement un savoir, il est d'abord un ensemble de rapports et pratiques que l'on rencontre dans presque toutes les formes de sociétés. C'est pourquoi il a toujours donné lieu à la fois à une littérature de juristes professionnels, produisant le savoir juridique, et à une littérature sur le droit, produite par des philosophes, des sociologues ou des économistes notamment.

Parce que le domaine du droit s'étend sans cesse et rend de plus en plus souvent nécessaire le recours au savoir juridique spécialisé, même dans des matières où il n'avait jadis qu'une importance secondaire, les ouvrages juridiques à caractère professionnel ou pédagogique dominent l'édition, et ils tendent à réduire la recherche en droit à sa seule dimension positive. À l'inverse de cette tendance, la collection « Logiques juridiques » des éditions L'Harmattan est ouverte à toutes les approches du droit. Tout en publiant aussi des ouvrages à vocation professionnelle ou pédagogique, elle se fixe avant tout pour but de contribuer à la publication et à la diffusion des recherches en droit, ainsi qu'au dialogue scientifique sur le droit. Comme son nom l'indique, elle se veut plurielle.

Dernières parutions

Marie LAPAIRE, *Les actes préparatoires. À la recherche d'une catégorie juridique*, 2023.

Laura BAUDIN, *Cyberattaques et droit international public. De la négociation entre États à l'intégration des acteurs privés pour parvenir à la cyberpaix ?*, 2023.

Ludovic BERTON, *Penser la démocratie sociale*, 2023.

Roger K. KOUDÉ, *La justice pénale internationale : un instrument idoine pour raisonner la raison d'Etat ?*, 2023

Cătălin-Silviu SARARU, *Le droit administratif en Roumanie*, 2022.

Robert VINCENT, *Les fédérations sportives françaises. Analyse par la gouvernance*, 2022.

Philippe de Ladoucette

Régulation indépendante du marché de l'énergie

Préface de Claudie Boiteau

L'Harmattan

Du même auteur :

CHEVALIER Jean- Marie, de LADOUCETTE Philippe (dir.), *L'électricité du futur un défi mondial*, Ed. Economica, Paris, 2010.

5-7, rue de l'École polytechnique, 75005 Paris

www.harmattan.fr

ISBN : 978-2-14-048324-0
EAN : 9782140483240

Le présent ouvrage est issu de la thèse de doctorat en droit public de Philippe de Ladoucette, dirigée par le Professeur Claudie Boiteau, soutenue à l'université à Paris-Dauphine PSL le 16 septembre 2022.

Le jury était constitué de :

Philippe Terneyre,
Professeur de droit public à l'Université de Pau et des Pays de l'Adour

Gabriel Eckert,
Professeur de doit public à l'Université de Strasbourg

Patrice Geoffron,
Professeur d'économie à l'Université de Paris-Dauphine

Aurore Laget-Annamayer,
Professeur de droit public à l'Université de Roeun-Normandie

Antoine Louvaris,
Professeur de droit public à l'Université de Paris-Dauphine PSL

Claudie Boiteau,
Professeur de droit public à l'Université de Paris-Dauphine PSL

Remerciements

Je tiens en premier lieu à remercier tout particulièrement madame le Professeur Claudie Boiteau qui a bien voulu accepter de diriger cette thèse, partager avec moi ses réflexions et m'apporter ses conseils dans un encadrement bienveillant et stimulant à l'égard d'un « jeune » thésard de retour à l'université après quelques décennies.

J'ai une pensée émue pour Bruno Léchevin, pour son épouse Marie-Claude et ses enfants. Collègue, puis conseiller à la CRE et surtout ami, son parcours remarquable qui l'a conduit à la présidence de l'ADEME, s'est brutalement interrompu.

Je ne saurais oublier toutes les équipes de la CRE, ses présidents, directeurs et les membres successifs du collège dont la diversité en a fait la richesse.

Un grand merci à Jérémie Cuche pour son aide indispensable à la mise en page et aussi pour nos échanges sur la régulation de l'énergie et son expérience au sein de la direction juridique de la CRE.

Enfin, ma profonde reconnaissance à Vera pour sa relecture attentive et exigeante tant sur la forme que sur le fond où sa connaissance du monde international de l'énergie m'a apporté un précieux éclairage.

« La force de la cité ne réside ni dans ses remparts, ni dans ses vaisseaux mais dans le caractère de ses citoyens »

Thucydide (*Histoire de la guerre du Péloponnèse* 431- 411 avant notre ère)

Table des abréviations

AAI	Autorité administrative indépendante
ACER	*Agency for the Cooperation of Energy Regulators*
AFDA	Association française de droit administratif
AJDA	Actualité juridique – Droit administratif
AMF	Autorité des marchés financiers
ANODE	Association nationale des opérateurs détaillants en énergie
API	Autorité publique indépendante
ARI	Autorité de régulation indépendante
ARN	Autorité de régulation nationale
ART	Autorité de régulation des transports (anciennement ARAFER)
ARCEP	Autorité de régulation des communications électroniques et des postes
ARENH	Accès régulé à l'électricité nucléaire historique
CA	Cour d'appel
Cass.	Cour de cassation
CC	Conseil Constitutionnel
CE	Conseil d'Etat
CEER	*Council of European Energy Regulators* (Conseil des régulateurs européens de l'énergie)
CEDH	Cour européenne des droits de l'homme
CJCE	Cour de justice des communautés européennes
CJUE	Cour de justice de l'Union européenne
CNIL	Commission nationale informatique et libertés
COB	Commission des opérations de Bourse
CRE	Commission de régulation de l'énergie
CSA	Conseil supérieur de l'audiovisuel
dir.	Sous la direction
ECLR	*European competition law review*
EDCE	Etudes et documents du Conseil d'Etat
ERGEG	*European Regulators' Group for Electricity and Gas*
GRT	Gestionnaire du réseau de transport
GRD	Gestionnaire du réseau de distribution
HADOPI	Haute autorité pour la diffusion des œuvres et la protection des droits sur internet

JO	Journal officiel
LGDJ	Librairie générale de droit et de jurisprudence
LOLF	Loi organique n° 2001-692 du 1er août 2001 relative aux lois de finances
PPI	Programme pluriannuel d'investissement
RA	Revue administrative
RDP	Revue du droit public et de la science politique en France et à l'étranger
REMIT	*Regulation on Wholesale Energy Market Integrity and Transparency*
RFAP	Revue française d'administration publique
RFDA	Revue française de droit administratif
RFC	Revue Lamy de la concurrence
RTD civ.	Revue trimestrielle de droit civil
RTDE	Revue trimestrielle de droit européen
s.	suivants
TaRTAM	Tarif réglementé transitoire d'ajustement du marché
TFUE	Traité sur le fonctionnement de l'Union européenne
TURPE	Tarif d'utilisation des réseaux publics d'électricité
t.	Tome

Sommaire

Avertissement
La recherche initiale a pris fin le 15 juin 2022, la dernière mise à jour date du 15 avril 2023.

Préface

Plusieurs décennies après l'émergence des autorités administratives indépendantes dans le système politico-juridique français, la reconnaissance constitutionnelle de leurs pouvoir normatif et de sanction, l'extinction de la controverse relative à leur compatibilité avec le principe démocratique et après l'adoption d'un statut général des autorités administratives indépendantes et des autorités publiques indépendantes, l'on pouvait penser que la question de leur indépendance et, plus globalement, de celle de la régulation, notamment dans le secteur de l'énergie, ne faisait plus débat.
Il n'en est rien, comme en ont témoigné, à l'été 2022, les controverses suscitées par la nomination des présidentes de la Commission de régulation de l'énergie et de l'Autorité des marchés financiers qui ont fait resurgir la dialectique de l'expertise et de l'indépendance vis-à-vis du politique.

En se fondant sur son expérience de plus de dix années à la présidence de la Commission de régulation de l'énergie et une approche renouvelée et pluridisciplinaire, en ce qu'elle conjugue droit, économie et science politique, Philippe de LADOUCETTE démontre que l'indépendance du régulateur n'est pas seulement une affaire juridique. L'indépendance véritable se fonde, plus que sur des garanties statutaires, sur une expertise économique et des équilibres institutionnels, lesquels tiennent beaucoup aux acteurs eux-mêmes, tant au niveau national qu'au niveau européen. En substance, l'indépendance ne s'octroie pas, elle se conquiert et se préserve.

On soulignera ici que l'étude, issue d'une thèse de doctorat en droit public brillamment soutenue devant l'Université Paris Dauphine-PSL, ne peut être dissociée des responsabilités exercées par son auteur. Si la régulation indépendante a été beaucoup étudiée par la doctrine, aucune étude, doctorale de surcroit, n'avait été produite par un acteur éminent de la régulation économique sectorielle. L'expérience de l'auteur contribue donc à l'intérêt, la richesse et l'originalité de l'analyse produite. Sans celle-ci, il eût été d'ailleurs difficile d'avancer sur ce terrain faute de matériaux suffisants. Cette expérience pouvait toutefois créer un biais d'analyse et entrainer des difficultés méthodologiques. Mais, Philippe de LADOUCETTE a pris soin d'objectiver son expérience professionnelle et d'inscrire sa démarche dans une approche scientifique afin d'éviter l'écueil de la subjectivité et de proposer ainsi une démonstration argumentée et convaincante.

Si le principe d'indépendance est applicable à l'ensemble des autorités de régulation, il s'exprime indéniablement de manière particulière dans le secteur de l'énergie en raison du rapport singulier que la France entretient avec ce secteur, spécialement celui de l'électricité.
Philippe de LADOUCETTE estime d'ailleurs que le régulateur de l'énergie est pris dans une confrontation entre une approche rationnelle, conjuguant analyse économique et juridique, et une approche plus politique, conjuguant les problématiques de la défense du consommateur et celles de l'État actionnaire.

Dans un premier temps, Philippe de LADOUCETTE analyse la construction en interne des process qui fondent l'indépendance. Il montre de manière très convaincante comment l'approche purement juridique de l'indépendance peut être dépassée par la capacité du régulateur à s'imposer comme un expert face au pouvoir politique, voire juridictionnel, et la conquête d'une certaine distanciation, voire d'une véritable autorité à l'égard du pouvoir politique.
Au-delà d'une appréciation des garanties statutaires, l'auteur explique comment l'autorité de régulation a affirmé son expertise, et donc son indépendance, par une utilisation efficace de son pouvoir normatif. On remarquera, à cet égard, une analyse unique de l'utilisation du droit souple par la Commission de régulation de l'énergie pour réaliser ses missions et dépasser les limites de la compétence de l'institution qu'elle est.

Dans un second temps, Philippe de LADOUCETTE démontre comment l'indépendance de l'autorité de régulation des marchés de l'énergie s'appuie sur de subtiles équilibres institutionnels, nationaux et européen.
L'auteur offre ainsi au lecteur une analyse passionnante des rapports entre les institutions au niveau national et européen et, particulièrement, du positionnement de la Commission européenne.

Dans une approche fortement teintée de science politique, il évoque les deux légitimités, du Parlement national et de l'Union européenne, entre lesquelles l'autorité nationale de régulation des marchés de l'énergie est fréquemment partagée. S'agissant du Parlement national, et tout en soulignant la technicité des questions, il regrette que le contrôle démocratique, condition nécessaire de l'indépendance, soit si mal organisé et si peu efficace en France et déplore l'absence de débats entre le régulateur et la représentation nationale sur les objectifs de la régulation, contrairement au contrôle exercé, au niveau européen, sur l'Agence de coordination des régulateurs de l'énergie (ACER).

En définitive, l'ouvrage ne se contente pas de proposer une lecture renouvelée de l'indépendance de la régulation des marchés de l'énergie. S'appuyant sur une connaissance unique de la régulation considérée, il met à la disposition du lecteur, à l'heure de la réforme du *market design* de l'électricité, tous les outils nécessaires à une réflexion d'ensemble sur l'évolution de la régulation des marchés de l'énergie. C'est là la marque d'un ouvrage de référence.

Claudie Boiteau

Professeur à l'Université Paris Dauphine-PSL

Introduction

La régulation juridique en matière économique s'inscrit dans un équilibre entre Etat et marché d'une part, et entre impératifs juridique et économique d'autre part. La régulation peut en effet apparaître comme ce qui caractérise les relations entre le marché et l'Etat, sans caractérisation institutionnelle spécifique. A cet égard, il est fréquemment fait référence à l'Etat-régulateur[1] - le terme « régulateur » définissant une nouvelle fonction qui implique une rupture avec la logique de l'Etat providence[2] -, toutefois, cette régulation, sous-entendue par le terme régulateur, ne se laisse pas déterminer aisément. Le sens du vocable est d'ailleurs largement débattu, apparaissant comme « flou, polysémique, utilisé dans des sens extrêmement variés, voire passablement contradictoires »[3], un « mot-valise » comme le dit M. Lombard[4]. Pour tenter de cerner au mieux cet objet, il est utile de se référer à un double critère, le fonctionnel, portant sur les objectifs de la régulation, et l'organique, portant sur l'intervention des autorités chargées de cette mission[5]. Une partie de la doctrine considère d'ailleurs que « la fonction de régulation peut être assurée par toute personne publique, y compris un ministère »[6]. Le titre de notre recherche ne donne en lui-même aucune indication précise sur l'objet de celle-ci : « régulation indépendante » peut signifier aussi bien s'attacher à l'aspect fonctionnel qu'à l'aspect organique. Nous partageons de ce point de vue la conception de M.- A. Frison-Roche lorsqu'elle dit que « la fonction de régulation fait en effet apparaître une

---

[1] Parfois qualifié d'« Etat post moderne », J. CHEVALLIER, *L'État post moderne*, éd. LGDJ, 2004.

[2] J. CHEVALLIER, « L'Etat régulateur », *RFAP*, n° 111, 2004, p. 473 : « l'Etat comme régulateur du jeu économique implique une double rupture avec la logique de l'Etat providence. D'une part, l'Etat ne saurait être un Etat producteur [...]. D'autre part, l'Etat ne saurait être un Etat dirigiste. »

[3] J. CHEVALLIER, « La régulation juridique en question », *Droit et Société* 49-2001, p. 830.

[4] M. LOMBARD, « Introduction générale », IN M. LOMBARD (dir), *Régulation économique et démocratie,* Thèmes et Commentaires, Paris, Dalloz, 2006, p. 2-3.

[5] Voir S. NICINSKI, *Droit public des affaires*, Coll. Domat droit, Paris Montchrestien, 2010, p. 11.

[6] Ch. VLACHOU, *La coopération entre les autorités de régulation en Europe,* Thèse, Panthéon-Assas, novembre 2014, p. 22.

figure institutionnelle originale, celle du régulateur »[1]. Lorsqu'il s'agit de régulation juridique en matière économique appliquée aux industries de réseaux ouvertes à la concurrence, le régulateur ne peut être n'importe quelle personne publique et, *a fortiori,* un ministère. De ce point de vue, il est intéressant de se référer à la définition que donnait Max Weber des « groupements régulateurs de l'économie » : « un groupement exclusivement régulateur serait par exemple un Etat de droit qui ne touche pas, au plan matériel, à l'autonomie économique des différentes entreprises et industries et qui n'intervient qu'en cas de litige pour régler les échanges résultant d'engagements librement consentis »[2]. La dualité Etat-actionnaire Etat-régulateur se révèlerait alors un oxymore.

Au regard du lien entre régulation et régulateur, il faut ajouter que la « régulation se distingue du cadre réglementaire dans lequel elle s'exerce »[3]. Ce cadre, qui est fixé par le législateur, le plus souvent en fonction de directives européennes, établit les grands principes et les objectifs auxquels doit répondre la régulation, qui elle-même doit s'adapter en permanence aux conditions du marché, notamment aux innovations. Toutefois c'est le régulateur qui « prolonge et complète »[4] les principes posés et parfois les interprète, notamment par une instrumentation du droit dans une vision finaliste inspirée du droit communautaire : « Alors que dans la réglementation, la normativité est empruntée à la légitimité de son auteur — puisqu'en France la réglementation caractérise ce qui émane de l'Etat — la pertinence de la régulation est liée à sa finalité qui est d'instaurer et de veiller à l'équilibre du secteur et au bon fonctionnement du marché. Cette approche pragmatique et téléologique rejoint celle du droit communautaire »[5].

Nous voyons dès lors se dessiner une approche de nature institutionnelle, dans laquelle les termes de « régulation indépendante » sont liés à l'entité de régulation et en sont très largement dépendants. Il

---

[1] Cité par Ch. GUENOD, *Théorie juridique et économique du régulateur sectoriel : modèles communautaires et français dans les secteurs des communications électroniques et de l'énergie*, Thèse, Université Paris IX, 2009, P.16.

[2] M. WEBER, *Economie et société, t. 1 Les catégories de la sociologie*, Paris, Pocket, coll. Agora les classiques, 1995, p.117.

[3] Ch. GUENOD, *op. cit.*, p. 22.

[4] *Ibid.*, p. 22.

[5] A. LAGET-ANNAMAYER, *La régulation des services publics en réseaux, Télécommunications et électricité,* Bruylant Bruxelles, LGDJ Paris, 2002, p. 30.

est, en effet, difficile d'imaginer une régulation indépendante conduite par un régulateur qui ne le serait pas. C'est donc au travers de l'indépendance du régulateur que s'affirme une régulation indépendante. Il est d'ailleurs symptomatique de constater que la première loi concernant l'ouverture du marché dans le secteur de l'énergie[1] comporte cinquante-cinq articles, dont douze concernent la régulation du marché de l'électricité, mais n'en donne aucune définition, les dispositions se traduisant essentiellement par les prescriptions concernant la mise en place de l'autorité de régulation.

Si nous nous intéresserons en priorité à cette dernière, il convient toutefois de s'arrêter sur la question de la définition de la régulation, sujette à de nombreuses interprétations[2]. Il n'est pas dans l'objet de ce travail d'en approfondir les différents aspects théoriques, aussi retiendrons-nous la régulation dans une acception économique, « très étroitement liée à l'ouverture à la concurrence des secteurs anciennement sous monopoles, dans la mesure notamment où les lois de transposition des directives communautaires ont institué pour la première fois des autorités de régulation »

Cette définition peut être complétée par celle de J.-L. Autin et de M. Lombard, qui voient dans la régulation économique une fonction qui concilie des objectifs de nature économique et non économique, « tendant à réaliser certains équilibres entre la concurrence et d'autres impératifs d'intérêt général, à veiller à des équilibres que le marché ne peut produire à lui seul »[3].

I- La CRE, autorité de régulation d'un secteur complexe

L'existence d'une régulation indépendante est directement liée à la libéralisation des secteurs en réseaux, les télécommunications, l'énergie (électricité puis gaz) et, enfin, le ferroviaire. Parmi les principales autorités de régulation économique sectorielle, la Commission de

---

[1] Loi n°2000-108, du 10 février 2000 relative à la modernisation et au développement du service public de l'électricité.

[2] G. MARCOU, « La notion juridique de régulation », *AJDA*, 2006, p. 347 ; J.- L. AUTIN « Réflexions sur l'usage de la régulation en droit public », in M. MIALLE (dir), *La régulation entre droit et politique*, Paris, L'Harmattan, « Logiques juridiques », 1992, p. 47.

[3] J.-L. AUTIN, « Les autorités de régulation sont-elles des autorités administratives indépendantes ? », in C. RIBOT, J.-L. AUTIN (dir.), Environnements, *Mélanges en l'honneur du professeur Jean Philippe Colson*, Grenoble, Presses universitaires de Grenoble, 2004, p. 439 et s.

régulation de l'énergie (CRE) présente un intérêt certain dans le cadre d'une recherche sur l'indépendance de la régulation. Le secteur de l'énergie, plus précisément de l'électricité et du gaz, s'est, en effet, toujours révélé en France un sujet de grande sensibilité politique. Dès lors, la question de l'indépendance de l'autorité de régulation d'un tel secteur présente un relief particulier qui doit nécessairement être mise en regard de la constante recherche menée par la France de son indépendance énergétique et de l'intervention de l'Etat : « Le modèle énergétique français a [...] littéralement été façonné par l'Etat [...] , aussi bien pour le choix des technologies, que pour l'organisation des entreprises, la fixation des prix...Cette tradition jacobine n'est certes pas l'apanage de l'énergie mais dans ce champ économique, les considérations de sécurité et d'indépendance nationale pèsent lourd et ont légitimé la présence de l'Etat, plus que dans toute autre grande activité déployant des réseaux »[1].
Les conditions de la transposition de la directive de 1996 sur l'électricité (96/92/CE du Parlement européen et du Conseil du 19 décembre 1996), et la création de la CRE s'inscrivent dans un contexte politique mouvementé et une forte résistance de la France à la création du marché unique de l'énergie, car « ce qu'il faut bien qualifier de dirigisme se heurte aux orientations de l'Union européenne qui prône l'ouverture des marchés »[2].

A - L'indépendance énergétique, une priorité pour la France depuis plus d'un siècle

La question de l'indépendance énergétique est une préoccupation ancienne pour la France. Celle-ci, dont la production de charbon était, déjà depuis le XVIIIème siècle, insuffisante par rapport à ses besoins - ce qui la rendait tributaire du charbon anglais, belge et allemand - se retrouve au lendemain de la Grande Guerre avec une production de charbon diminuée de moitié par rapport à 1913, époque à laquelle le charbon représente 98 % de la demande française d'énergie. Alors que la remise en état des mines prend un temps considérable - dans celles du Nord-Pas-de-Calais, qu'il faut « dénoyer », la tâche ne sera totalement achevée qu'en 1927 –, s'amorcent les prémices d'une politique dirigiste de l'énergie.

---

[1] J.-M. CHEVALIER, M. CRUCIANI, P. GEOFFRON, *Transition énergétique : les vrais choix,* 2013, Odile Jacob, p. 19.
[2] *Ibid.*

La loi du 16 octobre 1919 donne à l'Etat la propriété des cours d'eau et la possibilité d'en concéder l'exploitation. La Compagnie nationale du Rhône est créée par la loi du 25 mai 1921 et, entre 1920 et 1930, la construction de plus de 50 barrages est lancée. Un concept nouveau apparaît celui de la « houille blanche », porteur d'un nouvel espoir par rapport à la « houille noire ». Enfin, les importations pétrolières sont placées sous le contrôle de l'Etat (1928).

La crise de 1929 interrompt ce grand élan d'équipement en matière hydraulique, qui n'est repris, provisoirement, sous le nom de « programme des 3 milliards », qu'en 1938 par le Gouvernement du Front Populaire, confronté au besoin récurrent de charbon importé. C'est finalement le Commissariat au Plan, créé par le décret du 3 janvier 1946, qui prend la responsabilité de prolonger et de faire se concrétiser ce projet de « houille blanche ». Il s'agit d'économiser un charbon produit dans des conditions difficiles, qui nécessitent une mobilisation connue dans l'histoire comme « la bataille du charbon », et de le réserver aux besoins du chauffage et de la sidérurgie. La nouvelle société nationale, Électricité de France (EDF) est chargée de la construction massive de barrages. Le Conseil national de la Résistance, exige, dès 1943, dans ses résolutions « l'instauration d'une véritable démocratie économique et sociale, impliquant l'éviction des grandes féodalités économiques et financières et le retour à la nation des grands moyens de production monopolisés ». La loi du 8 avril 1946 (n° 46-628) sur la nationalisation de l'électricité et du gaz établit la nationalisation de la production, du transport, de la distribution, de l'importation, de l'exportation et de la fourniture d'électricité et de gaz naturel. Elle crée Électricité de France et lui reconnaît le monopole public de l'électricité et Gaz de France (GDF) pour le gaz[1].Opérant dans une économie de pénurie, les experts du premier Plan, dit Plan

---

[1] Plus précisément, au moment de la nationalisation, la production est partagée entre 250 centrales thermiques, propriété de 54 sociétés, et 300 usines hydrauliques, propriété de 100 sociétés.

Le transport est partagé entre 86 sociétés, et la distribution entre 1 150 sociétés. Restent à l'écart de l'intégration au sein d'EDF les régies locales de distribution, dans la mesure où elles étaient déjà placées sous le contrôle de capitaux publics (Metz, Strasbourg, Grenoble, régie du département des Deux-Sèvres, etc.), ainsi que les centrales de production des entreprises publiques ou nationalisées (Charbonnages de France, SNCF, Compagnie nationale du Rhône, etc.).

L'industrie gazière compte alors 264 sociétés. Au total, ce sont 1 300 sociétés privées, dont 400 cotées en Bourse, qui sont placées sous le contrôle de l'Etat.

Monnet, cherchent avant tout une renaissance rapide de l'économie et donnent la priorité, en particulier, aux goulots d'étranglement et aux industries de base. A ce double titre, les sources d'énergie sont au centre de leurs préoccupations. Alors que les coupures de courant sont très fréquentes - elles se poursuivent jusqu'en 1949 -, l'électricité est considérée, à côté du charbon, comme la principale priorité d'investissement pour conduire la Reconstruction. Le 9 mai 1950, la proposition de Robert Schuman, ministre des Affaires étrangères, de mettre en commun la production et la consommation de charbon et d'acier de la France et de l'Allemagne aboutit à la création, le 18 avril 1951, de la Communauté européenne du charbon et de l'acier (CECA), prémices de l'Europe. Les années 1960 marquent un réel tournant. Les chiffres soulignent sans ambiguïté la part croissante du pétrole et du gaz naturel, dont la consommation décuple presque entre 1957 et 1962 dans le bilan énergétique national, alors que le poids du charbon dans l'économie française s'est fortement réduit : sa part dans la demande d'énergie est alors tombée de 80% en 1946 à 56% en 1960. Pour la production d'électricité, le programme hydraulique défini par le Plan Monnet est en passe d'être achevé. Ce premier grand programme d'équipement, qui vise à donner à la France son indépendance énergétique et qui est bientôt suivi par celui du nucléaire, permet à l'énergie hydraulique d'assurer 56 % des 72 TWh de la production d'électricité de 1960[1], alors que le charbon n'en représente plus qu'un peu moins de 30 %.

Le choc pétrolier de 1973 (multiplication du prix du pétrole par quatre) prend la France complètement à contre-pied, car son approvisionnement énergétique est constitué à 77 % de pétrole importé. La part du nucléaire dans la production électrique est encore très faible, avec 14 TWh[2], alors que le fioul représente 75 % et le charbon 25 % des 113 TWh produits par le thermique classique. Le taux d'indépendance énergétique de la France n'est alors que de 23,9 %, alors qu'il est de l'ordre de 50 % pour l'Allemagne et la Grande-Bretagne.

---

[1] Les plus importants sont le barrage de Tignes mis en service en 1952, une dizaine de barrages sur le Rhône et le barrage de Serre-Ponçon dans la vallée de la Durance, terminé en 1960.

[2] Les discussions sur le choix des filières, même si la première centrale nucléaire graphite-gaz de Chinon est mise en service en 1963, ralentissent le programme d'équipements nucléaires.

Le Gouvernement lance alors la première vague de construction de centrales nucléaires. EDF a, en mars 1974, la responsabilité de réaliser 19 réacteurs nucléaires de 900 MW. En 1980, un an après le second choc pétrolier, la part du nucléaire a triplé depuis 1973 et le Gouvernement lance la seconde vague de construction de réacteurs nucléaire en passant au palier de 1300 MW. En 1985, la part du nucléaire est désormais largement majoritaire dans la production d'électricité avec 67 % [1]. L'effort financier, considérable, permet à la France de s'affranchir des contraintes liées à une carence structurelle en énergies fossiles et aux limites de ses capacités hydrauliques, au point d'exporter, à partir de 1984, une partie de sa production électrique[2]. Au moment du vote de l'Acte unique européen, le 28 février 1986, qui va initier l'ouverture à la concurrence des industries de réseaux, la France possède, avec EDF, l'entreprise d'électricité la plus importante d'Europe en raison de la taille de son parc électronucléaire et de ses capacités hydrauliques, et est, enfin, parvenue à s'assurer une certaine indépendance énergétique.
La crise de l'énergie qui survient dans les derniers mois de 2021 est largement amplifiée par la guerre initiée par la Russie à l'encontre de l'Ukraine. Les prix du gaz et de l'électricité atteignent, en 2022, des niveaux inconnus jusqu'alors et que personne n'avait anticipés. Nombre des réactions françaises critiquent le marché européen de l'électricité et la constitution des prix. On renoue très vite avec les résistances de la fin des années 1990 à l'ouverture du marché de l'énergie.

B - La résistance de la France à l'ouverture du marché de l'énergie

Le secteur des communications électroniques est la première des industries de réseaux à être ouvert à la concurrence. La directive européenne du 16 janvier 1996 est transposée en droit français par la loi

[1] La répartition de la production d'électricité pour 2021 est de 69 % pour l'électricité d'origine nucléaire, 12 % pour l'hydraulique, 7,2% pour le thermique fossile, 7 % pour l'éolien, 2,7 % pour le solaire et 1,9 % pour le thermique renouvelable et déchets (Bilan 2021, Réseau Transport d'Electricité, RTE).

[2] Alors qu'en 1980 le solde exportation importation d'électricité était négatif, il devient positif assez rapidement, et EDF était jusqu'en 2022 le premier exportateur européen d'électricité. À la suite de la mise en place du programme nucléaire, la production française d'énergie primaire est passée de 44 Mtep (10^6 tonnes équivalent pétrole) en 1973 (dont 9 % de nucléaire) à 132 Mtep en 2017 (79 % de nucléaire).

du 26 juillet 1996[1]. Cette transposition s'effectue avec une célérité remarquable, ce qui contraste avec celle de la directive sur l'électricité du 19 décembre 1996[2], qui n'est transposée que le 10 février 2000 par la loi relative à la modernisation et au développement du « service public de l'électricité », qui créée également la Commission de régulation de l'électricité [3].
Cette différence de traitement s'explique essentiellement par deux facteurs. L'un, conjoncturel, est de nature politique : la dissolution de l'Assemblée nationale annoncée par le président de la République, Jacques Chirac, le 21 avril 1997, et les élections qui s'en suivent, les 25 mai et 1er juin, entraînent un changement de majorité politique et une période de cohabitation. L'autre, de nature plus structurelle, tient à une forte réticence, pour ne pas dire une franche opposition, des forces politiques françaises, au projet d'ouverture du marché de l'électricité et du gaz de la Commission européenne.

La difficile adoption de la première directive électricité

Dès le 16 septembre 1986, une première résolution du conseil des ministres européens souligne que la Commission doit avoir pour objectif de rechercher « une meilleure intégration, dégagée des entraves aux échanges du marché intérieur de l'énergie, en vue d'améliorer la sécurité des approvisionnements, de réduire les coûts et de renforcer la compétitivité économique »[4].
Il faut, en fait, plus de neuf ans de débats intenses pour parvenir à la première directive sur l'électricité de 1996. La Commission fait successivement étudier, puis adopter par le conseil des ministres, trois directives (en 1990 et 1991) relativement consensuelles, portant sur la transparence des prix de vente de l'électricité et du gaz au consommateur final industriel, et sur le transit de l'électricité et du gaz sur les grands réseaux, qui imposent une obligation de circulation de l'énergie entre les gestionnaires des réseaux de transport [5].

---

[1] Loi n° 96-659 du 26 juillet 1996 de réglementation des télécommunications.
[2] Directive 96/92/CE du Parlement européen et du Conseil du 19 décembre 1996 relative aux règles communes pour le « marché » intérieur de l'électricité, JOUE L 027 du 30 janvier 1997.
[3] Loi n°2000-108 du 10 février 2000 relative à la modernisation et au développement du « service public de l'électricité », JO du 11 février 2000.
[4] JO C-241/1 du 25 septembre 1986.
[5] La directive du Conseil 90/377 du 29 juin 1990 149 instaure une procédure communautaire assurant la transparence des prix au consommateur industriel final de

Début 1992[1], la Commission va beaucoup plus loin. Elle envisage un « démantèlement des monopoles existants sur les activités électriques afin de permettre au plus grand nombre possible de consommateurs de choisir librement leurs fournisseurs » [2]. Elle adopte deux propositions de directives visant à réaliser le marché intérieur de l'électricité et du gaz naturel. Ces propositions prévoient trois grandes orientations : « l'abolition des droits exclusifs de production d'électricité et de construction de lignes électriques et de gazoducs ; la séparation, pour les entreprises verticalement intégrées, de la gestion et de la comptabilité des activités de production de transport et de distribution (concept d'*unbundling*) ; l'introduction des premiers éléments d'un accès des tiers au réseau (ATR) »[3].

Ces propositions sont catégoriquement rejetées par la majorité des États membres, en particulier par la France, ainsi que par le Parlement européen. Ce rejet tient au fond mais aussi, et peut-être surtout, à une question de forme. En effet, la Commission a tenté un passage « en force ». Le Traité de Rome prévoit deux procédures pour l'adoption d'une directive : l'application de l'article 86-3 (ex art. 90) qui prévoit, lorsqu'il s'agit d'une simple application des traités, que la Commission peut adopter une réglementation sans consulter le Parlement européen et sans que le conseil des ministres n'ait à se prononcer ; ou l'emploi de l'article 95 (ex art. 100.A) qui stipule une procédure de coopération du Parlement européen et l'adoption par le conseil des ministres. La Commission, en utilisant les compétences qu'elle détient aux termes de l'article 86-3, qui lui permet d'adopter des directives afin que les États membres ne « maintiennent ni n'édictent de mesures contraires aux

---

gaz et d'électricité. Elle prévoit la communication de données statistiques sur les prix de ces biens par catégorie de consommateurs. Les directives du Conseil 90/547 du 29 octobre 1990 152 et 91/296 du 31 mai 1991 relatives au transit d'électricité et de gaz sur les grands réseaux de transport européens. Ces directives visent à favoriser les échanges d'électricité en permettant leur libre circulation dans l'ensemble des États membres.

[1] Proposition de directive du Conseil concernant des règles communes pour le marché intérieur de l'électricité, COM (91)548 final du 21 février 1992, JO C-65/4 du 14 mars 1992.

[2] N. CHEBEL-HORSTMANN, *La régulation du marché de l'électricité, Concurrence et accès aux réseaux,* L'Harmattan, Paris, 2006, p. 12.

[3] H. REVOL, « Rapport d'Information fait au nom de la commission des Affaires économiques et du Plan sur le marché intérieur de l'électricité et du gaz naturel et ses conséquences pour la France », Seconde session ordinaire 1993/1994, n°491, Sénat, p. 36.

articles 81 à 89 » par l'octroi de droits spéciaux ou exclusifs à des entreprises publiques, emploie une méthode qui, bien qu'ayant réussi dans le secteur des télécommunications, « est très contestée, en particulier par la France, en ce qu'elle illustre selon elle le 'déficit démocratique' du processus décisionnel communautaire . Dans son arrêt 'France c/Commission' du 19 mars 1991, la Cour avait confirmé la compétence de la Commission pour adopter des directives dans des secteurs dits protégés, car gérés comme des services publics »[1].
L'affrontement, car c'est le terme que l'on peut employer, se révèle assez vif entre la Commission et les Etats hostiles à ses propositions, dont la France a pris la tête. Comme l'indique N. Chebel-Horstmann, la doctrine reflète cet affrontement par un vocabulaire guerrier ; ainsi, la Commission « est partie en guerre contre ce qui subsiste des monopoles publics », ou elle entreprend une « *lutte* » contre les monopoles du secteur électrique[2]. Ce projet est jugé trop ambitieux par les Etats membres qui ne peuvent parvenir à un accord. En outre, la contestation de son approche juridique et l'absence de soutien de la CJCE[3] conduisent la Commission à se retourner vers l'article 95 (ex art. 100 A) du traité CE, afin « de procéder à l'harmonisation des législations nationales sur la base de l'article 14 du Traité CE. Ce dernier donne à la Commission la compétence pour définir les orientations et les conditions de réalisation du marché intérieur ' dans l'ensemble des secteurs concernés' sur la base de la procédure de codécision du Parlement et du Conseil »[4]. C'est dans ces conditions que la Commission propose une nouvelle mouture avec un accès négocié aux réseaux[5]. De façon concomitante, le Premier ministre, Edouard Balladur, demande alors à un groupe d'experts présidé par C. Mandil, directeur général de l'énergie, d'élaborer un rapport sur la réforme de l'organisation électrique et gazière. Ce rapport, dit « rapport Mandil », rendu public en décembre 1993, se caractérise par « l'introduction de procédure de mise en concurrence pour les nouveaux besoins de

[1] N. CHEBEL-HORSTMANN, *ibid.*, p. 48.
[2] F. HAMON, « Les monopoles des services publics français face au droit communautaire », *Recueil*
Dalloz, Chronique, 1993, p. 91.
[3] Arrêt « Commune d'Almelo » du 27 avril 1994, C-393/92, rec. p. 1-1477.
[4] N. CHEBEL- HORSTMANN, *ibid.,* p. 48.
[5] Un accès négocié aux réseaux implique que les opérateurs déterminent librement les conditions d'utilisation des infrastructures de réseaux, telles que le droit de péage et les conditions techniques de raccordement.

production, le rejet de l'accès des tiers aux réseaux[1] et un assouplissement des monopoles d'importation et d'exportation »[2], ainsi qu'une nouvelle proposition, concernant l'accès aux réseaux, le principe de l'acheteur unique[3]. Ces propositions, même si elles sont très en retrait sur celles de la Commission, apparaissent suffisamment « audacieuses » pour que la présentation publique du rapport pose un problème[4].

Les propos guerriers de la doctrine, évoqués précédemment, sont assez pâles, comparés à ceux utilisés par la classe politique française. Il convient, à cet égard, de se reporter au rapport d'information sur le marché intérieur de l'électricité et du gaz, présenté au nom de la Commission des Affaires économiques et du Plan, par le sénateur H. Revol en juin 1994. Tout d'abord, le rapporteur affirme que la Commission n'a pas de réelle légitimité juridique pour intervenir dans le secteur de l'énergie en général et de l'électricité en particulier : « La politique énergétique relève essentiellement de la compétence des Etats membres.[…] Il résulte donc clairement du traité de Maastricht que, dans le domaine de l'énergie, la compétence de principe appartient aux Etats membres et que l'Union européenne ne peut intervenir que sur la

---

[1] La question de l'accès des tiers aux réseaux est très largement débattue en France dans les années 1990. Pour la grande majorité des responsables de l'époque, ce principe, qui était à l'époque désigné par le terme anglo-saxon de « *common carrier* », était considéré comme un danger pour le système électrique français. A ce sujet cf. le numéro d'avril 1991 des Annales des Mines et les articles de C. MANDIL directeur général de l'énergie et des matières premières, et J. BERGOUGNOUX directeur général d'EDF. Ce dernier écrivait « Au terme d'une analyse qu'il serait trop long de développer ici, il se dégage, à notre sens, cette conclusion claire : l'ouverture des réseaux aux distributeurs ou aux gros consommateurs finals doit être exclue parce que, en faisant voler en éclats le modèle industriel de l'électricité pour tenter de lui substituer un modèle de déréglementation dont la pertinence n'est nullement démontrée, elle irait à l'encontre des objectifs d'intérêt général que l'organisation actuelle permet à l'industrie électrique d'assumer explicitement ou implicitement ».

[2] CJEG, mai 1997, p. 169.

[3] Dans cette forme d'accès aux réseaux, il revient à une entité sur le marché, qui intervient en tant qu'acheteur unique, de mettre en concurrence les producteurs d'électricité installés sur le territoire national ou en dehors, auprès desquels elle a choisi de se fournir afin d'approvisionner des grands consommateurs éligibles. L'acheteur unique est le revendeur unique d'électricité aux clients éligibles.

[4] « Concertation et crainte de conflits sociaux. La publication sur la déréglementation d'EDF est reportée », *Le Monde*, 10 novembre 1993.

base de critères d'efficacité et de proportionnalité »[1]. Il rappelle ensuite que la Commission a dû finalement se fonder sur l'article 95 (ex 100 A) et non plus sur l'article 86 (ex 90-3) - qu'il propose d'ailleurs de réformer pour que la Commission ne puisse plus se baser dessus pour décider seule des directives -, avant d'estimer que ses dernières propositions, même si elles font « quelques pas dans le bon sens restent pour l'essentiel inacceptables »[2] , et de conclure : « la France ne peut donc accepter une libéralisation tous azimuts de ce secteur et elle ne peut acquiescer au profond bouleversement de l'organisation électrique et gazière qu'entraîneraient la mise en œuvre des propositions de directives, même modifiées, de la Commission européenne »[3]. L'un des sujets les plus critiqués est l'accès des tiers au réseau qui, même atténué avec le concept de « négocié », ressemble beaucoup, trop, à un régime d'ATR généralisé. Cette disposition est donc considérée comme « inacceptable car dangereuse », notamment parce qu'en permettant à un certain nombre de consommateurs de choisir librement « leur producteur », « l'ATR remet en cause la planification des investissements à long terme des entreprises et, par voie de conséquence, la sécurité des approvisionnements »[4] et la politique d'aménagement du territoire. Le sénateur H. Revol rappelle à cet égard la proposition de l'acheteur unique, en souhaitant que cette idée soit reprise par la Commission.

Le rapport aborde une des divergences de fond entre la Commission et la France, les missions de service public. Elles sont considérées comme étant définies de manière trop restrictive et limitative, « donnée marginale du droit communautaire, la notion de service public est aussi victime de l'interprétation de plus en plus extensive des principes libéraux du Traité donnée par la Commission »[5]. Le rapport évoque les « exigences de la France » à l'égard du service public, en rappelant plusieurs points : la capacité de programmer à long terme les équipements de production et d'avoir une gestion centralisée du réseau,

---

[1]H. REVOL, *Rapport d'Information fait au nom de la commission des Affaires économiques et du Plan sur le marché intérieur de l'électricité et du gaz naturel et ses conséquences pour la France*, Seconde session ordinaire 1993/1994, n°491, Sénat.
[2] *Ibid.*, p. 41.
[3] *Ibid.*, p. 54.
[4] *Ibid.*, p. 43.
[5] *Ibid.*, p. 46.

avoir une obligation de service universel[1] et conserver l'égalité de traitement c'est-à-dire le principe de péréquation tarifaire. En conclusion, le rapport ne ferme pas la porte à toute évolution mais les envisage à partir des propositions du rapport Mandil. On est loin de l'esprit qui anime la Commission et les positions sont encore divergentes.
La Commission présente le 11 janvier 1995 un Livre vert, « Pour une politique énergétique de l'Union Européenne »[2], puis, le 13 décembre 1995, son Livre blanc « Une politique de l'énergie pour l'Union Européenne »[3]. Dans ces documents la Commission a sensiblement modifié ses positions de départ, en faisant référence à la sécurité d'approvisionnement et aux missions d'intérêt économique général ainsi qu'aux objectifs de service public, telles que la continuité et la qualité de desserte. Mais elle critique néanmoins les monopoles de production et d'importation d'électricité, considérant « que le marché est en mesure de satisfaire aux exigences des consommateurs et que les capacités de production et d'importation sont suffisantes pour cela »[4].
C'est finalement sur la base de ce Livre blanc, et des propositions réécrites par la Commission, que le conseil des ministres de l'énergie parvient à adopter une position commune fixant les grandes lignes de la directive relative au marché intérieur de l'électricité. Le Parlement européen adopte cette position commune le 11 décembre 1996, et le conseil des ministres du 19 décembre adopte définitivement la directive. Elle entre en vigueur le 20 février 1997 et fixe le délai de transposition dans les Etats membres au plus tard le 20 février 1999.

---

[1] C'est-à-dire l'obligation de desservir en électricité toute personne qui en fait la demande sur le territoire français. S'agissant du gaz, cette obligation existe dans les zones où la desserte existe.

[2] 11 janvier 1995, COM (94) 659 final, n° 23. Les Livres verts sont des documents publiés par la Commission européenne dont le but est de susciter une réflexion, débats et participation des acteurs concernés, au niveau européen sur un sujet particulier. (Glossaire des synthèses, eur-lex.europa.eu)

[3] 13 décembre 1995, COM (95) 682 final, n° 46. Les « Livres blancs » de la Commission européenne sont des documents comprenant les propositions d'action de l'UE dans un domaine donné. L'objectif d'un Livre blanc est d'ouvrit le débat avec le public, les parties prenantes, le Parlement européen et le Conseil afin de parvenir à un consensus politique. (Glossaire des Synthèses, eur-lex.europa.eu).

[4] COM (94) 659 final.

Il serait difficile d'affirmer que le contenu de cette directive satisfait entièrement les pouvoirs publics français. Néanmoins, fruit d'un compromis, la directive 96/92 du CE concilie les exigences de libre concurrence et de préservation des obligations de service d'intérêt général. Reste que ce sont deux sensibilités qui se sont opposées, entre celle de la Commission, qui défend une position libérale en s'appuyant sur l'article 14[1] du Traité de CE, et celle de la France, profondément attachée à la notion de service public. Il va, dès lors, s'organiser un processus assez lent pour la transposition, que les événements politiques internes de 1997, concourent encore à ralentir. Le premier document officiel, émane du ministère de l'Economie, des Finances et de l'Industrie, en février 1998 ; il s'intitule « *Vers la future organisation électrique française* » et sera considéré comme un Livre Blanc. Ce document d'une cinquantaine de pages, diffusé à 20 000 exemplaires, lance un vaste projet de consultation de l'ensemble des acteurs (entreprises, syndicats, associations…). Il passe en revue les différents thèmes du secteur, en donnant un certain nombre de premières orientations, et pose, à la suite de chaque chapitre, une dizaine de questions.

Le chapitre VII s'intitule « Développer une régulation efficace ». Cette régulation est définie comme devant être à forte valeur « technico-économique », être assurée directement par l'Etat, tout en « distinguant la structure administrative chargée de cette régulation, de la structure chargée de la tutelle d'EDF. L'articulation avec le Conseil de la concurrence et les tribunaux devra être revue et précisée » [2]. Il est, en effet, d'ores et déjà envisagé que cette fonction de régulation, pour être efficace, soit « accompagnée des pouvoirs nécessaires, en matière d'action préventive, de contrôle, de règlement des différends et de sanction »[3]. Les questions afférentes portent, notamment, sur « comment articuler l'action de la structure de régulation avec la politique énergétique... ? » et, « de manière générale, quelles

---

[1] L'art. 14 concerne la mise en place d'un marché intérieur sans frontières, dans lequel sont assurées la liberté de circulation des marchandises, des personnes, des services et des capitaux.

[2] Ministère de l'Economie, des Finances et de l'Industrie, Secrétariat d'Etat à l'Industrie, DGEMP, *Vers la future organisation électrique française*, Février 1998, p. 43, (800 p. et 2 t.).

[3] *Ibid.*, p. 42.

dispositions retenir pour assurer la compétence technique, la neutralité et l'efficacité de la fonction de régulation ? »[1].
La consultation, considérée par beaucoup comme tardive et hâtive, suscite néanmoins de nombreuses contributions écrites toutes rendues publiques [2]. La plupart des contributions émanant des entreprises du secteur demandent une « régulation » extérieure à l'administration, une « régulation forte et indépendante ». Si les avis sont partagés sur le fait que cette régulation se situe au sein d'une chambre spécialisée du Conseil de la concurrence, ou dans une régulation sectorielle sous la forme d'une autorité de régulation, tous convergent sur le refus de ce qui est intitulé un « Etat régulateur », qui est assimilé en l'occurrence à l'Etat actionnaire. Ainsi Ch. Mestrallet, président du directoire de Suez Lyonnaise des Eaux, écrit directement au secrétaire d'Etat à l'Industrie, Ch. Pierret, le 15 juin 1998, pour lui indiquer que « Pour aboutir à une régulation incontestée, seule la création d'une instance de régulation indépendante nous paraît susceptible de créer les conditions propres à attirer le respect et la confiance de tous les acteurs. L'expérience vécue de la libéralisation des télécommunications nous conforte dans la pertinence d'une indépendance de cette instance vis-à-vis de l'Etat »[3].
L'attitude des organisations syndicales est contrastée. La CFDT ne s'oppose pas au projet de transposition de la directive, sans non plus l'approuver formellement ; elle souligne le besoin d'une instance indépendante pour la régulation, qui devrait rendre compte au Parlement[4]. FO est fortement critique de la démarche de transposition et s'oppose à l'idée même de libéralisation, en défendant, avant tout, le service public. Son avis sur le type de régulation mérite d'être évoqué. En se rapportant à l'exemple des télécommunications et des premières décisions prises par l'autorité de régulation des télécommunications (ART), « censée être 'indépendante', cet aréopage de technocrates a émis depuis sa mise en place des décisions systématiquement défavorables à France Télécom pour faciliter la pénétration des grands opérateurs privés. On comprend dans ces conditions que tous les

[1] *Ibid.*, p. 44.
[2],Ministère de l'Economie, des Finances et de l'Industrie, Secrétariat d'Etat à l'Industrie, DGEMP, *Vers la future organisation électrique française, les contributions*, Tome 1 et 2, 1998, (archives personnelles).
[3] *Ibid.*, tome 1, p. 162.
[4] *Ibid.*, tome 1, p. 183.

fanatiques de la déréglementation s'inscrivent dans la reproduction d'un tel schéma pour l'électricité »[1].

La CGT Fédération nationale de l'énergie, enfin, exprime dans un courrier, très argumenté, adressé au secrétaire d'Etat à l'Industrie, son désaccord avec la transposition de la directive : « après 10 années de lutte, souvent unitaire, soutenue pour la plupart par les dirigeants de la majorité plurielle actuelle, le personnel ne comprend pas l'attitude des pouvoirs publics »[2]. Il n'y est pas question de régulation, puisque le principe même d'ouverture à la concurrence, si limité soit-il, est repoussé. Il est, en revanche, proposé la constitution d'un grand pôle public de l'énergie, qui regrouperait EDF, GDF, ELF Total, le CEA et Framatome.

EDF souligne la nécessité d'avoir « une régulation fiable et crédible. Une crédibilité fondée premièrement sur une expertise adaptée à la technicité des questions qui entrent dans le champ de la régulation sectorielle, au premier rang desquelles celles touchant à la gestion des 'facilités essentielles. Une crédibilité aussi qui passe, aussi, par l'instauration d'une certaine distance entre les instances et les services en charge de la régulation et ceux en charge de la tutelle d'EDF »[3] . L'entreprise ne propose pas ouvertement la mise en place d'une autorité de régulation extérieure à l'exécutif et s'inscrit dans les orientations gouvernementales, tout en insistant sur une forme d'indépendance et d'expertise nécessaire.

Le Sénat décide, quant à lui, le 19 novembre 1997, la création d'une commission d'enquête, « chargée de recueillir les éléments relatifs aux conditions d'élaboration de la politique énergétique de la France » [4], dont le rapport est voté le 14 mai 1998 et dont le titre reflète bien l'aspect particulier de l'énergie en France : « *La politique énergétique de la France : passion ou raison ?* »[5]. Conduite par la nouvelle

---

[1] *Ibid.*, tome 1, p. 234.

[2] *Ibid.*, tome 1, p. 193.

[3] *Ibid.*, tome 1, p. 152.

[4] La création de cette commission d'enquête était, initialement, essentiellement suscitée par la décision du nouveau Premier ministre L. Jospin, d'arrêter le surgénérateur Superphénix. Discours de politique générale prononcé à l'Assemblée nationale le 19 juin 1997. Il était auditionné, vingt-cinq ans plus tard, devant la commission d'enquête de l'Assemblée Nationale visant à établir les raisons de la perte de souveraineté et d'indépendance énergétique de la France (31 janvier 2023).

[5] J. VALADE président, H. REVOL, rapporteur, *La politique énergétique de la France : passion ou raison ?* Commission d'enquête, Les Rapports du Sénat, n° 439, 1997/1998.

opposition, cette commission d'enquête couvre un large panorama et « trace, par ailleurs, les voies à suivre pour la transposition des directives européennes sur l'électricité et le gaz naturel en droit français »[1]. Il est intéressant de remarquer que le ton du rapport a sensiblement évolué, en comparaison de celui du rapport de 1994 avec, pourtant, le même rapporteur. Ainsi, « la directive européenne représente un point d'équilibre entre deux exigences divergentes, d'une part la volonté d'introduire la concurrence, en amont (au stade de la production), et partiellement en aval (libre choix de leurs fournisseurs par les clients éligibles) et d'autre part la nécessité de prendre en compte des missions d'intérêt économique général »[2].

La directive laisse une certaine marge de manœuvre aux Etats pour transposer, ce qui signifie qu'il convient de choisir entre différentes options, comme l'indique le Conseil de la concurrence dans son avis du 28 avril 1998 : « la directive fait une grande place au principe de subsidiarité ainsi qu'à la notion de service public »[3].

A cet égard, et sur un sujet où la divergence avec la Commission européenne avait été forte, la directive laisse le choix aux Etats de choisir entre trois possibilités d'accès aux réseaux, l'accès négocié (art.17-1), l'accès réglementé (art. 17-4), et le système de l'acheteur unique défendu par la France (art. 18).

Il pourrait paraître surprenant que le Livre Blanc retienne la formule de l'accès réglementé après que le Gouvernement s'y est tant opposé. C'est EDF, dans sa contribution au débat, qui en fournit la raison : « EDF affirme son choix pour un accès au réseau selon les modalités prévues par l'article 17 de la directive » ; cette position est expliquée en ces termes : « l'acheteur unique de la directive ne correspond pas à la proposition d'acheteur unique avancée par la France dans les premières phases d'élaboration de la directive. Dans sa version originelle, l'acheteur unique opérait dans un cadre où aucun des clients n'avait le choix de son fournisseur »[4].

Deux sujets sont particulièrement soulignés par la commission d'enquête du Sénat en regard des orientations du Livre Blanc, le statut de l'opérateur en charge de la gestion du réseau de transport d'une part, et la régulation d'autre part. Dans le premier cas, le Gouvernement

[1] *Ibid.,* quatrième de couverture. La directive sur le gaz venait d'être adoptée par le conseil des ministres européens, le 11 mai 1998.

[2] *Ibid.,* p. 283.

[3] Conseil de la Concurrence, Avis n° 98 – A – 05 du 28 avril 1998, p. 5.

[4] *Vers la future organisation électrique, Les contributions, op. cit.,* tome 1, p. 141.

envisage de confier cette responsabilité à une direction « indépendante » au sein d'EDF, et dans le second cas, le Gouvernement souhaite, comme on l'a vu précédemment, confier la régulation, prévue par l'article 20 de la directive, à une direction du ministère en charge de l'énergie. Concernant le gestionnaire de réseau de transport, le rapport sénatorial « souscrit » à la position du Conseil de la concurrence, qui estime « qu'il est indispensable que la fonction de gestionnaire du réseau de transport soit exercée en toute indépendance des activités de production et de distribution ; il [le Conseil] recommande pour asseoir cette indépendance que cette fonction soit assurée dans le cadre d'un établissement public autonome »[1]. Concernant la régulation, le rapport sénatorial rejoint, également sur ce point, l'avis du Conseil de la concurrence, qui estime « nécessaire que la régulation soit confiée à une autorité indépendante, dont les missions devront être clairement définies et les décisions, motivées et rendues publiques, et devront être soumises à un contrôle juridictionnel [2]», après avoir remarqué que « le processus de régulation de l'opérateur français se réduit pour l'instant dans les faits à un tête à tête assez peu transparent entre les pouvoirs publics et lui »[3]. La commission d'enquête préconise « que soit créée une autorité de régulation indépendante à la fois des opérateurs et de l'administration mais liée à l'Etat. Une telle instance devrait être dotée d'un pouvoir de sanction, gage de l'efficacité de ses décisions. [...] cette autorité de régulation [devrait] être amenée à rendre compte de ses activités chaque année devant le Parlement »[4].

Un projet de loi « relatif à la modernisation et au développement du service public de l'électricité » est enfin présenté au conseil des ministres le 9 décembre 1998. Dans l'exposé des motifs, le Gouvernement explique, dès la première ligne, que ce projet « a pour objet la modernisation et le développement du service public de l'électricité, tout en transposant en droit français la directive qui porte sur les règles communes pour le marché intérieur de l'électricité. Ce projet de loi traduit l'ambition du Gouvernement de conjuguer le

[1] Conseil de la concurrence, *ibid.*, Conclusion.
[2] *Ibid.*
[3] *Ibid.*, p. 7 (les spécificités du système français).
[4] J. VALADE, H. REVOL, *op. cit.*, p. 291.

renforcement du service public de l'électricité avec l'introduction d'éléments maitrisés de concurrence »[1].

Le projet de loi ne reprend pas les recommandations de la commission d'enquête du Sénat et du Conseil de la concurrence concernant l'organisation du transport (la création d'un établissement public autonome), mais préfère confier cette responsabilité, comme le Livre Blanc l'envisageait, au service gestionnaire du réseau public de transport au sein d'EDF. Son indépendance est toutefois censée être assurée par un certain nombre de garanties. Ainsi l'article 13 prévoit que ce service est « indépendant sur le plan de la gestion des autres activités d'EDF, que son directeur est nommé pour six ans par le ministre en charge de l'énergie, sur proposition du président d'EDF, après avis de la Commission de régulation de l'électricité. Au sein d'EDF, le service gestionnaire du réseau public de transport dispose d'un budget qui lui est propre. Le budget et les comptes sont communiquées à la Commission de régulation de l'électricité »[2]. Le Gouvernement ne souhaite pas franchir le pas de la séparation juridique, mais arrête, tout de même, des conditions pouvant permettre d'atteindre une certaine indépendance.

Les responsabilités de la CRE au cœur du débat parlementaire

Le Conseil de la concurrence, le Sénat et un certain nombre d'acteurs du secteur de l'énergie sont, en revanche, pleinement entendus par le Gouvernement s'agissant de la régulation. Le projet initial de confier celle-ci à une direction du ministère, évoqué dans le Livre Blanc quelques mois auparavant, disparaît au profit de la création d'une instance spécifique de régulation sectorielle, la Commission de régulation de l'électricité, dont les caractéristiques et les pouvoirs sont décrits dans les articles 28 à 41 du projet de loi. Autant les éléments d'ouverture du marché sont d'une grande prudence sémantique, autant le projet de loi va, en ce domaine, au-delà des demandes de la directive : « Les États membres désignent une autorité compétente, qui doit être indépendante des parties, pour régler les litiges relatifs aux contrats et

[1] Ministère de l'Economie, des Finances et de l'Industrie, Projet de Loi, NOR : ECOX9800166L/W1, p.1, (archives personnelles).

[2] Ministère de l'Economie, des Finances et de l'Industrie, Projet de Loi, NOR : ECOX9800166LL/W1, Titre III Le Transport et la Distribution d'électricité, art. 13, p. 9, (archives personnelles).

aux négociations en question. Cette autorité doit notamment régler les litiges concernant les contrats, les négociations et le refus de l'accès et d'achat ».

Comme le dit M. Collet, « le développement de nouvelles formes d'administration est difficilement séparable d'un contexte historique, économique, sociologique, politique »[1]. La création de la CRE tend à confirmer la justesse de cette observation. Les débats parlementaires sur le projet de loi, qui se déroulent au cours de l'année 1999, en donnent une bonne illustration.

En février 1999, c'est-à-dire à la date limite pour la transposition, l'Assemblée nationale adopte le projet de loi en première lecture. Le Sénat vote le projet de loi en octobre et la commission mixte paritaire se réunit le 18 novembre 1999. La France est le dernier pays à ne pas avoir transposé la directive dans les délais qui lui sont impartis. C'est d'ailleurs au moment où se réunit la commission mixte paritaire que, sur la base de l'article 226 du Traité CE, la Commission met la France en demeure de lui présenter les mesures de transpositions de la directive[2]. Lors de la réunion de la commission mixte paritaire, réunissant sept sénateurs et sept députés, le rapporteur pour l'Assemblée nationale, Ch. Bataille, indique d'emblée que le texte voté par le Sénat ne permet pas d'aboutir à un accord en commission et qu'il convient de revenir devant l'Assemblée nationale. Il constate ainsi l'échec de la commission[3].

Le Sénat a, il est vrai, profondément modifié le texte adopté par l'Assemblée nationale en première lecture. Sur les 52 articles que comporte le projet de loi votée par l'Assemblée nationale, seuls trois articles et une suppression d'article sont adoptés conformes par le Sénat. Les principaux points de divergence portent « sur la définition du service public, sur l'accroissement tous azimuts des pouvoirs de la

---

[1]M. Collet, *Le contrôle juridictionnel des actes des autorités administratives indépendantes*, *LGDJ*, Paris, 2003, p.365.

[2] SG (1999), D/9432 du 24 novembre 1999.

[3] Lors des échanges assez vifs entre sénateurs et députés tenus lors de cette commission, ceux de l'ancien ministre de l'Industrie entre 1995 et 1997, F. Borotra, exprimait en termes directs la question politique à laquelle était confrontée le Gouvernement : « Les choix opérés par la majorité résultent d'un arbitrage politique répondant aux intérêts du parti communiste, composante minoritaire de la majorité plurielle », Rapport fait au nom de la commission mixte paritaire chargée de proposer un texte sur les dispositions restant en discussion du projet de loi, relatif à la modernisation et au développement du service public de l'électricité, n° 1939, Assemblée nationale, n° 82 Sénat, 18 novembre 1999.

Commission de régulation de l'énergie (alors que son strict champ de compétence porte sur l'accès aux réseaux), sur les modalités de soutien à la production décentralisée, sur le statut du gestionnaire du réseau public de transport, sur les conditions d'ouverture du marché et la définition des consommateurs éligibles et sur les conditions d'exercice du négoce (*trading*) »[1], autrement dit sur un champ assez considérable. L'objectif ici n'est pas d'en analyser tous les articles mais de se concentrer sur les modifications votées par le Sénat concernant la Commission de régulation de l'électricité, qui se trouve ainsi placée, avant même sa création, au cœur de débats, certes techniques, mais où les choix politiques ont leur part.

On évoquera aussi, car les deux sujets se trouvent liés, le statut du gestionnaire de réseau public de transport.

Le rapporteur du projet, le député Ch. Bataille, juge nécessaire, en début des débats, d'expliquer sa position à l'égard de la CRE. « Il a d'abord déclaré qu'il n'était pas hostile à la CRE comme certains avaient pu le faire croire. Il a précisé qu'elle devait jouer tout son rôle dans son champ de compétence et que la divergence fondamentale, sur ce point, avec la majorité du Sénat, était l'extension de ce champ. [...]. Dans ce cadre, le rôle de la CRE doit être celui d'arbitre, garantissant des conditions de concurrence loyale entre les différents opérateurs et doit porter uniquement sur la régulation de l'accès au réseau, mais toute la régulation de l'accès au réseau »[2].

Si l'on s'intéresse tout d'abord au titre III de la loi qui porte sur la régulation et à l'article 28 consacré à la composition et au statut de la CRE, on constate avec surprise que l'amendement du député J. Proriol visant à indiquer, dans la loi, que la CRE est une autorité administrative indépendante, est repoussé. Il n'y a malheureusement pas d'explications à cette position pour le moins surprenante, dans la mesure où, en maintes occasions, le rapporteur de la loi utilise, lui-même, cette dénomination.

L'article 29 est consacré au commissaire du Gouvernement placé auprès de la CRE. Le Sénat a réduit les prérogatives que lui octroyait le projet de loi, et le député J. Proriol propose, dans un nouvel amendement, de le supprimer. L'Assemblée Nationale revient au texte voté en première

[1] Assemblée nationale, n° 2004, Rapport fait au nom de la Commission de la production et des échanges en nouvelle lecture, sur le projet de loi n° 1840, modifié par le Sénat, relatif à la modernisation et au développement du service public de l'électricité, 18 décembre 1999, Ch. Bataille rapporteur, p. 12 et 13.

[2] *Ibid.*, p. 16.

lecture et rétablit donc la présence d'un commissaire du Gouvernement auprès de la CRE. A l'article 31, le Sénat introduit l'obligation pour le ministre en charge de l'énergie, de consulter la CRE sur les projets de loi concernant le secteur de l'électricité. L'Assemblée Nationale ne retient pas cette disposition. A l'article 32, relatif aux relations entre la CRE et les institutions, le Sénat introduit un alinéa prévoyant que le président de la CRE « rende compte des activités de la commission devant les commissions permanentes du Parlement, compétentes en matière d'électricité »[1]. Selon les termes du rapporteur Ch. Bataille, « il paraît inapproprié de rédiger cette disposition de manière à donner un caractère impératif à cette audition »[2]. Cette question, n'a cessé d'alimenter tous les rapports parlementaires sur les autorités administratives indépendantes (AAI) depuis, et ce jusqu'à la loi du 20 janvier 2017[3].
Les pouvoirs réglementaires de la CRE sont abordés à l'article 35. A l'alinéa 7, le Sénat lui donne un pouvoir décisoire sur le tarif de réseau de transport et de distribution alors que le projet de loi voté par l'Assemblée Nationale indique que celui-ci est fixé par les ministres chargé de l'économie et de l'énergie sur proposition de la CRE. L'Assemblée revient, sans surprise, au texte initial. Le Sénat avait, en la matière, dix ans d'avance sur la 3ème directive européenne qui donnait cette compétence à la CRE.
Le Sénat, ainsi que différents députés de l'opposition en séance, cherchent à confier de nouvelle responsabilité à la CRE. Ainsi à l'article 4, qui porte sur les tarifs de l'électricité, au paragraphe III, l'amendement du député J. Proriol donne à la CRE une compétence exclusive en matière de tarifs, au détriment du ministre. Cet amendement n'est, évidemment, pas adopté. S'il l'avait été, cela aurait singulièrement changé le contexte des années suivantes et, probablement, sensiblement diminué le nombre de recours auprès du Conseil d'Etat sur les arrêtés tarifaires. A l'article 6, portant sur la programmation pluriannuelle des investissements (PPI), le Sénat introduit au paragraphe I, le fait que la CRE soit associée à son élaboration, en rendant sa consultation par le ministre obligatoire. L'Assemble Nationale modifie cet article, estimant que la CRE n'a pas à avoir de responsabilité dans la définition des moyens de production.

[1] *Ibid.*, p. 52.
[2] *Ibid.*, p. 52.
[3] Loi organique n°2017-54 du 20 janvier 2017 relative aux autorités administratives indépendantes et aux autorités publiques indépendantes.

De même, assez curieusement, le Sénat introduit dans l'article 7, relatif à l'autorisation d'exploiter, une nouvelle responsabilité pour la CRE, chargée d'instruire pour le ministre, les demandes d'autorisation d'exploitation. Ce à quoi le rapporteur Ch. Bataille déclare « bel exemple de la ténacité sénatoriale visant à promouvoir une CRE omnipotente, malheureusement synonyme du démantèlement des pouvoirs de l'Etat »[1].

A l'article 8, concernant les appels d'offres, le Sénat décide que la CRE doit définir les conditions de l'appel d'offres, et non le ministre et, que, par ailleurs, ce dernier doit publier l'avis de la CRE en même temps que les résultats. Ces amendements sont repoussés à l'Assemblée Nationale. Ce sujet a fait l'objet, au cours des années suivantes, de multiples modifications, rendant les responsabilités respectives de la CRE et du ministre pour le moins peu claires.

L'article 13, consacré au statut du gestionnaire de réseau de transport (GRT) prévoit, selon une rédaction du Sénat assez ambigüe, que le GRT serait « porté » par EDF durant un an, avant qu'une seconde loi détermine le statut définitif dudit GRT. Le Sénat renforce sensiblement, par ailleurs, les éléments d'indépendance du GRT, en précisant que celui-ci doit disposer de services informatiques et comptables propres, et doit être hébergé dans des locaux distincts de ceux d'EDF. Ce faisant, le Sénat devance les futures exigences européennes en la matière. Le Sénat donne, par ailleurs, un rôle majeur à la CRE, puisqu'elle est chargée, à la place du président d'EDF, de proposer au ministre trois candidats au poste de directeur du GRT. L'ensemble de ces dispositions n'est pas retenu par l'Assemblée Nationale, mais celle-ci décide, néanmoins, d'accorder un pouvoir de consultation à la CRE sur les candidatures proposées par le président d'EDF.

A l'article 22, portant sur les consommateurs éligibles, le Sénat aborde une question sensible pour un futur marché de l'électricité, et que la CRE décidera de traiter dans ses toutes premières années d'existence, le « *trading* ». L'Assemblée nationale, en première lecture, modifie le projet de loi gouvernemental, qui autorise les activités de « *trading* », en encadrant strictement cette possibilité « aux producteurs autorisés souhaitant compléter leur offre ». Le Sénat revient au texte initial en soumettant, en plus, l'autorisation d'exercer le négoce à un avis de la CRE. L'Assemblée nationale revient à son texte voté en première lecture.

[1] *Ibid.*, p. 26.

Avec un an de retard par rapport aux délais fixés, la loi est enfin votée, le 20 février 2000, avec l'abstention du groupe communiste. Les dispositions de la loi transposent la directive 96/92 du CE, *a minima*, « l'ouverture prônée par la directive 96/92 du CE se traduit plutôt par un entrebâillement du secteur électrique sous le contrôle des pouvoirs publics »[1]. Toutefois, la nouvelle entité chargée de la régulation, qui a toutes les caractéristiques d'une AAI même si cette appellation lui est refusée dans la loi, constitue une exception dans cette transcription minimale et prudente, puisque la loi crée, avant que cela ne devienne une obligation du droit européen, et comme cela avait été le cas pour les télécommunications, une autorité de régulation de l'électricité indépendante de l'exécutif, la Commission de régulation de l'électricité. A. Laget-Annamayer écrivait en 2001 : « Il est regrettable que la CRE ne bénéficie pas de compétences plus étendues, car cela aurait contribué à renforcer l'autonomie et la légitimité dont elle a encore plus besoin que ses homologues, l'Etat français étant quelque peu 'suspect' aux yeux de certains observateurs en raison de ses rôles multiples de régulateur, de prescripteur des missions de services publics et d'actionnaire »[2] . On peut ajouter que les débats parlementaires entre la majorité à l'Assemblée nationale et l'opposition au Sénat, abordent l'essentiel de ce qui, durant plusieurs années, constitue le fond du débat concernant le rôle et les pouvoirs de la CRE et, partant, son indépendance.

II- L'approche institutionnelle de l'indépendance des AAI

La création et le rôle des autorités administratives indépendantes ont suscité de nombreux débats au sein de la doctrine[3], ainsi que chez le législateur. Néanmoins, au-delà des divergences d'analyse fort nombreuses, on peut avancer qu'il existe aujourd'hui une forme de consensus sur « une approche institutionnelle fondée sur

[1] N. CHEBEL-HORSTMANN, *op. cit.,* p. 80.

[2] A. LAGET-ANNAMAYER, *La régulation des réseaux publics en réseaux, op. cit.*, p. 415

[3] Voir notamment : P. SABOURIN « Les autorités administratives indépendantes. Une catégorie nouvelle ? », *AJDA* n°5, 20 mai 1983. J. CHEVALLIER, « Réflexions sur l'institution des autorités administratives indépendantes », *La semaine juridique*, JCPG, n° 3254, 1986 ; « Les autorités administratives indépendantes et la régulation des marchés », *Revue Justices*, 1995.

l'indépendance du régulateur »[1], car même si cette indépendance est discutée, parfois âprement, elle apparaît au cœur des attributs des AAI. Cette notion d'indépendance n'est, au demeurant, pas née avec la régulation sectorielle économique. Le poids accordé à l'indépendance s'explique, comme l'indique G. Marcou, par le fait que ce n'est pas l'action économique de l'Etat qui suscite la création des AAI, mais la « protection de certaines libertés publiques ou [de] certains droits fondamentaux. C'est ce qui explique l'importance initialement donné à l'indépendance de l'institution par rapport au pouvoir politique, et plus spécialement par rapport à l'exécutif »[2]. La première entité de cette nature, la Commission nationale de l'informatique et des libertés (CNIL), est créée en 1978 : « C'est le Sénat qui suggère alors la qualification d'Autorité administrative indépendante, après avoir vu son approche l'emporter sur celle de l'Assemblée nationale, qui avait d'abord proposé de faire de cette institution un simple service du ministère de la Justice »[3]. Il faut, au demeurant, de longs débats avant d'aboutir à sa création[4].

L'une des premières difficultés à laquelle se heurte l'analyse de l'indépendance est le fait qu'il n'existe pas réellement de définition exhaustive du contenu précis de cette notion, car, pour emprunter les termes de S. Dubiton, « ni le législateur, ni le juge ne s'y sont, en effet, risqués »[5]. Les deux rapports « officiels », celui du Conseil d'Etat en

---

[1] G. ECKERT, « Autorités de régulation, Autorités administratives et publiques indépendantes », in M. BAZEX, G. ECKERT…(dir.), *Dictionnaire des Régulations,* Paris, LexisNexis, 2016, p.100.

[2] G. MARCOU, « Les autorités administratives 'dépendantes' et 'indépendantes' dans le domaine de l'intervention économique de la puissance publique- une analyse sur des secteurs sélectionnés » in *Le modèle des autorités de régulation indépendantes en France et en Allemagne,* (dir. G. MARCOU, J. MASING), Collection de l'UMR de droit comparé de Paris (Paris 1/CNRS-UMR 8103) Volume 25, Société de législation comparée, Paris 2011, p. 72.

[3] P. ROSANVALLON, *La légitimité démocratique, impartialité, réflexivité, proximité,* Le Seuil, Paris 2008, p. 129.

[4] Voir à l'Assemblée nationale le rapport de M. FOYER, au nom de la commission des lois (n° 3125) ; au Sénat le rapport de M. J. THYRAUD, au nom de la commission des lois, n° 72. (1977 -1978) ; et les discussions en séance les 4 et 5 octobre 1977 en première lecture à l'Assemblée Nationale ainsi qu'au Sénat, le 17 novembre 1977.

[5] S. DUBITON, *La protection des libertés publiques par les AAI, une solution démocratique ?* Bibliothèque de droit public, Tome 293, LGDJ, 2016, p. 215.

2001[1] et celui du sénateur P. Gélard en 2006[2], sont les premiers à aborder le sujet des AAI de manière globale et transversale. Le Conseil d'Etat exprime clairement l'importance de la notion d'indépendance : « L'indépendance est, on l'a vu, une des justifications essentielles de la création des autorités administratives indépendantes » ; le sujet apparaît d'ailleurs d'une telle importance que les juristes se sont employés à en cerner la notion : « indépendantes, peut-être, mais de qui ? »[3]. Derrière cette interrogation on retrouve les deux grands versants de l'indépendance d'une AAI qui concernent d'une part l'exécutif -et qui implique qu'elle « ne peut être soumise au principe hiérarchique, ni à la tutelle, ni au contrôle préalable des ministres »[4]-, et d'autre part, les acteurs du secteur régulé. Il s'agit en effet d'éviter les deux écueils les plus fréquents que sont la capture du régulateur par les entreprises régulées[5] et la subordination du régulateur à l'exécutif[6]. Le Conseil d'Etat, dans son rapport, établit, au demeurant, une synthèse entre ces deux aspects : « il faut relever que dans les cas où une autorité administrative indépendante a été instituée pour faciliter l'ouverture à la concurrence d'un marché jusque-là dominé par un opérateur public (marché de l'énergie ou des télécommunications par exemple), elle doit pour cela asseoir immédiatement et fermement son autorité et peser sur cet opérateur public. Elle le fait, en large partie nécessairement, selon une stratégie de régulation asymétrique, en étant particulièrement exigeante à l'égard de l'opérateur public, ce dont elle peut attendre, outre une accélération de la concurrence, la reconnaissance, par l'opinion du secteur privé, de sa totale indépendance vis-à-vis du Gouvernement »[7].

---

[1] Conseil d'Etat, Rapport Public 2001, *Les autorités administratives indépendantes*, *Etudes et Documents* n° 52. Un premier rapport avait été rédigé par F. GAZIER et Y. CANNAC, *Les autorités administratives indépendantes*, Conseil d'Etat, *Etudes et Documents*, n°35, 1983-1984.

[2] P. GELARD, *Les autorités administratives indépendantes : évaluation d'un objet juridique non identifié,* Office parlementaire d'évaluation de la législation, n°3166 Assemblée Nationale, n°404 Sénat, 2006.

[3] J.-L. AUTIN, *Autorités administratives indépendantes*, *JCP administratif* 1998, fascicule 75, p. 3.

[4] Th. TUOT, « Perspectives d'évolution » in M. Lombard (dir) *op. cit.*, p. 226.

[5] G. DEZOBRY, « L'indépendance des autorités de régulation économique à l'égard des opérateurs régulés », in *L'indépendance des AR économique et financière : une approche comparée*, *RFAP,* 2012/3, n°143.

[6] G. ECKERT, « L'indépendance des autorités de régulation économique à l'égard du pouvoir politique », in *ibid.*, *RFAP* 2012/3, n°143.

[7] EDCE 2001, *op.cit.*, p. 3.

La mise en place d'autorités administratives indépendantes, appartenant à l'Etat, mais non subordonnées au Gouvernement, a soulevé bien des questions et interrogations sur la compatibilité de ces organismes avec le dispositif institutionnel, puisque la Constitution de 1958 précise que « le Gouvernement dispose de l'administration ». En dépit de la décision du Conseil Constitutionnel de 1986 entérinant l'existence de la Haute autorité pour la communication audiovisuelle[1], le débat s'est poursuivi de longues années et n'est pas clos. Les questions relatives à l'indépendance, qu'il s'agisse de la définir, de la renforcer, ou de la limiter, sont au centre des rapports sur les AAI au cours de ces vingt dernières années. C'est d'ailleurs pourquoi le rapport du Conseil d'Etat de 2001 est, et reste, une étape importante de la réflexion en la matière. Il recense ce qu'il a estimé être des AAI (trente-quatre), et, surtout, en cerne les attributs et caractéristiques.
Deux autres rapports d'origine parlementaire succèdent à celui, très complet du sénateur P. Gélard, de 2006, qui comporte, en outre, une étude réalisée par M.-A. Frison-Roche ainsi qu'une vaste comparaison internationale, le rapport de 2010 des députés R. Dosière et Ch. Vanneste, au nom du Comité d'évaluation et de contrôle des politiques publiques[2], et en 2015, celui du sénateur Jacques Mézard[3], rapporteur de la Commission d'enquête sur les autorités administratives indépendantes. Ce dernier rapport est lui-même à l'origine de la loi organique relative aux AAI n° 217-54 du 20 janvier 2017, censée donner un socle juridique commun à l'ensemble des AAI, forme d'aboutissement législatif aux débats en cours depuis plusieurs années.
Au-delà de ces différentes étapes, qui marquent indéniablement, à partir de 2010, une certaine irritation du monde parlementaire à l'égard des AAI, il apparaît intéressant d'examiner comment l'indépendance est appréhendée et définie au travers de ces différents rapports. Très naturellement, le rapport de 2001 du Conseil d'Etat examine de façon

---

[1] Décision n° 84-173 DC du 26 juillet 1984, Rec. p. 63.

[2] R. DOSIERE, Ch. VANNESTE, *Les autorités administratives indépendantes : pour une indépendance sous la garantie du Parlement*, Assemblée Nationale, XIIIe législature, Comité d'évaluation et de contrôle, Rapport d'information n° 2925, 28 octobre 2010.

[3] M.-H. DES ESGAULX, J. MEZARD, *« Un Etat dans l'Etat » Canaliser la prolifération des autorités administratives indépendantes pour mieux les contrôler*, Rapport n° 126 de la commission d'enquête du Sénat sur le bilan et le contrôle de la création, de l'organisation, de l'activité et de la gestion des autorités administratives indépendantes, 2015-2016.

approfondie les différents attributs indispensables à l'indépendance tant du point de vue organique, que fonctionnelle.

L'indépendance organique

La collégialité - garante de l'objectivité et du sérieux-, l'irrévocabilité, la durée, fixe et suffisante, du mandat des membres du collège et, éventuellement, son non renouvellement, ainsi que des règles précises d'incompatibilité sont identifiées comme les conditions nécessaires à l'indépendance. Le Conseil d'Etat souligne l'importance dans la composition des collèges, notamment des AAI économiques au sens large, du besoin de bénéficier de personnalités « à l'expertise et à l'expérience professionnelle préalable utile. »
Il précise que, « même s'il est indispensable de prévoir un noyau dur constitué de personnalités ayant la culture de l'indépendance et la pratique de la collégialité, il faut se méfier de la facilité consistant à prévoir une composition de collège ne comprenant que des membres des juridictions suprêmes et des corps d'inspection »[1]. Cette remarque, en quelque sorte prémonitoire, est à rapprocher de l'une des propositions du rapport, réalisé, quinze ans plus tard, par le sénateur J. Mézard. L'expression y est, certes, moins nuancée : « Au cours des auditions menées par votre commission d'enquête, un sentiment d'entre soi, de consanguinité ou d'endogamie s'est fait jour dans le processus de désignation des membres des autorités administratives indépendantes. Cette impression s'est particulièrement manifestée à l'égard des membres issus du Conseil d'État, de la Cour de cassation et de la Cour des comptes »[2]. Ce que résume et traduit la proposition n° 3 du rapport : « Revoir et diversifier la composition des collèges des autorités administratives indépendantes en limitant les nominations de membres du Conseil d'État, de la Cour de cassation ou de la Cour des comptes »[3]. Même si l'on peut estimer qu'une telle rédaction présente un aspect provocateur, elle exprime le danger, cerné par le Conseil d'Etat dès 2001, d'une perception de dérive technocratique, ou aristocratique[4]. Risque que P. Rosanvallon avait également souligné en

[1] EDCE 2001, *op. cit.*, p. 348 et 349.
[2] J. MEZARD, *op. cit.*, p.39.
[3] J. MEZARD, *op. cit.*, p. 74.
[4] M. COLLET, « La création des AAI : symptôme ou remède d'un Etat en crise ? », in *Les autorités administratives indépendantes, Regards sur l'actualité*, n° 330, avril 2007, La Documentation française, p. 5 et s. ; J.-Ph. FELDMAN, « Les AAI sont-elles

2008, en disant que les autorités indépendantes « ne joueront vraiment leur rôle que si elles ne sont plus perçues comme des comités des sages ou d'experts retirés sur leur Olympe »[1].
Les deux rapporteurs pour le Comité d'évaluation et de contrôle des politiques publiques du rapport d'information sur les AAI de 2010 avaient proposé « de renverser la règle de majorité qualifiée, actuellement négative, pour en faire une règle positive. Seule l'élection par une majorité qualifiée des trois cinquièmes est à même d'assurer au président d'une AAI une forte autorité et une indépendance suffisante »[2]. Cette proposition, qui revient à donner la responsabilité de nommer le président des AAI au Parlement, est refusée par le Gouvernement, qui argue du fait que « les AAI sont des démembrements de l'autorité exécutive » et qu'il « n'est pas dans la tradition institutionnelle de la France que le pouvoir législatif désigne lui-même des responsables de l'exécutif »[3].
Les parlementaires démontrent au fil des ans leur intérêt pour la composition du collège qui se révèle être une variable d'ajustement plusieurs fois utilisée pour certaines AAI, dont notamment le CSA et la CRE. Le Gouvernement sait aussi user de ce biais lorsqu'il l'estime nécessaire. Dans les deux cas, on peut s'interroger sur la conception de l'indépendance que cela traduit.
Le Conseil d'Etat aborde, par ailleurs, un sujet plus jamais traité sous cet angle, celui des conditions de sortie, tant du personnel que des membres des collèges. Il estime alors qu'elles doivent permettre la poursuite de carrière des personnes venues du secteur privé. Il préconise, à cet égard, une solution originale : « l'application des règles déontologiques pourrait en particulier être plus rigoureuse si leur portée dans le temps était réduite, comme c'est le cas au Royaume Uni »[4]. Le Parlement ne reprend pas cette idée et va dans une orientation entièrement contraire.
Ainsi le sénateur P. Gélard juge nécessaire « que les lois créant des AAI soumettent les membres de ces instances à un régime d'incompatibilité

---

légitimes ? Sur les AAI en général et le Conseil Supérieur de l'Audiovisuel en particulier », *Recueil Dalloz,* Dalloz, 2010, p. 2852.
[1] P. ROSANVALLON, *op.cit.*, p.166.
[2] R. DOSIERE, Ch. VANNESTE, *op. cit.*, p. 94.
[3] Rapport d'information du Comité d'évaluation et de contrôle des politiques publiques sur la mise en œuvre des conclusions du rapport d'information du 28 octobre 2010 sur les AAI, n° 4020, Assemblée nationale.
[4] EDCE 2001, *op.cit.*, p. 358.

visant l'exercice de certaines fonctions ou la détention d'intérêts ou de mandats au sein d'organismes qui pourraient faire l'objet d'investigations ou de décisions de l'autorité », et il considère à cet égard que la participation aux activités de l'autorité qui concerneraient des organismes au sein desquels le ou les membres auraient exercé des fonctions ou détenu des intérêts ou des mandats au cours des trois années précédentes au minimum devraient être interdites aux membres du collège. Il estime, en outre, « que la loi doit prévoir la définition par chaque AAI de règles déontologiques comprenant, le cas échéant, des incompatibilités *a posteriori* »[1]. Le premier principe est repris dans la loi du 20 janvier 2017, avec des conséquences sur le profil possible des membres des collèges des AAI.

Le Conseil d'Etat soulève, dans son rapport, la question, reprise ensuite par les différents rapports parlementaires, de la présence d'un commissaire du Gouvernement auprès des AAI. Le sujet n'est pas neutre, et, comme le souligne S. Dubiton, « la présence d'un commissaire du Gouvernement au sein des AAI est susceptible de focaliser à lui seul [sic] le débat sur la réalité de l'aspect organique de l'indépendance »[2]. Le Conseil d'Etat estime cette présence utile et non attentatoire à l'indépendance de l'autorité. Il considère, en effet, avantageux que le Gouvernement puisse faire connaître ses positions. Le rapport du sénateur P. Gélard reprend la même idée et « préconise la présence d'un commissaire du Gouvernement auprès des autorités de régulation, et de façon générale, des autorités administratives indépendantes dotées d'un pouvoir réglementaire »[3]. Les députés R. Dosière et Ch. Vanneste, dans leur rapport de 2010, reprennent la même recommandation, alors même qu'une forte polémique oppose le Gouvernement et la Commissaire européenne chargée du numérique à propos du projet visant à introduire un commissaire du Gouvernement auprès de l'autorité de régulation des communications et des postes (ARCEP)[4].

---

[1] P. GELARD, *op. cit.* , p. 112, recommandation n°23, p. 115, recommandation n°25.

[2] S. DUBITON, *op. cit.*, p. 219.

[3] P. GELARD, *op. cit.*, p. 55.

[4] La Commission européenne a menacé la France d'ouvrir une procédure d'infraction si elle persistait à vouloir faire siéger un commissaire du Gouvernement au sein du régulateur national des télécoms (ARCEP). J. TODD, porte-parole de la Commission européenne en matière de télécommunications affirme : « Nous allons vérifier de très près la conformité de ce projet avec la réglementation européenne ». Source : « Bruxelles veillera à l'indépendance et l'impartialité de l'ARCEP » , Le Monde, 13 janvier 2011.

Au travers de ces quelques exemples on peut constater qu'il peut y avoir des conceptions assez diverses de la notion d'indépendance, notamment avec la Commission européenne.

L'indépendance fonctionnelle

Sur le plan matériel, le Conseil d'Etat évoque l'autonomie plutôt que l'indépendance et souligne l'importance d'assurer des capacités financières suffisantes, mais pas nécessairement de ressources extra budgétaires, auxquelles il ne se montre guère favorable. Le Conseil d'Etat exprime, par ailleurs, d'assez grandes réserves sur la suppression du contrôle financier *a priori*, dont bénéficient de nombreuses AAI : « Le problème concerne en réalité le contrôle financier *a priori* prévu sur l'engagement des dépenses de l'État par la loi du 10 août 1922. La plupart des autorités administratives indépendantes et notamment les plus importantes sont dispensées de ce contrôle depuis qu'il en a été ainsi décidé pour le Médiateur de la République et pour la CNIL. [...] le contrôle financier n'est pas une tutelle sur l'ordonnateur mais une garantie du respect des règles de la dépense publique. Il n'est donc pas radicalement inconciliable avec l'indépendance d'institutions qui [...] vivent sur le budget de l'État, pas plus qu'il ne l'est pour les juridictions. La suppression pure et simple du contrôle financier *a priori* ne paraît donc pas s'imposer »[1]. Cette assertion peut paraître surprenante et nous verrons qu'elle ne sera pas suivie.
L'indépendance fonctionnelle est un sujet largement abordé par les différents rapports parlementaires. On y trouve plusieurs thèmes, dont celui de la conformité de la loi organique relative aux lois de finance (LOLF) du 1er août 2001 avec l'indépendance, prévue par les textes, des AAI. Le rapport de l'Office parlementaire préconise à l'époque une « véritable prise en compte » de la spécificité des AAI au sein du cadre budgétaire issu de la LOLF.
Afin de résoudre la question par un autre biais, le rapport des députés R. Dosière et Ch. Vanneste préconise « d'assurer un financement pérenne des AAI », c'est-à-dire « envisager, quand cela est possible, le financement des AAI par une contribution dont la charge serait supportée par le secteur régulé en contrepartie des services ainsi rendus »[2].

---

[1] EDCE 2001, *op. cit.*, p. 367-368.
[2] R. Dosiere, Ch. Vanneste, *op. cit.*, p. 108.

L'importance de bénéficier de moyens humains suffisants, tant en quantité qu'en qualité, est soulignée par tous les rapports, avec une tonalité particulière dans le rapport de 2010 qui consacre une grande partie aux coûts des AAI et au besoin de rationaliser leurs dépenses (notamment immobilières et de communication).
Dans le rapport du sénateur J. Mezard, deux recommandations visent à améliorer l'évaluation des AAI du point de vue budgétaire. La première concerne la remise d'un document, annexé au projet de loi de finances, présentant les principales données budgétaires et financières agrégées, à la fois, pour l'ensemble des AAI et pour chacune d'entre elle. La seconde préconise la remise d'un rapport au Parlement par chacune des AAI, selon un modèle commun, et des rubriques obligatoires, pouvant donner lieu à une séance annuelle de contrôle en séance publique.
On retrouve dans la loi organique n° 2017-54 du 20 janvier 2017 relative aux autorités administratives indépendant et aux autorités publiques indépendantes (API), quelques-unes des idées évoquées dans les rapports parlementaires mais elle n'apporte aucun élément nouveau sur les garanties fonctionnelles hormis la suppression « définitive » du contrôle budgétaire *a priori* pour toutes les AAI.

III- Hypothèses et méthode de recherche

Hypothèses

Notre hypothèse liminaire est que pour saisir la réalité de l'indépendance d'une autorité de régulation nationale (ARN)[1] il est nécessaire de se fonder sur une approche renouvelée de l'indépendance. Les différents rapports que nous avons évoqués et la loi du 20 janvier 2017, qui les complète, mettent en évidence une approche classique du concept d'indépendance fondée, en grande partie, sur un statut juridique. Il nous semble que cette dimension n'épuise pas, à elle seule, le sujet. Si tel était le cas, la loi du 20 janvier 2017 serait susceptible d'avoir résolu la question une fois pour toutes, ce dont il est permis de douter. Les garanties statutaires, organiques et fonctionnelles sont des conditions nécessaires, mais elles ne se révèlent pas suffisantes à assurer l'indépendance de la régulation, en particulier lorsqu'il s'agit

[1] Au niveau européen les autorités de régulation sont désignées comme autorités de régulation indépendantes (ARI).

d'une autorité en charge de la régulation économique d'une industrie de réseaux.

L'approche habituelle de l'indépendance ne permet pas d'évaluer la capacité de l'autorité de régulation à atteindre ses objectifs, en d'autres termes à mesurer son efficacité[1]. Or, ceux de la régulation sectorielle dans le domaine des réseaux consiste à ouvrir à la concurrence et à assurer un bon fonctionnement du marché naissant. On pourrait imaginer une entité de régulation possédant l'ensemble des garanties d'indépendance accordées par la loi et qui n'en ferait guère usage en ne testant jamais quelles en sont les limites. Il peut, en effet, y avoir une dichotomie entre règles et usage : « l'indépendance peut être ineffective alors que les textes en ont posé les garanties mais l'inverse est aussi vrai : l'indépendance peut être effective alors même que les textes ou l'organisation générale de l'Autorité n'en auraient pas donné toutes les conditions. »[2] Ainsi, la question n'est pas seulement « indépendante certes, mais de qui *? »* mais aussi, et peut-être surtout, « indépendant certes, mais pour quoi faire ? ». Il sera à ce propos instructif de « s'intéresser à la raison d'être de la règle juridique, à son but. C'est ce but qui sert de critère pour évaluer l'efficacité d'une règle »[3], or nous pensons que les règles juridiques servant à encadrer la régulation de l'énergie contribuent à l'indépendance de la CRE. Nous n'évoquons pas ici les garanties statutaires de l'indépendance qui concernent l'entité de régulation mais les différentes lois qui transcrivent les directives européennes et que la CRE cherche à appliquer en prenant en compte leurs objectifs. La CRE s'appuie sur le droit pour affirmer son indépendance au travers des actes qu'elle édicte.

Elle construit également, d'après nous, son indépendance sur sa capacité à démontrer son expertise économique. On associe souvent indépendance et impartialité au point d'écrire que « la première garantie que l'on peut attendre des AAI réside dans leur impartialité »[4], ce qui

---

[1] Et non son efficience qui est liée à la confrontation des moyens utilisés et des résultats atteints, voir V. DELVAL, *Recherche sur un modèle d'autorité de régulation dans l'Union Européenne dans les secteurs économiques et financiers,* Thèse, Université Lille 2 – Droit et Santé, novembre 2016., p. 37.

[2] M.-A. FRISON-ROCHE, « Etude sur les AAI »*, op. cit.*, t. 1, p. 73.

[3] V. DELVAL, *Recherche sur un modèle d'autorité de régulation dans l'Union Européenne dans les secteurs économiques et financiers, op. cit.*, p.38.

[4] « *Les AAI construisent chaque jour leur légitimité sur leur expertise* », M.-A. FRISON-ROCHE, « Etude sur les AAI », in P. Gélard, *Les AAI : évaluation d'un objet juridique non identifié, op. cit.*, t. 1, p. 98.

essentiellement « concerne une qualité des membres des AAI »[1]. Or, les acteurs du système attendent, certes, impartialité, mais aussi une capacité d'expertise économique, comme le souligne le vice-président du Conseil d'Etat : « Les autorités indépendantes ont été créées en France, dans un but spécifique d'efficacité et elles disposent dans une main unique, d'une capacité d'action multiforme et d'une expertise renforcée »[2]. Il est besoin d'expliciter ce que l'on entend ici par expertise économique en précisant le terme « économie ». Le mot peut en effet désigner soit un ordre de discours « qui se perçoit comme scientifique », ce qui évoquera l'analyse économique, soit « une dimension substantielle des réalités juridiques : on parlera alors de dimension économique »[3]. En ce qui concerne l'expertise, celle-ci est « habituellement présentée par ceux qui la produisent et/ou en font usage comme la mobilisation de savoirs aux fins d'éclairer l'action *publique* »[4]. L'expertise économique évoquée pour la CRE englobe, ainsi, un champ assez large qui recouvre à la fois la prise en compte d'une analyse économique et celle d'une dimension économique, notamment au travers de la concurrence. Sans entrer dans le débat concernant les relations entre droit et économie, l'expertise économique à laquelle nous nous référons ne consiste pas à voir le discours économique se boucler sur lui-même mais plus simplement à rechercher la signification pratique des règles.

Cette approche implique pour la CRE de ne pas considérer le discours politique comme un postulat mais au contraire l'interroger, en en analysant les conséquences.

Pour illustrer notre propos nous prendrons l'exemple suivant : lorsque l'exécutif décide d'un prix de rachat de l'électricité produite à partir de l'énergie solaire (photovoltaïque), la CRE en fait une analyse économique et financière dont elle tire l'avis défavorable qu'elle rend sur le projet du Gouvernement. En l'occurrence, elle fait preuve d'une expertise permettant d'éclairer l'action publique (certes sans résultat) et

---

[1] S. DUBITON, *La protection des libertés publiques..., op. cit.,* p. 138.

[2] J.-M. SAUVE, *Autorités administratives, droits fondamentaux et opérateurs économiques,* Actes du colloque du 12 octobre 2012, coll. Colloques vol. 19, Société de législation comparée, p. 19.

[3] Th. KIRAT, L. VIDAL, « Le droit et l'économie : étude critique des relations entre les deux disciplines et ébauches de perspectives renouvelées », Annales de l'Institut André TUNC – Université de Paris I Panthéon Sorbonne, 2005.

[4] C. ROBERT, « Expertise européenne », *in* Emmanuel HENRY, Claude GILBERT, Jean- Noel JOUZEL, Pascal MARICHALAR *Dictionnaire critique de l'expertise*, 2015, Presses de Sciences Po, p. 148-156 (376 p.)

elle démontre sa compétence économique. C'est l'hypothèse que nous chercherons à vérifier au travers des différents actes édictés par la CRE. L'ouverture à la concurrence de secteurs jusque-là dominés par des monopoles publics, et dans lesquels l'Etat conserve une part importante ou majoritaire, implique une indépendance particulière de la part des autorités de régulation, qui se voient, notamment, confrontées aux intérêts de l'Etat actionnaire.

A cette première, et assez traditionnelle, difficulté, s'ajoutent celles dues aux éventuelles divergences entre régulation et politique du secteur ministériel concerné[1] : « l'indépendance est alors la conséquence du caractère sectoriel de la régulation et de la nécessité de préserver les intérêts, concurrentiels ou non, dont le régulateur a la charge de la prise en compte de considérations macroéconomiques ou, plus généralement, de toute préoccupation exogène »[2]. La CRE n'opère pas dans un monde virtuel mais doit s'inscrire dans un paysage institutionnel complexe, constitué des pouvoirs politiques nationaux (exécutif et Parlement) et européens, avec la Commission et l'émergence d'une régulation européenne.

Les trois rapports parlementaires sur les AAI de 2006, 2010 et 2015 mettent en évidence l'irritation croissante des députés et sénateurs à l'égard des AAI et leur volonté de passer de l'indépendance au contrôle[3]. Les termes employés par M. Lombard en parlant de « véritable paradis technocratique »[4] auraient volontiers été repris par les parlementaires.

Il convient néanmoins de nuancer et de compléter ce tableau. Les critiques du Parlement portent sur des questions de forme et les questions de fond ne sont que rarement abordés à froid. Il nous semble que les textes régissant l'indépendance des autorités de régulation sectorielle, ne peuvent appréhender la totalité des situations, et que ce sont ces autorités elles-mêmes qui doivent bâtir leur indépendance, en respectant toutefois un contrôle démocratique. Equilibre délicat qui

[1] Préoccupations d'aménagement du territoire, sociales (tarifs et prix), politique industrielle…

[2] G. ECKERT, « L'indépendance des autorités de régulation économique à l'égard du pouvoir politique », *RFAP*, 2012/13, n° 143, p. 632.

[3] « Les autorités de régulation ne peuvent être indépendantes de l'Etat, mais seulement indépendantes au sein de l'Etat », H. DELZANGLES in « La détermination hésitante de la portée de l'indépendance des autorités de régulation nationales par la Cour de justice de l'Union européenne », *RJEP*, 2011, comm.41.

[4] M. LOMBARD, « Institutions de régulation économique et démocratie politique », *op. cit.*, p. 536.

nécessite une sorte de « savoir-faire » peu aisé à maîtriser, surtout si l'on se réfère à certaines déclarations de parlementaires comme celle président de l'Assemblée nationale J. L. Debré : « Le développement de ce que l'on appelle pudiquement les AAI participe au déclin de l'autorité de nos assemblées »[1] ou, plus récemment, celle du président du Sénat[2].

Le niveau européen soulève des questions d'une autre nature. L'indépendance des régulateurs sectoriels est devenue une priorité pour la Commission européenne : « pour les autorités de régulation économiques intervenant dans des domaines ayant fait l'objet de directives européennes d'ouverture à la concurrence, l'affirmation de l'indépendance à l'égard des autorités politiques nationales semble s'accompagner d'un renforcement du contrôle des institutions européennes » [3]. L'indépendance au niveau national serait compensée par une certaine dépendance du niveau européen. La régulation, au travers des agences européennes mises en place ces dernières années, a-t-elle modifié les rapports entre régulateurs nationaux et la Commission ? Est-ce que cette dernière, qui a imposé à de nombreux Gouvernements des éléments déterminants de l'indépendance des autorités de régulation, passerait, aussi, de l'indépendance au contrôle, ou de la volonté d'harmoniser à une volonté d'uniformiser ? En ce domaine également ce ne sont pas les seuls textes qui définissent la réalité.

Notre hypothèse est que si les lois et les directives donnent un cadre général, elles ne suffisent pas, à elles-seules, à évaluer comment une autorité de régulation parvient, ou non, à conserver, voire à conforter son indépendance.

Méthodologie et annonce de plan

La méthodologie employée est essentiellement juridique, mais, compte tenu de l'objet d'étude qui ressort d'une réalité interdisciplinaire liant fréquemment les raisonnements juridiques et économiques, notre recherche ne peut ignorer les apports des théories économiques et des sciences politiques.

---

[1] J.-L. DEBRE, *Le Monde*, 28 novembre 2006.

[2] G. LARCHER, *Le Figaro*, 1er mars 2023.

[3] G. ECKERT, « L'indépendance des autorités de régulation économique à l'égard du pouvoir politique », *op. cit.*, p. 642.

De manière plus singulière, elle s'appuie également sur une expérience professionnelle de plus de dix ans en tant que président de la CRE, ce qui est à la fois un atout et une difficulté. En effet, si cette expérience donne l'opportunité de relire et d'analyser la pratique de la régulation de l'énergie au cours de la période 2000-2022, le regard qui doit être porté dans une approche de recherche réclame une objectivité qui demande une distanciation par rapport à une pratique.
L'analyse stricte des textes émanant de la CRE, et du Comité de règlement des différends des sanctions (CoRDiS), (délibérations, règlements de différends, sanctions, rapports d'activité et rapports thématiques) doivent permettre cette objectivation, sans écarter, sur certains points, un éclairage contextuel issu de l'expérience.
Nous complétons cette première source par l'étude des décisions du Conseil d'Etat, de la cour d'appel de Paris et de la Cour de Cassation. Nous nous intéressons aux diverses et nombreuses lois sur l'énergie et aux débats afférents, qui apportent des informations indispensables sur la vision parlementaire de l'indépendance de la CRE. Nous nous référons, également, aux rapports sur les AAI, provenant du Parlement, du Conseil d'Etat et de la Cour des comptes. Nous examinons, enfin, les directives européennes relatives à l'électricité et au gaz naturel, les positions de la Commission européenne, les travaux des régulateurs au niveau européen[1] et ceux de l'Agence de coopération des régulateurs de l'énergie (ACER)[2]. Il n'entre, toutefois, pas dans le champ de notre recherche d'établir une comparaison entre la CRE et les autres régulateurs de l'énergie en Europe, bien que le sujet européen soit une partie importante de ce travail. La question sera abordée à titre d'exemple ou d'illustration.
La problématique retenue, qui s'attache, d'une part, à considérer que l'indépendance de l'entité en charge de la régulation de l'énergie, la CRE, s'établit par l'exercice d'une expertise économique et, d'autre part, à étudier comment la CRE articule son indépendance au sein d'un équilibre institutionnel national et européen, nous conduit à adopter un plan en deux parties assez distinctes mais néanmoins entièrement liées.

---

[1] Conseil des régulateurs européens de l'énergie, *Council of European Energy Regulators* (CEER).
[2] *Agency for the Cooperation of Energy Regulators* (ACER).

PREMIERE PARTIE

Une indépendance fondée sur une expertise de nature économique

L'indépendance des AAI en général et des autorités de régulation sectorielle en particulier a fait l'objet de nombreux écrits, mais peu ont traité de la construction pratique de cette indépendance, dont l'essence ne repose pas seulement sur des garanties statutaires, certes utiles toutefois insuffisantes, mais sur la capacité à légitimer cette indépendance par une compétence que nous désignons comme une expertise de nature économique.

Il convient, dès à présent, de préciser que cette notion ne concerne pas l'économie du droit au sens propre [1]. Il est ici question de la faculté de la CRE à appréhender les réalités économiques et techniques sous-jacentes à la régulation de l'énergie. Les sujets abordés sont vastes et souvent complexes, de l'élaboration des tarifs de réseaux ou de la gestion des réseaux intelligents aux méthodes de calcul des tarifs réglementés de vente en électricité et en gaz naturel, où l'interaction entre droit et économie est particulièrement riche. On pourrait énumérer de nombreux autres exemples où les phénomènes de coordination entre les deux approches ne se situent pas dans un monde de « purs projets », mais dans des espaces d'action configurés par des règles, des institutions et des dispositifs d'action où sont présents des rapports d'opposition et de pouvoir. La CRE doit ainsi user des outils régulatoires que lui octroie la loi, en utilisant les développements que lui permettent le droit et, par synergie, appuyer de la sorte ses démonstrations économiques et techniques et réciproquement.

---

[1] « L'économie du droit (*Law and Economics* dans la terminologie anglo-saxonne) est une branche de la science économique qui applique ses méthodes et ses cadres conceptuels à l'étude du droit ou des effets économiques des règles juridiques, dans des domaines tels que la responsabilité civile, les contrats, les décisions judiciaires, les modes de règlement des différends. », Th. KIRAT, « Les problèmes de l'interface entre le droit et l'économie » in *Économie du droit*, Paris, éd. La Découverte, 1999, p.11-34.

Avant d'aborder ce sujet, il nous semble utile de présenter les garanties statutaires qui s'appliquent et se sont appliquées à l'égard des membres du collège de la CRE et d'évaluer si elles participent à cette capacité d'expertise économique.
Ainsi, nous allons étudier ces éléments censés assurer l'indépendance, ou la perception de l'indépendance, des membres du collège de la CRE, que ce soit en termes de pouvoir d'encadrement des nominations, qui vise à éviter des nominations de complaisance et à garantir une certaine compétence, ou en termes d'obligations de déclaration, dont l'objectif est de prévenir tout conflit d'intérêts et de protéger l'impartialité des commissaires dans le titre I.
Il convient ensuite d'établir en quoi et comment la CRE construit son expertise économique au travers des outils régulatoires à sa disposition en édictant des actes administratifs unilatéraux, ce qui est l'objet du titre II.

Titre I- Une expertise de nature économique recherchée dans les garanties statutaires ?

Les conditions de nomination et le régime d'incompatibilité sont des garanties d'impartialité et de légitimité. Les garanties statutaires constituent le socle juridique qui assure les conditions objectives de l'indépendance des membres du collège d'une AAI. Elles visent à éviter des nominations purement discrétionnaires et doivent conférer à l'autorité l'indépendance nécessaire pour être crédible et respectée. De ce point de vue, on peut noter une sensible évolution de la loi concernant les critères exigés pour les nouveaux membres du collège, ainsi que de multiples modifications de la composition du collège lui-même.

Les obligations de déclaration, intervenues bien après la création de la CRE, se sont accrues au cours des dernières années de telle façon qu'il est envisageable qu'elles aient désormais atteint une phase de stabilité.

Nous verrons en conséquence, dans un premier chapitre, les différentes obligations imposées au pouvoir de nomination et, dans un second chapitre, les diverses obligations auxquelles sont soumis les membres du collège de la CRE.

Nous constaterons également que ce n'est pas par ce biais statutaire que la CRE bâtit son expertise interne.

Chapitre 1 - Les obligations imposées au pouvoir de nomination

« La nomination représente une des prérogatives essentielles de tout ' Exécutif ', au point que nous pourrions dire avec Talleyrand que ' l'art de mettre les hommes à leur place est le premier, peut-être, dans la science du gouvernement ' »[1].

La nomination des membres d'une AAI procède précisément du pouvoir exécutif, tout au moins pour une part, mais ne correspond pas à la définition classique des nominations de l'administration.

Le pouvoir de nomination dont il est question est une compétence, c'est-à-dire, pour une autorité, « les actes normateurs que le droit l'habilite à accomplir, [...] l'ensemble des "actes juridiques" qui lui sont permis par l'ordre juridique »[2].

L'une des particularités du système français relatif aux autorités administratives indépendantes chargées de régulation tient à la recherche d'un équilibre dans le pouvoir de nomination entre l'exécutif et le Parlement. Il s'agit d'ailleurs d'une singularité parmi les cas européens. S'il arrive, en effet, qu'un Parlement national ait un réel pouvoir d'approbation des candidats proposés, comme c'est le cas en Italie, ce n'est qu'en France qu'il exerce un pouvoir de nomination.

La CRE est, à cet égard, « représentative », car la composition du collège fluctue considérablement, y compris dans cet équilibre entre l'exécutif et le Parlement. Au-delà de cet aspect, l'encadrement proprement dit du pouvoir de nomination connaît un certain flou, depuis la première version de la loi du 10 février 2000 jusqu'à la version issue de la loi du 20 janvier 2017.

Ces changements ne concernent cependant pas de façon similaire le président (section 1) et les autres membres du collège (section 2).

Section 1- Le président

Les critères relatifs à l'encadrement juridique des nominations dans la fonction publique et le secteur parapublic sont assez classiques (I) mais

---

[1] B. MONTAY, « Le pouvoir de nomination de l'Exécutif sous la Ve République », *Jus Politicum,* n° 11, (TALLEYRAND, « Essai sur les avantages à retirer des colonies nouvelles dans les circonstances présentes », in *Mémoires de l'Institut national des sciences et arts*, II, Paris, Baudouin, 1799, p. 293.)

[2] C. EISENMANN, *Cours de droit administratif*, LGDJ, 1982, t. I, p. 490.

tous ne s'appliquent pas à la procédure de nomination du président de la CRE (II).

I- L'encadrement juridique des nominations

L'acte de nomination est fonction de son auteur, des conditions de fond et de forme qui lui sont attachées, des procédures de contrôle *a priori* (les éventuels avis), mais aussi des procédures de contrôle *a posteriori* (le régime contentieux de l'acte).

L'encadrement juridique du choix du candidat est censé limiter l'arbitraire de celui qui nomme et permettre la vérification des capacités de celui qui est nommé. La nomination peut, en général, être prise, soit « sur la proposition », soit « sur le rapport » de telle autorité ou de tel ministre. Il peut exister une proposition conjointe émanant de plusieurs autorités : c'était le cas des membres de l'ancien conseil de la politique monétaire de la Banque de France, qui étaient choisis à partir d'une liste comprenant un nombre de noms triple de celui des membres à désigner, établie d'un commun accord, ou à défaut à parts égales, par le président du Sénat, le président de l'Assemblée nationale et le président du Conseil économique et social.

Par ailleurs, le statut de l'emploi à pourvoir se présente selon deux possibilités fort différentes : la distinction s'opérant entre fonctionnaires et non-fonctionnaires. La majorité des emplois publics exige que la personne ayant vocation à l'occuper ait un statut de fonctionnaire.

La plupart des nominations sont prises sur le rapport d'un ministre : « Majoritairement, les directeurs d'administration centrale, emplois à la décision du gouvernement, sont nommés par décret délibéré en conseil des ministres, pris sur le rapport du Premier ministre et du ministre intéressé, de même pour les recteurs et les dirigeants d'entreprises publiques »[1]. Il faut toutefois reconnaître qu'il n'est pas aisé de différencier ce qui ressort du simple rapport et de la proposition, les deux ayant fréquemment tendance à se confondre.

Il convient aussi d'évoquer deux types de contrôle avant que la nomination ne soit effective. Le premier, le plus ancien, prend la forme d'un avis que rendent certaines autorités, organes ou commissions, et qui lie plus ou moins l'autorité de nomination, sur lequel nous ne nous

---

[1] B. MONTAY, « Le pouvoir de nomination de l'Exécutif sous la Ve République », *Jus Politicum*, n° 11.

attarderons pas. Le second est celui qui a été institué par la révision constitutionnelle du 23 juillet 2008 et qui s'exerce, par les commissions parlementaires compétentes, sur une certaine catégorie d'emplois sur laquelle nous revenons ci-dessous.
On relèvera enfin le contrôle *a posteriori*. Le contentieux des emplois publics se répartit entre les tribunaux administratifs, qui ont une compétence de droit commun pour les litiges individuels relatifs au recrutement, et le Conseil d'État, pour l'ensemble des litiges relatifs à la situation individuelle des fonctionnaires nommés par décret du président de la République.

II- L'encadrement souple de la nomination du président de la CRE

Le président du collège de la CRE est nommé par décret du président de la République indique le 2° alinéa de l'article 132-2 du Code de l'énergie.
Sa nomination ne se fait, ni sur la proposition ni sur le rapport d'un ministre ou d'une autorité ; le décret de nomination n'est pas délibéré en conseil des ministres, et le poste n'est pas réservé aux seuls titulaires d'un statut de fonctionnaire. Les exigences de capacités requises n'ont pas varié depuis la loi initiale n° 2000-108 du 10 février 2000, puisque sont toujours évoquées les qualifications générales « dans les domaines juridique, économique et technique ».
Ces dispositions laissent, en conséquence, une grande liberté de choix à l'exécutif, ou plus précisément au président de la République, pour la nomination du président de la CRE. Sans vouloir minimiser les qualifications requises pour être nommé à cette fonction, on peut reprendre la formule selon laquelle « Il y a une sorte d'échelle décroissante dans les conditions de nomination, à mesure que les fonctions sont élevées. »[1]
Cette latitude est cependant bordée, car la nomination des présidents des AAI est l'objet d'une dissociation des pouvoirs, afin de garantir cette indépendance caractéristique de ces mêmes autorités. La dissociation des pouvoirs en question reste cependant fort mesurée au travers d'un certain contrôle parlementaire (A) qui s'est manifesté par

[1] A. DELEST, « De la nomination et de la révocation des fonctionnaires publics », Paris, Pedone, 1899, p. 107-108 (cité par B. MONTAY, « Le pouvoir de nomination de l'Exécutif sous la Ve République » *op. cit.* p. 19).

une volonté de contrôle du Parlement sur la nomination du président de la CRE (B).

A- Un certain contrôle parlementaire

La révision constitutionnelle du 23 juillet 2008 et la loi organique n° 2010-837 du 23 juillet 2010[1] renforcent la procédure consultative pour une certaine catégorie d'emplois à pourvoir[2]. Le cinquième alinéa de l'article 13 de la Constitution prévoit ainsi que des « emplois ou fonctions », déterminés par une loi organique, seront pourvus « après avis de la commission permanente compétente de chaque assemblée » et ce « en raison de leur importance pour la garantie des droits et libertés ou la vie économique et sociale de la Nation »[3].
Le poste de président de la CRE, comme la plupart des fonctions similaires à la tête des AAI, est mentionné à l'annexe de la loi organique précitée. Ce pouvoir de contrôle du Parlement, dans lequel on pourrait voir une dissociation entre « désignation » et « nomination », reste toutefois très modeste, car le président de la République serait empêché de procéder à la nomination de la personne désignée uniquement si l'addition des votes négatifs dans chaque commission compétente en matière d'énergie, de l'Assemblée nationale et du Sénat, représentait au moins trois cinquièmes des suffrages exprimés au sein des deux commissions. La capacité de s'opposer au choix du président de la République demeure, ainsi, faible, comme le soulignent les deux rapporteurs du comité d'évaluation et de contrôle des politiques publiques en 2011 : « il est de fait quasiment impossible de réunir une majorité 'négative' des trois cinquièmes pour s'opposer au choix du Président de la République et du Gouvernement »[4]. Cette affirmation

---

[1] Loi organique n° 2010-838 du 23 juillet 2010 relative à l'application du cinquième alinéa de l'article 13 de la Constitution.
[2] D. MAHERZI, « La réforme constitutionnelle du 23 juillet 2008 et le pouvoir de nomination du président de la République », *Revue de la recherche juridique*. Droit prospectif, 1er décembre 2011, n° 3, p. 1335-1357.
[3] « Une loi organique détermine les emplois ou fonctions, autres que ceux mentionnés au troisième alinéa, pour lesquels, en raison de leur importance pour la garantie des droits et libertés ou la vie économique et sociale de la Nation, le pouvoir de nomination du Président de la République s'exerce après avis public de la commission permanente compétente de chaque assemblée », Loi constitutionnelle n°2008-724 du 23 juillet 2008 de modernisation des institutions de la Vème République, art. 5.
[4] *Rapport d'information par le Comité d'évaluation et de contrôle des politiques publiques, sur la mise en œuvre des conclusions du rapport d'information (n° 2925)*

s'est vue confirmée lors des auditions, en août 2022, devant les commissions en charge de l'énergie à l'Assemblée nationale et au Sénat, de la nouvelle présidente de la CRE pressentie par le Président de la République. Elle recueilli 48 voix contre et 43 voix pour.

B- Les modifications législatives

Au travers d'une rapide rétrospective des conditions de nomination du président de la CRE, on remarque que le premier grand changement intervient dans la loi n° 2006-1537 du 7 décembre 2006 relative au secteur de l'énergie.

Lors de la discussion en commission mixte paritaire[1], un droit de regard, par voie d'avis des commissions compétentes dans le domaine de l'énergie sur le décret de nomination du président, est introduit dans la loi. L'article 5 modifie l'article 28 de la loi n°2000-108 du 10 février 2000[2] : le paragraphe II indique que : « Le président du collège est nommé par décret en raison de ses qualifications dans les domaines juridique, économique et technique, après avis des commissions du Parlement compétentes en matière d'énergie ».

Cet article ne précise toutefois pas en quoi consisterait l'avis des commissions. S'agit-il d'un avis consultatif, d'un droit d'approbation ou d'une possibilité d'opposition ? Il est probable que cette disposition, si elle avait dû être appliquée, aurait soulevé des difficultés juridiques. Elle marque en tout état de cause, la volonté du Parlement, et plus particulièrement de l'Assemblée nationale, d'avoir un droit de regard sur la nomination du président de la CRE. La révision constitutionnelle

---

du 28 octobre 2010 sur les autorités administratives indépendantes, R. DOSIERE et Ch. VANNESTE, députés, Assemblée Nationale, N° 4020, 11 décembre 2011, p. 59.

[1] Rapport n° 55 (2006-2007) de L. PONIATOWSKI, sénateur, et J.-C. LENOIR, député, fait au nom de la commission mixte paritaire, déposé le 6 novembre 2006.

[2] Art. 28 original : « La Commission de régulation de l'électricité comprend six membres nommés pour une durée de six ans en raison de leur qualification dans les domaines juridique, économique et technique. Trois membres, dont le président, sont nommés par décret. Les trois autres sont nommés, respectivement, par le président de l'Assemblée nationale, le président du Sénat et le président du Conseil économique et social ».

Art. 28 loi 2003-8 du 3 janvier 2003 : « La Commission de régulation de l'énergie comprend sept membres nommés pour une durée de six ans en raison de leur qualification dans les domaines juridique, économique et technique. Deux membres, dont le président, sont nommés par décret, deux membres sont nommés par le président de l'Assemblée nationale, deux membres sont nommés par le président du Sénat et un membre est nommé par le président du Conseil économique et social ».

du 23 juillet 2008 et la loi organique n° 2010-837 du 23 juillet 2010 donnent un cadre légal à cette volonté,
L'article 38 de la loi du 20 janvier 2017 (la loi n°2019-1147 du 8 novembre 2019) reprend ce principe. Cela signifie que le président de la CRE est nommé « dans les conditions fixées par la loi organique n° 2010-837 du 23 juillet 2010 relative à l'application du cinquième alinéa de l'article 13 de la Constitution », et donc qu'il doit être auditionné par les commissions permanentes compétentes des deux Assemblées.
Sur le plan des incompatibilités, on remarque l'absence de différences entre le président et les membres du collège. L'article 28 de la loi de 2000 fixe un cadre précis : « Les membres de la commission exercent leurs fonctions à plein temps. La fonction de membre de la Commission de régulation de l'électricité est incompatible avec toute activité professionnelle, tout mandat électif communal, départemental, régional, national ou européen, tout emploi public et toute détention, directe ou indirecte, d'intérêts dans une entreprise du secteur de l'énergie ou dans une entreprise éligible visée à l'article 22. Les membres de la commission ne peuvent être membres du Conseil économique et social. Tout membre de la commission exerçant une activité ou détenant un mandat, un emploi ou des intérêts incompatibles avec sa fonction est déclaré démissionnaire d'office, après consultation de la commission, par arrêté du ministre chargé de l'énergie ». Ce régime d'incompatibilité était plus strict que celui de l'ARCEP (anciennement ART), puisqu'il excluait tout mandat électif local ou européen ainsi que la qualité de membre du Conseil économique et social, cette institution participant à la désignation d'un membre du collège.
Il faut attendre la loi n°2010-1448 du 7 décembre 2010, dite loi NOME, pour constater une modification, anecdotique, des incompatibilités. Jusque-là les membres du collège ne peuvent être nommés au-delà de soixante-cinq ans, le nouveau paragraphe V alinéa 3 de l'article 28 fait passer cette limite à soixante-dix ans, conférant à la CRE une singularité surprenante[1].
La réelle modification d'importance provient de la loi n°2017-55 du 20 janvier 2017, qui introduit, pour tous les membres d'une AAI, président

[1] Il s'agissait d'un amendement du député C. GATIGNOL, destiné à permettre à un candidat potentiel à la présidence de la CRE (ancien président du directoire de RTE et ayant dépassé l'âge limite de soixante-cinq ans) de pouvoir être nommé.

compris, un changement majeur en termes d'incompatibilité, mais non en matière de compétence.
Son article 12 prévoit qu'aucun membre d'une autorité administrative indépendante ne peut participer à une délibération si « il y a un intérêt, au sens de l'article 2 de la loi n° 2013-907 du 11 octobre 2013 relative à la transparence de la vie publique [...] ou il y a eu un intérêt au cours des trois années précédant la délibération, la vérification ou le contrôle ».
Ces dispositions viennent compléter celles de l'article 2 de la loi n° 2013-937 du 11 octobre 2013 précitée, selon lesquelles « Au sens de la présente loi, constitue un conflit d'intérêt toute situation d'interférence entre un intérêt public et des intérêts publics ou privés qui est de nature à influencer ou à paraître influencer l'exercice indépendant, impartial et objectif d'une fonction. Lorsqu'ils estiment se trouver dans une telle situation : les membres des collèges d'une autorité administrative indépendante ou d'une autorité publique indépendante s'abstiennent de siéger ».
Elles ont notamment pour effet de fixer la dimension temporelle des conflits d'intérêt dans le cas des AAI et des API. Alors que la commission de réflexion pour la prévention des conflits d'intérêt dans la vie publique proposait de distinguer entre les types d'intérêt en cause pour définir cette durée[1], l'article 12 de la loi fixe cette durée à trois ans, sans prise en compte des types d'intérêts concernés.
Par ailleurs les deux autres énoncés (le 2° et le 3°) de l'article 12 imposent une obligation de déport systématique, indépendamment de l'existence éventuelle d'un conflit d'intérêt au sens de la loi du 11 octobre 2013, lorsque l'intéressé : « exerce des fonctions ou détient des mandats, ou, si au cours de la même période, il a exercé des fonctions ou détenu des mandats au sein d'une personne morale concernée par la délibération, la vérification ou le contrôle », ou « s'il représente ou, au cours de la même période, a représenté une des parties intéressées ».
Cela constitue une modification radicale des conditions d'incompatibilité pour la nomination du président de la CRE et des membres du collège. Cela restreint le champ des possibles en termes

[1] « Immédiate pour les intérêts financiers, dont il est aisé de se départir et qui n'engagent pas la personne dans une relation durable, elle est nécessairement plus longue pour les relations professionnelles », Commission de réflexion pour la prévention des conflits d'intérêts dans la vie publique, *Pour une nouvelle déontologie de la vie publique*, p. 18.

d'expérience professionnelle et de compétences[1]. La Cour des comptes le souligne d'ailleurs, elle-même, dans un rapport sur la CRE, en évoquant le déport : « pour un régulateur comme la CRE où une certaine expertise est requise pour l'appropriation des dossiers sur lesquels les membres vont délibérer, le renforcement de la règle de déport pour les activités remontant à trois ans ou celle concernant l'après-mandat risque de tarir les candidatures issues du secteur privé ou des entités publiques intervenant dans le secteur de l'énergie »[2].
La désignation comme présidente de l'ARCEP[3] d'une parlementaire aurait pu laisser supposer que l'exécutif s'orienterait désormais vers ce type de profil pour présider une ARN, mais la nomination du président de l'Autorité de la concurrence, en janvier 2022[4], revenait à des choix plus traditionnels, même s'il ne s'agissait pas d'un membre du Conseil d'Etat. Les nominations suivantes ne confèrent pas d'orientation particulière aux choix de l'exécutif : la présidente de l'Autorité des marchés financiers nommée en octobre 2022[5] comme la proposition du Président de la République pour la présidence de l'Autorité de régulation des transports (ART)[6] en février 2023 restent classiques, avec le choix de hauts fonctionnaires dont la compétence est indéniable. Ce qui en revanche suscite interrogations, polémique et même opposition de la part des parlementaires est relatif à l'indépendance des

[1] Il est ainsi vraisemblable que la nomination du premier président de la CRE, J. SYROTA , qui avait été attaquée au motif de sa participation antérieure aux conseils d'administration de trois entreprises du secteur, ne serait pas réalisable aujourd'hui. Voir l'arrêt du Conseil d'Etat, s-sections réunis, 16 mars 2001, Greenpeace EG Association de consommateurs ACTER, n° 221255, CJEG n° 577, juin 2001, p.249 ; le recours fut rejeté par le Conseil d'Etat, au motif que la nomination ne contrevenait pas aux dispositions de l'art. 35 de la loi du 10 février 2000.

[2] Cour des Comptes, Deuxième Chambre, Troisième section *La politique salariale et les rémunérations pratiquées au sein de la commission de régulation de l'énergie*, Exercices 2011-2016, p. 22 (document non public) p. 36. Ce rapport fait partie d'une enquête demandée à la Cour par le président de la commission des finances de l'Assemblée nationale sur « *la politique salariale et les rémunérations pratiquées par les AAI* » en application du 2° de l'article 58 de la loi organique n° 2001-692 du 1er août 2001 relative aux lois de finances. La CRE faisait partie de l'échantillon retenu.

[3] L. DE LA RAUDIERE, ancienne députée (2007-2021), nommée présidente de l'ARCEP par décret du 28 janvier 2021.

[4] B. COEURE est nommé le 22 janvier par décret du Président de la République, président de l'Autorité de la concurrence.

[5] M.-A. BARBAT-LAYANI nommée le 26 octobre 2022 par décret du Président de la République présidente de l'Autorité des marchés financiers (AMF).

[6] M. PAPINUTTI, proposition du Président de la République du 10 février 2023 pour le poste de président de l'ART.

personnalités pressenties[1] La nomination de la nouvelle présidente de la CRE, à la suite de l'entrée au Gouvernement du président de la CRE avant la fin de son mandat, crée toutefois un double précédent : l'entrée au sein de l'exécutif du président d'une autorité administrative indépendante et son remplacement par une ancienne ministre[2].

Section 2- L'encadrement du pouvoir de nomination des membres du collège

Si les conditions de nomination du président de la CRE sont restées assez constantes depuis l'origine, hormis le contrôle *a priori* exercé par les commissions parlementaires compétentes, la réalité est toute autre pour les membres du collège comme le démontre la forte instabilité des conditions de nomination (I) et les nombreux changements de la composition du collège (II).

I- L'instabilité des conditions de nomination

L'article 132-2 du Code de l'énergie, dans sa version consolidée de mai 2020, prévoit un collège de quatre membres, plus le président. Un membre du collège est nommé par décret, en raison de ses qualifications « dans les domaines de la maîtrise de la demande d'énergie et des énergies renouvelables ». Un autre membre du collège est nommé par décret, mais sur la proposition du ministre chargé de l'outre-mer, « en raison de sa connaissance et de son expérience des zones non interconnectées ». Enfin, les deux autres membres du vis-à-viscollège sont, respectivement, nommés par le président du Sénat, en raison de « ses compétences dans les domaines des services publics locaux de l'énergie et de l'aménagement du territoire », et le président de l'Assemblée nationale, « en raison de ses compétences dans les

[1] La désignation de M.-A. BARBAT-LAYANI a été très discuté au Parlement 43% des députés ont voté contre sa nomination. « Les parlementaires ont semblé très préoccupés pat l'indépendance de M.-A. Barbat-Layani vis-à-vis du gouvernement et d'Emmanuel Macron, mais surtout vis-à-vis du monde bancaire » (*Les Echos*, 19 octobre 2022). La proposition de M. PAPINUTTI a finalement été abandonnée en raison du nombre de conflits d'intérêts qu'aurait rencontré le postulant.

[2] J.-F. CARENCO est président de la CRE du 16 février 2016 au 4 juillet 2022, date de sa nomination comme ministre délégué aux Outre-Mer auprès du ministre de l'Intérieur. E. WARGON est nommée présidente de la CRE par décret du Président de la République paru le 17 août 2022.

domaines de la protection des consommateurs d'énergie et de la lutte contre la précarité énergétique »[1].
La parité, instituée par la loi n° 2013-312 en date du 15 avril 2013, est transformée pour ne s'appliquer, désormais, qu'aux commissaires, traitant à part le poste du président, et permettant, de la sorte, une nomination indifférenciée.
La CRE a, ainsi, la particularité d'être la seule autorité de régulation française à connaître un collège composé de membres ayant chacun une compétence propre. C'est l'article 9 de la loi n°2013-312 du 15 avril 2013 qui introduit ces qualifications complémentaires à celles, générales, de compétences juridiques, économiques et techniques.
On peut relever qu'une des compétences prévues par la loi, concernant la nomination par le Président de l'Assemblée nationale d'un membre du collège en raison de ses compétences dans le domaine de la protection des données personnelles, a désormais disparu.
Il s'agit là du dernier avatar d'un texte, qui en a connu de nombreux depuis la loi initiale du 10 février 2000 qui avait repris les principes dégagés pour l'ART. Elle prévoyait trois nominations par décret, dont

---

[1] L'article 132-2 du Code de l'énergie après la loi n°2019-1147 du 8 novembre 2019 : « Le collège est composé de cinq membres nommés en raison de leurs qualifications juridiques, économiques et techniques.
Le président du collège est nommé par décret du Président de la République.
Le collège comprend également :
1° Un membre nommé par le président de l'Assemblée nationale, en raison de ses qualifications juridiques, économiques et techniques dans les domaines de la protection des consommateurs d'énergie et de la lutte contre la précarité énergétique ;
2° Un membre nommé par le président du Sénat, en raison de ses qualifications juridiques, économiques et techniques dans les domaines des services publics locaux de l'énergie et de l'aménagement du territoire ;
3° (abrogé)
4° Un membre nommé par décret, en raison de ses qualifications juridiques, économiques et techniques dans les domaines de la maîtrise de la demande d'énergie et des énergies renouvelables ;
5° Un membre nommé par décret, sur proposition du ministre chargé de l'outre-mer, en raison de sa connaissance et de son expérience des zones non interconnectées.
L'écart entre le nombre de femmes et le nombre d'hommes ne peut être supérieur à un. Les membres du collège sont nommés pour six ans. Leur mandat n'est pas renouvelable. Les fonctions de président et des autres membres du collège sont incompatibles avec tout mandat électif communal, départemental, régional ou européen et avec la détention, directe ou indirecte, d'intérêts dans une entreprise du secteur de l'énergie.
Selon des modalités fixées par décret en Conseil d'Etat, le collège est, à l'exception de son président, renouvelé par moitié tous les trois ans ».

le président, deux sur décision des présidents des Assemblées et une en vertu du choix du président du Comité Economique et Social.
Les compétences requises, identiques pour le président et les membres du collège, se référaient à des « qualifications juridiques, économiques et techniques ».
La CRE se caractérise par une intervention récurrente du politique dans la composition de son collège (A), jusqu'à la loi du 15 avril 2013 qui fait du collège une exception parmi les ARN (B).

A- Des modifications incessantes

Le premier changement dans la composition du collège de la CRE intervient à l'occasion de la loi n°2003-8 du 3 janvier 2003 relative aux marchés du gaz et de l'électricité et au service public de l'énergie, qui permet de transcrire, avec beaucoup de retard, la directive de 1998 sur le gaz. La loi confère à la Commission de régulation de l'électricité la responsabilité de la régulation du marché du gaz naturel, et modifie son nom en Commission de régulation de l'énergie[1].
Le texte du projet de loi ne comportait pas de modification de la composition du collège, et c'est un amendement sénatorial[2] qui propose de « faire évoluer le collège au profit des Assemblées, leurs présidents nommant désormais chacun deux membres »[3], ce qui aurait porté le

---

[1] Lors de la première lecture, qui débutait par le Sénat, le nom retenu était CREG, Commission de régulation de l'électricité et du gaz.
[2] Amendement déposé par G. LARCHER et H. REVOL : « Avant l'article 9, insérer un article additionnel ainsi rédigé : L'article 28 de la loi n°2000-108 du 10 février 2000 relative à la modernisation et au développement du service public de l'électricité est ainsi modifié :
Le premier alinéa est ainsi rédigé : « La Commission de régulation de l'énergie comprend huit membres nommés pour une durée de six ans en raison de leur qualification dans les domaines juridique, économique et technique. Trois membres, dont le président, sont nommés par décret. Les cinq autres sont nommés à raison de deux par le président de l'Assemblée nationale, deux par le président du Sénat et un par le président du Conseil économique et social. »
Objet : Le présent projet de loi accroît très sensiblement les compétences de la CRÉ puisque celles-ci s'étendront désormais au secteur gazier. Il est donc important que la commission puisse s'adjoindre deux membres supplémentaires – aux six existants – afin de bénéficier d'une expertise complémentaire. L'un d'entre eux serait nommé par le président de l'Assemblée nationale, l'autre par celui du Sénat. Le principe du renouvellement partiel de la CRÉ serait maintenu et la règle de quorum adaptée ».
[3] Ch. GUENOD, *Théorie juridique et économique du régulateur sectoriel, op. cit.*, p. 256.

nombre des membres du collège à huit. Lors des discussions en commission paritaire ce chiffre est rapporté à sept, les nominations par décret étant réduites à deux[1].

Par ailleurs, la loi introduit, également par voie d'amendement du rapporteur au Sénat, une notion nouvelle, en aucune manière assimilable à une incompatibilité mais qui mérite d'être soulignée, celle de ne pouvoir prendre « à titre personnel, aucune position publique sur des sujets relevant de la compétence de la commission »[2].

La loi du 7 décembre 2006 marque une évolution plus importante : le collège est porté à neuf membres avec l'ajout de deux représentants des consommateurs nommés par décret[3]. Elle en modifie aussi la nature en ne conservant que trois postes à temps plein, ceux du président et des deux vice-présidents, nommés par le président du Sénat et le président de l'Assemblée nationale[4].

Les règles d'incompatibilité restent identiques pour les membres à temps plein[5], mais s'appliquent incomplètement pour les membres à temps partiel. Ceux-ci peuvent détenir un mandat électif communal, départemental ou régional, ou être membre du Conseil économique et social, ou occuper un emploi public : « Les fonctions des autres membres du collège et du comité[6] sont incompatibles avec tout mandat

---

[1] Il y eut hésitation entre conserver trois nominations par décret, au détriment de la nomination d'un membre du collège par le président du Conseil économique, et conserver ce dernier, en réduisant le nombre des nominations par décret. Cette dernière option l'emporta, sans que le Gouvernement ne s'y oppose.

[2] L. PONIATOWSKI, au nom de la commission des affaires économiques et du Plan, après l'article 20, a proposé d'insérer un article additionnel ainsi rédigé : « Le huitième alinéa de l'article 28 de la loi n°2000-108 du 10 février 2000 relative à la modernisation et au développement du service public de l'électricité est remplacé par deux alinéas ainsi rédigés : Ils ne prennent, à titre personnel, aucune position publique sur des sujets relevant de la compétence de la Commission ».

[3] « Par décret en date du 29 janvier 2007, MM. Emmanuel Rodriguez et Jean-Paul Aghetti sont nommés membres du collège de la Commission de régulation de l'énergie en qualité de représentants des consommateurs d'électricité et de gaz naturel », ministère de l'Economie, des Finances et de l'Industrie.

[4] Titres introduits par la nouvelle loi.

[5] « Le président et les deux vice-présidents du collège exercent leurs fonctions à plein temps. Ces fonctions sont incompatibles avec toute activité professionnelle, tout mandat électif communal, départemental, régional, national ou européen, la qualité de membre du Conseil économique et social, tout emploi public et toute détention, directe ou indirecte, d'intérêts dans une entreprise du secteur de l'énergie » loi n°2006-1537 du 7 décembre 2006 – art. 5 (V).

[6] La loi n°2006-1537 du 7 décembre 2006 – art. 5 (III), créait le comité de règlement des différends et des sanctions (CoRDiS) - Le comité de règlement des différends et

électif national ou européen et toute détention, directe ou indirecte, d'intérêts dans une entreprise du secteur de l'énergie »[1].
Les dispositions de l'article 5 (VI § 3) de la loi précitée limitent l'irrévocabilité, considérée pourtant comme une condition nécessaire à l'indépendance, des membres du collège. La loi donnait, en effet, la possibilité au président d'une commission parlementaire compétente en matière d'énergie de mettre fin au mandat d'un membre du collège dans le cas d'un manquement grave à ses obligations[2].
Il est remarquable que cet article, particulier à la CRE, n'ait jamais été remis en question lors des lois suivantes relatives à l'énergie. Le manquement grave évoqué n'est, au demeurant, pas défini, et si cette clause n'a pas été mise en œuvre, il n'en demeure pas moins qu'elle porte atteinte à la garantie de l'irrévocabilité, et peut interroger « quant à la capacité du régulateur de s'opposer notamment au pouvoir exécutif dans les choix de régulation »[3].
Les effets de la loi de 2006 sur la recomposition du collège sont opérationnels depuis peu[4] lorsque la loi n°2010-1448 du 7 décembre 2010, portant nouvelle organisation du marché de l'électricité (dite loi NOME) transforme à nouveau, et de manière drastique, le collège.

---

des sanctions est chargé d'exercer les missions mentionnées aux articles 38 et 40. Il comprend quatre membres :
1° Deux conseillers d'Etat désignés par le vice-président du Conseil d'Etat ;
2° Deux conseillers à la Cour de cassation désignés par le premier président de la Cour de cassation.
Les membres du comité sont nommés pour une durée de six ans, non renouvelable. Le président est nommé par décret pour la durée de son mandat parmi les membres du comité.
En cas de vacance d'un siège de membre du comité pour quelque cause que ce soit, il est procédé à son remplacement pour la durée du mandat restant à courir. Un mandat exercé pendant moins de deux ans n'est pas pris en compte pour l'application de la règle de non-renouvellement fixée à l'alinéa précédent ».

[1] Loi n°2006-1537 du 7 décembre 2006 - art. 5 (V).

[2] « Il peut également être mis fin aux fonctions d'un membre du collège en cas de manquement grave à ses obligations par décret en conseil des ministres sur proposition du président d'une commission du Parlement compétente en matière d'énergie… » loi n°2006-1537 du 7 décembre 2006, art. 5 VI § 3.

[3] Ch. GUENOD, *Théorie juridique et économique du régulateur sectoriel, op.cit.*, p. 249.

[4] La loi du 7 décembre 2006 prévoyait la continuation des mandats en cours, et la réforme de la composition du collège ne s'appliquait qu'au fur et à mesure. Le collège n'atteint l'organisation, prévue par la loi, de trois membres à temps plein et de sept membres à temps partiel, qu'au mois d'avril 2010.

Drastique, car le projet de loi prévoit la fin des mandats en cours deux mois après la promulgation de la loi[1].

L'exposé des motifs du projet de loi indique que « les nouvelles compétences confiées à la Commission de régulation de l'énergie font apparaître le besoin de mettre en place un collège plus resserré [...] C'est la raison pour laquelle l'article 8 prévoit : la réduction du collège de la CRE de neuf à cinq membres [...] La Commission composée selon le nouveau format sera mise en place deux mois après l'entrée en vigueur de la loi ».

Le collège revient ainsi à sa composition initiale avec cinq membres à temps plein. Trois sont nommés par décret et deux par les présidents du Sénat et de l'Assemblée nationale.

La loi introduit, par amendement parlementaire, l'audition du président devant les commissions parlementaires compétentes en matière d'énergie, en se référant aux conditions fixées par la loi organique n° 2010-837 du 23 juillet 2010 relative à l'application du cinquième alinéa de l'article 13 de la Constitution. Elle introduit également par le même amendement[2], une curiosité, celle du passage, devant les mêmes commissions compétentes, des deux autres membres nommés par décret[3], sur un fondement juridique pour le moins incertain, sinon inexistant.

Un amendement du rapporteur du texte à l'Assemblée Nationale, auquel le Gouvernement ne s'oppose pas, atténue la portée radicale de l'article 8 II du projet de loi, en permettant « par dérogation au deuxième alinéa du II de l'article 28 de la loi n°2000-108 du 10 février 2000, que le président et les membres en fonction lors de l'entrée en vigueur de la présente loi peuvent faire partie des premiers membres du

---

[1] « II. - Le mandat des membres du collège de la Commission de régulation de l'énergie en exercice à la date de publication de la présente loi s'achève deux mois après cette date » Art. 8. II du projet de loi.

[2] Amendement n° 267 du rapporteur du projet de loi au Sénat, L. PONIATOWSKI, séance du 30 septembre 2010.

[3] « Le collège est composé de cinq membres nommés en raison de leurs qualifications dans les domaines juridique, économique et technique. Le président est nommé par décret dans les conditions fixées par la loi organique n° 2010-837 du 23 juillet 2010 relative à l'application du cinquième alinéa de l'article 13 de la Constitution. Deux membres sont nommés par décret après avis des commissions du Parlement compétentes en matière d'énergie. Deux membres sont nommés respectivement par le Président de l'Assemblée nationale et par le Président du Sénat », loi n°2010-1448, art. 17. I 1.

collège nommés après la date de promulgation de la présente loi »[1]. Amendement qui constitue, néanmoins, une sérieuse entorse au second grand principe de l'indépendance, après l'irrévocabilité, le non-renouvellement des mandats.
En termes de qualifications, la loi ne modifie rien par rapport aux lois précédentes.

B- L'introduction par le Parlement de compétences spécifiques

C'est l'article 9 de la loi suivante, n° 2013-312 du 15 avril 2013, qui introduit des qualifications complémentaires à celles, générales, sur les aspects juridiques, économiques et techniques.
Ce nouveau collège comporte six membres, dont deux sont respectivement nommés par le Président du Sénat et par le Président de l'Assemblée nationale. Les quatre autres, ce qui comprend le président, sont nommés par décret, dont l'un sur proposition du ministre chargé de l'Outre-Mer.
Hormis ce dernier, les commissaires nommés par décret doivent être auditionnés par les commissions compétentes du Parlement.
Le 9° aliéna du I de l'article 9 impose la parité entre les femmes et les hommes du collège. Le III de l'article 9 prévoit enfin, contrairement à la loi NOME, que le mandat des membres du collège en exercice au moment de la promulgation de la loi courre jusqu'à son terme.
Le IV de l'article 9 ajoute un alinéa à l'article 132-2 du Code de l'énergie, en interdisant pour une durée de trois ans après la fin du mandat - en rappelant les sanctions prévues à l'article 432-13 du code pénal- de *« prendre, ou recevoir une participation par travail, conseil ou capitaux »* dans toute entreprise du secteur de l'énergie[2].
Les deux lois suivantes ne modifient pas fondamentalement la loi du 15 avril 2013 pour la composition du collège. La loi portant statut des AAI et des API décide un renouvellement par moitié tous les trois ans, hormis le président, pour l'ensemble des AAI. Elle apporte surtout, comme on l'a déjà évoqué, une modification des conditions de

---

[1] Amendement du rapporteur.
[2]IV. — L'article L. 132-2 du Code de l'énergie est complété par un alinéa ainsi rédigé « Le président et les autres membres du collège ne peuvent, sous peine de l'application des sanctions prévues à l'article 432-13 du code pénal, prendre ou recevoir une participation par travail, conseil ou capitaux dans l'une de ces entreprises avant l'expiration d'un délai de trois ans suivant la cessation de leurs fonctions. »

nomination des membres du collège, et elle supprime l'incompatibilité d'appartenance au collège avec un mandat national. La loi n°2019-1147 du 8 novembre 2019 permet de régler la question délicate du renouvellement par moitié du collège.
Ces différents changements dans la composition du collège de la CRE, sur lesquels nous revenons dans la partie II, sont aussi le reflet des étapes d'une difficile acceptation par le monde politique français de la libéralisation du marché de l'énergie et du rôle de la CRE à cet égard.

II- Évolution de la composition de la CRE : synthèse

- *Composition initiale issue de la loi du 10 février 2000*

6 membres : trois membres (dont le président) nommés par décret, un par le Président de l'Assemblée nationale, un par le Président du Sénat, un par le Président du Conseil économique et social

- *Composition issue de la loi n°2003-8 du 3 janvier 2003 relative aux marchés du gaz et de l'électricité et au service public de l'énergie.*

7 membres : deux membres (dont le président) nommés par décret, deux par le Président de l'Assemblée nationale, deux par le Président du Sénat, un par le Président du Conseil économique et social

- *Composition issue de la loi n°2006-1537 du 7 décembre 2006 relative au secteur de l'énergie.*

9 membres : deux membres (dont le président) nommés par décret, deux (dont un vice-président) par le Président de l'Assemblée nationale, deux (dont un vice-président) par le Président du Sénat, un par le Président du Conseil économique et social, et deux « représentants des consommateurs d'électricité et de gaz naturel » nommés par décret.

- *Composition issue de la loi n°2010-1448 du 7 décembre 2010 portant nouvelle organisation du marché de l'électricité.*

5 membres : trois membres (dont le président) nommés par décret après audition devant les commissions compétentes du Parlement, un par le président du Sénat, un par le président de l'Assemblée nationale.

- *Composition issue de la loi n°2013-312 du 15 avril 2013 visant à préparer la transition vers un système énergétique sobre et portant diverses dispositions sur la tarification de l'eau et sur les éoliennes.*

6 membres : trois membres (dont le président) nommés par décret après audition devant les commissions parlementaires compétentes, dont l'un est nommé en fonction de ses compétences dans les domaines de la protection des consommateurs d'énergie et de la lutte contre la précarité énergétique ; un autre est nommé en fonction de ses compétences dans les domaines de la maîtrise de la demande d'énergie et des énergies renouvelables ; un troisième est nommé par décret, sur proposition du ministre chargé de l'Outre-Mer, en raison de sa connaissance et de son expérience des zones non interconnectées ; un autre est nommé par le président de l'Assemblée Nationale en raison de ses compétences dans le domaine de la protection des données personnelles, enfin le dernier est nommé par le président du Sénat en raison de ses compétences dans le domaine des services publics locaux de l'énergie. La composition du collège respecte la parité entre les femmes et les hommes. Le collège est renouvelé par tiers tous les deux ans.

- *Composition issue de la loi n°2017-55 du 20 janvier 2017 portant statut des autorités administratives indépendantes et des autorités publiques indépendantes.*

6 membres : la composition est identique à celle issue de la loi précédente. Les changements concernent la suppression de l'audition devant les commissions parlementaires pour les deux membres du collège nommés par décret, faute de fondement juridique. Elle est conservée pour le président. L'autre nouveauté est relative au changement du collège par moitié tous les trois ans, sauf pour le président.

- *Composition issue de la loi n°2019-1147 du 8 novembre 2019 relative à l'énergie et au climat.*

5 membres : le principe est similaire à la composition issue de la loi précédente, avec une diminution du nombre de membres du collège ramenée à cinq, ce qui induit la disparition de la parité femmes et hommes, remplacée par une formule indiquant que l'écart ne peut être supérieur à un. Cette modification du nombre de membres du collège permet d'appliquer le renouvellement par moitié tous les trois ans, à l'exception du président, voulue par la loi du 20 janvier 2017. La répartition des compétences connaît également un changement : la compétence afférente aux données personnelles disparaît.

Conclusion Chapitre 1

L'encadrement du pouvoir de nomination, qui doit apporter des garanties sur les choix des membres du collège effectués par l'exécutif, s'avère peu contraignant et laisse une assez grande latitude au Gouvernement et au président de la République.
La nomination du président de la CRE connaît deux réelles inflexions. L'une survenue après la loi constitutionnelle n°2008-724 du 23 juillet 2008 et la loi n°2010-1448 du 7 décembre 2010 (dite LOI NOME), avec l'instauration d'un contrôle parlementaire, dont l'effectivité reste cependant limitée en raison de règles qui rendent peu probable une opposition à la proposition de l'exécutif. L'autre modification est issue de la loi n°2017-55 du 20 janvier 2017 sur les AAI, qui décide d'incompatibilités portant jusqu'à trois ans avant la nomination et qui, en réduisant les risques de conflits d'intérêts, restreint, également, le potentiel réservoir de compétences, tant pour le président que pour les membres du collège.
Les membres du collège, nommés respectivement par l'exécutif, le Sénat et l'Assemblée nationale, sont désignés en fonction de qualifications précises relevant de différents domaines, en vertu de la loi n°2013-312 du 15 avril 2013 qui fait de la CRE une exception parmi ses homologues. La loi introduit, également, le principe de la parité au sein du collège.
Ces dispositions sont modifiées à deux reprises, en 2017 et 2019, exemptant désormais le président de l'équilibre paritaire, et remaniant le nombre de commissaires pour la sixième fois depuis la création de la CRE.
Nous avons pu voir que l'encadrement du pouvoir de nomination, s'il est censé apporter une garantie sur la qualité et l'indépendance des membres du collège de la CRE, ne confère en revanche aucune garantie à l'égard de la volonté du Parlement ou de l'exécutif lorsque l'un ou l'autre décident de porter atteinte à certains principes de l'indépendance.

Chapitre 2- Les obligations de déclaration

D'une manière générale, les membres du collège sont soumis aux dispositions de la loi n° 83-634 du 13 juillet 1983 portant droits et obligations des fonctionnaires, telle que modifiée, notamment, par la loi n° 2016-483 du 20 avril 2016 relative à la déontologie et aux droits et obligations des fonctionnaires. Ces différentes dispositions établissent un cadre strict concernant les obligations de déclaration.
Celles-ci se retrouvent dans un ensemble normatif comportant deux types de déclaration (section 1).
Il serait toutefois insuffisant de se limiter à cet aspect et d'ignorer la définition de règles de déontologie déclinées dans les chartes éponymes (section 2).

Section 1- Les obligations normatives

Après une assez longue période durant laquelle les obligations normatives résultaient, comme pour la plupart des ARN, de textes assez généraux à cet égard (I), la CRE est, désormais, soumise à des règles strictes notamment en termes de déclarations (II).

I- Une volonté progressive de transparence

Les obligations de déclaration pour les membres du collège de la CRE sont apparues tardivement et de manière imprécise avec la loi n°2010-1448 du 7 décembre 2010 (loi NOME), qui introduit la notion de déclaration d'intérêt : « Chaque membre du collège fait une déclaration d'intérêt au moment de sa désignation » indique la dernière phrase du V de l'article 17 de la loi, sans plus de détails. Cette obligation restait assez vague, d'autant qu'il n'était pas spécifié auprès de qui devait s'effectuer cette déclaration.
La loi n°2013-312 du 15 avril 2013[1] complète l'alinéa concernant la déclaration d'intérêt du V de l'article 17 de la loi NOME, en ajoutant à l'article L. 132-2 du Code de l'énergie un alinéa indiquant que cette déclaration « est rendue publique ». L'imprécision du texte ne permet toutefois pas de savoir quel est l'aspect rendu public.

[1] Loi n°2013-312 du 15 avril 2013 visant à préparer la transition vers un système énergétique sobre et portant diverses dispositions sur la tarification de l'eau et sur les éoliennes.

Le véritable changement intervient avec la loi n° 2013-907 du 11 octobre 2013 relative à la transparence de la vie publique, et en particulier avec son article 11. Les membres du collège de la CRE, ainsi que les membres titulaires et suppléants du CoRDiS, deviennent redevables, en application de cet article, de la transmission au président de la Haute Autorité pour la transparence de la vie publique (HATVP) d'une déclaration de situation patrimoniale et d'une déclaration d'intérêts dans les deux mois qui suivent leur entrée en fonction, ainsi qu'à la fin de leur mandat. Ces obligations sont renforcées et précisées par la loi n° 2016-1691 du 9 décembre 2016 relative à la transparence, à la lutte contre la corruption et à la modernisation de la vie économique[1]. Ces déclarations, qui défraient, parfois, la chronique lorsqu'un membre du Gouvernement ou un parlementaire omettent de renseigner une information importante, représentent pour les membres du collège des AAI en général une contrainte non négligeable.
La liste des points d'attention concernant les deux déclarations permet d'en appréhender les contours.

II- Les déclarations

La Charte de déontologie de la CRE, sur laquelle nous revenons plus loin, précise les conditions de déclaration des membres du collège de la CRE et du CoRDiS : « Dans les deux mois qui suivent son entrée en fonction, chaque membre du collège et du CoRDiS adresse personnellement au président de la Haute Autorité pour la transparence de la vie publique, au moyen d'un téléservice mis en œuvre par cette dernière, une déclaration de situation patrimoniale concernant la totalité de ses biens et une déclaration d'intérêts. »[2]
Le même document indique que la déclaration d'intérêt est également adressée au président du collège pour les membres du collège et au président du CoRDiS par les membres du comité. Ces déclarations d'intérêt sont mises à la disposition de tout membre du collège qui en fait la demande au président du collège. La procédure est identique pour les membres du CoRDiS.

---

[1] Ces dispositions s'appliquent également au directeur général, à son adjoint et au secrétaire général, depuis leurs modifications par la loi n° 2016-1691 du 9 décembre 2016.
[2]Délibération de la CRE du 17 juin 2021 portant adoption de la Charte de déontologie de la Commission de régulation de l'énergie.

Nous abordons rapidement le contenu de la déclaration de situation patrimoniale (A) avant de traiter la déclaration d'intérêt qui a suscité de nombreuses réserves de la part de ceux qui y sont soumis (B)

A- Déclaration de situation patrimoniale

Si l'énoncé paraît simple, la réalisation de la déclaration s'avère plus complexe. L'objectif, parfois mal compris, est d'avoir « une vue complète du patrimoine du déclarant ou de la communauté »[1]. Ainsi, même les biens exonérés, à l'époque, de l'ISF comme les biens professionnels ou les œuvres d'art doivent être communiqués. Par ailleurs les biens doivent être notifiés quel que soit leur statut juridique (pleine propriété, nue-propriété ou usufruit).
Enfin doivent faire l'objet d'une déclaration les biens propres, les biens communs, pour les personnes mariées sous le régime de la communauté ou les partenaires d'un pacte civil de solidarité qui prévoit l'existence d'une communauté, et les biens indivis.

B- Déclaration d'intérêts

La déclaration porte sur les activités exercées au jour de la nomination et dans les cinq années précédentes, ainsi que sur les rémunérations perçues chaque année pour chaque activité professionnelle déclarée. Les informations requises vont cependant bien au-delà.
Toutes les fonctions dirigeantes, qu'elles aient donné lieu ou non à rémunération, doivent être mentionnées. Cet aspect semble avoir été la source de certaines erreurs ou lacunes dans les déclarations de membres du monde politique.
Les participations financières dans le capital d'une société doivent être signalées. Les instruments financiers détenus par les membres du collège et du CoRDiS (actions, obligations, produit dérivés financiers…) sont gérés dans des conditions excluant tout droit de regard de leur part pendant la durée de leurs fonctions[2], telles que définies par les dispositions de l'article 2 du décret n° 2014-747 du 1er juillet 2014[3].

---

[1] Site de la Haute Autorité pour la transparence de la vie publique (dernière consultation en date du 22 janvier 2022.)
[2] Article 8 de la loi n° 2013-907 du 11 octobre 2013.
[3] Article 2 du décret n° 2014-747 du 1er juillet 2014 relatif à la gestion des instruments financiers détenus par les membres du Gouvernement et par les présidents et membres

Ce dernier point créait quelques incompréhensions de la part de membres de plusieurs AAI. La propriété d'actions implique, en effet, soit de geler leur détention durant la durée du mandat, soit faire l'objet d'une gestion sous mandat[1]. Cette obligation suscite la démission de certains membres suppléants du CoRDiS dont la rémunération, à temps partiel, très faible les conduisait à estimer que cette mesure était disproportionnée compte tenu des contraintes qu'elle leur imposait[2]. Le phénomène n'était, d'ailleurs, pas isolé.

Enfin, toutes les fonctions bénévoles pouvant faire naître un conflit d'intérêt, qui est défini à l'article 2 de la loi du 11 octobre 2013 comme « toute situation d'interférence entre un intérêt public et des intérêts publics ou privés qui est de nature à influencer ou à paraître influencer l'exercice indépendant, impartial et objectif d'une fonction », doivent aussi être déclarées.

Par ailleurs, il faut rappeler l'interdiction de détenir des intérêts directs et indirects dans les entreprises régulées. Disposition, déjà appliquée à la CRE, visant à garantir l'impartialité des membres du collège à l'égard des secteurs concernés, à l'égal des règles d'incompatibilités professionnelles pendant et après le mandat.

Les conditions de communication de cette déclaration aux deux présidents de la CRE et du CoRDiS, ainsi qu'au membre du collège concerné qui la demanderait au président de chaque entité, introduit une certaine modification des rapports au sein des collèges, notamment sur la conception selon laquelle le président est plus un « *primus inter pares* » qu'un supérieur hiérarchique[3].

---

des autorités administratives indépendantes et des autorités publiques indépendantes intervenant dans le domaine économique.

[1] « Respectent ces conditions et sont ainsi autorisées : - la détention, l'acquisition ou la cession de parts ou actions d'OPCVM ou de FIA, à l'exception des fonds à vocation générale visés à l'article L. 214-26-1 du code monétaire et financier, des fonds professionnels spécialisés ou des fonds professionnels de capital investissement, régis par les articles L. 214-152 à L. 214-162 du même code ; - la gestion sous mandat ; - la conservation en l'état des instruments financiers qui ne sont pas en rapport avec le secteurs régulé, sous réserve de déclaration. » Charte de déontologie de la CRE.

[2] La gestion sous mandat occasionne des frais et nécessite, lorsqu'il s'agit de détention directe d'actions, un portefeuille d'un certain niveau.

[3] Cette disposition, qui préexistait avant la Charte de déontologie, avait été refusée par plusieurs membres du collège de la CRE (expérience professionnelle de l'auteur).

Section 2- Les règles de déontologie

Outre ces obligations de déclaration, il existe désormais des règles de déontologie. La loi n° 2016-483 du 20 avril 2016 relative à la déontologie et aux droits et obligations des fonctionnaires, et la loi n°2017-55 du 20 janvier 2017, dont le titre II est consacré à la déontologie des membres des AAI et API, comportent des dispositions en ce domaine. L'article 13 de la loi précitée énonce que les AAI et API doivent déterminer « dans [leur] règlement intérieur les règles applicables à [leurs] agents, et le cas échéant à [leurs] collaborateurs ou experts ».

Le terme déontologie employé de façon fréquente recouvre des concepts assez différenciés (I), alors que la Charte de déontologie de la CRE définit précisément le comportement attendu de ses membres (II). On ne peut ignorer, par ailleurs, la volonté parlementaire de durcir le contrôle sur les évolutions de carrière professionnelle des fonctionnaires en général et, donc par répercussion, des membres des AAI (III).

I- Quelle déontologie ?

Le *Dictionnaire de l'Académie française* rappelle que « ce terme de philosophie morale « est empruntée au XIXe siècle de l'anglais *deontology*, théorie des devoirs' formé à l'aide du grec *deon, deontos*, devoir, et *logos*, science, doctrine »[1].

« On s'accorde à rattacher l'apparition du terme déontologie à la pensée de J. Bentham « *Déontologie ou science de la morale* »[2]. Il définit très clairement la déontologie […] 'la connaissance de ce qui est juste et convenable' ; et il ajoute ' ce terme est ici appliqué à la morale, c'est-à-dire à cette partie du domaine des actions qui ne tombe pas sous l'empire de la législation publique' »[3].

---

[1]J.-M.. EYMERY-DOUZANS, « Les hauts fonctionnaires et le Prince dans la France d'aujourd'hui : réflexions sur des 'liaisons dangereuses' à l'improbable déontologie », in *Quelle déontologie pour la haute fonction publique ?* E. AUBIN, J.- M. EYMERY-DOUZANS, J.-F. KERLEO, J. SAISON (dir.), Actes du colloque du 21 novembre 2019 par l'Observatoire de l'éthique publique, Institut Francophone pour la justice et la démocratie, 2021 p. 176.

[2] Ouvrage posthume publié en 1834.

[3] Y. GAUDEMET, « La déontologie un pouvoir masqué », intervention à l'Académie des sciences morales et politiques, RDP, juillet-août 2021, n°4.

Les Chartes de déontologie, désormais courantes, renvoient aux référents déontologues installés dans toutes les administrations publiques sur la base du décret du 10 avril 2017 relatif au référent déontologie dans la fonction publique[1].

A quelle déontologie se réfère-t-on en l'occurrence ? Une déontologie comparable à celle des professions libérales ou une déontologie propre au secteur administratif ou para-administratif ?

Pour C. Vigouroux, la déontologie publique n'est pas comparable à celle du secteur privé pour deux raisons essentielles : « la notion plastique d'intérêt général et la multiplicité des principes du service public d'un côté, la notion de statut et celle d'une fonction publique de carrière qui lui est désormais associée, d'un autre côté »[2].

L'évolution du monde administratif, l'européanisation du marché et du droit, la « soumission » de la puissance publique aux règles de concurrence, ont conduit la déontologie à devenir essentiellement « un management de la prévention des risques » [3].

C'est dire à quel point nous sommes éloignés de la conception de la déontologie que pouvait avoir B. de Jouvenel lorsqu'il écrivait en 1947 : « la conduite des individus est bien moins guidée par des forces les pressant de l'extérieur que par un régulateur invisible qui, de l'intérieur, détermine leur action »[4].

Les Chartes de déontologie cherchent, aujourd'hui, à prévenir les risques de conflit d'intérêts, de collusions avec les représentants d'intérêts, à éviter les prises illégales d'intérêts, le favoritisme…

On pourrait les assimiler à des modes d'emploi comportementaux utilitaires, puisque la déontologie comportementale personnelle, dans laquelle le droit ne régit pas tout, semble être tombée en désuétude.

---

[1] Décret n° 2017-519 du 10 avril 2017.

[2] J.-F. Kerleo, « Haute fonction publique et déontologie. Archéologie d'une rencontre », in *Quelle déontologie pour la haute fonction publique ? op. cit.*, p.15.

[3] *Ibid.*

[4] B. de Jouvenel, *Du pouvoir, histoire naturelle de sa croissance*, 1947, Ed. Bouquins, p. 237.

II- La Charte de déontologie de la CRE

La CRE adopte successivement deux Chartes de déontologie, en 2017 puis en 2021. Nous nous intéresserons à cette dernière, qui fait l'objet d'une délibération de la CRE en date du 17 juin 2021[1].

Cette Charte s'applique aussi bien à la CRE qu'au CoRDiS : « La nature [des] missions qu'elle exerce au nom de l'Etat, en toute indépendance, implique la soumission des membres du collège, des membres du comité de règlement des différends et des sanctions (CoRDiS) et des agents de la Commission, pendant la durée de leurs fonctions comme après la cessation de celles-ci, au respect de règles déontologiques. ». Ce préambule, assez classique dans les Chartes de déontologie, est particulièrement sobre comparé à d'autres où les valeurs sont fréquemment mises en exergue.

Nous avons déjà abordé la partie consacrée aux obligations de déclaration. Plusieurs grands thèmes, sont par ailleurs, traités. Celui de l'indépendance et de l'impartialité[2] se trouve à l'article 1er. On y note des points classiques, y compris sur la laïcité et sur le comportement tant professionnel que privé qui ne doit pas laisser supposer un risque de partialité.

On peut relever le terme de « neutralité », qui peut se comprendre d'une manière générale, mais qui interroge pour un régulateur censé ouvrir un marché initialement monopolistique. Il nous semble que le régulateur n'est pas un juge auquel doit s'appliquer strictement des principes de neutralité. Impartialité et neutralité ne revêtent pas la même signification : « Contrairement à ce qu'indique l'étymologie du mot, être impartial n'est pas ne pas prendre parti. C'est, lorsque l'on prend parti, le faire sans préférence personnelle. L'impartialité, contrairement à la neutralité, implique donc une décision. L'impartial choisit, le neutre s'abstient de le faire. »[3] Il est indéniable que, si la CRE s'est voulue

[1] *Délibération de la CRE du 17 juin 2021 portant adoption de la Charte de déontologie de la CRE.*

[2] Concernant l'impartialité le passage suivant apporte une part de relativité qui mérite l'attention : « Dès que l'on aborde la notion d'impartialité, on mesure la difficulté. Car c'est aborder les sables mouvants des confins du rêve […] et de la réalité (celle de l'homme subissant toutes les influences et en premier chef son destin). C'est aborder les confluents d'une notion à la fois juridique mais aussi psychologique, voire morale. », J.-F. BURGELIN, « Quand le juge des référés prend parti, Conclusions sous Cass. Ass. pl., 6 novembre 1998 », D. 1999, p. 1.

[3] J.-B. JEANGENE VILMER, « Comment distinguer neutralité et impartialité ? Le cas du CICR », *La Chronique. Mensuel d'Amnesty International*, n°294, avril 2011, p. 14.

impartiale, elle n'a jamais fait référence à une neutralité. Durant de nombreuses années, elle a défendu l'ouverture du marché et affirmé des choix qui n'étaient pas neutres. On pourrait objecter qu'il peut y avoir une distinction entre déontologie de la neutralité des membres du collège et celle de l'action régulatoire. Cette vision ne nous paraît pas pertinente en ce qui concerne la CRE.

L'article 2 est consacré au référent déontologue[1], qui est institué à la CRE en 2018. L'article 3 traite des obligations du secret professionnel en rappelant l'article L. 133-6 du Code de l'énergie. L'article 4 aborde un thème tout à fait nouveau au sein de la CRE, la protection du « lanceur d'alerte ».

Les articles 5 et 6 évoquent le devoir de réserve et le déport en cas de conflit d'intérêts. L'article 7 détaille ce qui en matière de cadeaux, d'invitations, est acceptable : « Face aux propositions et offres de cadeaux, et plus largement face aux sollicitations de toute nature pouvant présenter le caractère d'un avantage personnel, matériel ou non, l'attitude des membres du collège et du CoRDiS et des agents de la Commission doit être inspirée par la transparence et la prudence. »

Cette rubrique est présente dans presque toutes les Chartes du même type. La question sensible de la valeur des cadeaux fait l'objet d'appréciation différente. La CRE fixe la limite à 100 euros, alors que la Charte de la HATVP déclare qu'au-delà d'une valeur de 30 euros les cadeaux doivent être remis au responsable des affaires générales.

L'article 8 est consacré aux incompatibilités, simple rappel de la loi et du Code de l'énergie, et aux déclarations obligatoires précitées. L'article 9, qui ne concerne que les membres du collège et du CoRDiS ainsi que le directeur général et le secrétaire général, évoque l'obligation de déclaration de patrimoine auprès du président de la HATVP, et une nouvelle déclaration de situation patrimoniale dans les deux mois qui suivent la fin du mandat ou des fonctions.

Il est également rappelé que durant « les trois ans suivants la fin du mandat le président et les autres membres du collège ne peuvent, sous peine d'application des sanctions prévues à l'article 432-13 du code pénal, prendre ou recevoir une participation par travail, conseil ou capitaux » dans une entreprise du secteur de l'énergie. Cette disposition s'applique, en étant adaptée à la situation du CoRDiS, aux membres du comité. Ce sont les articles essentiels concernant les membres du

---

[1] Article 28 bis de la loi n° 83-634 du 13 juillet 1983 modifiée ; décret n° 2017-519 du 10 avril 2017 relatif au référent déontologue dans la fonction publique.

collège de la CRE et du CoRDiS. Cette Charte, qui comporte 15 pages, reprend et expose de nombreux textes issus du Code de l'énergie et de certains articles de lois. Elle a le mérite de synthétiser en un seul document, d'accès aisé, tout ce que les membres, commissaires ou agents de la CRE, peuvent vouloir connaître. Elle confère aussi, et peut être surtout, une image apportant toutes les garanties d'indépendance et d'impartialité à l'extérieur.

III- La disparition de la Commission de déontologie de la fonction publique

Bien que sans rapport direct avec la CRE, on ne peut passer sous silence la profonde modification apportée par la loi de transformation de la fonction publique, votée le 6 août 2019[1], qui supprime la Commission de déontologie de la fonction publique, créée en 1990, et attribue ses compétences à la HATVP.

Cette fusion s'effectue sous une forte pression parlementaire. Après plusieurs tentatives infructueuses, les démarches effectuées à partir de 2017, notamment avec l'instauration par la Commission des lois de l'Assemblée nationale d'une mission d'information sur la déontologie des fonctionnaires et l'encadrement des conflits d'intérêts[2], aboutissent à cette réforme. « La mission pointe dans son rapport l'encadrement « inabouti » du pantouflage des hauts fonctionnaires » et recommande de fusionner la Commission de déontologie de la fonction publique avec la HATVP. »[3]

L'un des deux co-rapporteurs, O. Marleix, dépose, avec plusieurs députés, une proposition de loi à l'Assemblée nationale reprenant les principales conclusions de la mission. L'objectif était d'inscrire cette proposition de loi dans le projet de loi de transformation de la fonction publique prévu par le Gouvernement. Cette stratégie réussissait et la fusion de la Commission de déontologie et la HATVP était votée et devenait effective le 1er février 2020.

Il est encore prématuré de tirer des conclusions de cette modification. Certaines évolutions avaient déjà eu lieu au cours des dernières années du fonctionnement de la Commission de déontologie. On peut citer

---

[1] Loi n° 2019-828 du 6 août 2019 de transformation de la fonction publique.

[2] Les rapporteurs en étaient F. MATRAS et O. MARLEIX.

[3] TH. SCAPIN, « La Commission de déontologie de la fonction publique symbole de la mainmise des grands corps sur le contrôle du pantouflage », in *Quelle déontologie pour la haute fonction publique* ? *op. cit.*, p. 85.

celle qui incluait, dans le champ de compétences de la Commission, des entités qui jusque-là y échappaient comme les gestionnaires de réseaux de transport et de distribution considérés hors du champ du domaine concurrentiel auparavant.
De telles évolutions, au demeurant compréhensibles, ajoutées à une plus stricte rigueur de la HATVP, vont probablement accroître les difficultés de débouchés professionnels des membres du collège de la CRE qui n'auraient pas atteint l'âge de la retraite, ainsi que des agents de la commission. On peut aussi relever que ces dispositions s'avèrent d'une plus grande rigueur que celles qui s'appliquent pour les autorités de régulation de la plupart des pays européens.

Conclusion Chapitre 2

Les obligations de déclaration exigées pour les membres du collège de la CRE et du CoRDiS se sont développées à partir de la loi NOME de 2010 et de la loi d'avril 2013, puis de manière générale avec la loi n° 2013-907 du 11 octobre 2013 relative à la transparence de la vie publique et la loi n° 2016-1691 du 9 décembre 2016 relative à la transparence, à la lutte contre la corruption et à la modernisation de la vie économique.

Cet encadrement juridique vise à garantir l'indépendance objective et subjective des AAI en général et de la CRE en particulier, aux yeux du secteur régulé, du Parlement et des consommateurs. La volonté de transparence et la gestion préventive des risques de conflits d'intérêts conduisent à l'instauration de déclarations de situation patrimoniale et de déclaration d'intérêts. La mise en place de Chartes de déontologie est venue renforcer et compléter ces dispositions.

L'ensemble du dispositif actuel, inexistant durant les dix premières années de la CRE, doit assurer, peut-être même rassurer, les observateurs de la totale indépendance des membres du collège et du CoRDiS.

On peut, toutefois, s'interroger sur les conséquences d'une telle panoplie concernant la nomination de personnalités compétentes dans un secteur aussi complexe que celui de l'énergie. La question de l'évolution professionnelle de certains des membres du collège et, surtout, des agents des services de la CRE, se posera probablement dans les années à venir, à moins du développement d'une forme de professionnalisme de la régulation, où l'on verrait les membres des ARN passer de l'une à l'autre, ce qui n'est pas nécessairement une excellente solution.

Conclusion Titre I

L'ensemble des garanties statutaires, telles que nous les avons présentées, apporte des assurances sur l'impartialité et l'indépendance des membres du collège de la CRE et du CoRDiS.

Il faut, cependant, être précis sur que l'on entend par indépendance. Il s'agit de l'indépendance telle qu'elle se montre à voir. Indépendance dans le processus de nomination, à la fois par les « restrictions » et les qualités requises, ainsi que par un contrôle, certes restreint, de la part du Parlement sur la désignation du président, mais qui permet, pour le moins, d'écarter des choix de complaisance et garantir une certaine compétence.

En revanche, cela ne concerne pas le respect de l'indépendance de la CRE tant par l'exécutif que par le Parlement. Nous en avons eu un aperçu au travers des divers changements de la composition du collège.

Il convient, enfin, de souligner qu'une grande partie de l'action régulatoire de la CRE, que nous abordons en détail ci-après, se déroule au cours d'une période durant laquelle lesdites garanties sont moins conséquentes, tout particulièrement concernant les obligations de déclaration des membres du collège ou les règles de déontologie définies par les articles de la loi.

Il nous paraît difficile d'affirmer que les garanties statutaires évoquées dans les pages qui précèdent participent à la construction d'une expertise interne de nature économique de la CRE. Nous dirons que, dans le meilleur des cas, elles assurent que les décisions et les orientations prises par le régulateur sont exemptes de toute suspicion de conflit d'intérêts.

Titre II - Une expertise de nature économique recherchée par l'exercice d'un pouvoir normatif protéiforme

Les autorités de régulation économique disposent d'un éventail varié de pouvoirs : pouvoir règlementaire, pouvoir de décision individuelle, pouvoir d'influence qui s'exerce au travers des différents actes de droit souple et d'avis sur les projets de loi et de décret, pouvoir de surveillance, pouvoir de règlement des différends et de sanction. La CRE, peut-être plus encore que ses homologues, utilise et a utilisé un grand nombre d'outils à sa disposition.

S'il est relativement aisé de les classer selon deux grandes catégories constituées par les actes administratifs d'une part et le contentieux, qui comprend le règlement des différends et les sanctions, d'autre part, les délibérations de la CRE ne se laissent pas cataloguer commodément.

La régulation est associée à l'apparition de nouvelles formes de normativité, néanmoins les actes administratifs unilatéraux conservent une place prépondérante parmi les différents outils régulatoires de la CRE (chapitre 1).

L'instrumentation du contentieux apparaît comme l'autre versant de la régulation, dans une forme de prolongation de celle-ci et qui est parfois identifié comme « des actes unilatéraux lato sensu. Cette dernière catégorie inclut les actes adoptés en matière de règlement des différends et de sanction. »[1] (chapitre 2).

---

[1] Ch. KALOUDAS, *Les actes administratifs unilatéraux de régulation,* Thèse, Université Paris II, Panthéon- Assas, 5 décembre 2016, p. 38.

Chapitre 1 - L'instrumentation des actes administratifs unilatéraux

La CRE, comme beaucoup d'autorités de régulation économique sectorielle, a toujours eu pour l'ouverture du marché une approche finaliste[1] plutôt que formaliste[2]. Elle a su jouer de toute une gamme d'outils, passant des uns aux autres en fonction des circonstances : interpréter la loi ou ses silences, conférer à ses actes, de nature initialement informationnelle, une valeur normative croissante[3]. « La fonction de régulation n'implique pas la disparition des outils normatifs ordinaires ; elle s'en sert tout en les forçant à s'adapter à ses objectifs »[4].

La clarté de l'analyse requiert de segmenter ces différentes approches qui, dans la régulation de l'énergie, sont souvent associées en une sorte d'alchimie. L'inclinaison de la CRE à ne pas se satisfaire d'être un expert « auxiliaire au service d'un tiers qui garde la responsabilité de sa décision »[5], mais à devenir le partenaire principal dans le processus de décision, s'affirme dès sa création et se poursuit ensuite.

Si la reconnaissance de l'effet direct des normes communautaires permet à la CRE de manifester son « opposition à des dispositions nationales qui limitaient le champ opératoire prévue par les directives,

---

[1] Dans ses conclusions dans l'affaire *Mediaserv*, F. LENICA estimait que « l'activité de régulation [devait] être guidée avant tout par la logique finaliste énoncée par les textes consistant à promouvoir, en toute hypothèse, l'exercice au bénéfice des utilisateurs d'une concurrence effective et loyale », CE, 2 avril 2010, n° 319816, aux tables, concl. F. LENICA. cité par C. GUIBE, concl. 31 décembre 2020, n° 416802.

[2] « Elle se traduirait également par un mode de fonctionnement du régulateur opposé à la tradition administrative d'élaboration des normes selon des principes hiérarchiques ainsi que par un usage systématiquement finaliste de ces normes dont la valeur n'est estimée qu'au regard de leur contribution à une fin. » Ch. GUENOD, *Théorie juridique et économique du régulateur sectoriel*, *op. cit.*, p. 26.

[3] « La normativité d'un énoncé est souvent liée à sa structure déontique. L'énoncé normatif est celui qui formule un ordre, en permettant, obligeant ou interdisant une conduite. Il s'oppose à l'énoncé qui reconnaît, constate ou décrit une situation, promeut, favorise, encourage, ou encore exprime des vœux, des souhaits, des recommandations ou des avis », V. CHAMPEIL-DESPLATS, *Cahiers du Conseil Constitutionnel* N° 21 (Dossier : La Normativité), Janvier 2007.

[4] Ch. KALOUDAS, *Les actes administratifs unilatéraux de régulation,* Thèse, Université Paris II, Panthéon- Assas, 5 décembre 2016, p. 20.

[5] R. CASTEL, « Savoir d'expertise et production de normes », in F. CHAZEL ET J. COMMAILLE (dir.), Normes juridiques et régulation sociale, Paris, LGDJ, coll. Droit et société, p.177-188.

voire à se substituer pour partie au législateur en cas de retard avéré de transposition »[1], elle se heurte, comme nous le verrons dans la seconde partie, à l'opposition du Parlement qui lui reproche d'aller au-delà des compétences conférées par la loi.

Il est remarquable que ce ne soit pas tant ses pouvoirs décisoires qui ont le plus contribué à « ouvrir » la voie du marché, dans un premier temps, mais ses avis, ses communications et recommandations, par leur capacité d'influence ou d'opposition.[2]

L'une des difficultés inhérentes à la typologie des délibérations de la CRE provient de l'imprécision, fréquente au début, de la terminologie employée. Le terme « délibération » recouvre indifféremment un pouvoir d'approbation (le programme d'investissement du gestionnaire de transport RTE), une forme de droit souple (les règles de marché de Powernext), ou le pouvoir réglementaire supplétif. La précision légistique n'était pas une priorité du collège de la CRE.

Une typologie des délibérations doit, de ce fait, être établie au vu de l'objet de l'acte. Cette approche permet de couvrir l'ensemble des actes de la CRE, même si certains d'entre eux ne s'inscrivent pas aisément dans une catégorie. Pour parvenir à ce classement, nous avons repris la typologie des actes administratifs unilatéraux issue du Code des relations entre le public et l'administration (CRPA), qui constitue une grille de lecture à même de révéler la diversité des délibérations de la CRE.

Si ces délibérations illustrent la distinction entre actes administratifs unilatéraux (AAU) décisoires (section 1) et AAU non décisoires (section 2) et mettent en exergue l'importance du droit souple dans l'activité normative de la CRE (section 3), elles reflètent également la difficulté de définir une typologie précise.

Le choix que nous avons retenu pour illustrer, au sein de ce chapitre, la capacité de la CRE à construire une expertise économique au travers de ses actes régulatoires et de la sorte, à fonder son indépendance, nécessite des développements particulièrement conséquents sur trois sujets. Au risque des défauts inhérents à un aspect descriptif, il nous semble indispensable de parcourir, pour mieux les appréhender, les

---

[1] Ch. GUENOD, *Théorie juridique et économique du régulateur sectoriel*, op. cit., p. 162.

[2] On peut de ce point de vue, s'intéresser au rapprochement entre régulation économique et police administrative. A cet égard, voir Th. PEZ, « L'ordre public économique », *Les nouveaux cahiers du Conseil constitutionnel*, 2015/4, n° 49, p. 43-57.

différentes étapes d'un processus ayant conduit la CRE, par la maîtrise de son expertise économique à affirmer son indépendance.

Section 1- Des actes administratifs unilatéraux décisoires

« Les actes administratifs unilatéraux décisoires comprennent les actes réglementaires, les actes individuels et les autres actes décisoires non réglementaires. Ils peuvent être également désignés sous le terme de décisions, ou selon le cas, sous les expressions de décisions réglementaires, de décisions individuelles et de décisions ni réglementaires ni individuelles »[1]. Ainsi que le souligne P. Delvolvé, le CRPA ne précise pas les critères de distinction entre la mesure décisoire et la mesure non décisoire[2], mais il distingue différents types de décisions selon leur portée et reprend la distinction classique des actes réglementaires (I), des actes non réglementaires (II) et des décisions individuelles (III)

I- Des actes réglementaires

Sans entrer dans le débat sur la définition de l'acte réglementaire, nous retiendrons ici son acception la plus classique, c'est-à-dire un acte présentant un caractère général et impersonnel[3], adaptée au cas d'une AAI comme la CRE dont le pouvoir réglementaire est supplétif (A). Pour illustrer l'usage de ce pouvoir réglementaire, nous abordons l'exemple des tarifs d'accès aux réseaux tant électricité qu'en gaz qui permet d'analyser comment la CRE passe d'un pouvoir de proposition à un pouvoir décisoire (B).

A- Le pouvoir réglementaire supplétif de la CRE

Comme le précise le Conseil d'Etat, « conférer un pouvoir réglementaire à une autorité de régulation se justifie en effet dès lors que la réglementation appelle une adaptation régulière, d'ordre

[1] CRPA article L 200-1 al. 2.
[2] P. DELVOLVE, « La définition des actes administratifs », *RFDA* 2016, p. 35.
[3] Voir à cet égard E. UNTERMAIER-KERLEO, « La double définition de l'acte réglementaire », *AJDA* 2017, p. 1725.

technique, compte tenu de la vitesse d'évolution des métiers, des marchés régulés ou des stratégies des acteurs. »[1]

Cette faculté a, cependant, été abondamment questionnée en raison de l'article 21 de la Constitution, qui dispose que « …le Premier ministre […] assure l'exécution des lois. Sous réserve des dispositions de l'article 13, il exerce le pouvoir réglementaire ». La question était tranchée par le Conseil Constitutionnel qui jugeait « que les dispositions de l'article 21 de la Constitution ne faisaient pas obstacle à ce qu'une loi confère un pouvoir réglementaire à une autorité administrative indépendante, dans certaines conditions », mais il s'agit « d'un pouvoir réglementaire d'application de la loi, et en aucun cas d'un pouvoir réglementaire autonome »[2]. Le Conseil constitutionnel précisait, dans sa décision du 18 septembre 1986[3], que ce pouvoir devait s'exercer dans le respect des lois et décrets, et ultérieurement, dans sa décision du 17 janvier 1989, qu'il ne devrait porter que sur « des mesures de portée limitée, tant par leur champ d'application que par leur contenu »[4]. Ce qui fait dire à la doctrine « que le pouvoir réglementaire des autorités indépendantes de régulation est spécial, limité, subordonné. »[5].

Alors que, contrairement à la plupart des AAI, la CRE s'est vu attribuer un pouvoir réglementaire supplétif non soumis à l'homologation ministérielle, ce pouvoir était perçu en retrait par rapport à d'autres entités : « La doctrine relevait que le pouvoir règlementaire de la CRE apparaît […] comme particulièrement résiduel en comparaison avec ceux dont dispose l'ART et les autres régulateurs européens du secteur de l'électricité [.… On ne peut que déplorer ce net décalage qui semble trouver sa cause profonde […] dans la volonté française de maintenir

---

[1] EDCE, *Rapport public* 2001, *Les autorités administratives indépendantes*, La Documentation française, p. 338.

[2] *Ibid.*, p. 295.

[3] CC 18 septembre 1986, n°86-217 DC, consid. 58, *Loi relative à la liberté de communication.*

[4] CC 17 janvier 1989, n° 88-248 DC, *Loi modifiant la loi n° 86-1067 du 30 septembre 1986 relative à la liberté de communication*, « Considérant que la loi habilite le Conseil supérieur de l'audiovisuel à fixer seul par voie réglementaire non seulement les règles déontologiques concernant la publicité mais également l'ensemble des règles relatives à la communication institutionnelle, au parrainage et aux pratiques analogues à celui-ci ; qu'en raison de sa portée trop étendue cette habilitation méconnaît les dispositions de l'article 21 de la Constitution. »

[5] R. RAMBAUD, « Pouvoir Réglementaire », in BAZEX, ECKERT, LANNEAU (dir.) *Dictionnaire des régulations*, 2016, Lexis Nexis, p.466.

de nombreuses attributions au profit du ministre en charge de l'énergie »[1]. Ces commentaires, pour justes qu'ils aient pu paraître à l'époque de leur rédaction, ne se sont pas révélés, pour la CRE, le reflet d'une réalité insurmontable, et ainsi que le remarquait P.-A. Jeanneney : « les régulateurs exercent un pouvoir réel qui déborde largement leurs compétences formelles »[2].

Le Conseil d'Etat définit selon quelles modalités le Gouvernement peut confier par décret à la CRE de nouvelles compétences par rapport à celles qui lui étaient dévolues par la loi.

Saisie d'un projet de décret définissant les conditions et modalités de désignation par le ministre chargé de l'énergie des fournisseurs de secours d'électricité, la section des Travaux Publics estime que le Gouvernement est en mesure de confier au régulateur « certaines compétences ne figurant pas dans les compétences qui lui sont précisément dévolues par la loi du 10 février 2000 » sous un certain nombre de conditions. Il convient que ces compétences soient liées à la mission générale « confiée à la CRE par l'article 28 de la loi du 10 février 2000 » et qu'elles ne comportent pas de caractère décisionnel[3].

Le juge national n'hésite pas, à l'occasion, à sanctionner une autorité de régulation lorsque celle-ci outrepasse la délégation de pouvoirs

---

[1] G. du Puy-Montbrun et B. Martor « La Commission de régulation de l'électricité », *LPA* 14 janvier 2000, p.12, citée par L. Calandri, *Recherche sur la notion de régulation en droit administratif français,* LGDJ., Bibliothèque de droit public t. 259, 2008, p. 161.

[2] P.-A. Jeanneney, « Le régulateur producteur de droit » in M.-A. Frison-Roche (dir), *Règles et pouvoirs dans les systèmes de régulation,* vol. 2, Paris, Dalloz, Presses de Sciences Po, 2004. p. 44.

[3] « Saisie d'un projet de décret définissant, en application du IV bis de l'article 22 de la loi du 10 février 2000, les conditions et modalités de désignation par le ministre chargé de l'énergie des fournisseurs de secours d'électricité, la section a estimé que le Gouvernement pouvait par ce décret confier à la Commission de régulation de l'énergie certaines compétences ne figurant pas dans les compétences qui lui sont précisément dévolues par la loi du 10 février 2000 sous les conditions suivantes : ces compétences se rattachent à la mission générale confiée à la Commission par l'article 28 de la loi du 10 février 2000 de «concourir, au bénéfice des consommateurs finals, au bon fonctionnement des marchés de l'électricité et du gaz»; ces compétences, compte tenu de leur nature (préparation du cahier des charges de l'appel d'offres pour la désignation des fournisseurs de secours, instruction des dossiers de candidatures, proposition de décisions de désignation au ministre), ne comportent pas de caractère décisionnel et peuvent être définies par décret; ces compétences ne méconnaissent pas les termes de la loi organisant les compétences et pouvoirs de la Commission et ne portent pas atteinte à son indépendance. », Conseil d'Etat, *Rapport public* 2010, Section des Travaux Publics, Activité consultative, p. 191.

consentie par le législateur. C'est le cas de la CRE, en 2011, lorsqu'elle approuve les barèmes établis par les gestionnaires de réseaux pour la facturation des opérations de raccordement des utilisateurs aux réseaux publics de distribution d'électricité, lesquels devaient être arrêtés par les ministres compétents. Pour le Conseil d'Etat, « l'article 2 de l'arrêté du 28 août 2007 fixant les principes de calcul de cette contribution n'a pu, sans méconnaître la portée de la délégation consentie par le législateur au pouvoir réglementaire, renvoyer à la CRE la prérogative d'approuver les barèmes établis par les gestionnaires de réseaux pour la facturation des opérations de raccordement des utilisateurs aux réseaux publics de distribution d'électricité qui leur sont concédés »[1].

Si, comme le remarque P. Sablière, la CRE n'utilise pas beaucoup son pouvoir réglementaire supplétif dans un premier temps, « ce pouvoir ayant été étendu au gaz, les possibilités d'intervention ayant été élargies, elle y a eu davantage recours jusqu'à en faire un usage courant »[2].

L'article 37 de la loi n°2000-108 du 10 février 2000 donnait, dès l'origine, un pouvoir réglementaire supplétif[3] à la CRE. Outre les périmètres de chacune des activités comptablement séparées, les règles d'imputation comptable appliquées pour obtenir les comptes séparés, et les principes déterminant les relations financières entre ces activités, conformément aux articles 25 et 26, la CRE est compétente pour préciser les règles relatives aux missions des gestionnaires de réseaux publics de transport et de distribution d'électricité en matière d'exploitation et de développement des réseaux, l'accès aux réseaux et les procédures de traitement des demandes de raccordement. Elle a aussi compétence sur la conclusion de contrats d'achat et de protocoles par les gestionnaires de réseaux publics de transport ou de distribution[4].

---

[1] CE, 23 décembre 2011, n° 316596, Fédération française des installateurs électriciens. En vertu de l'article 18 de la loi n°2000-108 du 10 février 2000, les principes généraux permettant de fixer cette contribution due au gestionnaire de réseau maître d'ouvrage des travaux de raccordement, qui peuvent prendre la forme de barèmes, doivent être arrêtés conjointement par les ministres chargés de l'économie et de l'énergie après avis de la CRE.

[2] P. SABLIERE, *Droit de l'énergie 2014/2015*, Dalloz Action, p. 468.

[3] Art. L. 134-1 et L. 134-2 du Code de l'énergie.

[4] Loi n°2000-108, du 10 février 2000 (version initiale) art. 37 : « Dans le respect des dispositions législatives et réglementaires, la Commission de régulation de l'électricité précise, en tant que de besoin, par décision publiée au Journal officiel de la République française, les règles concernant :

Ce pouvoir couvre, désormais, un large champ. La CRE précise, par décision publiée au Journal officiel, les missions des GRT et des gestionnaires de réseau de distribution (GRD) en électricité et en gaz, en matière d'exploitation et de développement des réseaux, ainsi que celles des gestionnaires des installations de gaz naturel liquéfié et des opérateurs de stockage souterrain de gaz naturel. Elle précise également les règles relatives aux conditions de raccordement aux réseaux de transport et de distribution. Elle définit, et arrête les tarifs d'accès aux réseaux tant en électricité qu'en gaz, et l'évolution de ces tarifs, notamment le TURPE (voir les développements *infra* § 216 et s.). Elle définit aussi la rémunération des fournisseurs dans le cadre de ce qui a été nommé « commissionnement »[1] (prestation de gestion de clientèle) et qui a fait l'objet de nombreux contentieux à partir de la délibération, de 2012, de la CRE « portant communication relative à la gestion de

---

1° Les missions des gestionnaires de réseaux publics de transport et de distribution d'électricité en matière d'exploitation et de développement des réseaux, en application des articles 14 et 18 ;
2° Les conditions de raccordement aux réseaux publics de transport et de distribution d'électricité, en application des articles 14 et 18 ;
3° Les conditions d'accès aux réseaux et de leur utilisation, en application de l'article 23 ;
4° La mise en œuvre et l'ajustement des programmes d'appel, d'approvisionnement et de consommation, et la compensation financière des écarts, en application des articles 15 et 19 ;
5° La conclusion de contrats d'achat et de protocoles par les gestionnaires de réseaux publics de transport ou de distribution, en application du III de l'article 15 ;
6° Les périmètres de chacune des activités comptablement séparées, les règles d'imputation comptable appliquées pour obtenir les comptes séparés et les principes déterminant les relations financières entre ces activités, conformément aux articles 25 et 26. ».
Ses compétences sur le gaz étaient alignées en 2006 sur celles de l'électricité : « A cet effet l'article 10 de la loi du 7 décembre 2006 (n°2006-1537 relative au secteur de l'énergie) a créé un pouvoir réglementaire supplétif mis en œuvre par le régulateur sectoriel dans le domaine du gaz naturel, dans des termes proches de ce qui préexistait en matière d'énergie électrique », R. COIN, « La régulation du secteur de l'énergie en France à l'heure de l'ouverture totale du marché », *Annales de la Régulation*, v.2, Th. REVET, L. VIDAL (dir.), IRJS Edit., 2009, p. 654-655.

[1] Article L. 341-4-3 (Loi n°2017-1839 *du 30 déc. 2017, art. 13)* : « Les prestations de gestion de clientèle réalisées par les fournisseurs d'électricité pour le compte des gestionnaires de réseaux de distribution dans le cadre de l'exécution des contrats portant sur l'accès aux réseaux et la fourniture d'électricité peuvent donner lieu à une rémunération, dont les éléments et le montant sont fixés par la Commission de régulation de l'énergie. »

client en contrat unique »[1] (voir les développements *infra* Première Partie, Titre II, chapitre1, section 2, II, B 4 .).
La CRE précise les règles de mécanismes complexes ayant trait à l'équilibrage, comme la mise en œuvre et l'ajustement des programmes d'appel, d'approvisionnement et de consommation, et la compensation financière des écarts, ainsi que les conclusions de contrats d'achat et de réservation par les GRT et GRD d'électricité[2]. Ce sont des sujets topiques de la capacité de la CRE à s'attribuer une responsabilité. Dès sa délibération du 25 mai 2000, concernant les principes de tarification d'utilisation des réseaux électriques publics, elle pose les orientations générales relatives aux modalités de règlement des écarts entre prévision et réalisation, et l'existence d'un marché de l'ajustement[3]. Ce

---

[1] *Délibération du 26 juillet 2012 portant communication relative à la gestion de clients en contrat unique*, CRE.

[2] L'équilibrage constitue l'échéance ultime permettant d'assurer la stabilité de la fréquence en maintenant à chaque instant une égalité quasi parfaite entre la puissance injectée (production, imports depuis l'étranger) et la puissance soutirée (consommation, exports vers l'étranger) sur le réseau électrique. Dans un marché ouvert au sein duquel une multitude d'acteurs de marché peuvent gérer de manière indépendante leur portefeuille d'actifs (producteurs, fournisseurs, négociants, etc.), c'est également la dernière échéance permettant d'assurer le respect des contraintes techniques liées au fonctionnement du système électrique, notamment celles liées à l'équilibre des flux. Au sein de tous les pays européens, cette mission incombe aux GRT en application du 3ème paquet « énergie ». Le rôle de garant de l'équilibre du système électrique est confié à RTE par l'article L. 321-10 du Code de l'énergie qui dispose que « le gestionnaire du réseau public de transport assure à tout instant l'équilibre des flux d'électricité sur le réseau ainsi que la sécurité, la sûreté et l'efficacité de ce réseau, en tenant compte des contraintes techniques pesant sur celui-ci ». Ainsi, RTE assure en temps réel cet équilibre en prenant en compte les aléas de consommation et de production. Pour maintenir l'équilibre entre l'offre et la demande, RTE doit disposer de réserves de puissance mobilisables, à la hausse comme à la baisse, provenant de capacités basées en France ou dans le reste de l'Europe. Il existe trois types de réserves qui peuvent être sollicitées successivement : réserve primaire, services système fréquence (activation automatique) ; réserve secondaire, services système fréquence (activation automatique) ; réserve tertiaire, mécanisme d'ajustement (activation manuelle). Pour ce faire, RTE définit en concertation avec les parties prenantes du secteur électrique et soumet à l'approbation de la CRE l'ensemble des modalités techniques et financières relatives à l'équilibrage.

[3] « Le responsable de son ajustement est celui qui s'engage à régler financièrement au GRT les écarts qui pourraient résulter entre la consommation du client et la fourniture effective. Le coût de cet ajustement serait établi *a posteriori*, en fonction du prix qui résulterait du marché d'ajustement à chaque période de la journée. Le GRT animerait un marché d'ajustement à la hausse comme à la baisse. Ce marché servirait au règlement physique des écarts et l'achat éventuel de pertes. » Délibération CRE, 25

faisant, et les nombreuses délibérations suivantes[1] le confirment, elle a « largement interprété les dispositions de l'article 37 dans ses alinéas 1 et 4 pour compléter les dispositions de l'article 15 de la loi du 10 février 2000 relatif à la fonction de garant de l'ajustement sur le réseau tenu par son gestionnaire. »[2] Selon la jolie formule de N. Chebel-Horstmann, « Quand elle ne peut légalement préciser, la CRE 'perfectionne' »[3]. Elle pratique de manière identique pour fixer le financement des écarts, en précisant les mesures arrêtées par le GRT[4]. Ces hardiesses « réglementaires » - la CRE étant à l'origine d'un régime que ni la loi ni ses décrets d'application ne visaient expressément - font l'objet d'une double reconnaissance législative par la loi n°2003-8 du 3 janvier 2003 et la loi n°2005-781 du 13 juillet 2005[5]. La première permet à la CRE d'approuver l'ensemble des dispositions relatives au mécanisme d'ajustement et la seconde lui confère la compétence pour « approuver les méthodes de calcul des écarts et des compensations financières »[6]. Un autre exemple intéressant, et à rebondissements multiples, concerne les effacements et leur valorisation. La loi n°2013-312 du 15 avril 2013

---

mai 2000, *Propositions concernant les principes de tarification de l'utilisation des réseaux électriques publics.*

[1]Communication CRE, 19 juillet 2001, « Sur les modifications souhaitables au mécanisme de responsabilité d'équilibre » ; Communiqué CRE, 28 octobre 2002, « Mécanisme d'ajustement en France : examen par la CRE en décembre 2002 » ; « Délibération relative à l'approbation des règles du mécanisme d'ajustement », CRE, 23 janvier 2003.

[2] Ch. GUENOD, *Théorie juridique et économique du régulateur sectoriel*, *op. cit.*, p. 178.

[3] N. CHEBEL-HORTSMANN, *op. cit.*, p. 410 et s.

[4] Ainsi elle imposait au GRT de modifier les modalités de règlement des écarts : elle lui recommandait de doubler la plage de tolérance des écarts au-delà de laquelle les écarts de consommation étaient facturés selon un barème très élevé qu'elle estimait « pénalisant pour les nouveaux entrants sur le marché », Rapport d'activité de la CRE 30 juin 2000, annexe « Les modalités de règlement *a posteriori* des écarts prévision/réalisation », p. 57.

[5] Loi n°2003-8 du 3 janvier 2003 relative aux marchés du gaz et de l'électricité et au service public de l'énergie, art. 44 ; loi n°2005-781 du 13 juillet 2005 de programme fixant les orientations de la politique énergétique, art. 80 « le IV de l'article 15 de la loi n°2000-108 du 10 février 2000 précitée est complété par un alinéa ainsi rédigé : « La Commission de régulation de l'énergie approuve les méthodes de calcul des écarts et des compensations financières mentionnées au précédent alinéa. »

[6]Désormais art. L. 134-1 al. 4 du Code de l'énergie. Voir aussi la délibération de la CRE du 19 juin 2014 portant décision sur les Règles relatives à la programmation, au Mécanisme d'Ajustement et au dispositif de Responsable d'Équilibre.

confie à la CRE la responsabilité d'en préciser les règles[1]. Le sujet s'est révélé suffisamment riche et complexe pour y consacrer un développement à part entière (v. *infra* Première Partie, Titre II, chapitre 1, section 2, II, C))

Dans un secteur différent, la CRE fait jouer son pouvoir réglementaire supplétif dans deux opérations concernant des terminaux méthaniers afin d'autoriser une expérimentation de chargement de méthanier. Ce service permet à un expéditeur de charger dans un navire méthanier du GNL disponible dans les cuves du terminal. L'expéditeur peut ainsi recharger du GNL qu'il aurait préalablement lui-même déchargé, ou charger du GNL qui aurait fait l'objet d'un transfert en cuve avec un expéditeur tiers. Deux terminaux étaient concernés, celui de Montoir-de-Bretagne et celui de Fos Cavaou [2].

La CRE est, aussi, censée préciser les règles de calcul de l'accès régulé à l'électricité nucléaire historique (ARENH) mentionnées à l'article L. 337-14 du Code de l'énergie, et celles de calcul et d'ajustement des droits des fournisseurs à l'ARENH prévus à l'article L. 336-1. Cette responsabilité n'est que partiellement mise en œuvre, le décret devant définir les paramètres du calcul de la valeur de l'ARENH n'est, en effet, pas encore paru en avril 2023. Il était pourtant approuvé par la CRE le 24 juillet 2014[3], mais la Commission européenne n'a jamais donné son

---

[1] La loi n°2013-312 du 15 avril 2013 visant à préparer la transition vers un système énergétique sobre et portant diverses dispositions sur la tarification de l'eau et sur les éoliennes a donné un cadre à la valorisation des effacements de consommation d'électricité sur les marchés de l'énergie et le mécanisme d'ajustement. L'article 14, I de cette loi a introduit un article L. 271-1 dans le Code de l'énergie, qui dispose notamment qu'un « décret en Conseil d'Etat, pris sur proposition de la Commission de régulation de l'énergie, fixe la méthodologie utilisée pour établir les règles permettant la valorisation des effacements de consommation d'électricité sur les marchés de l'énergie et sur le mécanisme d'ajustement mentionné à l'article L. 321-10 ». Les art. L. 271-2 et 271-3 ont été modifiés par l'ord. n° 2021-237 du 3 mars 2021, portant transposition de la directive (UE) 2019/944 du Parlement européen et du Conseil du 5 juin 2019, art. 12, 13 et 14.

[2] CRE, *délibération du 19 janvier 2012 portant décision relative à la proposition d'Elengy de mise en œuvre à titre expérimental d'un service de chargement de méthanier sur le terminal de Montoir-de-Bretagne* ; CRE, *délibération du 8 mars 2012 portant décision relative à la mise en œuvre à titre expérimental d'un service de chargement de méthanier sur le terminal de Fos Cavaou.*

[3] CRE, 24 juillet 2014, *délibération portant avis sur le projet de décret portant modification du décret n° 2011-466 du 28 avril 2011 fixant les modalités d'accès régulé à l'électricité nucléaire historique* :

« La méthodologie de calcul du prix de l'ARENH prévue par le projet de décret est conforme, dans ses principes, aux préconisations du rapport de la commission

accord au Gouvernement sur les éléments de calcul, craignant, en l'absence de réponses à ses questions, qu'ils ne soient trop favorables à EDF[1].

Les actes décisoires de la CRE dépassent, cependant, le cadre de son pouvoir réglementaire supplétif. Ils sont, en partie, répertoriés dans les articles L. 134.3 à L. 134. 9 du Code de l'énergie, mais pas uniquement. Ainsi la certification des GRT - en application des dispositions du 5° de l'article 10 des directives 2009/72/CE et 2009/73/CE, transposées dans les articles L. 111-3 et L. 111-4 - dépend d'une véritable décision de la CRE[2], en liaison avec la Commission européenne. Décision qui conditionne l'agrément et la désignation de l'entreprise en tant que gestionnaire de réseau de transport par l'autorité administrative[3].

Champsaur et à la méthode que la CRE avait exposée et utilisée dans son avis du 5 mai 2011 précité », p.2.

[1]On retrouve des difficultés similaires dans les négociations entre la France et la Commission entre 2021 et 2023 sur la réforme d'EDF et la valeur de l'ARENH. Parmi les questions longtemps sans réponse se trouvait la demande d'une comptabilité analytique centrale par centrale. Ce travail a été effectué et repris dans un rapport non public de la CRE à destination du Gouvernement sur la valeur de l'ARENH. Il est intéressant de remarquer que l'Assemblée nationale a voté, le 22 juillet 2022, un relèvement du prix de l'ARENH de 42 à 49,50 euros, contre l'avis du Gouvernement, lors de la discussion sur la Proposition de loi visant à la nationalisation du groupe EDF. Or, comme le notait le rapporteur au nom de la Commission des Finances, de l'Economie générale et du Contrôle budgétaire, le député Ph. BRUN, « La mise en œuvre de cette disposition législative est quant à elle, subordonnée à une obligation de notification et demeure ainsi en suspens ». Cette notification n'a pas eu lieu et le prix de l'ARENH reste en avril 2023 de 42 euros.

[2] A cet égard, v. la *délibération n°2018-005 de la CRE du 11 janvier 2018 portant décision sur le maintien de la certification de la société RTE* qui a fait l'objet d'un référé auprès du CE, cf. ordonnance n° 418.125 du 6 mars 2018. v. M. DEVEIDEX, Ch. BARTHELEMY, « Le maintien de la certification de RTE ou la démonstration que la complexité génère de l'entropie », *EEI*, n° 11, novembre 2018.

[3] Les trois GRT français ont été certifiés dans le modèle ITO. TIGF (rebaptisée depuis TEREGA) l'a ensuite été dans le modèle de séparation patrimoniale, à l'occasion de la sortie de TOTAL de son capital.

« La séparation patrimoniale entre le gestionnaire de réseau de transport de gaz naturel ou d'électricité et toute entreprise exerçant une activité de production ou de fourniture respectivement de gaz naturel ou d'électricité est la première option [Modèle OU, *Ownership Unbundling* – littéralement « séparation de la propriété »]. Elle est posée comme principe par la Commission européenne. Dans ce cas, le gestionnaire de réseau de transport n'appartient pas à une entreprise verticalement intégrée. Cependant, si, au 3 septembre 2009, le réseau de transport appartenait à une entreprise verticalement intégrée, deux autres options s'ouvrent au choix des Etats membres :

Il s'agit de procédures lourdes, exigeant plusieurs mois d'instruction. La Commission européenne y tient une place importante, car elle émet un avis sur le projet de décision de la CRE, dont cette dernière doit tenir « le plus grand compte ». Parmi les discussions ardues avec la Commission, le cas de la nouvelle certification de TIGF, après sa cession par TOTAL, en 2013, constitue un exemple significatif à maints égards. La vente était conclue avec un consortium formé par l'opérateur de transport et de stockage de gaz italien Snam (45%), le fonds de l'Etat de Singapour GIC (35%)[1] et la Société C31, détenue en totalité par Electricité de France S.A (20%). La présence d'EDF au tour de table soulevait plusieurs difficultés.

Se présentant, à juste titre, comme un simple investisseur financier[2], il était, toutefois, difficile de faire admettre à la Commission qu'EDF, même en actionnaire dormant, n'avait pas de visées plus opérationnelles. Après de longues discussions, un accord est trouvé entre la CRE et la Commission. Il se traduit par l'absence d'EDF au conseil d'administration de TIGF et sa présence à celui de la holding[3].

- soit confier la gestion [i.e. l'exploitation] du réseau à une société tierce, l'entreprise verticalement intégrée conservant cependant la propriété du réseau de transport (modèle « *Independent system operator* » ou ISO) ;
- soit renforcer l'indépendance du gestionnaire de réseau de transport vis-à-vis des activités de fourniture et de production de l'entreprise verticalement intégrée. C'est le modèle « *Independent transmission operator* » ou ITO retenu pour TIGF, GRTgaz et RTE. », *Décryptage* n° 25, juillet-août 2011, p. 3.

[1] On peut se référer à l'art. L. 111-5 du Code de l'énergie qui concerne le cas d'un GRT passant « sous le contrôle d'une ou de personnes ressortissantes ou résidentes d'un pays tiers à l'Espace économique européen entraîne sa soumission à une nouvelle procédure de certification », même si ce n'est pas exactement le cas ici.

[2] EDF déléguait la gestion de ses parts à sa nouvelle filiale baptisée EDF Invest, qui assure la gestion des investissements non cotés au sein du fonds de démantèlement des centrales nucléaires.

[3] « L'investissement d'EDF dans le groupe TIGF fait partie du portefeuille de participations non cotées au titre des actifs dédiés d'EDF, gérés par EDF Invest, liés à son obligation légale de constituer un portefeuille d'actifs destiné à assurer le financement des engagements nucléaires à long terme d'EDF en France. La participation d'EDF dans TIGF Holding, via Société C31, est le premier investissement réalisé par EDF Invest dans le secteur des infrastructures, à côté de la participation à hauteur de 50% dans Réseau de transport d'électricité S.A. qui était déjà dans le portefeuille d'actifs dédiés. La participation de 20% de Société C31 dans TIGF Holding est une participation minoritaire non contrôlante qui confère à la société le droit de proposer la désignation de deux administrateurs pour siéger au conseil d'administration de TIGF Holding (section 3.2 du pacte d'actionnaires). En vertu des sections 4.2 et 5.1 du pacte d'actionnaires, Société C31 n'est pas autorisée

L'exemple est éclairant, au double titre des relations entre l'autorité de régulation nationale et la Commission et au rôle restreint laissé à l'exécutif en raison d'une marge de manœuvre limitée à la fin du processus[1].
La diversité des exemples cités met en évidence la difficulté, évoquée précédemment, à classer sans hésitation tel ou tel acte. En se reportant à la définition de l'acte administratif unilatéral qui par sa nature affecte l'ordonnancement juridique indépendamment de toute forme de consentement de son destinataire, on peut s'interroger sur son usage dans la régulation. Le régulateur doit en effet être au plus près des attentes des opérateurs et leur consultation « se pose ainsi comme une exigence étroitement liée à l'intérêt général et tend progressivement à se substituer au procédé unilatéral ' pur' »[2]. D'une certaine manière l'acte administratif unilatéral se transforme en s'appliquant à la régulation[3]. Dans les exemples cités précédemment, il est ainsi frappant que certains actes de droit souple de la CRE deviennent ensuite, par une

---

à proposer la nomination de représentants au sein des conseils d'administration de TIGF S.A. et TIGF Investissements, ni à assister aux assemblées générales des actionnaires de ces deux sociétés. […] TIGF Holding ne définit aucune politique générale et ne prend aucune décision stratégique pour TIGF Investissements ni TIGF S.A. TIGF indique que TIGF Holding n'exerce qu'une activité de pure société holding et aucune autre activité économique que la gestion de sa participation dans le capital de TIGF Investissements. […] Sur la base de ce document et en vertu du pacte d'actionnaires et des statuts de TIGF S.A., TIGF Investissements et TIGF Holding, la CRE constate que Société C31 est autorisée à exercer ses droits de vote uniquement au sein de TIGF Holding, dont l'activité est limitée à la gestion patrimoniale de ses participations et aux seules décisions la concernant. » CRE*, délibération du 3 juillet 2014 portant décision de certification de la société TIGF.* V. aussi les délibérations n° 2018-079 du 12 avril 2018 *portant décision sur le maintien de la certification de TEREGA* à la suite de deux prises de participation du groupe Crédit Agricole dans des entreprises de production ou de fourniture d'énergie, ainsi que celle n° 2018-203 du 27 septembre 2018 *portant décision sur le maintien de la certification de TERÉGA à la suite d'une prise de participation du groupe GIC dans une entreprise de production d'énergie.*

[1] On peut, par ailleurs, relever combien cela illustre la méfiance de la Commission à l'égard d'EDF, phénomène que l'on retrouve dans les négociations, entre la France et la Commission sur la réorganisation du groupe EDF et la réforme de l'ARENH au cours des années 2020 et 2021.

[2] Ch. KALOUDAS, *Les actes administratifs unilatéraux de régulation, op. cit.*, p. 60.

[3] « Lorsque les actes administratifs unilatéraux deviennent un outil de régulation, ils se transforment afin de répondre aux nouvelles exigences que pose cette dernière. », *ibid.*, p. 21.

modification législative, un pouvoir réglementaire supplétif du régulateur.

Les tarifs d'accès aux réseaux sont une illustration significative de la nature de l'acte administratif unilatéral appliqué à la régulation. Ils montrent également comment la CRE impose peu à peu son expertise économique et affirme son indépendance.

B- Illustrations : Comment des délibérations ayant une portée réglementaire montrent l'acquisition d'une expertise économique qui assure l'indépendance de la régulation

Le tarif d'utilisation du réseau de transport et de distribution en électricité (TURPE) constitue la première brique de la construction du marché de l'énergie basée sur l'accès des tiers au réseau[1]. Il serait incomplet de cantonner la question au seul secteur de l'électricité, car la tarification de l'utilisation des réseaux du gaz joue, à partir de la transcription en droit national[2] de la directive de 1998[3], un rôle similaire. Aborder les deux énergies[4] permet de mettre en évidence les différences en termes d'indépendance, en raison des interventions de l'exécutif, et les convergences en capacité d'expertise de la CRE, ainsi qu'en termes d'élaboration particulière d'un acte unilatéral de régulation.

L'importance des tarifs d'accès aux réseaux régulés par la CRE s'exprime aussi par le poids économique que représentent les gestionnaires de réseaux[5].

---

[1] « Afin de transposer la directive 96/92 du CE, la loi du 10 février 2000 doit repenser l'ensemble du système de tarification de la fourniture électrique en le scindant en deux étapes : déterminer le prix de la fourniture et isoler au sein de celle-ci le coût de l'utilisation des réseaux. La définition du premier influe nécessairement sur le second et, par conséquent, sur la concurrence, puisque sa définition fait apparaître les composantes des coûts à intégrer dans le tarif d'utilisation des réseaux. » N. CHEBEL-HORTSMANN, *La régulation du marché de l'électricité, concurrence et accès au réseau, op. cit.*, p. 301.

[2] Loi n°2003-8 du 3 janvier 2003 relative aux marchés du gaz et de l'électricité et au service public de l'énergie.

[3] Directive 98/30/CE du Parlement européen et du Conseil du 22 juin 1998 concernant des règles communes pour le marché intérieur du gaz naturel.

[4] Il s'agit d'une facilité de vocabulaire car, en réalité, seul le gaz est une énergie primaire, l'électricité étant une énergie secondaire.

[5] Ils emploient directement plus de 65 000 salariés. La valeur économique des actifs qu'ils gèrent est près de 100 milliards d'euros, et leur chiffre d'affaires annuels de

Par ailleurs la contestabilité du marché dépend des « conditions techniques et économiques d'accès aux réseaux », car, selon les modalités de la tarification de l'utilisation du réseau retenues, elles constituent « un obstacle au bon fonctionnement du marché, ou au contraire être un facteur de sa contestabilité »[1]. Les enjeux sont donc fondamentaux, tant en électricité qu'en gaz.

La directive de 1996[2] prévoyait la possibilité de deux systèmes d'accès des tiers au réseau : l'accès négocié aux réseaux[3] et l'accès réglementé[4]. Il faut attendre la directive 03/54 du CE pour que disparaisse l'accès négocié aux réseaux (seule l'Allemagne l'avait mis en œuvre) et que le rôle du régulateur sectoriel soit précisé dans le processus. La loi du 10 février 2000 avait retenu l'accès réglementé mis en œuvre par des « contrats conclus entre les GRT et GRD concernés et les utilisateurs de ces réseaux »[5] sur la base d'un tarif d'utilisation des réseaux fixé par les pouvoirs publics [6].

La CRE sait déployer, dans les deux énergies, une capacité d'expertise et une technique rapidement reconnues par les acteurs du secteur. Sa rapidité d'adaptation se heurte, en revanche, à la lenteur des pouvoirs publics dans une procédure d'approbation inadaptée pour les deux énergies. La CRE détermine une méthode de tarification favorable au marché dont l'élaboration fait l'objet de larges consultations. Son expertise, contestée par l'exécutif pour les tarifs d'accès aux réseaux électriques, est définitivement confortée par le 3ème paquet. La différence d'attitude de l'exécutif apparait clairement entre le gaz et l'électricité où le tropisme interventionniste de l'Etat actionnaire se manifeste.

---

plus de 20 milliards d'euros. Ils investissent chaque année environ 7 milliards d'euros (chiffres 2019, source CRE).

[1]Rapport du Groupe d'expertise économique sur la tarification des réseaux de transport et de distribution de l'électricité du 27 janvier 2000, p. 10.

[2] Directive 96/92/CE du Parlement européen et du Conseil du 19 décembre 1996 concernant des règles communes pour le marché intérieur de l'électricité.

[3] Le système de l'accès négocié aux réseaux repose sur la libre négociation de l'utilisation des infrastructures de transport et de distribution d'électricité entre les opérateurs. Les clients éligibles autorisés négocient l'accès aux réseaux avec les détenteurs ou gestionnaires des réseaux de distribution ou de transport d'électricité en fonction du réseau utilisé.

[4] Article 17 ~ 4 de la directive 96/92 du CE.

[5] Loi n°2000-108 du 10 février 2000 relative à la modernisation et au développement du service public de l'électricité, art. 23.

[6] *Ibid.* art. 4.

1- Une procédure d'approbation inadaptée du pouvoir de proposition au pouvoir de proposition renforcée

La procédure d'approbation des premières propositions de la CRE, dont les espoirs initiaux se révèlent trop optimistes[1] en matière de tarification d'utilisation des réseaux, s'avère particulièrement lourde tant en électricité qu'en gaz. Elle doit faire l'objet d'un décret, pris en Conseil d'Etat, après avis du Conseil de la concurrence. Cela conduit à des retards peu compatibles avec les impératifs de l'ouverture d'un marché, d'autant que cette pesanteur se constate également dans les délais de parution des décrets sur lesquels la CRE donne un avis[2].

La proposition de la CRE sur TURPE 1, adressée au Gouvernement le 31 mai 2001, n'est approuvée que le 19 juillet 2002[3]. Les premières propositions[4] sur les tarifs d'utilisation des réseaux de transport de gaz connaissent le même sort. La délibération de la CRE date du 24 juillet 2003, or les tarifs n'entrent officiellement en application que le 23 septembre 2004[5]. Les tarifs d'utilisation des réseaux de distribution, présentés le 19 décembre 2003 par la CRE, ne sont approuvés que le 14

---

[1] Dans une communication du 18 mai 2000, la CRE envisageait avec un certain optimisme le déroulement à venir d'élaboration des tarifs pour les réseaux d'électricité : « La loi du 10 février 2000 prévoit la constitution au sein d'EDF d'un service gestionnaire du réseau de transport (GRT) qui, aux termes de la directive, doit être géré comme s'il était une entreprise indépendante et en s'abstenant de toute discrimination envers les opérateurs. La CRE est investie de nombreuses responsabilités pour la mise en place et le bon fonctionnement du GRT. Un tarif provisoire de transport a été publié par EDF. La commission adoptera prochainement les propositions de tarif d'utilisation du réseau qu'il reviendra au ministre d'approuver. Destinés à couvrir la période de mise en place des principaux éléments d'ouverture du marché, ces tarifs seront révisés au vu de l'expérience sur le marché, au cours de l'année 2001 et la commission s'efforcera alors de mettre en place un tarif et des règles d'évolution de celui-ci pour une période plus longue (3 à 5 ans) afin d'assurer un environnement prévisible aux acteurs du marché. » CRE, *Communication sur l'ouverture du marché français de l'électricité du 18 mai 2000.*

[2] La CRE avait rendu son avis sur le décret encadrant les tarifs le 25 juillet 2000 alors que « le décret a été publié le 26 avril 2001, c'est-à-dire neuf mois plus tard. » Décret 2001-365 du 26 avril 2001, Conférence de presse de la CRE du 29 juin 2001.

[3] Décret n° 2002-1014 du 19 juillet 2002 fixant les tarifs d'utilisation des réseaux publics de transport et de distribution d'électricité.

[4] Contrairement au secteur de l'électricité qui ne comporte qu'un TURPE, il existe deux tarifs distincts pour le gaz, un pour le transport et un pour la distribution.

[5] Décret n°2004-994 du 21 septembre 2004 relatif aux tarifs d'utilisation des réseaux de transport de gaz naturel et des installations de gaz naturel liquéfié.

janvier 2005. Ces retards de procédure donnent lieu à des péripéties de nature fort différente entre les deux énergies.
La proposition du TURPE, par laquelle les ministres sont liés, ne pouvant que la refuser ou l'accepter, mais en aucun cas la rectifier (ce qui était vrai pour le gaz également), avait fait l'objet d'une modification avant la parution du décret. La CRE s'apercevait, à l'occasion d'un règlement de différend[1], que les limites des classes de tension, qu'elle avait définies pour l'application du tarif, avaient été corrigées par les pouvoirs publics.
Le règlement de différend (*voir infra* Première Partie, Titre II, chapitre 2) donne l'opportunité à la CRE de faire un rappel à la loi à l'exécutif : « La CRE a donc rappelé qu'une proposition, en matière réglementaire, n'offre à l'autorité chargée de l'approuver que le choix entre acceptation et refus. Elle a demandé à RTE d'appliquer à PEMAR le tarif qui correspondait à sa situation tel qu'il avait été défini par la CRE dans sa proposition », et la CRE précise encore « qu'elle a été amenée, afin de garantir les droits des acteurs régulés, à défendre ses prérogatives en matière tarifaire en refusant d'appliquer un décret en Conseil d'Etat pour illégalité. »[2] Il est intéressant de noter que la CRE explique en 2003 qu'elle avait « commencé à préciser les conditions d'application du décret du 19 juillet 2002, en utilisant parallèlement la voie des communications interprétatives et du règlement de différend »[3]. La CRE use, à l'égal de la Commission européenne, des communications interprétatives, que l'on pourrait aussi rapprocher des circulaires administratives, de manière à clarifier certains aspects du tarif[4].
Alors que les propositions de tarification de l'utilisation des réseaux de transport et de distribution de gaz connaissent un retard de plus d'un an avant d'être entérinées par les pouvoirs publics, les trois gestionnaires de réseaux de transport et les gestionnaires de réseaux de distribution décident, en juillet 2004, d'appliquer les propositions de tarification de

[1] Décision du 12 décembre 2002 sur un différend qui oppose la société PEM abrasif-réfractaires (PEMAR) à Réseau de transport d'électricité (RTE), en tant que gestionnaire du réseau public de transport d'électricité, relatif à la tarification d'utilisation des réseaux publics applicable aux consommateurs raccordés en tension 42 kV.
[2] CRE, *Rapport d'activité 2003*, p. 52-53.
[3] *Ibid.*
[4] *Communication de la CRE du 20 mai 2003 sur les dispositions du tarif relatives au regroupement tarifaire des points de raccordement ; communication de la CRE du 22 mai 2003 sur les conditions de la rupture du contrat intégré avec EDF.*

la CRE de leur propre initiative. Une démarche significative de la confiance des acteurs dans la CRE[1], mais également tout à fait singulière dans le cadre d'un acte administratif unilatéral.
Les dysfonctionnements, dus à cette procédure inutilement lourde, sont supprimés pour l'électricité, par la loi du 13 juillet 2005[2] qui modifie l'article 4 § III de la loi du 10 février 2000 et simplifie la procédure en imposant que la décision ministérielle soit « réputée acquise sauf opposition de l'un des ministres dans un délai de deux mois suivant la réception des propositions ». Le décret du 27 mai 2005[3] avait déjà défini ce principe pour le gaz.

2- Des principes de tarification favorables à la création d'un marché

Les conditions d'ouverture des marchés de l'électricité et du gaz se présentent techniquement fort différemment, mais l'objectif de la CRE est le même : élaborer des tarifs favorables à l'existence de la concurrence, en conformité avec les orientations européennes.
Comme tout régulateur, la CRE doit arbitrer entre les différents principes coexistant dans la littérature économique : « La pratique comparée des régulateurs sectoriels fait apparaître essentiellement deux méthodes, celles dites du « *Cost plus* » et du « *Price cap* »[4]. Il n'était guère envisageable de débuter par une méthode sophistiquée comme celle du « *Price Cap* », qui réclame, en général, un tarif d'une durée de trois à cinq ans, mal adaptée à l'élaboration de premiers tarifs. La CRE choisit donc, tant en électricité qu'en gaz, la méthode « *Cost plus* », fondée sur le remboursement de l'ensemble des coûts supportés par le gestionnaire d'infrastructure. Cela nécessite une évaluation la plus juste possible de ceux-ci, tâche toujours difficile pour un régulateur, en raison de l'asymétrie d'information. Il convient ensuite de fixer un taux de rémunération au bon niveau. Cette méthode fait peser peu de

[1] Cette confiance était en partie due au fait que le président de la CRE avait été chargé, par le Gouvernement, de deux rapports préalables à l'ouverture du marché du gaz, et que la CRE travaillait, bien avant d'en avoir la légitimité, avec les entreprises du secteur du gaz.
[2] Loi n°2005-781 du 13 juillet 2005 de programme fixant les orientations de la politique énergétique.
[3] Décret n° 2005-607 du 27 mai 2005 relatif aux règles de tarification applicables à l'utilisation des réseaux de transport de gaz naturel, art. 6.
[4] Ch. GUENOD, *Théorie juridique et économique du régulateur sectoriel*, *op. cit.*, p. 189.

contraintes d'efficience sur le gestionnaire de réseau et, si le taux de rémunération est trop élevé, il existe un risque de surinvestissement.
La CRE définit des principes tarifaires qu'elle conserve au cours des différents tarifs. Pour l'électricité, il s'agit du principe de la tarification dit du « timbre-poste »[1]. Les tarifs fondés sur les coûts comptables sont fonction de la puissance souscrite et de l'énergie soutirée.
Pour le gaz, la CRE opte pour une tarification « entrée-sortie », recommandée par le Forum de Madrid de septembre 2003[2], méthode de tarification plus favorable que celle de point à point[3], pour la réalisation de places de marché qui facilitent les échanges de gaz entre les différents acteurs. Il convient, à ce stade, d'évoquer quelques

---

[1] Il existe deux grands principes de tarification : la tarification nodale et la tarification « timbre-poste ». La tarification nodale permet une rémunération de l'utilisation des réseaux publics qui correspond à l'octroi de droits d'injection et de droits de soutirage aux producteurs et aux consommateurs aux différents nœuds des réseaux. Elle ne prend pas en compte la destination, ni la provenance de l'électricité, ni la situation géographique des parties dans les transactions à l'origine des flux. Le principe de tarification dit « timbre-poste » indépendant de la localisation respective des injections et des soutirages nécessaires à une transaction, a été adopté, notamment, dans l'ensemble des pays de la plaque continentale européenne, conformément au paragraphe 1 de l'article 4 du règlement européen du 26 juin 2003.

[2] Ces Forums initiés par la Commission européenne regroupent l'ensemble des acteurs, GRT, entreprises, régulateurs, administration des différents Etats, et se tiennent à Florence pour l'électricité et à Madrid pour le gaz. (voir développements *infra* Partie II, Titre II, chapitre 1, section 2).

[3] Tarification « à la distance » : elle consiste en l'identification d'un trajet tarifaire entre le point d'entrée du gaz et le point de livraison, faisant l'objet de réservations sur chaque tronçon de ce trajet tarifaire. Avantage : reflet des coûts sur le trajet contractuel ; inconvénients : effet distance défavorable aux nouveaux entrants ne disposant que d'un point d'entrée sur le territoire, complexité des réservations de capacités, difficultés à créer des points d'échange de gaz.
Réservation de capacités d'entrée et de sortie sans prise en compte des flux physiques entre ces points (méthode retenue par la France). Avantage : ce système génère moins de contraintes pour les expéditeurs. Le gaz, une fois entré, peut être librement échangé, ce qui permet le développement de places de marché ; inconvénient : le gestionnaire de réseau doit assurer la livraison du gaz à tous les points de sortie, quel que soit le schéma d'approvisionnement choisi par les fournisseurs. Cela implique notamment que le réseau n'ait pas de congestion interne. Lorsque des congestions internes existent, le réseau doit être découpé en « zones d'équilibrage » parfaitement fluides. Dans ce cas, la tarification est dite entrée-sortie multi-zonale. Contrairement à la tarification point à point, la tarification de type entrée-sortie supprime la notion de trajet contractuel entre les points d'entrée et les zones de sortie et permet donc de découpler les souscriptions de capacité à l'entrée et à la sortie du réseau de transport.

spécificités du marché du gaz au début des années 2000, car les sujets sont différents entre le gaz et l'électricité.

« Le réseau français de transport n'est pas adapté à l'ouverture du marché gazier » écrit la CRE dans son rapport d'activité de 2004[1]. Le défi consiste, pour le régulateur, à favoriser, par la tarification de l'accès aux réseaux, la fluidité du marché du gaz en France. L'objectif est double : réduire le nombre de zones d'équilibrage et inciter à l'investissement. Dans les deux cas, la CRE fait montre d'un grand volontarisme.

Dès ses premiers tarifs, elle prévoit la réduction du nombre de zones de huit[2] à cinq[3] au 1er janvier 2005, et considère qu'à terme une nouvelle réduction du nombre de zones s'avère nécessaire. Elle prend acte de « la volonté de Gaz de France d'engager, dès que possible, les investissements permettant la suppression des zones Est et Ouest et le passage, au 1er janvier 2009, à une structure à trois zones d'équilibrage sur le territoire national (deux zones pour Gaz de France, une zone pour GSO) »[4].

Les tarifs d'utilisation des réseaux de transport de gaz dits « ATRT4 », entrés en vigueur au 1er avril 2009, réduisent le nombre de zones d'équilibrage de cinq à trois : les zones Nord et Sud sur le réseau de GRTgaz[5], et la zone TIGF reliée à la zone GRTgaz Sud[6]. Nous évoquerons plus loin la dernière étape.

---

[1] « Ce réseau a été optimisé en fonction de la répartition des approvisionnements entre les cinq points d'entrée existant. De ce fait, l'existence de contraintes nord-sud, nord-est et nord-ouest sur le réseau français ne permet pas au gaz libre arrivant de Zeebrugge ou de mer du Nord d'alimenter l'ensemble du pays, et en particulier la partie sud de la France, ce qui rend impossible le développement de la concurrence dans cette zone », CRE, *Rapport d'activité 2004*, p. 21

[2] Le réseau de transport français comprenait, en 2003, huit zones d'équilibrage : cinq pour Gaz de France, deux pour la Compagnie Française du Méthane et une pour Gaz du Sud-Ouest.

[3] « Les deux zones d'équilibrage de la CFM sont fusionnées avec les zones contiguës de Gaz de France, […] sur le réseau de Gaz de France, les zones Nord B et Nord H sont fusionnées en une seule zone Nord. » *Proposition de la CRE du 27 octobre 2004.*

[4] *Ibid.*

[5] Tous les consommateurs de la grande zone Nord de GRTgaz avaient ainsi accès à un choix élargi de sources de gaz. Les fournisseurs de cette zone bénéficiaient d'un potentiel d'arbitrage renforcé entre les différents points d'entrée de la zone.

[6] GRTgaz, filiale de Gaz de France opérait un réseau de canalisation long d'environ 32 000 km, divisé en 2 zones d'équilibrage au 1er janvier 2009. TIGF, filiale de Total, opérait un réseau long d'environ 6000 km dans le sud-ouest de la France, qui constituait une zone d'équilibrage unique.

Pour inciter à l'investissement, la CRE prend, par ailleurs, une option novatrice, et différente des principes retenus pour l'électricité. Elle décide de différencier le taux de rémunération selon qu'il s'agit de rémunérer les actifs existants ou de nouveaux investissements, dont certains d'entre eux, contribuant à la décongestion du réseau et à l'amélioration de la concurrence, peuvent bénéficier d'une bonification de trois points[1] pour une durée de cinq à dix ans.

3- Les consultations publiques, gage de transparence pour un acte administratif unilatéral

L'élaboration des tarifs de réseau exige de la durée, car les sujets sont complexes, mais aussi parce qu'elle s'effectue avec une volonté de transparence, assez peu habituelle dans l'administration française. La CRE s'inspire des méthodes de la Commission européenne lors de la préparation d'une directive ou d'un règlement. La construction des tarifs est ainsi rythmée par diverses réunions participatives des principaux acteurs concernés, soit sous forme d'audition, soit sous forme de tables rondes.
Une des étapes essentielles est la consultation publique sur le document de synthèse réalisé par la CRE[2]. Ces consultations, bien que très techniques, suscitent un réel intérêt et occasionnent une vraie participation[3]. Le principe général en était, d'ailleurs, prévu aux termes

---

[1] « Le taux de rémunération des actifs mis en service avant 2004 est fixé à 7,75% réel avant impôt. Le taux de rémunération des actifs mis en service à partir du 1er janvier 2004 est fixé à 9% réel avant impôt. Pour certaines catégories d'investissements qui sont de nature à contribuer significativement à l'amélioration du fonctionnement du marché, notamment par la création de nouveaux points d'entrée sur le réseau national ou par la décongestion du réseau, le taux est majoré de 3 points (soit 12% réel avant impôt) pour une période de 5 à 10 ans. » CRE, *Proposition tarifaire du 24 juillet 2003 pour l'utilisation des réseaux de transport de gaz naturel et des installations de gaz naturel liquéfié*, p.4.

[2] Cette méthode est appliquée pour tous les tarifs, ou les éléments structurants comme les projets de couplage de marché. Le site de la CRE comporte une rubrique « consultations publiques », dans laquelle se trouve toutes celles lancées depuis 2001.

[3] Les contributions sur les tarifs de réseaux varient entre trente et cinquante. Ainsi celles pour TURPE 2 en comportait quarante-cinq, dont trois présentées par des gestionnaires de réseaux, seize par des consommateurs, cinq par des producteurs, trois par des fournisseurs et deux par des consultants. TURPE 3 en comptaient 33, provenant, notamment, de : RTE, ERDF, les associations d'Entreprises Locales de Distribution (ELD) ainsi qu'une ELD ; 6 fournisseurs/producteurs ; 3 producteurs (ou leurs syndicats professionnels) ; 1 association professionnelle du secteur de

du premier alinéa de l'article 8 du décret du 26 avril 2001 relatif aux tarifs d'utilisation des réseaux publics de transport et de distribution d'électricité : « Toute proposition tarifaire de la Commission de régulation de l'énergie est motivée. Elle est transmise aux ministres chargés de l'économie et de l'énergie, accompagnée des éléments permettant de l'évaluer, notamment une synthèse des avis émis par les acteurs du marché consultés ».
« En organisant de larges consultations, les autorités de régulation cherchent à associer les professionnels du secteur au processus décisionnel en vue d'une plus grande légitimité de la décision finale »[1]. Cette « légitimité », comme l'évoque J.-M. Sauvé, repose surtout sur la transparence. Elle permet de valider un principe de consultation dont les participants ne peuvent arguer les lacunes. Ainsi, le Conseil d'Etat jugeait, lors du recours contre TURPE 3, qu'en termes de régularité de procédure la CRE avait procédé à deux séries de consultations publiques « sur la base de documents exposant de façon suffisamment précise les évolutions envisagées [...] qu'elle a, en outre, auditionné les principaux acteurs du marché concernés » et concluait que « le moyen tiré de ce que la Commission de régulation de l'énergie aurait formulé sa proposition à l'issue d'une procédure irrégulière doit être écarté »[2].
Transparence et consultation des acteurs concernés ne signifient cependant pas élaboration conjointe et ne coïncident pas non plus avec une négociation. La proposition tarifaire renforcée du régulateur, avant qu'elle ne devienne sa décision, correspond à son choix après avoir effectivement entendu l'ensemble des arguments des uns et des autres. Si la méthode est transparente, la « décision » de proposition est parfaitement unilatérale.

4- Un pouvoir d'expertise affermi mais contesté en électricité

Après l'élaboration de ses premiers tarifs en électricité et en gaz, la CRE envisage de construire une régulation incitative, et, en conséquence, de prolonger la durée des tarifs. Cette évolution advient au moment charnière des négociations et du vote du 3ème paquet énergie

---

l'électricité ; 8 consommateurs industriels ou professionnels (ou leurs syndicats professionnels) ; 5 autorités organisatrices de la distribution publique d'électricité (ou leur organisation représentative) ; 3 syndicats de salariés.

[1] J.-M. Sauve, Entretiens du contentieux, Conseil d'Etat, La régulation, 20 novembre 2017.

[2] CE, 28 mars 2012, n° 330548, Société Direct Energie et autres.

européen[1], qui renforce notablement les pouvoirs des régulateurs nationaux, et modifie la situation juridique des GRT situés dans une entreprise verticalement intégrée (voir *infra* Première Partie, titre II, chap. 1, section 1, II).

La CRE introduit une régulation incitative, basée sur le mécanisme du « *Price Cap* », dans ses propositions tarifaires du 10 juillet 2008 pour le gaz, et du 31 octobre 2008 pour l'électricité.

Les principes théoriques du « *Price cap* » sont assez simples. Il s'agit de fixer à l'avance les conditions de l'évolution des tarifs régulés pendant 3 à 5 ans, de manière à inciter les gestionnaires de réseaux, qui ne sont pas soumis à la pression concurrentielle, à réduire leurs coûts. La première année du contrôle, les prix maximaux (prix plafonds) autorisés sont tels que les recettes couvrent les coûts acceptés par le régulateur ; puis les plafonds évoluent selon un indice de référence (souvent l'évolution de l'indice des prix à la consommation) diminué d'un terme de productivité. Le niveau de ce facteur est défini de façon à permettre un partage des gains de productivité entre les consommateurs et l'entreprise régulée. La mise au point de telles tarifications s'avère néanmoins complexe, et exige de recueillir de nombreuses informations en provenance des opérateurs.

[1] Nom donné à l'ensemble de textes adopté en 2009 : deux directives et trois règlements. Directive 2009/72/CE concernant des règles communes pour le marché intérieur de l'électricité ; directive 2009/73/CE concernant des règles communes pour le marché intérieur du gaz naturel. Règlement (CE) n° 714/2009 sur les conditions d'accès au réseau pour les échanges transfrontaliers d'électricité ; règlement (CE) n° 715/3009 sur les conditions d'accès aux réseaux de transport de gaz naturel ; règlement (CE) n° 713/2009 instituant une Agence de Coopération des Régulateurs de l'Energie.

i- TURPE 3 refusé par l'exécutif

La mise en place d'une régulation incitative[1] ainsi que l'allongement de la durée du tarif de deux ans à quatre ans pour TURPE 3 reçoivent un accueil assez positif de l'ensemble des acteurs concernés[2].
Les attentes concernant la régulation incitative de la qualité sont assez diverses. Les fournisseurs se montrent réticents à une mise en place, dès TURPE 3, d'une régulation incitative portant sur la continuité d'alimentation par crainte de l'asymétrie d'information. Pour les consommateurs industriels et les producteurs, les sujets primordiaux ont trait aux indicateurs de la mesure de la qualité d'alimentation, sujet en lui-même pour les industriels d'une part, et la Fédération Nationale des Collectivités Concédantes et Régies (FNCCR) d'autre part[3].
Deux autres thèmes étaient également abordés : la différenciation temporelle ou saisonnalité des tarifs, et les conséquences sur l'ouverture du marché d'une augmentation du TURPE. Concernant la

---

[1] « La CRE réfléchit à l'introduction d'un schéma de régulation incitant les gestionnaires de réseaux à améliorer leur efficience, en conformité avec l'article 4 du Règlement Européen n° 1228/2003 du 26 juin 2003. Les gestionnaires de réseaux seraient récompensés en fonction des gains d'efficience réalisés au cours de la période de régulation. Les incitations seraient fonction des deux principaux critères de l'efficience des gestionnaires de réseaux : les gains de productivité réalisés sur les dépenses d'exploitation maîtrisables et l'amélioration de la qualité offerte sur les réseaux électriques. » *Consultation publique de la CRE sur les principes de tarification*, 18 février 2008, p. 3.

[2] « D'une manière générale, les différentes catégories d'acteurs accueillent favorablement la mise en place d'une régulation incitative à la maîtrise des coûts dans la mesure où ce cadre de régulation encourage les efforts de productivité des réseaux de transports et de distribution. [...] Le choix d'une période de trois ou quatre ans, pour une première application de ce schéma de régulation, fait consensus. Cette durée apparaît suffisamment longue pour que les gestionnaires de réseaux puissent réaliser des gains de productivité tout en minimisant le risque d'une évolution des charges réelles trop décorrélées des charges prévisionnelles. Les consommateurs industriels ont une préférence, à terme, pour des périodes tarifaires encore plus longues dans la mesure où cela leur donne une meilleure visibilité sur leur coût d'acheminement », *Consultation publique de la CRE sur les principes de tarification, synthèse des contributions,* 30 mai 2008, p. 2.

[3]« Les industriels souhaitent que les problématiques de fréquence de coupures et de creux de tension soient incluses dans le dispositif incitatif ; les producteurs souhaitent la mise en place d'indicateurs relatifs à la continuité d'évacuation de l'énergie produite ; les autorités organisatrices sont inquiètes des répercussions que pourrait avoir un indicateur de qualité non différencié par zone géographique. Elles craignent en particulier qu'ERDF privilégie les zones urbaines au détriment des zones rurales. », *Ibid.*, p. 6.

différenciation temporelle, les avis se révèlent contrastés, certains contributeurs souhaitant que le tarif de réseau contribue à la maîtrise de la demande d'énergie, alors que d'autres jugent que les coûts de réseau sont moins différenciés temporellement que les coûts de production. Regardant le second point, les fournisseurs soulignent « qu'une augmentation du TURPE sans réévaluation des tarifs règlementés de vente aurait un impact négatif sur l'ouverture des marchés »[1]. Cette observation est à mettre en regard de l'évolution des TRV électricité, qui n'avaient toujours pas intégré les conséquences de la structuration tarifaire entre coût de l'acheminement, production et commercialisation.
Après une seconde consultation publique, en août 2008, portant essentiellement sur l'horosaisonnalité, la CRE adresse sa proposition tarifaire aux ministres en charge de l'énergie et de l'économie, le 30 octobre 2008. Ceux-ci s'opposent à la proposition de la CRE, par une décision du 19 décembre 2008[2]. Deux motifs sont avancés. Le premier motif concerne l'achèvement dès 2017, au lieu de 2024, de la sécurisation mécanique du réseau public de transport. Le sujet avait fait l'objet de nombreux échanges avec RTE. Pour modérer l'augmentation du TURPE, la CRE souhaitait moduler le rythme des travaux. L'ambiguïté des positions de l'exécutif, partagé entre un souci de limiter la hausse du TURPE et celle de ne pas déjuger l'ancien directeur général de l'énergie, nouveau président de RTE, qui avait défini le calendrier de ces travaux, conduit le commissaire du Gouvernement auprès de la CRE, à fournir des indications erronées au collège[3].
L'autre raison évoquée par l'exécutif a trait à l'absence de différenciation temporelle pour la haute tension et à une insuffisance d'amplitude de différenciation temporelle pour la basse tension. Cette demande s'inscrit dans le contexte de l'élaboration des lois dites Grenelle 1 et 2[4], qui constituent le versant parlementaire du Grenelle de

---

[1] *Ibid.*, p. 6.

[2] Décision du 19 décembre 2008 portant opposition à la proposition de la CRE du 30 octobre 2008 relative aux tarifs d'utilisation des réseaux publics de transport et de distribution d'électricité, J.O. 27 décembre 2008.

[3] Incident qui conduit à la disparition progressive de la présence effective du commissaire du Gouvernement auprès de la CRE, (voir les développements *infra* § 1105 et s.).

[4] La « Loi Grenelle 1 » était déposée à l'Assemblée nationale en juin 2008 par le Gouvernement. Elle était adoptée le 23 juillet 2009 et promulguée le 3 août 2009, loi n° 2009-967 du 3 août 2009 de programmation relative à la mise en œuvre du Grenelle de l'environnement. La « Loi Grenelle 2 » était déposée par le Gouvernement au

l'environnement débuté en 2007. Les demandes sur la différenciation temporelle sont accueillies avec un certain scepticisme de la part de la CRE, qui considère que sa proposition prenait déjà en compte « des éléments de modulation horaire et saisonnière »[1], et que, en outre, il n'est guère réaliste de penser résoudre en deux mois une question aussi complexe que celle de la prise en compte de deux principes difficilement conciliables : la mise en place des tarifs non-discriminatoires couvrant les coûts des gestionnaires de réseaux et la modulation des tarifs selon l'heure et la saison[2].

Cet épisode se conclut par une nouvelle proposition de la CRE, qui répond entièrement à la demande sur la sécurisation, mais de manière assez cosmétique à celle sur la différenciation temporelle, tout en s'engageant à mener des travaux sur le sujet[3]. Cette étape correspond à celle d'un partage de la régulation entre l'entité chargée de régulation et l'administration centrale, ce qui complique la lisibilité des actes.

Sénat en janvier 2009. Elle était définitivement adoptée par le Parlement le 29 juin 2010 et promulguée le 12 juillet 2010, loi n°2010-788 du 12 juillet 2010 portant engagement national pour l'environnement.

[1] Président de la CRE, *AFP*, 22 décembre 2008.

[2] A ce propos, un échange assez vif avait lieu entre le président de la CRE et le conseiller chargé de l'énergie à la présidence de la République (expérience professionnelle de l'auteur).

[3] « En matière de structure tarifaire, les principes en vigueur seront révisés en vue d'un renforcement important de la différenciation temporelle. Cependant, cette révision nécessite des études approfondies afin de concilier au mieux les objectifs de reflet des coûts et de limitation de la consommation en période de pointe. Par conséquent, dans un premier temps, est renforcé le degré de modulation temporelle des seuls tarifs de distribution. Cette disposition s'appuie sur l'augmentation constatée, ces dernières années, de la différenciation temporelle des prix de marché et, donc, du coût d'achat des pertes. Cette modification permettra déjà d'inciter un plus grand nombre d'utilisateurs à choisir un tarif à différenciation temporelle, ce qui favorisera la consommation en dehors des périodes où la consommation est la plus importante. La CRE conduira des travaux approfondis sur la structure des tarifs d'utilisation des réseaux publics de transport et de distribution. Les résultats de ces études pourraient amener à repenser la méthode de construction des tarifs. Tout changement en profondeur de la structure remettant en cause les équilibres financiers des utilisateurs de réseaux, cette réflexion sur les principes de tarification sera menée en concertation avec l'ensemble des acteurs concernés. La CRE a pour objectif de faire aboutir ces travaux dans un délai de deux ans », *Proposition de la CRE du 26 février 2009 relative aux tarifs d'utilisation des réseaux publics de transport et de distribution d'électricité*, p. 4.

TURPE 3 est, finalement, approuvé par les ministres le 5 juin 2009. Cet épisode est édifiant à un double titre. Il illustre les difficultés inhérentes à un partage de la responsabilité de régulation avec la dissociation entre l'élaboration de l'acte et son édiction.

La décision du 5 juin 2009 fait l'objet de deux recours auprès du Conseil d'Etat, l'un par la société Direct Energie et l'autre par le Syndicat intercommunal de la périphérie de Paris pour l'électricité et les réseaux de communication (SIPPEREC). Dans les deux cas, le recours porte sur le fait que le TURPE 3 est jugé trop élevé, et donc trop favorable à ERDF (devenu depuis ENEDIS) et à son actionnaire EDF. Le Conseil d'Etat prend un délai particulièrement long pour instruire le dossier ; la décision d'annulation ne survient que trois ans plus tard, le 28 novembre 2012.

Le sujet, il est vrai, apparaît particulièrement complexe et mérite quelques observations. La question porte sur la façon de déterminer le coût moyen pondéré du capital (CMPC)[1] lorsque les actifs d'une société comprennent des biens propriété du concédant et ont, pour contrepartie à son passif, des comptes spécifiques aux concessions, notamment les droits des concédants[2]. La seconde partie du sujet concerne le traitement des retraitements à opérer en cas de passage d'une approche comptable des charges de capital à une approche économique, fondée sur le coût moyen pondéré du capital investi. Pour tâcher de clarifier ces deux points le Conseil d'Etat fait successivement appel à deux experts[3].

On pourrait s'interroger sur les raisons ayant conduit le Conseil d'Etat à reprendre toute la logique concessionnaire[4]. Sans en refaire l'historique, il faut rappeler que la CRE avait modifié sa logique de construction tarifaire lors du passage de TURPE 1 à TURPE 2. Elle avait abandonné la méthode comptable pour passer à une approche

---

[1] Le CMPC désigne le coût moyen de l'ensemble des sources de revenus d'une entreprise, il est également appelé « *weighted average cost of capital* » (WACC).

[2] Les autorités concédantes sont propriétaires des actifs et les gestionnaires de réseaux de distribution concessionnaires sont soumis au régime spécifique des concessions.

[3] Dans un premier temps, le CE fait appel au concours extérieur d'un cabinet d'expertise comptable, lequel se désiste au bout de quelques mois. Le Conseil fait appel, dans un second temps, à un commissaire aux comptes.

[4] La loi du 5 avril 1884 a confié aux communes la compétence d'organiser le service public de distribution d'électricité. La loi du 15 juin 1906 a renforcé le rôle des collectivités et imposé le modèle de la concession.

économique « normative » basée sur les exemples d'autres distributeurs d'électricité en Europe. Cette nouvelle méthode modifiait la structure tarifaire. La valeur de la base d'actifs régulés d'ERD (EDF Réseau de distribution, qui n'était pas encore filialisé) était calculée à partir de la valeur nette comptable « des immobilisations, diminuée des financements initiaux des concédants arrêtés au 31 décembre 2004 à hauteur de 11 300 M€. Après cette date, les actifs mis en service à partir du 1er janvier 2005 entrent dans la base d'actifs régulés pour la totalité de leur montant. En contrepartie, les charges de capital sont diminuées du montant des financements des concédants de l'année. » [1]

La CRE reprend la même base logique pour sa proposition de TURPE 3, à ce détail près qu'elle s'est interrogée, lors de sa première consultation publique, sur la question des provisions pour renouvellement. En raison d'une opposition explicite de l'exécutif sensibilisé à la question par EDF, elle abandonne cette piste. La CRE, en s'inclinant, faisait certainement preuve de réalisme, mais pas d'indépendance, même s'il faut reconnaître que le sujet était complexe. La décision d'opposition du Gouvernement à la première version de TURPE 3 allait renforcer la détermination de la CRE à ne plus se laisser imposer quoi que ce soit par un exécutif versatile.

Cette interrogation sur les provisions pour renouvellement n'était, toutefois, pas passée inaperçue de Direct Energie ni du SIPPEREC, qui l'utilisaient dans leurs recours.

Lors de sa décision du 28 novembre 2012, le Conseil d'Etat[2] critique le changement survenu au 1er janvier 2006, lors de l'établissement de la deuxième version du TURPE, en reprochant à la méthode économique retenue par la CRE d'ignorer la particularité du régime des concessions de réseau de distribution[3]. Dans la mesure où l'annulation de TURPE 3

---

[1] CRE, *exposé des motifs TURPE 2, 6 octobre 2005.*

[2] CE, 28 novembre 2012 n° 330548, 332639, 332643, Sté. Direct Energie et autres : « en s'abstenant pour déterminer le coût moyen pondéré du capital (CMPC) de prendre en considération les 'comptes spécifiques des concessions' qui correspondent aux droits des concédants de récupérer gratuitement les biens de la concession en fin de contrat, dont le montant au passif de la société ERDF, était de 26,3 milliards d'euros au 31 décembre 2008, ainsi que les provisionnements pour renouvellement des immobilisations, dont le montant était de 10,6 milliards d'euros, la CRE et les ministres ont retenu une méthode erronée en droit et ainsi méconnu les dispositions précitées du premier alinéa du II de de l'article 4 de la loi du 10 février 2000 et l'article 2 du décret du 26 avril 2006 ».

[3] Depuis la loi du 5 avril 1884 relative à l'organisation municipale, les communes sont compétentes pour organiser les services publics locaux, dont la distribution

conduit à revenir à TURPE 2 (qui présente le même « défaut ») et ne permet pas de couvrir les coûts complets d'ERDF, le Conseil d'Etat décide de différer la date d'effet de l'annulation des tarifs au 1er juin 2013, ce qui laisse quelques mois à la CRE pour édifier un nouveau tarif.
Le Conseil d'Etat, dont le rapporteur a entièrement rebâti la méthodologie du TURPE, se pose plus que jamais « en régulateur suprême », ce qui soulève d'autres interrogations[1], et crée, de la sorte, un problème récurrent pour EDF.

5- De la proposition renforcée à l'acte décisoire

La transcription dans le Code de l'énergie du 3ème paquet donne aux régulateurs nationaux la responsabilité de la fixation des tarifs de réseaux, tant en électricité qu'en gaz. La directive 2009/72/CE du

---

d'électricité est partie intégrante. Cette loi a, depuis, été modifiée plusieurs fois et codifiée dans le Code général des collectivités territoriales. Ce rôle d'autorité concédante a été confirmé par l'article 6 de la loi du 15 juin 1906, relative à la distribution publique d'électricité, qui a fait des communes et des syndicats formés de plusieurs communes, les premières autorités concédantes de la distribution publique d'électricité. Cette même loi a également fait de la concession le principal mode de gestion du service public de la distribution d'électricité. La loi n° 46-628 du 8 avril 1946 sur la nationalisation de l'électricité et du gaz, puis la loi n°2000-108 du 10 février 2000 relative à la modernisation et au développement du service public de l'électricité, ont maintenu ce mode de gestion de la distribution publique d'électricité par les autorités concédantes. Ces lois ont depuis été modifiées plusieurs fois et codifiées dans le Code de l'énergie. L'article L. 111-52 dispose que « les gestionnaires des réseaux publics de distribution d'électricité sont, dans leurs zones de desserte exclusives respectives : la société gestionnaire des réseaux publics de distribution issue de la séparation entre les activités de gestion de réseaux publics de distribution et les activités de production ou de fourniture exercées par Electricité de France [...]. » L'article L. 322-1 de ce même Code dispose que « les autorités organisatrices d'un réseau public de distribution sont définies à l'article L. 2224-31 du code général des collectivités territoriales. [...] la concession de la gestion d'un réseau public de distribution d'électricité est accordée par ces autorités organisatrices. »

[1] C. BOITEAU, A. LOUVARIS : « Cependant, pour que le juge soit assimilé à un régulateur suprême, encore faut-il que ses pouvoirs puissent être équiparés à celui d'un régulateur administratif, alors que par construction il ne dispose pas de services équivalant à ceux du régulateur La question prend une saveur particulière au regard du contrôle de l'analyse économique retenue par ce dernier. Dans quelle mesure le juge est-il armé pour assurer une supervision efficace des choix économiques retenus par le régulateur (tarification, accès au marché ou au réseau, appréciation de l'atteinte au marché, octroi d'autorisation...) ? », « La judiciarisation de la régulation économique », *AJDA* 2020, p. 1521.

Parlement européen et du Conseil du 13 juillet 2009 précise à son article 37 qu'il revient à l'autorité de régulation de « fixer ou approuver, selon des critères transparents, les tarifs de transport ou de distribution ou leurs méthodes de calcul ». Les articles L. 341-2, L. 341-3 et L. 341-4 du Code de l'énergie encadrent les compétences de la CRE en matière de détermination des TURPE. Les articles L. 452-2 et L. 452-3 en font de même pour la fixation des tarifs de transport et de distribution de gaz.
De ce fait, le dernier tarif de réseau approuvé par l'exécutif est celui qui remplace, rétroactivement, le TURPE distribution pour la période du 1er août 2009 au 31 juillet 2013. L'annulation du Conseil d'Etat conduit à dissocier transport et distribution, et à élaborer, en 2013, trois décisions tarifaires successives concernant la distribution[1].

6- Tarifs de réseaux en gaz, une expertise reconnue assurant l'indépendance

Parallèlement aux péripéties connues par le TURPE, les tarifs de réseau en gaz font l'objet d'un recours auprès du Conseil d'Etat de la part de TIGF. L'objet du recours concerne la non-prise en compte dans le tarif de la couverture d'une nouvelle taxe relative à l'imposition forfaitaire des entreprises de réseaux de gaz (IFER)[2] . Dans sa décision du 7 novembre 2013[3], rejetant le recours de la société TIGF contre la délibération de la CRE du 22 novembre 2011 portant mise à jour des tarifs d'utilisation naturel des réseaux de transport de gaz, le Conseil d'Etat précise sa jurisprudence sur les tarifs de réseaux. Il juge, tout

[1] Le TURPE 3 HTA/BT, est construit sur la couverture *ex post* de la totalité des charges comptables engagées par ERDF augmentée de la rémunération des capitaux propres. Il a la particularité d'être en deux parties, la première dite TURPE 3 (bis) HTA/BT 1er août- 31 juillet 2013 proposée aux ministres chargés de l'économie et de l'énergie, par une délibération du 29 mars 2013, et adoptée par une décision explicite des ministres du 24 mai 2013. Il est fondé sur la couverture *ex post* de la totalité des charges comptables engagées par ERDF, augmentée de la rémunération des capitaux propres. La seconde partie n'est plus approuvée par l'exécutif. TURPE 3 (ter) HTA/BT 1er août 2013-31 décembre 2013 est fondé sur les mêmes principes. La troisième décision tarifaire concerne TURPE 4 HTA/BT, délibération du 12 décembre 2013.

[2] Instaurée par la loi de Finances pour 2010 au profit des collectivités territoriales et de leurs établissements publics (EPCI), l'IFER est une imposition forfaitaire sur les entreprises de réseaux. L'IFER concerne les entreprises exerçant leur activité dans le secteur de l'énergie, du transport ferroviaire et des télécommunications.

[3] CE, 7 novembre 2013, n°362092, St. TIGF, Lebon T.

d'abord, que la couverture des charges d'exploitation et d'investissement attendus d'un gestionnaire de réseau doit s'apprécier globalement et non poste par poste. Ensuite, il estime que le régulateur « peut tenir compte des gains de productivité attendus d'un gestionnaire de réseau efficace », et ne couvrir les charges que dans cette limite. Enfin, le Conseil d'État précise que si la CRE constate qu'un écart significatif s'est produit, ou était susceptible de se produire, entre le revenu autorisé et le revenu autorisé et ses coûts globaux, il lui appartient d'office, ou à la demande du gestionnaire de réseau intéressé, de modifier le niveau et la structure des tarifs.

Cette décision vient compléter l'encadrement par le Conseil d'Etat des quelques principes des tarifs de réseaux sur lesquels la CRE se fonde pour ses travaux futurs. Situation qui la rend assez tributaire du Conseil d'Etat, mais qui renforce son indépendance et sa maîtrise par rapport à l'exécutif et aux opérateurs.

La préparation du 5ème tarif de transport de GRTgaz et TIGF, dit ATRT5, qui devait s'appliquer à partir du 1er avril 2013, permet à la CRE de définir une nouvelle étape de simplification.

Elle tire le bilan du système de régulation incitative pour les investissements sur le réseau principal, instauré le 1er janvier 2004, permettant la création de capacités d'acheminement supplémentaires ou la réduction du nombre de zones d'équilibrage. La stimulation des investissements a si bien fonctionné[1] que la CRE décide que seuls deux grands projets peuvent bénéficier des 300 points de bonification.

En revanche, les problèmes de liquidité concernant la zone sud (TIGF et le point d'échange de gaz[2] de GRTgaz sud) ne permettent pas encore

---

[1] On comptait des investissements importants dans le transport de gaz pour accompagner l'ouverture du marché à la concurrence et l'intégration des marchés européens (décongestion de la zone GRTgaz Nord, Open Seasons Taisnières et France-Espagne, raccordement du terminal de Dunkerque LNG, Eridan). Ainsi, depuis sa mise en place, la prime de 3 % a été attribuée à un montant d'investissements de 2 285 M€ au cours de l'ATRT4 et de 469 M€ au cours de l'ATRT3. Source : Consultation publique relative aux prochains tarifs d'utilisation des réseaux de transport de gaz, 26 juillet 2012.

[2] PEG : Points virtuels du réseau de transport de gaz français où ont lieu les échanges sur le marché de gros du gaz naturel. S'y opèrent les échanges entre fournisseurs de gaz et l'approvisionnement en gaz des gestionnaires de réseaux de transport de gaz pour l'équilibrage de bilans journaliers. « Les PEG sont indispensables aux fournisseurs présents sur le marché de détail. Ils leur permettent d'arbitrer entre différentes sources de gaz de façon à faire bénéficier leurs clients des sources les plus compétitives et constituent un complément aux contrats d'approvisionnement signés directement avec les producteurs pour alimenter leurs clients. Ils leur permettent

aux consommateurs, notamment industriels, de bénéficier de conditions de marché aussi attractives qu'en zone Nord[1].

La CRE décide alors un calendrier ambitieux pour parvenir à une zone France unique en 2018 au plus tard[2]. Au premier semestre 2012, la CRE mène une très large concertation sur l'avenir du marché français du gaz. A l'issue de cette concertation, elle définit la feuille de route vers l'objectif d'une place de marché en France (délibérations du 19 juillet 2012 et du 13 décembre 2012)[3].

Le projet est complexe et soulève des questions d'intérêt respectifs entre les deux gestionnaires de transport.

La retenue de l'exécutif dans cette démarche doit être soulignée, car elle contraste avec son tropisme naturel dans le secteur de l'électricité. A la suite d'une étude confiée à un cabinet extérieur[4] sur les coûts-bénéfices des investissements nécessaires à la création d'une place de marché unique, la CRE effectue à nouveau, en 2014, une large consultation publique et confirme son objectif de zone unique en 2018 en faisant, à cet égard, plusieurs demandes aux deux gestionnaires de réseaux[5].

également d'équilibrer à court terme leur portefeuille en achetant et vendant du gaz suivant leurs besoins », *Décryptage*, mars-avril 2013, n° 34, p.12.

[1] « L'ouverture des marchés européens du gaz a permis d'augmenter la liquidité sur les marchés de gros français : les volumes échangés de court et de long terme ont été multipliés par plus de 17 entre 2007 et 2013 » CRE, Rapport d'activité 2014, p. 33.

[2] « Au 1er avril 2013, la création d'un seul PEG Nord avec la fusion des zones d'équilibrage Nord H et Nord B, puis en la création d'un PEG Sud GRTgaz Sud – TIGF, les deux zones d'équilibrage des deux transporteurs pouvant être maintenues distinctes et enfin en 2018 au plus tard, la création d'un PEG France », *ibid.* p. 19.

[3] *Délibération de la CRE du 19 juillet 2012 portant orientations sur l'évolution des places de marché de gaz en France ; délibération de la CRE du 13 décembre 2012 portant décision sur le tarif d'utilisation des réseaux de transport de gaz naturel.*

[4] Cabinet Pöyry. L'étude Pöyry avait étudié trois scénarios possibles d'évolution du marché du gaz, en fonction du prix du GNL en Europe. La rentabilité économique de quatre schémas d'investissements avait ensuite été analysée, en fonction des trois scénarios. Pour chaque schéma d'investissement, Pöyry, avec l'aide des GRT, avait modélisé les congestions résiduelles afin de comparer l'apport des nouveaux ouvrages en termes de flux fermes possibles. A l'issue de cette analyse et de la consultation publique lancée en 2014, les projets Val-de-Saône et Gascogne-Midi, associant GRTgaz et TIGF, ont été retenus par la délibération du 7 mai 2014.

[5] « La CRE confirme la création d'un PEG unique sur la base du schéma d'investissement associant les projets Val de Saône et Gascogne-Midi en 2018, sous réserve de l'achèvement des travaux à cette échéance. En conséquence, elle demande à GRTgaz et TIGF de préparer les décisions d'investissement relatives à ces deux projets et de les inscrire en tant que projets décidés dans leurs plans décennaux de

L'élaboration des sixièmes tarifs de transport de gaz (dits ATRT6) permet à la CRE de décider, dans sa délibération du 15 décembre 2016[1], les termes de la structure générale des tarifs pour le passage à une zone unique le 1er novembre 2018. Elle acte, enfin, par sa délibération du 26 octobre 2017[2], les conditions opérationnelles de la création de la zone de marché unique du gaz.
Le 1er novembre 2018, la zone est opérationnelle. Elle est saluée par un communiqué de presse de la CRE : « La zone unique de marché du gaz est entrée en vigueur le 1er novembre 2018. Elle marque l'achèvement de 15 ans de travaux menés par les gestionnaires de réseaux, GRTgaz et Téréga (ex TIGF) sous l'impulsion de la Commission de régulation de l'énergie [...] On peut considérer aujourd'hui que toutes les réformes nécessaires au bon fonctionnement du marché avec la réforme du stockage[3] et la zone unique de marché sont réalisées, et ceci au bénéfice des consommateurs particuliers comme industriels. »[4] L'aboutissement d'un projet initié en 2003, selon le calendrier prévu en 2012, constitue un exemple à la fois de la continuité de l'action de la CRE, de la validité de son expertise économique et, partant, de son indépendance.

7- TURPE 5, une expertise affirmée, une indépendance revendiquée

Les difficultés concernent le TURPE HTA/BT. On a largement évoqué la décision d'annulation de TURPE 3 par le Conseil d'Etat et les profondes modifications qu'elle entraînait sur les nouveaux tarifs.
La prise en compte du régime des concessions a pour principale conséquence de diminuer très sensiblement le niveau retenu du CMPC pour ERDF. Elle risque, surtout, de diminuer la valeur du groupe EDF, lequel a été en partie « privatisé » à hauteur de 15%, sans que soit prise

---

développement. La CRE demande à TIGF de proposer la candidature du projet Gascogne-Midi lors de la prochaine phase de sélection organisée par la Commission européenne dans l'objectif d'obtenir le statut de projet d'intérêt commun. La CRE demande à GRTgaz de poursuivre le projet Eridan en vue d'obtenir l'autorisation ministérielle. », Délibération de la CRE du 7 mai 2014 portant orientations relatives à la création d'une place de marché unique en France en 2018.

[1] Décision de la CRE sur le prochain tarif d'utilisation des réseaux de transport de gaz naturel de GRTgaz et de TIGF (dit « ATRT6 »).

[2] *Délibération de la CRE du 26 octobre 2017 relative à la création d'une zone de marche unique du gaz en France au 1er novembre 2018.*

[3] La réforme du stockage de gaz consistait à passer d'un tarif négocié à un tarif régulé par la CRE.

[4] Communiqué de presse de la CRE du 6 novembre 2018.

en considération la spécificité des comptes de concession. Le sujet est donc particulièrement sensible pour EDF, et son actionnaire principal l'Etat.

Dès le 13 novembre 2013, le ministre de l'Economie et des Finances, et le ministre de l'Ecologie, du Développement et de l'Energie font part au président de la CRE de leur volonté de présenter « très prochainement un projet de loi au Parlement » afin de « sécuriser le cadre juridique dans lequel sont déterminés les tarifs d'utilisation des réseaux publics de distribution d'électricité et de permettre la mise en œuvre d'une méthode communément admise de régulation économique normative »[1].

Ce projet ne se concrétise que près de deux ans plus tard, dans le cadre d'un article de la loi de transition énergétique pour une croissance verte, du 17 août 2015[2]. Cet article visait à ce que le régulateur ignore, pour le calcul du coût du capital investi par les gestionnaires de réseaux, le régime juridique selon lequel ces réseaux sont exploités. La CRE devrait, donc, méconnaître la spécificité du régime concessif lors de l'élaboration du futur TURPE dans sa partie distribution. L'objectif était de contourner la décision du Conseil d'Etat relative à l'annulation de TURPE 3.

Or, la CRE, loin de suivre cette voie, reprend pour élaborer TURPE 5 la méthodologie de TURPE 4, validée par le Conseil d'Etat[3]. Pour se conformer à la décision du Conseil, la CRE décide, pour TURPE 4, de distinguer deux catégories d'actifs : un périmètre de capitaux propres destiné à financer des actifs propres de l'ordre de 4 milliards en 2014, rémunérés à un taux sans risque, et un périmètre des actifs gérés par le gestionnaire de réseau de distribution, qu'ils soient détenus en propre ou concédés, de l'ordre de 51 Md€, rémunérés au titre du risque.

---

[1] Lettre de P. MOSCOVICI et P. MARTIN au président de la CRE, 13 novembre 2013, (cf. Annexe n° 1).

[2] Loi n ° 2015-992 du 17 août 2015, art. 153-I-2° « Pour le calcul du coût du capital investi par les gestionnaires de ces réseaux, la méthodologie est indépendante du régime juridique selon lequel sont exploités les réseaux d'électricité et de ses conséquences comptables. Elle peut se fonder sur la rémunération d'une base d'actifs régulée, définie comme le produit de cette base par le coût moyen pondéré du capital, établi à partir d'une structure normative du passif du gestionnaire de réseau, par référence à la structure du passif d'entreprises comparables du même secteur dans l'Union européenne. Les tarifs d'utilisation des réseaux publics de transport et de distribution d'électricité incluent une rémunération normale, qui contribue notamment à la réalisation des investissements nécessaires pour le développement des réseaux ».

[3] CE, 13 mai 2016, n° 375501, Ste Direct Energie.

La rémunération des capitaux d'ENEDIS (ex ERDF) comporte, de la sorte, deux composantes : une composante classique de rémunération des capitaux propres régulés, assise sur un élément du passif, et une composante de marge sur la gestion des actifs, qu'ils soient détenus en propre ou concédés. La décision du Conseil d'Etat ne permettait plus d'utiliser pour le cas d'ENEDIS la méthode, largement employée en Europe, consistant à appliquer un taux de rémunération à une base d'actifs régulés (BAR)[1].
La méthode employée par la CRE, certes peu orthodoxe, permet d'équilibrer le budget en apportant des recettes supplémentaires au titre de la marge sur gestion des actifs. Pour TURPE 5 « la CRE a considéré que le juge, en rejetant les demandes d'annulation du TURPE 4, avait validé la méthode de calcul de la rémunération du capital qui y figurait et qui, pour cette raison, a été conservée dans le TURPE 5. La lecture qui a donc été faite de l'article L. 341-2, dans sa nouvelle rédaction issue de la loi LTECV, est que la méthode standard n'était que suggérée et non rendue obligatoire »[2].
En privilégiant la sécurité juridique, la CRE s'affranchit de toute obédience vis-à-vis de l'exécutif ce qui conduit à, ce que les media désignent alors comme, un « bras de fer »[3] entre la ministre de l'Environnement, de l'Energie et de la Mer[4] et le régulateur.
Le sujet de cette opposition ne porte pas, officiellement, sur la méthodologie retenue par la CRE, mais sur la question de la prise en compte, dans le TURPE, des orientations de politique énergétique indiquées par la ministre. Ce point particulier mérite quelques explications.

---

[1] Pour préparer TURPE 4, la CRE avait « mandaté deux études, l'une portant sur la comparaison internationale des mécanismes de régulation incitative et l'autre sur le coût moyen pondéré du capital des infrastructures d'électricité et de gaz naturel qui lui ont permis d'avoir un panorama global des approches tarifaires adoptées dans les différents pays européens. La CRE a également mené en mars 2013 une étude interne sur la propriété et le financement de l'activité de distribution d'électricité à laquelle 16 régulateurs européens ont répondu. La CRE s'est également appuyée sur l'étude menée en 2013 dans le cadre des travaux du Conseil des régulateurs européens de l'énergie (CEER) sur les conditions d'investissement dans le transport et la distribution d'électricité et de gaz naturel en Europe », extrait de la délibération de la CRE du 12 décembre 2013 portant décision relative aux tarifs d'utilisation d'un réseau public d'électricité dans le domaine de tension HTA ou BT, p. 9-10.
[2] Cour des comptes, ENEDIS, Contrôle des comptes et de la gestion, *op. cit.*, p. 78.
[3] « Royal engage un bras de fer avec le régulateur », V. LE BILLON, *Les Echos*, 18 janvier 2017.
[4] S. ROYAL.

L'article L. 341-3 alinéa 4, du Code de l'énergie prévoit que la CRE « prend en compte les orientations de politique énergétique indiquées par l'autorité administrative ». Cette rédaction ambigüe était précisée par deux décisions du Conseil d'Etat, du 25 septembre 2015 et du 13 mai 2016 [1], dans lesquelles il conclut que la CRE n'est pas tenue de se conformer aux orientations de politique énergétique : « Dans ses délibérations, la Commission de régulation de l'énergie prend en compte les orientations de politique énergétique indiquées par les ministres chargés de l'économie et de l'énergie [...] ; il ressort des pièces du dossier que, contrairement à ce qui est soutenu, la Commission de régulation de l'électricité, qui n'était pas tenue de s'y conformer, a pris en compte les orientations de politique énergétique portées à sa connaissance par la ministre de l'écologie, du développement durable et de l'énergie à la Commission dans une lettre du 10 octobre 2012 [...] »[2].

Cette interprétation laissait une assez grande liberté à la CRE dans sa manière d'intégrer les orientations de politique énergétique dans l'élaboration des tarifs. De ce point de vue, il est intéressant de comparer le contenu des lettres d'orientation de politique énergétique entre celle concernant le tarif de distribution de gaz et celle concernant le TURPE, toutes deux émanant de la même ministre à quelques mois d'intervalle.

La première[3], assez brève, peu détaillée, se contente d'évoquer les grands enjeux de la transition énergétique : « Ces orientations portent sur les enjeux de nécessaire maîtrise des coûts, sans toutefois que cette dernière amène à remettre en cause en particulier la sécurité des utilisateurs du gaz naturel, la conversion et l'adaptation du réseau de gaz naturel dans le nord de la France (projet « Tulipe »), l'accompagnement par GRDF des territoires et la mise en place d'une politique favorisant l'accès au gaz naturel, dans le cadre du contrat de service public signé entre l'Etat et GRDF pour la période 2015- 2018. Ces orientations soulignent enfin l'importance des objectifs d'injection de biométhane définis dans le cadre de la programmation pluriannuelle

[1] CE, 25 septembre 2015, n° 369055, Storengy ; 13 mai 2016, n° 375501, Direct Energie,

[2] CE, 25 septembre 2015, n° 369055, Storengy.

[3]Courrier du 10 février 2016 de la ministre de l'Ecologie, du Développement durable et de l'Energie au président de la CRE. Voir site de la CRE.

de l'énergie en cours de concertation. Ces orientations peuvent être consultées sur le site Internet de la CRE. »[1].
La seconde, concernant le TURPE, aborde les thèmes de l'horosaisonnalité, de la pointe mobile en moyenne tension et en basse tension, ainsi que les futurs nouveaux usages comme l'autoproduction, le stockage ou le véhicule électrique. La ministre évoque, par ailleurs, un sujet beaucoup plus du ressort de l'actionnariat que de la politique énergétique. Il s'agit du cadre tarifaire, pour lequel la ministre estime que la loi de transition énergétique sécurise « le cadre juridique dans lequel sont déterminés les tarifs d'utilisation des réseaux publics d'électricité, en permettant à la CRE de mettre en œuvre une régulation économique normative ' par référence à la structure du passif d'entreprises comparables opérant dans le même secteur au sein de l'Union européenne' et donc de s'abstraire des spécificités des comptes d'ERDF »[2].
L'affirmation de la sécurisation juridique du cadre tarifaire est en elle-même surprenante, mais ce qui l'est plus encore est cette invitation pressante en forme d'immixtion dans le domaine du régulateur.
Le 17 novembre 2016, la CRE adopte deux délibérations portant décision, d'une part sur les réseaux publics d'électricité de transport (TURPE HTB), gérés par RTE et, d'autre part, sur les tarifs d'utilisation des réseaux publics d'électricité de distribution (TURPE HTA/BT), gérés par ENEDIS (ex ERDF). L'autorité ministérielle a alors deux mois pour demander à la CRE une nouvelle délibération si elle estime que celle-ci ne prend pas en compte ses orientations de politique énergétique.
La ministre adresse une lettre au président de la CRE, le 12 janvier 2016, publiée au Journal officiel le 17 janvier, indiquant qu'il lui « paraît nécessaire que le cadre d'élaboration [des tarifs d'utilisation des réseaux publics d'électricité] prenne mieux en compte les enjeux liés à la transition énergétique exprimées dans [ses] orientations de politique énergétique ». En conséquence elle souhaitait que la CRE « poursuive [ses] travaux sur ces tarifs en vue de [lui] proposer un nouveau projet qui s'inscrive pleinement dans la transition énergétique, en cohérence avec les orientations [qu'elle lui a] adressées ». En application de l'article L.341-3 du Code de l'énergie, elle demande à la

[1] *Délibération de la CRE du 10 mars 2016 portant décision sur le tarif péréqué d'utilisation des réseaux publics de distribution de gaz naturel de GRDF*, p. 2.
[2] Courrier du 10 février 2016 de la ministre de l'Ecologie, du Développement durable et de l'Energie au président de la CRE, précité.

CRE « d'établir [...] un nouveau projet de décision relative aux tarifs des réseaux publics de distribution de l'électricité, prenant en compte [ses] orientations de politique énergétique ».

Nous avons déjà évoqué l'interprétation donné par le Conseil d'Etat à la prise en compte des orientations de politique énergétique par la CRE, mais la ministre soulève un second sujet : les responsabilités respectives du régulateur et de l'exécutif. La rédaction du courrier ministériel évoque « une proposition ou un projet de décision » concernant les délibérations de la CRE et s'inscrit dans la situation qui prévaut avant 2011 et la mise en œuvre de la 3ème directive.

Il s'instaure alors une espèce de dialogue de sourds entre la CRE et la ministre. La CRE refuse d'élaborer une nouvelle mouture de sa décision, estimant avoir déjà pris en compte les orientations de politique énergétique.

La délibération du 19 janvier 2017 reprend les quatre points soulevés en lien avec les orientations de politique énergétique : l'anticipation des évolutions liées aux nouveaux usages des réseaux, la maîtrise des pointes électriques, le cadre de régulation favorable aux investissements dans les réseaux et, enfin, les dispositions découlant de l'article 153 de la loi relative à la transition énergétique. Sur les deux premiers points, la CRE indique que, dans la mesure où il était techniquement possible de le faire, les orientations de politique énergétique avaient déjà été prises en compte. Concernant les deux points suivants la CRE rappelle que « le seul motif qui peut fonder une demande de nouvelle délibération [...] est l'absence de prise en compte [des] orientations de politique énergétique. En outre, eu égard aux compétences exclusives de la CRE pour fixer les méthodes d'établissement des tarifs, les nouvelles dispositions introduites à l'article L.341- 2 du Code de l'énergie, issues de l'article 153 de la loi relative à la transition énergétique pour la croissance verte, n'ont pas pour effet d'imposer à la CRE une méthode de détermination des charges de capital prises en compte dans les tarifs d'utilisation des réseaux »[1]. Et la CRE conclut en estimant qu'il n'y a pas lieu à « une nouvelle délibération pour modifier sa délibération du 17 novembre

---

[1] *Délibération de la CRE du 19 janvier 2017 portant décision sur la demande de la ministre de l'Environnement, de l'Energie et de la Mer, en charge des relations internationales sur le climat, d'une nouvelle délibération sur les tarifs d'utilisation des réseaux publics d'électricité dans les domaines de tension HTA et BT.*

2016 portant décision sur les tarifs d'utilisation des réseaux publics d'électricité dans les domaines de tension HTA et BT. »[1]
La délibération est rendue publique sur le site de la CRE et est adressée à la ministre.
Par ailleurs, la CRE se rend compte que la publication au JO de sa délibération du 17 novembre 2016 est bloquée, sans explication, dans le système Solon[2], le 19 janvier par les services de la direction de l'information légale et administrative (DILA) et du Secrétariat général du Gouvernement, services rattachés au Premier ministre. Le président de la CRE adresse, alors, un courrier au Secrétariat général du Gouvernement lui demandant de procéder dans les meilleurs délais, et en tout état de cause avant le 24 janvier 2017, à la publication des décisions du 17 novembre 2016.
Cette demande n'étant pas suivie d'effet, la CRE dépose une requête en référé-suspension auprès du Conseil d'Etat, visant, d'une part, à obtenir l'annulation[3] de la décision, implicite, du Premier ministre de refus de publication au Journal officiel et, d'autre part, à ce qu'il soit enjoint au Premier ministre de publier sans délai les délibérations du 17 novembre 2016[4].
Le recours au fond présente deux moyens propres à créer un doute sérieux sur la légalité de la décision du Premier ministre : une erreur de droit tenant à la violation des dispositions des articles L.341-3 et L.133-6 du Code de l'énergie et des objectifs de la directive 2009/72 qu'elles transposent ; un détournement de pouvoir ou de procédure, et l'incompétence du Premier ministre pour refuser de donner suite à l'envoi par la CRE pour publication au Journal officiel de ses délibérations du 17 novembre 2016.

---

[1] *Ibid.*
[2] Système d'organisation en ligne des opérations normatives.
[3] Concernant la demande de suspension, la requête s'appuyait sur l'article L.521-1 du code de justice administrative : « Quand une décision administrative, même de rejet, fait l'objet d'une requête en annulation ou en réformation, le juge des référés, saisi d'une demande en ce sens, peut ordonner la suspension de l'exécution de cette décision, ou de certains de ses effets, lorsque l'urgence le justifie et qu'il est fait état d'un moyen propre à créer, en l'état de l'instruction, un doute sérieux quant à la légalité de la décision. Lorsque la suspension est prononcée, il est statué sur la requête en annulation ou en réformation de la décision dans les meilleurs délais. La suspension prend fin au plus tard lorsqu'il est statué sur la requête en annulation ou en réformation de la décision ».
[4] Voir courrier adressé au Conseil d'Etat, section du contentieux, « Requête en référé suspension » dans annexe n° 2.

En bloquant la publication de la délibération de la CRE, le Premier ministre ignore la compétence exclusive de celle-ci pour fixer les tarifs d'utilisation des réseaux publics d'électricité. La CRE argue du fait que la demande d'une nouvelle délibération par la ministre, alors que la CRE en a écarté l'hypothèse dans sa délibération du 19 janvier 2017 et que le Premier ministre a bloqué la publication de la délibération du 17 novembre, donne un caractère contraignant aux orientations ministérielles et méconnaît, de ce fait, la directive 2009/72. La CRE s'appuie sur la note interprétative du 22 janvier 2010 de la Commission européenne, qui excluait toute intervention *a posteriori* d'une autorité publique qui conditionnerait le caractère directement applicable et exécutoire de la décision de l'autorité de régulation[1].
La CRE conclut en demandant la suspension de la décision du Premier ministre de non publication de sa décision, et la reprise sans délai du processus de publication au Journal officiel de la République[2].
Sans autre explication, la décision de la CRE du 17 novembre 2016 paraît au Journal officiel le 28 janvier 2017. Le TURPE 5 peut donc être mis en œuvre, et la CRE retire sa requête auprès du Conseil d'Etat.

---

[1] « *The National Regulatory Authorities (NRA) must be able to take autonomous decisions, independently from any political, public or private body. This has consequences ex ante and ex post. From an ex ante perspective, this requirement excludes any interference from the government or any other public or private entity prior to an NRA decision. The ex post aspect of the requirement of having an NRA being able to take independent decisions means that the decisions of the NRA are immediately binding and directly applicable without the need for any formal or other approval or consent of another public authority or any other third parties. Moreover, the decisions by the NRA cannot be subject to review, suspension or veto by the government or the Ministry. This, of course, precludes neither judicial review nor appeal mechanisms before any other bodies independent of the parties involved and of any government* ».

[2] « Par ces motifs, et tous autres à produire, déduire ou suppléer au besoin même d'office, la Commission de régulation de l'énergie conclut qu'il plaise au juge des référés du Conseil d'Etat : de suspendre la décision du Premier ministre refusant de donner suite à l'envoi par la Commission de régulation de l'énergie pour publication au Journal officiel de la République française de ses délibérations en date du 17 novembre 2016, d'une part, décision sur les tarifs d'utilisation des réseaux publics d'électricité dans les domaines de tension HTA et BT et, d'autre part, décision sur les tarifs d'utilisation des réseaux publics d'électricité dans le domaine de tension HTB. Et de reprendre sans délai le processus de publication au Journal officiel de la République française de ces deux délibérations », « Requête en référé suspension », voir annexe n° 2.

L'histoire ne s'arrête cependant pas là, puisque ENEDIS, EDF et la ministre[1] déposent quelques jours plus tard des recours pour excès de pouvoir, devant le Conseil d'Etat.
La décision du Conseil d'Etat du 9 mars 2018[2] met un terme à cet épisode assez singulier. Au-delà de la décision elle-même, on peut observer que le Conseil d'Etat souligne dans son communiqué [3] que, « par la décision de ce jour, le Conseil d'État rejette l'essentiel des nombreuses critiques, de forme et de fond, adressées par les requérants à ces deux délibérations ». Le Conseil d'Etat annule, toutefois, le tarif sur un point. Tout en validant la méthode retenue par la CRE pour le calcul du coût du capital investi par le gestionnaire de réseau, car elle tient compte de « la spécificité du régime d'exploitation du réseau de distribution d'électricité (pour l'essentiel, la concession de service public). Dès lors qu'elle permet le calcul d'un tarif couvrant complètement les coûts effectivement supportés par les gestionnaires de réseau, le Conseil d'État juge, au point 31 de sa décision, qu'elle ne méconnaît pas l'article L. 341-2 du Code de l'énergie », le Conseil d'Etat estime que la CRE ne pouvait faire abstraction de ce que « certaines charges d'investissement exposées par la société Enedis de 2005 à 2009 pendant la période dite 'TURPE 2' avaient été supportés par cette société, sur ses capitaux propres, sans avoir été compensées par les tarifs ».
Cette annulation partielle ne prenait effet « qu'à compter du 1er août 2018, afin de laisser le temps à la CRE de prendre une nouvelle délibération ».
La décision du Conseil d'Etat ne donne guère satisfaction aux entreprises requérantes, puisque, au contraire, elle valide, une fois encore, la méthode de la CRE. La nouvelle délibération[4] de la CRE change peu les résultats pour ENEDIS et EDF.

---

[1] Démarche tout à fait inhabituelle de la part d'un ministre vis-à-vis d'une autorité de régulation : « Sous le n° 408809, par une requête, enregistrée le 10 mars 2017 au secrétariat du contentieux du Conseil d'Etat, la ministre de l'environnement, de l'énergie et de la mer demande au Conseil d'Etat d'annuler pour excès de pouvoir la délibération de la Commission de régulation de l'énergie du 17 novembre 2016 arrêtant les tarifs d'utilisation des réseaux publics d'électricité dans les domaines de tension HTA et BT ainsi que sa délibération du 19 janvier 2017 arrêtant les mêmes tarifs sur la demande de la ministre chargée de l'énergie d'une nouvelle délibération. »
[2] CE, 9 mars 2018, n°407516, ENEDIS.
[3] *Délibérations de la CRE du 17 novembre 2016 et du 19 janvier 2017.*
[4] *Délibération de la CRE n°2018-148 du 28 juin 2018 portant décision sur les tarifs d'utilisation des réseaux publics d'électricité dans le domaine de tension HTA et BT).*

Le TURPE 6[1] reprend une méthodologie identique[2], en dépit des critiques récurrentes des deux entreprises, et, de manière plus surprenante, de celles de la Cour des comptes dans son rapport sur ENEDIS. Dans une critique implicite des décisions du Conseil d'Etat, la Cour recommande de revenir à une méthode économique : « Le mode de rémunération du capital d'Enedis n'est toujours pas stabilisé après quinze ans et cinq TURPE. La méthode définie en 2014 a été validée par le juge mais elle présente des défauts, notamment son caractère atypique par rapport aux pratiques européennes, et reste contestée par l'entreprise qui est la première concernée. En outre, elle constitue une base théorique fragile pour établir la rémunération que reçoit Enedis pour la gestion d'activité de service public en monopole. Le ministre chargé de l'énergie ayant un pouvoir d'intervention et donc de négociation pour l'approbation du TURPE 6, la Cour recommande qu'il prenne position sur ce sujet en s'appuyant sur la volonté du législateur exprimée dans la loi LTECV de 2015. »[3]

Même si la méthode élaborée par la CRE présente, effectivement, des inconvénients, il est pour le moins étonnant que la Cour des comptes ignore les décisions du Conseil d'Etat, et écrive, en outre, que « le ministre de l'énergie a un pouvoir d'intervention et donc de négociation pour l'approbation de TURPE 6 », en contradiction avec le Code de l'énergie (art. L. 341-3)[4]. La capacité d'intervention des pouvoirs

---

[1]*Délibération n°2021-13 de la Commission de régulation de l'énergie du 21 janvier 2021 portant décision sur le tarif d'utilisation des réseaux publics de distribution d'électricité (TURPE 6 HTA-BT).*

[2] « La CRE a établi, depuis le TURPE 4 HTA-BT, une méthode de calcul des charges de capital normatives s'appuyant sur le modèle d'évaluation des actifs financiers (MEDAF), qu'elle adapte pour prendre en compte les comptes spécifiques de concession ainsi que les provisions pour renouvellement constituées par le gestionnaire de réseau pour assurer le renouvellement des ouvrages en concession. La CRE a indiqué dans sa consultation publique du 8 octobre 2020 envisager de reconduire cette méthode. Les acteurs s'y sont montrés globalement favorables. », Délibération de la CRE précitée, p. 16.

[3] Cour des comptes, Deuxième Chambre, Troisième Section, Observations définitives : ENEDIS, contrôle des comptes de gestion, exercices 2011 à 2018, 24 septembre 2020.

[4] L'article L.341-3 du Code de l'énergie dispose que : « Les méthodologies utilisées pour établir les tarifs d'utilisation des réseaux publics de transport et des réseaux publics de distribution sont fixées par la Commission de régulation de l'énergie. La Commission de régulation de l'énergie se prononce sur les évolutions des tarifs d'utilisation des réseaux publics de transport et de distribution d'électricité [...] La Commission de régulation de l'énergie prend en compte les orientations de politique

publics sur le contenu des tarifs de réseaux est, en effet, désormais fort limitée. Il est singulier que ce soit la ministre qui doive rappeler à la Cour des comptes, l'indépendance de la CRE : « Je souligne que la CRE est l'autorité administrative compétente pour déterminer les méthodologies de calcul du tarif d'utilisation des réseaux publics d'électricité (TURPE) conformément à l'article L. 341-3 du Code de l'énergie »[1].
La décision de la CRE sur TURPE 6 (HTA/BT) est prise par une délibération du 21 janvier 2021[2] sans intervention de l'exécutif.
Il est instructif de voir les difficultés rencontrées pour parvenir à la maîtrise totale par la CRE de l'acte administratif unilatéral décisoire. L'exécutif démontre une forte résistance à accepter la dévolution à une autorité administrative indépendante de cette prérogative qui lui permet *volens nolens* de respecter ses obligations européennes mais qui le prive d'une maîtrise politique. Pour certains auteurs, cela pose la question de la légitimité d'entités comme la CRE qui disposent d'un pouvoir de décision. Or les critères de légitimité sont en l'occurrence à rechercher dans la mise en œuvre du droit européen.

II- Des actes décisoires non réglementaires

Dans la panoplie des actes de la CRE, les délibérations de nature décisoire non réglementaire couvrent un vaste domaine dont nous évoquons plusieurs aspects (A), avant de développer l'exemple significatif de l'approbation des plans d'investissement des GRT (B).

A- Des délibérations révélant le pouvoir d'approbation de validation et/ou de vérification de la CRE

Le pouvoir d'approbation s'applique, au travers des délibérations, à de multiples sujets, parfois éparpillés dans différentes rubriques du Code

---

énergétique indiquée par l'autorité administrative. La Commission de régulation de l'énergie transmet à l'autorité administrative pour publication au Journal Officiel de la République française, ses décisions motivées relatives aux évolutions, en niveau et en structure, des tarifs d'utilisation des réseaux publics de transport et de distribution d'électricité […] aux dates d'entrée en vigueur de ces tarifs ».

[1] Réponse de la ministre de la Transition écologique au Premier Président de la Cour des comptes, 25 mai 2021, voir site de la Cour des comptes, ENEDIS, réponses associées.

[2] *Délibération n° 2021-13 de la CRE du 21 janvier 2021 portant décision sur le tarif d'utilisation des réseaux publics de distribution d'électricité* (TURPE 6 HTA-BT).

de l'énergie et d'importance variée. Certains sont déterminants pour la réalisation du marché, d'autres, conséquents sur le plan de la régulation technique, apparaissent, au premier abord, moins cruciaux, mais constituent des facteurs clés du bon fonctionnement des réseaux. En raison de leur complexité, ce sont aussi des sujets qui contribuent à établir, aux yeux des opérateurs, la crédibilité de la CRE.

Par ailleurs ces pouvoirs proviennent, pour certains, des directives européennes, pour d'autres sont propres à la France, et sont parfois issus d'un mélange des deux.

L'approbation du code de bonne conduite des GRT et des GRD de plus de 100 000 habitants émane des directives 2003/54 (article 23) et 2003/55 (article 25) du 26 juin 2003, transposées dans la loi n°2004-803 du 9 août 2004[1]. C'est une approbation circonstanciée, et comportant de nombreux commentaires[2].

La CRE approuve la liste des emplois de dirigeants des GRT[3], ainsi que les accords commerciaux et financiers passés entre les GRT et l'entreprise verticalement intégrée dont ils font partie[4]. Ces mesures découlent du modèle ITO prévu par la directive européenne 2009/72 CE du 13 juillet 2009[5] concernant l'organisation de l'indépendance des GRT au sein d'entreprises verticalement intégrées [6].

La CRE a, également, la responsabilité d'approuver les modalités de participation et règles de détermination de la rémunération des capacités de réglage de la fréquence ou de la tension mentionnée à l'art. L. 321-11, ainsi que les méthodes de calcul des écarts[7]. Le mécanisme

---

[1] Loi n°2004-803 du 9 août 2004. Les art. 6 et 15. 4 prévoient que la CRE publie chaque année un rapport sur le respect des codes de bonne conduite par les gestionnaires de réseaux d'électricité et de gaz, ainsi qu'une évaluation de l'indépendance des gestionnaires de réseaux d'électricité ou de gaz.

[2] Code de l'énergie, art. L. 111-22.

[3] Art. L. 111-30 I et II du Code de l'énergie.

[4] Art. L. 111-17 du Code de l'énergie.

[5] Directive 2009/72 du Parlement européen et du Conseil du 13 juillet 2009, art. 18 al. 6 et 7 : « Le gestionnaire de réseau de transport soumet pour approbation à l'autorité de régulation tous les accords commerciaux et financiers avec l'entreprise verticalement intégrée. »

[6] Le grand formalisme de l'approbation de tels accords a conduit la CRE à étudier le prix de location de divers locaux (dont des places de stationnement) entre EDF et RTE, (v. *délibération de la CRE du 13 juin 2013 portant approbation de trois contrats conclus entre RTE et EDF concernant divers locaux*).

[7] V. la première délibération de la CRE à ce sujet « *Délibération relative à l'approbation de règles du mécanisme d'ajustement* », 23 janvier 2003. Le 5

d'ajustement est le dispositif de marché permettant à RTE d'assurer sa mission d'équilibrage des flux d'électricité sur le réseau. La loi du 10 février 2000 relative à la modernisation et au développement du service public de l'électricité dispose que la CRE approuve, préalablement à leur mise en œuvre, les règles régissant le mécanisme d'ajustement.

Depuis la loi de 2017, dite loi « hydrocarbures »[1], la CRE approuve les contrats d'accès aux réseaux des gestionnaires de réseaux de distribution conclus avec les fournisseurs, appelés contrats « GRD-F » en électricité et « CDG-F » en gaz naturel.

On peut également mentionner un pouvoir de validation, nuance sémantique du pouvoir d'approbation. L'exemple le plus probant, à cet égard, concerne les zonages de raccordement dans le cadre de l'insertion du biométhane dans les réseaux de gaz. En application des articles L. 453-9 et D. 453-21 du Code de l'énergie, les GRT et GRD gaz élaborent conjointement, pour chaque zone du territoire métropolitain continental située à proximité d'un réseau de gaz naturel, un projet de zonage de raccordement des installations de production de biogaz à un réseau de gaz naturel, qu'ils soumettent à la validation de la CRE. Ces zonages de raccordement, une fois validés, deviennent prescriptifs : tout raccordement d'un site d'injection de biométhane doit être conforme à ceux-ci[2]. Cette validation ne requiert aucune intervention autre que celle de la CRE.

Le pouvoir de vérification constitue, quant à lui, à une forme atténuée du pouvoir d'approbation, spécifiquement appliqué au barème permettant de déterminer l'évolution des tarifs réglementés de vente du gaz naturel en distribution publique. Le décret n° 2009-1603 du 18 décembre 2009 relatif aux tarifs réglementés de vente de gaz naturel prévoit à son article 6[3] que le fournisseur peut modifier, jusqu'à

---

décembre 2007, la CRE avait approuvé un projet expérimental de valorisation des effacements diffus sur le mécanisme d'ajustement. Il visait à valider la pertinence technique et économique de ces effacements et à définir les conditions pérennes de leur mise en œuvre.

[1]Loi n°2017-1839 du 30 décembre 2017 mettant fin à la recherche ainsi qu'à l'exploitation des hydrocarbures et portant diverses dispositions relatives à l'énergie et à l'environnement.

[2] Voir notamment la *Délibération n°2022-41 du 3 février 2022 portant validation des zonages de raccordement dans le cadre de l'insertion du biométhane dans les réseaux de gaz*. On peut remarquer que cette délibération est adressée à plusieurs ministres dont celui chargé de l'agriculture, ainsi qu'aux préfets de région pour information.

[3] Décret n° 2009-1603 du 18 décembre 2009, art. 6 : « Sauf disposition contraire prise par l'arrêté des ministres chargés de l'économie et de l'énergie mentionné à l'article 5

l'intervention d'un nouvel arrêté tarifaire, les barèmes de ses tarifs réglementés de vente, après avoir présenté à la CRE cette proposition de barèmes, afin que celle-ci puisse en vérifier la conformité avec la formule tarifaire[1]. Ce décret est modifié par le décret n° 2013- 400 du 16 mai 2013. Son article 5 précise que cette évolution peut se réaliser au plus une fois par mois mais ne change rien au rôle de la CRE[2]. Nous verrons plus loin (voir la partie consacrée aux tarifs réglementaires de vente en gaz *infra* § 334 et s.) que les vérifications de la CRE ont permis

---

du présent décret, le fournisseur est autorisé à modifier, à titre conservatoire et jusqu'à l'intervention d'un nouvel arrêté tarifaire, les barèmes de ses tarifs réglementés en y répercutant les variations des coûts d'approvisionnement en gaz naturel, telles qu'elles résultent de l'application de sa formule tarifaire.

Lorsqu'il envisage de procéder à une telle modification, le fournisseur saisit la Commission de régulation de l'énergie d'une proposition de barèmes accompagnée des éléments d'information permettant de la justifier, afin qu'elle en vérifie la conformité avec la formule tarifaire.

Le fournisseur ne peut appliquer la modification avant l'expiration d'un délai de vingt jours à compter de la saisine de la commission.

Les ministres chargés de l'économie et de l'énergie sont informés sans délai par le fournisseur de sa proposition de barèmes et par la Commission de régulation de l'énergie de son avis. ».

[1] L'article R. 445-5 du Code de l'énergie prévoit que le fournisseur « modifie selon une fréquence prévue par arrêté des ministres chargés de l'économie et de l'énergie et au maximum une fois par mois, jusqu'à l'intervention d'un nouvel arrêté tarifaire [...] les barèmes de ses tarifs réglementés en y répercutant les variations des coûts d'approvisionnement en gaz naturel, telles qu'elles résultent de l'application de sa formule tarifaire. Avant de procéder à une telle modification, le fournisseur saisit la Commission de régulation de l'énergie d'une proposition de barème accompagnée des éléments d'information permettant de la justifier, afin qu'elle en vérifie la conformité avec la formule tarifaire [...]. Le fournisseur ne peut appliquer la modification avant l'expiration d'un délai de vingt jours à compter de la saisine de la Commission de régulation de l'énergie. ».

[2] Décret 2013-400 du 16 mai 2013 modifiant le décret n° 2009-1603 du 18 décembre 2009 relatif aux tarifs réglementés de vente de gaz naturel, art. 5, al. 1 « L'article 6 du même décret est modifié comme suit : 1° Le premier alinéa est remplacé par les dispositions suivantes : « Le fournisseur modifie selon une fréquence définie par arrêté des ministres chargés de l'économie et de l'énergie et au maximum une fois par mois, jusqu'à l'intervention d'un nouvel arrêté tarifaire pris en application de l'article 5 du présent décret, les barèmes de ses tarifs réglementés en y répercutant les variations des coûts d'approvisionnement en gaz naturel, telles qu'elles résultent de l'application de sa formule tarifaire, sauf opposition du Premier ministre dans les conditions fixées au cinquième alinéa du présent article. La répercussion des variations des coûts d'approvisionnement en euros par mégawattheure se fait de manière uniforme sur les différents barèmes et s'applique sur la part variable, sauf disposition contraire prévue par l'arrêté visé à l'article 5 du présent décret. »

une évolution des tarifs réglementés de vente en gaz, sans intervention de l'exécutif depuis la réforme de 2013, tout au moins jusqu'à la crise des prix de l'énergie débutée à l'automne 2021[1].
L'approbation des programmes d'investissement annuel des GRT en électricité et en gaz[2], ainsi que des schémas de développement décennal des réseaux de transport constitue un exemple de l'acte décisoire non réglementaire, issue à la fois de la législation nationale et de directive européenne[3].

B- Illustrations : la décision d'approbation du plan d'investissement des GRT

La responsabilité de l'approbation des programmes d'investissement annuel des GRT provient de la loi initiale n° 2000-108 du 10 février 2000 (tout au moins pour l'électricité), alors que celle relative au programme décennal provient de la directive 2009/72/CE du Parlement européen et du Conseil du 13 juillet 2009[4]. L'approbation des plans annuels des GRT (1) s'est progressivement intégrée à l'examen du plan décennal même si la nature des actes édictés par la CRE n'est juridiquement pas similaire (2).

1- L'approbation des plans annuels des GRT

Dans le cadre de sa mission d'approbation, la CRE veille, en application de l'article 14 de la loi du 10 février 2000, au processus de sélection des projets mis en œuvre par RTE, au développement des interconnexions revêtant un caractère prioritaire pour l'intégration du marché européen et à l'adaptation du réseau aux besoins de la desserte du territoire.

---

[1] Les prix du gaz sont sur le PEG français et le TTF à moins de 30 dollars le MWh en juin 2021 et dépassent 110 dollars en décembre 2021.
[2] Et des opérateurs d'une infrastructure de stockage souterrain de gaz naturel selon l'art. L. 421-7-1 du Code de l'énergie, (L. n° 2017-1839 du 30 déc. 2017, art. 12).
[3] Ces décisions d'approbation étaient prises en vertu de l'article 14 de la loi de 2000, puis après la codification, en application des dispositions du 2° de l'article L. 134-3 et du II de l'article L. 321-6 du Code de l'énergie. Pour le gaz il s'agit des dispositions des articles L. 134-3 et L. 431-6-II.
[4] L'article L. 321-6 Code de l'énergie, qui transpose l'article 22 de la directive 2009/72/CE du Parlement européen et du conseil1 du 13 juillet 2009, prévoit que le gestionnaire du réseau public de transport d'électricité soumet chaque année à la CRE un schéma décennal de développement du réseau. L'article L. 431-6, I du Code de l'énergie prévoit que les GRT élaborent, après consultation des parties intéressées, un plan décennal de développement de leur réseau.

Cette approche joue un rôle notable, lors des premières années de fonctionnement de la CRE, en lui permettant d'affirmer son autorité sur l'opérateur du réseau de transport d'électricité. On constate, au travers des trois premières approbations des plans d'investissement de RTE (2001, 2002, 2003), la montée en puissance des exigences du régulateur. Elles passent d'une demande de mise en perspective des projets d'investissement sur l'évolution du réseau en rapport avec la demande d'électricité et les contraintes environnementales[1] à un constat d'insuffisance d'investissements dans les infrastructures d'interconnexions – qui conduit la CRE à enjoindre RTE de lui fournir un plan visant leur renforcement, à, enfin, une critique sur l'imprécision « du coût réel des ouvrages construits et des investissements »[2] qui se répercute sur le tarif d'accès aux réseaux [3].

Le pouvoir d'approbation du plan annuel d'investissement constitue le complément nécessaire à l'élaboration du tarif d'accès au réseau. Cela confère à la CRE la maîtrise de l'ensemble et un contrôle des investissements envisagés dans le tarif. Cette disposition s'applique aux réseaux de transport de gaz à partir de 2007.

L'examen des délibérations de la CRE, portant approbation des plans d'investissement et les passages s'y référant dans les rapports d'activité annuel, soulignent la portée croissante de leur contenu.

L'approbation des plans dépendait de dispositions précises indiquées par la loi : « Ce programme [d'investissement] est soumis à l'approbation de la CRE qui veille à la réalisation des investissements nécessaires au bon développement des réseaux et à leur accès transparent et non discriminatoire. La CRE ne peut refuser d'approuver le programme annuel d'investissements que pour des motifs tirés des missions qui lui ont été confiées par la loi. » On aurait pu penser, dès lors, que cette approbation allait quasiment d'elle-même, mais la définition de ses compétences, à l'article 28 de la loi du 10 février 2000 modifiée par la loi du 7 décembre 2006, lui laisse une large marge d'interprétation : « Dans le respect des compétences qui lui sont

---

[1] « Il s'avère souhaitable que RTE développe une approche de l'évolution du réseau à moyen/long terme en tenant compte des questions telles que l'évolution de la demande d'électricité [...], évolution des techniques de transport et du coût des ouvrages, compte tenu, par exemple, des contraintes d'environnement », *CRE, délibération, 25 janvier 2001, sur les investissements de RTE pour 2001.*

[2] *CRE, délibération, 27 novembre 2002, sur le programme d'investissement de RTE pour 2003.*

[3] V. l'analyse de N. CHEBEL-HORTSMANN, *op. cit.*, p. 159-160.

attribuées, la Commission de régulation de l'énergie concourt, au bénéfice des consommateurs finals, au bon fonctionnement des marchés de l'électricité et du gaz naturel. Elle veille, en particulier, à ce que les conditions d'accès aux réseaux de transport et de distribution d'électricité et de gaz naturel n'entravent pas le développement de la concurrence. »

La CRE apporte une attention particulière à tout un ensemble de paramètres comprenant la sécurité d'approvisionnement[1], l'accueil des nouveaux moyens de production, les besoins de renouvellement des ouvrages liés à leur vieillissement, le développement du marché européen et le développement des interconnexions afférentes. Chacun de ces points fait l'objet d'un chiffrage de l'investissement prévu et de son évaluation.

La CRE approuve, au sens le plus strict, le programme d'investissement, grand poste par grand poste, et demande à RTE de faire un point intermédiaire en juillet de l'année en cours de la mise en œuvre de sa décision.

La décision d'approbation de la CRE se rapproche d'un acte impératif, et s'avère beaucoup plus précis, par exemple, que les « décisions » concernant le plan pluriannuel de l'énergie : « la jurisprudence laisse entendre aujourd'hui qu'une programmation n'est pas en soi dépourvue de normativité, dès lors du moins qu'il s'agit d'une programmation quantitative »[2]. En l'occurrence, l'approbation porte bien sur un programme quantitatif. Le non-respect de l'approbation de la CRE peut se traduire, et se traduirait certainement, par une pénalisation financière au travers du tarif d'accès au réseau. Le destinataire a, ainsi, toujours la possibilité théorique de choix, mais il doit en assumer les conséquences.

2- L'examen du plan décennal

Le 3ème paquet « Marché intérieur de l'électricité et du gaz », concernant les règles communes pour le marché intérieur de l'électricité et les

---

[1] Au début des années 2010, elle porte son attention toute particulière « aux projets visant à améliorer la sécurité d'alimentation des zones en situation de fragilité électrique que sont aujourd'hui la région Provence Alpes-Côte d'Azur (PACA) et la Bretagne », *Délibération de la CRE du 16 décembre 2010 portant décision d'approbation du programme d'investissements de RTE pour 2011.*

[2] F. BRUNET, « Contrainte, obligation, normativité en droit : quelques remarques », *EEI*, mars 2021, n° 3. V. not. CE, 11 avr. 2018, n° 404959 (sur la programmation pluriannuelle de l'énergie) : *JurisData* n° 2018-006702.

conditions d'accès au réseau pour les échanges transfrontaliers d'électricité, prévoit de nouvelles obligations pour les gestionnaires de réseau de transport (GRT) et de nouveaux pouvoirs pour les régulateurs nationaux en matière de contrôle des investissements réseau. Au niveau européen, le règlement (CE) n° 714/2009 institue une démarche coordonnée de planification de réseau. Le Réseau européen des gestionnaires de réseau de transport pour l'électricité (ENTSO-E) doit ainsi rédiger tous les deux ans un plan décennal, non contraignant de développement du réseau dans l'ensemble de l'Union, comprenant des perspectives européennes sur l'adéquation des capacités de production, après une consultation ouverte et transparente impliquant à un stade précoce tous les acteurs concernés du marché. L'agence de coopération des régulateurs de l'énergie (ACER)[1] le règlement doit émettre un avis sur ce plan et surveiller sa mise en œuvre ainsi que sa cohérence avec les différents plans nationaux.

L'article L. 321-6 du Code de l'énergie, qui transpose l'article 22 de la directive 2009/72/CE, dispose que le gestionnaire du réseau public de transport soumet chaque année à la CRE un schéma décennal de développement du réseau, fondé sur l'offre et la demande existantes et prévisionnelles, en prenant « en compte le bilan prévisionnel pluriannuel et la programmation pluriannuelle des investissements de production arrêtée par l'État, ainsi que les schémas régionaux de raccordement au réseau des énergies renouvelables ». Il doit, par ailleurs, être cohérent avec le plan européen non contraignant élaboré par l'ENTSO-E (ci-après « TYNDP »)[2]. Cette périodicité est passée à deux ans depuis le 5 mars 2021[3] par l'ordonnance 2021-237 du 3 mars 2021 art. 29.

---

[1] L'agence de coopération des régulateurs de l'énergie devient par le règlement (UE) 2019/942 du Parlement européen et du Conseil du 5 juin 2019, une agence de l'Union européenne pour la coopération des régulateurs de l'énergie.

[2] *Ten-Year Network Development Plan* (TYNDP).

[3] « I.- Le gestionnaire du réseau public de transport exploite et entretient le réseau public de transport d'électricité. Il est responsable de son développement afin de permettre le raccordement des producteurs, des consommateurs, des exploitants d'installations de stockage, la connexion avec les réseaux publics de distribution et l'interconnexion avec les réseaux des autres pays européens. A cet effet, il élabore tous les deux ans un schéma décennal de développement du réseau établi sur l'offre et la demande existantes ainsi que sur les hypothèses raisonnables à moyen terme de l'évolution de la production, de la consommation et des échanges d'électricité sur les réseaux transfrontaliers. Le schéma prend notamment en compte le bilan prévisionnel pluriannuel, la programmation pluriannuelle de l'énergie, la stratégie nationale bas-

carbone et le plan national intégré en matière d'énergie et de climat prévu par l'article 3 du règlement (UE) 2018/1999 du Parlement européen et du Conseil du 11 décembre 2018, ainsi que les schémas régionaux de raccordement au réseau des énergies renouvelables mentionnés à l'article L. 321-7. Il tient également compte du potentiel d'utilisation de l'effacement de consommation, des installations de stockage d'énergie ou d'autres ressources susceptibles de constituer une solution de substitution aux développements du réseau. Le schéma décennal mentionne les principales infrastructures de transport qui doivent être construites ou modifiées de manière significative dans les dix ans, répertorie les investissements déjà décidés ainsi que les nouveaux investissements qui doivent être réalisés dans les trois ans, en fournissant un calendrier de tous les projets d'investissements. Le schéma décennal est soumis à l'examen de la Commission de régulation de l'énergie. La Commission de régulation de l'énergie consulte, selon des modalités qu'elle détermine, les utilisateurs du réseau public ; elle rend publique la synthèse de cette consultation. Elle vérifie si le schéma décennal couvre tous les besoins en matière d'investissements et s'il est cohérent avec le plan européen non contraignant élaboré par le Réseau européen des gestionnaires de réseau de transport institué par le règlement (UE) 2019/943 du Parlement européen et du Conseil du 5 juin 2019. En cas de doute sur cette cohérence, la Commission de régulation de l'énergie peut consulter l'Agence de coopération des régulateurs de l'énergie, instituée par le règlement (UE) 2019/942 du Parlement européen et du Conseil du 5 juin 2019. Elle peut imposer au gestionnaire du réseau public de transport la modification du schéma décennal de développement du réseau. Le schéma décennal de développement du réseau est également transmis à l'autorité administrative, qui peut formuler des observations si elle estime que ce schéma ne prend pas en compte les objectifs de la politique énergétique. II. - Pour l'application du schéma décennal, la direction générale ou le directoire de la société gestionnaire du réseau public de transport établit un programme annuel d'investissements, qu'il soumet à l'approbation préalable de la Commission de régulation de l'énergie. Lorsque, pour des motifs autres que des raisons impérieuses qu'il ne contrôle pas, le gestionnaire du réseau public de transport ne réalise pas un investissement qui, en application du schéma décennal, aurait dû être réalisé dans un délai de trois ans, la Commission de régulation de l'énergie, sans préjudice du recours aux sanctions prévues à la section 4 du chapitre IV du titre III du livre Ier, peut, si l'investissement est toujours pertinent compte tenu du schéma décennal de développement du réseau en cours : a) Mettre en demeure le gestionnaire du réseau public de transport de se conformer à cette obligation ;b) Organiser, au terme d'un délai de trois mois après une mise en demeure restée infructueuse, un appel d'offres ouvert à des investisseurs tiers. La Commission de régulation de l'énergie élabore le cahier des charges de l'appel d'offres et procède à la désignation des candidats retenus. Sa décision portant désignation des candidats est transmise à l'autorité administrative en vue de sa publication au Journal officiel de la République française. La procédure d'appel d'offres est précisée par voie réglementaire. Les candidats retenus bénéficient des mêmes droits et sont soumis aux mêmes obligations que ceux du gestionnaire du réseau public de transport pour la réalisation des ouvrages électriques. Ceux-ci sont remis, dès l'achèvement des travaux, au gestionnaire du réseau public de transport. » art. L. 321-6 du Code de l'énergie modifié par l'ordonnance 2021-237 du 3 mars 2021 art. 29.

La CRE est en charge de surveiller et d'évaluer la mise en œuvre de ce schéma. L'article L. 321-6 indique ainsi que « le schéma décennal est soumis à l'examen de la CRE ». La CRE examine le schéma décennal établi par RTE afin de vérifier que tous les besoins en matière d'investissements sont couverts et que le schéma décennal est cohérent avec le TYNDP. En cas de doute sur cette cohérence, la CRE peut consulter l'ACER. La CRE peut également imposer à RTE la modification du schéma décennal.
Depuis le premier examen, dans ce cadre, qui intervient le 19 juillet 2012[1], l'exercice a sensiblement évolué. On était, au départ, dans un certain flou normatif qui renvoie à cette notion de « normativité [qui] désigne la capacité à fournir une référence »[2]. La CRE indique une norme à suivre et un objectif. La difficulté de cerner, de façon stricte, les actes de la CRE se révèle ici au travers de la partie dite « décision », dans laquelle elle commence par estimer que le plan présenté par RTE est globalement en cohérence avec le plan décennal de développement du réseau européen[3] et énumère ensuite une liste de « demandes » devant être satisfaites pour la mouture suivante du plan.
Est-on alors devant un énoncé à « caractère impératif » ou un énoncé à « caractère persuasif »[4] ?
Sans qu'il y ait de décision d'approbation, puisqu'il s'agit d'un examen, les demandes de la CRE reflètent une impérativité certaine, mais cet « énoncé ne suffit pas, en soi, à assurer sa normativité […] En dernière analyse, la normativité est fonction de celui qui parle »[5] et, en l'occurrence, l'émetteur prescriptif, la CRE, bénéficie d'une suffisante crédibilité pour être entendue.
La CRE émet des délibérations variées dans la forme en mixant parfois l'examen du plan à dix ans et l'approbation du plan d'investissement, ou en séparant les deux. Le régulateur clarifie d'ailleurs ces points dans sa délibération de 2020 sur le schéma décennal de 2019[6] : « L'examen du SDDR par la CRE n'a pas vocation à valider les niveaux

---

[1] *Délibération de la CRE du 19 juillet 2012 portant examen du schéma décennal de développement du réseau de transport d'électricité de RTE soumis en 2012.*
[2] F. BRUNET, « Contrainte, obligation, normativité en droit : quelques remarques », *op. cit.*
[3] *TYNDP* publié par ENTSO-E le 5 juillet 2012.
[4] F. BRUNET, *op. cit.*
[5] *Ibid.*
[6] *Délibération de la CRE du 23 juillet 2020 portant examen du Schéma Décennal de Développement du Réseau de transport de RTE élaboré en 2019.*

d'investissements figurant dans le SDDR, car la CRE dispose par ailleurs d'une compétence d'approbation annuelle des investissements de RTE. Toutefois, cet examen est une étape clef car il permettra de valider la méthodologie et les principes à retenir par RTE pour décider du dimensionnement de ses réseaux. »

On peut constater, en comparant les différents énoncés dans le temps, une évolution de leur contenu. L'examen de la CRE, en date de 2020, témoigne d'un large travail de concertation/consultation en amont, qui aboutit à une très forte convergence entre les orientations du gestionnaire de réseau et le régulateur. La délibération n'a plus aucun caractère d'impérativité, mais comporte un soupçon de persuasion au travers de quelques suggestions. Il s'agit d'un constat d'accord... Il serait au demeurant difficile pour le GRT d'aller à l'encontre de ce que pourrait énoncer le régulateur, puisque celui-ci a la capacité « d'imposer au gestionnaire du réseau public de transport la modification du schéma décennal de développement du réseau ».

Le contraste est d'autant plus frappant avec l'approbation du programme d'investissement, délibéré peu avant, et qui comporte toutes les caractéristiques d'un acte à caractère impératif et normatif. La CRE refuse, par exemple, d'approuver le montant total des investissements présentés par RTE dans la fibre optique et retranche 0,9 M€. Elle critique le manque d'explications de l'opérateur sur les retards ou sur les dépassements de budget, qu'elle lui demande de justifier[1]et lui rappelle que « toute modification du programme d'investissements de RTE pour 2022 devra être soumise à la CRE pour approbation »[2]. La démarche est similaire pour GRT gaz et autres opérateurs de transport et, depuis 2017, de stockage.

Il est instructif de mettre en parallèle ces deux procédures, dont l'une appartient sans conteste à la catégorie des actes décisoires - « Ainsi le caractère impératif ou encore prescriptif est le critère d'identification de la décision ou acte décisoire » [3] (encore que la question de la capacité à faire grief d'une telle décision ne semble pas avoir été posée et

---

[1] « La CRE demande donc qu'en cas de dérive du coût d'un projet supérieur à 30 M€, faisant l'objet d'audit, au-delà de 15 % du budget présenté lors de son approbation, RTE lui présente, avant toute détermination du budget cible, un dossier d'investissement mis à jour afin que la CRE puisse s'assurer que l'investissement reste pertinent, et le cas échéant approuver sa poursuite. » *Délibération de la CRE portant approbation du programme d'investissements de RTE pour l'année 2022.*

[2] *Ibid.*

[3] P. DELVOLVE, « La définition des actes administratifs », *op. cit.*

pourrait entraîner des discussions)[1] – et l'autre à une catégorie plus difficile à déterminer sur le plan théorique, car s'il ne s'agit pas d'un acte unilatéral décisoire l'examen du schéma décennal ne portant pas de décision, la CRE dispose néanmoins d'un pouvoir de contrainte à l'égard du GRT en lui faisant modifier son plan. On se trouve dans un cas où la seule décision concernerait une forme de « sanction », sans d'ailleurs que soit déterminée clairement quelle serait la conséquence du non-respect de ladite sanction. En ce domaine, les pouvoirs de la CRE s'assimilent à ceux de la dissuasion, ce qui ne ressort pas d'une catégorie juridique bien définie.

III- Des actes individuels

L'article L. 200-1 CRPA (24/10/2020) évoque trois catégories d'actes administratifs unilatéraux en fonction de leurs destinataires : les actes réglementaires, les actes décisoires non réglementaires et, enfin, les actes individuels. Il s'agit d'actes qui visent une personne nommément identifiée (ou identifiable). Si cette catégorie recouvre de nombreux actes en général, et sont soumis à un certain nombre de règles selon les dispositions de l'article L. 212-2 du CRPA[2], elle ne concerne qu'un domaine restreint pour ce qui a trait aux attributions de la CRE (A).

---

[1] Voir F. MELLERAY, « Les apports du CRPA à la théorie de l'acte administratif unilatéral », *AJDA*, 2015, p. 2491.

[2] « Les personnes physiques ou morales ont le droit d'être informées sans délai des motifs des décisions administratives individuelles défavorables qui les concernent.
A cet effet, doivent être motivées les décisions qui :
1° Restreignent l'exercice des libertés publiques ou, de manière générale, constituent une mesure de police ;
2°Infligent une sanction ;
3° Subordonnent l'octroi d'une autorisation à des conditions restrictives ou imposent des sujétions ;
4° Retirent ou abrogent une décision créatrice de droits ;
5° Opposent une prescription, une forclusion ou une déchéance ;
6° Refusent un avantage dont l'attribution constitue un droit pour les personnes qui remplissent les conditions légales pour l'obtenir ;
7° Refusent une autorisation, sauf lorsque la communication des motifs pourrait être de nature à porter atteinte à l'un des secrets ou intérêts protégés par les dispositions du a au f du 2° de l'article L. 311-5 ;
8° Rejettent un recours administratif dont la présentation est obligatoire préalablement à tout recours contentieux en application d'une disposition législative ou réglementaire. »

L'approbation du responsable de conformité apparait l'exemple le plus probant de cette compétence (B).

A- Une catégorie restreinte

Les actes décisoires individuels de la CRE sont peu nombreux. On peut y rattacher l'approbation des emplois des GRT[1], les décisions de dérogation de tout ou partie des règles relatives à l'accès des tiers au réseau, à l'approbation des méthodologies de tarification, à la dissociation des réseaux de transport et des gestionnaires de réseau de transport et à l'affectation des revenus générés par l'attribution des capacités de la ligne pour une nouvelle interconnexion[2]. Comme l'indique la CRE, « Une décision de dérogation constitue une décision individuelle créatrice de droit notifiée à ce titre au demandeur et publiée sur le site internet de la CRE. »[3]. Parmi ces décisions, celles concernant l'approbation des responsables de conformité est une décision assez peu connue, mais très caractéristique de ce type d'acte individuel.

B- Illustration de l'acte individuel : la responsable de la conformité

En application de la directive 2009/72/CE, la CRE approuve le contrat des différents responsables de la conformité[4] de chaque GRT et GRD,

---

[1] Les articles L. 111-29, L. 111-30 I et L. 111-33 du Code de l'énergie énoncent les règles de déontologie de nature à garantir l'indépendance des dirigeants du gestionnaire de réseau de transport (GRT). Ces règles s'appliquent aux responsables de la direction générale ou aux membres du directoire et aux dirigeants qui leur sont hiérarchiquement directement rattachés et qui exercent leurs fonctions dans les domaines de la gestion, de la maintenance et du développement du réseau. Ces règles diffèrent selon qu'il s'agit d'un dirigeant, occupant un emploi ou non, de la « majorité » des dirigeants. Les articles L. 111-30 II et R. 111-13 du Code de l'énergie prévoient l'approbation par la CRE de la liste des emplois de dirigeants ainsi que celle de la majorité.

[2] Article 63 du Règlement (UE) n°2019/943 du Parlement européen et du Conseil du 13 juillet 201 sur le marché intérieur de l'électricité (anciennement article 17 du Règlement (CE) n°714/2009 du Parlement européen et du Conseil du 13 juillet 2009 sur les conditions d'accès au réseau pour les échanges transfrontaliers d'électricité.).

[3] *Délibération de la CRE du 26 juillet 2011 portant décision sur les règles d'élaboration de la procédure de traitement des demandes de raccordement des nouvelles interconnexions au réseau public de transport d'électricité.*

[4] Art. L. 111-34 à L. 111-38 et L. 111-62.

qui établissent chaque année un rapport sur la mise en œuvre du code de bonne conduite qu'ils présentent au régulateur[1].

On trouve peu de références écrites sur les modalités d'analyse et d'examen de ces contrats par la CRE, puisque les délibérations afférentes ne sont pas publiques mais répertoriées sur le site de la CRE (cette confidentialité est conforme à nombre de décisions individuelles en général).

La procédure suivie comporte plusieurs étapes : une proposition réalisée par la direction de l'entité concernée, c'est-à-dire tous les GRT, et les GRD desservant plus de 100 000 personnes, adressée aux services de la CRE qui l'instruisent ; il en est fait rapport devant le collège, qui auditionne ensuite la personne concernée. Les questions portent en général sur le parcours professionnel, les raisons qui motivent l'impétrant à vouloir assumer cette responsabilité, la parfaite compréhension de la mission et les conditions d'indépendance qui lui sont assurées au sein de son l'entreprise.

A cet égard, la CRE a pu constater qu'il n'était pas toujours aisé dans les petites structures de certaines ELD de proposer le candidat adéquat, ou de lui offrir les conditions objectives d'une réelle indépendance. Il est ainsi arrivé que la CRE n'approuve pas le contrat du candidat proposé. Cette décision négative conduit l'entreprise à proposer un autre choix ou à modifier le contrat afin de le rendre conforme aux exigences d'indépendance du poste.

Section 2 - Des actes administratifs unilatéraux non-décisoires

Le Code des relations entre le public et l'administration précise, au Livre II, article 200-1, que l'on entend « par actes les actes administratifs unilatéraux décisoires et non décisoires ».

La nature unilatérale d'un acte ne préjuge en rien de son caractère décisoire, « acte unilatéral et décision ne se confondent pas « cette dernière est au premier ce que l'espèce est au genre »[2]. La ligne de

[1] La CRE a rendu public son premier rapport annuel sur le respect des codes de bonne conduite et l'indépendance des gestionnaires de réseaux d'électricité et de gaz naturel en novembre 2005.

[2] R. CHAPUS, *Droit administratif général,* t. I, Paris, Montchrestien, coll. Domat droit public, 15[ème]éd. 2001, p. 502, cité par B. LAVERGNE, *Recherche sur la soft law en droit public français*, Presses de l'Université de Toulouse 1 Capitole, Collection des thèses de l'IFR, 2013, p. 199.

partage entre tracée entre les deux termes semble bien se situer au niveau de la modification de l'ordre juridique ce en quoi se distinguent les actes unilatéraux non-décisoires : « actes de préparation et d'exécution de la décision, mesures d'ordre intérieur, circulaires et directives »[1].

Les actes non-décisoires constituent une catégorie d'actes particulièrement riche concernant la CRE et dont la classification est fréquemment malaisée. On y retrouve aussi bien le pouvoir consultatif, qui recouvre la capacité à donner un avis sur des projets de décret ou d'arrêtés, que le pouvoir de proposition qui, sur certains sujets, s'apparente à un acte quasi-décisoire (I), que le très vaste domaine du droit souple dont la CRE a fait une grande utilisation (II).

I- Des délibérations révélant le pouvoir consultatif et le pouvoir de proposition

La faculté de donner un avis sur des projets de texte de l'exécutif permet à la CRE, par des positions très fermes, d'affirmer son expertise et son indépendance et d'obtenir en certains domaines un pouvoir de proposition (A). L'exemple des tarifs réglementés de vente en électricité et en gaz est à cet égard caractéristique et nécessite un long développement pour appréhender un sujet aux répercussions politiques sensibles, à la technicité complexe et à un riche contentieux (B).

A- Pouvoir consultatif et pouvoir de proposition

1- Rendre des avis, un réel pouvoir de la CRE

« Parce que le terme avis peut dénommer des réalités fort disparates, l'avis a été qualifié de 'notion paresseuse' »[2]. Le pouvoir consultatif, la faculté de rendre un avis, permet essentiellement aux autorités de régulation de faire connaître leur opinion, sans lier leur destinataire, du moins formellement.

Certains auteurs considèrent même que les avis peuvent participer du droit souple, en les rapprochant des recommandations et en les

---

[1] J. MORAND-DEVILLIER, Cour de droit administratif, Paris Montchrestien, 9ème éd., 2005, p. 327.

[2] L. CALANDRI, *Recherche sur la notion de régulation endroit administratif français*, *op. cit.*, p. 311, et M.-H. DOUCHEZ, « La déontologie médicale » in M. HECQUARD-THERON (dir.), *Déontologie et droit*, Presses de l'IEP de Toulouse, 1994, p.7.

regardant comme des actes de nature invitative et effective. S'il s'agit de recommandations, les avis de la CRE ne laissent que rarement, dans la forme, le loisir de ne pas les suivre, car ils sont rédigés de manière affirmative sinon impérative. Ses avis ne ressortent pas du droit souple, qui est traité par le biais de communications. A cet égard, la comparaison entre sa communication sur l'ouverture du marché de l'électricité en France et son avis sur le projet de décret sur l'éligibilité, délibérés à quelques jours d'intervalle, est frappante. Dans la première, la CRE délivre son interprétation de la directive de 1996 selon une vision très favorable au marché, dans la seconde, elle exprime un avis motivé et critique, en reprenant le projet de décret point par point[1]. Deux exercices de nature distincte, l'un, de droit souple, qui ouvre un large champ de possible, sans assise juridique ferme néanmoins[2], et l'autre, qui analyse un projet de décret au vu des textes européens et nationaux afin de délivrer un avis circonstancié.

La CRE a rendu de très nombreux avis de cette nature, près de 500 depuis sa création jusqu'en avril 2022. Ils portent sur des projets de décrets ou d'arrêtés, sur les projets de règlements relatifs à l'accès aux réseaux publics de transport et de distribution d'électricité et de gaz naturel, et aux installations de gaz naturel liquéfié et à leur utilisation, ainsi qu'à l'utilisation des installations de stockage souterrain de gaz naturel (art. L. 134-10 du Code de l'énergie). Ils portent également sur les projets d'arrêtés fixant les conditions d'achat de l'électricité produite par des énergies renouvelables, ou sur des mécanismes relatifs à des appels d'offres, comme celui concernant le dialogue compétitif lors des projets d'éoliennes *off-shore*[3].

La liste exhaustive des sujets sur lesquels la CRE est appelée à donner un avis serait fort longue, mais on peut encore en citer quelques-uns, comme celui concernant le décret relatif au critère de sécurité d'approvisionnement électrique qui découle des dispositions du « Règlement Electricité » de 2019[4], ou celui regardant le décret relatif

---

[1] *Communication de la CRE sur l'ouverture du marché français de l'électricité du 18 mai 2000* et *avis de la CRE du 25 mai 2000 sur le projet de décret relatif à l'éligibilité.*

[2] Voir les développements sur cette communication *infra* dans la partie consacrée au droit souple (II.).

[3] *Délibération de la CRE du 7 janvier 2021 portant avis sur le document de consultation relatif à la procédure de mise en concurrence avec dialogue concurrentiel n°1/2020 portant sur des installations éoliennes de production d'électricité en mer dans une zone au large de la Normandie.*

[4]Ce projet de décret précise le processus d'établissement du critère de sécurité d'approvisionnement français, défini sur la base des termes du règlement (UE)

au volume maximum d'ARENH vendu par EDF pour l'année 2022[1] ; avis dans lequel la CRE rappelle, d'ailleurs, « qu'elle recommande depuis trois ans aux pouvoirs publics de rehausser le niveau du plafond ARENH, le cas échéant en modifiant également le prix de l'ARENH, qui n'a pas évolué depuis 2012 »[2]. On notera, enfin, dans le prolongement de l'avis précédent, celui portant sur le projet d'arrêté fixant le prix de l'ARENH supplémentaire pour 2022 [3]. Cet avis s'inscrit dans un cadre dérogatoire, en l'absence de méthodologie publiée en application de l'article L. 337-15 du Code de l'énergie (voir *supra*), prévu à l'article L.337-16[4].

D'une façon générale l'avis se caractérise par son absence d'effet normateur : « le pouvoir consultatif ne confère pas de capacité décisionnelle aux personnes ou organes consultés »[5]. Cette affirmation peut toutefois être nuancée, car si l'avis ne confère pas de capacité décisoire, il joue un rôle dans un démarche contentieuse. Les avis de la CRE sur les propositions d'évolution des TRV de l'exécutif, ont souvent, ainsi, servi d'éléments d'analyse au Conseil d'Etat lors des recours contre les décisions tarifaires du Gouvernement.

2019/9431 dit « Règlement Électricité ». *Délibération de la CRE du 21 octobre 2021 portant avis sur le projet de décret relatif au critère de sécurité d'approvisionnement électrique.*

[1] *Délibération de la CRE du 10 février 2022 portant avis sur le projet d'arrêté fixant le volume global maximal d'électricité pouvant être cédé par Electricité de France au titre de l'accès régulé à l'électricité nucléaire historique pour l'année 2022.*

[2] *Délibération de la CRE précitée.*

[3] *Délibération de la CRE du 10 février 2022 portant avis sur le projet d'arrêté pris en application de l'article L.337-16 du Code de l'énergie et fixant le prix des volumes d'électricité additionnels cédés dans le cadre de la période de livraison exceptionnelle prévue par le projet de décret pris en application de l'article L.336-10 du Code de l'énergie.*

[4] « Par dérogation aux articles qui précédent et jusqu'à l'entrée en vigueur des dispositions réglementaires mentionnées à l'article L. 337-15, le prix de l'électricité cédée en application du chapitre VI du présent titre est arrêté par les ministres chargés de l'énergie et de l'économie après avis motivé de la Commission de régulation de l'énergie »

[5] R. HOSTIOU, *Procédure et réforme de l'acte administratif unilatéral en droit français,* LGDJ, Paris 1975, p. 43.

2- Un pouvoir de proposition au champ limité mais effectif

Les sujets relevant du pouvoir de proposition de la CRE ne sont pas fort nombreux et l'on ne compte, en mai 2022, que 140 délibérations portant proposition depuis la création du régulateur.
On peut, pour mémoire, mentionner son pouvoir de proposition concernant la tarification de l'accès aux réseaux d'électricité et de gaz (transport et distribution) jusqu'à la transposition de la 3ème directive européenne 2009/72/CE en droit national, qui conférait à la CRE un pouvoir décisoire en ce domaine (voir *supra* § 267 et s.).
Elle a, également, du moins en théorie, le pouvoir de proposer les conditions et prix de vente de l'ARENH. Le niveau de prix de l'ARENH devait, en effet, être déterminé sur la base des différentes composantes de coûts reflétant les conditions de production d'électricité du parc électronucléaire historique, tel que prévu par l'article L.337-14 du Code de l'énergie. L'article L.337-15 du Code de l'énergie dispose, en outre, que « les méthodes d'identification et de comptabilisation des coûts mentionnés à l'article L.337-14 sont précisées par le décret en Conseil d'Etat prévu à l'article L.336- 10 ». Ce décret fixant la méthodologie de calcul des coûts de production du parc nucléaire historique, qui a fait l'objet d'un avis favorable de la CRE[1], n'a toutefois jamais été publié. De ce fait, la CRE n'a jamais pu, tout au moins jusqu'en avril 2023, exercer son pouvoir de proposition. Elle exerce en revanche son pouvoir de consultation en donnant son avis sur les projets de décrets modifiant les conditions de volume et de prix de l'ARENH, pris par l'exécutif.
Son pouvoir de proposition porte également sur la production d'électricité dans les zones non interconnectées (ZNI) et les charges imputables aux missions de service public et sur la prime pour la fixation du taux de rémunération du capital immobilisé[2]. Elle propose

---

[1] *Délibération de la CRE du 24 juillet 2014 portant avis sur le projet de décret portant modification du décret 2011-466 du 28 avril 2011 fixant les règles d'accès à l'électricité nucléaire historique.*

[2] L'arrêté du 6 avril 2020 réforme les conditions de rémunération des projets de production, de stockage et d'infrastructure de maîtrise de la demande d'électricité dans les ZNI que la CRE applique pour déterminer les composantes de leur rémunération. S'agissant des installations de production, il met fin au système de rémunération uniforme au taux de 11 %, lequel n'avait pas été révisé depuis 2006, en prévoyant désormais un taux de rémunération construit comme l'empilement. L'arrêté du 6 avril 2020 dispose que le taux est fixé pour chaque projet par arrêté du ministre en charge de l'énergie, pris dans les deux mois suivant la transmission par la

les tarifs de cession pour les entreprises locales de distribution (art. L. 337.10 du Code de l'énergie), ainsi que les conditions dans lesquelles les garanties de capacité sont prises en compte dans les tarifs de cession[1]. Enfin, son pouvoir de proposition le plus notable reste, incontestablement, celui concernant les tarifs réglementés de vente d'électricité (TRVE). Issu de la loi n°2010-1448 du 7 décembre 2010 portant nouvelle organisation du marché de l'électricité (loi NOME), ce pouvoir résulte des discussions entre le Premier ministre et la Commission européenne, laquelle souhaitait que le régulateur joue un rôle déterminant dans la fixation des TRVE. Ce pouvoir de proposition (art. L. 337-4) est assez proche d'un pouvoir quasi-décisionnel, car les ministres n'ont qu'une faible marge de manœuvre à l'égard des propositions de la CRE.

B- Illustration : la délibération portant proposition de tarifs réglementés de vente (TRV) un acte « quasi décisoire »

Le processus d'ouverture du marché de l'électricité, initié par la directive 96/92/CE du 19 décembre 1996, rencontre de très fortes réticences en France, comme le souligne la Cour des comptes : « La France a d'abord choisi de transposer les obligations minimales. Par la suite, les transpositions des directives sont toujours intervenues tardivement, parfois avec retard sur les échéances communautaires ». La Cour parle d'une « construction juridique laborieuse conséquence des tergiversations de l'Etat » et d'un « foisonnement législatif qui illustre un processus chaotique »[2].

CRE de sa proposition de prime au ministre en charge de l'énergie. : « *Arrêté du 6 avril 2020 relatif au taux de rémunération du capital immobilisé pour les installations de production électrique, pour les infrastructures visant la maîtrise de la demande d'électricité et pour les ouvrages de stockage piloté par le gestionnaire de réseau dans les zones non interconnectées* ».

[1] L'article R. 335-46 du Code de l'énergie prévoit que « les contrats d'approvisionnement d'électricité au tarif de cession mentionnés à l'article L. 337-10 dont bénéficient les entreprises locales de distribution mentionnées à l'article L. 111-54 sont réputés inclure la cession d'un montant de garanties de capacité. La Commission de régulation de l'énergie transmet aux ministres chargés de l'économie et de l'énergie ses propositions motivées concernant les conditions, notamment de prix et de montant, dans lesquelles les garanties de capacité sont prises en compte dans les tarifs de cession. La décision est réputée acquise en l'absence d'opposition de l'un des ministres dans un délai de trois mois suivant la réception de ces propositions ».

[2] Cour des comptes, *Rapport public annuel* 2015, févr. 2015, p. 165-170.

Les tarifs réglementés de vente en électricité et en gaz constituent, les premiers plus encore que les seconds, une parfaite illustration de cette description. Les compétences de la CRE, les différents modes évolutifs de calcul de ces tarifs, et l'apport du contentieux représentent trois facettes d'une réalité, dans laquelle, « historiquement, les ménages français n'ont jamais été acclimatés à un ‘ prix ‘ de l'électricité, comme il existe un prix de l'essence à la pompe ou du fioul de chauffage. Ils restent immergés dans une logique tarifaire caractéristique du service public et ne peuvent s'inscrire dans une logique de prix, tout simplement pour ne jamais y avoir été réellement soumis »[1].
Le rôle donné au régulateur, dans la définition de ces tarifs, est resté volontairement restreint, tant en électricité qu'en gaz, durant plusieurs années. Contestée dans sa légitimité par le Parlement sur ses positions, souvent ignorée dans ses avis par l'exécutif, la CRE démontre une réelle constance dans son approche économique des tarifs et dans sa capacité d'expertise. Grâce à cette dernière, aux décisions du Conseil d'Etat, qui le plus souvent la conforte, et à la Commission européenne, la CRE voit ses compétences élargies jusqu'à détenir un pouvoir quasi-décisoire dans les évolutions des tarifs réglementés des deux énergies. Les tarifs réglementés de vente, tant en gaz qu'en électricité, représentent un exemple topique de l'expertise économique de la CRE, lui permettant d'affirmer son indépendance à l'égard de l'exécutif. Pour saisir cette réalité, il est besoin d'aborder le sujet selon une triple grille de lecture, l'évolution de la compétence de la CRE (1), les variations de la méthodologie appliquée par le régulateur (2) et les apports du contentieux (3).

1- L'évolution de la compétence de la CRE

i- Un pouvoir consultatif non dénué d'effets

Jusqu'à l'ouverture du marché en France, en 2000 pour l'électricité et en 2003 pour le gaz, l'autorité ministérielle est seule compétente pour fixer chaque année l'évolution des prix en application des dispositions

---

[1] C. Boiteau, P. Geoffron, « Les tarifs réglementés de vente de l'électricité : enjeux et limites », *RFDA*, n° 4, juillet-août 2018.

du décret du 29 juillet 1988[1] pour l'électricité et du décret du 20 novembre 1990 pour le gaz[2].

L'article 36 IV 1 de la loi n°2000-108 du 10 février 2000 dispose que la CRE donne son avis sur « les tarifs de vente de l'électricité aux clients non éligibles »[3], qui sont des prix de détail aux clients finals, entrant dans le champ d'application de l'article L. 402-2 alinéa 2 du Code du commerce, ce qui signifie qu'ils ne sont pas déterminés par le libre jeu de la concurrence. L'article 7, I, de la loi n°2003-8 du 3 janvier 2003, indique, pour le gaz, que « les décisions sur les tarifs sont prises conjointement par les ministres chargés de l'économie et de l'énergie, sur proposition de la Commission de régulation de l'énergie, notamment à la demande des opérateurs, pour les tarifs d'utilisation des réseaux de transport et de distribution et des installations de gaz naturel liquéfié, et sur son avis pour les autres tarifs visés au présent article. La Commission de régulation de l'énergie émet ses propositions et formule ses avis après avoir procédé à toute consultation qu'elle estime utile des acteurs du marché de l'énergie. » Selon des formulations différentes, la CRE se trouve dotée d'un pouvoir consultatif relatif aux tarifs réglementés de vente d'électricité et de gaz.

La nature même de ces avis soulève plusieurs questions. Les avis de la CRE, en matière de tarifs, ne ressortent pas du simple conseil au Gouvernement mais de prises de position motivées, souvent amplement documentées. L'acte consultatif destiné à préparer la décision relève, ici, de ce que J. Raynard nomme « l'avis régulation »[4], en ce qu'il définit une norme, sans le pouvoir direct de la faire appliquer. Les avis de la CRE, faute d'être appliqués directement, sont fréquemment utilisés par les demandeurs lors de leurs recours devant le Conseil d'Etat. La Commission européenne, elle-même, s'appuie sur les avis et

---

[1] Décret n°88-850 du 29 juillet 1988 relatif au prix de l'électricité.

[2] Décret n°90-1029 du 20 novembre 1990 réglementant les prix du gaz combustible vendu à partir des réseaux publics de transport ou de distribution.

[3] La loi n°2003-8 du 3 janvier 2003 permettait aux clients éligibles qui n'avaient pas conclu de contrat d'achat sur le marché de rester aux tarifs réglementés. La loi n°2005-781 du 13 juillet 2005, art 66, permettait aux clients éligibles de conserver les tarifs réglementés pour la consommation finale d'un site pour lequel ils n'avaient pas choisi une offre de marché et elle étendait cette possibilité aux nouveaux sites de consommation jusqu'au 31 décembre 2007. Le Conseil Constitutionnel censurait une partie de l'art. 17 relatif aux tarifs réglementés.

[4] Voir les développements de L. CALANDRI, *op. cit.*, p. 308-315, et p. 311 citation de J. RAYNARD, « Domaines et thèmes des avis » in Th. REVET (dir.), *L'inflation des avis en droit*, *Economica*, coll. « Etudes juridiques » 1998, p. 27

documents de la CRE dans la procédure formelle de recours en manquement, engagée contre la France, relatifs aux tarifs réglementés de vente en électricité[1]. Le pouvoir consultatif de la CRE, s'il reste de cette nature, durant les dix premières années de l'ouverture du marché, n'en prend pas moins progressivement un poids croissant.

ii- De l'avis-régulation à la proposition quasi-décisoire : la loi NOME

La loi n°2010-1448 du 7 décembre 2010 portant nouvelle organisation du marché de l'électricité (loi NOME) est adoptée sous la pression du contentieux ouvert par la Commission européenne contre la France[2]. Outre les mesures concernant la suppression des tarifs réglementés pour les professionnels[3], la loi transfère à la CRE la compétence pour fixer les tarifs réglementés. Sujet qui fait l'objet d'un accord entre le Premier ministre et la Commission[4]. La loi apparaît cependant en retrait de ce qui avait été convenu, en prévoyant une période transitoire de cinq ans avant que la CRE n'assume cette nouvelle compétence.

---

[1] La Commission européenne adressait à la France une lettre de mise en demeure en avril 2006, puis un avis motivé en décembre 2006, en raison de la « mise en œuvre incomplète par la France » de la directive 2003/54/CE, portant en particulier sur les tarifs réglementés de vente d'électricité. En juin 2007, la Commission Européenne ouvrait une enquête sur les TRV verts et jaunes appliqués aux grandes et moyennes entreprises et sur le tarif réglementé transitoire d'ajustement du marché TaRTAM). Cela aboutissait à la loi NOME (voir développements *infra* § 1311-1312).

[2] Le 13 juin 2007, la Commission européenne ouvre une procédure formelle d'examen « en vertu des règles sur les aides d'État du Traité instituant la Communauté européenne (TCE), au sujet d'aides présumées en faveur de grandes et moyennes entreprises en France, sous forme de tarifs industriels d'électricité réglementés à un niveau artificiellement bas, financés directement ou indirectement par l'État ». Le 12 juin 2012, à l'issue d'une enquête approfondie, la Commission constate « que la France a illégalement mis à exécution l'aide en question en violation de l'article 108, paragraphe 3, du Traité sur le fonctionnement de l'Union européenne (TFUE). Cependant, compte tenu du fait que cette aide a eu un caractère transitoire lié à la libéralisation du marché de l'électricité en France et qu'elle est accompagnée par des engagements d'une réforme en profondeur des conditions de concurrence sur le marché français de la fourniture d'électricité, la Commission estime qu'elle n'a pas nui et ne nuit pas aux échanges dans une mesure contraire à l'intérêt commun au sens de l'article 107, paragraphe 3, point c), du TFUE, sous réserve du respect des conditions énoncées aux articles 1er à 4 ».

[3] Pour mémoire, la loi supprime les TRV applicables aux professionnels, le TaRTAM dès la mise en place de l'ARENH, et les tarifs vert et jaune à partir du 1er janvier 2016.

[4] Voir développements *infra* « Les TRV contre le marché » (Seconde Partie, Titre I, chapitre 1, section 3, I, B, 1).

Durant cette période transitoire, les tarifs continuent d'être fixés par arrêté des ministres chargés de l'économie et de l'énergie après avis de la CRE, ainsi que le stipule l'article L. 337-4 du Code de l'énergie : « La Commission de régulation de l'énergie transmet aux ministres chargés de l'économie et de l'énergie ses propositions motivées de tarifs réglementés de vente d'électricité. La décision est réputée acquise en l'absence d'opposition de l'un des ministres dans un délai de trois mois suivant la réception de ces propositions. Les tarifs sont publiés au Journal officiel. Pendant une période transitoire s'achevant le 7 décembre 2015, les tarifs réglementés de vente d'électricité sont arrêtés par les ministres chargés de l'énergie et de l'économie, après avis de la Commission de régulation de l'énergie ».
Au cours cette phase, les avis de la CRE, ses rapports sur les coûts d'EDF et les conséquences qui devraient en découler sur les tarifs réglementés, suscitent des oppositions frontales avec l'exécutif, mais pèsent de plus en plus sur les décisions de ce dernier.
Depuis le 1er janvier 2016, la CRE adresse ses propositions motivées de mouvements tarifaires aux ministres concernés. Ces propositions se révèlent quasi-décisoires, aucune opposition ministérielle ne s'est, en effet, manifestée de cette date à fin 2021[1]. On peut même noter qu'en plusieurs occasions, le Gouvernement publie au Journal officiel la proposition de la CRE avant l'expiration du délai de trois mois. Si « le partage de la fonction de régulation de l'électricité »[2] reste une réalité juridique, la compétence effective de la CRE peut s'assimiler à un pouvoir quasi-décisoire.

iii- Du pouvoir consultatif au pouvoir de vérification, les TRV de gaz

La compétence de la CRE sur les tarifs réglementés de vente en gaz suit un cheminement comparable à celui de l'électricité. Deux phases sont à distinguer : celle précédant le décret n° 2009-1603 du 18 décembre 2009, et celle lui étant postérieure.

---

[1] Les événements survenus à partir de l'automne 2021 (augmentation sensible du prix du gaz due à différents facteurs dont la reprise économique de l'après Covid) et pendant l'année 2022, avec la guerre déclenchée par la Russie contre l'Ukraine, conduisent les pouvoirs publics à intervenir au travers de plusieurs instruments dont un bouclier tarifaire. Les règles normales de fonctionnement du marché ont été mises entre parenthèses. La CRE continue cependant à indiquer régulièrement ce que devraient être les hausses tarifaires en application des règles classiques.
[2] R. RAMBAUD, *op. cit.*, p. 553.

Durant la première période, qui s'étend de la loi de 2003 au décret de 2009[1], la procédure de fixation des tarifs réglementés de vente de gaz dépend du décret du 20 novembre 1990 qui, assez naturellement, ne prévoyait pas la consultation de la CRE. Dans les faits, plusieurs procédures existent selon les tarifs concernés : les tarifs de vente en distribution publique de Gaz de France sont fixés par arrêtés des ministres en charge de l'économie et de l'énergie, après avis de la CRE. La fréquence de révision de ces tarifs n'était déterminée ni règlementairement, ni par l'usage.

Pour ce qui a trait aux tarifs de vente à souscription de Gaz de France, qui concernaient les professionnels, les ministres chargés de l'économie et de l'énergie saisissent chaque trimestre la CRE de la proposition de barèmes déposée par l'opérateur. A moins que les ministres y fassent opposition, en particulier en demandant à Gaz de France de procéder à une modification pour tenir compte de l'avis de la CRE, la proposition de barèmes est acquise.

La procédure de fixation des tarifs réglementés de vente en distribution publique et à souscription des 22 entreprises locales de distribution (ELD) et de Total Energie Gaz (TEGAZ) suivent une procédure similaire[2].

Tout comme pour l'électricité, les avis de la CRE sont l'occasion d'analyses approfondies de la situation. Afin de pouvoir motiver ses avis, la CRE lance, à partir de 2006, plusieurs audits successifs des coûts d'approvisionnement de Gaz de France (puis de GDF-Suez) et leur adéquation à la formule d'évolution des tarifs réglementés de vente, sur lesquels nous revenons plus loin. Après les épisodes chaotiques des arrêtés successifs du 15 juin 2005, du 29 décembre 2005 et du 28 avril 2006 - les deux derniers revenant entièrement sur le premier qui, dans un essai de rationalisation économique, réglementait jusqu'au 31 décembre 2007 les évolutions des prix du gaz en distribution -, le décret du 18 décembre 2009 permet, enfin[3], de déterminer un nouveau cadre réglementaire.

---

[1] Décret n° 2009-1603 du 18 décembre 2009 relatif aux tarifs réglementés de vente de gaz naturel.

[2] Le territoire d'un fournisseur historique est défini par un contrat de concession ou un règlement de service de régie.

[3] La CRE rendait son avis sur le projet de décret le 24 juillet 2008 : *Avis de la Commission de régulation de l'énergie du 24 juillet 2008 sur le projet de décret relatif aux tarifs réglementés de vente du gaz naturel.*

Le décret prévoit une procédure en deux temps, pour lesquelles les compétences de la CRE sont distinctes. Un pouvoir de consultation, établi par l'article 5 du décret, qui dispose que les ministres en charge de l'économie et de l'énergie définissent, au moins une fois par an, par arrêté, après avis de la CRE, les barèmes des tarifs réglementés pour chaque fournisseur[1]. Un pouvoir de vérification, défini par l'article 6 du décret, qui autorise GDF Suez « à modifier à titre conservatoire et jusqu'à l'intervention d'un nouvel arrêté tarifaire », et au plus une fois par trimestre, le barème de ses tarifs en distribution publique, « en y répercutant les variations des coûts d'approvisionnement en gaz naturel, telles qu'elles résultent de l'application de sa formule tarifaire. Lorsqu'il envisage de procéder à une telle modification, le fournisseur saisit la Commission de régulation de l'énergie d'une proposition de barème accompagnée des éléments d'information permettant de la justifier, afin qu'elle en vérifie la conformité avec la formule tarifaire. »[2] Le décret n° 2013-400 du 16 mai 2013 conforte ce processus en renforçant la périodicité des mouvements infra-annuels. Son article 6 dispose que le fournisseur puisse modifier les barèmes de ses tarifs réglementés, « selon une fréquence définie par arrêté des ministres chargés de l'économie et de l'énergie et au maximum une fois par mois ». Cette fréquence a pour objectif de lisser les variations, et donc d'en limiter les effets « politiques » éventuels. Le Gouvernement garde cependant la main et peut suspendre l'application de la formule en cas de hausse excessive[3].

La conformité de la proposition tarifaire, vérifiée par la CRE, acte le mouvement tarifaire. La conjoncture à la baisse des prix du gaz facilite, alors, la mise en œuvre de ce mécanisme de « dépolitisation » des tarifs réglementés, en conférant peu à peu à la vérification de la CRE, un véritable aspect décisoire[4]. L'ensemble de ces dispositions est codifié

---

[1] « Pour chaque fournisseur, un arrêté des ministres chargés de l'économie et de l'énergie pris après avis de la Commission de régulation de l'énergie fixe les barèmes des tarifs réglementés à partir, le cas échéant, des propositions du fournisseur. Ces barèmes sont réexaminés au moins une fois par an et révisés s'il y a lieu en fonction de l'évolution de la formule tarifaire… » art. 5, décret du 18 décembre 2009.

[2] Art. 6, décret du 18 décembre 2009.

[3] Art. 6, al. 5, décret n° 2013-400 du 16 mai 2013 : « le Premier ministre peut, avant l'expiration du délai visé au troisième alinéa du présent article, et après avis de la Commission de régulation de l'énergie, s'opposer par décret à la proposition et fixer de nouveaux barèmes ».

[4] Depuis le décret de 2013 jusqu'à juillet 2021, le Premier ministre n'a jamais fait jouer l'art. 6 qui lui permettrait de s'opposer à un mouvement mensuel, et pourtant les

par le décret n° 2015-1823 du 30 décembre 2015 aux articles R. 445-1 à R. 445-7 du Code de l'énergie. Par ailleurs, la loi 2014-344 du 17 mars 2014 relative à la consommation (dite loi Hamon) met fin progressivement aux tarifs réglementés pour les consommateurs non-domestiques[1].

Si la compétence de la CRE n'est pas modifiée, l'effectivité de son pouvoir « décisoire » est renforcée avec la disparition des tarifs réglementés, programmée par la loi n° 2019- 1147 du 8 novembre 2019 relative à l'énergie et au climat (LEC). Au cours de cette nouvelle étape, alors que l'article 63 de la loi précitée dispose que « l'arrêt de la commercialisation du tarif réglementé de vente de gaz naturel prend effet au plus tard trente jours après la publication de la présente loi », soit le 8 décembre 2019, la CRE poursuit son rôle de vérification-décision jusqu'aux échéances prévues au V de l'article 63 de la LEC, c'est-à-dire « Pour les consommateurs finals domestiques consommant moins de 30 000 kilowattheures par an ainsi que pour les propriétaires uniques d'un immeuble à usage principal d'habitation consommant moins de 150 000 kilowattheures par an et les syndicats des copropriétaires d'un tel immeuble, jusqu'au 30 juin 2023 ».

La CRE se voit, en outre, dotée de compétences complémentaires, dans le cadre de la préparation de la disparition des tarifs réglementés concernant, de façon non exhaustive, l'information des consommateurs (art. 63 VIII), la liste des informations mises à disposition par les fournisseurs et les modalités d'acceptation et d'opposition par les clients à la communication de leurs données à caractère personnel (art. 63 IX) [2]...

---

hausses au cours du premier semestre 2021 étaient importantes. Les événements suivants, déjà évoqués, modifient évidemment le contexte.

[1] A compter du 20 juin 2014 pour les consommateurs non domestiques raccordés au réseau de transport, à partir du 1er janvier 2015 pour les consommateurs non-domestiques et syndicats de copropriété dont le niveau de consommation était supérieur à 150 000 kWh par an, et enfin le 1er janvier 2016 pour les consommateurs dont le niveau de consommation était supérieur à 30 000 kWh par an et aux syndicats de copropriété consommant plus de 150 000kWh par an.

[2] « La liste des informations mises à disposition par les fournisseurs assurant la fourniture de clients aux tarifs réglementés de vente du gaz naturel au titre du premier alinéa du présent IX est fixée par arrêté conjoint des ministres chargés de l'énergie et de la consommation sur proposition de la Commission de régulation de l'énergie et après avis de la Commission nationale de l'informatique et des libertés. » « Les modalités d'acceptation et d'opposition par les clients à la communication de leurs données à caractère personnel, de mise à disposition et d'actualisation des données mentionnées au premier alinéa du présent IX sont précisées par arrêté conjoint des

Après avoir fréquemment réclamé, puis suggéré, la fin des tarifs réglementés de vente de gaz, la CRE devient le régulateur de leur disparition.

2- L'évolution de la méthode

Tant dans le cas de l'électricité que dans celui du gaz, les méthodes de fixation des tarifs réglementés ont évolué. Pour l'électricité, cette évolution est due au contentieux avec la Commission européenne, alors que pour le gaz cela dépend à la fois d'une meilleure prise en compte des coûts, et des modifications connues par le marché gazier international. La question centrale a trait à la « la justesse de la tarification »[1], indispensable dans un contexte de cohabitation entre offres de marché et tarifs réglementés, afin d'éviter que ceux-ci « ne constituent des prix abusivement bas ou, à l'inverse, des rentes de situation pour le monopole historique »[2].

i- Les tarifs réglementés de vente d'électricité

a- La couverture complète des coûts, un long cheminement

La loi n°2000-108 du 10 février 2000 dispose que les tarifs réglementés d'électricité « sont définis en fonction de catégories fondées sur les caractéristiques intrinsèques des fournitures, en fonction des coûts liés à ces fournitures, et de prix mentionné à l'article 1er, couvrent l'ensemble des coûts supportés à ce titre par Electricité de France et par les distributeurs non nationalisés mentionnés à l'article 23 de la loi n° 446-628 du 8 avril 1946 précitée, en y intégrant notamment les dépenses de développement du service public pour ces usagers et en proscrivant les subventions en faveur des clients éligibles ». La loi précise également que « les avis de la CRE sont fondés sur l'analyse des coûts techniques et de la comptabilité générale des opérateurs » [3].

---

ministres chargés de l'énergie et de la consommation, après avis de la Commission de régulation de l'énergie et de la Commission nationale de l'informatique et des libertés. »

[1] E. DYEVRE, ancien commissaire à la CRE, « Tarification, signal prix et concurrence ou comment concilier les inconciliables », *Revue des droits de la concurrence*, n° 4-2009, p. 20.

[2] M. CACCIALI, « Le maintien des tarifs réglementés d'électricité et de gaz », *RFDA*, n° 2, 12/05/2017.

[3] Loi n°2000-108 du 10 février 2000, art. 4-2.

Par ailleurs, ainsi que l'indique l'Autorité de la concurrence : « l'équilibre financier de l'activité de vente d'électricité aux tarifs réglementés constitue une obligation qui peut être déduite de l'article 4-II de la loi du 10 février 2000 »[1].
« Les tarifs doivent dire les coûts comme les montres doivent dire l'heure »[2], selon la formule imagée de M. Boiteux, mais encore faut-il en définir le montant. Pour couvrir les coûts, il est non seulement nécessaire de les connaître, mais aussi d'intégrer dans le calcul des tarifs réglementés la valeur de l'acheminement représenté par le TURPE. Or, ces conditions ne sont pas satisfaites durant les premières années de l'ouverture du marché.
Concernant la connaissance des coûts[3], il suffit de se reporter aux délibérations de la CRE sur les projets d'arrêtés tarifaires et à ses rapports d'activité pour se rendre compte des difficultés rencontrées. La CRE donne la priorité à l'audit des comptes d'EDF sur la partie dissociation comptable, afin de connaître les coûts à couvrir par le premier TURPE. Il n'est pas indifférent pour notre sujet de savoir qu'« en raison des difficultés rencontrées pour obtenir des informations, et de la contestation par EDF de la légitimité de l'intervention d'un conseil extérieur, la procédure de contrôle ne s'est mise en place que très progressivement »[4]. Il s'agit là d'un exemple, parmi d'autres, des obstacles que la CRE doit surmonter lors de l'instauration d'une régulation sur un monopole public peu habitué à des exercices jugés intrusifs.
A partir de 2004, et en l'absence de comptabilité analytique sur le segment des clients concernés par les tarifs réglementés, la CRE, en liaison avec EDF, établit une modélisation financière « d'un plan d'activités simplifié de l'entreprise pour ses activités réglementées de production, commercialisation et gestion »[5].

---

[1] Autorité de la concurrence, *Avis 09-A-43 du 27 juillet 2009 relatif à un projet de décret concernant les tarifs réglementés de vente de l'électricité.*
[2] Audition de M. BOITEUX, président d'honneur d'EDF, séance du mercredi 5 nov. 2014, rapport n° 2618 au nom de la commission d'enquête de l'Assemblée nationale sur les tarifs réglementés de l'électricité, H. GAYMARD, Ass. nat., Paris, 2015, p. 186.
[3] Les coûts de la fourniture constitués des coûts complets de production du parc national (coûts fixes d'investissement et charges d'exploitation, des coûts commerciaux (marketing et vente), des charges de gestion clientèle (service client, facturation, recouvrement, impayés…).
[4] CRE, *Rapport d'activité*, 2002, p. 43.
[5] CRE, *Rapport d'activité*, 2006, p. 67.

Ces travaux lui permettent d'estimer que les tarifs « bleus » concernant les résidentiels et les professionnels étaient rentables, mais que les tarifs « jaunes » et « verts », utilisés par les moyennes et grandes entreprises, ne le sont pas en moyenne. Elle obtient, en 2006, de premiers éléments de comptabilité analytique de la part d'EDF, mais indique, lors de son avis sur le projet d'arrêté tarifaire du 9 août 2007, que, pour se prononcer sur le niveau exact de l'augmentation nécessaire, « elle devait disposer des éléments de comptabilité analytique propres à chaque tarif. EDF a transmis progressivement à la CRE entre avril et juillet 2007 des données analytiques sur l'activité de production en 2006, ainsi que des données détaillées sur les coûts commerciaux et frais de gestion clientèle affectés à chaque catégorie tarifaire en 2006. »[1]

Un second aspect de la couverture des coûts concerne l'acheminement. Calculée par la CRE lors du premier TURPE, le 1er novembre 2002, cette part aurait dû être répercutée dans le calcul des TRV, sous réserve d'une révision de la structure de ceux-ci. Le décret n° 2001-678 du 26 juillet 2001[2]prévoit une telle disposition[3]. Ce décret, paru au Journal officiel, n'a jamais été mis en application. Son article 7 dispose que « la date d'entrée en vigueur du présent décret est fixée à la date d'entrée en vigueur du décret en Conseil d'Etat mentionné au premier alinéa de l'article 2 ». Il est, en effet, indiqué à l'article 2 que les TRVE doivent être fixés « par décret en Conseil d'Etat après avis de la Commission de la régulation et du Conseil de la concurrence »[4]. La CRE explique cette curieuse situation, fortement préjudiciable en termes de

---

[1] *Avis de la CRE du 9 août 2007 sur le projet d'arrêté relatif aux prix de vente de l'électricité.*

[2] Décret n° 2001-678 du 26 juillet 2001 relatif aux tarifs de vente de l'électricité aux clients non éligibles.

[3] « Les tarifs de vente hors taxe de l'électricité aux clients qui ne sont pas éligibles au sens de l'article 22 de la loi du 10 février 2000 susvisée sont établis en fonction des coûts de production, des coûts d'utilisation des réseaux publics de transport et de distribution, et des coûts de commercialisation de cette énergie à ces clients. Ils intègrent les dépenses de développement du service public de l'électricité. Ils sont établis de manière à ne pas permettre des subventions en faveur des clients éligibles. » *Ibid.*, art. 1.

[4] Ce qui se référait à l'ordonnance de 1986 relative à la liberté des prix et de la concurrence dont l'article 1er (devenu l'art. L. 410-2 du code de commerce) disposait que, « dans les secteurs ou les zones où la concurrence par les prix est limitée en raison soit de situations de monopole ou de difficultés durables d'approvisionnement, soit de dispositions législatives ou réglementaires, un décret en Conseil d'État peut réglementer les prix après consultation de l'Autorité de la concurrence ».

concurrence, dans son avis sur le décret de 2009 : « le décret n° 2001-678 du 26 juillet 2001 relatif aux tarifs de vente de l'électricité aux clients non éligibles n'est jamais entré en vigueur, en raison de la non-adoption du décret en Conseil d'Etat fixant les tarifs réglementés de vente qu'il préconisait »[1].

En conséquence, depuis la promulgation de la loi du 10 février 2000 jusqu'au décret de 2009, la fixation des tarifs réglementés se fait par arrêté pris en application du décret n° 88-850 du 29 juillet 1988[2]. Nous constaterons un phénomène similaire à propos des tarifs réglementés de gaz naturel. Il faut aussi mentionner le projet de décret dont la CRE est saisie le 21 février 2003, et qui a pour objet de réaliser un mouvement tarifaire en structure, afin de prendre en compte le TURPE en vigueur depuis le 1er novembre 2002. La CRE rend son avis le 28 avril 2003. Le projet de décret, qui devait également recevoir l'avis du Conseil de la concurrence puis celui du Conseil d'Etat, n'est jamais paru[3].

Les atermoiements de l'exécutif proviennent, probablement, des inquiétudes suscitées par les conséquences que la vérité des coûts décomposés fait peser sur les tarifs verts et jaunes. Certains, très avantageux pour les industriels concernés, n'auraient pu couvrir les coûts de production et de commercialisation une fois le tarif d'acheminement déduit. Leur hausse aurait, en conséquence, dû être immédiate, avec un effet favorable pour le marché mais défavorable pour EDF.

A l'inverse, l'incomplétude de la connaissance des coûts et l'absence de prise en compte du TURPE dans les tarifs réglementés occasionnent des distorsions de concurrence et la création de trappes tarifaires, régulièrement dénoncées par la CRE[4].

Le décret n° 2009-975 du 12 août 2009 permet « d'assainir » la situation, en établissant une forme de « *cost plus* », selon l'expression de l'Autorité de la concurrence : « les différentes natures de coûts à

---

[1] *Avis de la CRE du 23 juillet 2009 sur le projet de décret relatif aux tarifs réglementés de vente de l'électricité.*

[2] Le décret n°88-850 du 29 juillet 1988 dispose, en son article 3, que l'évolution des tarifs réglementés de vente « traduit la variation du coût de revient de l'électricité, qui est constitué des charges d'investissement et d'exploitation du parc de production et du réseau de transport et de distribution ainsi que des charges de combustibles ».

[3] CRE, *Rapport d'activité 2002*, p. 82

[4] C'est-à-dire des situations où la part production d'un tarif, obtenue par déduction de ces tarifs intégrés du tarif d'utilisation des réseaux publics en vigueur et des coûts de commercialisation, est significativement inférieure à celle permettant de couvrir les coûts de production.

couvrir par les tarifs réglementés sont identifiées et ont un caractère additif pour fixer le montant de chaque tarif »[1]. L'article 3 du décret disposait que : « La part fixe et la part proportionnelle de chaque option ou version tarifaire sont chacune l'addition d'une part correspondant à l'acheminement et d'une part correspondant à la fourniture qui sont établies de manière à couvrir les coûts de production, les coûts d'approvisionnement, les coûts d'utilisation des réseaux publics de transport et de distribution et les coûts de commercialisation, que supportent pour fournir leurs clients Électricité de France et les distributeurs non nationalisés mentionnés à l'article 23 de la loi n° 46-628 du 8 avril 1946. La part correspondant à l'acheminement est déterminée en fonction du tarif d'utilisation des réseaux publics en vigueur applicable à l'option ou à la version concernée. La part correspondant à la fourniture couvre les coûts de production, d'approvisionnement et de commercialisation supportés par Électricité de France et les distributeurs non nationalisés pour fournir les clients ayant souscrit à cette option ou version. »[2]

La hausse tarifaire du 15 août 2009 est la première pour laquelle la CRE juge que la hausse en niveau, plus importante sur les tarifs verts et jaunes que sur les tarifs bleus, permet de couvrir les coûts « de fourniture sur chacune des catégories tarifaires, en tenant compte de la valeur historique des actifs pour la détermination des capitaux engagés et du taux de rémunération des capitaux d'EDF ».

La structure tarifaire envisagée apparaît plus cohérente que celle des tarifs en vigueur précédemment, et la CRE estime que la plupart des trappes tarifaires sont résorbées[3]. Le mouvement tarifaire du 13 août 2010[4] prolonge cette trajectoire[5].

On pourrait s'interroger sur les raisons de cette soudaine conversion de l'exécutif aux avis la CRE. Le contentieux relatif aux tarifs

---

[1] Autorité de la concurrence, 2 juillet 2009, avis sur le projet de décret relatif aux tarifs réglementés de vente d'électricité, n° 09-A-43.

[2] Décret n°2009-975 du 12 août 2009, art. 3.

[3] Voir *délibération de la CRE du 10 août 2009 portant avis sur le projet d'arrêté relatif aux tarifs réglementés de l'électricité.*

[4] *Délibération de la Commission de régulation de l'énergie du 11 août 2010 portant avis sur le projet d'arrêté relatif aux tarifs réglementés de vente de l'électricité.*

[5] « L'évolution en structure consistait en une variation différenciée des éléments constitutifs des tarifs (abonnement, prix variables de l'énergie) d'une même catégorie tarifaire. L'objectif était de continuer à « éliminer la majorité des trappes tarifaires profondes (correspondant à une part production inférieure à 20 €/MWh) et des situations où la part production est négative », *ibid.*

réglementés, alors en cours avec la Commission européenne, incite certainement à rechercher un certain rééquilibrage en termes de concurrence. Le travail, ayant abouti aux deux arrêtés tarifaires de 2009 et 2010, était de ce point de vue novateur grâce à une collaboration tripartite entre la CRE, EDF et la direction générale de l'énergie et du Climat (DGEC) au sein d'un groupe technique constitué à cet effet.
Le paradoxe, et l'ironie, veulent qu'au moment où l'on atteint, enfin, une couverture à peu près complète des coûts comptables d'EDF, la méthode de calcul fixant les TRV change progressivement sous l'effet de la loi NOME.

b- Couverture des coûts, contestabilité des tarifs et construction par empilement, l'impossible équation : des avis tranchés

La loi NOME du 7 décembre 2010 introduit deux dispositions : l'accès régulé à l'énergie nucléaire historique (ARENH) et la contestabilité concernant les tarifs réglementés[1], dont la mise en œuvre conditionne la décision de la Commission européenne du 12 juin 2012[2] de mettre un terme au contentieux avec la France[3].

---

[1] CE, 7 janvier 2015, n° 386076, ANODE : l'arrêt définit la « contestabilité comme la faculté pour un opérateur présent ou entrant sur le marché de la fourniture d'électricité de proposer, sur ce marché, des offres à prix égaux ou inférieurs aux tarifs réglementés ».

[2] A l'issue d'une enquête approfondie, la Commission constatait « que la France a illégalement mis à exécution l'aide en question en violation de l'article 108, paragraphe 3, du Traité sur le fonctionnement de l'Union européenne (TFUE). Cependant, compte tenu du fait que cette aide a eu un caractère transitoire lié à la libéralisation du marché de l'électricité en France et qu'elle est accompagnée par des engagements d'une réforme en profondeur des conditions de concurrence sur le marché français de la fourniture d'électricité, la Commission estime qu'elle n'a pas nui et ne nuit pas aux échanges dans une mesure contraire à l'intérêt commun au sens de l'article 107, paragraphe 3, point c), du TFUE, sous réserve du respect des conditions énoncées aux articles 1er à 4 », Décision de la Commission du 12 juin 2012 concernant l'aide d'État n° SA.21918 (C 17/2007) mise à exécution par la France.

[3] La Commission décidait que cette aide n'était compatible avec le marché intérieur qu'à la condition que la France mette en place « un dispositif d'accès régulé à l'énergie nucléaire historique produite par les installations existantes, consistant à obliger l'entreprise Électricité de France, pendant une période allant jusqu'au 31 décembre 2025, à vendre à ses concurrents sur le marché de détail de l'électricité une partie de sa production d'électricité d'origine nucléaire dans la limite d'un plafond de 100 TWh, à un prix réglementé [...]. Les décisions prises par la France après l'été 2012 concernant les tarifs réglementés de vente de l'électricité permettent de réduire

La période de transition, voulue par les pouvoirs publics français, crée, toutefois, une certaine confusion entre les différents objectifs de construction des tarifs réglementés : couverture des coûts et contestabilité.

La méthode de calcul reste en large partie fixée par le décret de 2009 et, donc, sur la couverture complète des coûts comptables. La CRE rappelle, dans son avis du 28 juin 2011 portant sur le projet d'arrêté relatif aux tarifs réglementés, que, « si le principe de la couverture des coûts complets liés à la fourniture des tarifs réglementés n'est pas repris dans le Code de l'énergie, ce principe demeure, en revanche, explicitement posé par le décret n° 2009-75 du 12 août 2009 »[1].

Elle réitère son propos, lors de sa délibération de 2013, en l'accentuant même : « L'adoption de la loi portant Nouvelle Organisation du Marché de l'Electricité (NOME) du 7 décembre 2010 et l'ordonnance n° 2011-504 du 9 mai 2011 portant codification de la partie législative du Code de l'énergie, n'ont eu, ni pour objet, ni pour effet, de remettre en cause la légalité du décret du 12 août 2009 précité, qui demeure en vigueur. Il en résulte que les tarifs réglementés de vente d'électricité doivent être appréciés à l'aune du principe de couverture des coûts précédemment mentionné, et doivent donc à minima couvrir les coûts de production comptables des opérateurs historiques »[2].

On peut relever que le pouvoir consultatif de la CRE lui permet de soutenir et d'affirmer des positions qui se présentent comme des certitudes non discutables.

Dans le cadre du dispositif tarifaire alors en vigueur, la CRE vérifie que les tarifs couvrent les coûts comptables de fourniture d'EDF, en y intégrant une rémunération des capitaux[3]. Elle doit, aussi, tenir compte

---

progressivement, par rapport à 2012 et ensuite chaque année par rapport à l'année précédente, l'écart entre l'addition des coûts et le tarif réglementé », *ibid.*

[1] *Délibération de la CRE du 28 juin 2011 portant avis sur le projet d'arrêté relatif aux tarifs réglementés de vente de l'électricité.*

[2] *Délibération de la CRE du 25 juillet 2013 portant avis sur le projet d'arrêté relatif aux tarifs réglementés de vente de l'électricité.*

[3] Le coût comptable de production évalué par la CRE dans de son analyse des tarifs réglementés reposait sur la prise en compte des charges de capital par le biais de l'amortissement des investissements réalisés dans l'actif de production et d'une rémunération des capitaux engagés. A ces charges de capital venaient s'ajouter les coûts d'exploitation, fixes et variables, du parc de production. Ces coûts pèsent un poids considérable, de plus de 75%, compte tenu de la nature très capitalistique de l'industrie nucléaire. (Source CRE, analyse des coûts de production et de commercialisation d'EDF).

des dispositions de l'article L.337-6 du Code de l'énergie, qui prévoit que les TRV convergent, progressivement, et au plus tard fin 2015, vers une construction par empilement[1]. Cette construction est sensée correspondre à la façon dont un fournisseur alternatif d'électricité construit ses offres de marché, compte tenu des sources d'approvisionnement dont il dispose.

La complexité de ce double système, durant cette évolution, provient de ce que la tarification par empilement s'écarte des principes de tarification par couverture des coûts comptables, mais également des fondamentaux économiques théoriques qui ont présidé à la création de l'édifice tarifaire. L'une des étapes structurantes de la tarification par couverture des coûts comptables consiste à affecter aux différentes couleurs tarifaires une part de coûts, représentative de la structure de consommation des clients de cette couleur, au regard des coûts qu'ils génèrent pour le système électrique français. Or, cette étape d'affectation des coûts n'a plus d'objet dans la tarification par empilement. Celle-ci envisage simplement une évaluation du coût d'approvisionnement d'un portefeuille de clients du prix de l'ARENH, et des volumes d'électricité complémentaire à acquérir sur les marchés de l'électricité qui inclut un prix de la capacité nul jusqu'en 2017. Cette profonde modification de la méthode emporte, notamment, une conséquence sur la part énergie. Cette dernière, construite comme l'empilement des deux composantes (ARENH et complément de fourniture d'électricité), n'apporte aucune garantie quant à l'atteinte du niveau de rémunération sous-jacente à la tarification comptable. Le calcul de l'ARENH d'une part, et des coûts comptables nucléaires d'autre part, ne relève pas des mêmes principes méthodologiques. Quant au complément de fourniture d'électricité, il ne dépend pas de principes comptables mais du niveau du marché[2].

---

[1] Cet empilement comprenait le prix de l'ARENH, le complément de fourniture d'électricité qui incluait la garantie de capacité, les coûts d'acheminement et les coûts de commercialisation, ainsi qu'une rémunération, dite, normale.

[2] La CRE donne un exemple dans son rapport sur l'analyse des coûts de production et de commercialisation d'EDF de 2014, des conséquences d'un passage d'un système à l'autre : « Dans l'hypothèse où les tarifs couvriraient exactement les coûts comptables de production et de commercialisation, la rémunération versée à EDF, calculée comme le produit d'un coût moyen pondéré du capital par une base d'actifs, représenterait 9,5 €/MWh soit 16% de la part fourniture des tarifs. En raison d'un prix de marché bas, le passage à une tarification par empilement réduit la rémunération à 6,1 €/MWh, soit 11 % de la part fourniture de la tarification comptable au titre de

Le rapport de la CRE sur les coûts de production et de commercialisation d'EDF de 2014 se conclut par deux remarques. La première porte sur les éventuelles conséquences d'un passage à la tarification par empilement pour EDF : « en s'éloignant de la couverture des coûts comptables [elle] renforce la problématique de la soutenabilité de la trajectoire financière des activités de production et de commercialisation d'électricité d'EDF au périmètre France ». La seconde traite de la nécessité d'approfondir en concertation avec l'ensemble des acteurs, et sous l'égide des pouvoirs publics, « le choix d'une méthodologie d'élaboration de la structure tarifaire », compte tenu de la complexité des simulations reposant sur un grand nombre d'hypothèses et du risque de s'éloigner de la « réalité de l'approvisionnement des fournisseurs alternatifs »[1].

Aucune de ces observations ne donne lieu à une quelconque réaction des pouvoirs publics, attitude d'autant plus étonnante que ce rapport fait l'objet d'une présentation devant la commission des affaires économiques de l'Assemblée nationale.

Lors de son dernier avis sur l'évolution tarifaire basée sur la couverture des coûts comptables, le 25 juillet 2013 la CRE constate que le mouvement envisagé ne couvre les coûts dans aucune couleur, ni pour le constat de 2012 ni pour les prévisions de 2013. Elle évalue les montants non couverts à 509 millions d'euros pour 2012 et à 627 millions pour 2013. Elle précise, par ailleurs, que les rattrapages doivent être effectués lors « des prochaines évolutions tarifaires, indépendamment du changement de méthode »[2]. La CRE relève, en revanche, une très nette amélioration de la contestabilité « sur tous les grands segments de clientèle »[3] et spécifie que les évolutions tarifaires vont dans le sens « d'une convergence progressive vers une situation de contestabilité au plus tard fin 2015 »[4].

Entre les rattrapages nécessaires, le travail d'approfondissement et la concertation sur la méthodologie de la structure tarifaire par empilement, aucun facteur ne milite alors pour le soudain changement initié par la ministre en charge de l'énergie.

---

l'année 2014 », CRE, *Rapport sur les tarifs réglementés de vente d'électricité, Analyse des coûts de production et de commercialisation d'EDF*, octobre 2014, p. 18.

[1] *Ibid.*, p. 18.

[2] CRE, *Rapport sur les tarifs réglementés de vente d'électricité, op. cit.*, p. 65.

[3] « Les clients bleus résidentiels, les clients bleus professionnels, les clients jaunes et les clients verts. », *ibid.*

[4] *Ibid.*

Le décret n° 2014-1250 du 28 octobre 2014, modifiant le décret n° 2009-975 du 12 août 2009 relatif aux tarifs réglementés de vente de l'électricité, fixe la date de la fin de la période transitoire prévue à l'article L. 337-6 du Code de l'énergie à la date de l'entrée en vigueur dudit décret, soit le 30 octobre 2014[1]. Le passage d'un mode de fixation du tarif établi sur les coûts comptables d'EDF, à une construction du tarif réglementé « par empilement » de composantes destinées à garantir la « contestabilité » de ce tarif par les fournisseurs alternatifs, tel qu'il était prévu par l'article L. 337-6 du Code de l'énergie[2], est acté.
La question de la couverture des coûts n'est, cependant, pas réglée pour autant, car il subsiste une ambiguïté sur la manière d'interpréter l'expression « la prise en compte des coûts ». Le législateur a employé un terme imparfaitement défini : « Sous réserve que le produit total des tarifs réglementés de vente d'électricité couvre globalement l'ensemble des coûts mentionnés précédemment... »[3]. Le Code de l'énergie ne lève pas les incertitudes comme le souligne la CRE : « [il] ne précise pas la façon dont s'articulent les dispositions de l'article L. 337-5, selon lesquelles les tarifs sont définis « en fonction des coûts liés [aux] fournitures », c'est-à-dire des coûts des opérateurs historiques, et celles de l'article L. 337-6, qui définissent une nouvelle méthode d'établissement des tarifs réglementés par empilement des coûts. »[4]
L'Autorité de la concurrence constate, également, cet écueil dans son avis du 26 septembre 2014 sur le projet de décret du 28 octobre 2014[5],

---

[1] Le choix de la ministre en charge de l'énergie d'anticiper largement la date butoir du 31 décembre 2015, telle qu'elle était indiquée dans l'article L. 337- 6, relevait d'un choix d'opportunité politique car la méthode par empilement permettait de réduire sensiblement la hausse nécessaire par rapport à la méthode de couverture des coûts.
[2] L'article L. 337-6 dispose que « dans un délai s'achevant au plus tard le 31 décembre 2015, les tarifs réglementés de vente d'électricité sont progressivement établis en tenant compte de l'addition du prix d'accès régulé à l'électricité nucléaire historique, du coût du complément à la fourniture d'électricité qui inclut la garantie de capacité, des coûts d'acheminement de l'électricité et des coûts de commercialisation ainsi que d'une rémunération normale ».
[3] Loi n°2010-1448 du 7 décembre 2010 portant nouvelle organisation du marché de l'électricité, art. 13 b 2° al.
[4] *Délibération de la CRE du 24 septembre 2014 portant avis sur le projet de décret modifiant le décret n°2009-975 du 12 août 2009 relatif aux tarifs réglementés de vente de l'électricité.*
[5] Autorité de la concurrence, Avis n° 14-A-14 du 26 septembre 2014 concernant un projet de décret modifiant le décret n° 2009-975 du 12 août 2009 relatif aux tarifs réglementés de vente de l'électricité.

en rappelant à cette occasion son avis sur le projet de loi NOME[1] : « L'objectif d'un texte portant sur les modalités de fixation des tarifs réglementés est d'éviter toute distorsion de fonctionnement du marché libre, du fait de tarifs réglementés qui ne correspondraient pas aux coûts totaux supportés par le fournisseur. A défaut, le fonctionnement d'un marché désormais complètement ouvert à la concurrence serait faussé en créant une barrière à l'entrée de nouveaux opérateurs ».
Cette difficulté n'est pas due à une imprécision involontaire du législateur, mais à sa volonté d'éviter, à l'avenir, un dérapage du niveau des tarifs réglementés[2], et l'objectif consiste bien à ne pas couvrir les coûts complets, mais à les prendre en compte. La discussion de la loi NOME s'était opérée dans un contexte de prix de gros élevé, et les craintes d'une montée régulière de ces prix était, assez largement, partagée au sein du monde politique[3]. La baisse sensible des prix sur le marché de gros n'a pas été anticipée : « Or, dans diverses hypothèses, notamment celle de prix de marché particulièrement bas, la méthode de l'empilement des coûts pourrait ne pas assurer la couverture des coûts comptables 'secs' d'EDF, c'est-à-dire hors toute rémunération des capitaux engagés dans l'activité de production »[4].
Le décret du 28 octobre 2014 et l'arrêté du 30 octobre 2014 s'inscrivent précisément dans une telle situation, ce qui suscite la réaction immédiate de l'Association nationale des opérateurs détaillants en énergie (ANODE), qui dépose une demande en suspension référé auprès du Conseil d'État concernant l'arrêté précité. Le juge des référés rejetait cette demande par une décision du 15 janvier 2015 qui apporte des éléments de nature à éclairer la fixation des tarifs. La CRE reprend ceux-ci lors de son avis du 28 juillet 2015[5]. Le juge des référés avait

---

[1] Autorité de la concurrence, Avis n° 10-A-08 du 17 mai 2010 relatif au projet de loi portant nouvelle organisation du marché de l'électricité.
[2] Déclaration du rapporteur à l'Assemblée nationale de la loi NOME, J.-C. LENOIR, au président de la CRE (expérience professionnelle de l'auteur).
[3] La question de la couverture des coûts comptables d'EDF ne semblait pas se poser : « Le niveau des prix de l'électricité sur les marchés de gros qui existait au moment de l'élaboration de la loi NOME du 7 décembre 2010 conduisait à supposer que l'empilement des coûts aboutirait à un tarif supérieur à celui qui résultait de la couverture des coûts comptables d'EDF », *Délibération de la CRE du 24 septembre 2014 portant avis sur le projet de décret modifiant le décret n°2009-975 du 12 août 2009 relatif aux tarifs réglementés de vente de l'électricité.*
[4] *Ibid.*
[5] *Délibération de la CRE du 28 juillet 2015 portant avis sur le projet d'arrêté relatif aux tarifs réglementés de vente de l'électricité.*

considéré que l'obligation de prendre en compte les coûts des opérateurs historiques, qui subsistait en application de l'article L. 337-5 du Code de l'énergie et du décret, n'impliquait plus nécessairement la couverture des coûts comptables complets d'EDF par le tarif. Il avait, par ailleurs, soutenu que la fin de l'obligation de couverture des coûts comptables ne supprimait pas l'obligation de procéder au rattrapage de la sous-couverture des coûts observée au cours des périodes tarifaires antérieures à l'entrée en vigueur du nouveau dispositif. Si ce rattrapage pouvait être étalé sur plusieurs périodes tarifaires dans le cas des tarifs bleus, pour les tarifs jaunes et verts, appelés à disparaître à compter du 31 décembre 2015, le rattrapage devait être intégralement effectué avant cette date. Ce rattrapage n'étant pas intégralement effectué lors du dernier mouvement tarifaire avant la suppression des tarifs verts et jaunes, la CRE délivre un avis défavorable le 28 juillet 2015.
Le sens à donner « aux coûts à prendre en compte » ou « à couvrir » est réglée par la loi n°2015-992 du 17 août 2015 relative à la transition énergétique[1]. Elle modifie la rédaction de l'article L. 337-5 pour préciser que les tarifs sont définis en fonction de catégories fondées sur les caractéristiques intrinsèques des fournitures « en fonction des coûts mentionnés à l'article L. 337-6 ». « Autrement dit, le législateur a désormais fait le choix d'énumérer les coûts devant être pris en compte dans la fixation des tarifs réglementés de vente sans référence aux coûts liés aux fournitures »[2].

c- De l'avis à la proposition

Lorsqu'elle en a la responsabilité, la CRE élabore ses propositions tarifaires en application des dispositions de l'article L. 337-6, et des dispositions des articles R. 337-18 à R. 337-24 du Code de l'énergie, en vigueur depuis le 1er janvier 2016, qui codifient, tout en les modifiant, les dispositions du décret n° 2009-975 du 12 août 2009 et mettent en œuvre la tarification par empilement en niveau et en structure des TRV. Les deux premiers mouvements de 2014 et 2015 sont effectués par une approche homothétique[3].

---

[1] Loi n° 2015-992 du 17 août 2015 relative à la transition énergétique, art. 151-1°.
[2] J.-M. BODA, « Validation de la nouvelle méthode de fixation des tarifs réglementés de vente d'électricité », *EEI,* 2016, n° 75.
[3] La CRE applique, en conséquence, les principes de la tarification par empilement à chaque composante de la structure des tarifs : abonnement et parts variables de chaque poste horosaisonnier, et ce pour chaque puissance de chaque option tarifaire, avec un

Elle décide, en outre, d'intégrer « pour le bon fonctionnement des marchés, un montant de rattrapage »[1], dans sa proposition de juillet 2016, égal à la moitié des écarts entre coûts et tarifs constatés sur l'exercice de 2012[2], et renouvelle cette opération en 2017[3]. Si la méthodologie de fixation des TRVE n'évolue plus sensiblement par la suite, deux facteurs avaient des incidences sur le niveau des tarifs : à partir de 2017 le coût du complément d'approvisionnement en capacité en marché[4] d'une part, et l'écrêtement de l'ARENH en raison d'une demande dépassant les 100 TWh, d'autre part[5].
La dernière méthodologie utilisée par la CRE pour élaborer sa proposition d'évolution tarifaire est détaillée dans sa délibération du 14 janvier 2021. Le coût du complément en énergie du marché[6], qui représente en moyenne 32% de la consommation des clients aux TRVE,

---

triple objectif : rendre tous les clients aux tarifs réglementés contestables par les fournisseurs alternatifs ; facturer à chaque client un tarif qui reflète les coûts qu'il génère ; maîtriser l'équilibre financier du tarif, en améliorant la couverture des coûts par les recettes indépendamment du scénario climatique.

[1] CRE, *Rapport d'activité*, 2016, p. 63.

[2] Les décisions du Conseil d'Etat du 15 juin 2016 (n° 383722 et 386078) avaient enjoint aux ministres chargés de l'énergie et de l'économie de prendre deux arrêtés rétroactifs, pour la période comprise entre le 1er août 2014 et le 31 octobre 2014, et pour celle comprise entre le 1er novembre 2014 et le 31 juillet 2015, afin de rattraper le déficit de couverture des coûts au cours de la période tarifaire précédente. Aucun rattrapage tarifaire n'avait cependant été envisagé par les ministres au titre du déficit de couverture des coûts sur la période du 23 juillet 2012 au 1er août 2013. Ce montant s'élevait alors à 422 M€ pour le segment des clients résidentiels (voir *Rapport de la CRE sur les TRV*, 2015).

[3] « La CRE propose de rattraper le montant restant, soit 195M€, en maintenant une brique de coût spécifique pour le rattrapage de ces montants, qui s'élève à 1,5€/MWh. Ce montant est intégré aux parts variables de l'ensemble des tarifs bleus résidentiels », *Délibération de la CRE du 6 juillet 2017 portant proposition des tarifs réglementés de vente,* p. 16.

[4] Le calcul du coût de la capacité est réalisé en application de la méthodologie prévue par les dispositions de l'article R. 335-1 du Code de l'énergie et celles de l'arrêté du 29 novembre 2016 qui définit les « règles du marché de capacité ».

[5] Voir la *Délibération de la CRE du 14 janvier 2021 portant proposition sur les tarifs réglementés de vente d'électricité*, p. 2., et la *Délibération de la CRE du 12 novembre 2020 portant décision sur la méthode de répartition des volumes d'ARENH en cas de dépassement du plafond prévu par la loi et portant orientations sur les principes retenus pour le calcul et la répartition du complément de prix*.

[6] « Le complément d'approvisionnement au marché correspond au coût d'approvisionnement en énergie de la part de la courbe de charge restant à approvisionner après l'achat des volumes d'ARENH (avant écrêtement lié à l'atteinte du plafond ARENH). », *ibid.,* Annexe A méthodologie, p. 6.

est calculé avec une période de lissage du prix de marché de 24 mois[1]. Le prix de référence pour le complément d'approvisionnement en capacité[2]– hors effet de l'écrêtement ARENH – correspond à la moyenne des prix révélés lors des six enchères de capacité pour 2021[3]. Les droits ARENH représentent en moyenne 68 % de la consommation des clients aux TRVE. En application de l'article R. 336-18 du Code de l'énergie, et de sa délibération du 12 novembre 2020[4], la CRE répartit les 100 TWh d'ARENH au prorata des demandes des fournisseurs, hors filiales contrôlées par EDF[5].
Les éventuelles nouvelles modifications de fixation des tarifs réglementés dépendront du projet de réforme d'EDF, et de la régulation de l'ARENH, tous deux discutés avec la Commission européenne et suspendus au cours de l'été 2021, faute d'être parvenu à un accord.
En conclusion, il n'est pas excessif de penser que la sophistication atteinte par la méthodologie de construction des tarifs réglementés

---

[1] Le calcul est en réalité beaucoup plus sophistiqué : « Le complément d'approvisionnement au marché est réalisé par des achats ou reventes à chaque heure des volumes associés sur le marché de gros à terme. Afin de calculer ce coût, la CRE valorise ces volumes à l'aide d'une « *Hourly Price Forward Curve* » (ci-après, PFC). La PFC reflète une vision, à une date donnée, des prix de marché à une date future, à la maille horaire, calculée à partir des données actuelles et extrapolée à partir des informations passées. Il s'agit donc d'une représentation des produits à terme, observés avec une granularité beaucoup plus fine que celle disponible sur le marché à terme », *ibid.*, p. 6.

[2] Le calcul de l'obligation de capacité de chaque consommateur est réalisé en application de la méthodologie prévue par les dispositions des articles R. 335-1 et suivants du Code de l'énergie et celles des règles du mécanisme de capacité mentionnées à l'article R. 335-1 du Code de l'énergie.

[3] L'article L. 337-6 du Code de l'énergie prévoit qu'en addition du coût d'approvisionnement en énergie, les TRVE intègrent le coût d'acquisition des garanties de capacité. L'article R. 337-19 du Code de l'énergie prévoit d'affecter la totalité de ce coût aux parts variables du tarif (en c€/kWh).

[4] Le décret n°2020-1414 du 19 novembre 2020 prévoit que la CRE définit les modalités de calcul et de répartition du complément de prix ARENH dans le cas où la somme des volumes demandés par les fournisseurs dépasse le plafond défini à l'article L. 336-2 du Code de l'énergie.

[5] Les coûts d'acheminement sont évalués à partir des tarifs d'utilisation des réseaux publics d'électricité (TURPE). L'article R. 337-19 du Code de l'énergie dispose que les « coûts de commercialisation » prévus par l'article L. 337-6 correspondent « aux coûts de commercialisation d'un fournisseur d'électricité au moins aussi efficace qu'Electricité de France dans son activité de fourniture des clients ayant souscrit aux tarifs réglementés de vente de l'électricité ». La CRE prend pour référence des coûts de commercialisation correspondant à ceux d'EDF.

utilisée par la CRE en fait un outil à la fois performant et peu accessible, mais ne peut qu'affermir l'image d'expertise économique du régulateur.

ii- Les tarifs réglementés de vente de gaz naturel

Si l'on peut trouver certaines similitudes dans l'évolution des méthodes de calcul des TRV entre l'électricité et le gaz, notamment la lenteur avec laquelle l'exécutif adapte les décrets aux lois de 2000 et de 2003, ainsi que la question de la couverture des coûts, les sujets de fond se révèlent différents en raison de l'aspect international du marché du gaz.

a- Un manque de transparence

Les tarifs réglementés intègrent, dans une première période, sans les identifier, le coût de la fourniture du gaz, le coût d'utilisation des réseaux de transport et de distribution (le cas échéant), le coût de la modulation (utilisation des stockages pour répondre à la saisonnalité des consommations) et les frais de commercialisation.
L'arrêté selon lequel les tarifs réglementés doivent évoluer est pris, lors de l'ouverture du marché en 2003, en application du décret du 20 novembre 1990 réglementant les prix du gaz combustible vendu à partir des réseaux publics de distribution. Cet arrêté prévoit que le niveau moyen des tarifs de gaz évolue suivant une formule comprenant trois termes : un terme représentant les coûts d'approvisionnement en gaz des distributions publiques de Gaz de France, indexé sur les prix du fioul domestique et du fioul lourd, ainsi que sur le taux de change dollar/euro, un terme représentatif des charges internes à Gaz de France, hors coût d'approvisionnement en gaz, et un dernier terme reflétant les dépenses de Gaz de France pour les opérations de sécurisation des installations intérieures.
Lors des premiers mouvements tarifaires, la CRE estime ne pas avoir les éléments pour apprécier si ceux-ci répondent à la couverture des coûts. Dans son premier avis, elle invite donc « Gaz de France à l'informer très précisément en vue du prochain mouvement tarifaire prévu le 1er novembre 2003 »[1]. Alors que les tarifs à souscription sont, jusqu'à l'ouverture totale du marché le 1er juillet 2007, les seuls en concurrence avec le marché, la CRE renouvelle, en 2005, sa critique sur le manque de transparence dans la construction de ces tarifs : « Gaz de

[1] *Avis* [de la CRE] *sur le projet d'arrêté relatif au mouvement des prix de vente du gaz naturel en distribution publique au 1er mai 2003.*

France n'a pas fourni à la CRE les éléments permettant de vérifier que la nouvelle formule d'indexation reflète l'évolution de son portefeuille de contrats long terme d'approvisionnement. »
Il faut attendre 2006 (de façon comparable à l'électricité) pour que la CRE réalise son premier audit des coûts d'approvisionnement en gaz de GDF, et puisse vérifier leur adéquation à la formule d'évolution des tarifs de vente en distribution publique. Les résultats montent que l'approvisionnement issu des contrats à long terme est indexé sur des produits pétroliers[1], et que pour les années 2003 à 2005 le montant résultant de la formule est supérieur aux coûts d'approvisionnement constatés.

b- L'apport déterminant des audits

Les réelles évolutions de la méthode de calcul de fixation des tarifs réglementés proviennent (hormis les décisions du Conseil d'Etat relatives aux différents contentieux que nous évoquons plus loin) d'une part du décret du 18 décembre 2009, et d'autre part de l'introduction d'une indexation de certains contrats sur les prix de marché de gros gaziers. Le nouveau cadre réglementaire, défini par le décret précité, prévoit que les tarifs réglementés assurent la couverture des coûts hors approvisionnement[2] et les coûts d'approvisionnement supportés par les fournisseurs[3]. Les premiers audits de la CRE permettent de vérifier l'adéquation de la formule aux approvisionnements de GDF Suez, alors que la construction de la formule elle-même se révèle d'une assez grande complexité[4].

---

[1] Pour développer sa consommation en Europe, producteurs et importateurs de gaz avaient indexé le prix du gaz sur celui des énergies concurrentes, dont la principale était le pétrole. Historiquement, ce fut le cas pour les premiers contrats signés par la France avec l'Algérie en 1964 et avec les Pays-Bas en 1967. Les contrats d'importation de gaz naturel sont des contrats d'une vingtaine d'années.

[2] Les coûts hors approvisionnement comprennent les coûts d'utilisation des infrastructures (réseaux de transport et distribution, terminaux méthaniers et stockage) et les coûts de commercialisation du fournisseur.

[3] Les coûts d'approvisionnement de GDF Suez étaient très diversifiés (contrats à long terme, achats sur les marchés de gros à court terme, ressources propres), mais la formule mathématique permettant de fixer les tarifs réglementés (conformément au contrat de service public entre l'entreprise et l'Etat) était fondée sur les seuls contrats à long terme de gaz importé en France.

[4] La formule en 2008 est basée sur la modélisation d'un portefeuille normatif de contrats long terme (contrats actifs sur une période future de trois ans minimum au 1er janvier 2008) destinés à l'alimentation du marché français, en excluant les contrats de

Par ailleurs, les contrats de long terme deviennent un sujet de controverse à propos des évolutions des tarifs réglementés. Les raisons de l'indexation du prix du gaz sur celui du pétrole sont peu connues des consommateurs, au demeurant à juste titre, puisqu'il s'agissait avant tout d'un système de partage des risques entre producteurs et importateurs[1]. L'essor des gaz non conventionnels aux États-Unis, la croissance des capacités de liquéfaction de gaz naturel dans le monde et l'émergence des marchés de gros gaziers en Europe conduisent, à partir de 2009, à une déconnexion entre prix de gros du gaz et prix des contrats de long terme. Cette décorrélation rend peu compréhensible l'augmentation des tarifs réglementés et entraîne une pression des grands acheteurs, notamment européens, à l'égard des producteurs pour renégocier les clauses des contrats et inclure une part plus importante d'indexation sur les prix de marché. Le pouvoir, qui était plutôt aux mains des producteurs, bascule, après 2008, du côté des importateurs[2].

c- Des avis de la CRE favorables à des TRV plus dépendants du marché

A la suite d'un nouvel audit, la CRE recommande lors de son avis du 31 août 2010, une révision de la formule, afin d'introduire une part

gaz non importé et en écartant, également, les opérations financières de couvertures prises par GDF Suez sur les offres de marché. Chaque contrat comprend une formule d'indexation propre, comportant différents indices. Une première formule est estimée, à partir de corrélations, sur deux indices FOD (fioul domestique ordinaire), deux indices BTS (basse teneur en soufre), le Brent et le taux de change euro/$. Une formule « proxy », à partir d'un seul indice FOD, un seul indice BTS, le Brent et le taux de change est ensuite recalculée. Elle permet « d'approximer » les prix moyens d'importation des contrats. Le calage final de la constante de cette formule se fait à partir des valeurs observées des *forward* sur 2008-2010 des indices sous-jacents. L'objectif est de faire coïncider les valeurs de tous les contrats projetés avec ces *forward,* avec le résultat de la formule. Ce calage final donne la formule. (Eléments tirés de la présentation réalisée devant le collège de la CRE le 8 décembre 2008).

[1] Le risque volume était assumé par les importateurs qui s'engageaient à acheter des quantités fermes, clauses *take or pay :* le vendeur garantit la mise à disposition du gaz auprès de l'acheteur qui sécurise ainsi son approvisionnement. En contrepartie, l'acheteur garantit le paiement d'une quantité minimale d'énergie, qu'il en prenne livraison ou non. Ainsi, le vendeur sécurise des débouchés sur une longue période, nécessaire pour investir dans des activités très capitalistes d'exploration, de production et de transport.

[2] On constate un renversement de tendance à partir de 2020 qui se poursuit en 2023. La guerre en Ukraine remet totalement en question la logique de marché prévalant jusque-là.

d'indexation sur les prix de marché de gros. La CRE souhaite prendre en compte les renégociations des contrats long terme menées par l'entreprise, entre 2009 et 2010. L'exécutif suit cette orientation et la nouvelle formule, adoptée par l'arrêté du 9 décembre 2010, porte le niveau des contrats indexés sur les prix de marché à 9,5 %. Il s'agit là d'une première étape car ce pourcentage ne cesse ensuite de croître.
Dans un rapport du 24 octobre 2011, réalisé à la demande des ministres en charge de l'économie et de l'énergie, la CRE recommande d'adopter un nouveau schéma tarifaire comprenant un élargissement du périmètre d'approvisionnement pris en compte pour calculer les coûts couverts par les TRVG, en y incluant les sources de GNL dont un débouché naturel est le marché français ou européen, et une augmentation à 30 % de la part des approvisionnements indexée sur le marché. L'arrêté du 22 décembre 2011[1] révise la formule tarifaire. Le périmètre d'approvisionnement pris en compte par la formule est élargi, comme l'avait préconisé la CRE, et la part d'indexation sur le marché passe à 26 %.
Le décret du 16 mai 2013[2], pris en application des dispositions des articles L. 445-2 et L. 445-3 du Code de l'énergie et de l'article L. 410-2 du Code de commerce, modifiait plusieurs dispositions du décret du 18 décembre 2009.

d- Une formule robuste, une CRE renforcée par un pouvoir de proposition

L'article 3 du décret du 16 mai 2013 confie à la CRE la mission de réaliser chaque année une analyse détaillée de l'ensemble des coûts d'approvisionnement en gaz naturel et hors approvisionnement[3]. Elle doit rendre public le résultat de ses analyses au plus tard le 15 mai de

---

[1] Arrêté du 22 décembre 2011 relatif aux tarifs réglementés de vente du gaz naturel fourni à partir des réseaux publics de distribution de GDF Suez.

[2] Décret n° 2013-400 du 16 mai 2013 modifiant le décret n° 2009-1603 du 18 décembre 2009 relatif aux tarifs réglementés de vente de gaz naturel. Le recours devant le Conseil d'Etat dirigé contre ce décret initiait ce qui allait aboutir à la suppression des tarifs réglementés en gaz.

[3] La CRE donnait un avis défavorable à cette disposition car elle concernait non seulement GDF Suez (ENGIE) mais aussi toutes les ELD. A une période où ses moyens n'étaient pas à la hauteur de ses missions, elle estimait ne pas pouvoir assumer cette responsabilité. *Délibération de la CRE du 11 avril 2013 portant avis sur le projet de décret modifiant le décret du 18 décembre 2009 relatif aux tarifs réglementés de vente de gaz naturel.*

chaque année, et, à cette occasion, proposer, le cas échéant, une révision de la formule en fonction de l'évolution de la structure des coûts[1].
La CRE devient ainsi le véritable prescripteur des tarifs réglementés de vente de gaz naturel. Au-delà du pouvoir de consultation initial, dont l'exécutif tient de plus en plus compte, elle dispose alors d'un pouvoir de proposition, dont la technicité rend délicat la contestation d'autant que contrairement aux TRV en électricité, ses propositions permettent d'alléger la facture des consommateurs. Ainsi, après plusieurs propositions d'augmentation de la part marché[2], la CRE préconise, en mai 2018[3], une sensible modification de la formule. Elle recommande une indexation marché à un niveau proche de 100 %, et la suppression, dans la formule, des références au Brent et du taux de change dollar contre euro[4]. Les analyses de la CRE lui confèrent un pouvoir d'expertise économique tel que le politique n'a guère les moyens de

---

[1] « La Commission de régulation de l'énergie effectue, chaque année, une analyse détaillée de l'ensemble des coûts d'approvisionnement en gaz naturel et hors approvisionnement. Les coûts de commercialisation peuvent être, en cas d'indisponibilité des données, estimés à partir de moyennes. La Commission de régulation de l'énergie intègre notamment dans son analyse les possibilités d'optimisation du portefeuille, d'approvisionnement de chaque fournisseur sur la période écoulée. Elle peut proposer aux ministres chargés de l'énergie et de l'économie de revoir la formule tarifaire ou la méthodologie d'évaluation des coûts hors approvisionnement, afin de prendre en compte l'évolution des coûts dans les tarifs. Elle remet au Gouvernement les résultats de cette analyse et les rend publics, dans le respect du secret des affaires, au plus tard le 15 mai. La formule tarifaire est fixée par arrêté des ministres chargés de l'économie et de l'énergie, le cas échéant sur proposition du fournisseur, après avis de la Commission de régulation de l'énergie. », Décret n° 2013-400 du 16 mai 2013 modifiant le décret n° 2009-1603 du 18 décembre 2009 relatif aux tarifs réglementés de vente de gaz naturel.

[2] Après avoir été fixée à 45,8% d'indexation marché le 1er juillet 2013, la CRE propose, lors de sa communication du 15 mai 2014 , une part proche de 60% « afin de refléter au mieux l'évolution anticipée des coûts d'approvisionnement de GDF-Suez », et recommande, dans la partie des coûts hors approvisionnement, de faire évoluer la méthode de calcul des coûts prévisionnels des stockages afin de mettre en adéquation les pratiques de GDF SUEZ, et les hypothèses prises en compte lors de l'élaboration des tarifs réglementés. Elle propose en 2015, un passage de la partie indexée sur le marché, à hauteur de 70 à 80 %. En juillet 2016 celle-ci atteint 77, 6 % puis 82,1 % en 2017.

[3] *Délibération de la Commission de régulation de l'énergie du 24 mai 2018 relative à l'analyse détaillée de l'ensemble des coûts d'approvisionnement en gaz naturel et hors approvisionnement d'ENGIE.*

[4] Cette proposition provient de la cession par ENGIE de ses activités amont de GNL à TOTAL.

s'opposer rationnellement à ses propositions [1], d'autant que, lorsqu'il le fait, le Conseil d'Etat donne raison à la CRE.

e- Des méthodologies solides mais complexes

La volonté de transparence appliquée à la détermination des tarifs réglementés reste un vœu pieux en raison de la complexité croissante des facteurs en cause. Il est, en conséquence, assez peu probable que les consommateurs, y compris par le biais de leurs associations, soient en mesure d'analyser les fondamentaux qui régissent les mouvements tarifaires des tarifs tant en électricité qu'en gaz. La question pourrait, également, se poser pour le juge administratif. « Dans quelle mesure le juge est-il armé pour assurer une supervision efficace des choix économiques retenus par le régulateur », alors que la régulation économique sectorielle le confronte à une « technique et des enjeux économiques dépassant les contentieux économiques classiques »[2] et que, en outre, il ne dispose pas des mêmes moyens que le régulateur.

3- L'apport du contentieux

« La saga contentieuse des tarifs réglementés de vente de l'électricité et du gaz »[3], selon l'expression de C. Boiteau et A. Louvaris, est telle

---

[1] A titre d'illustration, les recommandations de la CRE pour la couverture des coûts d'approvisionnement se présentent de la façon suivante dans sa délibération du 28 mai 2020 :
« Sur la base des informations disponibles au début du mois de mai 2020 relatives aux coûts prévisionnels d'ENGIE, la CRE recommande :
- d'augmenter le niveau de l'indexation aux indices de prix PEG ;
- d'introduire un nouvel indice PEG trimestriel.
Une partie des volumes étant achetée à prix fixe, le niveau global de l'indexation sur les prix de marché de gros du gaz (PEG et TTF) serait en légère diminution, passant de 99,4% à 98,9 %.
La nouvelle formule tarifaire proposée par la CRE est définie de la manière suivante :
Δm = Δ(TTF QA+1)€/MWh*0,05012 + Δ(TTF MA+2)€/MWh*0,26145 + Δ(TTF YA)€/MWh*0,07885 + Δ(PEG MA+2)€/MWh*0,54124+ Δ(PEG QA+1)€/MWh*0,05763.
Avec, « PEG QA+1 » le prix coté en France du contrat futur trimestriel de gaz naturel, correspondant à la moyenne des cotations constatées, pour le trimestre du mouvement tarifaire considéré, sur la période d'un mois se terminant un mois avant le trimestre calendaire du mouvement ».

[2] C. Boiteau, A. Louvaris, « La judiciarisation de la régulation économique », *AJDA*, n° 27, 3 août 2020.

[3] *Ibid.*

qu'on ne saurait la traiter, ici, de façon exhaustive. Le contentieux joue un rôle décisif dans les évolutions du système des tarifs réglementés, tant en gaz qu'en électricité. Sans les décisions du juge administratif, sans oublier la pression de la Commission européenne, le pouvoir consultatif de la CRE serait resté sans effectivité et la gestion politique des tarifs réglementés aurait probablement perduré[1]. Ce qu'il est convenu de nommer la judiciarisation de la régulation économique n'est intervenue que progressivement dans le secteur de l'énergie, mais connaît un « emballement » assez spectaculaire ensuite. « En matière tarifaire, le contrôle, en droit comme en faits, des juridictions judiciaires et administratives a connu des développements rapides, le juge devant à la fois être en mesure d'évaluer la validité de procédures complexes et la pertinence des méthodes employées »[2].
Le contentieux, dont il est question, concerne les décisions prises par le Gouvernement après avis, ou proposition de la CRE. Comme il a trait à des décrets ou des actes réglementaires des ministres, tels que les arrêtés tarifaires de vente d'électricité ou de gaz, ces contentieux relèvent du Conseil d'Etat en premier et dernier ressort.

i- L'apport fondateur des contentieux en gaz

« Les contentieux portant sur les tarifs réglementés de vente de gaz naturel ont été fondateurs », déclarait Ph. Martin président de la section des travaux publics du Conseil d'Etat : « dans les arrêts POWEO, la notion de couverture des coûts moyens complets a été interprétée à la lumière du droit de la concurrence. L'objectif étant que les tarifs réglementés ne soient pas des prix prédateurs »[3].
Ces contentieux surviennent après le remplacement de l'arrêté du 16 juin 2005 par un nouvel arrêté du 29 décembre 2005[4], pour lequel la

---

[1] Ces remarques s'appliquent, bien évidemment, à la période antérieure à 2022-2023.
[2] Voir à titre d'exemple l'analyse que M. LOMBARD livre du raisonnement de la Cour de cassation dans l'arrêt Uniden du 10 novembre 2004, relatif à l'annulation du décret du 19 juillet 2002 fixant les premiers tarifs d'utilisation des réseaux publics de transport et de distribution d'électricité. « Les analyses économiques dans le contrôle juridictionnel des actes pris sur proposition des agences de régulation » cité par Ch. GUENOD, *op. cit.*, p. 146.
[3] Ph. MARTIN, président de la section des travaux publics du Conseil d'Etat, CRE, *Rapport d'activité* 2013, p. 58.
[4] L'arrêté du 29 décembre 2005 supprimait les deux augmentations prévues en 2006 au titre du rattrapage tarifaire et reportait la première révision trimestrielle des tarifs du 1er janvier au 1er avril 2006.

CRE, outre un avis défavorable, se montre fort critique[1] : « Le projet d'arrêté supprime, avant même sa mise en œuvre, la règle d'évolution périodique des tarifs de Gaz de France établie par l'arrêté du 16 juin 2005. Plus encore, il ne la remplace pas. Ce projet diminue la transparence et la visibilité du dispositif pour les fournisseurs et les clients. Cette instabilité du cadre réglementaire nuit au bon fonctionnement du marché. »[2]
La société POWEO requiert auprès du Conseil d'Etat l'annulation de l'arrêté du 29 décembre 2005 (ainsi que de celui du 28 avril 2006). Le Conseil d'Etat, par le biais de la décision avant dire droit du 7 juillet 2006[3], décide de surseoir à statuer et demande au Conseil de la concurrence, ainsi que l'y autorise l'article L. 462-3 du Code de commerce, de lui fournir tous les éléments nécessaires à l'appréciation des moyens soulevés par le requérant, et notamment si les prix de vente du gaz en distribution publique permettent ou non à Gaz de France (GDF) de couvrir les coûts supportés au titre de cette fourniture.
Le Conseil de la concurrence conclut que sur l'essentiel des périodes examinées les tarifs de vente imposés par les arrêtés en cause ont été fixés à un niveau ne permettant pas une totale couverture de ses coûts[4]. Le Conseil rappelle que si l'avis de la CRE reste purement consultatif, il n'en a pas moins « souligné, à propos de l'arrêté de 2005, sans que cela n'ait de conséquences sur le niveau des tarifs, la non-couverture des coûts supportés par GDF, le frein ainsi créé à l'ouverture à la concurrence des marchés et les risques de distorsion de la concurrence entre le gaz et les autres énergies (*avis de la CRE du 23 décembre 2005*). Le régulateur sectoriel a, de même, mis en garde le ministre à propos de la non-répercussion intégrale des coûts d'approvisionnement ainsi que la 'diminution de la transparence et de la visibilité du dispositif pour les fournisseurs et les clients' et 'l'instabilité du cadre réglementaire

[1] « Avant son annulation par le Conseil d'Etat suite à l'arrêt du 10 décembre 2007, l'arrêté du 29 décembre 2005 supprimait les augmentations tarifaires prévues par le texte précédent afin de compenser les augmentations des coûts de GDF. Un arrêté ultérieur fixait une augmentation très limitée des tarifs et supprimait en outre l'obligation de réévaluation trimestrielle. Cet arrêté fut pris malgré l'opposition de la CRE ». Ch. GUENOD, *op. cit.*, p. 147-148.
[2] *CRE, Avis relatif au projet d'arrêté modifiant l'arrêté du 16 juin 2005 relatif aux prix de vente du gaz combustible vendu à partir des réseaux publics de distribution.*
[3] CE, 7 juillet 2006, n° 289012, *Sté POWEO.*
[4] Avis du Conseil de la concurrence n° 07-A- 08 du 27 juillet 2007, relatif à une demande du Conseil d'Etat à propos des tarifs de vente du gaz naturel en distribution publique de GDF.

[qui] nuit au bon fonctionnement du marché' lorsqu'il a été consulté sur l'arrêté de 2006 *(avis de la CRE du 28 avril 2006)* »[1].
Dans ses conclusions le Conseil de la concurrence souligne que : « Le maintien des tarifs réglementés en faveur de la clientèle éligible à des niveaux plus bas que les prix du marché et inférieurs aux coûts totaux de GDF constitue une barrière à l'entrée des concurrents de cette dernière sur le marché des éligibles et crée une perturbation de ce marché » et souligne que cette situation n'est pas imputable à GDF mais met « en revanche, en cause le cadre législatif et réglementaire de fonctionnement du marché des éligibles »[2]. Le Conseil rappelle « que les difficultés induites par ces règles avaient été soulignées par le régulateur sectoriel, la CRE, au moment de l'ouverture à la concurrence du marché des professionnels dans une Communication en date du 23 décembre 2004 »[3].
Le Conseil d'Etat, dans sa décision du 10 décembre 2007, annule partiellement (seul l'article 1 est annulé) et rétroactivement l'arrêté du 29 décembre 2005. Dans un cadre législatif et réglementaire qui se borne, initialement, à poser la règle générale de couverture des coûts de l'opérateur, le Conseil d'Etat effectue une analyse dynamique en trois temps de la couverture de coûts pour se prononcer sur le respect de cette règle.
Il juge « qu'il appartenait aux ministres compétents, à la date à laquelle ils prennent leur décision, tout d'abord de permettre au moins la couverture des coûts moyens et complets des opérateurs tels qu'ils peuvent être évalués à cette date, ensuite de prendre en compte une estimation de l'évolution de ces coûts sur l'année à venir, et enfin d'ajuster ces tarifs s'ils constatent qu'un écart significatif s'est produit entre tarif et coûts, du fait d'une sous-évaluation des tarifs, au moins au cours de l'année écoulée, afin de compenser cet écart dans un délai

---

[1] *Ibid.*, p. 27.
[2] *Ibid.*, p. 31.
[3] « Les difficultés rencontrées proviennent pour une grande part de la coexistence, sur de mêmes marchés, de prix résultant du jeu de la concurrence et de tarifs réglementés reflétant imparfaitement les coûts. Cette situation est, notamment, source de distorsions de concurrence entre consommateurs non résidentiels d'électricité et de gaz. La CRE observe, d'ailleurs, que la suppression des tarifs réglementés permettra de résoudre les difficultés rencontrées. Au demeurant, celle-ci irait d'elle-même, dès lors que les tarifs refléteraient les coûts, en niveau comme en structure, comme l'imposent les articles 4 de la loi du 10 février 2000 et 7 de la loi du 3 janvier 2003. », *Communication de la CRE sur les conditions d'exercice de l'éligibilité pour l'achat d'électricité et de gaz naturel du 23 décembre 2004*, p. 1.

raisonnable »[1]. Le juge fait, à cette occasion, une interprétation souple de la façon dont les ministres peuvent répercuter ces évolutions. Ils peuvent « légalement tenir compte de la situation économique générale, et plus particulièrement de celle des ménages, pour moduler l'évolution des prix de vente du gaz en distribution publique, sans être tenus de répercuter intégralement, dans les tarifs qu'ils fixent, les variations, à la hausse ou à la baisse, des coûts complets moyens de fourniture du gaz ainsi distribué »[2].

ii- Le principe de la couverture des coûts transposés aux TRV en électricité

Cette approche est transposée au cas des TRV d'électricité à l'occasion d'un recours de la société POWEO contre l'arrêté tarifaire du 12 août 2008. Dans sa décision du 1er juillet 2010[3], le Conseil d'Etat reprend le même raisonnement que celui pour les TRV de gaz. Pour étayer sa démonstration il s'appuie, notamment, sur l'avis de la CRE, relatif au projet d'arrêté tarifaire de 2007, dans lequel celle-ci donne un avis défavorable aux mouvements concernant les tarifs verts et jaunes qu'elle estime très insuffisants pour couvrir les coûts[4]. On notera que le Conseil d'Etat n'évoque pas, en revanche, l'avis de la CRE du 11 août 2008 qui porte pourtant sur l'arrêté mis en cause. La CRE a, en effet, selon une approche fort peu juridique, donné un avis favorable au projet. Tout en reconnaissant des hausses insuffisantes, elle salue l'effort de différenciation des couleurs tarifaires pour la première fois[5]. On se

[1] « Faute de l'adoption par le Gouvernement des mesures réglementaires d'application de la loi du 3 janvier 2003, cette jurisprudence se fondait sur les dispositions générales du décret n° 90-1029 du 20 novembre 1990 réglementant les prix du gaz combustible vendu à partir des réseaux publics de transport ou de distribution », Code de l'énergie, Dalloz 2019, Art. L. 445-3, commentaire p. 447.

[2] CE, 10 décembre 2007, n° 289012, Sté POWEO.

[3] CE, 1er juillet 2010, n°321595, Sté POWEO.

[4] « Notamment de l'avis de la Commission de régulation de l'énergie en date du 9 août 2007, et qu'il n'est pas sérieusement contesté en défense, que les tarifs jaune et vert résultant de l'arrêté du 13 août 2007, précédant celui attaqué, étaient insuffisants, à la date de cet arrêté, pour assurer la couverture des coûts moyens complets exposés par Electricité de France pour la fourniture de l'électricité à chacun de ces tarifs », *Ibid.*

[5] L'exemple est intéressant, car il souligne ce qui est susceptible de différencier les décisions d'un collège, qui peut juger en opportunité, de celles d'une approche purement juridique. Les services de la CRE avaient sur ce sujet précis des positions distinctes entre la direction juridique et la direction technique concernée (expérience professionnelle de l'auteur).

saurait oublier, par ailleurs, les décisions du Conseil de la concurrence du 28 juin et du 10 décembre 2007[1], étape importante dans la structuration du marché de l'électricité et dans le rôle que pouvait y jouer le Conseil. A cet égard, son analyse du 28 juin comportait de nombreux témoignages des fournisseurs alternatifs sur l'obstacle que constituaient les tarifs réglementés de vente d'électricité à l'ouverture du marché français, et à la pénétration de nouveaux entrants sur celui-ci[2].

iii- Reformulation de méthode tarifaire en trois temps pour les TRV en gaz

Le décret n°2009-1603 du 18 décembre 2009, relatif aux tarifs réglementés de gaz, réduit la marge de manœuvre laissée par le Conseil d'Etat à l'exécutif dans la fixation de tarifs. Le décret détermine, en effet, de manière précise les coûts qui doivent être couverts par les TRV. Une formule, établie sur les coûts payés par les fournisseurs pour s'approvisionner sur le marché, permet de fixer les TRV.
« Dans les premiers arrêts POWEO en 2006 et en 2007, le Conseil d'État avait reconnu à l'État une certaine marge pour fixer les tarifs de vente de gaz naturel en tenant compte de la situation économique générale. La logique a évolué avec le décret du 18 décembre 2009 qui insiste sur l'indexation des tarifs sur une formule tarifaire. Ce décret a donc réduit les marges de manœuvre de l'autorité publique »[3]. Le Conseil d'État confirme son analyse en trois temps, en l'adaptant à l'encadrement plus étroit instauré par le décret. Ainsi, lors de la révision annuelle des tarifs, le Conseil d'Etat, dans sa décision du 10 juillet 2012[4], estime que « le Gouvernement doit appliquer cette formule, dont il peut éventuellement corriger les résultats en fonction des évolutions des coûts déjà intervenues et de celles qui sont prévisibles ». L'application de la formule, en septembre 2011, aurait dû aboutir, selon

[1] Conseil de la concurrence, 28 juin 2007, décision n° 07-MC- 04, relative à une demande de mesures conservatoires de la société Direct Energie.
[2] « Le Conseil de la concurrence demande à EDF de proposer une offre d'électricité en base aux fournisseurs alternatifs afin qu'ils puissent concurrencer de manière effective les offres de détail de l'opérateur historique sur le marché libre. » Communiqué de presse, Conseil de la concurrence, 28 juin 2007.
[3] Ph. MARTIN, CRE, *Rapport d'activité* 2013, p. 58.
[4] CE, 10 juillet 2012, n°353356, SA GDF Suez et Association nationale des opérateurs détaillants en énergie (ANODE).

la CRE[1] à une hausse de 10%[2]. Le Gouvernement décidait toutefois de geler les tarifs des ménages, et de limiter à moins de 5% la hausse pour les entreprises[3], « les auteurs de l'arrêté du 29 septembre 2011, en maintenant au niveau fixé depuis le 1er avril 2011 les tarifs réglementés applicables aux clients résidentiels et aux petits clients professionnels et en augmentant en moyenne de 4,9 % les tarifs réglementés applicables aux autres clients, sans que la différence entre cette évolution des tarifs et celle des coûts soit justifiée par une surévaluation initiale des tarifs ou par la baisse prévisible des coûts, et au lieu, s'ils l'estimaient nécessaire au regard des évolutions constatées des coûts d'approvisionnement, de modifier préalablement la formule tarifaire,

---

[1] La CRE dans son avis du 23 juin 2011, sur le projet d'arrêté tarifaire, avait souligné que « Outre le fait qu'un gel prolongé des tarifs n'est pas souhaitable d'un point de vue économique, il est au surplus incompatible avec la jurisprudence du Conseil d'Etat. En effet, celui-ci, notamment dans son arrêt POWEO du 10 décembre 2007, considère que les tarifs réglementés de vente de gaz naturel ne peuvent être inférieurs aux coûts complets de chaque opérateur. » La CRE ne donnait pas un avis défavorable au projet d'arrêté, mais insistait sur la nécessité d'une hausse des tarifs au 1er octobre 2011. Cette relative complaisance provenait du fait que dans sa délibération du 30 mars 2011, « la CRE a préconisé le réexamen de cette formule. Elle a proposé d'élargir le périmètre des coûts d'approvisionnement à prendre en compte à l'ensemble des sources d'approvisionnement en Europe et, de manière conservatoire pour le mouvement du 1er juillet 2011, que « les tarifs soient fixés pour couvrir le dernier coût moyen d'achat de gaz effectivement constaté dans les comptes de GDF Suez à la date du mouvement ... ». Par ailleurs elle venait d'être chargé les ministres d'une analyse des coûts de GDF-Suez à cet effet.

[2] « Considérant qu'il ressort des pièces du dossier, et notamment de l'avis rendu par la Commission de régulation de l'énergie le 29 septembre 2011, que l'application de la formule tarifaire, fixée par l'arrêté du 9 décembre 2010, faisait apparaître une augmentation du coût d'approvisionnement en gaz naturel qui aurait conduit en moyenne, au 1er octobre 2011, à une hausse des tarifs variant, à structure tarifaire inchangée, de 8,8 % à 10 % selon les tarifs », CE, n° 353356, précitée.

[3] Il s'agissait du Gouvernement de F. Fillon, ce qui permettait à la ministre en charge de l'énergie en juillet 2012 de faire porter la responsabilité de l'annulation tarifaire, et du rattrapage nécessaire, au Gouvernement précédent : « Par décision rendue ce jour, le Conseil d'Etat annule l'arrêté relatif aux tarifs réglementés du gaz pris par le Gouvernement précédent pour la période du 1er octobre 2011 au 1er janvier 2012. De ce fait, les Français devront supporter une facture différée qui est l'héritage du précédent quinquennat en matière de prix du gaz. En effet, le Conseil d'Etat demande au Gouvernement de reprendre un arrêté portant sur les tarifs du gaz du dernier trimestre de l'année 2011. Aux termes de cette décision du juge administratif, les opérateurs pourront facturer aux usagers le complément de prix correspondant à cette période. », Communiqué de presse, ministère de l'Ecologie du Développement durable et de l'Energie, 10 juillet 2012.

ont entaché leur décision d'une erreur de droit ; que l'arrêté en litige doit dès lors être annulé »[1].

Les ministres chargés de l'économie et de l'énergie soutenaient auprès du Conseil d'Etat que les articles 5 à 7 du décret leur permettaient de suspendre l'application de la formule prévue à l'article 4, ce que le Conseil conteste. Ce dernier considère que l'existence de la formule prévue par le décret s'oppose à ce que les ministres modulent dans le temps les évolutions tarifaires en fonction de la situation économique générale et de celle des ménages. « Il leur reconnaissait toutefois une marge d'appréciation, en rappelant l'obligation énoncé dans son arrêt POWEO de 2007, de compenser un éventuel écart observé entre tarifs et coûts au cours de l'année écoulée, et de prendre en compte, le cas échéant, une estimation de l'évolution de ce coût sur l'année à venir »[2].

La CRE exprime, au demeurant, un avis défavorable à cet arrêté tarifaire lors de sa délibération du 29 septembre 2011[3], en soulignant qu' « en tout état de cause, et quelle que soit l'approche retenue, l'évolution des tarifs prévue dans le projet d'arrêté est très insuffisante pour couvrir les coûts d'approvisionnement tels qu'ils peuvent être évalués par application des recommandations de la CRE[4] comme par la méthode qui avait été retenue dans la délibération du 23 juin 2011 ».

L'arrêté tarifaire en question avait, en fait, déjà fait l'objet d'une suspension. Par ordonnance du 28 novembre 2011, rendue sur la demande de l'ANODE, le juge des référés du Conseil d'Etat suspendait l'exécution de l'article 2 de l'arrêté du 29 septembre 2011 et enjoignait aux ministres chargés de l'économie et de l'énergie de se prononcer à nouveau sur la fixation des tarifs réglementés de vente de gaz en distribution publique de GDF Suez, dans un délai d'un mois à compter de la notification de cette ordonnance.

C'est l'objet de l'arrêté tarifaire du 1er janvier 2012, auquel la CRE donne un avis favorable, tout comme elle le fait au projet d'arrêté du 18 juillet 2012[5], ainsi qu'au projet d'arrêté du 26 septembre 2012 qui

---

[1] CE, 10 juillet 2012, n°353356, SA GDF Suez et Association nationale des opérateurs détaillants en énergie (ANODE).

[2] Code de l'énergie Dalloz, 2019, L. 445-3, commentaire p. 481.

[3] *Délibération de la CRE du 29 septembre portant avis sur le projet d'arrêté relatif aux tarifs réglementés de vente en gaz naturel de GDF-Suez en distribution publique.*

[4] La CRE avait remis son rapport aux ministres le 28 septembre 2011 et l'avait rendu public le 24 octobre 2011.

[5] *Délibération de la CRE du 17 juillet 2012 portant avis sur le projet d'arrêté fixant les tarifs réglementés de vente de gaz en distribution publique de GDF Suez.*

prévoit une hausse de 2%, alors que la CRE l'estime à 6,1%[1]. On peut s'étonner de l'attitude du Gouvernement qui maintient sa ligne de conduite visant à éviter aux consommateurs domestiques toute augmentation importante des tarifs du gaz, tout en sachant pertinemment, que « ses différents arrêtés tarifaires se faire [feront] retoquer par le Conseil d'État »[2] et qu'il s'ensuivrait des augmentations rétroactives, certes imposées et non assumées par l'exécutif.
Il en résulte une annulation de trois arrêtés tarifaires applicables à GDF-Suez, qui, si elle donne raison *a posteriori* aux avis de la CRE, ne facilite pas la compréhension des mécanismes des mouvements tarifaires.

iv- Électricité : un double contrôle de la couverture des coûts et de la contestabilité

Le cadre d'analyse du Conseil d'Etat des TRV en électricité est également modifié en raison des dispositions de la loi NOME, du 7 décembre 2010, qui vise à organiser sur une période de cinq ans, la résorption de l'écart historique (ou « effet de ciseau ») entre le niveau des TRV et le coût de l'électricité distribuée à un tarif de marché. En conséquence, le Conseil d'Etat, outre son analyse en trois temps de la couverture des coûts, vérifie que la hausse n'est pas manifestement insuffisante pour assurer une certaine convergence avec les prix de marché, même si cet écart n'est pas immédiatement résorbé. Ce double contrôle s'effectue sur chaque couleur tarifaire. Les TRV de l'électricité doivent ainsi être fixés à un niveau suffisant pour assurer la couverture globale des coûts d'EDF selon une méthodologie établie par le décret du 12 août 2009, tout en prenant en compte, notamment, le prix de l'ARENH.
La décision du Conseil d'Etat du 24 avril 2013[3] apporte des éléments d'information sur son interprétation de la notion de convergence, alors que la CRE, qui a donné un avis favorable à l'ensemble du mouvement tarifaire en ce qu'il couvre les coûts d'EDF sur toutes les couleurs, n'a traité cet aspect que par un tableau d'équivalence des augmentations nécessaire, selon le prix de l'ARENH et les prix de marché, pour que les tarifs réglementés deviennent contestables. L'analyse du Conseil,

---

[1] *Délibération de la CRE du 25 septembre 2012 portant avis sur le projet d'arrêté fixant les tarifs réglementés de vente de gaz en distribution publique de GDF Suez.*
[2] M. BASEX, *Revue du droit administratif,* n° 10, oct. 2012, p. 26.
[3] CE, 24 avril 2013, n° 352242, Sté POWEO.

plus fidèle à la volonté du législateur, se réfère aux travaux préparatoires de la loi NOME qui « éclairent » l'article L. 337-6 du Code de l'énergie. La convergence est conçue comme un processus progressif[1]. Le Conseil d'Etat « rappelait que cette étape transitoire ne visait pas à la résorption instantanée de l'écart structurel mais devait conduire les arrêtés tarifaires successifs à assurer un début de convergence tarifaire »[2]. L'arrêt du Conseil se conclut de la sorte : « les ministres compétents pour fixer les tarifs réglementés de vente de l'électricité doivent veiller, tout en respectant les critères définis au point 5 (la couverture des coûts comptables) ci-dessus, à ce que les tarifs qu'ils arrêtent soient de nature à assurer, compte tenu des informations disponibles à la date de leur décision, la convergence voulue par le législateur ». Le Conseil d'Etat sanctionne, en revanche, les augmentations tarifaires insuffisantes des tarifs jaune et bleu pour couvrir les coûts moyens complets, lors de sa décision du 11 avril 2014[3]. Il reprend l'avis de la CRE, du 19 juillet 2012, dans lequel il relève que le « mouvement tarifaire envisagé » concernant les tarifs « bleu » et « jaune » ne couvrait pas ce qui doit être pris en compte a minima, c'est- à- dire ‘ les coûts comptables des opérateurs historiques' ». La CRE exprime, en conséquence, un avis défavorable au projet d'arrêté concernant les tarifs jaunes et les tarifs bleus[4].

« Même si le juge ne censure les appréciations opérées en la matière par les ministres chargés de l'économie et de l'énergie qu'en cas d'erreur manifeste, compte tenu de la difficulté de l'exercice, et si, comme il était souligné en 2010 par le rapporteur public dans l'affaire Société POWEO, ‘la tâche du régulateur, et partant celle du juge, est rendue quasiment impossible' par ce qui peut être qualifié de ‘ forte asymétrie d'information entre le régulé et le régulateur' »[5] […] Le Conseil d'Etat s'était déjà appuyé, « tant dans le domaine du prix du gaz que de celui de l'électricité, sur le contenu des avis défavorables de la CRE pour censurer une erreur manifeste d'appréciation commise par les ministres

---

[1] Voir à cet égard, infra, les développements consacrés à la loi NOME dans la partie II, Titre I, chapitre 1, section 1, B, 2).

[2] *Code de l'énergie*, Dalloz, 2019, Art. L. 337-6, commentaire, p. 369.

[3] CE, 11 avril 2014, n° 355219, ANODE.

[4] « Les tarifs jaunes s'ils couvrent les coûts constatés 2011, ne couvrent pas les coûts prévisionnels 2012 », « les tarifs bleus ne couvrent ni les coûts constatés 2011 ni les coûts prévisionnels 2012 », *Délibération de la CRE du 19 juillet 2012 portant avis sur le projet d'arrêté relatif aux tarifs réglementés de vente de l'électricité.*

[5] *RJEP* 2010, n ° 49, conclusion, P. COLLIN.

compétents. C'est encore ce qu'il a fait ici en visant les éléments de calcul et les appréciations contenus dans l'avis de la CRE. Par-là, le juge confère à ces avis une portée qui anticipe dans une certaine mesure sur la date à laquelle la loi prévoit que la CRE disposera d'un « pouvoir de proposition en matière de tarifs réglementés de vente »[1]. Comme l'explique M. Lombard, l'injonction du Conseil d'Etat aux ministres concernés de procéder à une augmentation rétroactive des TRV en cause témoigne « de la portée donnée aux avis de la CRE et de l'effectivité du contrôle contentieux mais [laisse] les consommateurs désemparés »[2].
La complexité, évoquée précédemment, des méthodes de fixation des tarifs, et de ce fait la difficulté pour les consommateurs d'y avoir un accès aisé (à laquelle on peut ajouter une défiance, de la part de certaines associations de consommateurs, quant à la justesse des coûts pris en compte dans les calculs des TRV par la CRE), et la durée des procédures contentieuses (l'injonction est prononcée deux ans après l'arrêté partiellement annulé) rendent, largement, incompréhensible ces arrêts tarifaires à répétition. L'épopée contentieuse des tarifs se poursuivait néanmoins. La décision inattendue de la ministre chargée de l'énergie de mettre en œuvre, de manière anticipée, la tarification par empilement donne lieu à de nouveaux recours contre l'arrêté du 28 juillet 2014[3]. La CRE n'avait pas délivré d'avis défavorable, se contentant de prendre acte, mais rappelait l'impératif d'un mouvement tarifaire avant la fin de 2014[4].
Si le juge des référés rejette la demande de suspension venant de l'ANODE - considérant que la plupart des moyens avancés, à ce stade du litige, ne faisaient pas douter de la légalité des tarifs -, il rappelle surtout que dans l'état du droit désormais applicable, les tarifs réglementés ne doivent plus nécessairement couvrir les coûts d'EDF. La décision du Conseil d'Etat du 15 juin 2016[5], qui annule l'arrêté précité, et enjoint aux ministres de prendre un nouvel arrêté rétroactif, fait droit à la requête de l'ANODE en considérant : « que l'arrêté attaqué abroge

---

[1] M. LOMBARD, « Chronique d'un désastre tarifaire annoncé », *AJDA,* n° 22, 2014, 1240.
[2] *Ibid.*
[3] La demande de suspension effectuée par l'ANODE était rejetée par le juge des référés. CE, ord. 12 septembre 2014, n° 383721, ANODE.
[4] *Délibération de la CRE du 17 juillet 2014 portant avis sur le projet d'arrêté modifiant l'arrêté du 26 juillet 2013 relatif aux tarifs réglementés de vente de l'électricité.*
[5] CE, 15 juin 2016, n° 383722, 386078, ANODE.

ces dispositions (une augmentation de 5% des tarifs bleus) trois jours seulement avant le 1er août, à une date où les fournisseurs d'électricité avaient pu déjà anticiper pleinement les effets de leur mise œuvre; que, dans ces circonstances particulières, et compte tenu de l'importance du niveau des tarifs réglementés " bleus" pour l'activité des fournisseurs d'électricité et le contenu offres qu'ils proposent, l'arrêté attaqué a été pris en méconnaissance du principe de sécurité juridique, alors même qu'un communiqué de presse du 19 juin 2014 en a annoncé le principe ; par suite et sans qu'il soit besoin d'examiner les autres moyens de la requête, cet arrêté doit être annulé ». La haute juridiction annule ainsi pour la première fois « une disposition réglementaire au motif de son intervention tardive »[1].
Avant d'aborder la mise en œuvre de la tarification par empilement en électricité, le devenir parallèle des TRV en gaz naturel mérite l'attention.

v- La fin des TRV en gaz

Alors que, sous la contrainte de la Commission européenne[2], la loi du 17 mars 2014 relative à la consommation (loi Hamon)[3] organise la fin progressive des TRV en gaz pour les consommateurs non domestiques, un recours contre le décret du 16 mai 2013 modifiant le décret du 18 décembre 2009 va entraîner la fin de tous les TRV en gaz.
Le Conseil d'Etat par sa décision du 15 décembre 2015, rendue sur le recours en annulation contre le décret précité par l'ANODE, où celle-ci soutient, « par la voie de l'exception, que les articles L. 445-1 à L. 445-4 du Code de l'énergie méconnaissent notamment les objectifs de la directive 2009/73/CE concernant des règles communes pour le marché intérieur du gaz naturel »[4], ordonne le sursis à statuer sur la

[1] M.-C. DE MONTECLERC, note, *AJDA*, n° 23, 2016, 1261.
[2] Le 31 mai 2012, la Commission a demandé à la France de réviser son système de prix réglementés pour les consommateurs non résidentiels en mettant fin à sa législation nationale sur les tarifs réglementés du gaz naturel pour les clients finals non résidentiels. La Commission a estimé que, « selon le droit de l'Union relatif au marché intérieur de l'énergie, les prix sont déterminés en premier lieu par le jeu de l'offre et de la demande. La fixation par l'État de tarifs pour les clients finaux non résidentiels, comme prévu dans le Code de l'énergie français, constitue un obstacle pour les nouveaux venus sur le marché » Communiqué de presse du 31 mai 2012, IP/12/542.
[3] La loi n° 2014-344 du 17 mars 2014 relative à la consommation dite loi Hamon.
[4] CE, 15 décembre 2014, n° 370321, ANODE.

requête jusqu'à la réponse à un ensemble de questions préjudicielles transmises à la Cour de justice de l'Union européenne. Ce renvoi préjudiciel pose « des questions tenant, d'une part, à la compatibilité de l'existence de tarifs réglementés de vente avec la réalisation d'un marché du gaz naturel concurrentiel tel que posé par les directives européennes, de seconde part, dans l'hypothèse où cette compatibilité est reconnue, aux objectifs qui, au-delà de la seule préoccupation du *niveau* raisonnable de prix, peuvent être reconnus comme pouvant légitimement être mis en œuvre par les État membres au regard du droit positif applicable »[1].

Sa question porte sur l'interprétation de l'article 3, paragraphes 1 et 2, de la directive 2009/ 73/ CE du 13 juillet 2009[2] : la réglementation des tarifs du gaz naturel en France constitue-t-elle une entrave à la réalisation d'un marché concurrentiel du gaz et, dans l'affirmative, cette entrave est-elle justifiée ?

On aurait pu penser que, sur le fondement de la directive du 13 juillet 2009, et de son article 3 § 1 prévoyant un marché du gaz naturel ouvert et concurrentiel, le Conseil d'Etat avait les moyens d'effectuer la même analyse que la CJUE et d'en tirer directement les conséquences, dans la mesure où « le fait que les tarifs réglementés soient une entrave à la réalisation d'un marché du gaz naturel ne faisait guère de doute »[3]. Toujours est-il que la Cour de justice répond que « l'intervention d'un Etat membre consistant à imposer à certains fournisseurs, parmi lesquels le fournisseur historique, de proposer au consommateur final la fourniture de gaz naturel à des tarifs réglementés constitue, par sa nature même, une entrave à la réalisation d'un marché du gaz naturel concurrentiel prévue à cette disposition, et cette entrave subsiste alors même que cette intervention ne fait pas obstacle à ce que des offres concurrentes soient proposées à des prix inférieurs à ces tarifs par tous les fournisseurs sur le marché »[4] .

La Cour n'avait pas, totalement, fermé la porte à une intervention de l'Etat sur le tarif du gaz, mais celle-ci n'était possible « qu'à la triple

---

[1] R. COIN, EEI, 2015, n°2.

[2] La jurisprudence *Federutility* (CJUE, 20 avril 2010, *Federutility*, n° C-265/08), dont le texte de référence qui en est le fondement juridique, est la directive 2003/55/CE, alors abrogée et à laquelle succède la directive du 13 juillet 2009, 2009/73/CE, ne répond pas, entièrement, à la situation prévalant après 2009.

[3] D. DE LA ROSA, « Les prix réglementés et les marchés de l'énergie : disparition, sursis ou adaptation », RFDA, 2017, 1099.

[4] CJUE, 7 septembre 2016, ANODE, n° C- 121-15.

condition qu'elle réponde à un objectif d'intérêt économique général, qu'elle ne porte atteinte à la libre fixation des prix que dans la seule mesure nécessaire à la réalisation de cet objectif et notamment durant une période limitée dans le temps et, enfin, qu'elle soit clairement définie, transparente, non discriminatoire et contrôlable »[1] .
« La balle [revenait] dans le camp du juge national à qui il incombait, au terme d'une instruction enrichie d'une enquête à la barre menée sur le fondement des articles R. 623- 1 et suivants du code de justice administrative, de prendre définitivement parti sur la postérité des tarifs réglementés de vente du gaz naturel à la française »[2].
L'Assemble du contentieux s'arrête à la première des conditions évoquées par la Cour, celle d'un objectif d'intérêt économique général, pour constater qu'elle n'est pas remplie, en dépit de l'argumentation, assez peu convaincante, du ministre, sur la sécurité d'approvisionnement et l'harmonisation des prix. Dès lors il apparaît clair que « les dispositions législatives du Code de l'énergie contestées sont incompatibles avec les objectifs poursuivis par la directive 2009/ 73/ CE, sans qu'il soit besoin de s'interroger sur le caractère proportionné de la règlementation qu'elles prévoient »[3].
Faute de base légale, le décret n° 2013-400 du 16 mai 2013, modifiant le décret n° 2009-1603 du 18 décembre 2009, est annulé. La loi n°2019-1147 relative à l'énergie et au climat (LEC), promulguée le 8 novembre 2019, met fin aux tarifs réglementés de vente de gaz naturel des fournisseurs historiques, en plusieurs étapes, pour toutes les catégories de consommateurs[4].

vi- Les conséquences de la tarification par empilement et du plafond de l'ARENH

En matière de contentieux, la mise en place du système de tarification par empilement, entraînant l'absence de couverture des coûts complets, suscite divers recours de la part des fournisseurs alternatifs. C'est également le cas de l'écrêtement de l'ARENH et de ses conséquences sur les tarifs réglementés de vente.

---

[1] *Ibid.*
[2]G. ODINET, S. ROUSSEL, « La modulation dans le temps des effets de l'annulation d'un acte contraire au droit de l'Union », *AJDA* 2017, n° 33, 1879.
[3] CE, 19 juillet 2017, n° 370321, ANODE.
[4] La disparition des TRV en gaz est effective le 1er juillet 2023.

a- Une interprétation souple de la couverture des couts

Nous l'avons vu, le juge des référés a estimé que la couverture des coûts complets d'EDF n'était plus une obligation, et que celle-ci consistait uniquement à une « prise en compte ». La société Direct Energie, par une requête en date du 30 décembre 2014, sollicite du Conseil d'Etat l'annulation du décret du 28 octobre 2014, et, par un mémoire distinct, soulève une question prioritaire de constitutionnalité visant la conformité aux droits et libertés, que la Constitution garantit, des dispositions de l'article L. 337-5 du Code de l'énergie.
Le Conseil d'Etat valide le nouveau mécanisme de fixation des tarifs réglementés de vente de l'électricité. Dans son raisonnement concernant le rejet de la demande de question prioritaire de constitutionnalité, le Conseil précise « la portée qu'il entendait conférer à ces dispositions, à savoir que la rédaction de l'article L. 337-5 n'impliquait pas nécessairement la couverture des coûts complets, constatés en comptabilité, de la fourniture d'électricité par les fournisseurs historiques, mais imposait seulement que ces coûts soient pris en compte »[1]. Toute la question porte sur l'absence de prise en compte de la rémunération garantie des capitaux propres engagés. Le Conseil d'Etat reprend le même raisonnement dans sa décision sur le décret attaqué, « faisant primer sa lecture des dispositions de l'article L. 337-5 du Code de l'énergie, le Conseil d'État a rappelé que désormais la loi n'impose plus que la prise en compte des coûts de l'activité de fourniture de l'électricité aux tarifs réglementés. Dès lors, le décret respectait bien la loi ainsi lue »[2]. Le Conseil d'État précise que si les frais financiers d'EDF doivent être pris en compte dans l'évolution des tarifs, le législateur n'a « pas entendu (...) garantir un niveau de rémunération des capitaux propres engagés ». Cette décision, qui valide la non-couverture intégrale des coûts complets d'EDF, a toujours été contestée et critiquée par Direct Energie. La décision du Conseil d'Etat est conforme à la volonté du législateur qui, lors des débats de la loi NOME, s'est plus préoccupé des conséquences d'une envolée des prix pour le consommateur que de celles sur l'ouverture du marché, sur la compétitivité des fournisseurs alternatifs et même sur la situation d'EDF.

---

[1] J.-S. Boda, « Validation de la nouvelle méthode de fixation des tarifs réglementés de vente de l'électricité », *EEI*, n° 11, novembre 2016, comm. n° 75.
[2] *Ibid.*

b- L'écrêtement de l'ARENH, deux approches de la concurrence

Les effets d'une hausse sensible des prix de l'électricité sur les marchés de gros conduisent à un regain d'intérêt pour l'ARENH. De ce fait, et comme cela était prévisible, le plafond de 100 TWh[1] fixée par la loi NOME comme volume maximum vendu aux fournisseurs alternatifs, se révèle trop juste par rapport à la demande. Celle-ci dépasse ce seuil lors du guichet du mois de novembre 2018[2].

Conformément aux dispositions du Code de l'énergie, et notamment son article L. 336-3, si les demandes des fournisseurs excèdent le volume global prévu par les textes, alors le volume d'ARENH cédé fait l'objet d'un écrêtement selon les modalités prévues par la CRE.

La CRE répartit le plafond entre les fournisseurs alternatifs, à l'exception des filiales d'EDF, en diminuant les quantités livrées par rapport aux demandes effectuées, chacun d'eux recevant 75,2 % de sa demande d'ARENH. L'évolution tarifaire qui en résulte découle, pour partie, de la prise en compte, dans le calcul des composantes des tarifs correspondant aux coûts d'approvisionnement en énergie et en capacité et de l'atteinte du volume global maximal d'électricité nucléaire historique susceptible d'être cédé aux fournisseurs. La CRE réplique l'écrêtement de l'ARENH dans la composition des TRV.

Les conséquences sur les TRV en électricité sont sensibles, puisque la proposition de la CRE du 7 février 2019[3] comprend un surcoût pour le consommateur, lié au rationnement de l'ARENH, estimé par elle à 3,3 €/MWh HT en moyenne, et une augmentation moyenne de 7, 7 %.

Il est intéressant, pour appréhender la question dans son entièreté, de s'intéresser à l'avis de l'Autorité de la concurrence du 25 mars 2019[4], qui s'est auto-saisie du sujet, et en particulier du passage sur la contestabilité.

L'Autorité exprime sans équivoque qu'en matière d'analyse concurrentielle « la divergence d'analyse entre la CRE et l'Autorité

---

[1] L'article L. 336-2 du Code de l'énergie, entré en vigueur le 10 novembre 2019, dispose que le volume maximal d'électricité pouvant être cédé par EDF au titre de l'ARENH ne peut excéder 100 TWh jusqu'au 31 décembre 2019 et 150 TWh à compter du 1er janvier 2020.

[2] Le 21 novembre 2018, les volumes d'ARENH, demandés par les fournisseurs alternatifs, s'élevaient à 132,98 TWh.

[3] *Délibération de la CRE n° 2019-028 du 7 février 2019 portant proposition des tarifs réglementés de vente d'électricité.*

[4] Autorité de la concurrence, Avis n° 19-A-07 du 25 mars 2019 relatif à la fixation des tarifs réglementés de vente d'électricité.

porte principalement sur la notion de contestabilité des tarifs »[1]. Sans reprendre l'ensemble de la démonstration, on peut retenir que pour la CRE, dans la vision qui a prévalu lors du lancement de la loi NOME et des discussions avec Bruxelles, « les TRV ne seraient 'contestables' que si leur niveau permet à tout fournisseur de les contester effectivement, compte tenu des conditions concrètes de son activité, même s'il est moins efficace que l'opérateur historique régulé ». Il s'agit, comme le disait le Premier ministre dans sa lettre à la Commission européenne en 2009, « d'une régulation asymétrique d'un acteur dominant », visant « à traiter uniquement l'avantage incomparable dont bénéficie l'opérateur dominant »[2].

Pour l'Autorité, la notion de « contestabilité », dans le sens que lui donne la jurisprudence du droit de la concurrence, est la suivante : le prix d'un bien donné est 'contestable' dès lors qu'il couvre les coûts de production de ce bien ». Une fois vérifié que ce coût est « réputé contestable au sens du droit de la concurrence, il n'est pas du tout certain que ce dernier soit contesté en pratique »[3].

On voit de la sorte deux conceptions peu compatibles entre elles, et qui correspondent à deux réalités : l'une s'appliquant à un marché monopolistique en voie d'ouverture, et l'autre concernant le fonctionnement d'un marché ouvert. Opposition que le rapporteur public du Conseil d'Etat résume de la sorte : « Pour finir, nous relèverons que le dépassement du plafond de l'ARENH met à jour, à travers les joutes à peine feutrées de la CRE et de l'Autorité de la concurrence sur la notion de ' contestabilité' des tarifs, le décalage entre deux approches de la concurrence. Celle, d'une part, de l'Autorité de la concurrence, selon laquelle la protection de la concurrence n'a de sens qu'au bénéfice des consommateurs. Elle estime que, lorsque l'opérateur dominant est le plus efficace, il n'y a pas lieu de fixer les prix à un niveau plus élevé afin de permettre leur contestabilité effective par des concurrents moins efficaces. Fixer des tarifs réglementés trop élevés, déconnectés des coûts de production réels de l'opérateur dominant, reviendrait à susciter une concurrence artificielle et inefficace, alimentée 'sous perfusion', à envoyer de mauvais signaux de prix, et à créer une rente pour l'opérateur historique, aux détriments des consommateurs. Celle, d'autre part, de la CRE, davantage dans la

---

[1] *Ibid.* p. 7.

[2] Lettre du Premier ministre du 15 septembre 2009 aux commissaires européens à la concurrence et à l'énergie (voir annexe n° 5).

[3] Autorité de la concurrence, Avis précité, p. 8.

ligne, nous semble-t-il, des exigences de libéralisation européenne, cherchant à permettre l'émergence d'une concurrence effective sur le marché de la fourniture, quitte à empêcher les prix encore ' administrés' de l'opérateur historique de descendre sous un certain seuil. Si, à court terme, cela revient à rechercher la concurrence pour la concurrence, c'est néanmoins dans l'espoir, sinon la conviction qu'à terme, cette concurrence sera bénéfique aux consommateurs »[1].
Cette différence d'approche est tranchée par le Conseil d'Etat dans sa décision du 6 novembre 2019[2] relative aux recours déposés par les associations : l'Union fédérale des consommateurs - Que choisir (UFC - Que choisir) et Consommation, logement et cadre de vie (CLCV), pour excès de pouvoir concernant la fixation des TRV électricité du 28 mai 2019. Le Conseil d'Etat valide la méthode de construction des tarifs effectué par la CRE. Il indique, en particulier, que le pouvoir réglementaire s'est borné - sans excéder sa compétence, en prévoyant, au deuxième alinéa de l'article R. 337-19 du Code de l'énergie, que le coût de l'ARENH devait être calculé en tenant compte de l'atteinte du volume global maximal d'électricité nucléaire historique susceptible d'être cédé par la société EDF - à « préciser les modalités d'application de la loi, afin de permettre le maintien d'une concurrence tarifaire effective sur le marché de détail dans l'hypothèse d'une atteinte de ce volume maximal »[3]. Par une autre décision, du même jour, relative aux recours formulés par ENGIE et l'ANODE[4], le Conseil valide, également, d'autres aspects de la méthodologie de la CRE. Les contestations portent sur le calcul du complément d'approvisionnement, sur le coût de la garantie de capacité, sur les coûts de commercialisation et la rémunération normale de l'activité de fourniture (de la part d'ENGIE). Sur l'ensemble de ces points le Conseil valide la démarche méthodologique retenue par la CRE.
Lors de ces décisions, il n'est pas indifférent de relever l'utilisation par le Conseil de la notion de « concurrence tarifaire effective sur le marché de détail de l'électricité ». Ce que ne manque pas de reprendre, dans son rapport sur les TRV de juillet 2021, l'Autorité de la concurrence : « Ainsi, l'ensemble de la méthode de fixation des coûts par la CRE, telle que validée par le Conseil d'Etat au regard de l'intention du

---

[1] E. BOKDAM-TOGNETTI, rapporteur public, CE, 6 novembre 2019, n° 431902, *UFC-Que choisir*, CLCV.
[2] *Ibid.*
[3] *Ibid.*
[4] CE, 6 novembre 2019, n° 424573, ENGIE et ANODE

législateur, poursuit l'objectif d'assurer « une concurrence tarifaire effective »[1]. L'Autorité en conclut que les TRV ont changé de nature et sont devenus un tarif « plafond ».
Cette notion de concurrence effective est également apparue dans la directive européenne du 5 juin 2019 (2019/944)[2] . Le paragraphe 6 de son article 5 prévoit que l'intervention publique dans la fixation des TRV ne peut plus avoir comme but que « d'assurer une période transitoire permettant d'établir une concurrence effective entre les fournisseurs pour les contrats de fourniture d'électricité et de parvenir à une fixation pleinement effective des prix de détail de l'électricité fondée sur le marché (…) ».
On peut voir là, les prémices d'une évolution des TRV, et, éventuellement, leur suppression à l'horizon de 2025, dans la mesure où les conditions prévalant lors de la décision du Conseil d'État justifiant leur maintien, sont modifiées[3].

c- Le maintien des TRV en électricité

La société ENGIE et l'ANODE demandaient l'annulation de la décision du 27 juillet 2017 fixant les TRV électricité à compter du 1er août 2017, conformément à la proposition de la CRE. Était ainsi mis en cause par les requérants le principe même de ces tarifs par le jeu de la compatibilité de leur base légale (à savoir les articles L. 337-4 et L 337-9 du Code de l'énergie) avec les objectifs fixés par la directive 2009/72/CE[4].
Après les avis et décisions du Conseil d'État, et de la CJUE ayant conduit à la suppression des TRV en gaz, il était assez prévisible que les principaux fournisseurs d'électricité, autres qu'EDF, tentent une démarche similaire pour les TRV en électricité.

---

[1] Autorité de la concurrence, *Rapport d'évaluation du 22 juillet 2021 sur le dispositif des tarifs réglementés de vente d'électricité*, p. 22
[2] La directive n° 2019/944 du 5 juin 2019 a été transposée en France par l'ordonnance n° 2021-237 du 3 mars 2021 portant transposition de la directive (UE) 2019/944 du Parlement européen et du Conseil du 5 juin 2019.
[3] Ces considérations ne tiennent pas compte des modifications conjoncturelles dues à la guerre en Ukraine et ne prennent évidemment pas en compte les éventuels changements structurels qui pourraient advenir.
[4] L. DE FONTENELLE, « Les tarifs réglementés de l'électricité sur la sellette », *EEI*, 2018, Comm 44.

Le contexte juridique dans lequel s'inscrit ce contentieux est placé sous l'empire de la directive 2009/73/CE du 13 juillet 2009, comme cela était le cas pour le gaz.

Les développements du Conseil d'Etat méritent l'attention. En effet, contrairement à la grande majorité des cas, les conclusions de la rapporteure publique ne sont pas suivies, du moins pas dans leur intégralité. Or, ses conclusions sont pour le moins percutantes. Elle déclare, lors de l'audience publique du 4 mai 2018, que les TRV en électricité sont contraires au droit de l'Union européenne et en critique l'existence : « Nous ne voyons pas comment échapper au constat du caractère discriminatoire d'un dispositif qui draine vers l'opérateur historique des millions de consommateurs, rassurés par l'estampille 'tarifs d'Etat' qu'il offre »[1]. « L'affirmation de principe de l'entrave constituée par l'existence d'une réglementation tarifaire conduit à placer l'analyse juridique de l'intervention étatique sur le terrain des justifications dérogatoires »[2]. Aussi, point par point, la rapporteure publique enterre les arguments du maintien de ces tarifs, estimant qu'ils ne sont justifiés par aucun des objectifs d'intérêt économique général, prévus par la directive de 2009, sur le marché de l'électricité[3]. Elle préconise donc l'annulation de l'arrêté tarifaire attaqué.

L'assemblée du contentieux du Conseil d'Etat, admet, contrairement à la rapporteure, que la réglementation est fondée sur un objectif d'intérêt économique général de stabilité des prix, contrairement à ce qui était tranché pour les TRV de gaz.

Comme l'indiquent C. Boiteau et P. Geoffron, « se démarquant de la jurisprudence européenne, le Conseil d'Etat considère que l'entrave au développement d'un marché concurrentiel de la fourniture d'électricité

---

[1] C. Boiteau, P. Geoffron, « Les tarifs réglementés de vente de l'électricité : enjeux et limites », *RFDA* 2018, p. 686.

[2] *Ibid.*

[3] L'argument de la stabilité des prix « ne nous convainc pas », les offres de marché et TRV procurent une certaine stabilité des prix du fait de leur composition : « les tarifs d'acheminement des réseaux sont similaires de même que les taxes, qui à eux seuls constituent près de 60% de la facture moyenne ». En matière de cohésion sociale « le chèque énergie permet de faire obstacle aux difficultés d'approvisionnement des plus vulnérables ». En ce qui concernait la cohésion territoriale : « l'harmonisation nationale du coût d'acheminement de l'électricité est déjà assurée par le TURPE, et l'approvisionnement se fait au même coût sur tout le territoire », Conclusions rapporteure publique.

peut être justifiée par l'objectif d'intérêt économique général de stabilité des prix »[1].

En définitive, le Conseil d'Etat décide d'une annulation *in fine* résiduelle de la décision du 27 juillet 2017, en ce qu'elle est applicable à tous les consommateurs finals, domestiques et non domestiques, pour leurs sites souscrivant une puissance inférieure ou égale à 36 kilovoltampères. La décision est seulement annulée en tant qu'elle s'appliquait aux « sites non résidentiels des grandes entreprises qui sont éligibles aux TRV ».

On ne saurait mieux conclure cette séquence qu'en reprenant les propos de C. Boiteau et P. Geoffron dans l'article précité « Dès lors, et parce que l'on ne veut pas croire qu'il s'agisse, pour le juge administratif, d'éviter la disqualification d'un système qui a perdu son objet pour devenir une rente du fournisseur historique, la révélation d'un objectif d'intérêt économique général de stabilité des prix, dont la justification économique paraît fragile, exprime, avant tout, le souci de préserver un équilibre social dans un secteur de l'énergie en mutation »[2].

Il est toutefois probable que si le Conseil d'Etat était confronté à l'avenir à un recours de même nature, la directive n° 2019/944 du 5 juin 2019, ne lui laisserait guère de marge de manœuvre pour justifier juridiquement le maintien des TRV en électricité. Ce sont d'ailleurs des conclusions quelque peu similaires, certes avec des nuances, que l'Autorité de la concurrence développe dans son rapport de juillet 2021 sur les TRV, évoqué précédemment. Parmi ses recommandations, l'Autorité incite le Gouvernement s'il « devait conserver les TRV », à « clarifier (leurs) objectifs dans la mesure où l'objectif de cohésion sociale, tout comme celui de stabilité des prix, paraissent difficilement conciliables avec un objectif de concurrence tarifaire effective. »[3]

Le sujet des TRV et des mouvements tarifaires reste d'une actualité sensible, dans la mesure où les négociations entre le Gouvernement et la Commission sur une restructuration d'EDF et une augmentation du prix de l'ARENH, ont été suspendues, et ont eu comme conséquence indirecte, en raison de l'écrêtement de l'ARENH, des mouvements tarifaires sensiblement en hausse.

La conjoncture exceptionnelle du mois d'octobre 2021, en raison d'une envolée sans précédent des prix de l'énergie, gaz principalement, et

---

[1] C. Boiteau, P. Geoffron, *op. cit.*

[2] *Ibid.*

[3] Autorité de la concurrence, Rapport d'évaluation du 22 juillet 2021 sur le dispositif des tarifs réglementés de vente d'électricité, p. 52.

électricité[1], ont conduit le Gouvernement à prendre des mesures drastiques pour limiter les augmentations des TRV en gaz et en électricité. Le blocage de toute augmentation des TRV gaz, après l'augmentation du 1er octobre, jusqu'en avril 2022 était dénoncée par l'ANODE. La limitation de l'augmentation des TRV électricité à 4% pour 2022, en jouant sur une réduction des taxes, ne suscitait pas les mêmes critiques initiales. Plusieurs textes sont venus donner un fondement juridique à cette volonté[2].
Début 2003 le Gouvernement décide d'assouplir le bouclier tarifaire en prévoyant une augmentation de 15 % tant en électricité qu'en gaz pour les tarifs des consommateurs domestiques. Cette hausse reste très en deçà de ce qu'elle aurait dû être selon l'application des règles en vigueur. La CRE publie régulièrement les mouvements tarifaires qui devraient avoir lieu en application de ces règles. En application de la loi de finances pour 2023, l'évolution calculée par la CRE doit servir de référence pour le calcul de la compensation par le budget de l'Etat des fournisseurs livrant les clients aux TRVE (EDF et les ELD) et des autres fournisseurs proposant des offres de marché[3]. La CRE publie chaque mois, les barèmes applicables pour les TRV de gaz naturel d'ENGIE qui résulteraient de l'application de la formule sans bouclier[4].
Il est certainement peu sage de se hasarder à des prévisions dans le secteur de l'énergie, mais il est, tout de même, vraisemblable que le

[1] Il convient de noter que le peu de disponibilité des centrales nucléaires d'EDF, à un niveau inédit, contribue en 2022, à cette tension sur les prix de l'électricité.

[2] « Le décret n°2022-84, pris en application de l'article 29 de la loi de finances pour 2022 prévoit la diminution de la taxe intérieure sur la consommation finale d'électricité (TICFE) afin que la hausse des TRVE n'excède pas 4 %, sans pouvoir atteindre un niveau inférieur à 1 €/MWh pour les particuliers et personnes assimilées et 0,5 €/MWh pour les entreprises, le minimum autorisé par la directive 2003/96/CE du 27 octobre 2003 restructurant le cadre communautaire de taxation des produits énergétiques et de l'électricité. Cette diminution est applicable jusqu'au 31 janvier 2023. Cinq arrêtés fixent les barèmes des TRVE applicables à compter du 1er février 2022. En application du « bouclier tarifaire », ces arrêtés s'opposent aux propositions d'une hausse moyenne des TRVE de 44,5 % HT et des tarifs de cession de l'électricité aux entreprises locales de distribution (ELD) de 101,43 % HT formulées par la CRE dans ses délibérations du 18 janvier 2022. » *L'énergie du droit* n° 48, CRE, 17 février 2022.

[3] Au 1er février 2023, la CRE évalue la hausse du niveau moyen des TRVE à + 99,22 % TTC par rapport aux TRVE gelés en vigueur depuis le 1er février 2022. (*Délibération de la CRE du 19 janvier 2023 portant proposition des tarifs réglementés de vente d'électricité).*

[4] La fin des TRV gaz survient le 1er juillet 2023.

sujet de l'existence des TRV en électricité reviendra dans les discussions européennes. A cet égard, le rapport de l'Agence de coopération des régulateurs de l'énergie sur le marché de détail 2020, soulignant les inconvénients des prix réglementés pour le développement du marché[1], illustre, à nouveau, l'écart entre les visions française et européenne, ainsi que la réponse de la Commission européenne à l'envoi par la France du plan de suivi relatif à la décision de la Commission sur le marché de capacité[2]. Les modifications du marché européen de l'énergie en cours de discussion au premier semestre 2023 peuvent également avoir une influence sur le devenir des TRVE, mais il est difficile d'en préjuger.

A l'issue de cette longue présentation des différents aspects des actes administratifs unilatéraux non décisoires de la CRE, on doit reconnaître un certain embarras à classer de manière tranchée un exemple comme celui des TRV. Certes, il ne s'agit toujours que d'avis puis de propositions, mais nous avons vu que les avis conduisent à un large contentieux lorsque les décisions de l'exécutif ne suivent pas les avis du régulateur, et lorsqu'enfin la CRE passe d'un pouvoir consultatif à celui de proposition (ou de vérification) l'exécutif ne fait plus qu'entériner un acte quasi-décisoire.

---

[1] ACER Annual Report on the Results of Monitoring the Internal Electricity and Natural Gas Markets in 2020 - Energy Retail Markets and Consumer Protection Volume, 9 novembre 2021.

[2] Celle-ci a en effet adressé à la France une réponse au suivi de plan que cette dernière lui avait adressé dans laquelle on trouve les remarques suivantes : « Selon une jurisprudence constante, la réglementation des prix de détail constitue, par nature, un obstacle au marché intérieur de l'énergie, et cet obstacle subsiste même si les prix de détail réglementés peuvent être contestés par des concurrents […] En ce qui concerne la contestabilité du niveau des prix de détail réglementés, l'article 5, paragraphe 7, point c), de la directive sur l'électricité exige que les prix réglementés soient établis à un prix supérieur aux coûts, à un niveau permettant une concurrence tarifaire effective. […] Compte tenu de l'intensification de la concurrence signalée, la Commission invite les autorités françaises à réduire en conséquence le champ d'application de cette réglementation des prix de détail et à limiter sa durée à une période transitoire, tout en prenant en compte les besoins spécifiques des consommateurs en situation de précarité énergétique et vulnérables sur le plan énergétique ». Avis de la Commission du 27.8.2021 conformément à l'article 20, paragraphe 5, du règlement (UE) 2019/943 relatif au plan de mise en œuvre de la France, p. 16- 17.

II- Des délibérations révélant le droit souple

Le droit souple, ainsi nommé par le Conseil d'Etat dans son rapport de 2013[1], qui prenait la suite sémantique de la *soft law*[2] - parfois traduite par une expression peu valorisante de « droit mou » - est à la fois un concept et une pratique qui ont suscité, et suscitent encore, de nombreuses analyses de la doctrine[3].

Particulièrement utilisé au niveau international[4], le droit souple est également une pratique très développée par les institutions européennes : « Communications, conclusions, délibérations, décisions, lettres, lignes directrices, programmes, calendriers, codes de conduite, procès-verbaux, livres blancs, livres verts composent le florilège des actes atypiques ou hors nomenclature »[5].

Le mouvement de déréglementation des années 1990, initié par ces mêmes institutions, suscite la création des autorités administratives indépendantes, ce qui contribue « à modifier grandement les moyens de

---

[1] CE, *Etude annuelle 2013 : Le droit souple.*

[2] Le *Dictionnaire de droit international public* de J. SALMON, expose que la *soft law* désigne « des règles dont la valeur normative serait limitée soit parce que les instruments qui les contiennent ne seraient pas juridiquement obligatoires, soit parce que les dispositions en cause, bien que figurant dans un instrument contraignant, ne créeraient pas d'obligation de droit positif, ou ne créeraient que des obligations peu contraignantes » Bruxelles, Bruylant, coll. Universités francophones, 2001, p. 1039. La *soft law*, expression d'origine anglo-saxonne dont la paternité est attribuée à Lord MAC NAIR en 1930, était ainsi définie par ce dernier : « un droit en forme de propositions ou de principes abstraits, par opposition à la *hard law*, au droit concret, vécu ou opératoire, issu de l'épreuve judiciaire ».

[3] Voir notamment à cet égard : B. LAVERGNE , *Recherche sur la soft law en droit public français*, 2013, Presses de l'Université Toulouse I Capitole ; v. aussi sur ce sujet : H. PAULIAT « La contribution du droit souple au désordre normatif », *RDP* 2017, p. 59 ; Y. GAUDEMET, « Les actions administratives informelles », *RIDC* 1994, p. 647 ainsi que « La régulation économique ou la dilution des normes », *RDP* 2017, p. 23 ; B. DELAUNAY, « Autorités de régulation et responsabilité de la puissance publique », *RDP* 2014, p. 276 ; L. CALANDRI, *Recherche sur la notion de régulation en droit administratif français*, *op. cit. ;* C. THIBIERGE, « Le droit souple. Réflexion sur les textures du droit », *R. T. D. Civ.* 2003, p. 599. Voir aussi Association Henri Capitant, *Le droit souple - Journées Nationales de Boulogne-sur-Mer,* Tome XIII, Paris, Dalloz, coll. Thèmes et commentaires, 2009, 178 p.

[4] La première acception de *soft law* renvoie aux actes normatifs, comme les traités internationaux, pouvant être dotés d'un contenu vague, avec des dispositions du type « les Parties s'engagent à, chercher à, à promouvoir, à éviter ».

[5] H. OBERDORFF, « Ordre et désordre normatif dans l'Union européenne », *Revue du droit public n°1 janvier 2006.*

l'action publique. Le pouvoir réglementaire est ainsi partagé et concurrencé par des instruments beaucoup plus souples, la régulation pouvant se comprendre comme l'utilisation combinée d'instruments juridiques et non juridiques »[1].

Il nous paraît utile d'établir une première approche, non exhaustive, du droit souple au travers de quelques éléments de doctrine et de l'apport du contentieux (A), avant d'aborder la pratique spécifique du droit souple par la CRE (B) et son illustration au travers des effacements diffus (C).

A- Le droit souple entre oxygénation du droit et désordre normatif

Le sujet du droit souple suscite depuis des années de nombreux commentaires et analyses tant le sujet peut, et a pu, créer la controverse. Un rapide survol de l'approche théorique est complété par une synthèse des principales évolutions de l'approche jurisprudentielle.

1- Une approche théorique

Le Conseil d'Etat, dans son rapport public de 1991 consacré à la sécurité juridique, évoquait « la dégradation de la norme », et fustigeait « le développement des textes d'affichage, un droit mou, un droit flou, un droit à l'état gazeux », et jugeait que « quand la loi bavarde, le citoyen ne lui prête qu'une oreille distraite »[2].

L'opinion des tenants du « droit-contrainte »[3] est résumée par C. Thibierge, de façon ironique : « c'est un sursaut, une réaction, une certitude : le "droit mou" n'est pas, ne peut pas être du droit. Cela relève de l'évidence : il n'y a de droit que contraignant ! »[4].

---

[1] B. LAVERGNE, *Recherche sur la soft law en droit public français, op. cit.*, p. 33.

[2] EDCE., *De la sécurité juridique*, Paris, La documentation française, 1991; cité dans le rapport sur le Droit souple de 2013.

[3] Le droit souple est un « oxymore parce que la notion même de droit souple entre en conflit avec la conception du droit léguée par Hans Kelsen et communément acceptée aujourd'hui, selon laquelle celui-ci est un ' ordre de contrainte' », Actes du colloque *«* Le droit souple *»,* 27 mars 2008, association Henri Capitant des amis de la Culture Juridique Française, avec le concours de la Faculté de droit et du Laboratoire de recherche juridique de l'université du Littoral-côte d'Opale, *collection Thèmes et commentaires*, février 2009.

[4] C. THIBIERGE, *«* Le droit souple, réflexions sur les textures du droit *» op. cit.,* p. 603.

Y. Gaudemet, dans un mode plus sobre, ne ménageait, néanmoins, pas plus ce mode de droit, du fait de l'apparition et du développement des « actions administratives informelles [...] qui utilisent des mécanismes, procédures ou modes d'expression différents des formes traditionnelles du droit. [...] recommandations, avis, normes de référence, modèles, schémas, propositions, [...] codes de bonne conduite ou de bonnes pratiques, qui sonnent tellement plus « moderne » à l'oreille que les vieux outils normatifs, et dont on vante la « souplesse »[1].
D'autres auteurs considèrent le droit souple de manière plus positive et le voient comme un acte de clarification de la réglementation. Pour L. Calandri « l'acte effectif de régulation vient appliquer la norme juridique, il la met en œuvre. Il contribue ainsi au passage du droit au fait. C'est un procédé qui sert à la traduction de la norme juridique, qu'elle soit d'origine légale, réglementaire, jurisprudentielle, dans la réalité matérielle »[2].
Il est, ainsi, fréquent que les compétences et les missions conférées aux AAI nécessitent « l'entremise d'actes d'application plus concrets. Plus précisément l'acte recommandatoire vise à rendre ' effectif ' les objectifs qui ont justement poussé à la création de telle ou telle autorité »[3]. Cependant, le droit souple ne se limite pas à cet « acte d'application », mais s'émancipe parfois de la règle de droit. Les objectifs assignés aux AAI, notamment à celles chargées d'une régulation sectorielle économique, ont souvent laissé une large part de flou, certains auteurs ayant souligné « qu'en matière de régulation, la fin tendait à créer les moyens »[4].
Après son rapport sur la « Sécurité juridique et complexité du droit » de 2006[5], encore passablement critique – le Conseil d'Etat y constate que la *soft law* pouvait créer des conditions d'insécurité juridique et que « la complexité croissante des normes menace l'Etat de droit » -, le Conseil modifie son approche à l'occasion du rapport sur le droit souple de 2013. Du Conseil d'Etat contempteur du droit mou en 1991 au choix

[1] Y. GAUDEMET, « La loi administrative », *Revue du droit public,* n°1 janvier 2006, p. 65.
[2] L. CALANDRI, *Recherche sur la notion de régulation en droit administratif français*, *op. cit.,* p.308.
[3] B. LAVERGNE, *op. cit.*, p. 246.
[4] N. CHARBIT, « Les objectifs du régulateur. Entre recherche d'efficacité et rappel de légalité », *in* M.-A. FRISON-ROCHE (dir.), *Règles et pouvoirs dam les systèmes de régulation,* Paris, Presses de Sciences Po – Dalloz, 2004, p. 60.
[5] Les Rapports du Conseil d'Etat, Etude annuelle 2006 (n° 57*) : Sécurité juridique et complexité du droit.*

de consacrer son rapport annuel au droit souple, la distance est grande[1]. Favorables ou défavorables, les réactions au droit souple « ont contribué à ce que le droit souple émerge au grand jour comme un objet juridique », y constate le Conseil d'Etat[2]. Dans son avant-propos, le vice-président s'étonne même que l'on puisse penser le doit souple étranger au Conseil d'Etat, « Etranger au Conseil d'Etat, le droit souple, pourquoi le serait-il ? La contrainte n'est depuis bien longtemps plus la seule marque de la juridicité et, à côté des sources traditionnelles du droit, qui demeurent organiquement et matériellement assez facilement identifiables, d'autres sources publiques et privées, internes comme internationales, se sont développées »[3]. Allant même plus loin, il confère de réelles vertus au droit souple : « Il semble, tout au contraire, que le droit souple puisse être l'oxygénation du droit et favoriser sa respiration dans les interstices du corset parfois un peu trop serré des sources traditionnelles de la règle »[4]. Le Conseil détermine une échelle de normativité graduée entre le droit souple et le droit dur, et confère au droit souple une forme de reconnaissance officielle.
Cette forte avancée conceptuelle ne clôture, cependant, pas les débats académiques, comme en témoignent différents articles parus dans la Revue du Droit public : « trois ans après cette réflexion de la Haute instance, il semble que le droit souple, loin d'être 'l'oxygénation du droit', contribue lui-même au désordre normatif et à la dégradation de la qualité du droit.[…] La construction théorique du droit souple mise en place par le Conseil d'État suscite désormais nombre d'interrogations,[…] quant à l'existence de catégories juridiques stables, remettant un peu plus en question la sécurité juridique »[5].

---

[1] Encore qu'il faille nuancer cette appréciation si l'on se réfère à la conclusion du rapport en question : « Si l'emploi du vocable 'droit mou' marquait une distanciation certaine par rapport à la présence dans notre appareil normatif d'instruments dépourvus d'obligation et de sanction, et entendait proscrire des dispositions qui n'avaient pas leur place dans le droit dur, l'usage des termes 'droit souple', moins péjoratifs, témoigne de la prise en considération d'un phénomène grandissant en France comme à l'étranger sans qu'il soit question, pour autant, de prôner une adhésion enthousiaste et sans bornes à cette forme de droit. » Les Rapports du Conseil d'Etat, Etude annuelle 2013 (n° 64) *: Le droit souple,* p. 189.

[2] *Ibid.*, p. 5.

[3] *Ibid.,* Avant-propos, p. 5.

[4] *Ibid.,* p. 5.

[5] H. PAULIAT, « La contribution du droit souple au désordre normatif », *Revue du droit public*, 2017, n° 1, p. 59.

La critique se fait plus acérée, encore, dans les propos d'Y. Gaudemet, qui maltraite aussi la régulation. Dans un article intitulé « La régulation économique ou la dilution des normes », il dénonce l'irruption d'un vocabulaire « nouveau, immaîtrisé, imprécis et trompeur », qui fait que la régulation « échappe au droit ou n'y entre que comme masquée »[1] . Il se félicite – mais sans s'en contenter – d'une évolution du Conseil d'Etat en matière de contrôle juridictionnel des actes de droit souple, alors qu'il lui semblait que jusque-là « le juge avait pu donner le sentiment d'hésiter ».

2- L'approche jurisprudentielle

Le Conseil d'Etat fait sensiblement avancer la jurisprudence entre l'arrêt Institution Notre Dame de Kreisker de 1954 et l'arrêt GISTI du 12 juin 2020, qui « rompt pour de bon le lien ancestral entre la normativité de l'acte et la recevabilité du recours »[2].
Dans l'arrêt Institution Notre Dame du Kreisker[3], le Conseil d'Etat considère que les circulaires ministérielles présentent un caractère réglementaire lorsqu'elles comportent des dispositions nouvelles et ne se bornent pas à rappeler, ou expliciter, la réglementation en cause. En 1970, en cohérence avec la jurisprudence antérieure, le Conseil, avec l'arrêt Crédit Foncier de France[4], reconnaît l'existence, à côté des circulaires, des directives. Le 18 décembre 2002, l'arrêt Mme Duvignères[5] fixe le régime contentieux des mesures prises par les chefs de service et les ministres à l'égard de leur administration, comme les circulaires, instructions et directives. Il admet que toute circulaire impérative faisant grief peut être déférée au juge administratif par le biais d'un recours pour excès de pouvoir et peut être annulée si une illégalité était démontrée[6].
Concernant la valeur réglementaire d'une recommandation émanant d'une autorité publique, l'arrêt Conseil national de l'ordre des médecins

[1] Y. GAUDEMET, « La régulation économique ou la dilution des normes », *Revue du droit public*, 2017, n° 1, p. 23.
[2] Th. HOCHMANN, « Questions à … L'élargissement du champ des actes de droit souple pouvant donner lieu à recours contentieux », *La lettre juridique* n°833, 23 juillet 2020, lexbase.fr.
[3] CE, 29 janvier 1954, n° 07134, Institution Notre-Dame du Kreisker.
[4] CE, 11 décembre 1970, n° 78880, Crédit Foncier de France.
[5] CE, 18 décembre 2002, n° 233618, Mme Duvignères.
[6] C. GROULIER, « L'impératif dans la jurisprudence Duvignères : réflexion sur un "sésame contentieux" », *RFD.A.* 2008, p. 9.

du 26 septembre 2005[1] précise, dans la lignée de l'arrêt Mme Duvignères, qu'une recommandation de bonne pratique émise par l'Agence nationale d'accréditation et d'évaluation en santé n'a pas en principe le « caractère de décision faisant grief », sauf si elle est rédigée « de façon impérative »[2].

Dans son rapport de 2013, précité, le Conseil d'Etat effectue un premier état des lieux de la « construction d'une jurisprudence adaptée au droit souple public », et se réfère aux décisions Formindep du 27 avril 2011[3] et Société Casino Guichard-Perrachon du 11 octobre 2012[4] pour « esquisser ce que peut être l'office du juge à l'égard d'une autorité régulatrice agissant par la voie du droit souple »[5]. Ces deux décisions précisent que « si les prises de position et recommandations que formule l'Autorité de la concurrence (dans l'exercice de sa compétence d'avis) ne constituent pas des décisions faisant grief [...] il en irait toutefois différemment si elles avaient le caractère de dispositions générales et impératives ou de prescriptions individuelles dont l'Autorité pourrait ultérieurement censurer la méconnaissance ». Ainsi, le Conseil d'Etat juge qu'un acte, même entraînant des conséquences économiques importantes, ne peut être déféré au juge de l'excès de pouvoir s'il n'emporte aucune modification de l'ordonnancement juridique.

Le pas décisif suivant est franchi avec les décisions Fairvesta International et Numericable[6]. Alors que le recours pour excès de pouvoir ne s'exerçait, en principe, que contre des décisions, l'assemblée du contentieux reformule cette règle, et étend la recevabilité du recours pour excès de pouvoir, en jugeant que les « avis, recommandations, mises en garde et prises de position adoptés par les autorités de régulation dans l'exercice des missions dont elles sont investies peuvent

---

[1] CE n° 270234, 26 septembre 2005, Conseil national de l'Ordre des médecins.

[2] « L'impératif, nous l'avons vu, est une notion relativement insaisissable, mais cela n'a pas empêché le juge administratif de se l'approprier afin d'en faire une ligne de partage non pas entre le droit et le non-droit, mais bien entre le recevable et le non-recevable, entre le décisoire et le non décisoire. Le contrôle opéré en matière de circulaires administratives nous le démontre avec éclat. » B. LAVERGNE, *Recherche sur la soft law dans le droit administratif français*, *op. cit.*, p. 126.

[3] CE, 27 avril 2011, n° 334396, Formindep. V. CE, *Rapport sur le droit souple*, p. 78-79

[4] CE, 11 octobre 2012, n° 357193, Ste Casino Guichard-Perrachon.

[5] Rapports du Conseil d'Etat, *Le droit souple*, *op.cit.*, p.6.

[6]CE, 21 mars 2016, n°368082, Fairvesta International, n° 390023, Société Numericable.

être déférés au juge de l'excès de pouvoir » dans deux hypothèses, qui ont d'ailleurs suscité de nombreuses interrogations : « lorsqu'ils revêtent le caractère de dispositions générales et impératives ou lorsqu'ils énoncent des prescriptions individuelles dont ces autorités pourraient ultérieurement censurer la méconnaissance ». A propos du refus d'une autorité de régulation (la CRE) d'abroger un acte de droit souple, le Conseil d'Etat traite le sujet dans une décision du 13 juillet 2016[1].
Le Conseil d'Etat, dans sa décision du 19 juillet 2019[2] fait application de la jurisprudence Fairvesta Numericable en jugeant que l'avis exprimé par la Haute Autorité pour la Transparence pour la Vie Publique constitue un acte d'« effets notables », susceptible de faire grief.
L'aboutissement de cette évolution a lieu avec l'arrêt GISTI du 12 juin 2020[3]. Par cette décision, le Conseil d'Etat substitue « au critère de l'impérativité celui de l'effet notable comme condition de justiciabilité de la littérature grise »[4]. Désormais, « les documents de portée générale émanant d'autorités publiques, matérialisés ou non, tels que les circulaires, instructions, recommandations [...] peuvent être déférés au juge de l'excès de pouvoir lorsqu'ils sont susceptibles d'avoir des effets notables sur les droits ou la situation d'autres personnes que les agents chargés, le cas échéant, de les mettre en œuvre. Ont notamment de tels effets ceux de ces documents qui ont un caractère impératif où présentent le caractère de lignes directrices »[5].
Cette évolution permet les recours contre les lignes directrices dont « l'injusticiabilité » a déjà été écornée par la décision Bouygues Telecom. Celle-ci ouvre la voie à la recevabilité des recours pour excès de pouvoir à l'endroit des « lignes directrices par lesquelles les autorités de régulation définissent le cas échéant les conditions dans lesquelles elles entendent mettre en œuvre les prérogatives dont elles sont investies »[6]. Cette décision reste, cependant, dans la droite ligne de celle

[1] CE, Sect., 13 juillet 2016, n° 388150, Ste GDF Suez.
[2] CE, 19 juillet 2019, n°426389, Ste GDF Suez,
[3] CE, Sect., 12 juin 2020, n°418142, GISTI, Lebon. Le recours porte sur une « note d'actualité » émise par la direction centrale de la police aux frontières qui préconisait aux agents de rejeter la validité de tout acte de naissance guinéen, en raison d'un système de fraude généralisé dans ce pays.
[4] C. MALVERTI, C. BEAUFILS, « La littérature grise tirée au clair », Chronique de jurisprudence du Conseil d'Etat, *AJDA*, n° 25/2020, p. 1407.
[5] *Ibid.*
[6] CE, 13 décembre 2017, n° 401799, Ste. Bouygues Télécom, Lebon.

concernant Fairvesta-Numericable, en ce qu'elle satisfait aux deux conditions de produire des effets notables et émaner d'une ARN. Or, comme l'indique le rapporteur dans l'affaire GISTI :« En résulte, en matière de lignes directrices, une solution asymétrique : dans le champ de la jurisprudence Fairvesta-Numéricable, c'est-à-dire lorsqu'elles émanent d'autorités de régulation, elles peuvent faire l'objet d'un recours pour excès de pouvoir ; hors de ce champ, elles demeurent, dans le cadre de la jurisprudence Duvignères, inatteignables à une telle action. »[1]

L'arrêt du Conseil d'Etat du 19 juillet 2019, dans l'affaire Le Pen[2], écarte le critère « autorité de régulation » et élargit la possibilité d'un recours pour excès de pouvoir à propos d'actes venant de toute autorité administrative. On notera que le rapporteur précité considère qu'outre le critère de l'autorité de régulation, l'arrêt Mme Le Pen fait sauter « la digue du critère de l'impérativité de la jurisprudence Duvignères, puisqu'elle a emporté, hors du champ de la régulation, l'idée qu'un acte peut faire grief même s'il ne produit pas d'effet juridique direct et certain ». La décision dans l'affaire GISTI fait indéniablement évoluer de façon sensible la jurisprudence concernant les recours possibles contre les actes non décisoires et, partant, pour tout ce qu'il est commun d'appeler le droit souple.

Il est fort possible que si une telle jurisprudence avait été établie au début des années 2000, elle aurait eu une forte influence restrictive sur la capacité de la CRE à user de manière extensive du droit souple.

B- La diversité des actes de droit souple de la CRE entre démarche pragmatique et essais de rationalisation

Si la CRE a usé du droit souple en maintes occasions, elle l'a fait dans une première période de manière pragmatique. Elle a ensuite cherché à théoriser une pratique, dont nous présentons quelques exemples significatifs, avec un développement particulier sur la gestion de clients en contrat unique .

1- Une démarche pragmatique

La CRE pratique, depuis l'origine, une grande diversité d'actes de droit souple, le plus souvent sous la forme de délibérations intitulées

[1] CE, n° 418142, GISTI, G. ODINET, rapporteur public, conclusions.
[2] CE,19 juillet 2019 n° 426389, Mme Le Pen.

communications, parfois recommandations ou positions ; « elle [la CRE] a recouru aux libertés que lui donne la loi [...] en inventant une catégorie de délibération baptisée « communications de la CRE » qui peut s'avérer utile aux opérateurs pour guider leur action »[1]. Son objectif est de bénéficier d'une grande liberté dans l'expression et d'une réelle souplesse. Ce que développe son directeur juridique : « le rôle du régulateur n'est pas de figer les positions et les règles juridiques applicables. Sa volonté n'est pas d'ajouter de la règlementation à un corpus déjà passablement abondant dans un secteur où l'élaboration des règles de droit procède plus par sédimentation que par simplification [...]. C'est pourquoi la CRE marque une très forte inclination à l'adoption de communications »[2]. Toutefois, du fait de la pluralité des actes en question, le cadre des seules délibérations est nécessairement dépassé. Ainsi, une grande part des documents émis par la CRE est susceptible, en fonction de leur contenu, de relever du droit souple. Ce peut être le cas des rapports, avec fondement légal – comme les rapports annuels d'activité, les rapports sur le respect des codes de bonne conduite –, ou le fait de certains articles parus dans la revue de la CRE (*Décryptage)*, ou enfin des communiqués de presse, parmi lesquels on différenciera ceux ayant fait l'objet d'une délibération du collège de ceux sans délibération préalable. Il convient d'ajouter les délibérations relatives aux travaux des instances de concertation sur le fonctionnement du marché de détail de l'électricité et du gaz naturel [3] (voir *infra* section 3).

2- Un essai de rationalisation

Le foisonnement est d'ailleurs tel que la CRE décide en 2008, la création d'un groupe de travail sur le droit souple[4] (à l'époque *soft law*), dont les objectifs sont multiples et ambitieux : recenser les actes émanant de la CRE, ou élaborés sous son égide, constituant des

[1] Th. TUOT, « La loi du 10 février 2000 un an après l'installation de la régulation du marché électrique », *CJEG* 2001, chron., p. 54.

[2] M.-S. DE MONSEMBERNARD « La commission de régulation de l'énergie : la transition vers le marché ouvert de l'électricité », *JCPE*, n°3, 2004, p. 12-17.

[3] « C'est notamment dans le cadre de groupes de travail que la CRE, après une large concertation, émet des documents de *soft law* », Groupe de travail *soft law, rapport de la CRE,* p. 10.

[4] Le Groupe s'est réuni à plusieurs reprises dans les locaux de la CRE : les 20 mars, 17 avril, 5 juin, 3 juillet, 18 septembre, 13 novembre et 15 décembre 2009.

documents de *soft law* à valeur normative ; établir une typologie de ces « normes » permettant d'en apprécier la valeur juridique et le degré de contrainte éventuel selon les acteurs ; établir les procédures de validation et de diffusion de ces « normes », de manière à en renforcer l'effectivité auprès des acteurs de marché de l'énergie ; observer quel degré de crédibilité et de force contraignante était réservé par les juridictions civiles, commerciales et administratives à ces « normes » de *soft law*[1]. C'est aussi la première expression d'une réflexion sur une pratique peu ou pas théorisée jusqu'alors au sein de la CRE. La *soft law* est définie comme « une action de la CRE, le plus souvent une délibération du collège, ne se rattachant pas directement à l'exercice par la CRE de ses pouvoirs de proposition, de règlement supplétif, de saisine et avis, d'approbation, de décision ainsi que de règlement de différend ou de sanction, et à laquelle le régulateur attache un degré de contrainte acceptée, subi et, en tous les cas, appliqué par la plupart ou la totalité des parties prenantes concernées »[2].

Au travers d'un éditorial de *Décryptage,* la CRE revendique même le fait d'être en pointe sur ce thème et en défend l'utilité : « Les actes de *soft law* de la CRE peuvent servir de référence aux acteurs. Ils constituent une alternative à une régulation sectorielle classique, par nature plus lente à évoluer. Ils permettent à la CRE d'encadrer des pratiques qui, bien que non sanctionnées par le juge, seront respectées par les acteurs »[3]. Cette perception n'est pas nécessairement partagée par tous ses partenaires, comme en témoignent les auditions réalisées par le Groupe de travail. Chez les opérateurs historiques EDF et GDF-Suez, la prudence, sinon la méfiance, prévalent. EDF s'interroge sur « la légitimité de la CRE à s'aventurer au-delà de son pouvoir réglementaire afin 'd'imposer' des normes à un opérateur. [...] Il s'agit d'un élargissement du pouvoir normatif du régulateur, avec un risque d'arbitraire sur les limites de ce pouvoir »[4]. Pour le directeur juridique de GDF-Suez, « le caractère normatif de la soft law est lié à son acceptation volontaire par les membres participants aux différents groupes de travail », ce qui soulève effectivement la question de

---

[1] Lettre de mission du président de la CRE au directeur juridique, créant le groupe de travail *soft law*.

[2] Groupe de travail *soft law, rapport de la CRE,* p. 6.

[3] *Décryptage* n° 10, juillet-août 2010, « La CRE à la pointe de la *soft law* », p. 5.

[4] V. LOY, responsable du pôle Droit public et environnement à la Direction juridique d'EDF, *verbatim*, audition du 13 novembre 2009, Groupe de travail *Soft Law, Rapport de la CRE,* p. 31.

l'acceptation comme principe de l'utilisation de la *soft law.* En l'occurrence les groupes de travail, auxquels il est fait allusion, sont ceux organisés par la CRE pour l'ouverture du marché (voir *infra* section 3).

Il ressort des débats qu'il n'était pas toujours aisé de classer certains documents qui ne relevaient pas de façon indiscutable de la *soft law,* mais plutôt d'une zone grise entre *soft law* et droit dur. Le groupe considère, par exemple, en accord avec le directeur juridique de GDF-Suez, qu'en matière de codes de bonne conduite et de respect de l'indépendance, on se situe dans une zone intermédiaire, du fait de la coexistence de préconisations et d'un fondement législatif [1]. Le directeur juridique de GDF-Suez indique que « même si une norme de *soft law* n'est pas automatiquement appliquée, elle est considérée comme une interprétation, un éclairage par l'entreprise » [2].

L'une des difficultés pour un opérateur historique, comme EDF, à accepter cette pratique de *soft law*[3] provient d'un sentiment de dépossession : « la CRE élabore de la « *soft law* » [...] elle a, en ce sens, repris l'élaboration de normes, qui, lorsque le monde de l'énergie vivait sous le régime du monopole, était dans une très large mesure l'apanage des établissements publics industriel et commercial ' historique', issus de la loi de nationalisation du 8 avril 1946 »[4]. Ce que développe la responsable juridique, au sein du groupe EDF, en déclarant que la *soft law* « est désormais élaborée par un organe extérieur à EDF ce qui

---

[1] « La Commission de régulation de l'énergie publie chaque année un rapport sur le respect, par les gestionnaires de réseaux de transport et de distribution d'électricité et de gaz, des codes de bonne conduite ainsi qu'une évaluation de l'indépendance des gestionnaires de ces réseaux. Elle propose, en tant que de besoin, au gestionnaire concerné, des mesures propres à garantir son indépendance », art. L. 134-15 Code de l'énergie.

[2] « Par exemple, sur la séparation entre maison-mère et filiale chargée de la gestion du réseau, l'opérateur consultera les rapports sur le respect des codes de bonne conduite et d'indépendance établis par la CRE. Cela constitue en quelque sorte de la *soft law* préventive » P. LOMBART, dir. juridique de GDF-Suez, *verbatim*, audition du 9 juin 2009, Groupe de travail *Soft Law*, *Rapport de la CRE,* p.30.

[3] Voir les critiques exprimées par EDF lors de son audition devant les rapporteurs Ch. VANNESTE et R. DOSIERE pour le rapport d'information fait au nom du Comité d'évaluation et de contrôle des politiques publiques sur les autorités administratives indépendantes, *Les autorités administratives indépendantes : pour une indépendance sous la garantie du Parlement,* Tome 2, *op. cit.*, 28 octobre 2010.

[4] R. COIN, « La régulation du secteur de l'énergie en France à l'heure de l'ouverture totale du marché », Th. REVET, L. VIDAL (dir.), *Annales de la Régulation* vol. 2 (2009), IRJS Edition, p. 669.

suscite sa réserve et pose la question des limites à ce qui peut être perçu comme une intrusion de la CRE »[1]. L'utilisation de la *soft law* permet au régulateur d'ouvrir un large champ à la régulation, pas expressément prévu par les textes législatifs et règlementaires, et prend une place primordiale dans son action pour l'ouverture du marché.

3- Expressions révélatrices de la diversité des actes de droit souple de la CRE

La diversité des actes de droit souple employés par la CRE rend illusoire la constitution d'une liste exhaustive, aussi on ne reprendra, ci-après, que quelques exemples les plus significatifs. La CRE produit de nombreux actes de droit souple en traduisant la loi initiale de 2000 de manière toujours favorable à l'ouverture du marché. Il s'agit de communications, ou de recommandations, où l'« acte de régulation » est plus « qu' un acte invitatif » et « informel »[2] et définit les contours de ce que devrait être la loi en fonction des directives européennes, et de la vision de la CRE d'un marché libéralisé. Ces actes ne résultent pas, nécessairement, d'un processus de concertation et illustrent que c'est « bien la confiance dans la norme édictée et sa fidèle application par le régulateur, qui se profile et qui fondera sa légitimité »[3] . Cette approche audacieuse est, parfois, consacrée par une modification législative, mais ne suscite pas, ou peu, de recours.
L'étude quasi exhaustive des actes ressortant du droit souple, c'est-à-dire environ deux cents délibérations de la CRE en 20 ans, met en évidence des différences notables entre la première période de l'ouverture du marché et la fin des années 2010 et début 2020. Le pouvoir décisoire de la CRE s'étant sensiblement étoffé, le recours au droit souple s'avère de moins en moins indispensable, mais reste utilisé pour des sujets nouveaux. Elle met également en exergue un profond contraste entre ces deux périodes en matière de contentieux. Il est, en effet, frappant que sur l'ensemble de ces délibérations il y ait eu aussi peu de recours pour excès de pouvoir, alors qu'avec la jurisprudence actuelle nombre d'entre elles seraient désormais perçues comme pouvant faire grief.

---

[1] V. LOY, dir. Juridique d'EDF, *verbatim*, audition du13 novembre 2009, Groupe de travail *Soft Law, Rapport de la CRE,* p. 32.
[2] L. CALANDRI, *Recherche sur la notion de régulation en droit administratif français*, *op. cit.*, p. 37.
[3] C. BOITEAU, « L'entreprise régulée », *op. cit.*

Sa première « communication » du 18 mai 2000[1] sur l'ouverture du marché français de l'électricité suscite plusieurs commentaires de la doctrine. P.A. Jeanneney[2] la décrit ainsi : « sur l'ouverture du marché français de l'électricité, cette communication interprète de façon très constructive l'article 22 de la loi du 10 février 2000 sur l'électricité relatif à la durée minimale des contrats conclus entre fournisseurs d'électricité et les clients éligibles, en affaiblissant la contrainte que fait porter cette disposition sur les nouveaux entrants » [3]. Cette appréciation reflète assurément la voie suivie, au cours de cette période par la CRE : optimiser responsabilités et pouvoirs en utilisant le silence de la loi, ou en définissant ses propres règles.

Cette démarche n'est d'ailleurs pas propre à la CRE, mais est adoptée par plusieurs autres autorités de régulation comme l'ARCEP (auparavant ART) ou le Conseil des marchés financiers.

La loi du 10 février 2000, à l'article 22 9 III, impose aux entreprises d'électricité de conclure des contrats d'approvisionnement d'une durée

---

[1] *Communication de la CRE sur l'ouverture du marché français de l'électricité 18 mai 2000* : « Tous les producteurs de l'Union européenne existant ou qui s'installent peuvent commencer aujourd'hui à prospecter les clients éligibles sans restriction, pour leur offrir la fourniture répondant à tout ou partie de leurs besoins. L'exigence législative (III, art.22) de conclure ces contrats de fourniture « dans un cadre contractuel » d'une durée minimum de trois ans doit être interprétée comme imposant que les clauses contractuelles essentielles (conditions générales de vente, caractéristiques techniques ...) soient garanties pour trois ans. En aucun cas, elles n'imposent que les parties soient contraintes à une clause d'exclusivité pour trois ans, soient empêchées de résilier le contrat durant ces trois années, soient obligées de se fournir pour cette durée, ou que les conditions de prix ou de quantité soient déterminées pour cette période ».

[2] P.-A. JEANNENEY, « Le régulateur producteur de droit », in M.-A. FRISON-ROCHE. (dir.), *Règles et pouvoirs dans les systèmes de régulation,* vol. 2, Presses de Sciences Po-Dalloz, coll, « Droit et économie de la régulation », 2004, p. 47.

[3] « Tous les producteurs de l'Union européenne existant ou qui s'installent peuvent commencer aujourd'hui à prospecter les clients éligibles sans restriction, pour leur offrir la fourniture répondant à tout ou partie de leurs besoins. L'exigence législative (III, art.22) de conclure ces contrats de fourniture « dans un cadre contractuel » d'une durée minimum de trois ans doit être interprétée comme imposant que les clauses contractuelles essentielles (conditions générales de vente, caractéristiques techniques ...) soient garanties pour trois ans. En aucun cas, elles n'imposent que les parties soient contraintes à une clause d'exclusivité pour trois ans, soient empêchées de résilier le contrat durant ces trois années, soient obligées de se fournir pour cette durée, ou que les conditions de prix ou de quantité soient déterminées pour cette période », *CRE, communication du 18 mai 2000 sur l'ouverture du marché français de l'électricité*.

minimum de trois ans, interdisant, de ce fait, l'approvisionnement sur les marchés spot de l'électricité, dont la particularité repose sur des relations contractuelles de court terme. L'objectif de cette mesure est de privilégier les relations contractuelles de long terme au profit de l'opérateur historique, et peut s'analyser comme une mesure de protection au bénéfice d'EDF, en créant une discrimination envers les opérateurs qui souhaitent s'approvisionner dans des conditions de flexibilité sur le marché électrique.
La CRE n'hésite pas à souligner l'incompatibilité de la loi du 10 février 2000 avec la directive 96/92 du CE[1] et à en tirer les conséquences « en conseillant aux opérateurs de laisser les dispositions légales inappliquées »[2]. Les opérateurs suivent son interprétation, alors qu'elle contredit la loi de 2000.
La loi de 2003 prend acte de la non-conformité de la disposition en cause avec la directive, et supprime l'obligation de la durée minimum des contrats d'approvisionnement en électricité, considérant que cette disposition est inadaptée à un marché libéralisé.
La communication de la CRE sur la liberté du négoce d'électricité constitue un autre exemple topique des actes de droit souple favorisant l'ouverture du marché. La loi du 10 février 2000 « n'a fait qu'une place très restreinte au négoce »[3], et il faut « les ressources conjuguées de l'interprétation téléologique, de l'acte clair et des principes communautaires »[4] pour justifier l'adoption d'une position favorable à la pleine liberté du négoce d'électricité. Ces ressources, la CRE les utilise dans sa communication relative à la liberté du négoce d'électricité du 6 septembre 2001[5]. Les prises de position ont révélé les oppositions entre la CRE et la Direction du gaz électricité et charbon (DIGEC au sein de la DGEMP), aussi le régulateur effectue un véritable plaidoyer pour démontrer qu' « aucun texte n'interdisant directement ou

---

[1] La Commission mettait la France, le 13 juin 2000, en demeure de transposer correctement la directive ; elle considérait que la durée minimale de trois ans constituait « un obstacle manifeste à la libre circulation de l'électricité et à la prestation de services d'électricité », et disposait « que toute limitation est un obstacle à l'ouverture à la concurrence », *Europe Energie*, n° 562, 30 juin 2000, p. 16.
[2] *Ibid.*
[3] N. CHARBIT, « L'ouverture du négoce d'électricité, exercice d'interprétation constructive », *Recueil Dalloz*, 2001, p. 2962.
[4] *Ibid.*
[5] CRE, *Communication relative à la « Liberté du négoce d'électricité »*, 6 septembre 2001.

indirectement le négoce, la liberté de cette activité doit s'exercer pleinement au nom de la liberté du commerce et de l'industrie »[1]. La CRE évoque dans sa démonstration « la théorie de l'acte clair, qui constitue un rappel du primat de la loi et conduit à favoriser une interprétation textuelle »[2].

La démarche est caractéristique du droit souple par le raisonnement à vision finaliste d'interprétation de la loi. Le Conseil d'Etat, interrogé par le ministre en charge de l'industrie, suit un raisonnement différent. Il estime que l'article 22 de la loi n'est pas clair, et se réfère alors, contrairement à la CRE, aux travaux législatifs préparatoires. Le Conseil en tire la conclusion que le IV de l'article 22 est issu d'amendements parlementaires et que « leurs auteurs, avec l'accord du Gouvernement, ont entendu réserver l'activité de négoce aux seuls producteurs déterminés par la loi ». Le Conseil d'Etat ajoute, cependant, que « cette situation crée une forme de discrimination à l'encontre des opérateurs français et pourrait les inciter à s'établir hors de France pour se livrer à des activités de négoce ». Il en conclut que « seule une modification législative pourrait remédier à cette discrimination »[3].

La loi du 3janvier 2003 relative au marché du gaz autorise, en conséquence, le négoce d'électricité sans le limiter aux seuls producteurs. Le législateur suit ainsi le Conseil d'Etat mais valide, également, *a posteriori*, les dispositions prises par la CRE, en modifiant l'article 22[4], ce qui confirme une forme de pouvoir normatif indirect de la CRE.

Cette capacité lui vaut, néanmoins, de fortes critiques, quelques années plus tard, lors de la discussion de la loi du 7 décembre 2006[5] par son rapporteur : « Quand la loi de 2000 a interdit l'activité de négoce, il n'appartenait pas à la CRE de critiquer cette disposition »[6].

La CRE utilise cette forme de délibération pour un grand nombre de sujets au cours des premières années de l'ouverture du marché. Outre les deux exemples évoqués, particulièrement caractéristiques, d'autres sujets sont traités de la sorte par la CRE. On peut citer la dissociation comptable que doit réaliser les opérateurs intégrés intervenant dans le

---

[1] *Ibid.*

[2] N. CHARBIT, *op. cit.,* p. 2063.

[3] CE, avis, 15 octobre 2002, n° 368.246, Section des Travaux Publics.

[4] Notamment en son article 50. Loi n°2003-8 du 3 janvier 2003 précitée.

[5] Loi n°2006-1537 du 7 décembre 2006 relative au secteur de l'énergie.

[6] J.-C. LENOIR, rapporteur de la loi.

secteur de l'électricité, et dont la première recommandation date de juillet 2000[1]. Le régulateur y fait preuve d'une grande fermeté, en précisant « que les recommandations formulées par la Commission visent à permettre d'atteindre les objectifs de transparence, de non-discrimination, et d'interdiction de toutes subventions croisées. La Commission examinera les propositions des opérateurs au regard de ces objectifs qui prévaudront sur toute interprétation des principes proposés qui s'avérerait en contradiction avec eux ». Elle ajoute, toutefois, que « Cette recommandation est formulée à titre strictement indicatif et n'a pas la portée d'une décision au sens de l'article 37 § 6 de la loi ». Une telle précision, juridiquement fondée, peut toutefois prêter à sourire si on la met en parallèle avec l'affirmation précédente[2]. Sur le plan théorique, c'est un exemple intéressant de la dissociation de la sanction juridique de l'effectivité[3], car ces recommandations sont dans l'ensemble suivies.

Un autre exemple intéressant concerne le responsable d'équilibre. Nous sommes encore dans le tout début de la régulation, et la CRE prend une délibération sur les modifications souhaitables au mécanisme de responsable d'équilibre[4]. On y trouve l'ensemble du vocabulaire classique du droit souple : « la CRE souhaite, la CRE demande », mais aussi des expressions plus impératives qui traduisaient le rôle que la CRE comptait assumer : « RTE rendra compte à la CRE… ».

Afin d'illustrer une gradation de l'impérativité dans l'expression des communications, celle relative à l'information des utilisateurs du réseau

---

[1] Recommandation de la Commission sur la dissociation comptable, 12 juillet 2000. Il convient de préciser que la CRE disposait d'une « fonction de veille » (sémantique issue de son règlement intérieur) sur ce sujet, fondée sur l'article 25 de la loi du 10 février 2000 modifiée.

[2] « La CRE a nettement différencié ses « recommandations » des décisions qu'elle peut par ailleurs prendre. Elle a ainsi énoncé, lors de l'adoption de sa première recommandation (…) sur la dissociation comptable : 'cette recommandation […] n'a pas la portée d'une décision au sens de l'article 37 § - de la loi' », L. CALANDRI, *op. cit.*, p.184.

[3] « La *soft law* s'entend, elle, certes aussi comme un 'modèle de conduite' mais un modèle se bornant à 'inviter ses destinataires à adopter certains comportements' » B. LAVERGNE, *Recherche sur la soft law, op. cit.*, p.136 et voir C. THIBIERGE, « Au cœur de la norme : le tracé et la mesure. Pour une distinction entre normes et règles de droit », *APD,* t. 51, Dalloz, 2008, p. 341.

[4] *Communication de la CRE sur les modifications souhaitables au mécanisme de responsable d'équilibre, 19 juillet 2001.*

public de transport d'électricité[1] est particulièrement instructive. Elle est insolite du fait de sa forme, car, sans savoir s'il s'agit d'une erreur de présentation ou d'une volonté, cette communication apparaît sous le sigle du président de la CRE sans référence au collège. Elle est singulière, en tout cas à ce stade, par les formules employées. La communication indique en plusieurs occasions que « la CRE demande » en ajoutant, à plusieurs reprises, une date impérative : « la CRE demande à RTE de publier sur son site internet avant le 31 octobre 2002... ». Si P. Sablière qualifiait le pouvoir de recommandation de la CRE de pouvoir « quasi-réglementaire »[2], cette communication ne s'inscrit pas, formellement, dans ce cadre. « La notion de « rédaction impérative » ne va pas sans soulever quelques interrogations, une forme impérative pouvant être nuancée par le caractère flou ou général des prescriptions apportées »[3]. En l'occurrence, il n'y avait rien de flou dans ces demandes avec dates butoirs. A la vue de cet énoncé on pourrait s'interroger sur l'appartenance de ce type d'actes de droit souple à la catégorie d'acte administratif unilatéral non décisoire, car l'impérativité qui en émane peut en faire douter. Or, s'il s'agit bien de la manifestation d'une volonté unilatérale, issue d'une autorité administrative, « cette volonté est imparfaite en ce qu'elle ne paraît pas assurée d'une pleine effectivité, normalement assurée par le couple obligation/sanction »[4]. L'effectivité de la demande réside dans le rapport entre l'auteur et le destinataire et, en l'occurrence, la qualité d'expertise économique de la CRE confère à ses recommandations à l'égard du gestionnaire du réseau de transport une réelle force.

Dans un autre registre, la CRE sait rappeler aux opérateurs, dans le cas des nouveaux contrats d'accès aux réseaux, qu'elle veillera à l'application de leurs dispositions au besoin des demandeurs à « l'occasion des règlements de différends »[5].

L'exemple de la délibération relative aux offres d'accès des tiers au stockage souterrain de gaz naturel[6] constitue une autre bonne

---

[1] *Communication sur l'information des utilisateurs du réseau public de transport d'électricité, 20 juin 2002.*

[2] P. SABLIERE, *Droit de l'électricité*, 2003, Dalloz, p. 1402.

[3] Ch. GUENOD, *op. cit.*, p. 182.

[4] B. LAVERGNE, *Recherche sur la soft law, op. cit.*, p. 200.

[5] *Communication de la CRE sur les nouveaux contrats d'accès aux réseaux*, 24 octobre 2002.

[6] *Communication de la CRE du 16 février 2005 relative aux offres d'accès des tiers aux stockages souterrains de gaz naturel.*

illustration d'une communication sans pouvoir normatif, mais qui s'appuie sur des règles en cours de discussion au niveau européen entre régulateurs préconisant un certain nombre d'améliorations précises des offres des opérateurs de stockage. En cette occasion, encore, elle rappelle les responsabilités que la loi lui donne en matière de règlements de différends.

Plusieurs communications se situent à l'intersection avec l'activité des groupes de travail mis en place par la CRE pour l'ouverture du marché (GTE, GTG), sur lesquels nous revenons dans la section suivante. Ce mélange des genres permet à la CRE de délibérer sur des communications évoquant le travail des groupes précités et sur de nouvelles demandes avec des dates précises. Telle est la communication dans le secteur du gaz du 25 septembre 2008[1]. Elle porte sur le remplacement du système informatique du gestionnaire de réseau de distribution en gaz, outil essentiel dans le cadre de l'ouverture du marché. La communication se termine par « la CRE fait connaître ses demandes et ses recommandations », dont la liste, avec les dates d'échéance, suit. Afin que tout soit parfaitement clair, s'il en était besoin, un tableau récapitulatif des demandes, de l'opérateur responsable et de la date d'échéance, se trouve en annexe de la délibération.

Les questions relatives au comptage intelligent sont abordées ci-dessous (voir section 3), mais on peut, dès à présent, citer les communications ayant trait aux *smart grids*. Sujet dont la CRE s'est emparée de sa propre initiative dès 2010[2]. Comme on peut le lire sur son site dédié aux réseaux intelligents[3], « le régulateur a intégré le sujet des *smart grid*s dans ses activités de régulation ».

Le sujet est topique d'une démarche d'auto-saisine par la CRE d'un thème qui allait devenir majeur. Après avoir organisé un colloque, elle organise des forums réguliers avec un très large panel d'intervenants, estimant qu'au développement des « *smart grids* » doit répondre une

---

[1] *Délibération de la CRE du 25 septembre 2008 sur le système d'information de gestion de l'acheminement et des processus client de Gaz Réseau Distribution France (GRDF) et sur la séparation des systèmes d'information du fournisseur GDF Suez et de GRDF.*

[2] J- M. CHEVALIER, Ph. DE LADOUCETTE (dir.), *L'électricité du futur un défi mondial,* Ed. Economica, Paris 2010, 196 p.

[3] Dans le cadre de la démarche d'information et de partage d'expertise sur les réseaux intelligents depuis 2010, la CRE a créé en 2011 un site Internet collaboratif dédié aux *smart grids*.

« *smart regulation* »[1]. La première délibération portant communication sur le développement des réseaux intelligents intervient en janvier 2014, après quatre ans de « réflexion sur l'évolution des réseaux électriques vers les *smart grids*. Tout au long de sa démarche, elle a associé les différents acteurs des *smart grids* en France : animation d'un site Internet et organisation de forums consacrés à ce thème, rencontre des collectivités territoriales en région et organisation d'ateliers de travail thématiques »[2]. Le régulateur annonce qu'il va définir, au cours de l'année, des orientations à destination des acteurs régulés et des recommandations d'évolution des cadres juridiques, techniques et économiques pour le développement des réseaux électriques intelligents en basse tension. Ce que la CRE fait six mois plus tard dans une délibération « portant recommandations » pour le développement des réseaux électriques intelligents[3]. Ces recommandations, qui s'étendent sur quatre-vingt-huit pages, sont assez directives, puisqu'elles demandent aux gestionnaires de réseaux de « présenter une feuille de route de mise en œuvre des recommandations qui les concernent pour le 1er novembre 2014 », selon un langage inspiré de celui employé par la Commission européenne.

Le document mériterait d'être étudié en détail, ce qui n'est pas l'objectif ici, car il cumule un nombre frappant de recommandations (44) avec toutes les nuances possibles, y compris les différentes modifications législatives et réglementaires[4] nécessaires pour permettre le développement des expérimentations, la prise en compte des installations de stockage d'électricité, le développement des bornes de

[1] « Nous sommes confrontés aux différents défis que doivent relever les réseaux actuels : l'intégration massive de la production d'énergies renouvelables, décentralisées et de nature intermittente, le développement des véhicules électriques, et, enfin, la maîtrise de la demande d'énergie qui permet au consommateur de devenir acteur. Le seul moyen d'y répondre est d'aller vers des réseaux plus intelligents. Le déploiement de tels réseaux impliquera de ce fait bien plus de parties prenantes qu'aujourd'hui. Aux *smart grids* devra répondre une « *smart régulation* », président de la CRE, *Décryptage* n ° 21, novembre-décembre 2010, p. 9.

[2] *Délibération de la CRE du 30 janvier 2014 portant communication sur le développement des réseaux électriques intelligents en basse tension.*

[3] *Délibération de la CRE du 12 juin 2014 portant recommandations sur le développement des réseaux électriques intelligents en basse tension.*

[4] Six recommandations sont des propositions d'évolution réglementaire, à traiter par l'administration en charge de l'énergie, ou liées à des aspects normatifs ; trois recommandations sont des propositions d'évolution législative, à traiter par les parlementaires.

recharge pour les véhicules, l'autoconsommation, la question de la mise à disposition des données des gestionnaires de réseau de distribution et bien d'autres sujets[1].

---

[1] Quelques exemples des recommandations synthétisées pp. 67-75 de la délibération précitée. « Recommandation n° 18 : La CRE est favorable à ce que les installations de production décentralisées puissent participer au réglage de la tension par l'absorption de la puissance réactive. La CRE propose ainsi la suppression de l'article 9 de l'arrêté du 23 avril 2008, afin de permettre aux installations de production raccordées en basse tension d'absorber de la puissance réactive. Recommandation n° 16 : La CRE recommande une évolution des conditions de valorisation de l'énergie produite à partir d'énergie de sources renouvelables dans le sens d'une reconnaissance de la valeur économique de l'énergie autoproduite, définie comme la part de la consommation couverte par l'électricité produite au même point de connexion et au même moment. Elle recommande l'adoption de modifications du cadre juridique actuel pour permettre une telle valorisation selon les principes suivants : - la prime à l'autoproduction devrait être définie en cohérence avec le niveau des tarifs d'obligation d'achat de l'électricité produite. Elle doit, notamment, ne pas conduire à une rémunération excessive des capitaux engagés et ne doit pas inciter l'utilisateur à augmenter artificiellement sa consommation pour bénéficier de la prime à l'autoproduction
- les utilisateurs devraient être incités à augmenter le synchronisme entre production et consommation au-delà du niveau de synchronisme « de base » entre production et consommation au niveau d'un même point de connexion pour refléter les économies de coûts de réseau ;
- le dispositif retenu devrait diminuer ou, a minima, ne pas augmenter le surcoût d'achat supporté actuellement par les acheteurs obligés ;
- les modalités économiques du dispositif devront être adaptées dans le cas des zones non-interconnectées au réseau métropolitain continental.
Préalablement à la définition de ce nouveau dispositif, il conviendra d'anticiper et de traiter des impacts de celui-ci sur la fiscalité. En particulier, l'impact de l'autoproduction sur les taxes assises sur la part variable de la facture d'électricité devrait être neutralisé dans la mesure où les autoproducteurs ne réduisent pas leur consommation, mais uniquement leur consommation transitant par le réseau.
Recommandation n° 7 : La CRE rappelle que les gestionnaires de réseaux de distribution sont tenus de communiquer un certain nombre de données avec les autorité organisatrices de la distribution de l'électricité en application notamment de l'article L. 2224-31 du Code général des collectivités territoriales. La CRE demande aux gestionnaires de réseaux de distribution d'étudier la mise en place d'interfaces visant à mettre à disposition dynamiquement des autorités organisatrices de la distribution de l'électricité les données collectées sur les réseaux qu'ils sont tenus de communiquer.
La CRE demande aux gestionnaires de réseaux de distribution d'étudier la mise en place d'interfaces visant à mettre à disposition dynamiquement de toute personne le souhaitant les données librement communicables. L'étude devra s'intéresser aux modalités de mise à disposition du public des données librement communicables, telles que les données patrimoniales, dans le respect des secrets protégés par la loi. »

La délibération portant communication du mois de février 2015[1] permet à la CRE d'établir un bilan positif de ses demandes à l'égard des gestionnaires de réseaux, puisque tous ont « transmis, au mois de novembre 2014, des feuilles de route de mise en œuvre des recommandations qui les concernent ». Ces feuilles de route sont assorties d'un calendrier qui, pour certaines actions, vont jusqu'en 2020. La CRE demande aux gestionnaires de réseaux de lui transmettre chaque 1er novembre l'avancement de la mise en œuvre des feuilles de route. En 2016, dans une communication qui ajoute de nouvelles recommandations, elle tire un bilan de ce qui a été réalisé. Le contexte est cependant différent, car, si tout ce qui précède s'accomplit sans base juridique précise, la loi n°2015-992 du 17 août 2015 relative à la transition énergétique pour la croissance verte aborde plusieurs des sujets traités par la CRE depuis quelques années. Ainsi, l'article 199 de la loi autorise les collectivités territoriales, pour une période d'expérimentation de quatre ans, renouvelable une fois, à créer un groupement d'acteurs susceptible de proposer au gestionnaire de réseau de distribution un service local de flexibilité sur une portion de réseau en contrainte.

Entre 2017 et 2019, des chantiers spécifiques sont conduits, et se concluent par la publication de rapports et de délibérations sur les thèmes des données[2], de l'autoconsommation[3], du véhicule électrique[4] et du stockage d'électricité[5]. La délibération du 11 juin 2020 porte communication sur le retour d'expériences de ces chantiers, et en approfondit d'autres.

Le droit souple utilisé par la CRE à propos de ces sujets nouveaux débouche sur des traductions législatives au travers des lois du 7 août

---

[1] *Délibération de la CRE du 25 février 2015 portant communication sur le développement des réseaux intelligents.*

[2] Rapport du comité d'études relatif aux données dont disposent les gestionnaires de réseaux et d'infrastructures d'énergie : https://www.cre.fr/Documents/Publications/Rapports-thematiques/Rapport-donnees-gestionnaires-de-reseaux-et-d-infrastructures-d-energie.

[3] *Délibération de la CRE du 15 février 2018 portant orientations et recommandations sur l'autoconsommation.*

[4] Les réseaux électriques au service des véhicules électriques : https://www.cre.fr/Documents/Publications/Rapports-thematiques/Vehiculeselectriques.

[5] Le stockage d'électricité en France: https://www.cre.fr/Documents/Publications/Rapports-thematiques/Le-stockage-d-electricite-en-France.

2015 et du 22 mai 2019 (n° 2019-486), relative à la croissance et la transformation des entreprises, et sur de nombreuses opérations sur le terrain.
La part déterminante de la CRE dans cette évolution, de 2010 à 2020, serait intéressante à étudier de manière approfondie, car il s'agit d'un cas d'école de la manière dont un régulateur qui décide de se doter d'une mission, sans mandat particulier, rencontre une adhésion générale sans aucune critique ni de l'exécutif, ni du Parlement, tout au contraire[1].

4- L'apport du contrôle jurisprudentiel, la gestion de clients en contrat unique

Parmi les nombreux sujets abordés, deux méritent des développements complémentaires en raison de l'apport du contrôle juridictionnel et de leur contribution au marché de l'énergie : celui dit du « contrat unique » d'une part, et celui de l'intégration des effacements diffus d'autre part. Tous deux font l'objet de délibérations de la CRE portant communication. Avant de traiter, en tant qu'illustration d'un acte de droit souple qui devient un acte décisoire, la délibération portant communication sur l'intégration des effacements diffus, nous allons évoquer la délibération de la CRE du juillet 2012, portant communication relative à la gestion de clients en contrat unique.
Cette délibération ouvre, de façon directe et indirecte, une série de litiges concernant toutes les juridictions, dont les propos introductifs du rapporteur public du Conseil d'Etat, le 18 décembre 2020, révèlent l'étendue : « Peut-être son scénario manque-t-il d'une dose de piquant et d'un soupçon de simplicité pour tenir en haleine les amateurs de feuilletons judiciaires, mais l'affaire qui vous est soumise n'en constitue pas moins une véritable saga, qui a connu de multiples rebondissements, dans l'enceinte de la CRE, dans les prétoires de l'île de la Cité, celui de la rue de Montpensier, et même jusqu'au plateau du Kirchberg. »[2]

---

[1] La seule réelle critique émanait de la Cour de comptes, dans son rapport de contrôle, non public, des années 2013 à 2018. La Cour s'y interroge sur la légitimité de la CRE à avoir initier l'ensemble de cette dynamique alors qu'elle se plaignait de manquer de moyens.
[2] CE, Conseil d'État - 9ème - 10ème chambres réunies, séance du 18 décembre 2020, lecture du 31 décembre 2020, n° 416802, 416805, 419231, Société Total Direct Energie, n° 420263 - Société Eni, Conclusions de C. GUIBE, rapporteur public.

La CRE est informée, par courrier du 21 mars 2012, que Direct Energie[1] a engagé des négociations avec ERDF afin de mettre en place « un contrat de prestations de services dit de « gestion de clientèle » et ainsi clore le litige en cours. Le projet de contrat finalisé lui est adressé le 25 juillet 2012.
Le contrat de prestation de services a pour objet d'encadrer les modalités opérationnelles et financières selon lesquelles ERDF verserait au fournisseur « une redevance relative à la gestion de clientèle en contrat unique ». La CRE rappelle qu'elle n'a pas le pouvoir d'approuver un tel projet de contrat, mais qu'il lui appartient de l'examiner en application de l'article L. 131-1 du Code de l'énergie, qui énonce que la CRE « veille, en particulier, à ce que les conditions d'accès aux réseaux de transport et de distribution d'électricité et de gaz naturel n'entravent pas le développement de la concurrence »[2].
La CRE est, alors, confrontée à une question régulatoire délicate, car les conséquences du transfert, jusque-là sans compensation, différent sensiblement selon les acteurs concernés. La situation n'est, objectivement, pas la même entre les nouveaux entrants et les deux opérateurs historiques. Dans un contexte où l'ouverture du marché balbutie, le déséquilibre entre des entreprises ayant hérité de leur période monopolistique un nombre important de clients, les faisant bénéficier d'économies d'échelle, et les nouveaux entrants, qui doivent amortir les coûts transférés sur un petit nombre de clients, peut constituer une forme de barrière à l'entrée. C'est dans cet environnement peu favorable à l'ouverture du marché que la CRE envisage l'hypothèse d'une solution asymétrique, sur laquelle elle saisit le président de l'Autorité de la concurrence afin de recueillir son avis. Dans sa réponse du 11 mai 2012, celui-ci énonce les conditions selon lesquelles une telle solution est envisageable.
La CRE juge que l'ensemble des conditions est rempli et que POWEO-Direct Energie se trouve « dans une situation de 'handicap concurrentiel' compte tenu de sa taille et de l'ouverture récente des marchés de la fourniture de détail de l'énergie ».

---

[1] Le 11 juillet 2012, à la suite de la fusion-absorption de la société Direct Energie par la société POWEO, était créée la société POWEO-Direct Energie, venant aux droits et obligations, d'une part, de la société Direct Energie et, d'autre part, de la société POWEO.
[2] *Délibération de la CRE, 26 juillet 2012, portant communication relative à la gestion de clients en contrat unique.*

La CRE conclut qu'en « l'état des informations qui lui ont été communiquées par les parties, au regard du respect des principes généraux du droit de la concurrence et du Code de l'énergie, les conditions permettant la mise en place d'un dispositif transitoire de gestion de clients en contrat unique pour le compte d'ERDF sont remplies par le projet qui lui a été transmis »[1]. Elle souligne que le même type de contrat pourrait être conclu avec d'autres fournisseurs nouveaux entrants, placés dans une situation comparable à celle de Direct Energie, sous réserve que l'opérateur n'atteigne pas le seuil de 1 750 000 clients finals ayant souscrits un contrat unique en gaz et/ou en électricité. Elle indique, enfin, qu'elle examinera le moment venu la possibilité d'intégrer dans le périmètre des charges couvertes par le TURPE, les montants facturés à ERDF dans le cadre du contrat de prestation de service, ainsi que dans le cadre de tout autre accord du même type.
Cette communication ne suscite guère de réactions au moment de sa publication et il faut attendre deux ans pour qu'ENGIE présente auprès de la CRE une demande de recours gracieux tendant au retrait de la délibération portant communication du 26 juillet 2012. La CRE rejette cette demande, le 10 décembre 2014, en excipant de « l'absence de tout caractère décisoire (de la délibération) et donc insusceptible de faire grief à la société GDF Suez ». Plus encore que la délibération du 26 juillet 2012, il s'agit là de l'élément déclencheur de l'enchaînement juridique et judiciaire qui suivait et qui n'était pas, entièrement, terminé en mars 2022[2].

C- Illustration d'un acte quasi-décisoire : délibération portant communication sur l'intégration des effacements diffus

Le sujet de l'effacement diffus, qui constitue un aspect spécifique des effacements[3], a fait l'objet de nombreux contentieux juridiques,

---

[1] *Ibid.*

[2] L'exposé du sujet nécessitant un développement conséquent, il est présenté dans l'annexe n° 3.

[3] L'effacement est défini à l'article L. 271-1 du Code de l'énergie comme une « action visant à baisser temporairement, sur sollicitation ponctuelle envoyée à un ou plusieurs consommateurs finals par un opérateur d'effacement ou un fournisseur d'électricité, le niveau de soutirage effectif d'électricité sur les réseaux publics de transport ou de distribution d'électricité d'un ou de plusieurs sites de consommation, par rapport à un

d'abondants débats théoriques, de plusieurs délibérations de la CRE et de divers avis et décisions de l'Autorité de la concurrence. Il s'agit d'un sujet, comme pour les tarifs réglementés de vente, pour lequel la CRE, tout comme l'Autorité de la concurrence, ont défendu une approche économique rationnelle et respectant les règles européennes de la concurrence vis-à-vis de l'exécutif, et plus largement du monde politique.
La complexité du sujet, qui est grande, s'est trouvée amplifiée par la nature de l'acte administratif unilatéral édicté, initialement, par la CRE, dans lequel au droit souple se mêle un aspect quasi décisoire (1). Au cours de péripéties contentieuses et de controverses avec l'exécutif et le Parlement, la CRE use de sa capacité d'expertise pour convaincre (2) et éviter un contentieux avec Bruxelles (3).

1- Une communication décisoire ou les ambiguïtés d'un oxymore

L'aspect paradoxal du sujet, pour la CRE, réside en ce qu'elle initie l'expérience et qu'elle se trouve en opposition avec l'un des principaux opérateurs de l'effacement diffus[1], dont le modèle pose de sérieuses questions en termes de concurrence et de conformité au droit européen[2].

---

programme prévisionnel de consommation ou à une consommation estimée ». Plusieurs familles d'effacement peuvent être distinguées sur le plan technique : l'effacement de processus industriels à stocks intermédiaires qui consiste en un décalage d'un poste de consommation à une date ultérieure, donc totalement reporté, en faisant appel à un stock constitué qui permet de ne pas renoncer au bénéfice de la consommation ; l'effacement de processus industriels interruptibles : effacement qui a pour conséquence un renoncement définitif au produit ou à l'utilité d'une consommation ; l'effacement diffus qui fait appel à l'agrégation d'un grand nombre de capacités d'effacements éparses, en particulier sur des sites situés sur les réseaux de distribution, et qui nécessite en conséquence des modalités de valorisation technico-économiques spécifiques en ce que cette catégorie d'effacements soulève des problématiques opérationnelles propres.

[1] La société Voltalis.

[2] L'opérateur revendiquait le droit de revendre sur les marchés, sans avoir à les acheter au préalable, les kWh qu'elle efface (soit, dans les faits, un nombre de kWh égal au nombre de kWh qu'elle efface). Alternativement, elle réclamait une subvention pour chaque kWh effacé. Ce principe concédé le temps d'une expérimentation, plusieurs fois prolongée, sur un marché de niche (le mécanisme d'ajustement) et pour des volumes limités, n'était cependant pas généralisable.

i- Le marché de l'effacement : un marché biface

Le marché de l'effacement constitue un marché « biface », selon la formule de l'Autorité de la concurrence. Ce concept correspond à une mise en relation de deux groupes d'agents pour lesquels le fait d'interagir recèle des gains potentiels, comme c'est le cas entre des acheteurs et des vendeurs[1] : « Dans le cas de l'effacement, un intermédiaire (l'opérateur d'effacement) va, d'un côté, recruter un gisement d'effacement localisé chez des consommateurs d'électricité (industriels, clients tertiaires et particuliers) pour, de l'autre côté, valoriser cet effacement de consommation d'électricité sur un certain nombre de marchés. Les opérateurs d'effacement sont donc directement concurrents des fournisseurs et des producteurs sur ces différents marchés. »[2]

Les effacements peuvent participer au mécanisme d'ajustement, opéré par RTE, afin d'assurer à court terme une exploitation sûre du système électrique (équilibre offre-demande en temps réel, résolution des congestions, notamment), depuis 2003 pour les industriels et 2007 pour l'effacement diffus[3]. Par ailleurs la France, avant l'ouverture du marché, a favorisé l'effacement via des tarifs incitant les consommateurs à réduire leurs consommations lors des périodes de pointe[4].

C'est par une décision du 5 décembre 2007[5] que la CRE ouvre la voie à une expérimentation sur les effacements diffus. La CRE a, en

---

[1] Par exemple des agences immobilières.

[2] Autorité de la concurrence, Avis n° 16-A-22 du 22 novembre 2016 concernant l'effacement de consommation dans le secteur de l'électricité.

[3] Le mécanisme d'ajustement depuis 2003, année de sa création, est ouvert aux entités de soutirage et la CRE a approuvé des règles qui visent à lever progressivement les freins réglementaires et techniques afin de permettre une participation effective : définition de méthodes permettant de mesurer de manière appropriée les effacements réalisés et la participation simultanée avec d'autres mécanismes, abaissement expérimental du seuil de participation…

[4] Il est ainsi estimé qu'en 1997, les tarifs Effacements Jour de Pointe (EJP) représentaient un potentiel d'effacements d'environ 6 GW. *Observatoire de l'énergie électrique,* mai 2019.

[5] La délibération de la CRE du 7 décembre 2007 portait sur les propositions de RTE, élaborées à la suite de la demande de la CRE du 18 juillet 2007 de règles transitoires de mise en œuvre des effacements diffus. La CRE approuvait, alors, les modalités d'une expérimentation dérogeant aux « Règles relatives à la programmation, au mécanisme d'ajustement et au dispositif de responsable d'équilibre » durant une année et précisait que, si le retour d'expérience s'avérait positif, « les règles pérennes

parallèle, invité les acteurs à se concerter sur les modalités de généralisation des effacements diffus. Un groupe de travail, intitulé « intégration des effacements diffus dans le modèle de marché », est créé à cet effet à l'automne 2008. La synthèse des travaux menés au sein de ce groupe de travail est adressée à la CRE et fait l'objet d'une table ronde le 11 juin 2009.

Au-delà de l'intérêt de la démarche et de ses aspects techniques complexes, le profond point de divergence qui apparaît entre d'un côté les opérateurs d'effacement (essentiellement Voltalis) et tous les autres acteurs (RTE, producteurs et fournisseurs) concerne la valorisation économique des offres d'effacement diffus. Ce point bloque la poursuite des travaux du groupe et ses participants se tournent vers la CRE afin d'obtenir des orientations. Dans une première délibération du 18 juin 2009, qui approuve la prolongation de l'expérimentation en cours, selon les mêmes modalités, la CRE annonce qu'elle formulerait « prochainement des recommandations sur les modalités de généralisation et de développement des ajustements diffus, ainsi que sur la valorisation économique des offres d'ajustement diffus. »[1]

Tel est l'objet de la délibération du 9 juillet 2009 : « *Communication sur l'intégration des effacements diffus au sein du mécanisme d'ajustement* ». La CRE recommande que l'opérateur d'effacement rémunère les fournisseurs dont les clients se sont effacés. La portée décisoire de cette recommandation provient de ce qu'elle souligne que « la loi du 10 février 2000 impose » ce versement dans le cadre du mécanisme d'ajustement[2].

Sur la forme, cette « communication » présente un statut hybride entre l'acte administratif unilatéral décisoire et l'acte administratif non décisoire. Les recommandations sont en général considérées comme

---

de mise en œuvre des effacements diffus devraient être approuvées par la CRE préalablement à leur entrée en vigueur. » CRE, *Décision du 5 décembre 2007 relative aux règles transitoires de mise en œuvre des effacements diffus.*

[1] CRE, *Délibération du 18 juin 2009 portant approbation de la prolongation des règles transitoires de mise en œuvre de l'expérimentation relative aux ajustements diffus.*

[2]« La loi du 10 février 2000 impose dans le cadre du mécanisme d'ajustement, que l'opérateur d'effacements diffus rémunère les fournisseurs dont les clients se sont effacés », CRE, *Délibération du 9 juillet 2009, Communication sur l'intégration des effacements diffus au sein du mécanisme d'ajustement 9 juillet 2009.*

des actes de droit souple[1]. P. Sablière propose de les répertorier au sein d'une catégorie intitulée « documents référents » qu'il catégorise en « documents prescriptifs » et « documents descriptifs »[2]. Les recommandations, répertoriées dans les documents prescriptifs, « ne se présentent pas comme contraignants : les recommandations du Conseil européen 'ne lient pas' (article 249 du Traité) »[3].
Il existe donc une réelle question d'énoncé dans cette « communication » où se mélangent recommandation et norme juridique, alors que la technique recommandatoire s'incarne « véritablement au sein d'instruments qui voit leur force obligatoire ne pas être reconnue *a priori* par l'ordre juridique »[4].

ii- Polémique et recours en annulation

La « communication » déclenche de vives réactions, et une rafale de critiques à l'égard de la CRE. Le réseau « Sortir du Nucléaire » ne réclame rien moins que « la dissolution immédiate de la CRE et son remplacement par une structure citoyenne indépendante »[5]. La CRE est accusée de « taxer les économies d'énergie »[6], le ministre d'Etat en

---

[1] M. COLLET, « Le droit fiscal, berceau de la régulation » in TH. REVET, L. VIDAL (dir.), *Annales de la régulation, Volume 2*, IRJS Editions, « Bibliothèque de l'Institut de recherche juridique de la Sorbonne – André Tunc », 2009, p. 40.
[2] P. SABLIERE, « Une nouvelle source de droit », *AJDA*, 15 janvier 2007.
[3] A. DELION, « Régulation : progrès et problèmes, actualisation 2006-2008 », in Th. REVET, L. VIDAL (dir.) *Annales de la régulation, Volume 2*, IRJS Editions, *op. cit.*, p. 17.
[4] B. LAVERGNE, *Recherche sur la soft law en droit public français*, *op. cit.*, p. 171.
[5]« Le Réseau 'Sortir du nucléaire' a exprimé pour sa part 'sa plus grande colère face à la décision sidérante de la CRE qui entend imposer une véritable taxe sur les économies d'énergie' », *L'Obs*, 19 juillet 2009, 16h22.
[6] « La Commission de régulation de l'énergie se trouve au centre d'une polémique après sa décision concernant la société Voltalis, interprétée par les Verts comme 'une taxation des économies d'électricité réalisées par les consommateurs' ». *Les Echos*, Th. MADELIN, 22 juillet 2009.
« Affaire Voltalis-EDF : un conflit plus économique qu'écologique. Depuis qu'elle a rendu une décision sur la société " Voltalis " la CRE est plongée au cœur d'une polémique mettant en cause concurrence, protection de l'environnement et sécurité du système électrique. » *L'Expansion.com* fait le point. J. de la Brosse publié le 24 juillet 2009 à 17h13.
« La polémique enfle autour de Voltalis et de la CRE. La Commission de régulation de l'énergie (CRE) a rendu le 9 juillet une décision visant à taxer la société Voltalis qui permet au consommateur de réaliser une économie d'énergie sans pour autant suspendre la production d'électricité fournie, en particulier, par EDF. Une décision

charge de l'énergie, lui-même, dénonce dans un communiqué[1] « l'existence d'obstacles juridiques et financiers au développement d'offres innovantes d'économies d'énergie »[2]. La question ne réside pas en l'occurrence dans la nature de la délibération de la CRE, mais concerne l'obstacle juridique que constitue l'obligation de versement en vertu de la loi du 10 février 2000, telle qu'elle est énoncée par la CRE.

La polémique manque de rationalité, or le sujet est complexe et peu intelligible. La communication de Voltalis bénéficie de la simplicité de l'argumentation opposée à celle de la CRE, construite sur un

---

très critiquée, autour de laquelle la polémique enfle. Le ministre de l'Ecologie a réagi lundi 20 juillet en se positionnant en faveur de l'environnement, alors que la CRE a été dimanche obligée de justifier sa résolution. », *Easybourse.com*, A. RENARD, publié le 20 juillet 2009.

[1] « Le Grenelle Environnement accorde une priorité aux actions d'économies d'énergie. Ainsi, selon la feuille de route énergétique de la France présentée par Jean-Louis BORLOO le 3 juin dernier, la consommation d'énergie finale devrait, pour la première fois de façon durable, grâce aux mesures du Grenelle Environnement, décroître et représenter, selon les estimations, 167 Mtep en 2020, contre 177 Mtep aujourd'hui. L'économie réalisée par rapport à un scénario tendanciel sans Grenelle Environnement (202 Mtep en 2020) représente 35 Mtep, soit l'équivalent de 40 % de la consommation annuelle de produits pétroliers de la France. Il s'agit là d'une véritable rupture, sans précédent dans l'ère industrielle.

La feuille de route énergétique de la France a cependant mis en évidence la nécessité d'intensifier les efforts pour maîtriser la consommation de pointe d'électricité. Jean-Louis BORLOO a donc annoncé le 3 juin dernier la mise en place d'un groupe de travail, associant l'ensemble des parties prenantes, dont la mission sera de formuler des propositions sur ce sujet. Ce groupe de travail devra notamment identifier la façon de favoriser les offres d'effacement en période de pointe.

Par une délibération publiée le 17 juillet 2009, la Commission de régulation de l'énergie (CRE) a estimé que ' la loi du 10 février 2000 impose, dans le cadre du mécanisme d'ajustement, que l'opérateur d'effacements diffus rémunère les fournisseurs dont les clients se sont effacés pour l'énergie injectée par ces fournisseurs et valorisée par l'opérateur d'effacements diffus'.

Le ministère de l'Écologie, de l'Énergie, du Développement durable et de la Mer a pris connaissance de cette délibération, qui met en évidence l'existence d'obstacles juridiques et financiers au développement d'offres innovantes d'économies d'énergie.

En conséquence, le ministère de l'Écologie, de l'Énergie, du Développement durable et de la Mer demandera au groupe de travail de proposer les évolutions nécessaires au cadre légal et réglementaire et aux règles du mécanisme d'ajustement, avec pour objectif prioritaire de favoriser les économies d'énergie et dans le respect des intérêts de chacune des parties prenantes. Les conclusions de ce groupe de travail, qui est en cours de constitution, devront être remises avant la fin de l'année 2009. » Ministère de l'Écologie, de l'Energie, du Développement durable et de la Mer, 20 juillet 2009.

[2] *Ibid.*

raisonnement économique abstrait et contre-intuitif[1]. Les études abondant dans le sens de la CRE proviennent, d'ailleurs, d'économistes[2]. La question est d'autant plus délicate pour la CRE qu'il lui est reproché de défendre EDF au détriment des économies d'énergie. Après que Voltalis a déposé un recours en annulation pour excès de pouvoir, auprès du Conseil d'Etat, EDF et l'ANODE[3], dans une rare démarche commune, déposent des mémoires en défense de la CRE devant le Conseil d'État. Le Conseil d'Etat annule, faute de base légale, la délibération de la CRE, le 3 mai 2011[4]. Après avoir considéré, à juste titre, que cette communication fait grief à la société Voltalis[5], le Conseil d'Etat observe que la CRE a méconnu la portée de l'article 15 de la loi du 10 février 2000 en imposant, au nom d'une appréciation économique de l'offre d'ajustement s'étendant à ses effets indirects sur la collectivité dans son ensemble (le "surplus social"), une telle rémunération des fournisseurs.

Le regard porté par le Conseil d'Etat sur la légalité de la délibération mérite que l'on s'y attarde. La CRE avait jugé qu'il lui appartenait, dans le silence de la loi, d'expliciter l'économie générale de l'article 15 de la loi du 10 février 2000 et d'indiquer la manière dont la rémunération des opérateurs d'effacements pouvait être prise en compte dans le mécanisme d'ajustement. Le Conseil d'Etat remarque que rien dans l'article 15, ni dans aucune disposition de la loi du 10 février 2000, ne permet d'apprécier globalement une offre économique. Le rapporteur public, P. Collin, construit son raisonnement « en considérant que l'effacement de consommation correspondait davantage à un service

---

[1] « La CRE explique que les fournisseurs doivent être payés pour l'énergie qu'ils produisent même si elle n'est pas consommée et que la rémunération de Voltalis doit en conséquence intégrer le coût de ce service », *Le Parisien,* « La polémique enfle », 20 juillet 2009.

[2] J.-M. GLACHANT, Y. PEREZ, « L'analyse économique appliquée à la problématique des effacements diffus contribution au débat de l'affaire CRE-VOLTALIS », *Revue de l'Énergie,* n° 597, septembre-octobre 2010.

[3] Créée en 2006, l'Association Nationale des Opérateurs Détaillants en Energie (ANODE) représente les fournisseurs alternatifs.

[4] CE, 3 mai 2011, n° 331858, *SA Voltalis.*

[5] Alors que la CRE avançait que sa délibération ne revêtait pas un caractère décisoire et ne pouvait donc faire l'objet d'un recours en excès de pouvoir. Le Conseil d'Etat soulignait : « Cette mention, qui revêt un caractère impératif et détermine l'un des paramètres essentiels de l'équilibre économique du mécanisme d'effacement diffus, doit être regardée comme faisant grief et susceptible de recours devant le juge de l'excès de pouvoir », *Ibid.*

rendu au système qu'à un échange de blocs d'énergie »[1]. Entre les possibilités d'une lecture étroite et d'une lecture large, laquelle aurait correspondu à une interprétation extensive des champs de compétences de la CRE, le rapporteur choisit la première en faisant, par ailleurs, d'après nous, une interprétation inexacte des mécanismes de l'effacement diffus[2]. Il est instructif de savoir que, quelques années plus tard, le choix de la seconde possibilité est retenu par le rapporteur et le Conseil d'Etat[3] selon un raisonnement opposé qui affirme que : « le versement constitue la rémunération d'un bien dont la propriété est transférée du fournisseur à l'opérateur d'effacement »[4]. Cela étant, l'annulation de la délibération de la CRE entraîne la suppression du versement de l'opérateur d'effacement au fournisseur. S'ouvre alors une période d'incertitude concernant les relations financières entre les

---

[1] G. DEZOBRY, « Un modèle économique incertain et un cadre juridique instable », *op. cit.*

[2] Il indiquait dans ses conclusions : « Un opérateur tel que Voltalis se contente de rendre disponible sur le réseau, en vue de rétablir la situation d'un responsable d'équilibre en déficit ex-ante, une quantité d'électricité qui aurait dû être consommée par des personnes munies de son boitier. Il n'achète aucune électricité. Il n'en vend pas davantage. Il n'en [n'] est jamais propriétaire ». La CRE dans une note explicative publique expliquait tout à l'inverse : « Si les boitiers de la société Voltalis lui permettent de réduire la consommation de ses clients, c'est pour revendre à d'autres consommateurs l'électricité initialement destinée à ses clients. Il est légitime que, avant de revendre cette électricité, la société Voltalis l'achète. Pour faire son pain, un boulanger doit auparavant acheter la farine. La décision de la CRE implique donc que la société Voltalis achète l'électricité auprès de ceux qui l'ont produite - par exemple EDF - pour pouvoir la revendre. » *Les Notes de la CRE,* 23 juillet 2009, « *Note sur la délibération du 9 juillet 2009 portant communication sur l'intégration des effacements diffus au sein du mécanisme d'ajustement* ».

[3] CE, 22 décembre 2017, n° 400669, Boisset et a. Voir le commentaire de J.-S. BODA, « L'obligation de consulter la CRE sur les projets de règlements relatifs à l'accès aux réseaux publics d'électricité », *EEI*, mars 2018.

[4] Le Gouvernement français y fait directement référence dans son document « Plan de mise en œuvre » de janvier 2021, (au sens du règlement 2019/943, à la suite de la décision du 8 novembre 2016 concernant le mécanisme de capacité), pour la Commission européenne : « Ce versement est nécessaire en vertu du droit de propriété, à valeur constitutionnelle en France, et également consacré à haut niveau dans le droit communautaire car il constitue, aux termes de la décision du Conseil d'Etat n°387506 du 13 mai 2016 "la rémunération d'un bien [à savoir le bloc d'énergie en question] dont la propriété est transférée du fournisseur à l'opérateur d'effacement. »

divers acteurs concernés par l'effacement diffus[1], mais les appels d'offres lancés par RTE pour la contractualisation de capacités d'effacement[2], et dont les modalités sont validées par la CRE, se poursuivent[3].

2- Le pouvoir d'expert de la CRE, prouver plutôt qu'affirmer

i- La prime, contrepartie du versement

Entre-temps, le débat s'est déplacé sur le terrain législatif avec la loi du 15 avril 2013[4], dite « loi Brottes ». Cette proposition de loi[5], dont les discussions se sont étendues sur de nombreux mois, ne comportait pas, dans sa version initiale, d'articles à propos des effacements diffus. La question est abordée par un amendement du rapporteur F. Brottes, en Commission des affaires économiques de l'Assemblée nationale. L'amendement projette de doter l'activité des opérateurs d'effacement d'un cadre juridique clair « en leur permettant de revendre l'énergie

---

[1] Une première subvention était versée via l'expérimentation qui, depuis fin 2007, permettait néanmoins à Voltalis de bénéficier gratuitement des kWh valorisables sur le mécanisme d'ajustement en contrepartie des effacements effectués.

[2] L'effacement électrique diffus peut être valorisé grâce aux appels d'offre capacitaires de RTE prévus à l'article 7 de la loi du 7 décembre 2010 portant organisation du marché de l'électricité, dite « loi NOME » pour mettre en œuvre des capacités d'effacement additionnelles sur une durée de trois ans. « A titre transitoire, afin de contribuer à la sécurité d'approvisionnement, notamment pendant les périodes de pointe de consommation, et pour l'application du troisième alinéa du III de l'article 15 de la loi n°2000-108 du 10 février 2000 relative à la modernisation et au développement du service public de l'électricité, le gestionnaire du réseau public de transport organise un appel d'offres selon des modalités approuvées par la Commission de régulation de l'énergie et des volumes approuvés par le ministre chargé de l'énergie, pour mettre en œuvre des capacités d'effacement additionnelles sur une durée d'un an. Cet appel d'offres distingue différentes catégories d'effacements afin de permettre le développement d'une offre d'effacement diversifiée. Cet appel d'offres est renouvelé annuellement jusqu'au 31 décembre 2016. », modifié par la loi n° 2015-92 du 17 août 2015, art. 168.

[3] Les opérateurs d'effacements s'engageaient à proposer des offres d'effacement, en particulier sur le mécanisme d'ajustement, en contrepartie d'une prime annuelle déterminée par l'appel d'offres, mais sans obtenir de kWh gratuits en contrepartie de leurs effacements.

[4] Loi n°2013-312 du 15 avril 2013 visant à préparer la transition vers un système énergétique sobre et portant diverses dispositions sur la tarification de l'eau et sur les éoliennes.

[5] Dont le titre initial était « Proposition de loi visant à préparer la transition vers un système énergétique sobre ».

ainsi économisée, tout en prévoyant en contrepartie un régime de compensation en faveur des fournisseurs des ménages en cause »[1]. L'amendement est adopté à une quasi-unanimité au sein de la commission. La formulation du rapporteur, en parlant de compensation, laisse toutefois transparaître un certain flou sur le raisonnement économique. Le rapporteur précise ce point dans son rapport à la commission le 9 janvier 2013 et lève toute ambiguïté sur la logique en cause, il s'agit bien d'une forme de compensation et non d'un mécanisme économique[2].

Toutefois, si le principe d'un versement par l'opérateur d'effacement au fournisseur d'électricité effacé est acté, les députés instituaient une prime en faveur des opérateurs qui soulevait de nouvelles difficultés[3]. Cela revenait à instituer une forme de contrepartie à la compensation. Un décret prévu à l'article L. 271-1[4] devait alors fixer la méthodologie pour établir ladite prime et son montant, après avis de la CRE.

---

[1]Assemblée nationale, commission des affaires économiques, 19 septembre 2012 (séance de 15h), discussion de l'amendement CE221, le rapporteur F. BROTTES : « Par mon amendement, je propose que l'on valorise également l'effacement de consommation dans le diffus, c'est-à-dire chez les particuliers. [...] Le développement de ces sociétés a été entravé, faute de soutien de la part des autres opérateurs-fournisseurs d'énergie, voire des gestionnaires de réseau, qui n'ont pas apprécié que ce métier nouveau vienne se greffer sur leur secteur d'activité. Or, pour valoriser l'effacement dans l'industrie comme chez les ménages, il faut que ces opérateurs-agrégateurs puissent faire leur travail. »

[2] « La possibilité de mettre en œuvre de telles transactions repose sur un compromis entre le fournisseur d'énergie du consommateur effacé et l'opérateur d'effacement. D'un côté, l'opérateur d'effacement ne doit pas avoir à obtenir l'accord du fournisseur pour vendre à un autre consommateur l'énergie proposée par celui-ci. À titre de compensation, le fournisseur doit être rémunéré pour l'énergie qu'il a effectivement livrée – sans quoi il n'y a pas d'énergie rendue disponible. » Rapport n° 579 de F. BROTTES, au nom de la Commission des affaires économiques, visant à préparer la transition vers un système énergétique sobre, enregistré le 9 janvier 2013, Assemblée nationale.

[3] Prévue à l'article 14, cette prime devait être financée par la contribution au service public de l'électricité (CSPE) comme les tarifs des ENR, et donc par les consommateurs.

[4] Art. L. 271-1, al. 4 : « Une prime est versée aux opérateurs d'effacement, prenant en compte les avantages de l'effacement pour la collectivité, dans les conditions précisées au chapitre III du titre II du livre Ier ». Art. L. 123-1 : « Le décret prévu à l'article L. 271-1 fixe la méthodologie utilisée pour établir une prime versée aux opérateurs d'effacement au titre de leur contribution aux objectifs définis aux articles L. 100-1 et L. 100-2 et des avantages procurés à la collectivité, notamment en matière de maîtrise de la demande d'énergie ou de sobriété énergétique. Ce même décret précise également les modalités selon lesquelles les ministres chargés de l'économie et de

Pour préparer son projet de décret la CRE réalise, avec l'aide d'un cabinet d'études, un document d'analyse méthodologique de la valorisation des effacements[1]. Cette analyse devait soutenir toutes les positions à venir du régulateur et lui permettre de démontrer, plutôt que d'affirmer, à partir d'un raisonnement économique, les raisons d'une position divergente à celle du Gouvernement. Le sujet central concerne le montant de la prime qui doit être versée à l'opérateur d'effacement diffus dont il apparaît assez vite que la viabilité économique est incertaine sans soutien. Elle propose un projet de décret en ce sens, dans une délibération du 24 juillet 2013[2], qui comporte en annexe l'analyse méthodologique précitée.
Le Gouvernement adopte le 3 juillet 2014 le décret qui prévoit, à son article 14[3], un arrêté, pris après avis de la CRE, déterminant le montant de la prime à verser aux opérateurs d'effacement, qui figure à l'article

---

l'énergie arrêtent, après avis de la Commission de régulation de l'énergie, le montant de cette prime. Le niveau de cette prime ne peut conduire à ce que la rémunération des capitaux immobilisés par les opérateurs excède une rémunération normale des capitaux compte tenu des risques inhérents à ces activités. Le niveau de cette prime fait l'objet d'une révision annuelle selon les modalités indiquées par le décret prévu à l'article L. 271-1. »

[1] Document d'analyse : « Eléments de méthodologie pour la valorisation des effacements de consommation d'électricité sur les marchés de l'énergie et sur le mécanisme d'ajustement », CRE, juillet 2013, p.3 : « Pour mener cette analyse, la CRE a, en parallèle, fait appel à un consultant pour compléter l'étude menée par ses services afin, notamment, de l'enrichir d'analyses portant sur des expériences internationales ou de modèles quantitatifs plus poussés. Le marché public relatif à cette étude a été publié le 19 mars 2013, dès le vote de l'Assemblée nationale connu et avant même la promulgation de la loi n°2013-312 du 15 avril 2013. Ceci a permis de sélectionner le consultant en avril et de commencer l'étude début mai. »

[2] *Délibération de la CRE du 24 juillet 2013 portant proposition de décret pris en application des articles L.271-1 et L.123-1 du Code de l'énergie relatif à la méthodologie utilisée pour établir les règles permettant la valorisation des effacements de consommation d'électricité sur les marchés de l'énergie et sur le mécanisme d'ajustement, et pour établir la prime versée aux opérateurs d'effacement.*

[3] Décret n° 2014-764 du 3 juillet 2014 relatif aux effacements de consommation d'électricité, art. 14 : « Un arrêté des ministres chargés de l'économie et de l'énergie, pris après avis de la Commission de régulation de l'énergie, fixe, par catégorie d'effacements, le montant de la prime prévue par les dispositions de l'article L. 123-1 du Code de l'énergie, versée aux opérateurs d'effacement pour les effacements réalisés l'année civile suivant la publication de l'arrêté et certifiés par le gestionnaire du réseau de transport d'électricité. Le montant de la prime fait l'objet d'un réexamen annuel par les ministres compétents après avis de la Commission de régulation de l'énergie émis avant le 1er novembre. L'absence d'arrêté modificatif avant la fin de l'année civile en cours vaut reconduction pour l'année suivante. »

L. 271-3 du Code de l'énergie. Ledit projet d'arrêté est transmis à la CRE le 15 décembre 2014, après un avis défavorable du Conseil supérieur de l'énergie du 9 décembre[1]. Contrairement à la préconisation de la CRE, dont l'analyse méthodologique insiste sur un effet report égal à au moins 50%, la ministre retient, sans guère de justification, un effet report nul. Il en résulte un montant de prime proche du double de celui retenu par la CRE. Celle-ci rend un avis défavorable le 17 décembre 2014[2].

En définitive, la ministre tient compte des avis défavorables du Conseil supérieur de l'énergie et de la CRE, et fixe, dans l'arrêté du 15 janvier 2015, le montant de la prime au niveau défini par le régulateur[3]. Néanmoins, ce montant de prime n'est pas le seul écueil. Financée par la CSPE, elle constitue une aide d'Etat et aurait dû être notifiée à la Commission européenne comme telle, ainsi que l'avait préconisé l'Autorité de la concurrence dans son avis n° 13-A-25 du 20 décembre 2013 relatif au projet de décret n° 2014-764[4].

---

[1] Au cours de cette séance, assez houleuse, le projet d'arrêté était fortement critiqué par des associations de consommateurs dans la mesure où la prime versée était financée par la CSPE (expérience professionnelle de l'auteur).

[2] « La CRE estime qu'il est injustifié que le projet d'arrêté proposé retienne une hypothèse de report nul, laquelle conduit au montant de prime le plus élevé. Au surplus, des incertitudes importantes subsistent concernant le respect de la règle de rémunération normale des capitaux immobilisés par les opérateurs d'effacement. En conséquence, la CRE rend un avis défavorable sur le projet d'arrêté qui lui a été soumis. », *ibid.*

[3] Arrêté du 15 janvier 2015 fixant le montant de la prime versée aux opérateurs d'effacement, Art. 4. « Pour les effacements réalisés sur un site de consommation souscrivant une puissance inférieure ou égale à 36 kilovoltampères, le montant de la prime de référence est fixé à 16 euros par mégawattheure lorsque l'effacement a lieu en heures pleines (7 heures-23 heures) et fixé à 2 euros par mégawattheure en heures creuses (23 heures-7 heures). »

[4] Le décret n° 2014-764 avait fait l'objet d'une demande d'avis préalable à l'Autorité de la concurrence qui dans son avis n° 13-A-25 du 20 décembre 2013, avait recommandé au Gouvernement « de ne pas mettre en place la prime aux opérateurs d'effacement telle qu'elle est prévue par le décret et de ne le faire que sous une forme qui ait pour résultat, d'une part, de rémunérer uniquement des bienfaits qui sont effectivement démontrés et qui ne sont pas rémunérés autrement, d'autre part, de ne pas désavantager certains opérateurs du marché qui sont déjà pénalisés pour les externalités négatives que leur activité génère. [...] En tout état de cause, si le gouvernement souhaite mettre en place cette prime, l'Autorité [recommandait] de notifier le dispositif à la Commission européenne, préalablement à sa mise en œuvre, afin qu'il puisse être examiné dans le cadre de l'article 108 TFUE relatif au contrôle des aides d'État ».

Saisi d'un recours par l'association UFC-Que Choisir, le Conseil d'Etat annule, par une décision du 16 mars 2016[1], et pour la raison évoquée ci-dessus, l'arrêté du 15 janvier 2015, que la loi n°2015-992 du 17 août 2015[2] avait déjà supprimé.

ii- Suppression de la prime par le législateur

La prime existe depuis quelques mois, et n'a d'ailleurs guère été utilisée[3], avant qu'une nouvelle loi l'abolisse. C'est par un amendement du rapporteur[4] du projet de loi au Sénat en première lecture, que le principe d'une prime versée à l'opérateur d'effacement est remplacé par une procédure d'appels d'offres[5].

---

[1] CE,16 mars 2016, n° 388762 UFC- Que Choisir.

[2] Loi n° 2015-992 du 17 août 2015 relative à la transition énergétique pour la croissance verte.

[3] Dans sa décision précitée du 16 mars 2016, le Conseil d'État indiquait que selon le ministre chargé de l'énergie « au total, moins de 5 euros de primes auraient été versés à l'ensemble des opérateurs d'effacement jusqu'à l'abrogation [de ce dispositif] ».

[4] Il s'agissait d'un amendement du rapporteur L. PONIATOWSKI : « À l'Assemblée nationale, le président Brottes avait proposé un système de versement aux fournisseurs en faisant la distinction selon qu'ils conduisent à un report de consommation ou à une économie d'énergie. Mon amendement n° 11 propose une nouvelle rédaction de l'article 46 bis, qui a été travaillée avec le Gouvernement. Elle définit des catégories d'effacement. Elle précise que les gestionnaires de réseaux de transport et de distribution ne peuvent exercer l'activité d'opérateur d'effacement afin de ne pas être à la fois juge et partie. Elle maintient l'existence d'un versement au bénéfice du fournisseur effacé. Elle remplace la prime versée aux opérateurs d'effacement par un système d'appels d'offres. Elle prévoit un régime de versement différencié selon les catégories d'effacement et le niveau des économies d'énergie. Enfin, elle précise que les gestionnaires de réseaux de distribution contribuent au suivi des périmètres d'effacement. » Sénat, Projet de loi pour la transition énergétique et la croissance verte, Commission des affaires économiques, première lecture, 15 février 2015. Art. 168-I-2°.

[5] Code de l'énergie, art. L. 271-4. « Lorsque les capacités d'effacement ne répondent pas aux objectifs de la programmation pluriannuelle de l'énergie mentionnée à l'article L. 141-1 ou lorsque leur développement est insuffisant au vu des besoins mis en évidence dans le bilan prévisionnel pluriannuel mentionné à l'article L. 141-8, l'autorité administrative peut recourir à la procédure d'appel d'offres, en distinguant, le cas échéant, les différentes catégories d'effacements, en particulier ceux ayant pour effet une économie d'énergie en application du deuxième alinéa de l'article L. 271-1. Les capacités d'effacement rémunérées dans le cadre de ces appels d'offres ne peuvent bénéficier du régime dérogatoire mentionné à l'article L. 271-3. »

Cet amendement fait l'objet de nombreux débats en seconde lecture à l 'Assemblée nationale[1]. Si un certain consensus sur l'intérêt des effacements se fait jour[2], les opinions sont plus tranchées sur le modèle qui permettrait de les développer, surtout concernant les effacements diffus. Le fond du débat a trait au montant du versement dû par les opérateurs aux fournisseurs, et au mode de rémunération des opérateurs. La solution des appels d'offres ne donne pas assez de visibilité pour certains, et constitue une bonne étape pour d'autres, dont le rapporteur de la loi et la ministre[3].

3- Le choix d'une politique de soutien à la filière des effacements

Sans entrer dans le détail des discussions, on peut retenir trois aspects de la loi. En ce qui concerne le versement[4] vers le fournisseur

---

[1] Voir à cet égard le débat « passionné » lors de la troisième séance à l'Assemblée nationale du 21 mai 2015.

[2] Encore que des désaccords subsistassent entre ceux qui estimaient que l'effacement n'avait qu'un effet de report et n'entraînait pas d'économies et ceux pour qui, au contraire, ces économies seraient importantes…

[3] « Comment indemnise-t-on, aussi, ceux qui se sont donné des garanties pour fournir une électricité qui n'aura pas été consommée – ce que l'on appelle le périmètre d'équilibre ? De par les textes que nous avons votés, un fournisseur d'énergie doit garantir à l'avance un volume de fourniture d'énergie à ses clients. Si une part de ses clients ne consomme pas ce qui avait été annoncé, le fournisseur doit être indemnisé des moyens qu'il a engagés pour se prémunir. Le Conseil constitutionnel estime ainsi qu'il convient de prévoir un versement pour compenser cette précaution que représente le périmètre d'équilibre. À quelle hauteur et avec quel financement ? Là encore, la question est posée. Il faut aussi évaluer le coût de l'effacement, qui est plus élevé dans le diffus que chez les industriels, car la démarche commerciale est plus longue et plus lente. Quel doit donc être le niveau de rémunération ? Faut-il même une rémunération spécifique, compte tenu des avantages que j'ai évoqués tout à l'heure ? Il nous est proposé de recourir, sur la base de textes existants d'ailleurs, à des appels d'offres qui permettraient de se lancer dans l'effacement sans attendre, de façon claire et massive. Dans le même temps, l'amendement du Gouvernement nous donnerait deux ans pour analyser l'ensemble des points que je viens de lister, de manière un peu fastidieuse certes, parce qu'il importe que nous ayons tous à l'esprit les questions qui se posent. Nous devrons leur apporter des réponses pour revisiter ensuite les clés de répartition, de financement et d'organisation de ces marchés qui fonctionnent de manière imbriquée. » F. BROTTES, rapporteur, Assemblée nationale, troisième séance du 21 mai 2015, examen art. 46 bis.

[4] Le versement vers le fournisseur avait été jugé conforme à la Constitution par le Conseil Constitutionnel (Décision n° 2013-666 DC du 11 avril 2013 Loi visant à préparer la transition vers un système énergétique sobre et portant diverses dispositions sur la tarification de l'eau et sur les éoliennes Non-conformité partielle).

d'électricité effacé, dans le cas où il s'agit de la valorisation des effacements sur les marchés de l'énergie (mécanisme de Notification d'Echanges de Blocs d'Effacement, NEBEF) ou du mécanisme d'ajustement, le montant devait être calculé sur la base d'un prix reflétant la part énergie du prix de fourniture du site effacé (art. L. 271-3 al. 1). Ce versement devait être assuré soit par l'opérateur

---

« Considérant que l'article L. 271-1 du Code de l'énergie renvoie à un décret en Conseil d'État pris sur proposition de la Commission de régulation de l'énergie la « méthodologie utilisée pour établir les règles permettant la valorisation des effacements de consommation d'électricité sur les marchés de l'énergie et sur le mécanisme d'ajustement mentionné à l'article L. 321-10 » ; que cet article prévoit que ces règles doivent comprendre un régime de versement aux fournisseurs d'électricité des sites effacés « établi en tenant compte des quantités d'électricité injectées par ou pour le compte des fournisseurs des sites effacés et valorisées par l'opérateur d'effacement sur les marchés de l'énergie ou sur le mécanisme d'ajustement » ; que le législateur a ainsi défini et encadré les mécanismes financiers instaurés par les dispositions contestées pour garantir la rémunération des fournisseurs d'électricité des sites dont la consommation est effacée ; qu'il n'a donc pas méconnu l'étendue de sa compétence ; Considérant, en deuxième lieu, que la propriété figure au nombre des droits de l'homme consacrés par les articles 2 et 17 de la Déclaration de 1789 ; qu'aux termes de son article 17 : « La propriété étant un droit inviolable et sacré, nul ne peut en être privé, si ce n'est lorsque la nécessité publique, légalement constatée, l'exige évidemment, et sous la condition d'une juste et préalable indemnité » ; qu'en l'absence de privation du droit de propriété au sens de l'article 17, il résulte néanmoins de l'article 2 de la Déclaration de 1789 que les atteintes portées à ce droit doivent être justifiées par un motif d'intérêt général et proportionnées à l'objectif poursuivi ;
Considérant que l'électricité est un bien d'une nature particulière, non stockable et dont les flux acheminés sur le réseau doivent être en permanence à l'équilibre ; que l'effacement, qui permet de corriger les écarts entre la production et la consommation d'électricité, n'a pas pour effet de faire obstacle à la consommation effective d'électricité par les clients des fournisseurs d'électricité des sites concernés mais uniquement d'éviter une consommation plus importante en particulier en cas de déséquilibre ; que les dispositions contestées n'ont ni pour objet ni pour effet de priver un fournisseur d'électricité de rémunération au titre de l'électricité qu'il a injectée sur le réseau et qui a été consommée ; qu'il résulte de tout ce qui précède que ces dispositions ne portent aucune atteinte au droit de propriété garanti par les articles 2 et 17 de la Déclaration de 1789 ;
Considérant, en troisième lieu, que les dispositions contestées n'ont pas pour objet d'investir les opérateurs d'effacement de compétences de police administrative ; que le grief tiré de la méconnaissance de l'article 12 de la Déclaration de 1789 doit, en tout état de cause, être écarté ;
Considérant qu'il résulte de ce qui précède que les dispositions du 1 ° du paragraphe I de l'article 14, qui ne méconnaissent aucune autre exigence constitutionnelle, doivent être déclarées conformes à la Constitution ».

d'effacement, soit par le consommateur pour le compte de ce dernier. Cet aspect ne soulevait pas de problème de droit.
Toutefois, en instituant une dérogation à ce premier principe, la loi instaurait un point litigieux. Le régime dérogatoire prévoit, en effet, de répartir la charge du versement entre l'opérateur d'effacement et le gestionnaire du réseau public de transport d'électricité. Le versement dû par l'opérateur d'effacement au fournisseur est partiellement pris en charge par RTE, dans la limite de l'économie d'énergie réalisée (en pourcentage de l'énergie effacée). Les coûts supportés par RTE pour assurer cette prise en charge doivent être couverts par la communauté des fournisseurs via un prélèvement forfaitaire, fixé par voie réglementaire. Ce système est prévu pour certaines catégories d'effacement « conduisant à des économies d'énergie significatives », déterminées par arrêté (art. L. 271-3 al. 2)[1], ce qui aboutit à ne retenir que les effacements diffus.
Enfin, la loi prévoyait que lorsque les effacements se révèlent inférieurs à ce qu'envisage la programmation pluriannuelle de l'énergie, mentionnée à l'article L. 141-1 du Code de l'énergie, ou le bilan prévisionnel pluriannuel, mentionné à l'article L. 141-8, le ministre peut recourir à une procédure d'appel d'offres, dont il fixe les modalités et que RTE doit organiser (art. L. 271-4). Tout le problème de la loi provient de l'aspect dérogatoire, précité, qui organise, par le biais du versement de la part de RTE, financée par la communauté des fournisseurs « via un prélèvement forfaitaire fixé par voie réglementaire », un dispositif soutenant la filière des effacements, pour l'essentiel les effacements diffus, et donc devant être notifié à la Commission européenne.

i- L'opposition conjointe de la CRE et de l'Autorité de la concurrence

La CRE, puis l'Autorité de la concurrence, se montrent sévères sur les nouvelles dispositions adoptées. En deux occasions, par les délibérations du 11 mai 2016 et du 14 septembre 2016[2], la CRE rappelle

---

[1] « Des catégories d'effacements de consommation sont définies par arrêté du ministre chargé de l'énergie en fonction des caractéristiques techniques et économiques des effacements concernés ou du procédé au moyen duquel sont obtenus les effacements », art. L. 271-3 al. 2 du Code de l'énergie.
[2] CRE, *délibération du 11 mai 2016 sur le projet de décret modifiant les dispositions de la partie réglementaire du Code de l'énergie relatives aux effacements de consommation d'électricité et du 14 septembre 2016 sur le projet de décret relatif à*

au Gouvernement que soutenir la filière des effacements est un choix de politique énergétique, qui doit être notifié à la Commission[1]. Le régulateur se contente, lors de l'examen du premier décret, de prendre acte du projet, formulation particulièrement rare lors de ses délibérations, et rend un avis défavorable au second.

L'Autorité de la concurrence considère, dans son avis du 22 novembre 2016, qu'il s'agit, tout à la fois, d'un système d'aide d'Etat qu'il convenait de notifier à la Commission européenne[2],que les dispositions soulèvent des problèmes de concurrence[3] et, enfin, que l'ensemble se révèle d'une trop grande complexité[4].

---

la valorisation des effacements de consommation (décret n° 2016-1132 du 19 août 2016) ; *Délibération du 14 septembre 2016 sur le projet de décret relatif à la valorisation des effacements de consommation* (décret n° 2017-437 du 29 mars 2017 relatif à la valorisation des effacements de consommation d'électricité conduisant à des économies d'énergie significative.).

[1] « Dans sa délibération du 11 mai 2016 portant avis sur le projet de décret modifiant les dispositions règlementaires du Code de l'énergie relatives aux effacements de consommation d'électricité, la CRE a précisé que faire porter au gestionnaire de réseau public de transport, et à la collectivité, une partie du versement, relevait d'un choix de politique énergétique tendant au soutien de la filière des effacements, et que, le cas échéant, il appartiendrait au gouvernement, de notifier ce dispositif à la Commission Européenne en tant qu'aide d'état », *Délibération CRE du 14 septembre 2016 portant avis sur le projet de décret relatif à la valorisation des effacements de consommation conduisant à des économies d'énergie significatives pris en application de l'article L. 271-3 du Code de l'énergie, p. 2.*

[2] « Il existe des éléments solides conduisant à considérer que le dispositif objet de la demande d'avis constitue une aide d'État au sens de l'article 107 TFUE. Il est donc recommandé au gouvernement de notifier ce dispositif à la Commission européenne préalablement à sa mise en œuvre », Autorité de la concurrence, Avis n° 16-A-22 du 22 novembre 2016 concernant l'effacement de consommation dans le secteur de l'électricité.

[3] « Si l'on prend l'exemple du mécanisme d'ajustement, parmi les concurrents présentant des offres sur ce marché (opérateurs d'effacement et producteurs), seuls les opérateurs d'effacement percevront l'avantage financier lié au dispositif. Le dispositif est donc, par essence, sélectif puisqu'il vise à favoriser l'effacement de consommation. Il peut être également argué que le dispositif ne s'adresse qu'à certains opérateurs d'effacement (les opérateurs d'effacement diffus) en excluant d'autres opérateurs d'effacement (les opérateurs d'effacement industriel et tertiaire) dans la mesure où il est prévu que seuls les effacements réalisés sur des sites dont la puissance souscrite est inférieure ou égale à 36 kVA pourront bénéficier du dispositif. », Autorité de la concurrence, Avis n° 16-A-22 du 22 novembre 2016 concernant l'effacement de consommation dans le secteur de l'électricité.

[4] « Simplifier le mécanisme : en fixant un taux unique d'économie d'énergie moyen en dessous duquel le dispositif dérogatoire de versement ne pourra être mis en œuvre

Le Gouvernement prend partiellement en compte les remarques et les modifications demandées par la CRE et l'Autorité de la concurrence dans un décret du 29 mars 2017, bien tardif, visant à une certaine simplification[1]. Néanmoins, sur le point décisif de la notification à la Commission, le Gouvernement n'agit pas.

Voltalis, pour sa part, n'ayant pas accepté le principe du versement, alors que la loi Brottes, de 2013 en avait acté le bienfondé, dépose un recours auprès du Conseil d'État contre la délibération de la CRE du 17 décembre 2014 portant approbation des règles pour la valorisation des effacements de consommation sur les marchés de l'énergie, pour excès de pouvoir. Le Conseil d'État tranche définitivement la question, le 13 mai 2016, en rappelant que « le versement constitue la rémunération d'un bien dont la propriété est transférée du fournisseur à l'opérateur d'effacement »[2].

(40 %) ; en rendant obligatoire le contrôle par RTE des méthodologies et des taux d'économie d'énergie moyens annoncés par les opérateurs d'effacement préalablement au versement des subventions. », *ibid.*

[1] Le nombre de tranches au sein du barème de versement, porté par le gestionnaire de réseau public de transport, qui étaient de quatre dans le projet, passait ainsi à deux dans le décret (la CRE en suggérait une seule). Le décret reprenait également les préconisations de la CRE relatives à la définition du taux d'économie moyen (art. R. 271.11). En revanche le décret ne reprenait pas complètement l'idée d'un contrôle *ex ante* des économies d'énergie par RTE.

[2] CE, n° 387506, 13 mai 2016, SA Voltalis. « Considérant, toutefois, qu'il ressort des pièces du dossier et de l'audience d'instruction tenue par la 9ème sous-section de la section du contentieux que, pour qu'un opérateur d'effacement puisse valoriser sur les marchés de l'énergie un effacement qu'il s'engage à réaliser, il est nécessaire que le fournisseur du consommateur effacé maintienne l'injection de l'électricité qu'il avait prévu de fournir au consommateur effacé ; que la propriété du " bloc d'énergie " issu de cette injection, rendu disponible sur le réseau du fait de l'effacement, est attribuée par les règles contestées à l'opérateur d'effacement afin qu'il le vende ; qu'en contrepartie de ce transfert de propriété, un versement doit être acquitté par l'opérateur d'effacement au profit du fournisseur, qui se substitue au prix que le consommateur lui aurait payé s'il ne s'était pas effacé ; qu'ainsi, ce versement a pour objet de rémunérer le fournisseur pour l'électricité injectée sur le réseau ; que, dès lors, contrairement à ce que soutient la requérante, le versement constitue la rémunération d'un bien dont la propriété est transférée du fournisseur à l'opérateur d'effacement », et CE, n° 390049, 13 mai 2016, CATHODE.

ii- La normalisation

Après la publication de deux arrêtés du 31 octobre 2017[1], pris en application de l'article L. 271-1 et de l'article L. 271-4 du Code de l'énergie précisant les modalités de l'effacement de consommation électrique et des appels d'offres d'effacement, le Gouvernement décide de notifier à la Commission européenne le 29 novembre 2017, conformément à l'article 108, paragraphe 3 du Traité sur le Fonctionnement de l'Union Européenne ("TFEU"), une mesure visant à soutenir la filière effacement et à organiser, pour ce faire, des appels d'offres à partir de l'année 2018.
L'objectif est d'obtenir un accord de la Commission pour que la filière effacement (au-delà des seuls effacements diffus) puisse participer au mécanisme de capacité (accepté par la Commission en 2016[2] après des modifications du mécanisme initial de la part de la France). L'appel d'offre effacement se présente comme un complément au mécanisme de capacité. Le Gouvernement estime qu'un soutien spécifique est nécessaire pour une filière encore peu mature. La Commission donne son accord le 7 février 2018, en concluant « ne pas soulever d'objections au régime d'aides notifié, pour la période du 1er janvier 2018 au 31 décembre 2023, au motif que ce régime d'aides est compatible avec le marché intérieur au sens de l'article 107, paragraphe 3, point c) TFEU. »[3]
Plus récemment, la directive (UE) n°2019-944 du Parlement européen et du Conseil du 5 juin 2019[4], issue du paquet dit « énergie propre », ou encore 4ème paquet, incite les Etats membres à favoriser le développement de la filière « effacement » (article 17). Elle consacre, à cette fin, des principes déjà mis en place en France, tels que le droit reconnu aux agrégateurs de participer de manière non-discriminatoire aux marchés de l'électricité. Désormais les effacements sont insérés dans un processus assez complexe comportant plusieurs volets : le

---

[1] Arrêté 31 oct. 2017 pris en application de l'article L. 271-4 du Code de l'environnement : JO 17 nov. 2017, texte n° 11. Arrêté 31 oct. 2017 pris en application de l'article L. 271-1 du Code de l'énergie : JO 14 nov. 2017, texte n° 18.
[2] C (2016) 7086 final.
[3] C (2018) 588 final. SA.48490 (2017/N) – France Soutien de l'effacement en France par appel d'offres.
[4] Directive (UE) n°2019/944 du Parlement européen et du Conseil du 5 juin 2019 concernant des règles communes pour le marché intérieur de l'électricité et modifiant la directive n°2012/27/UE.

mécanisme de Notification d'Echanges de Blocs d'Effacement (NEBEF), qui correspond au marché[1] ; le mécanisme de capacité, pour lequel les pouvoirs publics peuvent, après l'accord de la Commission, lancer des appels d'offres spécifiques ; les services systèmes et le mécanisme d'ajustement, qui ont pour but d'assurer l'équilibrage du système électrique.
Dans le document intitulé « Plan de mise en œuvre des autorités françaises » daté de janvier 2021, qui répond à l'obligation de remise d'un rapport par la France à la Commission européenne à la suite de sa décision sur le marché de capacité de 2016, il est souligné que « les effacements peuvent désormais être valorisés dans tous les mécanismes de marché qui couvrent les différentes échéances temporelles, et ce suivant des modalités au moins aussi favorables que celles prévues pour les capacités de production. ». Toutefois, les autorités françaises indiquent que les résultats en matière d'effacements ne sont pas au niveau espéré. Elles rappellent que ces appels d'offres apportent une rémunération complémentaire à celle du mécanisme de capacité, sous forme d'un « contrat pour différence ». Le montant de ce complément de rémunération dépend du niveau de prix sur le mécanisme de capacité. « Les autorités françaises constatent d'ailleurs une relative stagnation des capacités d'effacement ces dernières années, qui souligne la nécessité de renforcer les dispositifs de soutien à l'effacement pour atteindre les objectifs stratégiques figurant dans la programmation pluriannuelle de l'énergie. Ce constat est d'ailleurs confirmé par les résultats des trois premiers exercices de l'appel d'offres effacements, qui témoignent d'un déficit d'attractivité du dispositif existant, celui-ci n'ayant pas permis de contractualiser les volumes attendus »[2].

---

[1] Les opérateurs d'effacement peuvent ainsi vendre de gré à gré ou sur les bourses de l'énergie, en journalier ou en infra-journalier, des blocs d'électricité correspondant à la quantité d'électricité qui n'a pas été consommée et peut donc être transférée à un autre consommateur. Le mécanisme NEBEF permet d'organiser le « transfert » du bloc d'énergie effacée, qui est injecté par le fournisseur vers le périmètre du l'agrégateur. En contrepartie de ce transfert d'énergie, l'opérateur d'effacement doit s'acquitter d'un « versement » financier au bénéfice du fournisseur du site effacé. Ce versement représente la part « énergie » du prix de fourniture du site de consommation effacé. Pour respecter le principe d'indépendance entre l'opérateur d'effacement et le fournisseur du site effacé, il est effectué par l'intermédiaire d'un tiers, RTE ou le consommateur final, (Source CRE).

[2] *Plan de mise en œuvre des autorités françaises*, janvier 2021, p. 29.

En conséquence, le Gouvernement souhaite obtenir, notamment, un renforcement du soutien à la filière avec « un rehaussement des plafonds d'aide prévus par la décision SA.48490 de façon pérenne, à un niveau permettant d'atteindre les objectifs fixés par la politique énergétique nationale »[1].

Au-delà de l'aspect technique, on peut remarquer que l'exécutif aborde ce sujet en respectant la procédure prévue pour aides d'Etat. On peut considérer que le rôle joué par la CRE et l'Autorité de la concurrence, au cours des années, y a fortement contribué.

La communication hybride du 3 mai 2011 de la CRE, dont la forme faisait effectivement grief à un acteur du marché de l'énergie, acte administratif unilatéral quasi décisoire, ouvrait une longue séquence contentieuse et plusieurs modifications législatives fréquemment complexes. Elle a néanmoins permis d'instaurer le mécanisme d'effacements diffus sur des principes juridiques et économiques clairs et non discriminants, ce qui n'était pas manifeste à toutes les étapes. On pourra, enfin, noter que le raisonnement tenu par la CRE lors de cette communication à propos du versement des opérateurs aux fournisseurs était exact.

Section 3- Une instrumentation de la méthode

Les groupes de travail constituent pour la CRE une forme d'exercice concret du droit souple et de l'un de ses corollaires, la définition commune de la norme. La méthode utilisée par la CRE s'inspire de celle pratiquée par la Commission européenne et l'association européenne des régulateurs au travers des Forum de Florence et de Madrid (I).

Le cas du compteur communicant pour l'électricité LINKY représente un excellent exemple de l'application pratique d'une telle méthode (II).

I- La méthode des groupes de travail

Cette volonté d'associer les acteurs du secteur de l'énergie à ses travaux est, dès l'origine, une marque distinctive de la CRE par rapport à l'administration classique. Th. Tuot souligne à cet égard que : « c'est dans la méthode que le régulateur s'est efforcé [...] de marquer son originalité en recourant de façon très large à la consultation et en s'efforçant d'expliquer son action [...] la voie est étroite qui mène à une

[1] *Ibid.*, p. 30.

action de régulation, non seulement reconnue comme efficace, mais qui le soit effectivement. »[1]
La CRE décrit elle-même le rôle de ces groupes de travail : « La concertation entre les acteurs du secteur est une modalité d'élaboration d'un 'droit souple' de l'énergie. La production de normes par les acteurs du secteur est un outil important de la régulation de ce secteur. Elle répond aux besoins de transparence et de prévisibilité nécessaires au bon fonctionnement des marchés de l'électricité et du gaz naturel. »[2]
Cette volonté de transparence et de concertation est employée par la CRE pour la définition des règles de fonctionnement du marché de détail (A). Néanmoins le régulateur n'hésite pas à délaisser le droit souple pour un mode plus prescriptif quand il l'estime nécessaire (B).

A- Définition et suivi de la mise en place des règles de fonctionnement du marché de détail par le biais de la concertation

En 2003 la CRE mettait en place des groupes de travail dans le domaine de l'électricité (GTE) et dans celui du gaz (GTG), comprenant les opérateurs et les clients concernés par l'ouverture du marché de 2004 à tous les professionnels. Elle élargissait ces groupes aux consommateurs (GTC) en 2005 en prévision de l'ouverture totale du marché le 1er juillet 2007.
La CRE définit la méthode de travail retenue entre le régulateur et l'ensemble des acteurs concernés comme une forme d'auto-régulation : « la concertation est en effet un élément majeur d'élaboration de la soft law. Ce terme désigne des normes qui, élaborées en commun par des professionnels ou issues d'une concertation entre divers acteurs, regroupent des prescriptions ou des procédures ou encore des méthodes de travail, acceptées par tous et que l'ensemble des parties prenantes s'engage à appliquer. »[3]
Avant le 1er juillet 2004, les travaux sont menés dans des groupes qui rapportent directement au GTE 2004. Après cette date, les travaux se poursuivent dans deux instances mises en place par RTE et Electricité Réseau de distribution (avant la filialisation et la création d'ERDF) : le

[1] Th. TUOT, « La loi du 10 février 2000 un an après… », *op. cit.*, p. 55.
[2] *Délibération de la CRE du 30 janvier 2014 portant bilan et orientations pour les travaux des instances de concertation relatifs au fonctionnement des marchés de détail de l'électricité et du gaz naturel.*
[3] CRE, *Rapport d'activité 2012*, p. 18.

comité des utilisateurs de RTE (CURTE) et le comité des utilisateurs du réseau de distribution électrique (CURDE). Au sein de ces instances, auxquelles la CRE participe mais qu'elle n'organise pas, se traitent des questions très techniques comme l'évaluation du mécanisme de reconstitution des flux et de calcul des écarts, les questions liées au profilage[1], la méthodologie d'introduction de nouveaux profils de consommation, la formalisation du processus de changement de fournisseur dans des cas complexes.
Les travaux conduits dans le cadre du GTE 2004 établissent des règles permettant aux clients nouvellement éligibles de changer de fournisseur aisément. A cet égard, il est intéressant de relever ce qu'écrit la CRE dans son rapport d'activité 2005, qui fait écho à ce que nous avons abordé précédemment à propos du contrat unique : « L'article 23 de la loi du 10 février 2000 modifiée a ouvert la possibilité, pour un fournisseur, de gérer l'accès au réseau pour le compte d'un de ses clients, afin de simplifier les démarches de ce dernier. Cela a conduit à l'élaboration d'un contrat entre le gestionnaire de réseau et le fournisseur (contrat GRD-F) et d'un contrat entre le fournisseur et le client (contrat unique) »[2]. La CRE souligne pour sa part que « Les contrats uniques facilitent l'accès des petits clients éligibles au marché concurrentiel. Depuis leur mise en place, les contrats uniques représentent plus de 99% des contrats signés. »[3]
Parallèlement à ces groupes de travail techniques, un groupe de travail, animé par les organismes représentant les consommateurs, dont l'Assemblée des Chambres Françaises de Commerce et d'Industrie (ACFCI) et la Confédération Générale des Petites et Moyennes Entreprises (CGPME), et incluant plusieurs fournisseurs, rédige une charte des fournisseurs. Elle précise, en termes clairs pour tous les

[1] « Le mécanisme de reconstitution des flux circulant sur le réseau de distribution, mis en place en concertation avec les différents acteurs concernés sous l'égide de la CRE, s'appuie sur le concept de profilage. Il prévoit que les gestionnaires de réseau « profilent », c'est-à-dire estiment, la courbe de charge de tous leurs clients équipés de compteurs à index selon des règles établies. », CRE, *Rapport d'activité 2005*, p. 84.
[2] « Avant l'ouverture des marchés résidentiels à la concurrence, la CRE a laissé aux instances de coordination, qu'elle avait créés avec l'ensemble des parties prenantes, le soin de déterminer certaines des modalités de la relation entre opérateurs. C'est notamment le cas du contrat type (GRD-F) entre le gestionnaire de réseau de distribution et les fournisseurs », Ch. GUENOD, *Théorie juridique et économique du régulateur sectoriel. Modèles communautaire et français dans les secteurs des communications électroniques et de l'énergie*, *op. cit.*, p. 469.
[3] CRE, *Rapport d'activité 2005*, p. 85.

consommateurs éligibles, « les principes nécessaires à une relation équilibrée et loyale entre fournisseurs et clients et elle vise à garantir de bonnes pratiques commerciales et à définir les bases de la relation contractuelle entre le fournisseur et son client, dans le cadre du contrat unique »[1].

La préparation de l'ouverture du marché à l'ensemble des consommateurs domestiques, à l'échéance du 1er juillet 2007, conduit la CRE à organiser différemment les modes de travail. Elle met, alors, en place une instance de concertation entre les différents acteurs concernés intitulée Groupe de travail électricité 2007 (GTE 2007) qui se plaçait dans la continuité du groupe de travail GTE 2004. Ce groupe devait travailler en étroite collaboration avec son homologue pour le gaz (GTG 2007). Un projet 2004-2007 dédié aux problématiques nouvelles liées à l'ouverture complète du marché est créé et, directement, rattaché au comité plénier du GTE 2007. L'objectif du Comité consommateurs consiste à faire émerger les besoins et les attentes des petits consommateurs, résidentiels et professionnels et de définir les règles qui doivent régir les relations avec les fournisseurs et les GRD. Ce Comité est animé par les services de la CRE et présente périodiquement ses travaux en séance plénière du GTE 2007. Un autre Comité mis en place est consacré aux systèmes d'information[2].

L'implication directe des services de la CRE dans la conduite du Comité consommateurs soulignait l'importance des enjeux de l'ouverture du marché aux petits consommateurs pour le régulateur et renforçait le caractère participatif de cette démarche comme le soulignait C. Boiteau : « Les « groupes de travail » (GT gaz ; GT électricité ; GT consommateurs), créés par la Commission de régulation de l'énergie en 2005 pour définir et suivre la mise en place des règles de fonctionnement des marchés de détail de l'électricité et du gaz, constituent un exemple topique de participation. Ces groupes de travail

---

[1] *Ibid.*

[2] « Les travaux de préparation du 1er juillet 2007 seront menés dans un mode projet et piloté par deux comités de suivi. L'un, dédié aux problématiques des consommateurs, sera piloté par la CRE et devra définir les règles qui régissent les relations des clients avec les fournisseurs et gestionnaires de réseaux de distribution. Les associations représentant les clients particuliers y sont conviées. L'autre groupe, plus technique et piloté par le GRD EDF, visera à définir les conditions de mise en place des systèmes d'information et processus entre les professionnels du secteur (fournisseurs, GRD, responsables d'équilibre et RTE). La coordination avec le GTG 2007 sera assurée, pour prendre en compte les attentes des clients disposant des deux énergies. » CRE, *Rapport d'activité 2005,* p. 85.

qui rassemblent les acteurs concernés [...] ont permis de définir des procédures opérationnelles partagées par l'ensemble des professionnels du secteur »[1].

B- De la communication à la délibération portant orientation

Pour que les normes élaborées par les parties concernées aient une réelle portée, il est nécessaire qu'elles deviennent publiques. Tel est l'objet de la délibération portant « communication » de la CRE. Communication qui avait lieu en général une fois par an. Ce point appelle quelques remarques complémentaires, car il touche un aspect particulier de la méthode propre aux groupes de travail.

Si ceux-ci réunissent l'ensemble des parties prenantes, il en est néanmoins une qui ne participe pas à cette élaboration commune de la norme : le collège des commissaires. En effet, la concertation se déroule entre les services de la CRE et les autres parties prenantes, hors la présence des commissaires. Il n'était d'ailleurs matériellement pas possible pour ces derniers d'y participer tant le nombre de groupes et sous-groupes est élevé et, partant, les réunions nombreuses[2].

La réunion du collège permet, par la délibération portant communication, d'avaliser les points sur lesquels se sont entendues les parties : « Une communication de la CRE sur une question extérieure à son pouvoir réglementaire peut être assimilée par ses destinataires à une règle de droit pour la seule raison que la CRE est une autorité habilitée à énoncer de telles règles » écrivait son directeur juridique de l'époque[3]. Cet exercice était toutefois singulier, car les commissaires prennent connaissance du travail réalisé au cours de l'année, au travers du document de synthèse préparé par les services à cette occasion. Ce travail d'élaboration conjointe se réalise donc en deux temps. Le premier concerne les discussions entre les parties, le second regarde le collège de la CRE et les services. De ce fait il n'existe guère de travail en commun entre les différentes parties et le collège.

Cette situation peut, parfois, entraîner quelques tensions avec les commissaires. En ne pouvant qu'entériner les accords déjà conclus sans

---

[1] C. BOITEAU, « L'entreprise régulée », *op. cit.*

[2] A titre d'exemple, plus de cent réunions se sont tenues au cours des douze mois suivant l'échéance du 1er juillet 2007.

[3] R. COIN, « La régulation du secteur de l'énergie en France à l'heure de l'ouverture totale du marché », *op. cit.*, p. 668.

pouvoir les modifier, le collège ne voit guère sa valeur ajoutée à l'exercice. En conséquence, cette procédure échappe, en partie, au collège et repose entièrement sur les services, qui orientent l'élaboration de nouvelles « normes » sans un aval préalable des commissaires.

Le rôle du collège délibérant s'affirme, en revanche, lorsque certains points n'ont pu atteindre de consensus, ou lorsque les commissaires abordent des sujets non encore traités par les groupes de travail. A cette occasion, la forme de la délibération se distingue de celle d'une communication (ce que nous avons pu constater en d'autres occasions) en prenant un tour plus prescriptif, avec l'emploi de verbes tels que « doit », « devront », « demande »[1].

Lorsque les groupes de travail ne parviennent pas à trouver une solution partagée, le collège se saisit du sujet : « La concertation menée au sein du GTE n'a pas permis de définir les modalités techniques permettant à un client victime d'un changement de fournisseur d'électricité non souhaité de revenir chez son ancien fournisseur aux conditions commerciales précédentes. Dans ces conditions la CRE proposera d'ici la fin de l'année 2006 une solution pour les deux énergies, qui protégera les intérêts du client. Elle le présentera au GTE et au GTG. »[2]

Le collège n'hésite pas, lorsque le blocage s'avère sévère, à évoquer son pouvoir réglementaire supplétif[3]. En général cette évocation suffit à débloquer la situation.

---

[1] « Les gestionnaires de réseaux de distribution (GRD) devront mettre à la disposition des fournisseurs les outils de communication automatisés permettant d'obtenir, de façon unitaire ou groupée, les informations utiles sur la consommation des clients [...] La CRE demande aux GRD de publier les procédures à suivre pour chacune de ces démarches, en concertation avec les fournisseurs », *Communication du 10 Janvier 2006* ; « La CRE rappelle que le fournisseur précédemment prestataire d'un site (en l'espèce il s'agit d'EDF ou de GDF-Suez devenue ENGIE) ne doit pas bénéficier de conditions de mise en service plus favorables que les autres fournisseurs », *Communication du 27 septembre 2007.*

[2] *Communication de la CRE sur les travaux du GTE 2007 et du GTG 2007 du 24 septembre 2006 p. 5.*

[3] « Cependant, malgré ces avancées, les auditions effectuées par la CRE ont montré que le contrat GRD-F rendu public en juillet 2007 ne recueillait pas l'adhésion des fournisseurs. Si la concertation n'aboutissait pas à une solution satisfaisante pour toutes les parties, la CRE pourrait faire usage de son pouvoir réglementaire supplétif, afin de préciser le schéma contractuel liant les gestionnaires de réseaux de distribution et les fournisseurs. », *Communication de la CRE du 27 septembre 2007 sur les travaux des instances de concertation GTE, GTG, et GTC 2007, relatifs à la préparation de l'ouverture complète du marché de l'électricité et du gaz naturel au 1er juillet 2007.*

Le collège décide cependant de renforcer la portée de ses procédures, en passant d'une « communication » à une « délibération fixant des orientations », ce qui traduisait « pour son directeur juridique la volonté d'augmenter la normativité de ces travaux opérés sous l'emprise de la transparence et de la concertation »[1].

Cette évolution s'effectue lors de la délibération du 17 juillet 2008. La forme même de la délibération tranche avec les communications antérieures. Dans une première page, assez incisive, la CRE indique que par la présente délibération, elle dresse l'état des lieux des travaux « demandés dans sa communication du 27 septembre 2007 ainsi que des autres travaux menés depuis, [fait] connaître les décisions qu'elle a prises, et [fixe] les orientations des travaux des groupes de concertation à compter du 3° trimestre 2008 »[2]. Le dernier paragraphe apporte une touche inédite, en faisant référence à une décision du CoRDiS[3]. La CRE souligne, et rappelle ainsi à tous les acteurs, que désormais les dispositions arrêtées dans les groupes de travail peuvent avoir une valeur normative : « Dénuées de valeur réglementaire, ces procédures ne peuvent être admises et respectées que sur le fondement d'une confiance réciproque des acteurs. Traduisant cette nécessité, le CoRDiS (Comité de règlements des différends et des sanctions) a affirmé que, si une procédure ainsi définie ne peut évidemment pas être invoquée par une entreprise pour se soustraire à ses obligations légales, elle constitue néanmoins 'un usage communément admis par la profession qui n'est pas dépourvu, à ce titre, de valeur normative' »[4] .

---

[1] R. RAMBAUD, *L'institution juridique de la régulation, op. cit.*, p. 709.

[2] *Délibération de la CRE du 17 juillet 2008 sur les travaux des instances de concertation GTC, GTE, GTG relatifs au fonctionnement du marché de détail de l'électricité et du gaz naturel.*

[3] « Le référentiel des dispositions en vigueur pour l'ouverture du 1er juillet 2007, publié sur le site de la CRE, […] reprend les procédures élaborées dans le cadre des instances de concertation placées sous l'égide de la CRE. Ces procédures sont communément admises, tant par les utilisateurs que par les gestionnaires de réseaux, et constituent, comme l'a relevé le Comité de règlement des différends et des sanctions de la CRE dans sa décision du 26 septembre 2007, ' des usages qui ne sont donc pas dépourvus de valeur normative' », *ibid.* La décision à laquelle il est fait référence date du 26 septembre 2007, et portait sur un différend, qui opposait la société POWEO à GDF, relatif au refus de cette dernière de lui communiquer la liste complète des points de comptage et d'estimation de son réseau de distribution, identifiés par leur numéro et adresse.

[4] C. BOITEAU, « L'entreprise régulée », *op. cit.*

Le bilan proprement dit des travaux se présente, ensuite, sous forme d'annexe de la délibération.
Au travers de l'expérience des groupes de travail qu'elle a institués, la CRE module et adapte ses méthodes en fonction des objectifs. Parmi les sujets traités dans le cadre de ces groupes, les compteurs évolués pour l'électricité et le gaz apparaissent certainement les plus topiques.

II- Illustration : le cas du compteur Linky

Du seul point de vue méthodologique, le compteur LINKY présente la particularité d'être le résultat d'une double approche : un travail de concertation, mêlant droit souple et orientations sensiblement plus normatives, et des actes décisoires de la CRE. L'intervention de l'exécutif, au cours du processus, ajoute, toutefois, de la complexité au schéma.
Le cadre législatif dans lequel s'inscrit le projet potentiel d'un compteur communiquant était défini par la version initiale de la loi du 10 février de 2000 (le III de l'art. 19) [1], la loi du 9 août 2004 (art. 13)[2] et le IV de l'article 4 de la loi du 10 février 2000, issu de la loi n°2005-781 du 13 juillet 2005[3]. Pour l'application de ces dispositions qui appellent, de façon implicite, la mise en œuvre d'un comptage évolué, la loi renvoyait à « un décret en Conseil d'Etat pris sur proposition de la Commission de régulation de l'énergie, [qui] précise les modalités d'application du premier alinéa, notamment les modalités de prise en charge financière de ce dispositif »[4].

[1] Le III de l'article 19 de la loi du 10 février 2000 relative à la modernisation et au développement du service public de l'électricité, prévoit que les gestionnaires de réseaux de distribution sont responsables des comptages nécessaires à l'exercice de leur mission.
[2] L'art. 13 de la loi du 9 août 2004 relative au service public de l'électricité et du gaz et aux entreprises électriques et gazières définit le rôle dévolu en matière de comptage aux gestionnaires de réseaux de distribution.
[3] Le IV de l'article 4 de la loi du 10 février 2000, issu de la loi n°2005-781 du 13 juillet 2005 fixant les orientations de la politique énergétique, précisait que les dispositifs de comptage mis en œuvre par les gestionnaires de réseaux de distribution doivent permettre aux fournisseurs « de proposer à leurs clients des prix différents selon les périodes de l'année ou de la journée et incitant les utilisateurs de réseaux à limiter leur consommation pendant les périodes où la consommation de l'ensemble des consommateurs est la plus élevée ».
[4] *Ibid.*

La CRE, dans un communiqué de la fin d'année 2021, dresse un bilan très positif du déploiement de LINKY : « La CRE considère que le déploiement du compteur communiquant Linky, qui représentera à terme un investissement d'environ 4 milliards d'euros, est un succès industriel pour notre pays. Les promesses ont été tenues en termes de délais et de performance du système de comptage évolué, et le coût final du projet sera inférieur au budget initial. La CRE dresse également un premier bilan positif de la concrétisation des gains à l'échelle d'Enedis mais aussi à l'échelle de la collectivité. »[1]

Ce résultat, en dépit des controverses sur la gratuité, relancées périodiquement, des critiques de la Cour des comptes sur un schéma de régulation tarifaire trop favorable à l'opérateur[2], et des multiples recours en tous genres contre l'installation, plaide pour l'efficience

---

[1] Communiqué de presse de la CRE, 29 novembre 2021, LINKY. « Le parc de compteurs Linky constitue désormais un outil majeur pour la réussite de la transition énergétique dans notre pays. La CRE consulte sur le nouveau cadre de régulation incitative qui s'appliquera dès 2022 pour la phase d'exploitation qui démarre. Linky, une réussite industrielle. Au 31 décembre 2021, 90% du parc de compteurs d'Enedis sera équipé de compteurs communicants Linky, ce qui correspond à 34 millions de compteurs Linky installés entre fin 2015 et fin 2021. La CRE profite du lancement de sa consultation publique sur le futur cadre de régulation, pour tirer un bilan positif de la phase de déploiement massif : • le calendrier de déploiement a été respecté malgré la crise sanitaire ; • les coûts d'investissement s'élèvent finalement à 4 Md€, soit une économie de 700 M€ par rapport au budget initial du projet ; • la performance technique du système de comptage évolué est satisfaisante. Les derniers compteurs Linky seront déployés par Enedis dans les trois ans à venir pour atteindre une couverture de l'ensemble des clients à fin 2024. Les gains de Linky à l'échelle du distributeur et de la collectivité La CRE a déjà réalisé début 2021 un premier bilan des gains à l'échelle du distributeur Enedis. Ils sont principalement liés à la diminution des coûts de relève, à la réalisation à distance des interventions et à la réduction des erreurs de facturation ou fraudes. Ces gains représentent 1 Md€ d'économisés sur la période 2021 à 2024. Par la suite, les gains atteindront environ 350 M€/an, en ligne avec les objectifs fixés au lancement du projet. Le déploiement de Linky génère également des gains indirects pour les clients. En particulier, le développement de la télé-opération permet au client de ne pas être présent et réduit le coût des prestations. Les fournisseurs, quant à eux, peuvent proposer de nouvelles offres innovantes adaptées plus finement aux besoins de leurs clients, grâce à l'accès à de nouvelles fonctionnalités propres au compteur Linky comme les « calendriers fournisseurs » (heures super-creuses, tarif Week-end, …) ».

[2] Cour des comptes, Rapport public annuel 2018, février 2018, p. 244-287. Il convient de souligner que ce rapport se base, concernant les coûts, sur les estimations. Or celles-ci prévoyaient un montant de 4,7Md d'euros pour la phase se terminant en décembre 2021. Les chiffres exacts s'avèrent sensiblement inférieurs puisqu'il s'agit de 4 Md€.

d'une méthode fondée sur la concertation au travers des groupes de travail. Pour en saisir la portée il faut en connaître la genèse.
La CRE est à l'origine du projet d'un compteur communiquant qu'elle estime indispensable dans le cadre de l'ouverture du marché (A). La taille, inédite, du projet en termes d'investissement conduit l'exécutif à vouloir intervenir, ce qui crée une sorte de rivalité avec le régulateur (B).

A- La CRE entre concertation et contrôle

La CRE se préoccupe très tôt de la question du comptage. Ses premières communications sur le sujet datent du 5 juillet 2001, du 29 janvier 2004 et du 10 janvier 2006.
Pour comprendre le rôle exact du régulateur dans le long cheminement ayant abouti à la réalisation d'un projet industriel d'une taille inédite dans le monde en matière de compteur, il convient de s'arrêter sur la communication du 29 janvier 2004. Une fois encore, on observe, dès la première phrase, la ductilité de la notion de « communication » employée par la CRE : « La CRE a décidé d'établir des prescriptions techniques générales et fonctionnelles applicables par les gestionnaires des réseaux publics de transport ou de distribution d'électricité dans leurs relations avec les utilisateurs de ces réseaux, en ce qui concerne le comptage électrique »[1]. Le ton est ainsi donné, la CRE souhaite maîtriser cet outil essentiel à l'ouverture du marché que serait le comptage et utilise une communication qui a les qualités apparentes d'un acte décisoire. Le contenu de la communication est du même ordre. Il mélange à la fois concertation préalable - « Ce nouveau document, établi par la CRE, après consultation des différentes parties prenantes » -, rappel des principes de la concurrence - « pour faire jouer la concurrence entre fournisseurs, les consommateurs doivent disposer [...] d'informations précises sur leur consommation passée » -, et évocation de sa capacité à régler les différends - « Tout différend entre utilisateur et gestionnaire de réseau public relatif aux conditions d'accès aux informations de comptage est susceptible d'être porté devant la CRE en application de l'article 38 de la loi du 10 février 2000 modifiée. »
L'utilisation par la CRE des termes « estime, souhaite, considère » n'amoindrit en rien sa volonté normalisatrice, fort bien illustrée par

[1] *Communication de la CRE sur le comptage électrique,* 29 janvier 2004.

l'affirmation suivante : « Elle estime qu'en l'absence de textes réglementaires traitant de ces questions, il appartient aux gestionnaires de réseaux électriques publics d'inclure ces informations dans les parties concernées des différents référentiels techniques qu'ils devront publier sous le contrôle de la CRE ».

La troisième communication de la CRE, le 10 janvier 2006, s'inscrit dans le cadre de l'ouverture du marché à tous les consommateurs du 1er juillet 2007 et fait entrer le sujet de plain-pied au sein du groupe de concertation électricité (GTE) : « Les systèmes de comptage sont fondamentaux pour la différenciation commerciale des offres des fournisseurs, car ils permettent la mise en place d'offres tarifaires variées et de services énergétiques. La CRE demande au GTE 2007 de rédiger, au premier trimestre 2006, un projet de cahier des charges d'une étude technico-économique, qui visera à quantifier les bénéfices d'une migration du parc actuel de compteurs vers des compteurs électroniques à courbe de charge télérelevée et des dispositifs de coupure et changements de puissance télécommandables. Cette étude, pilotée et financée par la CRE, sera confiée à une expertise externe. Ses résultats seront communiqués au GTE 2007. »[1]

L'étape suivante se situe le 6 juin 2007[2], au travers d'une communication de la CRE sur l'évolution du comptage électrique en basse tension, qui définit une fois pour toutes (jusqu'en 2015) les conditions et les objectifs d'un tel comptage et indique, tout aussi clairement, au futur ERDF que le processus engagé est sous le contrôle du régulateur : « Au moment où le gestionnaire de réseau de distribution EDF (ERD) annonce un projet pilote en vue de mettre en place un système de comptage évolué à grande échelle, la CRE juge indispensable de tracer dès à présent les orientations à suivre pour le comptage électrique équipant les installations raccordées en basse tension aux réseaux publics de distribution d'électricité pour une puissance inférieure ou égale à 36 kVA. » Elle rappelle le rôle des groupes de travail : « ces orientations avaient été établies par la CRE sur la base des travaux menés au sein du Groupe de Travail Consommateurs (GTC) et après consultation des différentes parties prenantes au cours du mois d'avril 2007 ». La CRE indique, enfin, les

---

[1]*Communication de la CRE sur les travaux du GTE 2007 et du GTG 2007 relatifs à la préparation de l'ouverture des marchés des clients résidentiels de l'électricité et du gaz naturel au 1er juillet 2007.*

[2] *Communication de la CRE du 6 juin 2007 sur l'évolution du comptage électrique basse tension de faible puissance (≤ 36 kVA).*

objectifs que devraient permettre d'atteindre les dispositifs de comptage, à la fois pour la concurrence et la maîtrise de la demande : « la CRE souligne que ces dispositifs, qui, conformément à la loi, relèvent des gestionnaires de réseaux de distribution en situation de monopole, devront permettre d'améliorer les conditions dans lesquelles ils accomplissent leurs missions et de rendre possible une diversification des offres et une maîtrise de la demande. » Le régulateur termine cette partie de la communication par un avertissement très strict afin d'éviter que les futurs systèmes n'empiètent sur le domaine concurrentiel : « Ces dispositifs ne devront en aucun cas comporter des fonctionnalités dépassant ces finalités et susceptibles d'être exercées dans un cadre concurrentiel. »[1]

La communication, en abordant de nombreux aspects techniques du comptage et en cadrant l'essentiel de ce que devait être le projet, va sensiblement plus loin que les textes ne le prévoyaient. Pour légitimer cette approche, au demeurant aucunement contestée, la CRE s'appuie sur le travail de concertation réalisé avec le groupe des consommateurs. Elle veut éviter, ainsi que la plupart des participants aux groupes de travail, que l'expérimentation, sur le point d'être lancée par le réseau de distribution d'électricité, s'effectue sous le seul contrôle de celui-ci et débouche sur un modèle ne satisfaisant que le gestionnaire de réseau, et le cas échéant son actionnaire, sans répondre aux souhaits des fournisseurs alternatifs et des consommateurs.

L'implication des groupes de travail permet à la CRE de poser des conditions totalement prescriptives à l'égard du gestionnaire du réseau de distribution d'électricité : « En ce qui concerne le système de comptage envisagé par ERD : le 'projet pilote' devra être regardé comme une expérimentation. A ce titre, elle sera soumise à une évaluation, à l'issue de laquelle le système ne pourra être déployé à grande échelle que sur la base d'une décision de la CRE ; l'expérimentation sera préparée et suivie en concertation entre les gestionnaires de réseaux de distribution, les consommateurs et les fournisseurs dans le cadre du Groupe de Travail Consommateurs ; un ' Comité de contrôle', présidé par la CRE, sera chargé de vérifier le respect des orientations ci-après et, à l'issue de l'expérimentation, d'en assurer l'évaluation »[2].

[1] *Ibid.*
[2] *Ibid.*

Sur le plan théorique, il n'est pas illégitime de s'interroger sur la nature de ce droit souple, ni formellement obligatoire, ni juridiquement contraignant, ni sanctionnable. Si l'on se réfère à l'échelle de « normativité graduée » à trois degrés, « en fonction de l'intensité imposé par l'instrument », définie par le Conseil d'Etat dans son rapport de 2013, le premier degré correspond à « l'obligation par le destinataire de l'instrument de se justifier lorsqu'il s'en écarte »[1]. C'est probablement de ce degré que relèvent ces communications et recommandations. Il est difficile au réseau de distribution de s'opposer à la CRE (le réseau de distribution d'EDF en voie de filialisation était en retard sur le calendrier prévu), mais les conséquences, sur le plan juridique, du choix qu'il aurait pu faire de « s'écarter » de ces orientations, ne sont pas claires, sauf à avoir dû s'en justifier.
Le travail de concertation se poursuit au sein des groupes de travail et la délibération, déjà évoquée, de juillet 2008 en dresse un bilan précis ainsi qu'une véritable feuille de route : « Le GT évolution des systèmes de comptage reste le lieu de l'information et de la concertation sur les expérimentations des GRD en matière de systèmes de comptage évolués. Pour l'électricité, ERDF procédera, en concertation, au cadrage des conditions opérationnelles de son expérimentation (impact sur les procédures, conditions d'échange avec les fournisseurs, fonctionnalités mises en œuvre) [...] Un projet de grille d'évaluation de l'expérimentation d'ERDF, préparé par la CRE, sera soumis au groupe pour avis, afin de préparer un bilan de l'expérimentation fin 2010. Pour le gaz, le groupe de travail permettra la poursuite de la réflexion sur les scénarios d'évolution des systèmes de comptage de gaz naturel et les fonctionnalités attendues »[2].
Pour la CRE le déroulement des opérations, au travers des groupe de travail, s'effectue comme elle le souhaitait, mais cette belle mécanique se heurte à la logique politique avec l'arrivée de la loi sur la mise en œuvre du Grenelle de l'environnement.

B- Une rivalité naissante avec l'exécutif

Le ministre en charge de l'énergie, informé du projet du compteur LINKY et, surtout, du montant de l'investissement envisagé (à l'époque

[1] CE, *Etude annuelle 2013 : Le droit souple, op. cit.*, p. 217.
[2] *Délibération du 17 juillet 2008 sur les travaux des instances de concertation GTC, GTE, GTG relatifs au fonctionnement du marché de détail de l'électricité et du gaz naturel.*

4 milliards d'euros), décide que ce projet doit s'inscrire dans la loi de programmation relative à la mise en œuvre du Grenelle de l'environnement votée le 3 août 2009[1].
Cela se traduit par un paragraphe à l'article 18 : « Les objectifs d'efficacité et de sobriété énergétiques exigent la mise en place de mécanismes d'ajustement et d'effacement de consommation d'énergie de pointe. La mise en place de ces mécanismes passera notamment par la pose de compteurs intelligents pour les particuliers, d'abonnement avec effacement des heures de pointe. Cela implique également la généralisation des compteurs intelligents afin de permettre aux occupants de logements de mieux connaître leur consommation d'énergie en temps réel et ainsi de la maîtriser »[2].

1- LINKY, élément du Grenelle de l'environnement

Il n'est pas sans importance, pour saisir à la fois la complexité du projet LINKY et celle des relations entre le régulateur et l'exécutif, d'analyser ce moment où un projet sous la maîtrise du régulateur, certes dans le flou des fondements juridiques, devient un projet de l'exécutif. Le soudain intérêt du ministre en charge de l'énergie résulte de la récente prise de conscience, par son cabinet, du montant d'un investissement dont l'envergure ne pouvait politiquement être justifiée par les seuls besoins du marché[3].
Même si la rédaction de l'article 18 reste assez générale, les termes employés confèrent dès lors au projet LINKY une orientation délibérément « maîtrise de l'énergie », ce qui, certes, est l'un des objectifs poursuivis, mais en aucune façon le seul et unique. Cette orientation délibérée n'est pas sans incidence sur les critiques qui se feront jour quant aux lacunes du compteur en termes de maîtrise de l'énergie.
Tirant les conséquences de cette loi, la CRE décide d'associer les consommateurs domestiques aux travaux sur les compteurs par le biais d'un nouveau groupe « maîtrise de la demande d'énergie » (MDE). Cette modification répond aussi à une certaine lassitude des

[1] Loi n° 2009-967 du 3 août 2009 de programmation relative à la mise en œuvre du Grenelle de l'environnement.
[2] Loi n° 2009-967 du 3 août 2009 de programmation relative à la mise en œuvre du Grenelle de l'environnement, article 18.
[3] Ces propos sont basés sur l'expérience professionnelle de l'auteur.

consommateurs pour des réunions au contenu de plus en plus technique, et qui concernent surtout ERDF et les fournisseurs alternatifs.
Le projet du compteur LINKY - le processus est le même pour le gaz, avec deux ans de décalage et surtout avec une moindre implication politique - se déroule alors sur deux plans, distincts mais nécessairement liés : celui du travail des groupes de concertation sous l'égide de la CRE, lieux d'élaboration conjointe de la « norme », et celui des discussions avec l'administration et le cabinet du ministre pour la préparation du décret en Conseil d'Etat prévu par la loi.
Le passage du droit souple, ou ce qui en tient lieu, au droit « dur », par le biais d'un décret, présente l'intérêt pour la CRE de permettre la transcription des résultats issus de la concertation dans un texte normatif. Si l'article 4-IV de la loi du 10 février 2000 dispose que le décret doit être proposé par la CRE, il ne peut être présenté au Conseil d'Etat que par l'autorité ministérielle, ce qui induit un certain nombre de débats sur son contenu final[1]. La CRE délibère le 12 février 2009 et le décret est publié au Journal officiel le 31 août 2010[2], soit 16 mois plus tard.

2- Une indépendance confortée par les groupes de travail

Au cours de cette période de latence, la CRE décide de définir, sans attendre la publication laborieuse du décret, les « orientations sur les modalités de réalisation et d'évaluation de l'expérimentation d'ERDF en vue de l'évolution du comptage électrique basse tension. »[3]
Cette délibération se révèle fort instructive quant à la manière pour la CRE de mêler aspects normatifs et orientations. Elle rappelle, ainsi, en introduction, l'encadrement juridique de l'activité de comptage en matière d'électricité en ajoutant, aux articles de loi évoqués précédemment, le paragraphe 2 de l'annexe I de la directive 2009/72/CE du 13 juillet 2009 précisant le contenu de l'obligation

---

[1] *Ibid.*
[2] Décret n° 2010-1022 du 31 août 2010 relatif aux dispositifs de comptage sur les réseaux publics d'électricité en application du IV de l'article 4 de la loi n°2000-108 du 10 février 2000 relative à la modernisation et au développement du service public de l'électricité. Codifié aux articles R. 341-4 et suivants du Code de l'énergie.
[3] *Délibération de la CRE du 11 février 2010 portant orientations sur les modalités de réalisation et d'évaluation de l'expérimentation d'Electricité Réseau Distribution France (ERDF) en vue de l'évolution du comptage électrique basse tension de faible puissance.*

d'interopérabilité nationale des systèmes de comptage évolués[1]. Elle présente ensuite, et sur le même plan, le fait « qu'elle se soit déjà prononcée à plusieurs reprises sur les activités de comptage électrique, dans ses communications du 5 juillet 2001, du 29 janvier 2004 et du 6 juin 2007 »[2]. En procédant de la sorte, la CRE confère à ses communications un lien avec les textes normatifs qui les précèdent.

Au cours de la vingtaine de pages suivantes, la CRE détaille ce qu'elle attend de l'expérimentation à grande échelle engagée par ERDF comme elle « l'avait demandé dans sa communication du 6 juin 2007 ». Elle précise, encore, que l'expérimentation, concernant 300.000 compteurs en région lyonnaise, ainsi qu'en Touraine, commencerait en mars 2010, s'achèverait le 31 mars 2011, et serait « soumise à une évaluation réalisée par la CRE dont l'objectif est de vérifier la conformité fonctionnelle du projet d'ERDF avec les demandes formulées dans la communication du 6 juin 2007. » Cette évaluation devait s'effectuer selon une grille d'analyse élaborée en concertation avec les acteurs.

Le régulateur spécifie que cette analyse de conformité, entre les résultats de l'expérimentation et les orientations de la CRE, permettrait « d'apprécier le degré de couverture des investissements d'ERDF par les tarifs d'utilisation des réseaux publics d'électricité. » Cet avertissement rappelle que le décisionnaire final du financement du projet est la CRE, puisque le prochain TURPE devait être réalisé selon la directive 2009/72/CE[3], qui confère la décision aux régulateurs.

La CRE ne se contente pas de souligner cet aspect dirimant et prévient qu'elle sera particulièrement attentive à la perception du nouveau système de comptage évolué par les consommateurs. A cet égard elle prévoit de recourir « à un cabinet spécialisé pour interroger un échantillon de clients sur les conditions d'installation du compteur Linky[4] […] Cette analyse pourra être croisée avec celles des

---

[1] La directive européenne n° 2009/72 relative aux règles communes pour le marché intérieur de l'électricité prescrivait, si les systèmes de comptage intelligent ne faisaient pas l'objet d'une analyse coûts-avantages défavorable, le déploiement de tels compteurs pour 80 % des usagers en 2020.

[2] *Ibid.*

[3] Directive 2009/72/CE du Parlement européen et du Conseil du 13 juillet 2009, concernant les règles communes pour le marché intérieur de l'électricité et abrogeant la directive 2003/54/CE du 26 juin 2003.

[4] « la facilité d'utilisation (affichage), la perception des possibilités offertes et des avantages, les intentions d'utilisation effective (changement de fournisseur, nouvelles offres de fourniture, boîtier énergie, etc.). » *Délibération du 11 février 2010, op. cit.*, p. 13.

associations locales de consommateurs, des autorités concédantes, de leaders d'opinions et du Médiateur de l'énergie »[1].

L'analyse *a posteriori* de cette délibération montre à quel niveau de précision et d'exigence, dans la continuité des communications précédentes, le régulateur est parvenu, sans jamais que ses demandes ne soient discutées sur le plan légal, du moins officiellement[2], contrairement à ce qui survient par la suite à l'égard du décret, de l'arrêté et du déploiement de LINKY.

Munis de cette feuille de route détaillée, les groupes de travail peuvent poursuivre leur travail, et notamment le groupe MDE, qui se réunit régulièrement – 12 fois entre avril 2010 et mai 2011 -, et suit, dès le mois d'avril 2010, le déploiement des expérimentations de comptage évolué dans leurs aspects spécifiques aux consommateurs domestiques. Ses travaux portent sur la détermination des attentes des consommateurs en matière de facturation et de services de maîtrise de la demande d'énergie, en lien avec le développement des compteurs évolués. Il émet différentes recommandations, comme celle concernant les fournisseurs, qui doivent veiller à proposer des offres adaptées aux connaissances et à la compréhension des consommateurs, ou celle concernant les index en électricité, qui doivent être systématiquement présentés dans un ordre de prix croissant, avec un libellé clair[3].

Cette méthode apporte, presque en temps réel, des réponses adaptées à des situations concrètes[4].

Le décret, lors de sa publication, paraît, alors, curieusement décalé par rapport à la réalité. Il confirme l'expérimentation et demande à la CRE

---

[1] *Ibid.,* p. 13.

[2] Si la contestation n'était pas officielle, on a déjà noté que, lors de l'auditions d'EDF par les rapporteurs R. DOSIERE et Ch. VANNESTE, entre novembre 2009 et octobre 2010, certains responsables de l'entreprise critiquaient vivement l'usage du droit souple par la CRE. *Rapport d'information fait au nom du Comité d'évaluation et de contrôle des politiques publiques sur « Les autorités administratives indépendantes*, Assemblée nationale, n° 2925 Tome 1, Octobre 2010.

[3] La question de l'accès aux données était, par ailleurs, apparue comme un sujet central de préoccupation des consommateurs, qui souhaitaient comprendre leur consommation afin de mieux la maîtriser. C'était un point sur lesquels les acteurs n'étaient pas parvenus à trouver un accord, même s'il y avait eu consensus sur le fait que les consommateurs devraient pouvoir accéder mensuellement aux index bruts de consommation, à la consommation valorisée en euros, et à la valeur maximum de la puissance mesurée par le compteur au cours du mois écoulé.

[4] Voir à cet égard, même si nous ne les partageons pas entièrement, les développements de R. RAMBAUD sur « Les autorités de régulation, laboratoire de la démocratie délibérative », *L'institution juridique de régulation, op. cit.,* p. 710 -713.

de proposer au ministre chargé de l'énergie un arrêté précisant, au vu notamment des résultats de l'expérimentation et des exigences d'interopérabilité du système, les fonctionnalités et les spécifications des dispositifs de comptage évolué.
A son article 3, il précise : « la mise en œuvre des dispositifs de comptage fait l'objet d'une expérimentation confiée à la société issue de la séparation juridique imposée à Electricité de France. Elle est prévue pour une durée limitée au 31 décembre 2010. Au cours de l'expérimentation, la société transmet à la Commission de régulation de l'énergie toutes les informations nécessaires à son évaluation », toutes choses, par ailleurs, déjà en cours.
La CRE décide de maintenir la durée de l'expérimentation jusqu'au 31 mars 2011, comme elle l'indiquait en février 2010, à la satisfaction des élus concernés[1].

3- Le comité de suivi ministériel, l'art de la redondance

Le ministre en charge de l'énergie (à cette époque le ministre de l'Industrie[2]) décide de mettre en place le 4 mai 2011, un Comité de suivi de LINKY qui ressemble étrangement aux groupes de travail de la CRE. Il s'agit d'associer l'ensemble des acteurs concernés à l'évaluation de l'expérimentation menée par ERDF. La seule réelle nouveauté provient de la présence de parlementaires qui en assurent la co-présidence[3], ce

[1] Le Syndicat intercommunal d'énergie d'Indre-et-Loire (SIEIL) et le Syndicat intercommunal de la périphérie de Paris pour l'électricité et les réseaux de communication (SIPPEREC) avaient engagé un recours gracieux auprès du Premier ministre contre le décret du 31 août 2010 car il fixait au 31 décembre 2010 la fin de l'expérimentation du projet de compteurs "intelligents" d'ERDF en cours en Indre-et-Loire et dans l'agglomération lyonnaise et prévoit leur généralisation. Un délai jugé insuffisant par la Fédération nationale des collectivités concédantes et régies (FNCCR) et par les associations de consommateurs. « Le SIEIL et le SIPPEREC engagent un recours gracieux auprès du Premier Ministre contre le « décret comptage » du 31 août 2010 », Communiqué de Presse, 23 novembre 2010.
[2] Le contexte politique n'est pas entièrement indifférent à la succession d'événements concernant LINKY. Dans le Gouvernement Fillon III, E. BESSON devenait ministre de l'Industrie, de l'Energie et de l'Economie numérique le 14 novembre 2010. Il prenait la succession de J.-L. BORLOO pour l'énergie en la faisant réintégrer le ministère de l'Industrie.
[3] « Suite à l'expérimentation menée par ERDF, Eric BESSON, ministre de l'Industrie, de l'Energie et de l'Economie numérique, a installé le 4 mai 2011 un Comité de suivi afin que tous les acteurs concernés puissent contribuer à ce travail d'évaluation et exprimer leur point de vue quant aux mesures à mettre en œuvre pour que la

qui, en dépit de l'incontestable redondance avec les Groupes de concertation et de travail de la CRE, possède le mérite d'impliquer le Parlement. Il est prévu que la CRE participe à ce Comité et qu'elle présente le bilan de l'expérimentation[1], ce qu'elle fait avant de le rendre public en juin 2011[2].
Le 7 juillet, la CRE donne son propre accord à la généralisation de LINKY[3], estimant que l'expérimentation répond aux objectifs définis dans la délibération de 2007 : « Sur la base des résultats de l'expérimentation menée depuis plus d'un an par ERDF auprès de plus de 250.000 clients, la Commission de Régulation de l'Energie (CRE) propose de généraliser le dispositif de comptage de l'électricité communiquant baptisé 'Linky' »[4]. Cette délibération se fait, une fois encore, sous l'intitulé « communication », et n'est pas censée être un acte de nature décisoire.
Le Comité de suivi LINKY rend, en septembre, son rapport sous la signature des deux présidents et conclut dans le même sens en se référant au dossier de la CRE : « La généralisation des compteurs Linky peut être décidée dès maintenant. ' Linky ' est un projet dont l'ensemble des acteurs a souligné l'importance et sur lequel la CRE porte un jugement positif. L'évaluation du projet 'Linky' présentée par la CRE à l'ensemble des membres du Comité montre que l'expérimentation a été concluante, même si certains aspects de la performance du système

---

généralisation des compteurs communicants soit un succès [...] En décidant de créer un « Comité Linky » pour piloter la mise en place des compteurs électriques communicants, j'ai souhaité que l'ensemble des acteurs concernés puisse exprimer leur point de vue, et être partie prenante à l'évaluation et à la décision éventuelle de généraliser ce nouveau dispositif de comptage. J'ai voulu en particulier que le Parlement soit pleinement associé à la prise de décision, et je remercie le Sénateur PONIATOWSKI et le Député LENOIR d'avoir accepté de co-présider ce Comité », AEF, dépêche n°249771, publiée le 27 janvier 2011.

[1] « Je souhaite que le bilan de l'expérimentation engagée en mars 2010 et qui s'est achevée le 31 mars 2011 soit présenté par la CRE devant ce Comité Linky courant juin, afin que la décision de généralisation puisse être prise par le Gouvernement au cours de l'été », *ibid.*

[2] *Dossier d'évaluation de l'expérimentation Linky,* juin 2011. Ce document, d'une trentaine de pages, couvre l'ensemble des questions concernant le contexte juridique, la concertation, les aspects techniques, et l'étude technico-économique.

[3] *Délibération de la CRE du 7 juillet 2011 portant communication sur les résultats de l'expérimentation d'Electricité Réseau Distribution France (ERDF) relative au dispositif de comptage évolué LINKY.*

[4] *Ibid.*

doivent être améliorés et faire l'objet d'une vigilance particulière pendant le déploiement. »[1]

Les faits s'enchaînent ensuite rapidement. Le Gouvernement annonce sa décision de généralisation le 28 septembre 2011, en indiquant que l'expérimentation a été un succès[2]. A la suite de cette annonce, le ministre chargé de l'énergie transmet au Conseil supérieur de l'énergie (CSE) le projet d'arrêté, pris sur proposition de la CRE[3], relatif aux spécifications techniques du compteur.

L'arrêté en date du 4 janvier 2012 est publié au Journal officiel le 10 janvier 2012[4], soit dix jours après la date prévue pour le déploiement de LINKY dans le décret du 21 août 2010. Ce premier retard n'est que le début d'une cascade de décalages.

4- Les groupes de travail, nouvelle organisation

La première phase étant achevée, la CRE décide de modifier l'organisation de ses groupes de travail pour passer à une partie opérationnelle, en recherchant une plus grande association des consommateurs. Une part importante de sa délibération du 22 mars 2012[5] est consacrée à la préparation de l'organisation future des marchés, liée à la mise en place du comptage évolué : « Dans le GTE et

---

[1] Rapport LENOIR-PONIATOWSKI, *Comité de suivi de l'expérimentation sur les compteurs communicants*, septembre 2011, p. 10.

[2] « Le ministre de l'Energie Éric Besson a confirmé mercredi 28 septembre la généralisation à l'ensemble du territoire de l'implantation du compteur communicant Linky. Le déploiement se fera sur plusieurs années, à partir de 2013. En levant ce qu'il a lui-même qualifié de 'faux suspense', c'est- à-dire l'installation du compteur communicant Linky chez chacun des 35 millions d'abonnés à l'électricité en France, le ministre de l'Energie a confirmé ce qui semblait acquis à tous les protagonistes du dossier dès le lancement en 2010 de l'expérimentation en Indre-et-Loire et dans l'agglomération lyonnaise », *La Gazette des Communes,* 29 septembre 2011.

[3] *Délibération de la CRE du 10 novembre 2011 portant proposition d'arrêté pris en application de l'article 4 du décret n° 2010-1022 du 31 août 2010 relatif aux dispositifs de comptage sur les réseaux publics d'électricité.*

[4] L'arrêté définissait essentiellement les données devant être enregistrées, les modalités de paramétrage des calendriers tarifaires, les actions de gestion des compteurs opérées à distance, les modalités de traitement à distance des relais permettant de démarrer ou d'arrêter des appareils électriques et les fonctions de suivi de la qualité de l'électricité fournie

[5] *Délibération de la CRE du 22 mars 2012 sur le bilan et les orientations pour les travaux des instances de concertation, relatifs au fonctionnement des marchés de détail de l'électricité et du gaz.*

le GTG, les groupes de travail chargés des procédures sont complétés d'un groupe de travail opérationnel 'Procédures et nouveaux services', qui sera chargé de définir les règles de marché en présence de compteurs évolués. Les groupes de travail 'Suivi des projets de comptage évolué' suivront l'avancement des projets de systèmes de comptage évolués des GRD. Les autres groupes de travail devront intégrer dans leurs travaux les impacts de l'arrivée des compteurs évolués. Depuis 2010, les associations de consommateurs ne participent plus directement aux travaux des GTE et GTG, en particulier aux groupes de travail sur les procédures et le comptage évolué. Compte tenu de l'impact du comptage évolué sur l'organisation du marché, leur absence dans ces groupes serait désormais préjudiciable à l'efficacité des travaux [...] En conséquence, les associations de consommateurs seront désormais membres des groupes de travail du GTE et du GTG, et le GTC est supprimé. Leur participation est particulièrement attendue dans les groupes de travail opérationnels 'Procédures et nouveaux services' et les groupes de travail sur le comptage évolué »[1].

5- La question polémique du financement

Les frictions potentielles entre la CRE et l'exécutif se cristallisent sur la question du financement de LINKY, à l'occasion de la déclaration du ministre de l'Industrie et de l'Energie du 28 septembre 2011 : « En outre, le déploiement du nouveau compteur sera gratuit pour le consommateur. En effet, selon l'étude menée par la CRE, le projet sera équilibré financièrement pour ERDF. C'est-à-dire que les surcoûts liés au déploiement seront compensés par les gains de productivité qu'ils permettront.

Dans ce contexte, le Gouvernement a demandé à ERDF de financer intégralement ces surcoûts. »[2] Cette affirmation, qui ne relève pas de l'autorité ministérielle, occasionne une escarmouche avec la CRE, dont le président rectifie dans la presse les propos du ministre en précisant que « la CRE n'est liée par aucun engagement de gratuité [...] le

[1] *Délibération de la CRE du 22 mars 2012 portant bilan et orientations pour les travaux des instances de concertation relatifs au fonctionnement des marchés de détail de l'électricité et du gaz.*

[2] Déclaration de M. Eric BESSON, ministre de l'Industrie, de l'Energie et de l'Economie numérique, sur la décision gouvernementale de généraliser le déploiement des compteurs électriques de nouvelle génération (LINKY), Paris le 28 septembre 2011. *Vie Publique.*

déploiement de cet outil entre dans le périmètre de la base d'actifs régulés ; il est donc du ressort du Turpe. »[1] La CRE n'a, certes, pas besoin des groupes de travail pour rappeler le tout récent article L. 134-1 (al. 3) du Code de l'énergie qui lui attribue la décision du TURPE, mais ceux-ci lui confèrent une certaine légitimité pour défendre, au-delà de la lettre, l'esprit qui a jusque-là prévalu dans l'élaboration du projet, et que l'irruption de l'exécutif remet en cause. Le ministre concerné admet d'ailleurs en réponse : « La demande du Ministre est parfaitement respectueuse des compétences légales de la CRE et ne préjuge en aucun cas des décisions que la CRE prendra en toute indépendance »[2]. Une explication plus structurée est apportée à une question écrite d'un sénateur plusieurs mois plus tard (on peut noter qu'il s'écoule plus de deux ans entre la date de la question et celle de la réponse, ce qui est assez inhabituel) : « Le modèle économique du projet est équilibré dans la durée, à savoir que les gains compensent les pertes. Cependant, le déploiement du compteur se traduit par une première phase fortement capitalistique en début de projet et nécessite donc la définition d'un cadre tarifaire adapté. Il s'agit de répartir dans le temps la couverture des coûts de manière à la faire coïncider avec la période de réalisation des gains attendus du projet, afin de garantir la neutralité du projet pour le consommateur. La définition de ce cadre tarifaire relève de la CRE. Celle-ci a soumis à consultation publique, au cours du mois de mai 2014, le cadre de régulation du projet assurant ce lissage tarifaire »[3] .

En dépit de ces clarifications, le modèle de financement de LINKY reste un sujet de discussions permanentes avec l'exécutif, EDF et

---

[1] « En réponse, Philippe de Ladoucette indique à Enerpresse que la Commission de régulation de l'énergie ne dispose pas à ce jour des éléments qui lui permettent d'avancer sur ce dossier. Dans un premier temps, "on attend la publication de l'arrêté `déploiement´ qui devrait intervenir rapidement", précise-t-il en rappelant que la CRE a envoyé au ministre son projet d'arrêté relatif aux fonctionnalités de Linky le 10 novembre. Dans un deuxième temps, ERDF devra présenter à la CRE son business plan sur ce projet de déploiement et ses demandes concernant son financement. C'est sur cette base que la CRE étudiera le financement du projet dans le cadre du Turpe, le tarif d'acheminement de l'électricité. » Linky : un dossier électrique, *Le Moniteur,* Ph. RODRIGUES, 6 janvier 2012.

[2] *Blog d'Eco CO2*, « Série Linky, un nouvel épisode de notre feuilleton : divergences entre la CRE et le Gouvernement », 16 janvier 2013.

[3] Question écrite n° 00159 de F. MARC publiée dans le JO Sénat du 05/07/2012, réponse du ministère de l'Economie, du Redressement productif et du Numérique publiée dans le JO Sénat du 21/08/2014.

ERDF, jusqu'à la délibération de la CRE du 17 juillet 2014 « portant décision sur le cadre de régulation incitative du système de comptage évolué d'ERDF dans le domaine de tension BT $\leq$ 36 kVA »[1], qui y met un terme définitif.

6- Les limites du droit souple

En dépit des groupes de travail de la CRE et du Comité de suivi LINKY du ministre, la contestation du décret d'août 2010, puis de l'arrêté du 4 janvier 2012, ne s'était pas apaisée.
Il n'est pas dans l'objet de ce travail d'analyser les nombreux contentieux suscités par LINKY – qui constitueraient un objet de recherche fécond en eux-mêmes tant ils abordent de points différents[2], mais de s'intéresser à la manière dont la CRE, dans son mémoire en défense devant le Conseil d'Etat lors des recours[3] déposés par le SIEIL,

---

[1] La délibération, qui rappelait les principales étapes depuis 2007, décrit, sur une vingtaine de pages, le mécanisme incitatif exceptionnel (un montage d'une durée de 20 ans) permettant de financer le déploiement de 35 millions de compteurs pour un montant évalué à 5 milliards d'euros : « Le projet Linky diffère des projets classiques d'ERDF par le niveau de ses coûts mais aussi par celui des gains attendus, ainsi que par ses délais de déploiement (un peu plus de six ans). Etant donné l'ampleur de ce projet et la nécessité de se prémunir contre toute dérive des coûts et des délais prévisionnels, un cadre de régulation spécifique est mis en œuvre afin d'inciter ERDF à : - maîtriser les coûts d'investissement ; - respecter le calendrier de déploiement ; - garantir le niveau de performance attendu du système de comptage Linky. Par ailleurs, la CRE retient, pour les actifs liés au projet Linky et mis en service entre le 1er janvier 2015 et le 31 décembre 2021, une méthode de rémunération incitant ERDF à optimiser le couple quantité/coût de la dette en permettant au gestionnaire de réseau de conserver les éventuels gains liés à cette optimisation. En contrepartie, ERDF supportera les éventuelles contreperformances, par exemple si le coût de la dette effectif est supérieur au coût de la dette cible retenu par la CRE. Conformément aux articles précités du Code de l'énergie, la présente délibération définit le cadre de régulation spécifique du système de comptage évolué d'ERDF ». *Délibération de la CRE du 17 juillet 2014.*

[2] Voir à cet égard J.-S. BODA, « Le déploiement des dispositifs de comptage Linky, source d'un phénomène contentieux en droit administratif », *EEI,* 2018, comm. 61, et « Une épopée contentieuse : la lutte contre le déploiement des dispositifs de comptage Linky », *EEI*, n° 12, 2019, étude16.

[3] Il était demandé aux magistrats de l'ordre administratif d'annuler pour excès de pouvoir l'article 4 de l'arrêté du 4 janvier 2012, pris par le ministre en charge de l'Industrie, de l'énergie et de l'économie numérique, en application de l'article 4 du décret n°2010-1022 du 31 août 2010 relatif aux dispositifs de comptage sur les réseaux publics d'électricité.

le SIPPEREC, l'association « Robin des toits » et l'UFC Que Choisir[1], argumente à propos de la portée de ses communications.
Le SIEL met en avant dans son recours la question de l'exclusion de l'afficheur déporté[2] des fonctions minimales du compteur. Il se rapporte à ce propos à la communication de la CRE du 6 juin 2007 qui demande que : « les consommateurs accède(nt) facilement et aussi souvent que possible aux informations sur leur consommation réelle ». Le SIEIL en déduit qu'une telle demande implique l'installation d'un afficheur déporté. La CRE réplique que le SIEIL s'est mépris sur l'interprétation de sa communication et souligne, surtout, que celle-ci « en tout état de cause ne saurait lier le pouvoir règlementaire »[3]. Il est particulièrement intéressant de constater que la CRE, qui s'appuyait régulièrement sur ses différentes communications pour rythmer les demandes et orientations, pour ne pas dire préconisations, des étapes de LINKY, revient devant le Conseil d'Etat à une interprétation juridique classique de la portée du droit souple.
L'argumentation de la CRE serait-elle aujourd'hui, dans le contexte jurisprudentiel nouveau que nous avons évoqué précédemment, traitée de manière identique par le Conseil d'Etat ? Rien n'est moins certain. La CRE a su, et pu, utiliser toutes les possibilités qui lui étaient offertes pour faire avancer un projet auquel elle tenait depuis des années avec le concours actif des groupes de travail qui ont prouvé l'efficience de la concertation et de la construction conjointe de la « norme ».

7- Décision du déploiement de LINKY

Le changement de majorité de mai 2012 entraîne une suspension du processus de déploiement, qui n'a d'ailleurs pas encore commencé. Il faut attendre le 9 octobre 2012 pour que la ministre de l'Ecologie et de l'Energie annonce, devant la commission des affaires économiques du Sénat, que le Gouvernement reprend le projet en mettant en place un groupe de travail (en fait le même que celui instauré par son

[1] CE, 20 mars 2013, n° 354321, SIEIL, SIPPEREC, UFC Que Choisir et l'association "Robin des toits".
[2] Cette question est restée présente tout au long des années en raison de la présentation de LINKY comme outil essentiel de maîtrise de l'énergie. L'article 28 de la loi du 17 août 2015 prévoit notamment la mise à disposition d'un afficheur déporté pour certains usagers.
[3] CRE, Mémoire en défense requête n° 357701, Section du Contentieux CE.

prédécesseur), qui va se pencher sur « les attentes des consommateurs et la question du financement ».
Après plusieurs mois et péripéties diverses, « L'histoire tourmentée du compteur communicant Linky a connu un nouvel épisode mardi 9 juillet 2013, à Paris, avec l'annonce, par le Premier ministre Jean- Marc Ayrault, de son déploiement »[1]. L'avis de marché sur un premier lot de compteurs LINKY est publié au Journal Officiel de l'Union européenne du 30 juillet 2013[2]. Il porte sur trois millions de compteurs. Le marché est attribué à l'été 2014[3]. Une deuxième vague porte sur 13,8 millions de compteurs pour une fourniture en 2017 et en 2018 une dernière vague porte sur 12 millions de compteurs.
Lors de sa réponse à la Cour de comptes à propos de son rapport public annuel évoqué précédemment, le président de la CRE évoque le rôle des groupes de travail : « La CRE a défini les grands principes et les fonctionnalités des systèmes de comptage évolué pour le marché de détail, notamment dans le cadre de travaux menés au sein des instances de concertation impliquant l'ensemble des acteur »[4].

8- Le devenir des groupes de travail

La CRE poursuit le travail de concertation avec les groupes de travail dans la phase d'installation de LINKY, mais les groupes eux-mêmes se sont diversifiés pour appréhender de nouveaux thèmes et passer du compteur communicant aux « *smart grids* » et aux quartiers intelligents, ainsi qu'à toutes les questions sur la mobilité et l'autoconsommation.
La CRE développe aussi et en complémentarité de nombreux travaux sur le terrain dans le cadre des expérimentations et cherche à en associer les acteurs.
Elle initie également à partir de 2017 des groupes de travail de nature différente dans le cadre d'un comité de prospective comprenant 37

---

[1] *La Gazette des Communes,* 11 juillet 2013.
[2] ERDF publiait, le 30 juillet 2013, l'avis de marché au Journal officiel de l'Union européenne pour la fourniture des compteurs (2,5 millions de compteurs monophasés et un demi-million de compteurs triphasés) et des concentrateurs (quatre-vingt mille) de cette première étape du déploiement.
[3] ERDF présentait un nouveau calendrier de déploiement au cours du premier trimestre 2014, prévoyant le début du déploiement fin 2015 et une durée de déploiement massif sur six ans.
[4] Réponse du président de la CRE au rapport public annuel de la Cour des comptes de février 2018, pour la partie concernant LINKY, p. 275.

membres rassemblant les acteurs majeurs du secteur de l'énergie, des universitaires et des représentants des territoires. Initialement ce comité comprend trois groupes de travail concernant « le mix énergétique », « les Réseaux et systèmes énergétiques », et les « Consommateurs et société ». Les rapport des groupes de travail, début 2023, portent sur « la biomasse et la neutralité carbone », « l'électrification des usages », et « la confiance des consommateurs dans les nouveaux services énergétiques »[1].

Au fil des ans on constate, ainsi, une évolution des centres d'intérêt vers tout ce qui a trait à la transition énergétique.

---

[1] V. *Rapports de la saison 4 du Comité de prospective de la CRE*, 17 mars 2023, Documents de la CRE.

Conclusion Chapitre 1

A l'issue de ce chapitre, où nous nous sommes efforcés de couvrir l'ensemble des actes administratifs unilatéraux que la CRE édicte, qu'ils soient décisoires ou non décisoires, on constate leur diversité et on perçoit la complexité de cette tentative de classement.

La grille de lecture issue de la typologie du Code des relations entre le public et l'administration (CRPA) apporte indéniablement un éclairage utile sur la variété des actes de la CRE. Il est, néanmoins, malaisé d'en définir une typologie précise, tout d'abord car la CRE ne s'est jamais souciée de la classification de ses délibérations en fonction d'une nomenclature, quelle qu'elle soit, ensuite parce qu'en plusieurs occasions, comme on a pu le souligner, ses actes changent de nature, l'avis évolue en proposition (les TRVE), la proposition devient acte décisoire (les tarifs de réseaux), la communication de droit souple se transforme en décision (l'effacement diffus ou le contrat unique) et, enfin, parce que les frontières que nous avons essayé de tracer semblent parfois se dérober.

Nonobstant le fait que cette tentative de taxonomie rend compte de façon incomplète d'une réalité dynamique, elle présente le mérite de souligner, ce qui n'est pas une découverte, en quoi le droit ne saurait être réduit à un ensemble de normes, en particulier dans l'exercice régulatoire d'une entité comme la CRE. Si elle ne permet pas de penser le droit, elle permet de penser juridiquement.

Cette approche n'aurait cependant qu'un apport limité si nous en étions restés à un simple travail d'ordonnancement et de qualification des actes de la CRE. Les exemples que nous avons retenus pour illustrer tel ou tel acte donnent l'opportunité d'appréhender comment la CRE démontre une expertise économique lui permettant d'affirmer son indépendance.

L'écueil, auquel nous sommes conscients de n'avoir pu échapper, était celui de développements parfois factuels et détaillés. Ce désagrément nous paraît inévitable pour cerner comment la CRE s'est forgée une compétence, peu à peu incontournable, en défendant son indépendance en dépit des obstacles rencontrés.

Il est ainsi difficile de traiter de manière concise, dans le cadre des actes administratifs unilatéraux décisoires le cas des tarifs de réseaux qui a soulevé nombre de questions tant économiques que juridiques. Or il s'agit d'un des fondements de l'ouverture du marché, avec l'accès des tiers au réseau. Du pouvoir de proposition de la CRE, pour les trois premiers tarifs de réseaux en électricité et en gaz , à celle du pouvoir décisoire, à partir de la transposition du 3ème paquet européen de l'énergie de 2009 dans le Code de l'énergie, le régulateur est confronté à la lenteur de l'exécutif pour mettre en œuvre ses propositions par une procédure inutilement lourde, ayant abouti à une modification législative afin d'octroyer à la CRE un pouvoir de proposition renforcée, supprimant de la sorte la nécessité d'un acte positif de l'exécutif pour l'approuver. La CRE, au travers d'une méthodologie calculatoire, passant d'une simple couverture des coûts (*Cost plus*) à un système incitatif (*Price cap*) pour les deux énergies, et en conduisant une action volontariste pour réduire le nombre de zones gazières en France (réduites à une seule grande zone en 2018), se fait, concomitamment, respecter par les gestionnaires de réseaux en raison de sa compétence technique et économique. La comparaison des deux énergies permet également de souligner les disparités d'attitude de l'exécutif entre intervention dans le cas de l'électricité et neutralité dans le cas du gaz. L'apport jurisprudentiel, enfin, est déterminant en deux occasions. La première avec la décision d'annulation de TURPE 3, qui modifie entièrement les paramètres de la méthodologie utilisée jusqu'alors en incluant les provisions pour renouvellement, avec des conséquences notables sur la valorisation d'EDF. La seconde, en 2017, en confirmant très largement, en dépit d'une annulation partielle, la méthode appliquée par la CRE à TURPE 5, contestée par l'exécutif, le gestionnaire de réseau de distribution ENEDIS et sa maison mère EDF qui avaient saisi le Conseil d'Etat de différents recours contre la décision de la CRE. Ce dernier épisode conclut les différentes péripéties rencontrées par l'élaboration des tarifs de réseaux et conforte définitivement la CRE à la fois dans son expertise et dans son indépendance.

Le cas des TRV s'apparente aux tarifs de réseaux par la complexité de la question. Il est, là encore, difficile de rendre intelligible de manière ramassée, un sujet où se mêlent technique et méthode calculatoire, compétence de la CRE, droit de la concurrence, et, partant, la saga contentieuse induite,

Nous avons mis en évidence les évolutions partant d'un pouvoir consultatif à celui d'un pouvoir de proposition quasi-décisoire pour l'électricité et à celui du pouvoir dit de vérification pour le gaz.

Dans les deux cas, la compétence consultative de la CRE, et ce dès sa création, s'assortit d'avis souvent défavorables soulignant le non-respect des textes par l'exécutif, dont la volonté était notamment « que l'entreprise [EDF] pratique des prix artificiellement bas, sans considération des effets sur les concurrents »[1]. L'opposition de la CRE au maintien, sans limite dans le temps, de tarifs réglementés qu'elle juge peu compatibles avec la construction d'un marché, rejoint les positions de la Commission européenne qui ouvre une procédure d'infraction à l'encontre de la France pour transcription incomplète des directives de 1996 et 2003 concernant les tarifs réglementés d'électricité. Cette initiative conduit au vote de la loi dite NOME, qui prévoit, après une phase de transition assez longue, que la CRE dispose d'un pouvoir de proposition à la place de son pouvoir consultatif.
En termes de méthode, le passage de la couverture des coûts, que la CRE défend avec détermination durant des années, à une tarification par empilements, dont l'ARENH constitue l'élément novateur, et qui doit prendre en compte les coûts sans nécessairement les couvrir intégralement, ne facilite pas la compréhension des évolutions tarifaires que l'exécutif ne conteste, cependant, plus, en suivant scrupuleusement les propositions de la CRE, qu'il ne peut, d'ailleurs, qu'accepter ou refuser sans les modifier.
Le parcours des tarifs réglementés de gaz se révèle tout aussi chaotique. Le principe de couverture des coûts était similaire à celui de l'électricité mais soulevait d'autres questions liées à l'indexation des contrats sur le cours du pétrole et à leur origine géographique. La CRE parvient, à définir une formule exacte pour le calcul des TRV et obtient de l'exécutif, après de nombreux épisodes contentieux, une responsabilité des évolutions tarifaires, au travers d'un pouvoir de vérification de la formule appliquée par ENGIE et un pouvoir de proposition sur les modifications des différents facteurs constitutifs de la formule.
Le parcours contentieux est d'ailleurs initiée par les recours contre les décisions relatives aux TRV gaz, reflets d'une gestion essentiellement politique, qui conduit le Conseil d'Etat à établir un certain nombre de principes jurisprudentiels concernant la couverture des coûts, en se référant aux avis de la CRE, repris par la suite pour les TRV électricité. L'épilogue est toutefois différent entre les deux énergies puisque le Conseil d'Etat, suivant la position de la CJUE, considère que les TRV

---

[1] O. FREGET, *La concurrence, une idée toujours neuve en Europe et en France,* Paris, Odile Jacob, 2015, p. 139.

en gaz ne sont pas compatibles avec les règles européennes, mais en dispose autrement pour l'électricité.

Parmi les actes édictés par la CRE, les délibérations portant communication se révèlent des outils régulatoires importants par l'usage du droit souple qui permet à la CRE d'aborder de nombreux sujets, soit par une interprétation de la loi, soit par des recommandations faisant penser à l'affirmation selon laquelle « dans le style administratif, l'invitation peut être la forme polie d'un ordre »[1], soit, enfin, en adoptant des positions, mêlant l'appréciatif à l'impératif, structurant le marché, mais qui soulèvent une activité contentieuse conséquente (l'effacement diffus et le contrat unique). Cette créativité n'est d'ailleurs pas propre à la CRE mais à l'ensemble des AAI, « quand on sait qu'elles sont avant tout les premières interprètes des missions et des prérogatives qui leur sont octroyées »[2].

En forme d'application de cet exercice privilégié du droit souple, le travail d'élaboration commune de la norme, au travers de la méthode des groupes de travail initiés dès le début de l'ouverture du marché par la CRE, atteint un statut quasi-normatif (à la manière des « usages » d'une profession) reconnu par le CoRDIS. La traduction concrète de cette méthode s'illustre avec les compteurs communicants et tout particulièrement celui pour l'électricité LINKY qui met en évidence les atouts de la méthode des groupes de travail, les oppositions avec l'exécutif et les limites du droit souple.

---

[1] G. BRAIBANT, C.E., commissaire du Gouvernement, 13 juillet 1962, Conseil national de l'ordre des médecins, *RDP* 1962, p. 739.

[2] B. LAVERGNE, *Recherche sur la soft law en droit public français*, *op. cit.*, p. 248.

Chapitre 2 - L'instrumentation du contentieux

Après l'instrumentation des actes administratifs unilatéraux sous leurs différents formes, l'instrumentation du contentieux traite d'un versant complémentaire des pouvoirs de la CRE.
En cette matière, il convient de différencier le pouvoir de règlement des différends et le pouvoir de sanction. S'ils illustrent les deux volets du contentieux de la régulation, le pouvoir de sanction a pour objet de sanctionner des manquements aux obligations, alors que le règlement des différends vise à résoudre des litiges entre opérateurs portant sur l'accès au réseau[1], et est considéré comme une décision administrative contentieuse non juridictionnelle.
L'aspect procédural est notoirement distinct. Le régulateur ne s'auto-saisit pas d'un règlement de différend, seuls certains opérateurs du secteur régulé, limitativement énumérés par la loi, sont autorisés à le saisir dans sa mission de règlement des différends. Il s'agit des utilisateurs des réseaux publics de transport ou de distribution d'électricité ou de gaz naturel ou des installations de stockage de gaz, ainsi que les gestionnaires de ces réseaux et installations[2] . « La limitation du nombre des acteurs susceptibles de saisir le régulateur pour un règlement des différends se double, par ailleurs, d'une restriction de la compétence matérielle des autorités de règlement des différends. Cette compétence matérielle est principalement centrée sur la garantie du caractère objectif, équitable et non discriminatoire des conditions de l'accès aux réseaux et aux infrastructures »[3].
A contrario, en matière de sanction, le CoRDiS peut se saisir d'office. Il peut aussi être saisi par le ministre chargé de l'énergie, par le président de la CRE, par une organisation professionnelle, une association agréée d'utilisateurs, ou toute autre personne concernée.
Une autre différence notable concerne les instances de recours, selon qu'il s'agit de règlements des différends ou de sanction. Le statut du CoRDiS (et de la CRE antérieurement) est en effet différent devant la cour d'appel ou devant le Conseil d'Etat. Nous aborderons en premier

---

[1] Du point de vue de la sémantique les termes « différends » et « litige » apparaissent interchangeables car les directives européennes utilisent litige, et la transcription en droit interne différend.

[2] Code de l'énergie, art. L. 134-19.

[3] Ch. LE BIHAN-GRAF, E. CREUX, « Le règlement des différends, instrument moteur de la régulation sectorielle », *EEI,* n° 6, Juin 2016, étude 13.

lieu l'exercice du pouvoir de règlement des différends (section 1), avant de traiter de l'exercice du pouvoir de sanction (section 2).

Section 1 - L'exercice du pouvoir de règlement des différends

La directive du 19 décembre 1996 exigeait des Etats qu'ils désignent « une autorité compétente, qui doit être indépendante des parties, pour régler les litiges relatifs aux contrats et négociations [relatifs à l'accès aux réseaux] ». L'article 38 de la loi du 10 février 2000 confie à la CRE compétence pour connaître d'un « différend entre les gestionnaires et utilisateurs des réseaux publics de transport et de distribution lié à l'accès aux dits réseaux ou à leur utilisation, notamment en cas de refus d'accès aux réseaux [..] ou de désaccord sur la conclusion, l'interprétation ou l'exécution des contrats ou protocoles visés au III de l'article 15 et à l'article 23[...] ». La CRE voit transférer ses compétences en matière de règlement des différends et des sanctions, en application de la loi n°2006-1537 du 7 décembre 2006[1], au CoRDiS institué au sein de la CRE[2] ce qui lui confère la singularité d'être la seule autorité de régulation à être dotée d'un organe spécifique chargé à la fois du règlement des différends et des sanctions. Le règlement des différends constitue la part prépondérante de son instrumentation du contentieux. On recense, en effet, plus de quatre cents décisions depuis 2003.On notera enfin que la compétence en matière de règlement des différends n'est pas courante puisqu'elle n'a été conférée qu'à quatre autorités de régulation[3].
Nous allons aborder l'ensemble de la procédure devant le CoRDiS ainsi que l'étendue des compétences de cette commission (I), avant

[1] Loi n°2006-1537 du 7 décembre 2006 relative au secteur de l'énergie mod. la loi n°2000-108 du 10 février 2000. Voir à cet égard les débats sur la création du CoRDiS par amendement sénatorial dans la Partie II § 869 et s.
[2] Code de l'énergie, art. L. 134-19.
[3] L'Autorité de régulation des communications électroniques et de la poste (ARCEP) CPCE art. L. 55, L. 56 et L. 36.8 ; l'Autorité de régulation des transports (ART ex ARAFER), Code des transports, art. L. 1263-2 et L. 1263-3 ; le Conseil supérieur de l'audiovisuel (CSA) art. L. 17-1 de la loi n° 86-1067 du 30 septembre modifiée) et à la Haute autorité pour la diffusion des œuvres et la protection des droits sur internet (HADOPI) CPI, art. L. 331-32 à L. 331-36. (ces deux autorités ont fusionné et sont devenues le 1er janvier 2022 l'Autorité de régulation de la communication audiovisuelle et numérique ARCOM).

d'examiner si l'on peut considérer l'action du CoRDiS comme un prolongement de la régulation (II).

I- Procédure et étendue des compétences

La procédure devant le CoRDiS et les recours contre les mesures qu'il a arrêtées suivent des règles très strictes (A), mais ses compétences se sont étendues du fait de son interprétation de la loi, et pourrait l'être encore (B).

A- La procédure

1- Devant le CoRDiS

Les procédures de règlement des différends ne sont pas des procédures juridictionnelles mais des procédures administratives (on évoque souvent des procédures seulement quasi-juridictionnelles), même si le règlement des différends « est organisé sous les apparences juridictionnelles les plus visibles »[1], car confié à un organe collégial indépendant et impartial[2], « statuant selon une procédure digne d'un juridiction administrative ou judiciaire ordinaire »[3].
Le règlement de différends est assujetti au droit à un procès équitable[4], à l'exigence d'une procédure écrite et à des délais stricts[5]. Le régulateur saisi d'une demande de règlement de différend doit, normalement, se prononcer dans un délai de deux mois[6], qu'il peut porter à quatre mois, après avoir diligenté, s'il l'estime nécessaire, une enquête, et après avoir mis les parties à même de présenter leurs observations. Outre le principe du contradictoire et celui de l'égalité des armes, le droit à être

---

[1] J.-L. DREYFUS, A. LOUVARIS, « Le contentieux du règlement des différends », *RFDA*, juillet-août 2017, p. 681.
[2] Le CoRDiS comporte deux membres du Conseil d'Etat, nommés par le vice-président du Conseil, ainsi que deux suppléants, et deux membres de la Cour de Cassation nommés par le premier président de la Cour ainsi que deux suppléants. Le président du CoRDiS est nommé par décret. Leur mandat est de six ans, non renouvelable.
[3] *Ibid.*
[4] Applicable aux tribunaux au sens de l'article 6 de la Convention européenne des droits de l'homme.
[5] Décret n° 2000-894 du 11 septembre 2000.
[6] Initialement le délai était de trois mois, la loi n° 2003-8 du 3 janvier 2003 le réduisait à deux mois.

assisté ou représenté par toute personne et le droit à l'assistance d'un avocat[1] font partie des garanties classiques, de même que le délibéré à huis clos, ce qui concernant la CRE signifie hors la présence du rapporteur et des services et, lorsqu'il existait, du commissaire du Gouvernement. Les décisions doivent être publiées et notifiées aux parties.
La procédure devant le CoRDiS et la cour d'appel de Paris sont définies aux articles R. 134-7 et suivants issus de la codification du décret n° 2015-206 du 24 février 2015[2] qui modifie la procédure devant le CoRDiS en indiquant que les parties doivent déposer des conclusions récapitulatives. Le comité ne se prononce depuis lors que sur les dernières écritures déposées (art. 134-13 du Code de l'énergie). Par ailleurs ces dispositions sont complétées par le règlement intérieur du CoRDiS[3].

2- Les recours

Les recours contre les décisions et mesures conservatoires prises par le CoRDiS, en application des articles L. 134-19 et L. 134-22, sont portés devant la cour d'appel de Paris sous le contrôle, le cas échéant, de la chambre commerciale de la Cour de Cassation. Le règlement des différends est, en effet, un contentieux qui déroge au principe

---

[1] Au cours des premières années les parties ont peu recours au ministère d'avocat, qui n'était d'ailleurs pas obligatoire, et sont le plus souvent représentées par des services opérationnels. La CRE elle-même soulignait les faiblesses de cette situation : « Il est certain que le recours au ministère d'avocat, notamment pour les affaires complexes, favorise la prise en compte de tous les intérêts des parties. C'est le cas par exemple lorsqu'un demandeur est fondé à critiquer un gestionnaire, mais ne voit pas sa victoire de principe se traduire par une indemnisation, faute d'avoir formulé des conclusions en ce sens », CRE, *Rapport d'activité* 2004, p. 88-89.
[2] Ce décret remplaçait le décret 2000-894 du 11 septembre 2000. Le décret a été abrogé par le décret 2015-1823 du 30 décembre 2015 qui permettait la codification de la partie réglementaire du Code de l'énergie, depuis lors codifiée aux articles R. 111-1 et suivants de ce code.
[3] Le règlement intérieur du CoRDiS est adopté à la majorité qualifiée des trois quarts des membres du Comité. Il précise notamment : les modalités de saisine, les modalités d'instruction des demandes, les modalités de convocation, de déroulement des séances et de délibération, la procédure de consultation à suivre lorsque le comité est appelé à donner, conformément aux dispositions de l'article L. 132-5 du Code de l'énergie, son avis sur l'incompatibilité des fonctions de l'un de ses membres avec les mandats, emplois ou intérêts qu'il détient par ailleurs ou sur l'empêchement de l'un de ses membres.

fondamental reconnu par les lois de la République « selon lequel c'est au juge administratif de connaître du contentieux de l'annulation ou de la réformation des décisions prises dans l'exercice de prérogatives de puissance publique, en étant dévolu au juge judicaire »[1]. Cette situation a d'ailleurs suscité de nombreux débats. *A contrario*, c'est au Conseil d'État, juge des décisions de sanctions en premier et dernier ressort[2], qu'il incombe d'en vérifier le respect effectif à l'occasion des recours formés devant lui. L'auteur de la décision, en l'occurrence la CRE, n'a pas le même statut devant le juge des contrats que devant le juge administratif. Dans le premier cas, il n'est pas considéré comme l'une des parties et ne peut se pourvoir en cassation. Le juge judiciaire, assimilant l'AAI à une juridiction classique, refusait son intervention en tant que partie à l'instance, si bien que la question de la légalité de la décision administrative devenait, par l'effet du recours, l'affaire des parties, dont les prétentions et les prérogatives sont réglées par le Code de procédure civile.

Ainsi, si la CRE n'était pas partie au procès fait à ses décisions, elle pouvait toutefois « proposer à la cour d'appel de substituer un motif à ceux de la décision contestée et lui présenter tous les éléments de nature à l'éclairer sur les circonstances de la cause et les données techniques du litige, même en exprimant de nouveaux arguments ou de nouvelles pièces, dès lors que ces éléments de fait ou de droit sont soumis à la discussion contradictoire des parties. »[3] La position de la Cour de cassation était en revanche fermée s'agissant du pourvoi en cassation, comme elle l'affirmait dans le cas du litige Sinerg contre EDF, où elle rappelait fermement la CRE à son rôle.[4]

---

[1] J.-L. DREYFUS, A. LOUVARIS, « Le contentieux du règlement des différends », *RFDA*, juillet-août 2017, p. 681.

[2] Article L. 134-34 du Code de l'énergie.

[3] J.-L. DREYFUS, A. LOUVARIS, « Le contentieux du règlement des différends », *op. cit.*, p. 687.

[4] La Cour de cassation affirme que la Commission de régulation de l'énergie ne peut agir comme une partie dans le cadre d'un recours contre l'une de ses décisions de règlement des différends. Cass. com. 22 février 2005, Sinerg c/ EDF, pourvoi Y 04-12618. « Cette confusion est également observée lors des recours à l'encontre des décisions de règlement, l'Autorité ayant démontré une tendance naturelle à s'y conduire en partie à l'instance devant la Cour d'appel. Si le décret du 11 septembre 2000 prévoyait le recueil par la Cour d'appel des observations non seulement des parties, mais également de la Commission de régulation de l'électricité, cette dernière s'est comportée, en de nombreuses occasions, comme une partie à part entière, requérant des exceptions et des fins de non-recevoir. La Cour de cassation s'est ainsi

Telle était du moins la situation jusqu'à la loi n° 2015-990 du 6 août 2015[1] dans laquelle l'article 124 alinéa 3 modifie l'article 36- 8 du Code des postes et des communications électroniques et dispose qu' : « Après le premier alinéa du IV, il est inséré un alinéa ainsi rédigé : ‘ Le président de l'Autorité de régulation des communications électroniques et des postes peut présenter des observations devant la Cour de cassation à l'occasion d'un pourvoi en cassation formé contre un arrêt par lequel la cour d'appel de Paris a statué sur une décision de l'autorité' ». Cette disposition ouvrait la voie à la CRE. L'ordonnance n° 2020-891 du 22 juillet 2020[2] article 7 indique que l'article L. 134-24 du Code de l'énergie est complété par l'alinéa suivant : « Le président de la commission et le président du comité peuvent former un pourvoi en cassation contre l'arrêt de la cour d'appel de Paris ayant annulé ou réformé une décision prise en application de la présente section et peuvent présenter des observations devant la Cour de cassation. »
Permettre un pourvoi en cassation, qui plus est aux deux présidents, celui de l'autorité qui n'a pas pris part à la décision et celui du CoRDiS[3], constitue une évolution sensible dont il est encore prématuré de mesurer la portée effective.

B- Volonté d'extension et encadrement

1- Une volonté d'extension au service de la régulation

Dès les premiers litiges que la CRE a eu à connaître, sa compétence était contestée, le plus souvent en défense par les gestionnaires de réseaux. Les litiges portent, alors, sur différents points : la date de l'origine du différend, la nature de la saisie ou la qualité des protagonistes.
Ainsi, pour EDF, en tant que gestionnaire du réseau de distribution, tout ce qui est antérieur à la loi du 10 février 2000 ne pouvait être pris en

---

chargée de la rappeler à son rôle », Ch. GUENOD, *Théorie juridique et économique du régulateur sectoriel*, *op. cit.*, p. 222.

[1] Loi n° 2015-990 du 6 août 2015 pour la croissance, l'activité et l'égalité des chances économiques.

[2] Ordonnance n° 2020-891 du 22 juillet 2020 relative aux procédures du comité de règlement des différends et des sanctions de la CRE.

[3] On peut d'ailleurs s'interroger sur une situation où le président de la CRE serait le seul à se pourvoir en cassation alors que le président du CoRDiS y renoncerait. Cette nouvelle disposition n'a pas encore, à notre connaissance, connu d'application. Elle sera probablement l'objet d'analyses ultérieures de la doctrine.

compte. Le règlement de différend entre Sinerg et EDF-réseau de distribution conforte la position de la CRE, qui a d'emblée énoncé que sa compétence s'applique à tous les litiges en cours lors de l'adoption de la loi du 10 février 2000[1]. EDF faisait appel de la décision, considérant que la compétence de la CRE en matière de règlement des différends est indissociablement liée à la création du droit d'accès et d'utilisation des réseaux consacré par l'article 23 de la loi du 10 février 2000 en conséquence directe de l'ouverture du marché. La Cour d'appel de Paris, par un arrêt du 24 février 2004, en jugeait autrement : « [...] la loi nouvelle régit immédiatement les effets des situations juridiques non définitivement réalisées ayant pris naissance avant son entrée en vigueur »[2].

Sur la notion d'accès au réseau, l'interprétation restrictive, en regard de celle de la CRE, des gestionnaires de réseaux, pour lesquels seul un strict refus d'accès aux réseaux pouvait faire l'objet d'un règlement de différends, est contredite lors du règlement de différend opposant la société Dounor et EDF[3]. Contrairement à ce que soutient EDF dans le cadre de la procédure, la CRE s'est estimée compétente pour connaître toute demande de règlement lié à l'accès aux réseaux publics ou à leur utilisation : « Elle ne se limite donc pas aux seuls cas dans lesquels l'accès ou l'utilisation des réseaux publics seraient refusés à un utilisateur ou auraient été assurés en méconnaissance des principes de transparence et de non-discrimination ou des règles de loyauté de la concurrence »[4]. Le raisonnement est le même pour Sinerg, déjà citée. « La recevabilité fut ainsi progressivement étendue à des demandeurs n'étant pas partie à une convention d'accès, et en l'absence de refus formel d'accès, à des demandeurs faisant état de mesures dissuasives ayant un effet équivalent au refus d'accès »[5] (Voir sur le second point les développements apportés par la décision de règlement de la CRE du

---

[1] « Elle ne faisait ainsi qu'appliquer le principe jurisprudentiel classique et éprouvé dont les juridictions administratives font une application constante selon lequel les lois de procédure s'appliquent aux litiges en cours », Th. TUOT, « L'autorité de la CRE en tant qu'autorité de règlement des différends » 2003/2004, *op. cit.*

[2] CA de Paris, arrêt du 24 février 2004.

[3] *Décision de la CRE en date du 30 mai 2002 se prononçant sur le différend qui oppose la société DOUNOR à EDF, en tant que gestionnaire du réseau public de distribution d'électricité, relatif à l'exécution d'un contrat d'accès au réseau public.*

[4] CRE *Rapport d'activité* 2002, p. 41.

[5] Ch. GUENOD, *Théorie juridique et économique du régulateur sectoriel, op. cit.*, p. 222.

5 juin 2003 se prononçant sur un différend qui opposait M. Pestka à EDF).

La CRE, assez naturellement si l'on se réfère à ses délibérations en matière de régulation, n'envisage en aucune manière de voir sa compétence réduite à la vision des entités régulées. Sa propre conception de l'étendue de sa compétence la conduit, au contraire, à interpréter les textes de façon assez large, comme d'ailleurs le fait, à l'époque, l'ARCEP : « L'ARCEP comme la CRE ont affermi le champ d'exercice de ce pouvoir en adoptant une lecture la plus large possible des textes initiaux, [...] cohérente avec leur conception étendue de l'accès au réseau. Le champ de recevabilité fit ainsi l'objet de différentes extensions, fruit de raisonnements téléologiques de la CRE, caractéristiques de la pratique juridique particulière des régulateurs. »[1]

L'objectif du règlement des différends, tel que le conçoit à l'époque le collège, est développée de manière fort explicite par le directeur général de la CRE : « la CRE interprète les textes de telle sorte que sa compétence de règlement des différends coïncide avec sa compétence régulatrice »[2], et ses décisions « témoignent de sa volonté de poursuivre, par le biais du règlement de différends, sa politique générale, telle qu'elle est énoncée par ses rapports annuels depuis 2000. »[3]

A cet égard, on peut rappeler le règlement de différend concernant l'entreprise PEMAR et l'application du TURPE[4]. La CRE décide de défendre ses prérogatives avec détermination, au point de refuser d'appliquer un décret en Conseil d'Etat pour illégalité. Le collège de la CRE fait le raisonnement qu'il était « légalement tenu de ne pas appliquer un règlement illégal »[5]. Comme l'explique le directeur général de la CRE, « Un juge s'en serait tenu là, ou aurait réparé un préjudice, ou intimé à l'administration de corriger le texte illégal ». La

---

[1] *Ibid.*, p. 222.

[2] Th. TUOT, « Régulation du marché de l'électricité : une année de règlements de différends », *RFDA*, 2003, .312.

[3] *Ibid.*

[4] Il s'agissait du premier TURPE et un utilisateur du réseau avait constaté, lorsque le tarif d'utilisation du réseau proposé par CRE était entré en vigueur, que les limites des différentes classes de tension définies pour son application avaient été modifiées par le Gouvernement. Placé dans une catégorie moins avantageuse, l'utilisateur voyait ainsi sa facture augmenter considérablement. Or le Gouvernement ne pouvait qu'accepter ou rejeter la proposition de la CRE, et aucun cas la modifier.

[5] Th. TUOT, « Régulation du marché de l'électricité : une année de règlements de différends », *op. cit.*

CRE estime qu'elle est tenue par un devoir de résultat, que le Gouvernement voulait, en fait, approuver sa proposition et a commis une erreur involontaire. « La décision a donc considéré que le requérant devait se voir appliquer la définition de classe tarifaire issue de la proposition de la CRE et a enjoint à Réseau de transport d'électricité de proposer à la demanderesse un contrat s'y conformant ». Et le directeur de la CRE ajoute pour conclure son propos : « A l'audace d'écarter une norme réglementaire de rang élevé, s'ajoutait la hardiesse de rétablir une proposition normalement transformée en règlement par un décret en Conseil d'Etat. Elle illustre à la fois la volonté d'indépendance du régulateur [...] son attachement à ses prérogatives lorsqu'elles constituent une garantie fondamentale pour les utilisateurs de réseaux, et son pragmatisme dans la recherche d'une solution complète au litige »[1].

Parmi les décisions de règlement des différends du collège de la CRE que l'on peut considérer comme « hardies », celle relative aux responsables d'équilibre est assez révélatrice d'un certain mélange entre approche régulatoire et instrumentation du contentieux.

L'originalité de la décision du 6 février 2003 tient à ce que la CRE devait se prononcer sur un litige dans lequel les textes concernés émanent du régulateur et non de textes réglementaires ou législatifs. Qui plus est, le texte sur lequel RTE s'est fondé pour élaborer des contrats de responsable d'équilibre est de nature informationnelle [2]. Ce qui conduit à une décision dont la rédaction laisse entrevoir l'ambivalence de ces textes : « la validation par la CRE du modèle de contrat de responsable d'équilibre employé par RTE avait pour objectif de s'assurer de la conformité générale du dispositif contractuel aux principes de l'accès aux réseaux. Elle ne saurait, toutefois, être regardée, tant par la forme de simple communication d'une opinion générale *a priori* dépourvue de toute valeur décisionnelle que par le fait que la CRE ne détient aucun pouvoir d'homologation de stipulations contractuelles, comme ayant imposé à RTE de ne discuter aucune des clauses du contrat pour les adapter (...). Contrairement à ce que soutient

[1] « Notons au passage que, à cette occasion, la CRE a fait bien plus que ce que le juge qui la contrôle aurait pu faire : la Cour d'appel de Paris aurait sans doute posé une question préjudicielle à l'ordre administratif pour savoir si le décret, dont l'illégalité était excipée par le requérant, était ou non entaché d'erreur de droit. », Th. TUOT, *op. cit.*

[2] Voir la Communication de la CRE du 19 juillet 2001 sur les modifications souhaitables au mécanisme de responsabilité d'équilibre.

RTE, il n'est donc pas 'juridiquement impossible de modifier le contrat type de responsable d'équilibre' »[1]. La décision ne faisait pas l'objet d'un recours.

2- Une compétence encadrée par le juge des contrats

C'est pour l'essentiel au cours des premières années de la CRE, période durant laquelle son collège est en charge du règlement des différends, que la cour d'appel de Paris encadre l'étendue de compétence de la CRE au travers de plusieurs décisions.

L'une de ses décisions, parmi les plus commentées, concerne la société CERESTAR et le pouvoir d'injonction de la CRE[2]. La CRE statue, le 25 mai 2004, en faisant droit à la demande de RTE contre CERESTAR. Le litige a trait à la tarification de l'accès au réseau de transport. Sa décision est déférée à la cour d'appel de Paris qui la censure, en partie, sur deux points.

La CRE a considéré que CERESTAR ne pouvait invoquer de motif légitime de refus de signer un contrat d'accès, et elle énonçait dans le dispositif de sa décision que la société « conclura avec RTE » un contrat dans un délai de trente jours. La cour d'appel juge qu'« en enjoignant à la société CERESTAR FRANCE de signer le contrat dans un délai précis, sous peine de la sanction prévue par l'article 40, 2° précité, alors qu'elle reconnaissait elle-même que cette société était en droit de ne pas conclure et qu'en ce cas, EDF-RTE serait fondée à suspendre son accès au réseau, la Commission s'est contredite et a excédé ses pouvoirs. »[3]

En second lieu, alors que la CRE a décidé, en raison des impayés de CERESTAR, que la société verserait à RTE « le solde des factures afférentes à ses prestations d'octobre 2003 à mars 2004 inclus, soit la somme de 245.046,66 euros, assortie des pénalités contractuelles de retard », la cour estime qu' « en enjoignant à la société Cerestar France de payer cette somme sous peine des sanctions précitées, alors qu'une

[1] *Décision de la CRE, en date du 6 février 2003, sur un différend qui oppose la Société Nationale d'Electricité et de Thermique (SNET) à Réseau de Transport d'Electricité (RTE), gestionnaire du réseau public de transport d'électricité, relatif aux modalités d'exécution du contrat de responsable d'équilibre de la SNET.*

[2] J. DE SAINT-SERNIN, « Le pouvoir d'injonction des autorités indépendantes », *RFDA*, septembre-octobre 2020, p. 861-870.

[3] CA Paris 25 janvier 2005, Société Cerestar France, RG 04/12111.

telle décision, qui ressortit au juge du contrat, est étrangère à sa mission de régulation, la Commission a excédé ses pouvoirs. »[1]

Par cette décision la cour, qui par ailleurs sur le fond donne raison à la CRE[2], définit les limites entre le pouvoir du régulateur et celui du juge du contrat[3]. Ce qui pouvait néanmoins susciter des commentaires ironiques sur la « possibilité de ne pas conclure un contrat de raccordement, ce qui traduirait une vision du droit abstraite des réalités économiques » [4].

Ce pouvoir d'injonction est cependant reconnu dans l'arrêt du 22 mai 2007 de la cour d'appel de Paris : « la CRE qui a pour mission d'assurer l'effectivité du droit d'accès aux réseaux publics de transport et de distribution d'énergie, dispose à cette fin du pouvoir d'imposer aux gestionnaires et aux utilisateurs de ces réseaux des prescriptions propres à régler le différend qu'ils lui soumettent, ayant une incidence sur la conclusion, le contenu ou l'exécution de leurs conventions et de prononcer des injonctions de faire ou de ne pas faire »[5].

Plus récemment, ce droit est confirmé par la Cour de Cassation en 2019 et est développé dans l'article L. 134-20 du Code de l'énergie.

La cour d'appel peut aussi conforter les compétences de la CRE. Ainsi en est-il du cas où EDF, encore chargée du réseau de distribution, pratique une forme d'obstruction à l'accès au réseau, en faisant attendre

---

[1] *Ibid.*

[2] « Considérant qu'en l'espèce, la Commission était saisie, tout d'abord, d'un différend né du refus, par la société Cerestar France, de payer la totalité de ses factures, cette dernière contestant la limite de propriété d'EDF-RTE et, partant, son point de raccordement au réseau de transport ; Que, pour préciser les conditions d'ordre technique et financier dans lesquelles l'accès au réseau de la société Cerestar France était assuré, la Commission devait fixer le point de raccordement et contrôler la légalité de la tarification pratiquée ainsi qu'elle l'a fait ; Qu'elle pouvait constater qu'il en résultait que la société Cerestar France était redevable des sommes et pénalités réclamées par EDF-RTE, qui n'étaient pas autrement contestées », *Ibid.*

[3] Les pouvoirs de la CRE à la suite d'une demande de règlement des différends ont cependant été étendus, par l'adjonction du pouvoir de prononcer des astreintes, d'un pouvoir d'injonction. Voir les dispositions de la loi du 13 juillet 2005 en ce sens.

[4] « Certes, la cour d'appel de Paris a pu juger qu'un utilisateur pouvait ne pas conclure de contrat d'accès au réseau de transport ou de distribution d'électricité, s'il entendait ne pas utiliser d'électricité, et que lui enjoindre la signature d'un tel contrat était contraire à la liberté contractuelle On ne peut que s'accorder avec la Cour, si l'on s'en tient à une vision du droit abstraite des réalités économiques. » M. SENAC DE MONTSEMBERNARD, « L'encadrement des contrats par le régulateur et le juge », p. 231-237, M.-A. FRISON-ROCHE (dir.), *Droit et économie de la régulation 4,* Presse de Science Po, 2006, 288 p.

[5] CA Paris n° 2006/1683, 22 mai 2007, Sté Pouchon cogen / Sté EDF.

bien au-delà du délai de trois mois prévu par la convention RAG et en proposant, ensuite, une solution de raccordement au coût dissuasif, consistant à réaliser une ligne dédiée enfouie. La CRE décide que le comportement dilatoire et non transparent d'EDF équivaut à un refus et « enjoignait à EDF d'adresser au producteur dans le délai de quinze jours une convention de raccordement correspondant à la solution la moins coûteuse de raccordement au réseau de distribution par l'intermédiaire d'une ligne déjà existante servant à alimenter les auxiliaires de la centrale. »[1] Cette décision, validée par la cour d'appel, marque, de la sorte, l'extrême importance qu'elle accorde au respect de la transparence[2]. Elle estime « qu'en l'état de ces constatations et énonciations, la Commission, loin de méconnaître l'étendue de ses pouvoirs, n'a fait qu'user de ceux qu'elle tient de l'article 38 de la loi précitée, en tirant les conséquences de l'absence d'étude de la solution alternative à celle proposée pour préciser les conditions financières de règlement du différend dont elle était saisie ; que, ce faisant, elle n'a pas prononcé de sanction à l'encontre d'EDF »[3].
Le CoRDiS, dans une décision du 12 juillet 2010 confirmée par la cour d'appel de Paris en juin 2011, souligne la possibilité pour une installation de production d'électricité d'être raccordée indirectement au réseau de transport. Parallèlement, le collège de la CRE adopte plusieurs délibérations dès 2010 sur la question du raccordement indirect au réseau public de transport, illustrant ainsi la complémentarité entre ces deux organes.
Sur le plan contentieux, la cour d'appel ayant peu de recours sur lesquels statuer, et donc moins l'occasion d'encadrer les compétences du CoRDiS, c'est la Cour de Cassation qui vient confirmer le pouvoir

[1] L. RICHIER, « Electricité : pouvoirs de la Commission de régulation de l'énergie, droit d'accès au réseau et transparence », Actualités du droit de la concurrence et de la régulation, *AJDA*, 2005, p.1216.

[2] « La condamnation d'EDF résulte surtout de ce que, tout au long de la procédure, elle s'est abstenue de motiver les solutions qu'elle proposait en invoquant le secret commercial, en ne procédant pas à l'étude des solutions alternatives et en ne fournissant pas de justifications à ses objections alors que, ainsi que le rappelle la Commission de régulation de l'énergie dans sa décision, ' Electricité de France est soumise à une obligation générale de transparence dans le traitement des demandes de raccordement et qu'à ce titre il lui appartient de communiquer au demandeur les éléments lui permettant d'apprécier le bien-fondé de ses décisions, tant techniques que financières, en matière de raccordement aux réseaux publics' », *Ibid.*

[3] CA Paris, arrêt du 8 mars 2005, EDF, 04/12606.

d'injonction du CoRDiS[1]. La Cour de cassation rappelle le pouvoir dont dispose le CoRDiS d'enjoindre à un opérateur de conclure une convention, ou de la modifier, afin de fixer les modalités d'accès au réseau, dès lors, d'une part qu'une telle décision est nécessaire pour permettre l'accès au réseau ou pour fixer les conditions de son utilisation et, d'autre part, sous réserve des prescriptions d'objectivité, de transparence, de non-discrimination et de proportionnalité.
Au fil des décisions de la CRE puis du CoRDiS et des arrêts de la cour d'appel ou, le cas échéant, de la Cour de Cassation, la compétence en matière de règlement des différends se dessine. Toutefois, il arrive encore qu'il puisse y avoir des interrogations sur la compétence du CoRDiS qui n'est pas figée et peut évoluer en fonction des nouvelles responsabilités dont la CRE est dotée. Le Comité interprète fréquemment lui-même la portée de sa compétence en partant du Code de l'énergie dont les termes ne sont pas toujours assez explicites confrontés à quelques cas concrets.

3- Le CoRDiS régule l'étendue de sa compétence

Le CoRDiS s'est déclaré compétent en certains règlements de différends particulièrement décisifs pour l'ouverture du marché, comme celui concernant la demande des fournisseurs tendant à la communication aux nouveaux entrants de la liste des points de comptage et d'estimation du réseau de distribution de GDF[2] . Cette décision, qui, en termes de régulation du marché de l'énergie, est fondatrice d'une jurisprudence pour les fournisseurs alternatifs, est commentée en ces termes par le premier président du comité : « le CoRDiS a retenu sa compétence pour trancher le différend survenu entre GDF et certains fournisseurs, par suite du refus de l'opérateur historique de communiquer aux nouveaux entrants sur le marché la liste complète des points de comptage et d'estimation (PCE) de son réseau de distribution, identifiés par leur numéro et par leur adresse, en relevant que ces données sont nécessaires aux fournisseurs »[3].

---

[1] Cour de cassation, civile, chambre commerciale, 19 juin 2019, 17-20.269
[2] CoRDiS 26 septembre 2007, Sté POWEO, n° 07-38-03.
[3] P.-F. Racine, « La régulation dans le domaine de l'énergie vue à travers la jurisprudence du CoRDiS- 2007-2013 », *op. cit.*

On rappellera seulement pour mémoire les décisions du CoRDiS relatives au « contrat unique » que nous avons développées dans le chapitre précédent[1].
Le CoRDiS a l'occasion de définir précisément ce qui ressort de sa compétence en 2011 : « Il ressort des termes mêmes de la loi qu'un différend n'entre dans la compétence du CoRDiS, laquelle est une compétence d'attribution, qu'à une double condition, tenant, l'une à la qualité des personnes qu'un différend oppose, et l'autre à l'objet du différend. Il ne suffit donc pas qu'un différend oppose un gestionnaire de réseau à un utilisateur pour que le comité soit compétent pour le trancher. Encore faut-il que l'objet du différend corresponde à l'une des catégories limitativement énoncées par la loi. »[2] .
Plus récemment, le CoRDiS précise encore ce qui ressort de sa compétence ou non. On relèvera qu'il estime être compétent pour se prononcer sur un différend entre un fournisseur et un gestionnaire du réseau public de transport de gaz naturel relatif aux conditions d'utilisation par le gestionnaire de réseau d'une modulation des flux apportés par le fournisseur à un point d'interconnexion[3] .
Le CoRDiS considère que les règles de prescription issues du code civil sont invocables devant lui. Le comité rappelle que les règles générales de prescription prévues à l'article 2224 du code civil, qui dispose que « Les actions personnelles ou mobilières se prescrivent par cinq ans à compter du jour où le titulaire d'un droit a connu ou aurait dû connaître les faits lui permettant de l'exercer », sont invocables devant lui dans le cadre d'une demande de règlement de différend visant la validité de certaines stipulations contractuelles[4].
Il s'estime également compétent à propos d'une demande relative à l'interruption de l'accès au réseau public de distribution d'électricité et à un désaccord sur l'interprétation et l'exécution d'un contrat d'accès mentionné à l'article L. 111-91 du Code de l'énergie conclu entre un gestionnaire de réseau et une installation de production d'électricité éolienne[5].

---

[1] CoRDiS, 7 avr. 2008, n° 08-38-01, Direct Énergie, Gaz de France, Electrabel France et POWEO c/ ERDF. CoRDiS, 22 octobre 2010, n° 05-38-10, Direct Energie c/ ERDF.

[2] CoRDiS, 21 janv. 2011, n° 10-38-10 Sté Nicodis c. ERDF.

[3] CoRDiS, 08 déc. 2017, n° 12-38-16, ENGIE c. GRTgaz.

[4] CoRDiS, 4 décembre 2019, n° 05-38-18 et 06-38-18, Stés Energies Nouvelles Investissements et JLT Invest c. Sté SRD.

[5] CoRDiS, 16 fév. 2018, n° 16-38-16, SFE Parc Eolien de Saint Crépin c. ENEDIS.

A contrario, le CoRDiS estime que sa compétence ne s'étend pas à d'autres sujets : connaître d'un différend qui n'oppose pas des gestionnaires à des utilisateurs des réseaux publics de transport ou de distribution d'électricité[1], statuer sur les demandes tenant à la réparation d'un préjudice ou tendant à attribuer à une partie une somme à titre indemnitaire[2], se prononcer sur la conformité de l'implantation d'un support du réseau public de distribution d'électricité à haute tension et partant, prononcer une injonction tendant à son déplacement assortie d'une astreinte[3].
Par ailleurs, le CoRDiS apporte également des précisions sur certains aspects relatifs au développement et à l'implantation des énergies renouvelables, en particulier après la loi n°2019-1147 du 8 novembre 2019 concernant la quote-part des ouvrages mutualisés en application des Schémas Régionaux de Raccordement au Réseau des Énergies Renouvelables (S3REnR)[4]. La loi n° 2019-1147 du 8 novembre 2019 relative à l'énergie et au climat modifie les dispositions de l'article L. 342-1, qui prévoient désormais que, par principe, les installations de production à partir de sources d'énergie renouvelable s'inscrivent dans le S3REnR et que sont précisés par voie règlementaire les cas d'exonération[5].

---

[1] CoRDiS, 16 mars 2018, n° 09-38-15, CAPBP et CCLB c. ENEDIS.
[2] CoRDiS, 16 fév. 2018, n° 16-38-16, SFE Parc Eolien de Saint-Crépin c. ENEDIS ; 22 juin 2018, n° 02-38-17, Consorts R. c. ENEDIS.
[3] Président du CoRDiS, 18 janv. 2019, n° 02-38-18, Monsieur B. c. Commune de NUEIL-SOUS-FAYE, société SRD et Syndicat ENERGIES VIENNE. *Rapport juridique CRE* 2018, p. 44-45.
[4] Le Code de l'énergie prévoit que les schémas régionaux sont élaborés par le gestionnaire du réseau public de transport, en accord avec les gestionnaires des réseaux publics de distribution et après avis du conseil régional et des autorités organisatrices de la distribution publique d'électricité (collectivités locales, syndicats d'électricité) concernés. Le coût des ouvrages mutualisés à créer est supporté par l'ensemble des producteurs en fonction de la puissance de leurs installations (quote-part). Le préfet de région approuve le coût à supporter par les producteurs, le montant de la quote-part unitaire. La quote-part unitaire est calculée en divisant le coût total des créations d'ouvrage de réseau à mutualiser à la maille régionale par la puissance à raccorder prévue dans le S3REnR. Le coût de renforcement des ouvrages est supporté par le tarif d'utilisation des réseaux publics d'électricité (TURPE). La CRE approuve les méthodes de calcul des coûts prévisionnels des ouvrages mutualisés. (Site *smart grids* de la CRE, 5 décembre 2020).
[5] CoRDiS, n° 02-38-19, Sté Pays de Montmédy Solaire 7 c. Sté RTE, 29 octobre 2019. Confirmation de la pratique décisionnelle du comité relative aux conditions d'application de la quote-part des ouvrages mutualisés en application du S3REnR. / CoRDiS n° 07-38-19, Sté Eolmed c. Sté RTE, 28 novembre 2019. Précision relative

4- Une vision extensive de la compétence par la CJUE

L'étendue des compétences du CoRDiS, qu'elle soit définie par le juge des contrats ou par le comité lui-même, pourrait se voir sensiblement modifiée par un arrêt du 8 octobre 2020, de la CJUE. Celle-ci a, en effet, choisi de donner une interprétation large des conditions de recevabilité de la saisine des régulateurs nationaux de l'énergie par les utilisateurs des réseaux publics d'électricité en matière de différend avec les gestionnaires de ces réseaux[1].

La question porte sur l'interprétation de l'article 37, §11, directive 2009/72/CE [issu de l'article 23(5) de la directive 2003/54/CE du 26 juin 2003 concernant des règles communes pour le marché intérieur de l'électricité] : « Toute partie ayant un grief à faire valoir contre un gestionnaire de réseau de transport ou de distribution en ce qui concerne les obligations imposées audit gestionnaire par la présente directive peut s'adresser à l'autorité de régulation [...]. » Cette même phrase figure désormais à l'article 60, §2 de la directive 2019/944/UE, qui abroge et remplace la directive 2009/72/.

La CJUE donne une interprétation très extensive en écrivant qu'il ne ressort pas de l'article 37 §11 que « la compétence de l'autorité de régulation, sur le fondement de cette disposition, soit subordonnée à l'existence d'une relation directe entre le plaignant et le gestionnaire de réseau visé par ladite plainte ». Tout utilisateur d'un réseau public peut donc « attraire dans un tel différend tout gestionnaire de réseau sur le fondement d'un manquement à ses obligations »[2]. Une telle interprétation, si elle devait être reprise en France, modifierait considérablement l'étendue des compétences du CoRDiS, qui s'est reconnu incompétent en différents cas où cette possibilité ne lui serait plus ouverte[3].

---

aux conditions d'application de la quote-part mutualisé en application du S3REnR : l'appel à projet de l'ADEME lancé dans le cadre d'investissements d'avenir ne relève pas des exceptions qui font obstacle au paiement de la quote-part.

[1] Voir à ce propos Ch. BARTHELEMY, M. DEVEDEIX, « La CJUE élargit le cercle des différends dont les régulateurs de l'énergie peuvent connaître », *EEI* n° 1, Janvier 2021, comm. 1.

[2] *Ibid.*

[3] Le collège de la CRE s'était initialement reconnu incompétent pour statuer sur une demande de règlement de différend entre l'utilisateur d'un réseau public de distribution et RTE (*CoRDiS, 27 sept. 2005, n° 05-38-15, Cie Vent c/ EDF*) et semblait exiger un raccordement direct (*CoRDiS, 10 févr. 2005, n° 04-38-11, RTE c/ Cie Parisienne de Chauffage Urbain (CPCU)*). Le CoRDiS a de même rejeté une demande qui n'était

Ce qu'il convient peut-être surtout de retenir concerne la motivation de la CJUE et de son avocat général, qui estiment que « l'interprétation restrictive de la compétence des régulateurs restreindrait les possibilités pour ceux-ci d'accomplir leurs missions » [1].

II- Le CoRDiS juge et acteur de la régulation

Le CoRDiS s'est rapidement imposé comme une partie intégrante de la CRE, tout en étant indépendant du collège. Sans s'aventurer à évoquer une unicité de pensée entre les deux entités, le fait que les mêmes services travaillent avec l'une et l'autre contribue à une base commune d'analyse, tout en préservant l'autonomie de décision de chacun des collèges.

Bien que la question soit quelque peu rhétorique, elle n'est pas illégitime, compte tenu des réactions suscitées à l'époque par la création même de l'entité CoRDiS, : le passage du collège de la CRE au CoRDiS a-t-il modifié la pratique du règlement des différends ? Ou encore, et en reprenant les termes de M.-A. Frison-Roche : « lorsque le régulateur exerce son pouvoir de règlement des différends, l'exerce-t-il comme une fonction auxiliaire de sa mission générale de régulation ou bien comme une sorte de juge spécialisé ? »[2]

La création du CoRDiS est la conséquence indirecte du débat sur les dispositions nécessaires au respect de l'article 6 § 1 de la Convention de sauvegarde des droits de l'homme et des libertés fondamentales ainsi que d'un mouvement amorcé par les juridictions judiciaires, « en raison de l'attribution à ces autorités administratives d'une fonction répressive »[3]. Les positions divergentes de la Cour de Cassation et du Conseil d'Etat portaient essentiellement sur la présence du rapporteur au délibéré. L'arrêt du 5 février 1999 « Oury » de la Cour de Cassation relatif au fonctionnement de la commission des opérations en bourse (COB) tranchait la question, et « infirmait [...] la lecture du Conseil d'Etat qui, à plusieurs reprises à l'instar du Conseil Constitutionnel, a

---

pas relative à l'accès au réseau, alors qu'il s'agissait d'un différend entre le gestionnaire d'un réseau et un utilisateur (*21 janv. 2011, Nicodis c/ ERDF, n° 10-38-10*).

[1] Ch. BARTHELEMY, M. DEVEIDEX, *op. cit.*, *ibid.*

[2] M.-A. FRISON-ROCHE, « Le pouvoir du régulateur de régler les différends. Entre office de régulation et office juridictionnel civil », *Droit et économie de la régulation*, 3, 2005, p. 269-287.

[3] A. LAGET-ANNAMAYEUR, *La régulation des services publics en réseaux*, *op. cit.*, p. 390.

validé les procédures des autorités de régulation, en voyant en elle que des autorités administratives [...] dans la perspective européenne, la COB est traitée comme une juridiction »[1].

La question débattue ne concernait pas réellement la CRE, qui respectait tout à fait les principes d'impartialité, rappelés, au demeurant, dans son règlement intérieur. Ce qui suscitait une vive critique de la part du directeur général de l'époque : « L'application de l'article 6 § 1 rapproche la CRE du statut d'une juridiction. Au stade du règlement de différend, les parties n'ont pas besoin d'un juge, mais d'un expert, d'un arbitre »[2].

Le Parlement, suivant en cela les recommandations du sénateur P. Gelard dans son rapport sur les AAI[3], vote la création du CoRDiS dans la loi n°2006-1537 du 7 décembre 2006[4], et instaure ainsi une forme de bicéphalisme.

La conséquence probablement la plus fâcheuse tient à la coupure totale entre les deux collèges puisque celui de la CRE, à partir de l'installation du CoRDiS en mars 2007, n'a plus à connaître le contentieux. Le seul lien conservé entre les deux collèges passe par le biais du directeur général. Les contacts entre les membres des deux collèges étaient et restent peu fréquents en raison d'une présence épisodique des membres du CoRDiS, dont les mandats sont à temps partiel.

Il est fort probable que l'origine (Conseil d'Etat et la Cour de Cassation) des membres du CoRDiS donne au comité une tonalité plus juridique que celle du collège de la CRE. Il est également possible que certaines audaces de la CRE des premières années auraient été traitées différemment par le CoRDiS, mais cela ne remet pas en cause l'instrumentation du contentieux en lien avec les objectifs régulatoires[5].

---

[1] *Ibid.* p. 392.

[2] Th. TUOT, « L'autorité de la CRE en tant qu'autorité de règlement des différends » 2003-2004 », *Revue juridique de l'entreprise publique,* n° 616, janvier 2005, chron. 100000.

[3] P. GELARD, *Les autorités administratives indépendantes : évaluation d'un objet juridique non identifié, op. cit.*

[4] Voir les développements sur les amendements du Sénat à propos du CoRDiS (*infra.,* Seconde partie, chapitre 1, section1, III, B).

[5] On peut penser au cas de l'entreprise PEMAR où la CRE avait décidé de ne pas appliquer un décret. Le CoRDiS, placé devant une situation pour le moins complexe et où la question d'écarter un règlement qu'il aurait jugé illégal aurait pu se poser, décidait de surseoir à statuer en attendant la décision du juge : « Saisi début 2011 de plus de 200 demandes [...] le CoRDiS a suspendu l'instruction de celles-ci

En illustration de cette complémentarité, on peut se reporter à l'une des premières décisions du CoRDiS, en septembre 2007, dans laquelle il reconnaît un statut quasi normatif aux travaux des groupes de travail par secteur mis en place par la CRE. Il souligne que « la procédure élaborée en GTG 2007 [...] constitue un usage communément admis par la profession qui n'est donc pas dépourvu, à ce titre, de valeur normative ». La même décision prise par le collège de la CRE aurait eu, certainement, moins de poids.
La nuance, s'il convient d'en apporter une, est fort bien exprimée par les responsables de la direction juridique de la CRE, qui formulent une appréciation toute en subtilité : « Le CoRDiS s'est progressivement affranchi de sa fonction d'arbitre, cantonné au litige d'espèces, pour devenir un instrument essentiel de régulation dont les décisions vont au-delà de la simple résolution d'un conflit entre deux opérateurs. » Les auteurs apportent alors une précision qui permet de souligner la différence entre la fonction régulatoire du collège et celle plus juridique du CoRDiS : « en raison de sa composition spécifique comprenant quatre membres issus à parité des ordres judiciaire et administratif, le CoRDiS remplit cette fonction au travers d'un nécessaire prisme juridique, que certains considèrent parfois comme éloigné de l'objectif général assigné par la loi à la CRE, chargée de concourir au bon fonctionnement des marché. »[1] Il est fait ici allusion à une décision du CoRDiS dans le cadre du contrat unique, prise en 2014, dans laquelle le comité rétablit une situation de droit et lève un handicap économique pour les fournisseurs alternatifs, en considérant qu'il appartient aux gestionnaires de réseaux de distribution de supporter la charge des impayés portant sur la part acheminement et non d'imputer cette charge aux fournisseurs.
La difficulté vient ensuite : « le CoRDiS, [...] a donné une portée rétroactive à sa décision en remettant les parties en l'état à la date de la signature de leur contrat, bien que les effets d'une telle décision puissent être ' perturbants ' pour le marché. Cette remise en cause d'une situation préexistant à l'apparition du litige pourrait pourtant sembler contraire au maintien du bon fonctionnement du marché qui passe nécessairement par l'assurance d'une visibilité et d'une stabilité juridiques. »

---

en attendant que le Conseil d'État se prononce, alors qu'il lui était expressément demandé d'écarter ce décret ».

[1] A. BONHOMME, M. CACCIALI, « La commission de régulation de l'énergie », *RFDA*, 2017, p. 666.

Les auteurs en concluent qu'« En cela, l'action du comité se distingue de la fonction de régulateur dévolue au collège pour se rapprocher de l'office d'un juge, ou quasi-juge, dans l'exercice de sa fonction de règlement de différends. »
Le CoRDiS apparaît donc se situer entre régulateur et juge, en fonction de l'optique par laquelle on observe ses décisions. Il est un domaine dans lequel cette dualité ou complémentarité apparaissent entièrement pertinentes, celui de la sanction.
Le premier président du CoRDiS regrettait à cet égard qu'en 2013 le CoRDiS n'ait pas encore eu l'occasion d'exercer sa compétence en matière de sanction : « il reste au Comité à trouver une occasion d'exercer ses pouvoirs de sanction dans un cadre procédural profondément rénové par la loi du 15 avril 2013 dite de transition énergétique »[1].

Section 2- L'exercice du pouvoir de sanction

La CRE dispose d'un pouvoir de sanction depuis la loi de 2000, reprise dans le Code de l'énergie à l'article L. 134-25 et suivants[2]. L'alinéa 1er de l'article précité dispose que le CoRDiS « peut soit d'office, soit à la demande du ministre chargé de l'énergie, de l'environnement, du président de la Commission de régulation de l'énergie, d'une organisation professionnelle, d'une association agréée d'utilisateurs ou de toute autre personne concernée, sanctionner les manquements mentionnés aux titres Ier et II du présent livre et aux livres III et IV qu'il constate de la part des gestionnaires de réseaux publics de transport ou de distribution d'électricité, des gestionnaires de réseaux fermés de distribution d'électricité, des opérateurs des ouvrages de transport ou de distribution de gaz naturel ou des exploitants des installations de stockage de gaz naturel ou des installations de gaz naturel liquéfié ou des exploitants de réseaux de transport et de stockage géologique de dioxyde de carbone ou des utilisateurs de ces réseaux, ouvrages et installations, y compris les fournisseurs d'électricité ou de gaz naturel, dans les conditions fixées aux articles suivants ». Les mêmes dispositions s'appliquent aux manquements aux règles d'indépendance concernant les gestionnaires de réseau de transport d'électricité ou de

---

[1]P.-F. RACINE, « La régulation dans le domaine de l'énergie vue à travers la jurisprudence du CoRDiS- 2007-2013 », *Revue juridique de l'économie publique* n° 711, Août 2013, étude 12.
[2] Art. L. 134-27 à L. 134- 34 du Code de l'énergie.

gaz naturel appartenant à une entreprise verticalement intégrée telle que définie à l'article L. 111-10.
Le CoRDiS est, de la sorte, chargé de réprimer la méconnaissance, par les opérateurs soumis à son contrôle, des règles et obligations fixées par le Code de l'énergie, ou qui sont issues du règlement européen « REMIT »[1], ou encore le non-respect des décisions rendues en matière de règlement des différends. Les destinataires potentiels de la sanction correspondent à un large éventail d'acteurs, qui inclut tant les fournisseurs d'énergie que les gestionnaires de réseaux.
La question de l'exercice du pouvoir de sanction par une autorité administrative indépendante a été validée par le Conseil Constitutionnel par deux décisions consécutives, en autorisant la dévolution de ce pouvoir à l'autorité boursière, et au-delà à tout autorité administrative indépendante, « dès lors, d'une part que la sanction susceptible d'être infligée est exclusive de toute privation de liberté et, d'autre part, que l'exercice des pouvoirs de sanction est assorti par la loi de mesures destinées à sauvegarder les droits et libertés constitutionnellement garantis »[2].
La Cour européenne des droits de l'homme (CEDH) a également admis la validité du procédé des sanctions administratives, non sans rappeler le nécessaire respect des prescriptions de l'article 6 de la Convention

---

[1] « Le CoRDiS peut également, soit d'office, soit à la demande du ministre chargé de l'énergie ou de l'environnement, d'une organisation professionnelle, du président de la CRE, de l'Agence de coopération des régulateurs de l'énergie instituée par le règlement (CE) n° 713/2009 du Parlement européen et du Conseil du 13 juillet 2009 instituant une agence de coopération des régulateurs de l'énergie ou de toute autre personne concernée, sanctionner les manquements aux règles définies aux articles 3, 4, 5, 8, 9 et 15 du règlement (UE) n° 1227/2011 du Parlement européen et du Conseil du 25 octobre 2011 concernant l'intégrité et la transparence du marché de gros de l'énergie ou tout autre manquement de nature à porter gravement atteinte au fonctionnement du marché de l'énergie, y compris du mécanisme d'obligation de capacité mentionné à l'article L. 335-2 du présent code, qu'il constate de la part de toute personne concernée, dans les conditions fixées aux articles L. 134-26 à L. 134-34. », art. L. 134-25 al. 3.

[2]« Le juge constitutionnel a validé le principe de l'exercice du pouvoir de sanction par les autorités administratives indépendantes en admettant d'abord par une décision 88-248 DC du 17 janvier 1989 155 sur l'instance régulatrice de l'audiovisuel, que l'exercice du pouvoir de sanction dans la limite de l'accomplissement de la mission de cette instance ne portait pas atteinte au principe de séparation des pouvoirs, puis en autorisant, dans sa décision 89-260 DC du 28 juillet 1989 156, la dévolution de ce pouvoir à l'autorité boursière, et au-delà à toute autorité administrative indépendante », EDCE, *Les autorités administratives indépendantes*, *op. cit.*, p. 330-331.

européenne de sauvegarde des droits de l'homme et des libertés fondamentales qui garantissent le droit à un procès équitable[1]. La CEDH déduit de ces stipulations la nécessité que la procédure de sanction respecte les droits de la défense, le caractère contradictoire de la procédure et qu'elle soit menée sans méconnaître le principe d'impartialité, ce qui implique en particulier que la fonction de jugement soit clairement distinguée des fonctions de poursuite et d'instruction » [2].

Si le Conseil constitutionnel et la CEDH ont ainsi contribué à définir le cadre constitutionnel et conventionnel dans lequel s'exerce le pouvoir de sanction des autorités de régulation, « c'est au Conseil d'État, juge des décisions de sanctions du CoRDiS en premier et dernier ressort[3], qu'il incombe d'en vérifier le respect effectif à l'occasion des recours formés devant lui »[4].

La CRE a longtemps privilégié une approche réservée à l'égard de la procédure de sanction pour différentes raisons (I), mais semble, désormais, déterminée à l'utiliser pleinement (II).

I- Une approche prudente du pouvoir de sanction

Il est frappant de constater que la CRE et le CoRDiS n'ont pas pratiqué ce pouvoir de sanction, qui leur est dévolu depuis 2000, avant 2018, contrairement à plusieurs de leurs homologues. On peut trouver deux raisons à cette retenue : l'absence de dossiers justifiant l'engagement de telles procédures (A) et la difficulté constitutionnelle apparue entre décembre 2011 et la loi du 15 avril 2013 (B).

A- L'absence de situations sanctionnables

S'agissant de l'absence de situations « sanctionnables », ce constat peut s'expliquer par le fait que le secteur le plus régulé, celui du transport, est celui qui a le mieux affirmé son indépendance par rapport à l'opérateur historique. Toutefois, la situation était beaucoup plus critiquable concernant les distributeurs. Comme l'écrit la CRE dans son rapport sur le Respect des codes de bonne conduite et indépendance des

---

[1] CEDH, 21 février 1984, Oztürk c. RFA, n° 8544/79 ; CEDH, 27 août 2002, Didier c. France, n° 58188/00.

[2] CEDH, 11 juin 2009, Dubus SA c. France, n° 5242/04.

[3] Article L. 134-34 du Code de l'énergie.

[4] *Rapport juridique*, CRE 2018.

gestionnaires de réseaux d'électricité et de gaz naturel de 2013, « la CRE est amenée constater que certaines des demandes et recommandations formulées dans son précédent rapport sont restées sans suite. En outre, certaines atteintes à l'indépendance de certains distributeurs d'électricité ont été découvertes en 2012 et au début de 2013 avec notamment, des situations de cumul de fonctions entre activité concurrentielle ou de fourniture et activités régulées de distribution, pourtant contraires au Code de l'énergie. »[1]

Ainsi que l'exprime la Cour des comptes dans un rapport déjà évoqué, « la réaction de la CRE est significative de sa prudence et de sa recherche d'un certain gradualisme dans ses relations avec les régulés. En effet, plusieurs manquement graves vont faire l'objet d'une sorte de "rappel à la loi", alors que sur des cas de manquement au titre I du Code de l'énergie, par exemple, le Président de la CRE a la possibilité de saisir directement le CoRDiS pour l'application de sanctions éventuelles »[2].

A cet égard, la Cour citait un autre exemple de cette volonté de dialogue plutôt que de sanction, que nous avons mentionné auparavant à propos du litige entre Direct Energie et ERDF. Le CoRDiS avait enjoint au distributeur de modifier un de ses contrats d'accès au réseau. « Comme l'écrivait la CRE : ‘ un défaut d'exécution de la décision était susceptible de donner lieu à sanction. Toutefois, le recours à la médiation, en l'occurrence un groupe de travail piloté par la direction juridique de la CRE, a permis de régler des difficultés sans avoir besoin de passer par le stade de la sanction' ».

La Cour des comptes regrettait cette prudence qui peut conduire « certains opérateurs à la limite de la provocation ».

B- La difficulté constitutionnelle

La prudence de la CRE dans l'utilisation de son pouvoir de sanction était, par ailleurs, accentuée par une difficulté constitutionnelle.

La décision n° 2011-200 QPC du 2 décembre 2011 du Conseil constitutionnel, Banque populaire Côte d'Azur, sur le pouvoir disciplinaire de la Commission bancaire, déclarait non conformes à la Constitution les dispositions du Code monétaire et financier relatives à

[1] CRE *Rapport sur le respect des codes de bonne conduite et indépendance des gestionnaires de réseaux d'électricité et de gaz naturel 2013.*

[2] Cour des comptes, *L'ouverture du marché de l'Électricité à la concurrence,* RC 69885, 11 avril 2014.

la procédure de sanction de cette commission, dans la mesure où elles méconnaissent le principe d'impartialité, en ne séparant pas « les fonctions de poursuite des éventuels manquements [...] et les fonctions de jugement des mêmes manquements ».
Cette décision apparaissait manifestement susceptible de s'appliquer au CoRDiS, ce qui a conduit le président du comité à élaborer avec les services de la CRE des propositions de modifications des textes. Elles étaient reprises dans la loi n°2013-312 du 15 avril 2013[1], dans le décret n° 2015-206 du 24 février 2015[2], ainsi que dans l'ordonnance n° 2016-461 du 14 avril 2016[3].
Le décret de 2015 permet de conforter le pouvoir de sanction du CoRDiS. Dans le prolongement de ce décret, le CoRDiS adopte, par une décision du 11 mars 2015, un nouveau règlement intérieur précisant les règles de procédure applicables devant lui, et dans lequel les principales modifications concernent la procédure de sanction. Ces modifications portent, notamment, sur la désignation par le président du CoRDiS d'un membre du comité chargé, avec le concours des agents de la CRE, de l'instruction (art. R. 134-20) et de la désignation, le cas échéant, d'un rapporteur appartenant aux services de la CRE. Ce dernier ne participe pas au délibéré.
On peut considérer qu'à la fin de l'année 2016 le CoRDiS ne rencontre plus aucun obstacle pour exercer son pouvoir de sanction.

II- L'exercice effectif du pouvoir de sanction

La CRE démontre pour la première fois sa volonté d'user du pouvoir de sanction du CoRDiS lors d'une affaire qui se règle sans aller au bout de la procédure (A). Elle utilise, par la suite, de manière plus régulière mais mesurée, ce pouvoir (B).

---

[1] Loi n°2013-312 du 15 avril 2013 visant à préparer la transition vers un système énergétique sobre et portant diverses dispositions sur la tarification de l'eau et sur les éoliennes : art. 21 § 2 et 4.

[2] Le décret n° 2015-206 du 24 février 2015 a, via le décret n° 2015-1823 du 30 décembre 2015 relatif à la codification de la partie réglementaire du Code de l'énergie, été codifié aux articles R. 134-7 à R. 134-37 du Code de l'énergie. Il est, du fait de cette codification, abrogé.

[3] Ordonnance n° 2016-461 du 14 avril 2016 précisant les compétences de la Commission de régulation de l'énergie en matière de recueil d'information, de sanction et de coopération.

A- L'effectivité de la procédure sans la sanction

De manière paradoxale, ce n'est pas au travers d'une décision sanction que le CoRDiS commence par exercer ses prérogatives répressives, car il « convient de ne pas minimiser l'impact du lancement d'une procédure de sanction sur l'opérateur qui en fait l'objet. »[1]

En l'espèce, il est fait allusion à une procédure qui n'était pas, nécessairement, destinée à être publique, si la CRE ne l'avait mentionnée dans son rapport d'activité de 2016. Il s'agit du sujet, traité de manière récurrente par la CRE dans ses rapports de bonne conduite et d'indépendance des gestionnaires de réseaux, concernant la proximité des noms entre ERDF et EDF, ce qui contribue, d'après la CRE, à une confusion entre la marque du GRD et celle de sa maison mère. Faute de parvenir à obtenir par la persuasion à ce que l'entreprise régulée se conforme aux règles d'indépendance, le président de la CRE saisit le président du CoRDiS, qui lui-même désigne un membre du comité afin d'instruire l'affaire. A la suite d'une mise en demeure par celui-ci aux deux entreprises concernées, ERDF change de nom pour devenir ENEDIS (voir *infra.*). « Ainsi, même s'il n'y a pas eu de décision de sanction, c'est l'outil de la sanction qui a été utilisé par le régulateur pour parvenir à ses fins. »[2]

On vient d'évoquer un élément de procédure lorsque le CoRDiS statue sur une sanction comme tribunal. En raison d'une certaine complexité, il semble nécessaire de la détailler.

La première étape consiste à constater les manquements par rapport au Code de l'énergie, et ce sont les agents de la CRE, dument habilités par son président (art. L. 135-12 et L. 135-13 du Code de l'énergie), qui sont chargés de cette tâche. Ils procèdent à la mise en demeure faite aux intéressés de se conformer aux dispositions applicables du Code de l'énergie, et exercent donc la fonction de poursuite. Cette phase peut exiger une durée assez notable.

Le président de la CRE saisit alors le président du CoRDiS. Celui-ci désigne le membre du comité chargé de l'instruction (art. R. 134-30 du Code de l'énergie), qui n'est pour cette fonction pas placé sous son autorité, et qui peut faire appel en tant que de besoin aux services de la CRE. C'est à l'issue de cette seconde phase que le « membre désigné »,

---

[1] Ch. LE BIHAN-GRAF, P. COURTADE, « La place de la sanction dans la pratique des autorités de régulation économiques sectorielles », *E.E.I.* n° 2, février 2018, Etude n° 3.

[2] *Ibid.*

dont ni le président du CoRDiS ni le président de la CRE ne connaissent le contenu du travail, décide soit d'abandonner les poursuites, soit d'adresser un courrier de mise en demeure à (ou aux) entreprises concernées. Le cas du changement de nom d'ERDF en ENEDIS n'a pas été plus avant dans la procédure.

La troisième phase, celle de jugement, consiste en la notification des griefs à l'entreprise en cause, puis, de manière classique, les observations en réponse, éventuellement les observations complémentaires…Enfin, pour l'audience le président du CoRDiS désigne un rapporteur. Celui-ci, qui appartient aux services de la CRE, n'a pas participé aux phases précédentes.

Ainsi, « les fonctions de poursuite, d'instruction et de jugement semblent donc séparées au regard de la jurisprudence du Conseil constitutionnel et de la Cour européenne des droits de l'homme. »[1]

B- Les premières sanctions

Le CoRDiS fait usage pour la première fois de son pouvoir de sanction le 11 juin 2018 à l'encontre d'ENEDIS pour non-exécution d'une injonction de modification d'un contrat, décidée lors d'un règlement de différends en 2015[2]. ENEDIS se voit, à cette occasion, infliger une sanction de 3 millions d'euros. Afin que cette première sanction ne passe pas inaperçue, elle est publiée au JO[3], et fait l'objet d'un communiqué de presse[4].

---

[1] M. DEVEIDEIX, Ch. BARTHELEMY, « Nouvelle sanction du CoRDIS : le cas d'une manipulation de marché », *EEI* n° 3, Mars 2019, comm. 13.

[2] « Par une décision du 25 novembre 2015, le CoRDiS a enjoint à la société Enedis de transmettre à la société Parc Éolien Lislet 2 un nouveau contrat CARD-I dans un délai de six mois à compter de la notification de la décision, 'permettant d'assurer une totale transparence dans l'application des régimes de responsabilité en cas d'interruption du réseau' » *Rapport juridique 2018* CRE, p. 58.

[3] « En outre, eu égard aux exigences d'intérêt général qui s'attachent à ce que la présente décision soit connue par l'ensemble des acteurs du marché de l'électricité, le comité décide de publier la présente décision, d'une part, sur le site Internet de la Commission de régulation de l'énergie et, d'autre part, au Journal officiel de la République française. », *Décision du CoRDiS de la Commission de régulation de l'énergie en date du 11 juin 2018 portant sanction à l'encontre de la société Enedis en application de l'article L. 134-28 du Code de l'énergie, p. 31.*

[4] Sans en tirer de conclusions particulières, il est toutefois intéressant de remarquer que la première sanction prise par le CoRDiS est survenue alors que son président est B. Lasserre, ancien président de l'Autorité de la concurrence, est devenu le 16 mai 2018 vice-président du Conseil d'Etat.

La publication au JO et la communication dans la presse correspondent toutes deux à un degré de sanction, ainsi que l'explique la CRE : « Le caractère effectif et dissuasif d'une décision de sanction tient également en sa publication : la publicité de la sanction permet d'envoyer au marché les signaux qui s'imposent de la part du régulateur pour garantir son bon fonctionnement. La publication participe également d'une logique de ' *name and shame* ' à l'égard de la personne sanctionnée. »[1]
Cette publicité apparaît d'autant plus nécessaire que « cette décision commençait de dessiner le standard permettant aux acteurs du secteur de connaître les risques qu'ils encourent à ne pas mettre en œuvre les décisions de règlement de différend rendues par le CoRDiS. Elle tend à parfaire l'effectivité de ce mode particulier de résolution des désaccords, qui contribue également à la régulation »[2].
Sur le plan de l'appréciation de la sanction pécuniaire à appliquer, le CoRDiS doit tenir compte de l'article 37 de la directive 2009/72/CE du 13 juillet 2009, qui indique que le régulateur doit disposer du pouvoir d'« infliger des sanctions effectives, proportionnées et dissuasives » à l'encontre de l'entreprise concernée.
Dans le cas présent, la sanction devait être prise sur le fondement de l'article L. 134-28 du Code de l'énergie, en raison de la méconnaissance d'une injonction prononcée par le CoRDiS. Le comité devait donc déterminer le montant de la sanction pécuniaire de manière proportionnée « à la gravité du manquement, à la situation de l'intéressé, à l'ampleur du dommage et aux avantages qui en sont tirés ». Le plafond prévu par le Code de l'énergie s'élève à 8% du chiffre d'affaires de l'auteur du manquement.
Le CoRDiS effectuait une analyse à partir de ces différents points pour parvenir à une sanction d'un montant de 3 millions d'euros[3].
La seconde sanction prise par le CoRDiS survient, quelques mois plus tard, après un long processus. Elle se révèle fort significative au regard de la régulation du marché de l'énergie au niveau européen, en ce qu'elle concerne une manipulation sur le marché de gros d'électricité. Le manquement au fonctionnement du marché de l'énergie, sur le fondement de l'article L. 134-25, troisième alinéa, du Code de l'énergie, est dans cette affaire une manipulation de marché au sens de l'article 5

[1] *Rapport juridique 2018*, CRE, p. 40.
[2] M. DEVEIDEIX, Ch. BARTHELEMY, « La première sanction prononcée par le Comité de règlement des différends de la Commission de régulation de l'énergie », *EEI* n° 10, Octobre 2018, comm. 51.
[3] Voir le commentaire *ibid.*

du règlement REMIT[1]. En décembre 2016, le Président de la CRE saisit le comité d'une demande de sanction sur le fondement des dispositions de l'article L. 134-25 du Code de l'énergie. Cette demande repose sur les conclusions d'une enquête ouverte en avril 2014, qui constate un comportement de la société Vitol S.A. susceptible d'enfreindre les règles définies par le règlement européen du 25 octobre 2011 concernant l'intégrité et la transparence du marché de gros de l'énergie, dit « règlement REMIT ». Dans le cadre de sa mission de surveillance des marchés de gros, prévue à l'article L. 132-1 du Code de l'énergie, la CRE accorde une attention particulière au point d'échange de gaz (PEG) Sud, en raison de la formation d'écarts de prix importants avec le PEG Nord depuis le 1er avril 2012[2]. Le CoRDiS identifie ensuite le « mode opératoire de la société Vitol », et décrit six types de comportements suspects récurrents, consistant en l'émission d'ordres à la vente ou à l'achat sur la plate-forme Powernext entre le 1er juin 2013 et le 31 mars 2014, caractérisés le plus souvent par des retraits d'ordre à la vente et des empilements d'ordres. Soixante-cinq cas répartis sur cinquante-quatre journées d'échanges sont identifiés sur la période concernée.

Le CoRDiS sanctionne la société Vitol S.A. pour avoir procédé à des manipulations de marché au PEG Sud pendant l'hiver 2013-2014, et décide d'une sanction de 5 millions à son encontre. Dans ce cas d'espèce, le CoRDiS prend en compte non seulement le chiffre d'affaires, comme pour ENEDIS dans le cas précédent, mais aussi le résultat net de 2017 de l'entreprise. Cela permet de relativiser l'importance du chiffre d'affaires, due à une intermédiation élevée mais à marge faible. Le CoRDiS considère que le résultat net se révèle plus pertinent pour fixer le montant de la sanction.

Dans leur communication, M. Deveideix et Ch. Barthélemy estiment, à juste titre, que l'entreprise ferait certainement appel de cette décision, et ajoutent : « Le cas échéant, la décision du Conseil d'État sera intéressante tant pour son apport quant au contrôle de fond exercé sur les sanctions prononcées par le comité que dans la réponse aux nombreux moyens procéduraux qui ne manqueront pas d'être

---

[1] PE et cons. UE, règl. (UE) n° 1227/2011 25 oct. 2011 concernant l'intégrité et la transparence du marché de gros de l'énergie : JOUE n° L 326, 8 déc. 2011, p. 1.

[2] Ces deux zones ont depuis fusionné le 1er novembre 2018 pour donner naissance à une seule zone d'équilibre sur le territoire français.

soulevés. »[1] Le Conseil d'Etat confirmait la légalité de cette décision de sanction le 18 juin 2021[2]. Cette sanction et la confirmation de sa légalité par le Conseil d'Etat confèrent une force particulière à la responsabilité de surveillance du marché de gros de l'électricité, organisée et coordonnée par l'ACER avec tous les régulateurs nationaux et, de ce fait, au rôle de la CRE en ce domaine.

Le CoRDiS prononce deux nouvelles décisions de sanctions en 2019, qui répliquent, en quelque sorte, celles de l'année précédente, avec un cas d'un non-respect d'une décision de règlement de différends du CoRDiS concernant GRDF[3] et un sujet de manipulation de marché de gros du gaz[4].

La sanction de 100 000 euros concernant GRDF apparaît particulièrement bénigne au regard de la sanction prise en 2018 à l'encontre d'ENEDIS. Cette relative mansuétude s'explique par un sujet complexe lié au contrat unique, un enchevêtrement de faits, une large consultation menée par GRDF avec les différents fournisseurs pour parvenir au cadrage d'un nouveau contrat, et surtout au fait que le CoRDiS estime « d'une part, qu'il n'est pas en mesure d'établir que le comportement de la société GRDF a constitué une entrave au marché et, d'autre part, que le coût du dommage pour le fonctionnement du marché du gaz naturel est limité ».

La sanction prise à l'encontre de la société BP Gas Marketing Limited porte sur une manipulation du marché de gros du gaz. Comme dans le

[1] M. DEVEIDEIX, Ch. BARTHELEMY, « Nouvelle sanction du CoRDIS : le cas d'une manipulation de marché » op. cit.

[2] CE, 18 juin 2021, 425988, Vitol, Lebon. Communiqué de presse du CoRDiS du 24 juin 2021, extrait : « La société Vitol a saisi le Conseil d'Etat d'un recours contre cette décision de sanction. Ce recours a été rejeté par le Conseil d'Etat dans une décision du 18 juin 2021. Le juge considère notamment que les principes des droits de la défense et d'impartialité ont été respectés et confirme la régularité de la procédure devant CoRDiS. Sur le fond, le juge confirme la méthode suivie par le CoRDiS et admet qu'une manipulation de marché peut être établie sur la base d'un faisceau d'indices concordants tirés de la combinaison ou de la réitération de comportements susceptibles de donner des indications trompeuses aux autres acteurs du marché. Le Conseil d'Etat confirme également qu'il suffit d'établir que le comportement en cause était susceptible de donner des signaux trompeurs sur le marché, sans qu'il soit nécessaire de démontrer que ce comportement ait, dans chacun des cas visés, effectivement produit l'effet escompté. Le Conseil d'Etat confirme ainsi la légalité de la première décision de sanction du CoRDiS prise dans le cadre de l'application du règlement REMIT. »

[3] CoRDiS, n° 02-40-15, Sté Direct Energie c. Sté GRDF, 15 juillet 2019.

[4] CoRDiS, n° 01-40-19, BP Gas Marketing Limited, 19 décembre 2019.

cas de la société Vitol, les éléments permettant de lancer une éventuelle demande de sanction réclament une enquête approfondie, et donc longue. L'enquête est lancée en juillet 2016 par le président de la CRE, en raison de préoccupations concernant le comportement de la société précitée, susceptible d'enfreindre les règles définies par le règlement européen du 25 octobre 2011 REMIT. Les conclusions de cette enquête conduisent le président de la CRE à saisir le CoRDiS d'une demande sanction. Dans sa décision du 19 décembre 2019, le CoRDiS retient que la société BPGM a procédé à des manipulations de marché au PEG Sud, au cours de cinquante-six cas répartis sur trente-sept journées de trading entre le 1er octobre 2013 et le 1er mars 2014, en méconnaissance de l'article 5 du règlement REMIT. Le CoRDiS sanctionne, par conséquent, la société BPGM à hauteur d'un million d'euros.
On pourra, enfin, relever que le CoRDiS était saisi par une entreprise d'une demande de sanction à l'égard d'ENEDIS, le 30 novembre 2020, au motif du non-respect d'une décision de règlement de différend. Les faits qui faisaient l'objet de cette procédure ayant été atteints par la prescription, le CoRDiS a mis hors de cause la société ENEDIS.
Il est délicat, compte tenu du faible échantillon existant, de tirer des enseignements généraux ou des conclusions des cinq ou six cas des procédures venues devant le CoRDiS au titre d'une sanction.
Il convient néanmoins de mentionner la dernière sanction en date au mois d'avril 2022. Le CoRDiS, dans une décision qui ne passe pas inaperçue des observateurs y compris de l'ACER, a prononcé une décision de sanction à l'encontre d'EDF pour méconnaissance des articles 3 et 4 du Règlement REMIT à hauteur de 500.000 euros ainsi qu'une sanction de 50.000 euros à l'encontre d'EDF Trading Limited pour une erreur opérationnelle, en application de l'article 5 du Règlement REMIT[1]. Cette décision est la troisième du CoRDiS en application du Règlement REMIT, la première décision en France portant sur les articles 3 et 4 et c'est également la première décision à l'échelle de l'Union européenne qui applique l'article 4 relatif à la publication des informations privilégiées.
Les débuts de ce qui aboutit à cette décision sont éloignés puisqu'ils datent d'octobre 2016[2]. Après un très long travail de l'agent-enquêteur

[1] Décision du comité de règlement des différends et des sanctions de la Commission de régulation de l'énergie du 25 avril 2022 à l'égard de la société Electricité de France
[2] « Par un courrier du 18 octobre 2016, par application de l'article L.134-18 du Code de l'énergie, le président de la CRE a demandé à la société EDF de lui communiquer des informations relatives à ses publications sur l'état de ses installations nucléaires

désigné par le président de la CRE, ce dernier saisit le CoRDiS le 15 juin 2018, en application de l'article L. 134-25, alinéa 3, du Code de l'énergie, d'une demande de sanction, à l'encontre de la société EDF, fondée sur la méconnaissance alléguée, par cette société, de dispositions du règlement REMIT.
La décision du CoRDiS apporte des éléments d'interprétation importants concernant les notions d'informations privilégiées et de délit d'initié qui peut en résulter. Cet aspect a d'ailleurs conduit l'ACER à produire un communiqué[1].
Si l'on peut constater que la CRE sanctionne moins que certaines ses homologues, comme l'ARCEP ou le CSA, sur la durée, le pli semble

---

et à son comportement sur les marchés de gros de l'électricité en France, dans un contexte de forte indisponibilité du parc nucléaire français et de remontée des prix de gros de l'électricité. Dans ce courrier, le président de la CRE a demandé à la société EDF de lui fournir tous les ordres et transactions effectués par la société EDFT depuis le 1er avril 2016 jusqu'au 15 octobre 2016 ainsi que de lui transmettre « des éléments de clarification sur la communication d'EDF concernant les anomalies affectant les générateurs de vapeur de 18 réacteurs nucléaires, notamment à la suite des termes employées par la presse spécialisée qui évoquent une « fuite » d'informations », *Décision du comité de règlement des différends et des sanctions de la Commission de régulation de l'énergie du 25 avril 2022 à l'égard de la société Electricité de France.*

[1] « *On 03 May 2022, the French energy regulatory authority (CRE) published two sanction decisions adopted by its Dispute Settlement and Sanctions Committee (CoRDiS) imposing fines of: EUR 500,000 on Electricité de France SA (EDF), for breaching the obligation to disclose inside information under Article 4 of the EU Regulation on Wholesale Energy Market Integrity and Transparency (REMIT) and the prohibition of insider trading under Article 3, EUR 50,000 on EDF Trading Limited (EDFT), for manipulating the French wholesale electricity market in breach of Article 5 of REMIT.*
CoRDiS found that in October 2016, in a context of high electricity prices and stressed markets (due to the unavailability of several EDF nuclear reactors), EDF failed to publicly disclose inside information in an effective and timely manner. The information related to the request from the French Nuclear Safety Agency for additional controls over five nuclear reactors, which would lead to their temporary unavailability.
Furthermore, EDF used this inside information to acquire two related wholesale energy products via its trading subsidiary EDFT, thus breaching the prohibition of insider trading.
CoRDiS further assessed an operational mistake that EDFT had acknowledged, which led to excessive purchases on the French day-ahead electricity market and contributed to the price spikes observed on 7 and 8 November 2016. CoRDiS concluded that EDFT's erroneous orders likely gave false or misleading signals as to the supply and demand on the spot electricity market. », *ACER, Infoflash 10 May 2022.*

être désormais pris. Les sanctions concernant les manipulations des marchés de gros en électricité et en gaz sont porteuses de la dimension européenne de régulation du marché de l'énergie. C'est un sujet, comme on le verra dans la seconde partie, qui a mobilisé durant des années la commission européenne et l'ACER. Il est donc bon que la CRE et le CoRDiS apparaissent clairement jouer leur rôle dans la surveillance de ces marchés.
L'instrumentation du pouvoir de sanction devient un outil complémentaire et nécessaire à l'action régulatoire de la CRE.

Conclusion Chapitre 2

L'instrumentation du contentieux souligne combien, au travers d'un certain nombre de décisions en matière de règlements de différends, la CRE et le CoRDiS s'inscrivent dans la perspective décrite par Th. Pez lorsqu'il écrit qu'il y a « une coïncidence entre le but de la fonction contentieuse des régulateurs et les finalités de la régulation »[1].
Cette coïncidence se révèle sans ambiguïté lorsque la fonction contentieuse est du ressort du collège de la CRE, et lorsque le règlement des différends se conçoit comme un prolongement de l'action régulatoire. Ce qui peut être moins attendu est que le CoRDiS, dont les membres viennent de la Cour de Cassation et du Conseil d'Etat, avec un prisme plus juridique, contribue à l'action régulatoire de la CRE et, de la sorte, conforte le règlement des différends comme une « sorte d'arbitrage public régulatoire »[2], même si toutes ses décisions ne se fondent pas sur l'*a priori* incontournable du bon fonctionnement du marché.
La CRE fait, en revanche, un usage plus modeste de son pouvoir de sanction sur la durée. Tout d'abord parce qu'elle privilégie la discussion, ensuite en raison de la relative rareté de situations sanctionnables, et enfin du fait de la nécessité de séparer la fonction de poursuite de la fonction de jugement. Plusieurs textes (loi, décrets et ordonnance) conférent tardivement au CoRDiS la sécurité juridique lui permettant de prononcer une sanction.
Si la première sanction ne survient qu'en 2018, l'effectivité de la procédure sans la sanction démontre, toutefois, son efficience lors du changement de nom du gestionnaire de distribution ERDF en ENEDIS : « Ainsi, même s'il n'y a pas eu de décision de sanction, c'est l'outil de la sanction qui a été utilisé par le régulateur pour parvenir à ses fins »[3].
Les sanctions restent, toutefois, un outil régulatoire moins utilisé par la CRE que par d'autres autorité de régulation économique (l'ARCEP par exemple).

---

[1] Th. PEZ, « Le règlement des différends et la fonction de régulation », *Revue française de droit administratif*, Dalloz, 2017, pp.643.
[2] C. BOITEAU, A. LOUVARIS, « La judiciarisation de la régulation économique », *AJDA*, 2020, p. 1521.
[3] Ch. LE BIHAN-GRAF, P. COURTADE, « La place de la sanction dans la pratique des autorités de régulation économiques sectorielles », *EEI* n° 2, février 2018, étude n° 3.

On soulignera, parmi les quelques sanctions prononcées, celles relatives aux infractions aux règles définies par le règlement européen du 25 octobre 2011 concernant l'intégrité et la transparence du marché de gros de l'énergie, dit « règlement REMIT ». Elles apparaissent significatives car elles surviennent après un processus d'enquête de longue durée, s'inscrivent pleinement dans le marché intérieur de l'énergie et illustrent un travail de collaboration étroite avec l'ACER. Les sanctions concernant EDF et EDF Trading, décidées en avril 2022 par le CoRDiS après une très longue enquête, sont à cet égard exemplaires car elles apportent des éléments d'interprétation à la notion de publication « d'informations privilégiées » pour la première fois dans l'Union européenne.

Conclusion Titre II

Nous avons pu démontrer que les outils régulatoires de la CRE lui permettent d'affirmer une expertise de nature économique qui affermit son indépendance. Elle y parvient tant par l'instrumentation d'actes administratifs unilatéraux décisoires - notamment avec un pouvoir réglementaire supplétif, un pouvoir de décision individuelle ou un pouvoir d'approbation - et non décisoires lui procurant la possibilité d'user d'un pouvoir d'influence au travers des avis sur les projets de loi et de décret ainsi que par différents actes de droit souple, que par l'instrumentation du contentieux.
Il est possible d'avancer que, dans une forme de synergie réciproque, sa volonté d'efficacité conduit la CRE à rechercher, dans ses délibérations, un optimum économique peu contestable sur le fond qui suscite une forme de reconnaissance de son indépendance.

Conclusion Partie I

La CRE, ou plus précisément son collège, dont la qualification et l'indépendance des membres sont, dans une première période, assurée selon des principes assez généraux, connaît, au travers de différentes réformes sans lien direct avec la régulation de l'énergie, des exigences plus strictes en termes d'évitement des conflits d'intérêt, qui présentent l'avantage d'apporter l'apparence d'une indépendance peu contestable.
Ce n'est cependant pas sur ces critères que la CRE bâtit une réelle indépendance, mais sur ses capacités à démontrer son expertise, tant auprès des entités régulées que du monde politique, au travers de l'ensemble de ses délibérations qui recouvrent un éventail varié d'outils régulatoires, comme nous avons pu le voir. Si le cadre réglementaire de la régulation est fixé par le législateur, le régulateur démontre une très grande capacité à le dépasser en fonction de la situation et des besoins du marché en instrumentant l'ensemble des outils régulatoires à sa disposition.

Dans la seconde partie, nous allons étudier comment la CRE s'inscrit dans des équilibres institutionnels singuliers, constitués par la réalité nationale d'une part et le système communautaire d'autre part, dans lesquels le poids du droit se révèle distinct.

SECONDE PARTIE

Une indépendance articulée à un équilibre institutionnel

L'indépendance que la CRE se forge grâce à sa capacité à démontrer son expertise économique, et d'une certaine façon à l'imposer, est à mettre en regard avec son insertion dans un équilibre institutionnel national et européen, puisqu'elle agit à ces deux niveaux qui présentent des situations fort distinctes pour une autorité de régulation nationale.

Nous avons évoqué en plusieurs occasions les divergences d'approche entre la France et l'Europe à propos de la libéralisation du marché de l'énergie. Ce contexte n'est pas sans effet dans la recherche par la CRE d'un équilibre institutionnel au niveau national. Les différentes lois sur l'énergie mettent son indépendance organique à l'épreuve. De même, ses garanties fonctionnelles ne sont pas particulièrement respectées par l'exécutif. La CRE doit assurer son indépendance, au-delà des concepts et des principes, dans une réalité, souvent mouvementée, où elle affirme son expertise économique à partir des outils régulatoires à sa disposition (Titre I). Au niveau européen, le sujet a trait à la volonté de la Commission européenne de libéraliser le secteur de l'énergie, alors qu'elle n'a pas de compétence propre en matière de politique de l'énergie jusqu'au Traité de Lisbonne, et doit s'appuyer sur le droit de la concurrence européen. Le rôle des régulateurs nationaux s'affirme progressivement auprès de la Commission, dont la conception de la régulation se révèle évolutive. Si la CRE trouve aisément sa place dans la structure de coordination mise en place par les régulateurs au niveau européen, elle défend une vision de la régulation européenne gardant une certaine indépendance à l'égard de la Commission (Titre II).

Titre I : Un équilibre institutionnel progressivement établi au niveau national

Il est habituel d'aborder l'indépendance des AAI sous le double aspect organique et fonctionnel. Cette approche permet de mettre en évidence à la fois des points communs entre la CRE et les autres ARN et des singularités propres à la CRE. La régulation de l'énergie touche suffisamment de points politiquement sensibles[1] pour que le respect de l'indépendance du régulateur exige une longue période d'apprentissage de la part du Gouvernement mais aussi du Parlement. Chacun des deux domaines présentent des caractéristiques qui leur sont propres. Si les modifications de la composition du collège, voire sa dissolution, se révèlent des pratiques partagées, les questions d'indépendance fonctionnelles sont de l'ordre de l'exécutif, alors que le contrôle démocratique ressort de la responsabilité parlementaire. Nous allons aborder les différents aspects de cette relation à l'indépendance au travers des évolutions législatives, notamment à partir des exemples de trois principales lois sur l'énergie, et l'apprentissage de la régulation indépendante, au travers de ses relations avec la CRE, par le système politico-administratif (chapitre 1). Nous traiterons ensuite l'un des éléments primordiaux de l'indépendance et de sa légitimité pour une autorité de régulation sectorielle, l'effectivité du contrôle démocratique (chapitre 2).

---

[1] « La libéralisation de l'électricité, secteur qui a toujours été l'instrument de politiques macro-économiques (maîtrise des prix, emplois...), de politiques industrielles, et surtout d'une politique d'indépendance énergétique, ne s'accompagne pas d'un effacement complet des objectifs de politique publique », A. LAGET-ANNAMAYER, *La régulation des services publics en réseaux*, *op. cit.*, p. 414.

Chapitre 1 - L'apprentissage de la régulation indépendante par les institutions

Il est convenu que les AAI en général, et les ARN en particulier, doivent « rendre des comptes » et être contrôlées par le Parlement. La question relève plutôt de la manière dont ce dernier entend respecter le principe d'indépendance d'une autorité de régulation. Le cas de la CRE est, à cet égard, fort instructif en ce qu'il illustre comment le Parlement a, par le biais des nombreuses lois sur l'énergie, modifié la composition du collège pour des raisons dont la rationalité et l'objectivité peuvent interroger. Le Gouvernement a aussi pratiqué cet exercice au moins une fois, pour des raisons peu convaincantes, à l'occasion de la loi dite NOME.

Sur le plan fonctionnel, l'indépendance, en ce qui concerne la CRE, relève de facteurs plus techniques et moins politiques. Néanmoins, l'analyse des données concrètes que sont les emplois et le budget, dans le cadre de la mesure de l'autonomie fonctionnelle, constituent « un indice précieux du potentiel d'autonomie réelle », selon les termes du Conseil d'Etat qui préfère ce terme d'autonomie à celui d'indépendance[1]. Nous verrons qu'en effet ces sujets sont, des premières années de la CRE jusqu'en 2017, des éléments de préoccupation constante et de négociation avec les pouvoirs publics.

Nous examinerons successivement l'aspect collégialité en tant que facteur d'indépendance (section 1), la portée et les effets des garanties fonctionnelles (section 2) et enfin, dans un essai de synthèse de la

---

[1] Conseil d'Etat, *Les autorités administratives indépendantes*, EDCE n° 52, La Documentation française, 2001, p. 291. Sur la différenciation de qualificatif entre indépendance et autonomie, la pertinence du terme indépendance censé caractériser les rapports que les AAI entretiennent avec l'exécutif est sujette à certaines critiques dans la théorie juridique, voir G. BRAIBANT, « Droit d'accès et droit à l'information » in *Mélanges Charlier*, 1981, p. 703 : « Il est difficile de parler d'indépendance des autorités administratives à l'égard du gouvernement (...) Dans notre tradition législative, en effet, l'administration n'est pas ,du moins en principe, indépendante, elle est subordonnée au gouvernement, et à travers lui au Parlement », ou le rapport de P. GELARD, Les autorités administratives indépendantes: évaluation d'un objet juridique non identifié, *op. cit.*, p. 31-32 : « Le juge n'a pas reconnu de valeur constitutionnelle au principe d'indépendance des membres des AAI, à la différence de celui applicable aux magistrats ou celui concernant les professeurs d'université », (cité par L. CALANDRI, *Recherche sur la notion de régulation en droit administratif français, op. cit.*, p. 454.)

relation exécutif, opérateurs historiques et régulateur, la complexité de leurs rapports (section 3).

Section 1- La collégialité, facteur d'indépendance

Ainsi que l'écrit le Conseil d'Etat dans son rapport sur les AAI, « c'est sur l'aspect organique de l'indépendance que le débat s'est principalement focalisé en France. La collégialité a très généralement paru être un élément fort de l'indépendance »[1]. Il existe un large consensus de la doctrine à ce sujet, ainsi que sur les garanties en termes d'indépendance et d'objectivité, qu'apporte la collégialité. La collégialité garantit « l'indépendance en rendant plus difficile la capture de l'autorité »[2] ; la collégialité « assure au citoyen une décision mesurée, peu susceptible d'avoir été influencée par la partialité d'un membre et dotée d'une plus grande autorité »[3] ; elle est censée permettre « d'équilibrer l'influence des différentes instances de désignation des membres du collège et assurer une délibération collective sur des sujets sensibles ou des questions complexes »[4]. Il existe peu de voix discordantes sur les bienfaits de la collégialité, et l'on considère en général que la plupart des autorités de régulation en Europe sont collégiales. Pour ce qui a trait au secteur de l'énergie, l'affirmation mérite, toutefois, d'être nuancée, car, si la composition de la CRE est assez semblable à celle des autres AAI françaises de régulation, elle est sensiblement différente de celle de nombre de ses homologues européens. (I). Après l'évocation des garanties apportées par l'encadrement du pouvoir de nomination (II) (développée au chapitre 1 de la Première partie), nous nous attacherons à analyser les réalités d'une pratique (III).

---

[1] Conseil d'Etat, *Les autorités administratives indépendantes*, EDCE n° 52, *op. cit.*, p. 291.

[2] R. RAMBAUD, *L'institution juridique de régulation Recherche sur les rapports entre droit administratif et théorie économique*, *op. cit.*, p. 642.

[3] J.-J. MENURET « Quelle collégialité pour les autorités administratives indépendantes ? » in J.-J. MENURET, Ch. REIPLINGER (dir.), *La collégialité valeurs et significations en droit public*, Bruxelles, Bruylant, 2012, p.124.

[4] Conseil d'Etat, *Les autorités administratives indépendantes*, EDCE n° 52, *op. cit.*, p. 292.

I- Des situations contrastées en Europe

Le cas de la Grande Bretagne est clairement différent puisqu'il n'y a pas à proprement parler de collégialité. Le directeur général dirige l'ensemble des services. Il existe une structure de supervision, qui se réunit au moins dix fois par an, comprenant dix membres, un président, non-exécutif qui est le président d'OFGEM, le directeur général et un directeur dans les services, et sept membres que l'on peut comparer aux administrateurs d'un conseil d'administration.

Dans les autres pays, la collégialité prend des formes spécifiques à chaque situation. En Autriche, E. Control, l'entité de régulation de l'énergie, est dirigée par deux directeurs généraux[1]. Il existe une « commission » de cinq membres, ayant le rôle d'une forme de conseil d'administration, sans avoir autorité sur les deux directeurs généraux qui décident de la plupart des sujets.

En Allemagne, BNetzA[2] est un régulateur multifonctions qui couvre l'ensemble du secteur des réseaux[3]. L'organisme est dirigé par un président et deux vice-présidents nommés par le Gouvernement fédéral après du Conseil, qui est composé de 16 membres du *Bundestag*[4] et de 16 membres du *Bundesrat* [5]. Les décisions de régulation se font au travers de « Chambres de décisions » (*Ruling Chambers*), qui sont au nombre de onze, dont cinq sont spécialisées en énergie. Il n'existe pas de collège au sens propre du terme, et les services, dont les effectifs sont nombreux (2900 en 2018), jouent un rôle important.

En Belgique, la CREG est dirigée par un comité de direction, qui constitue également le collège, délibérant « selon les règles usuelles des assemblées délibérantes ». Ce comité est composé d'un président et de trois autres membres[6], dont la particularité est d'être en même temps des directeurs de service. Le président n'a donc pas d'autorité sur

---

[1] Nommés par le ministère de la Science, de la Recherche et de l'Economie pour un mandat d'une durée de cinq ans, ainsi que les membres de la commission, *Regulierungsbeirat*.

[2] BNetzA est l'acronyme de « *Bundesnetzagentur* ».

[3] Les télécommunications, la poste, l'énergie (gaz et électricité), et le rail.

[4] Le *Bundestag* est la chambre haute du Parlement et le *Bundesrat* est la chambre représentant les Gouvernements des Etats fédérés.

[5] Le président et les vice-présidents sont nommés pour un mandat de 5 ans, renouvelable une fois.

[6] Les membres du Comité sont nommés par arrêté royal, délibéré en conseil des ministres, pour un mandat de six ans, renouvelable une seule fois.

l'ensemble des services. C'est une forme de collégialité singulière, en l'occurrence bien différente de celle prévalant à la CRE.
Si l'on évoque, pour terminer ce rapide panorama, les cas de l'Italie et de l'Espagne, on constate un certain nombre de similitudes avec la CRE, plus marquées avec l'Italie, même si, dans les deux entités, la collégialité est de mise.
En effet, en Espagne la CNMC[1], qui est à la fois l'autorité de régulation de la concurrence et l'autorité de régulation des secteurs des communications électroniques, de l'audiovisuel, de l'énergie, des transports (chemins de fer et aéroports) et du secteur postal, est constituée d'un conseil, composé de dix membres, ayant à sa tête un président. Les membres du collège sont nommés par le Gouvernement, sur proposition du ministre de l'Économie, et doivent se présenter devant la commission compétente du Parlement[2]. Le collège est l'organe dirigeant de la CNMC. Il existe par ailleurs deux chambres, l'une spécialisée dans le droit de la concurrence et la seconde chargée de la supervision, du contrôle et du règlement des différends dans les secteurs propres aux marchés régulés. Ces deux chambres sont composées, de façon alternative, des membres du conseil et se réunissent de façon hebdomadaire. La CNMC comporte, par ailleurs, quatre directions générales (Concurrence, Transport et services postaux, Energie, Télécom et Audiovisuel), qui préparent les décisions et les avis que le Conseil doit approuver. Ces directions remplissent leurs missions de façon indépendante du Conseil.
Le modèle italien est incontestablement celui qui se rapproche le plus de celui de la CRE. L'autorité transalpine comporte un conseil constitué d'un président et de quatre membres, nommés par décret présidentiel. La particularité du processus de nomination tient à ce que les propositions, qui émanent du ministre du développement économique et du ministre de l'Environnement, passent en conseil des ministres, puis doivent être nécessairement approuvés par la commission compétente du Parlement à la majorité des deux tiers, ce qui implique un choix bipartisan de la part des parlementaires[3]. Le fonctionnement du collège, dans son principe, est assez comparable à celui de la CRE.

---

[1] *Comisión Nacional de los Mercados y la Competencia.*
[2] Le mandat est d'une durée de 5 ans, non renouvelable.
[3] Ce haut degré de démocratie dans la nomination des membres de l'autorité peut parfois poser quelques difficultés, ainsi l'autorité italienne est restée durant deux ans avec un collège incomplet, faute d'accord. Le mandat est d'une durée de 7 ans, non renouvelable.

L'examen de l'organisation de l'ensemble des ARN européennes montre ainsi diverses formes de collégialité, ou d'absence de collégialité, sans pour autant être en mesure d'établir un lien déterminant entre niveau de collégialité et indépendance de l'ARN. Si la collégialité apparaît comme le mode le plus accompli pour affermir l'indépendance d'une autorité de régulation, ce n'est pas le seul, et l'expérience montre que la collégialité ne garantit pas, en elle-même, l'indépendance même si elle contribue.

II- Les garanties apportées par l'encadrement du pouvoir de nomination

Le sujet est traité dans le chapitre 1 de la première partie.

III- Les réalités d'une pratique

« Si la formation des collèges repose essentiellement sur une répartition des tâches entre pouvoir exécutif et législatif, les variations de pondération et l'ouverture à d'autres institutions démontrent l'absence de ‘ règle d'or '»[1]. Les modifications du collège depuis la loi de 2000 confirment qu'il ne doit pas exister de « règle d'or », du moins pour la CRE. Toutefois, avant d'approfondir les éléments d'une pratique de l'indépendance et de la collégialité au travers des trois exemples des lois de 2006, 2010 et 2013 (B), nous allons nous intéresser à la pratique de la collégialité au sein de la CRE (A).

A- Portées et limites de la collégialité au sein de la CRE

La collégialité est le plus souvent abordée sous l'angle des avantages et des garanties qu'elle apporte, et cette approche a, ainsi, pris le pas, dans la doctrine, sur les aspects d'organisation interne des AAI. Le fonctionnement de la CRE est étroitement lié à la collégialité, car les délibérations de cette entité constituent la part la plus visible de son action. Celles-ci mobilisent le collège en moyenne deux jours par semaine, et parfois plus. Le nombre des délibérations annuelles varie entre 200 et 270, auxquelles s'ajoutent les auditions des acteurs du marché.

---

[1]Ch. GUENOD, *Théorie juridique et économique du régulateur sectoriel,* Thèse, Université Paris Dauphine, *op. cit.*, p. 255.

Néanmoins tout n'est pas collégial dans la vie d'une autorité comme la CRE. Entre l'organe délibérant et l'exécutif se situe le président qui constitue en droit « l'exécutif de l'organe délibérant »[1] et, comme le dit L. PERRIN, « la présidence d'une AAI de régulation révèle donc une figure connue en droit public : la coexistence d'une autorité collégiale et d'une autorité individuelle »[2].

1- L'organisation du collège

Le mode de fonctionnement et l'organisation du collège sont régis, en complément de la loi, par un règlement intérieur[3] publié au journal officiel[4]. Il existe quatre versions successives de ce règlement, dont la dernière a été fixée par la délibération du 7 décembre 2017[5]. Les premiers points traités par le règlement concernent la convocation du collège et l'ordre du jour. Ce sont des prérogatives exclusives, ou presque, du président[6]. Le président dispose ainsi de la maîtrise du calendrier de l'autorité[7].
La CRE fait partie des AAI dans lesquelles le président dispose d'une voix prépondérante « en cas de partage égal des voix » [8], ce qui n'est

---

[1] Ph. ICARD, *Les autorités administratives indépendantes*, Thèse, Dijon, 1991, p.146.
[2] L. PERRIN, *Le président d'une autorité administrative indépendante de régulation*, Droit et Science Politique, 2013, lalibrairienumérique.org, p. 20.
[3] Règlement adopté à la majorité des deux tiers des membres du collège.
[4] L'ancienne rédaction de l'article L. 133-5 prévoyait que le collège et le CoRDiS devaient se doter d'un règlement intérieur fixant notamment, pour le collège ses règles de fonctionnement et pour le CoRDiS les modalités de saisine et d'instruction des demandes, ainsi que ses règles de fonctionnement. La loi de 2017 précise les conditions d'adoption du règlement intérieur, qui doit désormais intégrer les principes applicables en matière de déontologie à l'ensemble de ses agents, collaborateurs et experts (voir Partie I, Titre I chapitre 2)
[5] Délibérations du 20 avril 2000, du 24 mai 2001, du 10 octobre 2013, du 7 décembre 2017. Cette dernière indique, en préambule, que le règlement intérieur « comprend, outre les règles précisées dans le présent document, la charte déontologique de la Commission de régulation de l'énergie », p. 2.
[6] « Le collège peut néanmoins être réuni à la demande de deux au moins de ses membres, pour une question dont ils demandent l'examen, et le président fait droit à cette demande dans un délai de sept jours francs », art. 1 du règlement intérieur de la CRE. Il est à remarquer que cette disposition n'a, toutefois, été utilisée qu'en de très rares occasions.
[7] Le cas du commissaire du Gouvernement est évoqué plus loin (voir *infra* Seconde partie, Titre I, chapitre 1, section 3, III).
[8] Code de l'énergie, art 133-1.

pas le cas du « membre du collège, le plus âgé présent », qui le remplace en cas d'absence[1].

Le président dirige les débats, ce qui est souvent une prérogative implicite[2], mais qui, dans le cas de la CRE, est confirmé par le règlement intérieur[3]. Dans la délibération collégiale, c'est le président « qui dispose du choix du moment du vote, formule les questions sur lesquelles les participants sont appelés à se prononcer ; or il peut ne pas être indifférent que le débat soit clos par un participant plutôt que par un autre ou encore que certaines questions fassent l'objet d'un examen distinct »[4]. La question du vote ou de la recherche d'une position consensuelle est également une prérogative du président. De nombreuses autorités de régulation, la CRE y compris, privilégient cette recherche puisque, en théorie, la collégialité implique « la prise de décision normalement consensuelle »[5]. Il arrive toutefois, qu'en dépit de débats approfondis, l'obtention d'un consensus s'avère impossible. Il revient alors au président de décider si les désaccords sont actés et une position arrêtée, ce qui signifie compter les voix en faveur de tel avis ou décision[6], ou de repousser à une autre séance la conclusion, afin de chercher à trouver une solution de compromis. L'article 7, dernier alinéa, du règlement intérieur prévoit, néanmoins, que tout membre du collège peut demander sur chacune des délibérations « qu'il soit procédé à un vote qui est alors de droit, le vote a lieu à main levée. Toutefois, tout membre peut demander qu'il ait lieu à bulletin secret ». Cette procédure n'a pratiquement jamais été mise en œuvre à l'initiative d'un membre du collège. Il n'existe aucune statistique relative aux délibérations de la CRE, ni aucun écrit à ce propos, contrairement à

---

[1] Règlement intérieur, art. 4.

[2] Dans le modèle d'« administration délibérante », qui est l'un des trois modèles d'administration identifiés par le doyen Hauriou, le président dirige les débats. Voir M. HAURIOU, *Précis de droit administratif et de droit public,* Dalloz, 12e éd. 2002, Dalloz, p. 117 et s. (cité par L. Perrin, *Le président d'une AAI de régulation*, *op. cit.*, p. 220).

[3] Règlement intérieur de la CRE, art 5. (Art. 3 dans le règlement intérieur de 2001).

[4] J.-J. MENURET, « Quelle collégialité pour les autorités administratives indépendantes ? » in J.-J. MENURET, Ch. REIPLINGER (dir.), *La collégialité, valeurs et significations en droit public, op. cit.*, p. 124.

[5] *Ibid*, même page.

[6] « Le collège de la commission délibère à la majorité des présents. Aucun membre du collège ne peut être représenté », art. 7, 3e al. du règlement intérieur.

certaines autres autorités de régulation[1], mais il est survenu, en plusieurs occasions, une absence d'unanimité, sans que cela soit considéré comme un problème pour la collégialité [2].

Les débats internes du collège sont couverts par le secret des délibérations, et celles-ci ne donnent pas lieu à compte-rendu. Le règlement intérieur, article 7, prévoit que le délibéré a lieu à huis clos, en présence du directeur général et du directeur juridique. On peut, toutefois, noter une évolution dans la rédaction de l'article dédié à la tenue des séances du collège. Entre le règlement intérieur de 2001 et celui de 2013, l'aspect très encadré du délibéré, qui n'envisageait pas d'autre situation qu'un huis clos en 2001[3], laisse place à une rédaction plus souple, identique dans la version de 2017 : « Sur décision du collège de la commission, les services de la commission peuvent assister au délibéré »[4]. C'est une adaptation du règlement à une pratique qui, au fil des ans, s'est sensiblement éloignée de celle prévue par le texte initial. La plupart des délibérations s'effectuent, en effet, en présence des services concernés par les sujets traités[5]. Le huis clos n'intervient que lors de circonstances particulières sur des sujets très sensibles [6].

Quoiqu'il en soit, les décisions sont prises solidairement, et le principe veut qu'il n'y ait aucun commentaire public divergent. Au demeurant, ce principe était acté par l'article 54 de la loi du 3 janvier 2003, modifiant l'article 28 de la loi du 10 février 2000, afin de préciser que les « membres du collège ne prennent à titre personnel aucune position

---

[1] L'Autorité de régulation des activités ferroviaires (ARAF) indiquait dans son rapport d'activité 2010-2011 que toutes les décisions et avis avaient été adoptés à l'unanimité. Dans l'éditorial de la Lettre hebdomadaire de l'Autorité, le président de l'ARCEP, J.- F. SILICANI, indiquait qu'au cours des quatre dernières années toutes les décisions avaient été adoptées par consensus, sauf quatre qui avaient nécessité un vote (*Lettre hebdomadaire de l'Autorité,* 1er février 2013, n° 96).

[2] Il a pu arriver que le président soit minoritaire, (expérience professionnelle de l'auteur).

[3] « Le délibéré a lieu à huis clos après que le public, le commissaire du Gouvernement, les rapporteurs, les rapporteurs adjoints, les chefs de service et leurs collaborateurs se soient retirés », art. 4, V, règlement intérieur de la CRE du 15 février 2001.

[4] Art. 7, 2e al. règlement intérieur.

[5] Il était également recommandé aux membres des services d'assister aux travaux en commission de manière à assurer un minimum de transversalité au sein de la CRE.

[6] La délibération du 5 mai 2011, « portant avis sur le projet d'arrêté fixant le prix de l'accès régulé à l'électricité nucléaire historique à 42 €/MWh à compter du 1er janvier 2012 » est un des rares exemples de délibéré à huis clos durant la période de 2006 à 2017 (expérience professionnelle de l'auteur).

publique sur des sujets relevant de la compétence de la Commission »[1]. Dix ans plus tard, le président de la Commission des affaires économiques de l'Assemblée Nationale, F. Brottes, rappelait cet épisode, lors d'une audition du président de la CRE, en soulignant que seul le président du collège « était autorisé à s'exprimer publiquement en son nom. C'est la règle que nous avons dû fixer depuis quelques années, pour rendre lisible la position de l'autorité indépendante »[2]. La loi confirmait de la sorte que « la représentation des positions de l'autorité est ainsi, assurée, au nom de l'ensemble du collège, par son seul président, qui incarne dès lors l'ensemble de l'institution »[3].

Il est vrai que les nombreux changements de composition et de dimension du collège ne concourent pas à en faciliter l'harmonie, en particulier lorsque la loi[4] introduit de façon artificielle, une différenciation entre des membres du collège nommés sur un pied d'égalité, et parmi lesquels sont choisis deux vice-présidents, qui plus est, sans attributions autre que le titre.

En dépit de ces difficultés objectives, il n'existe toutefois pas de cas où la collégialité de la CRE ait été mise en défaut en ce qui concerne le secret des délibérations ou l'expression d'opinions divergentes. Le président de la CRE, répondant à une question d'un député lors de son audition du 22 octobre 2008, indiquait : « Les neuf personnes qui forment ce collège ont des parcours et des formations différentes, voire des convictions différentes, mais lorsque nous émettons un avis ou prenons une décision, l'ensemble du collège est solidaire de la position

---

[1] Cet article qui se trouvait à l'art. L. 132-5 du Code de l'énergie a été abrogé par la loi n°2017-55 du 20 janvier 2017, art. 38. L'art. 9 de la loi précitée modifie et précise pour l'ensemble des AAI et API, le sens de l'article initial concernant la seule CRE : « Les membres des autorités administratives indépendantes et des autorités publiques indépendantes ne prennent, à titre personnel, aucune position publique préjudiciable au bon fonctionnement de l'autorité à laquelle ils appartiennent. Les membres et anciens membres des autorités administratives indépendantes et des autorités publiques indépendantes sont tenus de respecter le secret des délibérations. Ils sont soumis au secret professionnel, dans les conditions prévues aux articles 226-13 et 226-14 du code pénal. Ils font preuve de discrétion professionnelle pour tous les faits, informations ou documents dont ils ont ou ont eu connaissance dans l'exercice ou à l'occasion de l'exercice de leurs fonctions ».

[2] Commission des affaires économiques, 19 juin 2013, compte-rendu n° 94, audition du président de la CRE, propos introductifs du président de la Commission, F. BROTTES, député.

[3] Ch. GUENOD, *Théorie juridique et économique du régulateur sectoriel, op. cit.*, p. 259.

[4] Loi n°2006-1537 du 7 décembre 2006.

qui a été adoptée, et je peux vous dire que nous avons déjà eu l'occasion d'aborder toutes les questions que vous avez posées ce matin et que vos points de vue y ont déjà été exprimés »[1] . Le seul incident qui se soit produit, était extérieur à une délibération[2], mais il n'en démontre pas moins que le maintien de la collégialité ne va pas nécessairement de soi et, qu'au-delà des règles de droit, le fonctionnement d'un groupe fait appel à d'autre ressorts, moins simples à codifier. Il faut, cependant, souligner que quelles qu'aient pu être les différences d'opinion, ou même de conviction[3], sur tel ou tel sujet, le ciment de la collégialité a toujours été, depuis la création de la CRE, le souci de l'indépendance vis-à-vis de l'exécutif[4].

Les règlements intérieurs de 2013 et 2017 traitent également des règles de déport, ce qui n'était pas le cas des règlements de 2000 et 2001. Le règlement du 13 octobre 2013, donc antérieur à la loi relative à la transparence de la vie publique, indiquait qu'il y a déport « lorsqu'il peut exister un risque de mise en cause de l'impartialité d'un membre du collège lors de l'examen d'une affaire », sans autre précision. La

---

[1] Compte-rendu, Commission des affaires économiques, de l'environnement et du territoire, Assemblée Nationale, 22 octobre 2008, audition de Ph. de Ladoucette, président de la CRE

[2] Il s'agit de la publication d'un rapport sur la qualité de l'électricité dans les réseaux de distribution, non validé par le collège, et non finalisé, adressé à de nombreux parlementaires et à la presse, par les deux vice-présidents, dont l'un quittait la CRE à ce moment. L'affaire fit grand bruit au sein de la Commission des affaires économiques et nécessita une ferme mise au point du président de la CRE : « Je le répète : ce rapport, qui n'a pas donné lieu à délibération du collège, n'est pas un rapport de la CRE, et je regrette profondément l'indélicatesse que constitue sa distribution indue. En outre, la personne responsable de sa publication ayant quitté la Commission depuis le 1er avril, au terme de son mandat, il n'est pas facile de discuter avec elle », Commission des affaires économiques de l'Assemblée Nationale du 12 mai 2010, audition du président de la CRE sur la loi NOME.

[3]« Quand on n'a jamais été membre d'un collège, qui se réunit deux à trois jours par semaine toute l'année, il est difficile d'imaginer exactement comment cela fonctionne. Cela n'a pas grand-chose à voir avec un conseil d'administration par exemple. C'est extrêmement enrichissant de confronter ses opinions et ses idées et parfois ses convictions au sein d'un Collège où les débats ont toujours existé. Ce que j'en retiendrai surtout ce sont de réelles amitiés, nées en dépit d'opinions souvent opposées. Comme tout dans la vie, la régulation c'est aussi une histoire humaine », Vœux du président de la CRE, 16 janvier 2017, Palais Brongniart.

[4] Cette affirmation concerne les années 2000 à 2017. La période suivante a vu des pratiques différentes dans le fonctionnement du collège en fonction de la personnalité et du parcours professionnel des présidents mais le souci de l'indépendance est resté constant.

pratique instaurée était celle d'un déport durant les six premiers mois d'activité au sein du collège, *a priori* uniquement sur les affaires intéressants les entreprises ou entités dont le membre du collège a eu à connaître dans ses fonctions antérieures[1]. Le décret n° 2014-90 du 31 janvier 2014 est venu préciser la pratique en indiquant que, lorsqu'un membre du collège estime que sa participation à une délibération le placerait dans une situation de conflit d'intérêts, il doit en informer le président et s'abstenir de siéger.

L'article 9 du règlement du 7 décembre 2017 reprend les termes de l'article 12 la loi du 20 janvier 2017 portant statut général des AAI et des API : « lorsqu'il existe un risque de mise en cause de l'impartialité d'un membre du collège lors de l'examen d'une affaire, en raison soit de la détention d'un intérêt, soit de l'exercice d'une fonction ou de la détention d'un mandat, soit de la représentation d'une partie intéressée par le membre concerné, ce dernier ne participe pas à son examen et à la délibération s'y rapportant. Lorsque le membre concerné est le Président de la commission, il est fait application des règles de suppléance relatives à l'empêchement, prévues à l'article 4 du présent règlement ».

L'instruction des dossiers est assurée par les services, sous la responsabilité du directeur général. Ils présentent « un rapport au collège de la commission et lui soumettent, le cas échéant, un projet de délibération »[2]. L'expression « le cas échéant » traduit le fait que de nombreux sujets demandent plusieurs réunions du collège avant d'aboutir à un projet de délibération. Les cas les plus emblématiques sont, à cet égard, les tarifs de transport et de distribution en électricité et en gaz, dont la préparation s'étend, pour certains comme nous l'avons vu, sur au moins deux années. Il peut, alors, arriver que le collège change de composition en cours du processus. Cette situation a conduit le collège à arrêter le principe d'intangibilité des orientations prises lors des étapes intermédiaires, de façon à ce qu'une composition nouvelle du collège ne soit pas l'occasion de remettre en question des mois de travail. De ce point de vue, le rôle du directeur général et du président sont primordiaux en tant que garants de la continuité. Certaines configurations du collège, comme celle initiée par la loi de 2006, comprenant des membres à temps plein, remplacés peu à peu par des

---

[1] Cette pratique concerne, à cette période, deux membres du collège ayant eu des responsabilités dans des entreprises du secteur de l'énergie.

[2] Art.3 du règlement intérieur.

membres à temps partiel, avec neuf « commissaires » et un quorum de cinq, pouvaient donner des résultats différents en fonction des présents. C'est à cette période qu'a été arrêté ce principe, non écrit, d'une forme d'intangibilité des orientations prises par un collège[1].

2- Le président responsable de l'exécutif

« Le président de la CRE bénéfice de larges marges de manœuvre pour organiser la commission. Les services sont placés sous son autorité et il décide de l'organisation des services, mais il doit consulter préalablement le collège et le président du CoRDiS. Il nomme aux emplois de l'autorité. Il est ordonnateur principal des recettes et des dépenses »[2], telle est la description synthétique, réalisée par la Cour des comptes, des pouvoirs du président de la CRE. « *Primus inter pares* », le président fait le lien entre le collège et l'institution, « assurant à la fois l'animation du premier et la direction des services du second » [3]. Comme dans de nombreuses AAI, le président arrête, en effet, le choix du personnel et assure la direction des services au travers, notamment, du directeur général, nommé par ses soins[4].

Le modèle de président « chef de service »[5], qui, à ce titre, assure également la présidence du « comité technique » (anciennement comité technique paritaire), n'a pas échappé à la critique. « L'autorité hiérarchique du président sur les services a pu être présentée comme un risque de dérive présidentielle de la gouvernance des AAI de régulation »[6]. On peut remarquer une certaine convergence de la part du Conseil d'Etat et de la Cour des comptes sur l'idée qu'il conviendrait que, bien que placés sous l'autorité du président, les services

[1] Principe qui n'allait pas jusqu'à l'absurde, et qui pouvait être aménagé si l'analyse le justifiait.

[2] Cour des Comptes, *La politique salariale et les rémunérations pratiquées au sein de la commission de régulation de l'énergie, op. cit.*, p.23.

[3] Ch. GUENOD, *Théorie juridique et économique du régulateur sectoriel, op. cit.*, p. 259.

[4] Code de l'énergie, art. L. 133-5 : « La Commission de régulation de l'énergie dispose de services qui sont placés sous l'autorité de son président ou, pour l'exercice des missions confiées au comité de règlement des différends et des sanctions, sous l'autorité du président du comité ».

[5] L'arrêté du 15 février 2011 fixant les conditions générales relatives à l'entretien professionnel, applicable aux personnels du ministère de l'Ecologie, de l'Equipement et des Transports, qualifie le président de la CRE de « chef de service ».

[6] L. PERRIN, *Le président d'une autorité administrative indépendante de régulation, op. cit.*, p. 102.

apparaissent comme ceux de l'autorité collégiale[1]. Ce qui en soi n'a rien de surprenant, car les services travaillent effectivement pour l'ensemble du collège, en préparant les éléments permettant d'aboutir à une délibération. Le sujet devient plus complexe si l'on entend par là que la gestion du personnel est une responsabilité partagée du collège. Ce cas de figure ne peut fonctionner que dans les situations où la loi ne donne pas au président la responsabilité directe des services, et le pouvoir de nommer le directeur général ou le secrétaire général[2]. Dans le cas de la CRE, les textes n'ont jamais évolué sur ce plan, et les rôles respectifs du collège et du président n'ont jamais connu d'ambiguïté. Nous verrons plus loin (voir *infra* Seconde partie, Titre II, chapitre 2, section 1, C) que les agences européennes, et particulièrement l'agence de coopération des régulateurs de l'énergie (ACER), sont construites sur le modèle d'un directeur général exécutif. Celui-ci rend compte à un conseil d'administration, et doit normalement obtenir l'aval du conseil des régulateurs pour les décisions de régulation. Il est en charge du personnel, des finances ; « représentant légal de l'Agence, disposant des pleins pouvoirs de direction », il joue « un rôle déterminant pour la gouvernance » de celle-ci [3].
La question du rapport du collège avec les services sur le fond est d'une autre nature. Il n'existe pas de pratiques identiques entre les différentes AAI. Alors que dans certaines entités, comme le CSA (ARCOM) par exemple, les commissaires sont en charge d'un secteur, et préparent, avec les services, les délibérations, et rapportent devant le collège, le choix contraire a été effectué à la CRE dès le début. Il est possible que le parcours professionnel du premier président – ancien président

---

[1] Un rapport de l'Inspection des Finances va même plus loin en émettant le souhait d'associer plus largement le collège aux choix effectués en matière de gestion des personnels de l'autorité, voir B. DELETTRE, *Rapport de la mission de réflexion et de propositions sur l'organisation et le fonctionnement de la supervision des activités financières en France*, IGF n° 2008-M-069-02, janvier 2009, p. 29.
[2] C'est le cas de l'Autorité des Marchés financiers (AMF), de l'Autorité de régulation des jeux en ligne (ARJEL), ou de l'Autorité de la concurrence, par exemple. Il faut néanmoins nuancer, car, ainsi que le dit L. PERRIN, « Dans le cas où le président n'a pas autorité sur l'ensemble des services de l'AAI, les textes veillent donc à maintenir, d'une manière ou d'une autre, un lien entre le président et les services », *(Le président d'une autorité administrative indépendante de régulation, op. cit.*, p. 116.)
[3] Déclaration commune du Parlement européen, du Conseil de l'Union européenne et de la Commission européenne sur les agences décentralisées, 19 juillet 2012, § 14.

directeur général d'une grande entreprise publique [1]– ait eu une influence sur cette orientation. En effet, l'option de séparer le collège, organe délibérant et décisionnaire, des services, peut refléter la séparation classique des fonctions entre le conseil d'administration et la direction exécutive. Son successeur immédiat, ayant eu une expérience similaire, n'a pas remis cette pratique en question.

Le principe, retenu durant des années, est que l'interlocuteur des commissaires soit le directeur général, afin d'orienter et de coordonner les demandes vis-à-vis des services. Ce mode de fonctionnement, s'il présente l'avantage de l'efficacité, comporte, il est vrai, l'inconvénient de ne pas utiliser tout le potentiel des six ou sept commissaires, à temps plein, qui constituaient le collège[2]. Elle a pu, dans une certaine configuration du collège, susciter un sentiment de frustration[3]. Il s'agit,

---

[1] J. SYROTA a été président directeur général de la COGEMA de décembre 1988 à 1999.

[2] Les travaux européens du CEER et de l'ACER, ont toujours mobilisé un commissaire, en plus du président et des services. Les contraintes d'emploi du temps ne permettent pas, en effet, au président, sauf à délaisser les réunions du collège, de participer à l'ensemble des nombreuses réunions européennes. L'implication des commissaires successifs a permis à trois d'entre eux d'être élus vice-président du CEER.

[3] L'épisode, sans être fondamental, illustre à la fois les conséquences imprévues d'une réforme du collège, issue de la loi de 2006, sur laquelle nous revenons plus loin, et les quelques failles méthodologiques du rapport sur les AAI, fait au nom du Comité d'évaluation et de contrôle des politiques publiques par les rapporteurs, les députés R. DOSIERE et Ch. VANNESTE. La configuration du collège de la CRE entre janvier 2007 et février 2011 est très évolutive puisqu'il s'agit de passer peu à peu de 7 commissaires à temps plein à 9 commissaires, dont 6 à temps partiel et trois à temps plein, le président et deux vice-présidents, nouvellement créés par la loi précitée. Le fait d'avoir décidé de choisir deux vice-présidents parmi les quatre commissaires nommés par le Parlement ne pouvait que compliquer les relations entre ces derniers qui, durant, quelques semaines ont été en campagne électorale. Lors du travail préparatoire de leur rapport, les deux députés, avec d'autres parlementaires, ont procédé à de nombreuses auditions, dont celle du président de la CRE. Or, lors de la parution du rapport, figuraient dans le corps du texte, des assertions, non vérifiées, et qui n'avaient fait l'objet d'aucune des questions évoquées lors de l'audition de la CRE, et donc d'aucun débat contradictoire : « Les informations portées à la connaissance des rapporteurs montreraient que le fonctionnement de la CRE est actuellement déficient. Les pouvoirs semblent concentrés entre les mains de son président et des directeurs des services, avec un risque d'excès de pouvoir par la technostructure… ». Il semble que l'un, ou les deux, vice-présidents aient fait part à l'un des rapporteurs d'un certain mécontentement du fonctionnement du collège, en proportion de leurs attentes. Ce mécontentement était en partie fondé, car le souhait d'être partie prenante de la gestion de la CRE correspondait probablement aux espoirs provenant des titres de vice-

au demeurant, d'une pratique aucunement codifiée -rien n'apparaît, en effet, dans le règlement intérieur-, susceptible d'évoluer en fonction du président[1]. Néanmoins, il est vrai, comme l'écrivait le Conseil d'Etat, « que l'expérience a montré que l'organisation et le fonctionnement de la collégialité ne vont pas de soi »[2].

Un autre aspect du rôle du président, particulièrement significatif au sein de la CRE en raison de l'article 54 de la loi du 3 janvier 2003, est celui de la maîtrise de la parole publique, ce qui met en exergue la formule du Conseil d'Etat concernant « l'ambiguïté du rôle du président, chargé d'animer la collégialité mais aussi, éventuellement, de réagir immédiatement à l'actualité »[3]. Outre le fait d'avoir à réagir à l'actualité, notamment auprès des médias, le président est l'interlocuteur de l'exécutif, et aussi, et peut-être surtout, du Parlement. C'est lui qui est invité à se présenter devant les commissions compétentes sur l'énergie de l'Assemblée nationale et du Sénat [4]. Il est, dans ce cas, accompagné du directeur général et des directeurs des services concernés par les thèmes abordés. Il est toutefois arrivé que le président vienne avec l'ensemble du collège. Le fait est suffisamment rare pour qu'il soit relevé par le président de la commission des affaires économiques : « pour la première fois aujourd'hui, le président est venu avec la totalité du collège de la CRE »[5] ; toutefois les questions

---

président, espoirs qui ne pouvaient qu'être déçus en l'absence d'une évolution des textes (loi ou règlement intérieur). Cet épisode, isolé, n'eut pas d'autre suite que la lettre de mise au point adressée par le président de la CRE aux deux rapporteurs. Voir *Rapport d'information fait au nom du Comité d'évaluation et de contrôle des politiques publiques sur les autorités administratives indépendantes,* par R. DOSIERE et Ch. VANNESTE, députés, Assemblée Nationale, n° 2925, 28 octobre 2010, p. 95-96.

[1] Durant la période de la présidence de la CRE par J.-F. CARENCO (février 2017- juillet 2022) cette pratique a évolué. Le rapport annuel 2019 présente les quatre commissaires avec le qualificatif de « référent » en différents domaines : les affaires Européennes (ce qui, en pratique, a toujours été le cas), les appels d'offres, les zones non interconnectées, et le comité de prospective de la CRE.

[2] Conseil d'Etat, Rapport Public 2001, *Les Autorités administratives indépendantes, op.cit.,* p. 351.

[3] *Ibid.* p. 351.

[4] Art. L. 134-14 du Code de l'énergie (abrogé par L. n° 2017-55 du 20 janv. 2017, art. 38) : « Le président de la Commission de régulation de l'énergie rend compte des activités de la commission devant les commission permanentes du Parlement compétentes en matière d'énergie, à leur demande », (L. n° 2000-108 du 10 févr. 2000, art. 32, al. 2.).

[5] Commission des affaires économiques, mercredi 19 juin 2013, compte-rendu n° 94, audition du président de la Commission de régulation de l'énergie, Présidence de F. BROTTES.

n'étaient, nécessairement, adressées qu'au président. De façon similaire, le collège est associé à certaines réunions avec la presse. Même si ces actions semblent n'avoir qu'une portée symbolique, elles sont de nature à renforcer la cohésion du collège.

Le contact quotidien du président avec le directeur général et les services le place, objectivement, dans une situation où il a un accès plus large à l'information et à l'expertise que les autres membres du collège, d'autant qu'il est responsable, avec le directeur général, du rythme et de l'orientation des travaux.

La loi confère, par ailleurs, au président d'autres responsabilités qui lui sont propres. Ainsi, il assure seul la représentation juridique extérieure de la CRE, en signant les conventions et en disposant du pouvoir d'ester en justice[1] ; de même, il saisit, le cas échéant, le CoRDiS [2]. Il est enfin un domaine dans lequel il est considéré comme seul responsable, celui du contrôle *a posteriori* opéré par la Cour des comptes. Cette situation est normale concernant la gestion de l'AAI ; elle est plus surprenante lorsqu'il s'agit du fond des décisions et des délibérations du collège.

B- Une collégialité jugée trop indépendante par les institutions

« Fait sans précédent pour une AAI, la composition de la CRE, notamment de son collège, a été modifiée à quatre reprises depuis sa création »[3]. La Cour des comptes, elle-même, exprimait ainsi son étonnement devant les multiples modifications de la CRE. Cette pratique reflète assez bien les propos de Ch. Guénod, lorsqu'il écrit que « si l'indépendance statutaire est garantie par les textes, elle demeure relative dans sa pratique. L'autonomie dont disposent les régulateurs présente un caractère concédé par le législateur, son exercice demeurant sous l'étroite surveillance du pouvoir exécutif »[4], encore qu'en

---

[1] Code de l'énergie, art. L. 132-1, 3° al. : « Pour l'accomplissement des missions qui sont confiées à la Commission de régulation de l'énergie, le président de la commission et le président du comité (CoRDiS) ont respectivement qualité pour agir en justice au nom du collège et au nom du comité », (loi n°2000-108 du 10 février 2000, art. 30, dern. al.).

[2] Art. L. 134-25 du Code de l'énergie.

[3] Cour des comptes « *L'ouverture du marché de l'électricité à la concurrence* » Relevé d'observations provisoires, Deuxième Chambre, Troisième Section, RC 69885, pp. 32-33 (Archives personnelles).

[4] Ch. GUENOD, *Théorie juridique et économique du régulateur sectoriel*, *op. cit.*, p. 271.

l'occurrence c'est aussi, sinon surtout, sous l'étroite surveillance du Parlement que s'est trouvée la CRE.
Au travers des trois exemples des lois de 2006, 2010 et 2013, nous allons étudier comment l'indépendance de la CRE a été abordée par le Parlement et l'exécutif.
Les modifications du collège, issues de la loi de 2003, si elles manifestent déjà la volonté du Parlement de rééquilibrer les nominations des membres du collège en sa faveur, ne vont pas au-delà, et les débats ne font apparaître aucune critique à l'égard de la CRE, bien au contraire.

1- La loi du 7 décembre 2006, une volonté du Parlement de reprise en mains de la CRE

La situation se révèle fort différente au dernier trimestre 2006. En raison du contexte politique, tout d'abord, car les élections présidentielles sont en mai 2007 et, après deux mandats, le Président ne peut plus se représenter. La tension est dès lors propre aux périodes préélectorales avec la certitude d'un changement des équipes en place. Par ailleurs, le vote négatif lors du référendum du 29 mai 2005 sur le traité établissant une constitution pour l'Europe, a marqué les parlementaires.
Le deuxième facteur tient au contexte énergétique. En effet, l'augmentation sensible des prix de l'électricité sur le marché de gros, à partir de 2004, suscite une vague d'inquiétudes dans les entreprises ayant quitté les tarifs réglementés et conduit les parlementaires à mettre en place un système, le tarif réglementé et transitoire d'ajustement au marché (TaRTAM) lors de la loi n° 2006-1537 relative au secteur de l'énergie du 7 décembre 2006, en contradiction avec les objectifs de la Commission européenne.
Enfin, l'objet principal de la loi, la possibilité de privatiser Gaz de France en vue d'une fusion avec le groupe Suez[1], suscite de vifs débats dans la classe politique. La loi vise aussi à transposer en droit français les directives européennes en vue de préparer l'ouverture totale à la concurrence du marché de l'énergie au 1er juillet 2007. L'ensemble constitue des thèmes pour le moins peu consensuels.

---

[1] Le débat sur l'article 10 de la loi a suscité le dépôt de 53 113 amendements. L'article 10 stipule notamment que « EDF et GDF sont des sociétés anonymes » et que « l'Etat détient plus de 70% du capital d'Electricité de France et plus du tiers du capital de Gaz de France ». L'Etat possédait alors 80,2% du capital de GDF et 87,3% de celui d'EDF.

C'est dans ce contexte que les députés décident de modifier, de manière entièrement imprévue, la composition du collège de la CRE.
Le projet de loi relatif au secteur de l'énergie, n° 3201, déposé le 28 juin 2006 à l'Assemblée nationale, ne comportait aucun article concernant la composition du collège de la CRE. Ce sujet n'est pas évoqué durant les mois d'été lors des auditions en commission des affaires économiques[1]. A la séance du 31 août 2006, au cours de laquelle est discuté le rapport du député J.- C. Lenoir sur le projet de loi[2], il n'est pas encore question d'une modification de la composition du collège.
De nombreuses critiques sont néanmoins adressées à l'endroit de la CRE. Elles portent essentiellement sur la position de la CRE à l'égard des tarifs réglementés de vente, dont elle souhaite, à terme, la suppression. Dans cette perspective, la CRE a proposé que ceux-ci se rapprochent des prix de marché. Cette approche, qualifiée de « libérale », conduit plusieurs députés à réagir assez vivement, déclarant par exemple que la question des tarifs réglementés n'entre pas dans les compétences du régulateur[3]. Ce qui, en ce qui concerne le pouvoir de les supprimer est une évidence, mais semble plus discutable quant à ses avis sur le sujet, alors que le CEER, dans laquelle la CRE

[1] Le président de la CRE était auditionné par le rapporteur de la loi au Sénat, le 5 juillet 2006, il n'était pas question d'une évolution du collège à cette date. Le président indiquait, par ailleurs, que la Commission européenne (DG. Concurrence) avait consulté la CRE en sa qualité de régulateur sectoriel, sur les conséquences sur les marchés du gaz et de l'électricité du projet de fusion Gaz de France Suez.

[2] Rapport fait au nom de la commission des affaires économiques, de l'environnement et du territoire sur le Projet de loi relatif au secteur de l'énergie (n° 3201), par M. J-C Lenoir (31 août 2006).

[3] « M. Pierre Micaux s'est associé au constat dressé par M. Jean Gaubert d'une orientation libérale de l'action et des avis de la CRE », « M. Jean Gaubert a considéré que le tarif réglementé ne devait pas s'aligner sur le prix de marché mais s'approcher du prix de revient [...] En conséquence, il lui a semblé souhaitable d'interdire à la Commission de régulation de l'énergie de dénaturer le tarif réglementé en le rapprochant du prix du marché et de supprimer toute référence à ce dernier », « M. Christian Bataille s'est opposé à l'extension des compétences de la CRE, rappelant qu'en sa qualité de rapporteur de la loi du 10 février 2000, il avait souhaité limiter ses pouvoirs. Il a estimé que les prérogatives que la CRE exerce constituent un empiètement sur les pouvoirs du législateur et qu'elle n'a de cesse de les outrepasser », « M. Pierre Ducout s'est étonné de constater que le rapport d'activité de la CRE pour 2005 plaide ouvertement pour l'abandon des tarifs réglementés, ce qui n'entre évidemment pas dans ses compétences », extraits du compte-rendu de la réunion de la commission des affaires économiques de l'Assemblée nationale du 31 août 2006.

joue un rôle important, appuyait la position de la Commission européenne sur ce sujet.
Le débat concerne, alors, une extension des pouvoirs de la CRE, notamment en ce qui concerne la surveillance des marchés. Lors de l'examen d'un amendement allant dans ce sens, présenté par le député J. Dionis du Séjour, le président de la commission des affaires économiques, intervient avec une certaine vivacité : « Le Président Patrick Ollier a indiqué qu'il n'était pas prêt à voter l'amendement du rapporteur en l'état et à donner plus de capacités d'intervention à la CRE, le jour où le président de la CRE, dans une interview aux Échos, intervient de manière intempestive dans le débat parlementaire. Il a demandé au rapporteur de revoir son amendement dont l'examen pouvait être reporté à la réunion que tiendra la Commission en application de l'article 88 du Règlement de l'Assemblée nationale[1] ». Dès lors les amendements, destinés à renforcer les pouvoirs de la CRE, sont retirés de l'ordre du jour par tous les députés de la majorité.
Cet épisode mérite quelques explications complémentaires. Lors d'un entretien du président de la CRE, en juin 2006, dans le magazine du gestionnaire de réseaux de transport d'électricité RTE, filiale à 100% d'EDF, à la question : « Neelie Kroes, commissaire européen en charge de la concurrence, s'est engagée récemment en faveur de la séparation de propriété entre les producteurs et les gestionnaires de réseau. Quelle est votre position sur ce sujet ? », il répondait « Sur le principe, on ne peut qu'être d'accord, et il est certain qu'un jour, à terme, cette séparation sera effective. C'est une question de timing »[2]. Si cette affirmation passait inaperçue lors de la sortie du magazine, il en allait

---

[1] Assemblée nationale, Règlement, Article 88 : « 1 Postérieurement à la réunion tenue en application de l'article 86, la commission saisie au fond d'un projet ou d'une proposition de loi peut tenir, jusqu'au début de la séance à laquelle la discussion du texte est inscrite, une ou plusieurs réunions pour examiner les amendements déposés dans l'intervalle. En tout état de cause, elle en tient une après l'expiration du délai prévu à l'article 99 si de nouveaux amendements ont été déposés. L'article 86, alinéa 6, est applicable. 2 La commission délibère au fond sur les amendements déposés avant l'expiration du délai prévu à l'article 99 et les repousse ou les accepte sans les incorporer à ses propositions, ni présenter de rapport supplémentaire ».

[2] La réponse intégrale était la suivante : « Il est essentiel, en effet, qu'une entreprise de transport soit indépendante d'une entreprise de production. Tout le monde conçoit cependant que RTE a toujours su faire preuve d'indépendance, ce qui lui vaut l'excellente image dont il jouit aujourd'hui. Mais cela n'est jamais acquis et cela ne pourra l'être définitivement tant que nous resterons dans la situation actuelle. La CRE restera vigilante à cet état d'indépendance », *RTE Mag*, été 2006, n° 22, « Une indépendance à préserver », voir annexes.

autrement, lorsque le quotidien *Les Echos* reprenait ces propos dans son édition du 31 août 2006, en leur conférant un aspect « sensationnel » : « Le régulateur favorable à la séparation patrimoniale des gestionnaires de réseaux de transport »[1].

Ces propos, sortis du contexte dans lequel ils avaient été exprimés, provoquent une réaction sans réelle commune mesure avec leur objet, mais qui correspond au raidissement des députés devant l'indépendance que la CRE a affichée au cours des années précédentes. « Celle-ci a souvent témoigné depuis sa création en 2000 d'un vif esprit critique, qui s'est manifesté par de nombreux avis négatifs sur des projets de textes qui lui étaient soumis, notamment en matière tarifaire, et par les prises de position de son président en faveur de la disparition des tarifs réglementés contre l'analyse du gouvernement et des parlementaires »[2], souligne M. Lombard.

La suite de l'examen de la loi amplifie cette réaction « épidermique ». Le 11 septembre suivant, le rapporteur du texte présente un amendement prévoyant la présence au sein du collège de deux députés et deux sénateurs désignés respectivement par les présidents des deux assemblées[3]. Cette nouvelle configuration comporte également deux

---

[1] La CRE publiait un communiqué de presse le 30 août 2006 : « La publication, de l'article intitulé « Indépendance des réseaux : la CRE jette un pavé dans la mare », dans le journal Les Echos, appelle la mise au point suivante : Contrairement à ce qui est rapporté dans l'article des Echos, le Président de la CRE ne juge pas 'essentielle ' la séparation patrimoniale des activités de réseaux. En revanche, il rappelle qu' ' Il est essentiel, en effet, qu'une entreprise de transport soit indépendante d'une entreprise de production'. L'action de la CRE s'inscrit dans le cadre de la loi et des directives européennes qui lui ont octroyé la compétence de veiller à l'indépendance des gestionnaires de réseaux. Dans ce contexte, la CRE n'a pas à prendre position sur la séparation patrimoniale des réseaux de transport. L'interview, réalisée en juillet dernier pour le magazine interne du gestionnaire de transport d'électricité (RTE), ne saurait, en aucun cas, être exploitée dans le cadre du débat actuel sur le projet de fusion Suez-Gaz de France. »

[2] M. LOMBARD, « Pourquoi des AAI en matière économique ? Typologie de leurs missions » in *Le modèle des autorités de régulation indépendantes en France et en Allemagne,* (dir. G. MARCOU ET J. MASING), Société de législation comparée, 2011, p. 166.

[3] Amendement n° 137638, présenté par M. LENOIR, rapporteur au nom de la commission des affaires économiques : après l'article 2, insérer l'article suivant :
I. – L'article 28 de la loi n°2000-108 du 10 février 2000 précitée est ainsi rédigé :
« Art. 28. – La Commission de régulation de l'énergie comprend un président nommé par décret en raison de ses qualifications dans les domaines juridique, économique et technique et huit commissaires : « 1° deux députés et deux sénateurs, désignés respectivement par l'Assemblée nationale et par le Sénat ;

représentants des consommateurs, un représentant des autorités concédantes de la distribution publique d'électricité et de gaz. La radicalité du changement proposé est néanmoins atténuée par le maintien des mandats en cours des commissaires, jusqu'à leur terme respectif[1]. L'exposé sommaire de l'amendement explique que la CRE « est aujourd'hui composée d'un collège de membres qui, pour garantir leur indépendance, ne peuvent exercer aucune autre activité, sur le modèle des dispositions prévues notamment pour le Conseil constitutionnel. Or, si l'indépendance des membres est évidemment souhaitable, celle-ci ne paraît pas imposer de leur interdire d'exercer des activités sans rapport avec le secteur de l'énergie. En outre, ce système et le fait que les nominations ne soient pas liées les unes aux autres ne permettent pas de garantir la présence au sein du collège de personnes représentant la diversité des parties intéressées au bon fonctionnement des marchés de l'énergie ». Il convient donc d'avoir un collège représentatif de cette diversité, et la présence de représentants des consommateurs et de parlementaires doit garantir une prise en compte plus réaliste de la singularité nationale.
On peut relever que, lors de la séance de la commission des affaires économiques du 11 septembre 2006, un amendement, présenté par le rapporteur, vise à définir une compétence générale à la CRE. C'est ainsi que la notion de concourir à un fonctionnement des marchés de l'électricité et du gaz naturel bénéficiant « aux consommateurs finals » est introduite dans la loi. L'objectif est d'inciter la CRE à défendre l'intérêt des consommateurs pour lesquels, d'après le rapporteur et une très large partie des députés, la seule solution réside dans le maintien

---

« 2° un membre du conseil économique et social, élu par cette assemblée parmi les représentants des salariés ;
« 3° un représentant des autorités concédantes de la distribution publique d'électricité et de gaz visées à l'article L. 2224-31 du code général des collectivités territoriales nommé par décret ;
« 4° un représentant des consommateurs domestiques et un représentant des consommateurs non domestiques nommés par décret.

[1]« Sous réserve des dispositions de l'avant-dernier alinéa de l'article 28 de la loi n°2000-108 précitée dans sa rédaction antérieure à la publication de la présente loi, les membres de la Commission de régulation de l'énergie à la date de publication de la présente loi exercent leur mandat jusqu'à son terme, y compris son président qui conserve cette fonction jusqu'au terme de son mandat, et le nombre de membres de la commission est augmenté en conséquence. Les dispositions de l'article 28 de la loi n°2000-108 précitée dans sa rédaction antérieure à la publication de la présente loi, à l'exception de son sixième alinéa, leur restent applicables ».

des TRV, et, comme le souligne le rapporteur, la CRE « n'était pas dans son rôle en préconisant la suppression à terme des tarifs réglementés que nous souhaitons, sur tous les bancs, maintenir »[1]. Cette affirmation est à mettre en parallèle avec les procédures lancées par la Commission européenne à cette période contre la France dont l'une pour transposition incorrecte des directives dites du 2ème paquet[2], notamment concernant les tarifs réglementés (IP/06/1768).
Dans une recherche d'équilibre, qui peut prêter à sourire, entre une mesure rappelant la CRE à l'ordre, et une mesure renforçant ses pouvoirs, l'amendement propose une extension de ses compétences en matière de surveillance des marchés[3], ce qui était réclamé par la CRE, et par d'autres[4], depuis longtemps sans succès[5]. Il faut, néanmoins, souligner que l'exposé sommaire précise : « Il vous est, en outre, proposé d'étendre ses compétences en matière de surveillance des marchés afin de lui donner notamment les moyens de surveiller d'éventuels abus de position dominante, sans toutefois que cette

[1] Assemblée nationale, Commission des affaires économiques, 2ème séance, 15 septembre 2006, discussion de l'amendement n° 137638, J.-C. LENOIR rapporteur.
[2] Le 2ème paquet « Énergie » est adopté en 2003, ses directives devant être transposées en droit national par les États membres pour 2004, et certaines dispositions n'entrant en vigueur qu'en 2007. Les consommateurs industriels et particuliers étaient désormais libres de choisir leur propre fournisseur de gaz et d'électricité à partir d'une vaste gamme de concurrents.
[3] « La Commission de régulation de l'énergie surveille, pour l'électricité et pour le gaz naturel, les transactions effectuées entre fournisseurs, négociants et producteurs en s'assurant notamment de la cohérence des offres des producteurs avec leurs contraintes économiques et techniques, les transactions effectuées sur les marchés organisés ainsi que les échanges aux frontières. Un décret précise, en tant que de besoin, les conditions d'application du présent alinéa ».
[4] J.-M. GLACHANT, alors Professeur de sciences économiques à l'Université Paris XI, Directeur de *Florence school of regulation* : « Il me semble que le législateur se comporte comme s'il n'avait pas besoin d'un régulateur national fort [...] On pourrait à ce titre confier au régulateur français la surveillance de tous les marchés. Je m'étonne de cette carence de surveillance des marchés en France », FNCCR, Congrès national de Bordeaux 12-15 septembre 2006, *Bulletin de la FNCCR*, n° 225, spécial congrès, p. 70.
[5] Le premier président de la CRE lors de sa dernière audition devant la commission des Finances de l'Assemblée nationale, le 21 mars 2006, décrit sans détour la situation « Personne ne contrôle vraiment le marché français, la CRE est simplement habilitée par la loi à une mission de surveillance des marchés organisés et des changes aux frontières (et pas à) l'essentiel, c'est-à-dire la formation des prix et des échanges de gré à gré », Audition de Jean SYROTA, Commission des Finances, Assemblée nationale, 21 mars 2006, in *Energie News*, 4 avril 2006, n° 121.

compétence nouvelle ne conduise à lui donner accès aux contrats conclus avec des consommateurs finals ». Une telle restriction peut surprendre, mais elle s'explique par les contrats passés entre EDF et certaines grandes entreprises industrielles, hautes consommatrices d'énergie, dites électro-intensives, qui sortent du cadre normal concurrentiel. Si la CRE avait accès à ces contrats elle devrait saisir l'Autorité de la concurrence, ce que ne souhaitait pas le rapporteur[1].

La séance de la commission des affaires économiques du 15 septembre 2006 mériterait une analyse des propos tenus, tant elle illustre la vision que le monde parlementaire peut avoir d'une entité de régulation. Certains de ces propos ne sont, d'ailleurs, pas passés inaperçus. Ainsi M. Lombard remarque que : « le rapporteur de la Commission des affaires économiques crut devoir relever que 'le risque est grand de confondre indépendance et irresponsabilité' avant de proposer que le contrôle du Parlement sur l'autorité de régulation soit renforcé »[2].

Les débats sur les différents amendements relatifs à la composition du collège permettent à quelques députés « libéraux », plutôt centristes et pro-européens, de faire entendre une voix plus soucieuse de l'indépendance d'une autorité de régulation que d'autres. Ils s'inquiètent, par exemple, des propositions de modification du collège qui peuvent apparaître comme une mesure de rétorsion à l'égard de la CRE : « Ce qui nous est proposé peut même être compris comme une mesure de rétorsion, M. Ollier ayant bien indiqué que la CRE était sortie de son rôle » indique le rapporteur pour avis, H. Novelli[3], appartenant à la Commission des finances. Il poursuit en expliquant son opposition à l'entrée de parlementaires au sein du collège : « En tout cas, il n'est pas anodin de faire entrer des parlementaires dans une commission indépendante : c'est une manière de la relier au pouvoir

---

[1] Eléments tirés de l'expérience professionnelle de l'auteur.

[2] M. LOMBARD, « Pourquoi des AAI en matière économique » in *ibid.*, p. 166. La citation complète du rapporteur est la suivante : « Ce choix, naturel, a d'emblée posé le problème des relations de ces instances avec les autorités politiques et celui de leur légitimité. Dans une démocratie, celle-ci doit émaner du peuple et, s'il peut être nécessaire que certaines activités échappent aux autorités élues, rien ne le justifie s'agissant de la régulation d'activités économiques. Comme le président Ollier, qui l'a rappelé vigoureusement en commission, et beaucoup d'autres, je suis très attaché à cette primauté du peuple. En outre, le risque est grand de confondre indépendance et irresponsabilité, et la CRE n'est pas toujours restée strictement dans son rôle ».

[3] En termes de transparence, il est intéressant d'indiquer que le rapporteur, le rapporteur pour avis et le président de la CRE appartenaient, vingt ans avant, au même cabinet ministériel de 1986 à 1988.

législatif. Ce n'est pas sans raison que la loi de 2000 posait le principe de l'incompatibilité de la fonction de membre de la CRE avec tout mandat électif, départemental, national ou européen ». Il exprime également son désaccord sur l'entrée dans le collège de représentant des consommateurs : « Ma réserve vaut plus encore pour le représentant des consommateurs, qui va se trouver juge et partie »[1]. Cette attitude est d'autant plus à souligner qu'elle est largement minoritaire parmi les députés. Seul le ministre délégué présent, et représentant donc l'avis du Gouvernement, s'inquiète également d'une atteinte à l'indépendance de la CRE : « Modifier le collège peut laisser penser que l'indépendance de la CRE est mise en cause », et exprime un avis défavorable à l'entrée d'un représentant des consommateurs[2] au sein du collège : « si une partie prenante du marché de l'énergie comme un représentant des consommateurs entre à la CRE, il ne peut faire autrement que de défendre le prix le plus bas. Le régulateur doit rester indépendant des parties prenantes ». Ces réserves n'entament en rien la volonté de modifier la composition du collège de la part de la majorité de la commission, toutes tendances confondues. Le débat est significatif en ce qu'il illustre les deux visions possibles de la place d'un régulateur sectoriel : indépendant et en ligne avec les orientations de la Commission européenne, ou étroitement contrôlé par le Parlement qui doit avoir le dernier mot en raison de sa légitimité démocratique. Le débat politique rencontre, ici, le débat académique sur la question de la légitimité démocratique des autorités administratives indépendantes.

---

[1]Assemblée nationale, 15 septembre 2006, Commission des affaires économiques, 2° séance, discussion de l'amendement n°137638, H. NOVELLI, rapporteur pour avis.

[2] « Il y a un vrai débat entre la culture jacobine du président de la commission et la culture libérale de M. Novelli et de M. Dionis du Séjour. M. Novelli a invoqué à l'appui de son argumentation la loi de 2000. J'ai été le rapporteur de cette loi, et j'admets volontiers que nous n'avons pas su cantonner la CRE dans son rôle. De fait, elle n'a cessé depuis cinq ans de se substituer au pouvoir politique, s'érigeant finalement en véritable ministère bis […]. Certes, nous avons besoin, pour faire la loi, de recueillir l'avis de spécialistes ; mais c'est à nous de décider en dernier ressort ». CH. BATAILLE, député, Assemblée Nationale, 15 septembre 2006, Commission des affaires économiques, 2ème séance, examen de l'amendement n°137638.

« On peut certes s'interroger sur le rôle que certaines instances prétendument indépendantes comme la CRE veulent jouer. Force est de constater que, par rapport aux dispositions que nous avons adoptées en 2000, la Commission de régulation de l'énergie est sans arrêt sortie de son rôle en empiétant de plus en plus sur les prérogatives de l'État, jusqu'à se substituer au Gouvernement, qui s'est montré un peu faible en ce domaine », F. BROTTES, député, Assemblée nationale, 18 septembre, commission des affaires économiques, examen de l'amendement n° 137639 rectifié.

On peut penser qu'à ce moment la CRE ne bénéficie d'aucune légitimité démocratique aux yeux des députés.
A l'issue de ces débats, l'Assemblée nationale vote en première lecture une recomposition du collège de la CRE. Celui -ci comporte désormais 9 membres, dont seul le président connaît un mandat à temps plein, deux sénateurs et deux députés, deux commissaires désignés respectivement, en raison de leurs qualifications dans les domaines juridiques, économiques et techniques, par le président de l'Assemblée nationale et par le président du Sénat, un représentant des intérêts économiques et sociaux désigné par le président du Conseil économique et social , et un représentant des consommateurs de gaz et d'électricité, nommé par décret.
Cette configuration, pour le moins originale et unique, tant en France qu'en Europe, est détricotée par le Sénat.
Le rapporteur de la loi au Sénat[1], rappelle que « la nomination de parlementaires au collège de la CRE relève d'une conception peu orthodoxe de la séparation des pouvoirs », puisque la CRE, bien qu'autorité administrative indépendante, est une émanation de l'exécutif ; il en donne pour preuve le fait qu'elle dispose d'un pouvoir réglementaire supplétif[2] : « Pour votre commission, il est évident que la participation de représentants du pouvoir législatif à la formation de décisions à caractère réglementaire est contraire au principe de séparation des pouvoirs, qui a valeur constitutionnelle »[3]. Selon une approche sensiblement plus juridique que celle suivie par les députés, le rapporteur souligne les problèmes posés par l'éventualité d'une présence de parlementaires au sein du collège, pour l'écarter. Il se déclare également réticent à l'idée de l'entrée d'un représentant des consommateurs dans cette même instance, en l'estimant contraire à la lettre aux dispositions des directives européennes, qui « imposent que les autorités de régulation soient totalement indépendantes du secteur de l'électricité et du gaz, exigence qui ne semble pas satisfaite avec un commissaire, directement intéressé par le niveau des prix de

[1] L. PONIATOWSKI.
[2] « La meilleure preuve en est que la CRE dispose, en application de l'article 37 de la loi du 10 février 2000, d'un pouvoir réglementaire supplétif dans le domaine de l'électricité, et prochainement, si l'article 2 quinquies du projet de loi est définitivement adopté, dans le domaine du gaz ». L. PONIATOWSKI, Rapport n°6 (2006-2007), fait au nom de la commission des affaires économiques, déposé le 4 octobre 2006, Sénat.
[3] *Ibid.*

l'énergie »[1]. En définitive, le rapporteur propose une composition du collège sans parlementaire, mais, « pour cette période transitoire, les présidents des assemblées parlementaires désigneraient un vice-président chacun, sans que cela ne modifie leur statut ou leur rémunération »[2], étant entendu que cette réforme se prolongerait au-delà de cette période transitoire.

Le rapporteur introduit, par ailleurs, une innovation majeure, la création du Comité de règlement des différends et des sanctions (CoRDiS), en s'inspirant du rapport du sénateur P. GELARD sur les AAI[3], afin de dissocier les fonctions réglementaires et les pouvoirs de sanction exercés par la CRE[4]. Dans sa version initiale, le rapporteur avait intégré la médiation, créé par l'Assemblée nationale, au sein de ce nouveau comité qui était chargé des différends, de la médiation et des sanctions. Le résultat des débats produit un collège dont la composition est éloignée de la version issue du vote en première lecture à l'Assemblée

---

[1] *Ibid.*

[2] *Ibid.* Nous avons vu que cette disposition avait créé quelques problèmes au sein du collège.

[3] P. GELARD, *Les autorités administratives indépendantes : évaluation d'un objet juridique non identifié, op.cit.* : « Dans sa composition actuelle, la CRE ne dissocie pas les fonctions de réglementation, d'instruction et de mise en œuvre des procédures de sanctions puisque c'est le même collège qui est chargé d'assumer ces différentes missions ».

[4] « Notre collègue Gélard évoque ainsi deux pistes de réflexion pour lever cette difficulté. Il envisage tout d'abord la possibilité d'un accroissement du nombre de membres du collège pour que les personnes chargées de délibérer dans le cadre d'une procédure de sanctions ne soient pas en situation de participer à la procédure d'instruction de la plainte. Toutefois, comme l'a souligné votre commission, appliqué au cas de la CRE, il n'apparaît pas opportun d'accroître le nombre des membres du collège, qui sont déjà au nombre de sept.

En revanche, une autre piste, également évoquée dans le rapport précité, paraît pouvoir être explorée et étendue à la CRE en prenant modèle sur le mode de fonctionnement de l'Autorité des marchés financiers (AMF). Celle-ci est en effet composée d'un collège, chargé de la plupart des attributions de l'autorité, et d'une commission des sanctions. Votre commission estime que ce modèle, qui présente, dans son mode de fonctionnement, toutes les garanties vis-à-vis des exigences posées par la CEDH, pourrait être utilement appliqué à la CRE, en distinguant, en son sein, un collège, chargé des attributions réglementaires, et un comité chargé des sanctions, des missions de règlement des différends mais aussi de la médiation des litiges commerciaux entre consommateurs particuliers et fournisseurs d'électricité ou de gaz naturel, telle qu'instituée par l'article 13 du projet de loi », L. PONIATOWSKI, Rapport n°6 (2006-2007), fait au nom de la commission des affaires économiques, déposé le 4 octobre 2006, Sénat.

nationale et plus en phase avec les normes d'une autorité de régulation sectorielle. Le texte voté par le Sénat, le 25 octobre 2006, comporte à l'article 2 bis un collège composé de 7 membres : deux membres, dont le président, nommés par décret ; deux vice-présidents, nommés respectivement par le président de l'Assemblée nationale et le président du Sénat ; deux membres nommés respectivement par le président de l'Assemblée nationale et le président du Sénat ; un membre nommé par le président du Conseil économique et social. Seuls le président et les vice-présidents exercent leur mandat à plein temps.

Les différences entre les deux versions se règlent lors de la commission mixte paritaire qui réunit l'ensemble des acteurs des différents débats et les deux rapporteurs. Ces derniers proposent un amendement de compromis sur l'article 2 bis. Celui-ci porte sur la présence de deux représentants des consommateurs d'une part, et l'absence de parlementaires d'autre part. Cette absence est compensée par :

- un avis préalable des commissions du Parlement compétentes en matière d'énergie sur la nomination du président de la CRE ;
- la mise en place d'un système de révocation des membres de la CRE en cas de manquement grave à leurs obligations, par décret en conseil des ministres pris notamment sur proposition des présidents des commissions du Parlement compétentes en matière d'énergie.

Nous avons déjà évoqué ces deux dispositions, inédites jusqu'alors dans les AAI, et qui répondent à la volonté de l'Assemble nationale de mieux contrôler la CRE.

L'amendement commun des rapporteurs prévoit aussi la mise en place d'un comité de règlement des différends et des sanctions, exerçant les attributions confiées à la CRE par les articles 38 et 40 de la loi n°2000-108 du 10 février 2000, et revient à la version de l'Assemblée nationale concernant la création d'un médiateur de l'énergie distinct et indépendant.

Lors du débat au sein de la commission mixte paritaire, celle-ci repousse un amendement du député F. Brottes, interdisant aux anciens membres de la CRE la détention d'intérêts dans le secteur de l'énergie pendant les cinq années suivant la fin de leur mandat[1]. Ce sujet est, de nouveau, discuté lors de la loi de 2013.

---

[1] Il est intéressant de remarquer que L. PONIATOWSKI rapporteur, a « précisé qu'il était défavorable à la proposition de F. Brottes d'établir des incompatibilités au terme des mandats dans la mesure où elles réduiraient les possibilités de recrutement de la

Le Sénat ayant atténué les excès de la version votée en première lecture à l'Assemblée nationale, le compromis, trouvé entre les deux assemblées, confère au collège de la CRE un aspect moins singulier. Le bouleversement de la composition du collège n'en est pas moins total.

2- La loi NOME : une atteinte directe à l'indépendance

Le second exemple de modification du collège de la CRE s'inscrit dans le cadre de la loi n°2010-1448 du 7 décembre 2010 (dite loi NOME). Le législateur souhaite, par son adoption, mettre un terme aux deux procédures engagées par la Commission européenne l'une pour transposition incorrecte des directives du 2ème paquet[1] et la seconde au titre des aides d'Etat [2]. Contrairement à la loi du 7 décembre 2006, le sujet de la loi se situe au cœur des activités du régulateur, et cette fois la proposition de modification du collège, ou plus précisément de son remplacement, émane de l'exécutif.

Le document, présenté au délibéré du conseil des ministres du 14 avril 2010, annonce clairement l'objectif : « Les nouvelles compétences confiées à la CRE font apparaître le besoin de mettre en place un collège plus resserré, gardien dans la durée d'une doctrine claire et pérenne de régulation, et parallèlement, d'organiser son ' écoute ' des enjeux de la politique énergétique dont la CRE n'est pas directement en charge et qui peuvent donner lieu à des orientations du gouvernement ou des parties prenantes représentées au Conseil supérieur de l'énergie. C'est la raison pour laquelle l'article 8 prévoit :

- la réduction du collège de neuf à cinq membres ;
- que la CRE consulte le Conseil supérieur de l'énergie en amont des projets de décision de principe structurantes pour l'organisation des marchés, et qui peuvent avoir un impact sur les autres volets de la politique énergétique ;

La commission composée selon le nouveau format sera mise en place deux mois après l'entrée en vigueur de la loi ».

A la lecture de cet exposé des motifs, il est légitime de s'interroger sur le sens de l'expression « capacité d'écoute » de la CRE, à propos d'enjeux de la politique énergétique. Il est difficile de trouver des explications à cet égard, car il n'y a pas de déclarations très claires lors

---

CRE », *Projet de loi relatif au secteur de l'énergie*, commission mixte paritaire, 6 novembre 2006.

[1] IP/06/1768.

[2] IP/07/815 et IP/09/376.

des auditions et des débats en présence du ministre. Il est possible de penser que les délibérations de la CRE sur les propositions du Gouvernement relatives aux prix de rachat des énergies renouvelables, notamment le photovoltaïque, sur lesquels elle a, en maintes occasions, donné des avis défavorables et alerté sur le risque de bulle spéculative, aient pu déplaire.

On peut aussi trouver quelques indices dans les auditions du ministre d'Etat, J.-L. Borloo. Ainsi, devant la commission des affaires économiques du Sénat, il explique : « quant à la CRE, le gouvernement a délibérément choisi d'en faire une instance indépendante, qui ne soit pas le reflet des différents intérêts en présence, car elle n'aboutirait alors qu'à des compromis. Ses membres travailleront à temps plein [...] cette commission doit rester un organe d'exécution technique, non de décision politique »[1].

« Une instance indépendante », il semble que la CRE l'était déjà depuis son origine, mais il est probable que le ministre évoque, en l'espèce, la présence de représentants des consommateurs adoptée en 2006. L'expression suivante, relative au fait que la CRE doit rester un « organe d'exécution technique », est plus surprenante, en particulier dans le cadre du 3ème paquet, qui confère aux régulateurs de l'énergie une très large indépendance notamment vis-à-vis de l'exécutif. Il aurait été intéressant d'interroger le ministre sur ce qu'il entendait par « exécution » et sur les directives de qui.

Lors de son audition devant la commission des affaires économiques de l'Assemblée nationale, son expression se révèle plus mesurée. Il aborde la professionnalisation du collège, à rebours des orientations parlementaires de 2006 : « Le rôle de la Commission de régulation étant modifié, sa composition devra également évoluer afin d'éviter ce qui a pu être considéré – à tort ou à raison –, sinon comme des conflits d'intérêts, du moins comme des conflits de regards, certains membres désignés ès qualités représentant des groupes industriels et des secteurs particuliers. Il s'agit d'instaurer une autorité composée de membres siégeant à temps plein dans la plus totale indépendance, ce qui revient à professionnaliser la CRE ».

Lors de la discussion en commission des affaires économiques de l'Assemblée nationale, le rapporteur de la loi, le député J.-C. Lenoir,

---

[1] J.-L. BORLOO, ministre d'Etat, ministre de l'Ecologie, de l'Energie, du Développement durable et de la Mer, Sénat, commission des affaires économiques, 23 juin 2010.

une fois encore, présente un amendement visant à réduire le nombre des membres du collège de 9 à 3 : « Le travail de la CRE est accompli non seulement par les commissaires, mais par une équipe importante, dont les effectifs augmenteront d'une vingtaine de personnes pour prendre en compte ses nouvelles missions. L'efficacité d'un collège ne tient pas au nombre de ses membres mais aux moyens dont il dispose pour assumer ses fonctions, de la même manière que ce n'est pas en multipliant le nombre de ministres qu'on rend les ministères plus efficaces ! »[1]. L'amendement[2] du rapporteur est adopté sans difficultés, le secrétaire d'Etat présent, s'en étant remis à la sagesse du Parlement [3].

---

[1] Nous verrons plus loin que cette annonce de moyens supplémentaires ne s'est pas concrétisée.

[2] Amendement CE 174 rectifié du rapporteur.

[3] A titre anecdotique, et pour illustrer la mauvaise humeur des députés, à la suite de la diffusion d'un rapport par deux vice-présidents de la CRE, que nous avons évoqués précédemment, et qui est survenue le jour de l'audition du président de la CRE (11 mai 2010) devant la commission des affaires économiques qui examinait le projet de loi NOME, nous citons les propos du rapporteur, J.-C. LENOIR : « Les commissaires qui siègent à la CRE sont tenus de respecter le secret professionnel et l'obligation de réserve, ainsi qu'il convient aux membres d'une autorité administrative indépendante. Cela n'a pas empêché un vice-président de la CRE de publier, la veille de son départ, un rapport sur la distribution de l'électricité, auquel il a associé un autre vice-président, qui restait en fonction, ce qui laissait croire que le rapport émanait de l'institution. Celui-ci a ensuite été diffusé sur le site de la Fédération nationale des collectivités concédantes et régies (FNCCR) . [...] Ce rapport a suscité diverses réactions après sa publication dans la presse économique, il y a un peu plus d'un mois. L'affaire a été relancée par sa publication dans un quotidien du matin. À l'heure où nous souhaitons confier des missions plus importantes aux autorités indépendantes, cette initiative contrarie l'idée que nous nous faisons de celles-ci, et nous décourage de prendre des initiatives pour étendre leur pouvoir. C'est dans ces dispositions que j'ai rédigé cet amendement, peut-être pour me défouler...Je ne suis pas mécontent de sa rédaction : ' Le versement de la moitié du traitement des membres du collège sera suspendu jusqu'à la fin de leur mandat. À l'échéance de ce mandat, les sommes restant dues seront versées progressivement pendant cinq ans, à condition qu'aucune atteinte au secret professionnel n'ait été établie par décision de justice ni aucune atteinte au devoir de réserve constatée par le collège'... ». L'amendement fut bien entendu retiré. Néanmoins, et de façon tout à fait sérieuse, le président de la commission, P. Ollier, proposait, à la suite de cette proposition, un amendement, assez pittoresque : « J'ai déposé cet amendement avec l'accord du rapporteur, qui a été aussi meurtri que moi par les indiscrétions des vice-présidents de la CRE. Je propose que ses membres – et, à terme ceux de toutes les autorités indépendantes – prêtent serment, lors de leur entrée en fonction, afin de s'engager solennellement à respecter certaines obligations. J'avais souhaité, dans le même esprit, que les membres de la Cour de justice de la République revêtent la robe noire, qui établit une distance symbolique entre eux et les justiciables ». Cet amendement fut adopté avant d'être supprimé par le Sénat.

Le rapporteur propose, ensuite, un amendement qui atténue la radicalité du projet du Gouvernement. L'amendement permet, en effet, que les membres actuels du collège puissent être nommés, à nouveau, dans le futur collège, en précisant qu'il ne s'agit pas de prolonger les mandats en cours : « Le cas échéant, il ne s'agirait pas d'une reconduction pour la durée restante de leur mandat actuel, mais d'un nouveau mandat », en justifiant cet amendement par une allusion, à la préoccupation, réelle, manifestée par la Commission européenne : « Je crois savoir que le directeur général de l'énergie de la Commission européenne s'est interrogé sur l'opportunité de mettre fin au mandat des commissaires actuels précisément au moment où l'on confiait de nouvelles missions à la CRE ». Le représentant du Gouvernement ne s'étant pas opposé à cet amendement, celui-ci est adopté[1]. Cette disposition ne modifie en rien l'atteinte à l'indépendance du collège dont on abrège, sans raison réelle, la durée du mandat. Il contourne, par ailleurs, la loi qui interdit le renouvellement des mandats, et crée une période d'incertitude de plusieurs mois pour la CRE.
Le président de la CRE a, d'ailleurs, laissé percer un certain agacement, lors de son audition, devant la commission des affaires économiques, quelques jours auparavant, le 12 mai 2010 : « Permettez-moi maintenant de conclure par quelques mots sur la CRE elle-même. Celle-ci, qui a aujourd'hui dix ans d'existence, a connu plusieurs lois sur l'énergie et vu sa gouvernance modifiée déjà trois fois. Le projet de loi NOME prévoit donc une quatrième modification – en dix ans – de la composition du collège. Je ne crois pas que l'on rencontre une telle instabilité dans aucun pays européen comparable au nôtre »[2].

---

[1] « Par dérogation au deuxième alinéa du II de l'article 28 de la loi n°2000-108 précitée, le président et les membres en fonction lors de l'entrée en vigueur de la présente loi peuvent faire partie des premiers membres du collège nommés après la date de promulgation de la présente loi ».

[2] « La dernière modification remonte à la loi n° 2006-1537 votée en décembre 2006 : le Parlement a souhaité ajouter deux commissaires aux sept existants, afin que les consommateurs soient représentés au sein du collège. Vous avez également décidé la création de postes de vice-président pour deux des membres nommés par les présidents du Sénat et de l'Assemblée nationale, et ramené à trois le nombre de commissaires à plein temps. Le projet de loi prévoit, quant à lui, la nomination de cinq commissaires à plein temps. Le collège de la CRE est donc composé de neuf commissaires, dont trois à temps complet. On y dénombre deux conseillers d'État, un ancien sénateur, deux ingénieurs généraux des mines, un ancien responsable syndical, un ancien président d'entreprise publique du secteur de l'énergie, un industriel représentant les grands consommateurs et un responsable d'association de

L'article 28 de la loi de 2000 était ainsi modifié, avec un collège de trois membres à temps complet : « Le président et les deux autres membres du collège sont nommés par décret. Deux des membres sont désignés respectivement par le Président de l'Assemblée nationale et le Président du Sénat. Les membres du collège sont nommés pour six ans. Leur mandat n'est pas renouvelable ». Telle est la rédaction de la loi votée en première lecture par l'Assemblée nationale, le 15 juin 2010, avant son examen par le Sénat.
Le rapporteur, L. Poniatowski, qui a déjà officié à cette responsabilité lors de la loi de 2006, comme son homologue de l'Assemblé nationale, revient sur la composition fixée par l'Assemblée nationale. Il exprime sa perplexité devant un collège réduit à trois membres en estimant « [qu'] un collège composé de trois membres n'est plus véritablement collégial dans son mode de décision : il ne permet plus d'assurer une représentation de la diversité des acteurs du secteur de l'énergie. S'il n'est pas souhaitable que des membres du collège le soient en tant que représentants de certains acteurs, il n'en demeure pas moins indispensable que le collège comprenne une pluralité d'expérience » ; il souligne en outre, et à juste titre, qu'un quorum fixé à trois pose un réel problème de fonctionnement : « votre rapporteur souligne que l'activité internationale soutenue de la Commission impose que le collège puisse délibérer en l'absence de certains de ses membres »[1].
Le rapporteur propose donc de revenir à un collège de cinq membres, en indiquant qu'après avoir étudié les autorités de nomination dans les quinze premiers pays de l'Union européenne, il a constaté que l'exécutif nommait la totalité des membres et qu'en conséquence il ne trouve pas nécessaire « de renforcer le poids des autorités parlementaires dans la nomination des membres de la CRE. L'amendement adopté par votre commission prévoit donc le retour à la composition de la CRE figurant dans le projet de loi initial : trois membres (dont le Président) nommés par l'exécutif, un par le Président de l'Assemblée nationale et un par le Président du Sénat »[2]. Il introduit une mesure qui prévoit l'avis des commissions permanentes

---

consommateurs domestique », audition du président de la CRE, Assemblée nationale, commission des affaires économiques, 12 mai 2010.

[1] Sénat, Rapport n° 643 (2009-2010) de L. PONIATOWSKI, fait au nom de la commission de l'économie, déposé le 7 juillet 2010.

[2] *Ibid.*

compétentes sur la nomination des deux membres de la CRE nommés par décret, autres que le président[1].

La commission de l'économie revient également, à l'initiative du rapporteur, sur deux points. Le premier concerne la consultation obligatoire, par la CRE, du Conseil supérieur de l'énergie, prévue par le projet de loi. Le second provient d'un amendement de la commission des affaires économiques de l'Assemblée nationale, et a trait aux règles de déontologie.

Concernant la consultation du Conseil supérieur de l'énergie, le rapporteur estime « qu'une telle obligation de consultation alourdirait considérablement le processus de prise de décision par la CRE », et ce d'autant plus que cette dernière « prend ses décisions après de larges consultations ». Sur la proposition du rapporteur, la commission adopte un amendement transformant cette obligation en simple faculté. Toutefois la disposition initiale est rétablie en séance, tout au moins pour un certain nombre de cas[2].

Les questions de déontologie sont abordées au travers de certaines des recommandations du rapport sur les AAI du sénateur P. Gélard. Le rapporteur s'interroge notamment sur la proposition n° 23, qui concerne la mise en place d'un régime d'incompatibilités visant « la participation aux activités de l'autorité qui concerneraient des organismes au sein desquels le ou les membres auraient exercé des fonctions ou détenu des intérêts ou des mandats au cours des trois années précédentes au

---

[1] « L'amendement n° 267 vise à renforcer le contrôle du Parlement sur les nominations par l'exécutif de membres du collège de la Commission de régulation de l'énergie.

Il prévoit que la nomination du président de la CRE respectera la Constitution telle qu'elle a été modifiée : le président devra se présenter devant les deux commissions du Parlement compétentes en matière d'énergie, qui non seulement donneront un avis mais pourront même exercer un droit de veto.

Par ailleurs, il prévoit que les deux autres représentants désignés par le ministère de tutelle seront également entendus par les deux commissions compétentes du Parlement, lesquelles pourront s'assurer de leurs compétences même si elles ne disposent pas d'un droit de veto » Sénat, L. PONIATOWSKI, rapporteur, Séance du 30 septembre 2010.

[2] Amendement du sénateur M. DANGLOT, groupe Communiste Républicain et Citoyen, rétablissant la consultation du Conseil supérieur dans un certain nombre de cas : « La Commission de régulation de l'énergie consulte le Conseil supérieur de l'énergie préalablement aux décisions, dont la liste est déterminée par décret en Conseil d'État, pouvant avoir une incidence importante sur les objectifs de la politique énergétique visés à l'article premier de la loi n°2005-781 du 13 juillet 2005 de programme fixant les orientations de la politique énergétique ».

minimum ». Il écarte, finalement, cette option, en jugeant qu'elle empêcherait la CRE, en raison des déports probablement nécessaires, de pouvoir délibérer sur certains sujets. Nous avons vu que la loi n°2017-55 du 20 janvier 2017 reprenait néanmoins cette proposition.
La seconde recommandation (n° 25) à laquelle le rapporteur s'intéresse concerne les incompatibilités *a posteriori*. A cet égard, le rapporteur estime que les dispositions de l'article 432-13 du code pénal s'appliquent aux membres de la CRE et leur « interdisent d'exercer, dans un délai de trois ans suivant la fin de leurs fonctions, au sein d'une entreprise du secteur de l'énergie », et qu'il est donc inutile d'introduire de nouveaux éléments dans la loi. La remarque est intéressante, car le sujet fait l'objet de nombreux débats en 2013, comme nous le verrons.
Enfin, il supprime, estimant que cela n'a pas sa place dans la loi et « n'avait aucune portée en matière de déontologie », l'amendement, introduit par le président de la commission des affaires économiques de l'Assemblée Nationale, sur le « serment » des membres du collège.
Le Sénat vote, en l'état, l'article 8 de la loi, hormis la modification relative à la consultation du Conseil supérieur de l'énergie.
Le texte est examiné en seconde lecture à l'Assemblée nationale le 3 novembre 2010. La discussion en commission des affaires économiques est rapide, le rapporteur proposant de reprendre, sans changement, la version du Sénat, qui n'apporte des modifications substantielles que sur la partie concernant la CRE. Le texte est adopté le même jour, et est voté sans changement par l'Assemblée nationale le 24 novembre 2010.
On peut s'étonner que les modifications apportées par les sénateurs soient acceptées aussi aisément par les députés. Il faut en chercher les raisons dans le retard considérable pris par la loi, au regard des engagements du Premier ministre à l'égard de la Commission européenne. Celui-ci s'est effectivement engagé dans une lettre du 15 septembre 2009, adressée aux Commissaires à la concurrence et à l'énergie, à ce que « l'ensemble des principes et engagements présentés ci-dessus soient présentées au Parlement avant la fin de l'année 2009 ». La réponse des Commissaires au Premier ministre souligne ainsi : « nous prenons note de votre résolution que l'examen de la loi mentionnée ci-dessus soit engagée par le Parlement le plus tôt possible à l'automne 2009 en vue d'une adoption avant la fin de l'année 2009. Une fois la loi adoptée, la Commission sera en mesure de considérer la

clôture de la procédure d'infraction[1] en cours sur la base de la directive 2003/54 ».

On remarquera, par ailleurs, qu'entre le vote en commission des affaires économiques et le vote en séance plénière de l'Assemblée nationale, les 22 et 23 novembre 2010, le ministre porteur du projet n'est plus membre du Gouvernement[2].

Avant d'aborder le troisième, et dernier exemple, d'intervention politique portant atteinte à l'indépendance de la CRE, remarquons que, lors des débats, tant au Sénat qu'à l'Assemblée nationale sur la loi NOME, plusieurs thèmes forts de la loi de 2013 sont abordés par les parlementaires de l'opposition : la question de la parité au sein du collège (un amendement prévoyant 40 % de membres féminins au sein du collège est proposé au Sénat ; l'amendement est rejeté « faute de méthode » pour parvenir à cet objectif) ; l'opportunité de la présence de la CNIL au sein du collège de la CRE lors des délibérations concernant le compteur LINKY ; la question de déontologie *a posteriori* visant à définir une durée minimale durant laquelle les membres de la CRE ne peuvent travailler dans une entreprise du secteur de l'énergie, lors de leur départ de l'entité de régulation. Tous ces points sont repris lors de la discussion de la loi de 2013.

3- La loi du 15 avril 2013 : une entrée de la parité et tentative de suppression du collège

Alors qu'on aurait pu s'attendre à ce que, après les nombreux changements de composition du collège, la loi NOME aurait pu offrir une certaine stabilité au régulateur, les changements politiques issus des élections présidentielles de mai 2012 remettent en question, une nouvelle fois, la composition du collège de la CRE.

L'épisode crucial a lieu lors de la discussion du 17 janvier 2013 de la proposition de loi visant à préparer la transition vers un système

---

[1] La France était confrontée à deux procédures engagées par la Commission. L'une pour transposition incorrecte des directives, dites du 2ème paquet, notamment concernant les tarifs réglementés (IP/06/1768), et la seconde au titre des aides d'Etat pour les tarifs verts, jaunes et le TaRTAM (des tarifs jugés particulièrement bas de nature à empêcher l'entrée des concurrents sur le marché). IP/07/815 et IP/09/376.

[2] Le 13 novembre 2010, le Premier ministre F. Fillon remettait la démission de son deuxième Gouvernement au président de la République, N. Sarkozy. Le lendemain le Président nommait à nouveau F. Fillon à ce poste et le chargeait de composer un nouveau Gouvernement. J.-L. Borloo n'en faisait plus parti, et le secteur de l'énergie était rattaché au ministère de l'Industrie dont le nouveau titulaire était E. Besson.

énergétique sobre[1], portée par le député F. Brottes, devenu le nouveau président de la commission des affaires économiques. La proposition d'amendement est synthétisée par ce dernier de la façon suivante : « Cet amendement répond à la nécessité, apparue en première lecture, de donner à la Commission de régulation de l'énergie (CRE), grâce à la réforme de la composition de son collège, la capacité de prendre en compte différents enjeux : l'intérêt des consommateurs, la précarité, les zones non interconnectées, les énergies renouvelables et la protection des données personnelles. L'amendement porte le nombre de membres du collège à six et permet de flécher les membres du collège en fonction de leurs compétences sur les sujets déjà cités. En outre, l'amendement prévoit d'imposer le respect de la parité au sein du collège »[2].

Lors de la proposition de loi initiale - dont le principal objet consiste à introduire une tarification progressive de l'énergie -, le 6 septembre 2012, F. Brottes présente un article 5, qui ajoute deux membres supplémentaires au collège arrêté par la loi NOME. Ces deux membres, non rémunérés, sont le président de la CNIL ou son représentant, et un représentant des consommateurs non-professionnels. Le n° II de cet article prévoit que le mandat des membres du collège en exercice lors de la promulgation de la loi courre jusqu'à son échéance.

On peut constater qu'entre cette première version et celle du 17 janvier les modifications de la composition du collège évoluent considérablement. La première rédaction correspond à des préoccupations déjà défendues par le rapporteur et l'opposition de l'époque. La présence d'un représentant des consommateurs est censée répondre à la prise en compte de leurs intérêts au sein d'un collège, toujours suspect de privilégier l'ouverture du marché au détriment de l'intérêt des consommateurs. L'idée, par ailleurs, d'intégrer à certaines des réunions de la CRE, le président de la CNIL, ou son représentant, émane du projet de compteur LINKY, susceptible de soulever des questions relatives aux données personnelles, qui plus est dans le cadre de la proposition de loi en discussion : « De fait, plus la tarification est

---

[1] Loi n°2013-312 du 15 avril 2013 visant à préparer la transition vers un système énergétique sobre et portant diverses dispositions sur la tarification de l'eau et sur les éoliennes.

[2] Assemblée nationale, commission des affaires économiques, discussion sur la proposition de loi visant à préparer la transition vers un système énergétique sobre (n° 579) (M. François BROTTES, rapporteur), 17 janvier 2013.

personnalisée – notamment au moyen des compteurs intelligents –, plus la régulation du secteur doit garantir les libertés individuelles[1] ».
Le débat porte à la fois sur le principe même d'une nouvelle modification du collège, à peine 18 mois après la loi NOME, et sur les modalités envisagées. Il apparaît curieux à plusieurs députés, de l'opposition, qu'un président d'une AAI puisse être membre « es-fonctions » d'une autre AAI. Le retour d'un représentant des consommateurs domestiques est, assez logiquement, critiqué par les députés qui en ont supprimé la présence lors de la loi NOME.
Les débats en commission laissaient apparaître une perception assez singulière du rôle du régulateur. Celui-ci devrait, en effet, jouer un rôle bien au-delà de celui qu'il exerce dans l'ouverture du marché. Ainsi en était-il des énergies renouvelables, qui devaient être au centre de la régulation, le rapporteur estimant même que « les directives sectorielles relatives à l'énergie vont à l'encontre d'autres directives européennes, à commencer par le paquet climat-énergie », assertion guère élaborée mais qui reflète l'hostilité, non démentie au fil des ans, d'une partie des parlementaires à l'ouverture des marchés de l'énergie. La CRE devrait également se préoccuper de la précarité énergétique et sociale, et donc inclure dans son collège un représentant d'associations comme celle de l'Abbé Pierre. Elle pourrait également s'intéresser à l'efficacité énergétique et à un certain nombre d'autres thèmes… Un foisonnement d'idées qui illustre une certaine confusion, existant chez les députés, entre le rôle de régulateur et celui du ministère chargé de l'énergie.
Le rapporteur modifie alors sensiblement la composition du collège et propose une formule entièrement nouvelle et unique dans le cadre des AAI, avec un « fléchage » de différents membres du collège vers une compétence particulière. C'est ainsi que l'article 5 est voté en première lecture par l'Assemblée nationale. Cet article prévoit 7 membres au sein du collège : le président nommé par décret dans les conditions fixées par la loi organique n°2010-837 du 23 juillet 2010 relative à l'application du cinquième alinéa de l'article 13 de la Constitution ; deux membres nommés chacun par les présidents du Sénat et de l'Assemblée Nationale ; un membre nommé par décret, après avis des commissions permanentes du Parlement compétentes en matière de consommation, en raison de ses qualifications juridiques, économiques

[1] « Or, jusqu'à preuve du contraire, la référence en la matière dans notre pays est la CNIL. Celle-ci ne doit pas seulement pouvoir être saisie ponctuellement : elle doit aussi avoir un regard permanent sur la régulation de l'énergie », Assemblée nationale, commission des affaires économiques, F. BROTTES, rapporteur, 19 septembre 2013.

et techniques dans le domaine de la protection des consommateurs d'énergie et de la lutte contre la précarité énergétique ; un membre nommé par décret, après avis des commissions permanentes du Parlement compétentes en matière d'environnement, en raison de ses qualifications juridiques, économiques et techniques dans le domaine de la maîtrise de la demande d'énergie et des énergies renouvelables ; un membre nommé par décret du ministre chargé de l'outre-mer en raison de sa connaissance et de son expérience des zones non interconnectées ; et enfin le président de la Commission nationale de l'informatique et des libertés ou son représentant, avec voix consultative. En conclusion, le rapporteur indique que cette nouvelle composition permettrait à la CRE de prendre en considération ces problématiques, alors qu'elle est jusqu'à présent « trop centrée sur le développement de la concurrence ».

La proposition de loi est rejetée par le Sénat[1], et celle-ci revient donc à l'Assemblée nationale inchangée, après que la Commission mixte a conclu à l'impossibilité de trouver un accord.

La suite, concernant l'article 5, se déroule dans la journée et la nuit du 17 janvier 2013. Le premier acte, si l'on peut dire, a pour cadre la réunion de la commission des affaires économiques le matin du 17.

Le rapporteur présente un nouvel amendement reprenant les grandes lignes précédentes, mais ajoute le principe de la parité au sein du collège[2] : « L'amendement porte le nombre de membres du collège à six et permet de flécher les membres du collège en fonction de leurs compétences sur les sujets déjà cités. En outre, l'amendement prévoit d'imposer le respect de la parité au sein du collège »[3]. Cette question

---

[1] La commission des affaires économiques du Sénat ayant voté une motion d'irrecevabilité adoptée par 20 voix contre 19, « en application de l'article 44, alinéa 2, du Règlement, le Sénat déclarait irrecevable la proposition de loi, adoptée par l'Assemblée nationale après engagement de la procédure accélérée, visant à préparer la transition vers un système énergétique sobre (n° 19, 2012-2013).
En conséquence, conformément à l'article 44, alinéa 2, du Règlement, la proposition de loi a été rejetée par le Sénat.
Délibéré en séance publique, à Paris, le 30 octobre 2012 ».

[2] Cet amendement « répond à la nécessité, apparue en première lecture, de donner à la Commission de régulation de l'énergie (CRE), grâce à la réforme de la composition de son collège, la capacité de prendre en compte différents enjeux : l'intérêt des consommateurs, la précarité, les zones non interconnectées, les énergies renouvelables et la protection des données personnelles », F. BROTTES, rapporteur, commission des affaires économiques, Assemblée nationale, 17 janvier 2013.

[3] *Ibid.*

de parité, déjà évoquée ainsi que nous l'avons vu lors des débats sur la loi NOME, n'est cette fois pas discutée sur le principe. Cependant, à la suite de la remarque d'une députée[1] sur le risque d'avoir toujours une femme ou toujours un homme comme président si le renouvellement ne se fait pas à date fixe, le rapporteur indique que l'amendement de F. Massat, vice-présidente de la commission des affaires économiques, apporte la solution. Cet amendement « prévoit qu'après la promulgation de la loi, l'ensemble du collège de la CRE sera renouvelé, ce qui permettra le respect de la parité ».

Dix-huit mois après la loi NOME, mettre fin, à nouveau, aux mandats des membres du collège de la CRE apparaît comme un acte politique, ce qui déclenche de vives polémiques entre la majorité et l'opposition. Cet amendement « surprise » ne semble pas avoir été évoqué préalablement avec l'exécutif, tout au moins avec le cabinet du Premier ministre.

La séance publique du soir, donne lieu à quelques vifs échanges[2]. L'essentiel ne se passe pas en public mais lors des suspensions de séances et des interventions du cabinet du Premier ministre[3]. Il est impossible d'être plus précis en l'absence de traces écrites. Le cabinet du Premier ministre, alerté sur un risque vis-à-vis du Conseil constitutionnel d'une telle mesure dans la loi, cherche à faire retirer l'amendement, opération délicate vis-à-vis des parlementaires de la majorité. La solution provient d'un amendement, du député D. Fasquelle, prévoyant le renouvellement par tiers tous les deux ans des

---

[1] L. de La Raudière, députée (nommée présidente de l'ARCEP le 28 janvier 2021).

[2] « Je réitère notre totale hostilité à l'amendement de Mme Massat, qui viendra bientôt en discussion. On ne peut pas profiter de ce texte pour débarquer les membres actuels de la CRE, afin de les remplacer par ses petits copains, ce n'est pas possible. On ne peut pas, d'un côté, faire de grands discours sur la République exemplaire et, de l'autre, se livrer à ce type de manœuvre. J'espère qu'il s'agit d'une maladresse et qu'on adoptera une attitude beaucoup plus positive consistant à respecter ce qui a été précédemment décidé, à savoir, en l'occurrence, à respecter le mandat des membres actuels de la CRE », D. FASQUELLE, Assemblée nationale, discussion sur l'article 5, 17 janvier 2013.

[3] « Nous tâchons d'élaborer la version la plus intelligible possible du texte et nous souhaitons, lorsqu'il s'agit de la régulation d'un secteur et d'une autorité indépendante, recueillir la plus large unanimité qui soit, c'est très important […] Pendant la suspension de séance, nous avons examiné vos sous-amendements dans le détail. Nous souhaitions mieux comprendre vos propositions afin que la présente réforme soit le mieux comprise possible et admise par tous. Ainsi, je vais être amené à donner un avis favorable à trois de vos sous-amendements », F. BROTTES, rapporteur, *ibid.*

membres du collège[1]. F. Massat, à l'origine de l'amendement controversé, le retire. Le collège de la CRE échappe, ainsi, à une nouvelle dissolution. Sa composition est profondément modifiée quant aux critères de compétences des membres, mais l'adaptation s'opère dans la durée.

Si l'on examine les conséquences pratiques de la loi de 2013, elles ont essentiellement permis d'introduire la parité au sein des membres du collège, même si les dernières dispositions de la loi n°2019-1147 du 8 novembre 2019 relative à l'énergie et au climat excluent, de fait, le président de cette parité. La spécialisation des membres du collège ne s'est réellement manifestée que dans le cas des zones interconnectées, et, de façon brève, dans la protection des données personnelles[2]. La nomination des membres du collège ne semble pas, ensuite, respecter très fidèlement ce « fléchage » indiqué par la loi[3].

Ces trois exemples illustrent de manière concrète la compréhension de l'indépendance d'un collège d'une autorité de régulation par l'exécutif, comme par les parlementaires. Les raisons avancées montrent des similitudes : le collège ne conduit pas la régulation telle que le monde politique la conçoit. Trop coupé du monde réel, le collège de 2006 ne s'intéresse qu'à la concurrence et ne prend pas assez en compte les intérêts des consommateurs ; en 2010, le collège n'est pas assez professionnel, et n'est pas adapté à l'application de la loi NOME ; en 2013, le collège, composé uniquement d'hommes[4], ne s'intéresse

---

[1] « Il s'agit de passer progressivement – c'est le but de mes trois sous-amendements, n°s 229, 227 et 228, que je défendrais en même temps, si vous le permettez, madame la présidente – de la CRE actuelle à la future CRE, en tenant compte des préoccupations exprimées par le rapporteur. Nous respectons sa volonté, y compris celle concernant la parité. Toutefois, nous n'accepterons pas qu'on prenne prétexte de la parité, ou du vote de cette loi pour, je le répète, débarquer les membres actuels de la CRE. L'évolution doit être progressive, dans le respect des membres en place », D. FASQUELLE, *ibid.*

[2] Le commissaire qui avait été nommé à ce titre, ancien secrétaire général de la CNIL, a démissionné avant la fin de son mandat et n'a pas été remplacé par un spécialiste de cette question.

[3] Le rapport d'activité 2019 de la CRE évoque des commissaires référents dans des secteurs différents comme l'Europe ou les appels d'offres.

[4] A cet égard, il convient d'évoquer l'épisode survenu lors de l'audition du président pressenti devant la commission des affaires économiques. Les parlementaires féminines, appartenant au parti socialiste, annoncent d'emblée qu'elles voteraient contre la candidature du président, en protestation de la composition du nouveau collège ne comportant pas une seule femme (il y en avait deux à temps partiel dans le collège précédent), (expérience professionnelle de l'auteur).

encore qu'au développement de la concurrence et ne prend pas assez en compte les consommateurs, la précarité, les énergies renouvelables…
La collégialité, gage d'indépendance, devient au travers de ces trois lois, une variable d'ajustement. C'est précisément parce que les collèges successifs se montrent indépendants que l'exécutif ou le Parlement souhaitent les remodeler afin qu'ils correspondent à leurs attentes. Se pose, alors, en filigrane, la question du contrôle parlementaire sur les AAI en général, et sur la CRE en particulier. Avant d'aborder plus loin cette question, on peut déjà observer une « certaine distance entre les dispositifs et la pratique »[1], comme le remarquait le sénateur P. Gélard, dans son rapport sur les AAI. Si les textes sont protecteurs : « une protection générale est accordée aux membres d'autorité administrative indépendantes tenant à l'irrévocabilité de leur mandat, garantie de leur indépendance »[2], l'usage qui en fait soulève la question de la réalité de l'indépendance accordée à une autorité comme la CRE, car « il ne suffit pas de poser la stabilité du mandat comme un gage d'indépendance, encore faut-il en assurer la pérennité »[3].
Il faut cependant reconnaître que de 2013 à 2023, il n'y a pas de remise en question du collège, ce qui n'est jamais arrivé sur une aussi longue durée depuis la création de la CRE.

Section 2- L'importance des garanties fonctionnelles

A côté des garanties organiques, dont on vient de voir qu'elles peuvent être bousculées, les garanties fonctionnelles constituent une part importante de l'indépendance d'une autorité de régulation. La question de l'emploi, et en l'espèce le plafond d'emploi, sont des facteurs déterminants de la capacité d'expertise et de l'autonomie de gestion (I). La question budgétaire constitue le second volet des garanties fonctionnelles : « le budget n'est pas de l'intendance. Il est l'expression de la politique même, puisqu'il consiste à mettre en masse des moyens en fonction des buts, concrétisation donc d'une volonté d'action […].

[1] P. GELARD, *Les autorités administratives indépendantes : évaluation d'un objet juridique non identifié, op. cit.*, p. 147.
[2] *Les autorités administratives indépendantes,* EDCE, n° 52 *op.cit.*, p. 319.
[3] S. DUBITON, *La protection des libertés publiques par les autorités administratives indépendantes, une solution démocratique ?* LGDJ, Bibliothèque de droit public t. 293, 2016, p. 218.

Le budget est donc un mode de gouvernement »[1] (II). De ce point de vue, l'exception que constituent les AAI en matière d'exemption de visa financier préalable est un élément clé de leur autonomie de gestion (III).

I- Le plafond d'emploi : une liberté très encadrée

Le plafond d'emploi constitue, pour la CRE, une réelle difficulté jusqu'à son rattachement, le 1er janvier 2017, au programme 217 « conduite et pilotage des politiques de l'écologie, du développement et de la mobilité durables » du ministère de la transition écologique. Ce rattachement se traduit, en effet, par une augmentation de son plafond d'emploi de vingt EPTP avec le budget correspondant.
En 2020, la CRE compte 158 ETP[2], qui était l'objectif défini dans un rapport de préfiguration, remis en janvier 2000 par le premier président de la CRE au ministre de l'Économie, des Finances et de l'Industrie[3].
Ce délai illustre le chemin parcouru pour parvenir à l'objectif initial de niveau d'effectif. Les rapports annuels d'activité de la CRE, dans la partie consacrée aux moyens, soulignent de façon récurrente, comme on le verra, l'insuffisance de ses ressources humaines.
Dès le premier rapport pour l'année 2000, la CRE évoque les difficultés rencontrées, en raison de décisions de recrutement qui ne respectent en rien l'indépendance prévue par la loi. Elles se trouvent, en effet, soumises à un agrément des services du ministère : « la Commission a constaté que la complexité du mécanisme mis en place ne respectait qu'imparfaitement son indépendance, en soumettant les décisions de recrutement du Président à une appréciation d'opportunité par les

---

[1] M.-A. FRISON-ROCHE, « Etude sur les AAI », in *Les AAI : évaluation d'un objet juridique non identifié,* t. 1. *op. cit.*, p.125.

[2] Dans le Jaune budgétaire du projet de loi de finances pour 2020, à la partie consacrée aux AAI (et API), on peut lire que « la CRE a une structure d'emploi tout à fait spécifique en raison de ses missions d'expertise et de contrôle du secteur. Ainsi ses agents sont très majoritairement des cadres A, très diplômés, recrutés majoritairement hors de la fonction publique (environ 12 % de fonctionnaires et 88 % d'agents non titulaires au 31 décembre 2018) ».

[3] Chiffre évoqué dans le rapport remis au Ministre de l'économie, des finances et de l'industrie en janvier 2000, par J. SYROTA, qui définissait un format à moyen terme de l'ordre de 150 personnes, reposant sur des comparaisons nationales et internationales : « à titre d'exemple, le régulateur britannique de l'énergie emploie 450 personnes, l'espagnol 150, le portugais 45 ; en France, l'Autorité de Régulation des Télécoms dispose d'environ 150 emplois, le Conseil Supérieur de l'Audiovisuel de 210 », *Rapport d'activité, CRE, 2000*, p. 24.

services du ministère »[1]. Cette anomalie était rectifiée, mais dans son rapport de 2001, la CRE revient sur l'inadéquation du tableau des emplois, arrêté par le ministère des Finances : « analogue à celle d'une administration centrale, alors que la CRE, administration de mission, emploie essentiellement des cadres de haut niveau et une part importante de contractuels, dont le niveau de rémunération exige d'utiliser la masse salariale de plusieurs emplois de catégories B et C pour créer un emploi de contractuel »[2].

La CRE appartient, en effet, aux AAI pour lesquelles la loi a expressément autorisé le recrutement de contractuels. L'article L. 133-5 du Code de l'énergie en précise les conditions : « La commission peut employer des fonctionnaires en position d'activité ou de détachement. Elle peut également recruter des agents contractuels »[3]. Elle a, dès sa création, assez largement usé de cette possibilité[4]. Contrairement à l'ARCEP, constituée à partir des services administratifs du ministère de l'Industrie, la CRE doit recourir au recrutement d'agents non titulaires de la fonction publique pour constituer ses premières équipes, la direction de l'énergie et des matières premières (DGEMP) n'ayant que très peu fourni de cadres à la nouvelle entité[5].

Dès sa création, la CRE est confrontée à la rigidité de certaines normes administratives, inadaptées à une entité créée *ex nihilo* et dont les missions s'avèrent fort différentes de celles de l'administration

---

[1] *Ibid.* p. 23.

[2] *Rapport d'activité CRE, 2001*, p. 40.

[3] Avec la loi n°2017-55 du 20 janvier 2017, cette disposition a disparu de l'article L. 133-5 du Code de l'énergie pour être placée en dénominateur commun du fonctionnement des AAI par son article 16. Il spécifie que toute AAI ou API « peut employer des fonctionnaires civils et militaires, des fonctionnaires des assemblées parlementaires et des magistrats placés auprès d'elle dans une position conforme à leur statut et recruter des agents contractuels ».

[4] « Au 30 juin 2001, la CRE compte 57 agents. L'effectif des services est composé de 62 % d'hommes et de 38 % de femmes, dont la moyenne d'âge est de 40 ans. Les recrutements d'ores et déjà engagés porteront l'effectif à 65 agents au 1er septembre 2001. Ils ne pourront guère dépasser ce seuil à la fin de l'année, correspondant à l'effectif théorique de 80 prévu par la loi de finances. L'effectif est composé de plus de 90 % de cadres, dont la plupart sont affectés sur les fonctions opérationnelles de l'activité de régulation. 36 % sont des fonctionnaires détachés, 64 % des contractuels, répartis, en 16 de catégorie A+, 26 de catégorie A, 2 de catégorie B et 7 de catégorie C (soit une répartition, hors commission, de 82 % de cadres et 18 % de non-cadres) » *Rapport d'activité CRE 2001,* p. 40-41.

[5] Cette orientation perdure par la suite : la part des agents contractuels de droit public a toujours varié entre 85% à 90% des effectifs.

traditionnelle[1]. Pour mieux appréhender la situation de la CRE, il convient de s'intéresser au processus dans lequel s'insère son fonctionnement administratif.
A cet égard il existe deux périodes distinctes, celle précédant la mise en œuvre de la loi organique des lois de finances (LOLF), de 2000 à 2006 (A), puis celle de l'application de ladite loi qui, elle-même, comporte différentes étapes (B).

A- Avant la LOLF : l'impartialité des arbitrages en question ?

Durant la période qui correspond aux premières années de la CRE, la négociation, tant pour le budget que pour les emplois, se déroule avec le ministère chargé de l'énergie qui est, à l'époque, le ministère de l'Industrie intégré à l'ensemble « finances économie »[2]. Au-delà de l'aspect de technique budgétaire traditionnelle du plafond d'emploi, qui constitue, indéniablement, un frein à la capacité de développement de la CRE, se pose la question de l'impartialité des arbitrages, qui sont rendus à son égard, par le Gouvernement, ce que la CRE critique publiquement : « En effet, le gouvernement fixe ses ressources alors qu'il est aussi le propriétaire de l'opérateur historique »[3]. Il est vrai que la CRE, dans cette période pionnière, n'hésite jamais à affirmer son indépendance « dans une forme de forçage de l'organisation économique pour favoriser les nouveaux entrants »[4] et permettre l'émergence d'un marché. Ainsi, en plusieurs occasions, comme nous

---

[1] P. GELARD, *Les autorités administratives indépendantes : évaluation d'un objet juridique non identifié*, t. 2, *op. cit.*, p. 80 : dans sa réponse au questionnaire, la CRE précise que « les moyens budgétaires qui lui sont accordés et la nécessité de s'inscrire en cohérence avec la grille salariale de la fonction publique limitent sa capacité à effectuer les recrutements au niveau le mieux adapté à l'exercice de ses missions. En effet dans certains domaines (droit public, comptabilité...) on trouve des personnels dans l'administration. Toutefois ce n'est pas toujours le cas dans d'autres secteurs, tels que l'électricité et le gaz ».

[2] Le rattachement du ministère de l'Industrie au ministère de l'Economie et des Finances date du 4 juin 1997 dans le Gouvernement de L. Jospin.

[3] *Rapport d'activité CRE 2001*, p. 41.

[4] M.-A. FRISON-ROCHE : « Une première raison de créer une AAI est l'ouverture à la concurrence d'un secteur naguère monopolistique. L'idée est alors que la déclaration d'une possible concurrence ne suffit pas à faire naitre celle-ci, qu'il faut une sorte de forçage de l'organisation économique pour favoriser les nouveaux entrants », Rapport P. GELARD, *Les autorités administratives indépendantes : évaluation d'un objet juridique non identifié*, t. 2, *op. cit.*, p. 23

l'avons vu dans la partie I, elle affiche des positions divergentes de l'administration, en interprétant de façon favorable au marché des dispositions légales qui ne l'étaient pas, ou en s'octroyant un rôle qui n'était pas prévu par la loi, ou encore en appliquant avec exigence la séparation de gestion au sein du groupe verticalement intégré EDF[1]. De la sorte, la CRE apparaît comme un censeur rigoureux, avec sa propre vision du monde de l'énergie, ce qui ne peut que susciter des tensions avec la DGEMP qui voit, sans enthousiasme, l'irruption d'une entité aux moyens autonomes, dans son domaine de responsabilité[2].
Ces tensions, le président de la CRE les évoque sans détour, lors de sa dernière audition, le 8 mars 2006, devant les députés : « Les administrations ont du mal à comprendre qu'un autre organisme puisse détenir des prérogatives dans ce qu'elles considèrent comme leur secteur d'activité et parfois les exercer avec davantage de compétences qu'elles. Elles supportent donc mal l'existence d'un régulateur et lui compliquent délibérément la tâche »[3]. Faut-il en conclure que cette attitude conduit le ministère de l'Industrie à restreindre les moyens de la CRE ? Le raccourci serait rapide, mais il semble vraisemblable que la DGEMP ne cherche ni à défendre ni à renforcer les moyens de la CRE. Elle les estime adéquats, d'autant qu'objectivement ceux-ci ne sont pas négligeables, même s'ils restent inférieurs à ce que souhaite la CRE, puisqu'ils atteignent 120 emplois budgétaires en 2005. « La difficulté vient qu'en la matière, comme pour les juridictions, l'indépendance des régulateurs doit se donner à voir »[4], et qu'en

---

[1] La CRE avait, ainsi, contraint EDF et le GRT, en raison de ses doutes relatifs à la conformité de la séparation de gestion aux objectifs de la directive 96/92 du CE 729, à formaliser leurs relations techniques et financières au sein de 56 protocoles.

[2] La DGEMP a connu une période où ses responsabilités sur le nucléaire et le pétrole l'avaient statutairement positionnée au-dessus d'une direction d'administration centrale. Le poste de délégué général à l'énergie a été créé lors du conseil des ministres du 19 décembre 1973. J. BLANCARD qui en fut le premier titulaire, était placé sous l'autorité du Premier ministre ; il était remplacé le 4 mars 1975 par P. MENTRE DE LOYE. En 1978, la délégation cédait la place à une direction générale de l'énergie et des matières premières, rattachée au ministère de l'Industrie, avec à sa tête F. de WISSOCQ puis J. SYROTA de 1982 jusqu'en 1988. Celui-ci devenait en février 2000 le premier président de la CRE. La DGEMP devenait la direction générale de l'énergie et du climat (DIGEC) par le décret n° 2008-680 du 9 juillet 2008 et l'arrêté du 9 juillet 2008.

[3] Assemblée nationale, commission des affaires économiques, de l'environnement et du territoire, 8 mars 2006, audition de J. SYROTA, président de la CRE.

[4] M.-A. FRISON-ROCHE, « Régulateurs indépendants versus LOLF », *RLC*, n°7, avril-juin 2006, p. 70.

l'occurrence le rattachement budgétaire de la CRE au ministère en charge de l'énergie peut laisser place au soupçon d'un conflit d'intérêts entre la tutelle-actionnaire et le régulateur[1]. C'est d'ailleurs, la raison même, développée par le rapporteur du budget au Sénat, Ph. Marini, pour faire voter un amendement, contre l'avis du Gouvernement, lors de la discussion du projet de loi de finance rectificative 2005, conférant à la CRE, d'une manière éphémère, la personnalité morale et l'autonomie financière.
Le contexte des années suivantes, avec la mise en œuvre de la LOLF d'une part, et le rattachement de l'énergie au ministère en charge du développement durable d'autre part, modifie sensiblement le cadre administratif dans lequel évolue la CRE.

B- La mise en œuvre de la LOLF

A partir de 2006 et du fait de la mise en œuvre de la LOLF, incluse dans la mission « Economie » du ministère de l'Economie et des Finances, la CRE se trouve rattachée au programme 199 « Régulation économique » et à l'action n° 7 « Régulation et contrôle des marchés de l'énergie »[2].
La CRE partage ce programme avec l'ARCEP et l'Autorité de la concurrence. Le programme associe de grosses structures comme la direction générale de la concurrence, de la consommation et de la répression des fraudes (DGCRF), la direction générale du trésor, la direction générale des entreprises (DGE) et le conseil général de l'économie, de l'industrie, de l'énergie et des technologies (CGEIET).
Si, dans cet ensemble, la CRE ne représente que 2% des moyens et donc pèse peu par rapport aux enjeux des grandes directions, elle bénéficie avec les deux autres AAI d'une action propre « c'est -à-dire qu'une action de la loi de finances dans son intégralité leur est consacrée »[3], ce qui n'était pas le cas de toutes les AAI[4].

---

[1] M.-A. FRISON-ROCHE, « Le gouvernement est structurellement en conflit d'intérêts car l'ouverture à la concurrence conduit à vouloir nuire objectivement à l'opérateur historique, et s'il se trouve que celui-ci est public, le gouvernement a le souci de préserver la rentabilité, voire les rentes de celui-ci », *ibid.* p. 70.

[2] Ce programme était remplacé en 2009, par le programme n° 134 « Développement des entreprises et de l'emploi » et l'action 14 « régulation et contrôle des marchés de l'énergie ».

[3] V. PALMA-ALMARIC, *L'autonomie des autorités indépendantes,* L'Harmatan, Paris, 2017, p. 207.

[4] Voir à ce sujet le développement de V. PALMA-ALMARIC, *ibid.,* p. 206.

Par ailleurs, lors de la mise en place de la LOFL, et de manière à rassurer plusieurs AAI qui y voient un risque d'atteinte à leur indépendance, deux mesures spécifiques sont arrêtées : d'une part les rencontres budgétaires doivent s'effectuer directement entre les AAI et la direction du budget, d'autre part les crédits de chaque AAI doivent faire l'objet d'un budget opérationnel de programme (BOP)[1] dont le président de l'AAI est le responsable.

1- Rattachement de l'énergie à l'écologie, séparation avec la tutelle budgétaire

Alors que le rattachement budgétaire de la CRE reste le ministère de l'Industrie et de l'économie, la réorganisation gouvernementale, suivant les élections présidentielles de mai 2007, attribue l'énergie au ministère de l'Ecologie[2] et rompt donc le lien entre la CRE et le ministère de tutelle d'EDF et de GDF SUEZ.
Dès lors, les discussions du plafond d'emploi se déroulent avec le secrétaire général du ministère des Finances, qui est le responsable du programme, et avec les services du budget. Ce qui signifie que la CRE n'a plus à négocier avec une direction d'administration centrale chargée de l'énergie. Il est vrai que l'on peut arguer que le ministère des Finances est l'actionnaire d'EDF, toutefois le service en charge de cette question, l'agence des participations de l'Etat (APE)[3], n'est en rien concerné par les discussions budgétaires du programme 199 « régulation économique ».
Du seul point de vue « conflit d'intérêts » entre les différentes fonctions de l'exécutif et la CRE, la question semble résolue. Néanmoins, la nouvelle procédure LOLF a un aspect restrictif pour les AAI puisque les plafonds d'emploi ventilés par ministère doivent faire l'objet d'un vote unique au Parlement, ce qui signifie que seul l'équilibre général du ministère était perçu.

---

[1] Le BOP constitue une déclinaison des objectifs et des résultats attendus d'un programme selon un critère fonctionnel ou géographique. Les crédits du programme et, le cas échéant ses emplois, sont répartis entre un ou plusieurs BOP.

[2] Cette nouvelle configuration attribuait l'énergie au ministère de l'Ecologie dont le premier titulaire fut A. JUPPE le 18 mai 2007, puis J.-L. BORLOO à partir du 19 juin 2007.

[3] L'agence des Participations de l'Etat (APE), a été créée par le décret n° 2004-963 du 9 septembre 2004, et l'arrêté du 11 octobre 2004

i- Un handicap structurel récurrent

Cette nouvelle architecture ne permet pas à la CRE de régler le handicap de son plafond d'emploi. Le sujet essentiel auquel est confronté la CRE, et auquel l'administration des finances se montre peu sensible, concerne l'adéquation des moyens aux besoins. L'extension de ses missions depuis 2006 et les activités nouvelles qu'initie le 3ème paquet ne sont pas suivis d'une augmentation de ses effectifs en proportion.

Le président de la CRE indique lors de son audition par le Comité d'évaluation et de contrôle des politiques publiques dans le cadre du rapport sur les AAI, qu'une « évaluation sur trois ans nous permet de chiffrer à dix-neuf le nombre de personnes supplémentaires pour accomplir nos missions, notre équipe en comporte actuellement 131 »[1]. Ce point est, également, souligné par la CRE dans sa réponse au questionnaire de la Commission des finances de l'Assemblée nationale sur le projet de loi de finances pour 2010 : « le montant des dépenses de personnel correspond à un effectif de 131 ETPT, identique à celui de 2009, alors que la CRE sera confrontée à un nouvel élargissement de ses compétences, d'une part en raison de l'adoption définitive par le parlement européen du 3ème paquet législatif européen dans le domaine de l'énergie, et d'autre part en raison de la mise en œuvre prochaine des conclusions du rapport Champsaur relatif à l'organisation du marché de l'électricité »[2].

Ces moyens d'expression ne sont pas les seuls par lesquels la CRE s'alarme de son manque de moyens. A l'égal des autres AAI, les rapports d'activité annuels constituent, pour la CRE, un vecteur privilégié pour dénoncer publiquement la faiblesse de ses moyens[3]. De

---

[1] Audition du président de la CRE, 10 avril 2010, Comité d'évaluation et de contrôle des politiques publiques, Rapport sur les AAI, R. DOSIERE, Ch. VANNESTE, tome 2, p. 152, : « Un audit réalisé par Cap Gemini sur l'optimisation de nos emplois devrait nous servir de base de discussion avec le ministère des finances ; en tout cas, pour les trois années qui viennent, nous avons besoin de dix-neuf emplois supplémentaires ».

[2] Assemblée Nationale, 8 juillet 2009, Questionnaire fait au nom de la commission des finances, de l'économie générale et du contrôle budgétaire sur le projet de loi de finances pour 2010. Réponses de la CRE (Action 14 du programme 134), Rapporteur spécial, J. CHARTIER.

[3] « Il est possible de recenser chaque année des dizaines de critiques et de plaintes relatives au volume insuffisant des budgets des AAI », V. PALMA-ALMARIC, *L'autonomie financière des autorités indépendantes*, *op. cit.*, p. 391.

ce point de vue la CRE est considérée allant « beaucoup plus loin » que ses homologues[1].

Nombreux sont ses rapports traitant du sujet, mais dans son rapport d'activité de 2012 elle hausse réellement le ton pour la première fois. La question est abordée dans le message du collège sous le titre « régulateur le moins bien doté en comparaison avec ses homologues des pays voisins, la CRE s'inquiète de ce manque de moyens qui pourrait nuire à l'accomplissement de ses missions et à la qualité de la régulation »[2]. La CRE approfondit ensuite le sujet dans le corps du texte, en rappelant les dispositions des directives européennes du 13 juillet 2009[3], qui prévoient que l'autorité de régulation nationale dispose de ressources humaines et financières suffisantes pour s'acquitter de ses obligations. Elle souligne, enfin, que ses missions et son budget ne connaissent pas la même évolution, les premières augmentant quand le second chute[4].

L'année suivante, la CRE poursuit et, cette fois, insiste sur son incapacité à gérer, dans les délais requis, les appels d'offres en matière d'énergies renouvelables[5]. Elle rappelle, à toutes fins utiles, que la directive 2009/72 du 13 juillet 2009 n'impose pas que cette mission soit confiée à l'autorité de régulation de l'énergie. Elle informe, enfin, l'exécutif qu'elle n'envisage pas de prendre en charge de nouvelles missions non strictement requises par les textes législatifs ou européen, et qu'elle déterminera elle-même ses priorités, dans un contexte de pénurie de moyens. Elle l'exprime d'ailleurs de manière publique et officielle, au travers d'une délibération du 10 avril 2013, en émettant un avis défavorable à un projet de décret qui prévoit qu'elle doit mener

[1] *Ibid.* p. 392

[2] Rapport d'activité 2012, CRE, Message du collège, p. 4.

[3] Directives n° 2009/72 (article 35) et 2009/73 (article 41) du 13 juillet 2009 relatives aux règles communes pour le marché intérieur de l'électricité et du gaz naturel.

[4] Une étude des ressource budgétaires des autorités européennes de régulation de l'énergie avait fait « apparaître qu'en 2011 la CRE est en 6° position en ce qui concerne les moyens humains », alors qu'elle avait la responsabilité de la fixation ou de la vérification de composantes du prix de l'énergie représentant une charge annuelle de près de 50 milliards d'euros », *Rapport d'activité 2011,* CRE, p. 19.

[5] « L'activité de la CRE liée aux énergies renouvelables s'est fortement développée puisqu'elle émet à présent un avis sur les projets d'arrêtés fixant les tarifs de rachat et, surtout, gère les appels d'offres, qui ont triplé en nombre depuis 2011. En 2014, la CRE a instruit 2 000 dossiers de candidature. Cette année, 600 dossiers ont été déposés pour le dernier appel d'offres », *Compte-rendu de la Commission d'enquête sur les AAI, Sénat, audition du président de la CRE, 16 juin 2015.*

une analyse systématique des coûts de l'ensemble des fournisseurs de gaz au tarif réglementé, préalablement à ses avis sur les tarifs. Elle explique dans son rapport de 2013 qu'elle « avait pour la première fois émis un avis nettement défavorable à une extension de ses compétences [...] pour lui permettre d'exercer les compétences qui lui sont confiées par les textes européens et par la loi », et ce d'autant plus que la loi n° 2013-615 du 15 avril 2013 élargit de façon substantielle le périmètre de ses missions[1], ce qu'elle décrit en titrant : « De nouvelles missions avec des moyens réduits ».

ii- Un déficit de dialogue

Ces difficultés de plus en plus criantes ne reçoivent guère d'écho de la part du ministère des Finances et de l'Economie. Deux raisons expliquent cette atonie.

Dans une période durant laquelle l'exécutif cherche à diminuer le nombre de fonctionnaires et le ministère des Finances contribue de manière conséquente à cet effort, toute augmentation du plafond d'emploi de la CRE signifie une diminution de celui d'une des directions du même programme[2].

En second lieu, les missions de la CRE ne concernent pas le ministère des Finances et de l'Economie, ou alors à la marge. La CRE est certes à l'abri de toute pression sur ses activités de la part de son ministère de rattachement budgétaire, elle pâtit en revanche du désintérêt de celui-ci pour son activité.

C'est dans un tel contexte que s'inscrivent les rapports entre la CRE et le responsable du programme 134. Depuis 2012, une charte de gestion précise le cadre applicable à ce programme et fixe les règles de suivi de son exécution dans le respect de l'autonomie des trois AAI concernées. Cette charte était conçue pour fluidifier les relations entre les AAI et le responsable de programme. Ainsi, plusieurs AAI concluaient des conventions avec leur responsable de programme afin de prévoir des

---

[1] En matière d'effacement de consommation d'électricité, la CRE avait désormais pour mission de proposer un décret fixant la méthodologie utilisée.

[2] Cet aspect était évoqué par le président de la CRE, lors de son audition le 10 avril 2010 par le Comité d'évaluation et de contrôle des politiques publiques, Rapport sur les AAI, R. DOSIERE, Ch. VANNESTE, tome 2, p. 152 : « Bien que cette demande soit très modeste (19 emplois), le secrétaire général de Bercy nous a indiqué qu'il lui serait très difficile de la satisfaire dans la mesure où il doit appliquer un programme de suppression de 3 000 à 3 500 postes ».

objectifs et des indicateurs de performance. Le but était « d'associer (les AAI) à la procédure budgétaire et leur permettre de contribuer elles-mêmes à la définition de leurs propres indicateurs et objectifs de performance »[1].

Le rapport sénatorial sur les AAI de 2015 fait état d'une grande variété de situations par rapport à la mise en œuvre de ces chartes. Si certaines AAI se déclarent très satisfaites du processus engagé, notamment celles rattachées aux services du Premier ministre, d'autres le sont moins. A cet égard la CRE se montre la plus critique dans ses réponses : « elle n'est pas associée à un dialogue de gestion. [...] Les mesures de régulation lui sont appliquées sans aucun dialogue de gestion et sans explication sur la façon dont les arbitrages sont réalisés »[2].

Cette insatisfaction est partagée, car le responsable de programme « trouvait inconfortable d'être si peu impliqué dans la gestion (pas de possibilité de peser sur les décisions de recrutement...) »[3]. Le dialogue est apparemment difficile. En effet, « à cet égard la CRE met en avant l'indépendance qui lui est reconnue par les textes européens pour s'affranchir de certains éléments de '*reporting*' demandés par le responsable de programme concernant notamment les emplois »[4] .

On saisit aisément d'où provient cette difficulté de dialogue : La vision exprimée par le responsable de programme fait peu de cas de l'indépendance de la CRE. Il est, en effet, surprenant qu'il exprime, auprès de la Cour des comptes, un « sentiment d'inconfort », du fait de ne « pas pouvoir peser sur les recrutements », alors que la liberté de recrutement de leur personnel constitue l'un des attributs essentiels de l'indépendance des AAI.

iii- L'hostilité déclarée d'un ministre à l'égard des AAI du programme 134

Si la CRE peut pâtir de la forme d'indifférence dans laquelle s'inscrivent ses rapports avec son ministère de rattachement, la situation s'aggrave lorsqu'elle devient, à l'été 2014, une victime

---

[1]V. PALMA-ALMARIC, *L'autonomie des autorités indépendantes, op. cit.*, p. 458-459.

[2] Rapport fait au nom de la commission d'enquête sur le bilan et le contrôle de la création, de l'organisation, de l'activité et de la gestion des AAI, rapporteur J. MEZARD, Sénat, n° 126, 2015, p. 53.

[3] Cour des comptes, *La politique salariale et les rémunérations pratiquées au sein de la CRE... op.cit.*, p. 32.

[4] *Ibid.*

collatérale de la « guérilla » opposant le ministre de l'Economie, du Redressement productif et du Numérique[1] à l'ARCEP[2].

Le ministre décide en juillet 2014 de diminuer les effectifs des trois AAI du programme 134, sous prétexte qu'il n'y a aucune raison que ces autorités soient exemptées de l'effort exigée de l'administration[3].

Le président de la CRE évoque le sujet, à l'occasion d'une audition devant la commission spéciale de l'Assemblée nationale lors de l'examen du projet de loi relatif à la transition énergétique pour la croissance verte : « 'Les « arbitrages' opérés à un moment donné au ministère du Redressement productif nous ont conduits à une diminution du nombre d'emplois de l'ordre de 4 % contre 2 % pour le reste de l'administration des finances. J'ai d'ailleurs écrit au Premier ministre à ce sujet pour lui indiquer que dans de telles conditions, nous serions amenés à abandonner certaines de nos responsabilités ou à les exercer de façon très dégradée. Je songe en particulier aux appels d'offres : si ces arbitrages devaient être confirmés, nous ne mettrions plus deux ou trois mois pour les traiter, mais six à neuf mois. Depuis 2009, le législateur nous a accordé sa confiance en nous confiant de plus en plus de responsabilités – et nous en exerçons beaucoup. Mais jamais nos moyens n'ont suivi : ils ont au contraire diminué, tant en termes de capacités d'étude que d'emplois. Les arbitrages opérés nous ramènent à notre situation d'emploi de 2005, soit dix ans en arrière »[4].

La question est à nouveau abordée, le 16 juin 2015, devant la commission d'enquête du Sénat sur les AAI : « Les arbitrages budgétaires successifs depuis 2010 ont fortement réduit les effectifs de

---

[1] A. MONTEBOURG, ministre de l'Économie, du Redressement productif et du Numérique 16 mai 2012 – 25 août 2014.

[2] A titre d'exemple : « Nos concitoyens demandent de l'Etat, pas des autorités indépendantes qui disent le droit. Ils ne veulent pas qu'on applique des règles, ils veulent qu'on fasse des choix. Il faut réformer l'ARCEP, réduire ses pouvoirs, la remettre à sa place » discours d'A. MONTEBOURG devant les opérateurs lors des vœux de la FFT janvier 2014. Le ministre s'en prenait également à l'Autorité de la Concurrence « Lorsque je reçois l'Autorité de la concurrence, je leur dis : vous, vous êtes contre les ententes, moi je les organise. Vous, vous êtes nommé, moi, je suis élu. Qui a raison ? Forcément moi ! ». O. CHICHEPORTICHE (Suivre@zdnetr) modifié le 3 février 2014.

[3] Le ministre avait toutefois eu la courtoisie, rare, de téléphoner directement aux trois présidents concernés pour leur annoncer les mauvaises nouvelles (expérience professionnelle de l'auteur).

[4] Assemblée nationale, Commission spéciale pour l'examen du projet de loi relatif à la transition énergétique pour la croissance verte, audition du président de la CRE, 11 septembre 2014.

la CRE qui sont passés de 131 emplois à temps plein, dont trois commissaires (ETP) à 130 en 2014 dont 6 commissaires et 124 en 2015. D'après les derniers arbitrages de juillet 2014, cette réduction devrait se poursuivre en 2016 avec 119 emplois et 115 en 2017 (les six commissaires compris) »[1].

La situation est incontestablement tendue, et aurait été, probablement, peu tenable sans le départ du Gouvernement du ministre A. Montebourg, le 25 août 2014, très peu de temps après son arbitrage défavorable aux trois AAI, ce qui permettait d'alléger la pression sur la diminution des effectifs[2].

Le rapport d'activité de l'année 2015 reprend toutefois la plupart des doléances déjà évoquées en insistant, de surcroit, sur les 13 nouvelles missions dont est investie la CRE par la loi n°2015-992 du 17 août 2015 relative à la transition énergétique pour la croissance verte[3], sans oublier le renouvellement de tous les tarifs de réseaux en électricité et en gaz, devant être traités en moins de deux ans.

---

[1]« La CRE pourrait subir ainsi une baisse de 15 % de ses effectifs. Nous n'avons jamais atteint le nombre d'emplois correspondant à nos besoins. Chez nos homologues, les effectifs sont plus élevés, de l'ordre de 700 au Royaume-Uni et de 200 à 300 en Allemagne, en Espagne ou en Italie. [...] L'organisation est sous tension et les conditions d'exercice de nos missions se dégradent. L'accumulation des compétences s'est faite sans considération des moyens budgétaires nécessaires. Le délai de rédaction des cahiers des charges des appels d'offres pour les énergies renouvelables est passé de deux à plus de six mois et la CRE risque de ne plus pouvoir assurer les délais d'instruction des dossiers. Les travaux de surveillance des marchés de détail ont été fortement ralentis, quand la fin des tarifs réglementés de vente impose pourtant une vigilance particulière. Ainsi, la CRE n'a pas publié de rapport sur les marchés de détail depuis 18 mois », compte-rendu de la Commission d'enquête sur les AAI, Sénat, audition du président de la CRE, 16 juin 2015.

[2] De façon anecdotique mais instructive, le directeur de cabinet, A. Kohler, du nouveau ministre de l'économie, E. Macron, qui succédait à A. Montebourg, indiquait, de façon orale, au président de la CRE de ne pas tenir compte de cet arbitrage et de rester au plafond d'emploi qui précédait (expérience professionnelle de l'auteur).

[3] La loi n°2015-992 du 17 août 2015 relative à la transition énergétique pour la croissance verte comportait dans 17 articles distincts, 29 références à la CRE, qu'elle investissait expressément de 13 nouvelles missions au total. Parmi celles-ci on notera : réception et contrôle de la légalité des notifications de suspension du mécanisme d'ajustement par RTE (article 150) ; méthode de calcul du coût prévisionnel des Schémas Régionaux de Raccordement au Réseau des Énergies Renouvelables (article 148) ; élaboration d'un rapport public sur les effacements et proposition, le cas échéant, de modifications des règles relatives au versement et avis sur les projets de décret correspondant (article 168).

La question du plafond d'emploi de la CRE trouve une solution inattendue en 2016. « A l'été 2016, une décision de la ministre en charge de l'environnement a entériné une augmentation des moyens de la CRE, justifiée par la nécessité de ' procéder aux recrutements nécessaires à l'exercice des nouvelles missions qui lui incombent en matière d'appels d'offres pour les nouvelles installations de production d'électricité, en particulier celles mobilisant les énergies renouvelables, ainsi qu'aux missions qui découlent de la mise en œuvre de la loi relative à la transition énergétique pour la croissance verte'. Le plafond d'emploi de la CRE a été porté à 149 ETP au 1er janvier 2017 dans le cadre d'un changement de son programme de rattachement »[1].

Cette décision, que rien ne laissait présager, dote la CRE des moyens nécessaires à l'accomplissement de ses missions. La CRE, en décidant de traiter en premier lieu ce qu'elle estime être ses priorités, et non celles du ministère, a trouvé un moyen de pression qui se révèle efficace. On relèvera que les motivations évoquées pour cette décision ressortent des priorités du ministère de l'Environnement et non des tâches régulatoires plus classiques de la CRE.

La négociation, qui s'engage immédiatement avec la secrétaire générale du ministère dans le cadre du programme 217, aboutit à la signature le 31 janvier 2017 d'une nouvelle charte de gestion. Celle-ci est considérée par la Cour des comptes comme favorable à la CRE : « Dès le préambule est réaffirmé le principe d'indépendance de la CRE, et les dispositions encadrant sa gestion lui sont extrêmement favorables »[2].

Lors de son audition devant la commission des affaires économiques de l'Assemblée nationale, le 20 juillet 2016, le président de la CRE salue cette décision d'accorder, enfin, 20 ETPT de plus à la CRE[3].

---

[1] Cour des comptes, *La politique salariale et les rémunérations pratiquées au sein de la CRE… op. cit.,* p. 37.

[2] *Ibid.,* p. 39.

[3] Assemblée nationale, commission des affaires économiques, audition de Ph. de Ladoucette, 20 juillet 2016 : « J'ai souvent eu l'occasion, devant vous et dans d'autres instances, de me plaindre du manque de moyens alloués à la CRE pour assurer des missions qui n'ont cessé de croître au cours des cinq ou six dernières années, à la suite de directives européennes ou de décisions prises par vous-mêmes ou sur proposition du Gouvernement. Cela est particulièrement vrai depuis la loi relative à la transition énergétique. Je suis donc très heureux de pouvoir vous dire que ces difficultés sont en voie de résolution grâce à l'action extrêmement résolue de Mme Ségolène Royal qui a décidé d'augmenter nos ressources en emplois de manière sensible. Cet effort

Le sujet de l'insuffisance des moyens humains n'est plus évoqué dans les rapports d'activité de la CRE. Le rapport de 2016 établit un bilan très positif de la nouvelle situation[1]. Le rapport d'activité de 2021 mentionne 156 collaborateurs au 31 décembre hors les membres du collège [2] .

2- Ressources humaines et indépendance

Les difficultés rencontrées par la CRE en termes d'effectif, sont, sur le plan des principes, une réelle atteinte à son indépendance. La Commission européenne a toujours souligné l'importance des moyens accordés aux régulateurs nationaux dans le cadre de leur indépendance (nous verrons que l'Agence de coopération des régulateurs, ACER, est confronté aux mêmes problèmes d'effectifs et se repose beaucoup sur les moyens des régulateurs nationaux). Les travaux de l'OCDE sur l'indépendance des régulateurs insistent, de même, sur cet aspect au travers d'un sondage réalisé auprès de 26 régulateurs du secteur de l'énergie appartenant l'association ERRA[3] : « *Respondents highlighted the importance of financial independence in order to garantee that there are adequate human resources and an appropriate working environment for efficient operation and predictable, consistent and unbiased decisions* »[4].

---

particulier n'a jamais été réalisé au cours des seize années passées. Nous aurions gagné un peu de temps s'il avait été fait avant ».

[1] « En 2016, la ministre de l'Energie a décidé d'attribuer à la CRE les ressources nécessaires pour lui permettre de répondre à l'ensemble de ses missions et, pour la première fois depuis 2008, les effectifs de la CRE ont connu une augmentation à hauteur de 20 ETP. Cette mesure a pu être mise en œuvre sans attendre la loi de finances pour 2017 puisqu'un décret de transfert a permis à la CRE de bénéficier des ressources en fonctionnement et en masse salariale dès le 1er septembre 2016. Cette augmentation significative des effectifs a ensuite été actée par la loi n° 2016-1917 du 29 décembre 2016 de finances pour 2017 qui a fixé le plafond d'emploi de la CRE à 149 ETP au 1er janvier 2017 », *Rapport d'activité CRE* 2016, p. 35.

[2] Le rapport indique par ailleurs que pour 40 postes ouverts en recrutement la CRE a reçu 2000 candidatures.

[3] ERRA, *Energy Regulators Regional Association*, est une association de régulateurs de l'énergie principalement d'Europe centrale avec des correspondants dans diverses parties du monde (Afrique, Moyen Orient, USA...), dont le siège est à Budapest (33 membres titulaires et 9 membres associés).

[4] OECD (2016), *Being an Independent Regulator, The Governance of Regulators*, OECD Publishing, Paris, p. 43.

La littérature académique a fréquemment établi la distinction entre indépendance *de jure* et indépendance *de facto*. Le mécanisme du plafond d'emploi est certainement une atteinte *de jure* à l'indépendance de la CRE ou, pour reprendre le terme employé par le Conseil d'Etat, à son autonomie. Autonomie de gestion qui, dans notre esprit, n'est pas strictement synonyme d'indépendance, qui concerne le contenu des différents actes édictés par la CRE.

Son indépendance *de facto* n'est, toutefois, pas réellement affectée. En termes de « comportement », la CRE ne cherche jamais à se concilier les bonnes grâces de l'exécutif en modérant ses critiques, ainsi que le rappelle V. Palma-Almaric : « Il faut souligner que la CRE est en général la plus virulente et la plus critique envers les pouvoirs publics »[1].

En termes d'activité, l'insuffisance de ses effectifs n'a jamais empêché la CRE de conduire les missions qu'elle estime prioritaires, au détriment de celles qu'elle juge hors de son cœur de métier. Son indépendance *de facto* n'est ainsi pas compromise.

Il est toutefois un aspect plus préoccupant, et qui pourrait s'apparenter à une « résurgence du contrôle politique »[2]. La mise en parallèle des décisions successives, et opposées, des deux ministres, évoquées précédemment, illustre une intervention de type politique dans le fonctionnement des AAI. Dans le premier cas, le ministre décide de réduire les moyens des trois AAI de la partie du programme sur lequel il a un pouvoir, en guise de « représailles » vis-à-vis de l'ARCEP. Dans le second cas, la ministre décide d'accroitre les effectifs de la CRE, en la rattachant budgétairement à son ministère, car elle en a un besoin incontournable pour atteindre ses objectifs de développement des énergies renouvelables.

II- Les ressources budgétaires de la CRE : une question d'indépendance

La question des ressources budgétaires s'est posée en premier lieu comme un sujet de principe en termes d'indépendance (A), puis, avec la mise en application de la LOLF, elle s'est imposée en problème

---

[1] V. PALMA-AMALRIC, *L'autonomie financière des autorités indépendantes, op. cit.*, p. 393.

[2] S. DUBITON, *La protection des libertés publiques par les autorités administratives indépendantes. Une solution démocratique ? op. cit.*, titre du chapitre 1, Titre I, Seconde partie.

structurel de technique budgétaire (B). La CRE a ensuite recherché des solutions pérennes à cette difficulté récurrente (C).

A- La recherche d'émancipation : la défense de l'indépendance « *de jure* »

Aux termes de l'article 3 de la loi n° 2000-101 du 10 février 2000, la Commission « propose au ministre chargé de l'énergie et au ministre chargé des finances lors de l'élaboration du projet de loi de finances, les crédits nécessaires [...] à l'accomplissement de ses missions ». Pour des raisons de principe précédemment évoquées, la CRE critique la procédure même mise en place et émet le souhait, comme l'ARCEP, « d'exclure le ministre en charge du secteur de la négociation budgétaire, que ce soit par le biais d'une présentation du budget prévisionnelle de l'Autorité devant le seul ministre en charge du budget [1], ou par le rattachement de ce budget à celui des services du Premier ministre, solution déjà employée notamment pour la Commission en bourse »[2].

La question ne réside pas tant dans le niveau des moyens alloués que dans le fait qu'il puisse être décidé par le ministre en charge de l'énergie et, donc, de la tutelle des monopoles que la CRE doit réguler. Il s'agit de l'indépendance *de jure*.

La CRE évoque également, dans ses premiers rapports d'activité, la possibilité d'un financement extra-budgétaire. Cette idée, recueille un écho favorable auprès du rapporteur du budget au Sénat, Ph. Marini.

Lors de la discussion du projet de loi de finances rectificative 2005, le rapporteur du budget fait voter un amendement conférant à la CRE la personnalité morale et l'autonomie financière[3]. Cette autonomie est

---

[1] Solution proposée par la CRE dans son rapport d'activité de 2001.

[2] Ch. GUENOD, *Théorie juridique et économique du régulateur sectoriel, op. cit.*, p. 261.

[3] Art 55 bis (nouveau), première lecture au Sénat : I. - Le cinquième alinéa de l'article 30 de la loi n°2000-108 du 10 février 2000 relative à la modernisation et au développement du service public de l'électricité est remplacé par deux alinéas ainsi rédigés :

« I. - La Commission de régulation de l'énergie dispose de la personnalité morale et de l'autonomie financière. Son budget est arrêté par le collège sur proposition du directeur général. Les dispositions de la loi du 10 août 1922 relative à l'organisation du contrôle des dépenses engagées ne lui sont pas applicables.

« Elle perçoit pour son fonctionnement la contribution prévue à l'article 1603 du code général des impôts. »

prévue à l'article 55(ter) qui prévoit dans le Code général des impôts, à l'article 1603, une contribution, basée sur la consommation d'électricité et de gaz, pour assurer le financement de la CRE[1].
Le sénateur Ph. Marini justifie son amendement par un raisonnement similaire à celui avancé par la CRE. Le financement de cette dernière, par le biais d'une dotation figurant au budget du ministère de l'Industrie, n'est pas satisfaisant, car « elle fait du régulateur une entité administrative dont les moyens de fonctionnement dépendent du ministre en charge de l'industrie », ce qui, souligne-t-il, est « en quelque sorte, la négation de l'indépendance de l'autorité collégiale ».
Le débat qui s'ensuit avec le ministre du Budget préfigure ceux qui surviennent les années suivantes. Il se résume à l'argument selon lequel la création d'une taxe fiscale au profit de la CRE n'est pas souhaitable[2]. Ce à quoi le rapporteur du budget rétorque : « Monsieur le ministre, vous me communiquez la réponse traditionnelle de l'administration, réponse que l'on reçoit presque automatiquement lorsque cette question est posée, et ce quel que soit le gouvernement, quel que soit le ministre. Pardonnez-moi, mais je ne peux y souscrire ! ». Le Sénat ne suit pas l'avis négatif du Gouvernement et maintient cette disposition. La question est tranchée, de façon curieuse, par la commission mixte paritaire. Elle supprime, en effet, l'article relatif à l'autonomie budgétaire tout en conservant la personnalité morale, ce qui retire toute portée à l'amendement initial. C'est ainsi en toute logique que la loi de programme n° 2005-781 du 13 juillet 2005, fixant les orientations de la politique énergétique, supprime la personnalité morale accordée à la CRE et, en l'absence de taxe affectée, fait « perdre tout intérêt à la personnalité morale alors créée »[3].

II. - Un décret en Conseil d'Etat fixe les modalités d'application du présent article ».

[1] Cette contribution, payée par les gestionnaires de réseaux et de distribution d'électricité et gaz, était assise sur le nombre de kilowattheures (kWh) consommés tant en gaz qu'en électricité par le consommateur final. Son montant devait être fixé par décret, après avis de la CRE, dans une fourchette variante entre 0,001 centime d'euro et 0,005 par KWh d'électricité ou de gaz consommé.

[2]« La création d'une nouvelle taxe est contraire à l'objectif du Gouvernement de simplification administrative, mis en œuvre notamment par la suppression des microtaxes existantes » J.-F. COPE, ministre délégué au Budget, Sénat, séance du 20 décembre 2004, loi de finances rectificatives pour 2004, articles additionnels avant l'article 56.

[3] V. PALMA-AMALRIC, *L'autonomie financière des autorités indépendantes, op. cit.*, p. 301.

La CRE aborde la mise en œuvre de la LOLF dans les conditions juridiques de sa création, puisque la loi du 13 juillet 2005 revient quasiment aux termes initiaux de la loi du 10 février 2000.

B- La LOLF : une antinomie de nature avec des régulateurs indépendants

Si l'indépendance financière suppose une capacité à définir ses propres modalités de financement et une libre affectation des ressources, la CRE ne se trouve objectivement pas dans ce cas. Le budget de la CRE est essentiellement constitué de dépenses du titre 2 (rémunération du personnel) et de dépenses du titre 3 (fonctionnement). Sur un budget global qui fluctue de 10 millions d'euros dans les premières années à 21 millions d'euros en 2020, la part du titre 2 est prépondérante[1], comme d'ailleurs dans la plupart des AAI.
Le titre 3 est longtemps obéré par la part des dépenses immobilières, qui s'allègent à partir de 2010 à l'occasion de la fin du bail et d'un changement de localisation[2]. Ce sont les crédits du titre 3 qui permettent à la CRE de commander des audits et des études, d'assurer la communication et la réalisation des documents dont le rapport d'activité annuel, et rendent possible les déplacements des agents pour les nombreuses réunions, sous l'égide la Commission européenne, dans différentes capitales européennes. Cette partie des crédits a toujours été insuffisante.
L'application de la LOLF a pour la CRE, un effet bénéfique, la fongibilité asymétrique , et de nombreux effets négatifs au travers de la régulation budgétaire, avec le gel et l'annulation des crédits.

---

[1] En 2008, sur un budget de 19,5 M€, le titre 2 représentait près de 14 M€, et le titre 3 se montait à 8 M€. En 2020, la répartition est pour le titre 1 de 14,5 M€, et près de 7 M€ pour le titre 2.

[2] En 2009, le loyer (3,5 M€) représentait 44% des crédits de fonctionnement. La CRE a signé en 2009, après accord des services de l'Etat, un bail de 12 ans ferme pour un bâtiment de 5000 m^2, partagé avec le Médiateur national de l'énergie. Le montant du loyer de la CRE, lissé sur toute la durée du bail ferme de 12 ans (soit jusqu'en 2022), a été calculé en cumulant le loyer principal et le coût des travaux intérieurs à l'adaptation des locaux aux usages. Le loyer global de la CRE, hors taxes et frais de gestion, se divise en deux : il comprend le loyer payé par la CRE pour l'utilisation des 3.807 m^2 qui lui sont dévolus, auquel se rajoute la quote-part d'occupation de l'immeuble par le Médiateur de l'énergie (1.045 m^2). Cette opération permettait à la CRE d'économiser près de 44% de loyer en 2010.

Les articles 7 et 14 de la LOLF permettent, en effet, de rendre les crédits fongibles et interchangeables d'une part, et d'annuler des crédits d'autre part.

1- La fongibilité asymétrique

La fongibilité asymétrique autorise le responsable d'un programme - cette disposition est aménagée pour les AAI disposant d'un BOP dont le responsable, donc le président, a cette possibilité - de modifier la répartition des crédits au sein de son programme, ou de son BOP, sans en changer les montants. Ce mécanisme est permis par l'article 7 – II de la LOLF qui prévoit que « la présentation des crédits par titre est indicative ». Ce qui signifie que cette répartition par titre n'est pas figée et qu'il est possible de transférer des crédits d'un titre vers un autre, sauf vers le titre 2 [1] consacré aux dépenses de personnel, qui ne peuvent être augmentées, d'où l'expression de fongibilité asymétrique.
Cette procédure offre quelques marges à la CRE, alors que son budget de fonctionnement se trouvait doublement contraint. De 2000 à 2005, les dotations budgétaires de la CRE sont déduites du montant des reports, très logiquement importants en phase de construction, reports systématiquement accordés. Lors de la mise en œuvre de la LOLF, les reports se trouvent plafonnés à 3% des crédits ouverts au niveau du programme. En conséquence, la CRE se voit amputée d'environ 1,5 million d'euros de crédits, soit plus de 70% de ses reports[2].
Par ailleurs, la CRE connaît, depuis la mise en œuvre de la LOLF, un déficit structurel qu'elle explique ainsi : « Lorsque la LOLF a été mise en place, en 2006, les administrations et les structures qui dépendent de l'État ont eu de vives discussions avec la direction du budget pour définir leur base budgétaire. Celle de la CRE a été estimée à 8 millions d'euros, alors que 9 millions auraient permis de couvrir nos besoins. Par la suite, la direction du budget n'a jamais accepté de 'rebaser' nos

[1] Selon l'article 7-II de la loi organique relative aux lois de finances du 1er août 2001 : « les crédits ouverts sur le titre des dépenses de personnel de chaque programme constituent le plafond des dépenses de cette nature ».
[2] S. DUBITON, *La protection des libertés publiques par les autorités administratives indépendantes*, *op. cit.*, p. 246 : « En étant privé de l'outil d'ajustement que constituaient les reports de crédits, les dirigeants des AAI perdent là, la liberté d'adapter leurs moyens aux missions. Manifestation d'un dirigisme étatique, la nouvelle architecture issue de la LOLF a dépossédé, en somme, les présidents des AAI d'une totale maîtrise de la régulation de leur enveloppe budgétaire ».

crédits de fonctionnement. La Cour des comptes, qui a contrôlé la CRE à deux reprises en deux ans, a parfaitement admis ce déficit structurel d'un million d'euros »[1].

La fongibilité asymétrique permet, alors, à la CRE de compenser en partie ces handicaps. On peut s'étonner qu'elle ait pu transférer des crédits du titre 2 vers le titre 3, alors qu'elle connaît une insuffisance chronique de moyens humains. La raison en est l'absence de corrélation stricte entre le plafond d'emploi et le budget afférent. En effet, ce dernier est durant plusieurs années assez large, ce qui permet à la CRE de réaliser, au dernier trimestre de l'année, un transfert vers le titre 3[2]. Cette « facilité » n'apporte cependant pas de solution structurelle satisfaisante. Si les économies générées par son changement de bail immobilier, évoqué précédemment, lui apportent quelques marges, la question de ses ressources budgétaires de fonctionnement reste récurrente.

2- La régulation budgétaire : gels et annulations de crédits

La régulation budgétaire permet « la modulation conjoncturelle des dépenses »[3], c'est-à-dire de modifier les crédits ouverts par la loi de finances initiale en cours d'année et, notamment, de geler[4] et d'annuler des crédits[5]. Cette pratique n'a pas épargné les AAI car, comme l'écrivait la CRE, « au même titre que les autres administrations nous sommes astreints au gel annuel des crédits »[6].

---

[1] Ch. LE BIHAN-GRAF, directrice générale de la CRE, audition du 10 avril 2010, Comité d'évaluation et de contrôle des politiques publiques, Rapport sur les AAI, R. DOSIERE, Ch. VANNESTE, tome 2, p. 152.

[2] Assemblée nationale, questionnaire fait au nom de la commission des affaires économiques, de l'environnement et du territoire sur le projet de loi de finances pour 2009, Développement des entreprises et de l'emploi (programme n° 134), Réponses de la CRE (action 7 du programme 199 en 2008), 9 juillet 2008 : la CRE indiquait qu'elle avait mis en œuvre la fongibilité asymétrique au cours du 4e trimestre « pour un montant de 600 000 euros en autorisation d'engagements afin de pouvoir financer les expertises externes nécessaires à l'exécution des missions du régulateur : audits comptables des opérateurs régulés, études nécessaires à l'élaboration des tarifs de gaz ».

[3] J.-L. ALBERT, *Finances publiques*, Paris, Dalloz, 8[e]édition 2013, p. 290.

[4] Article 14-III de la loi organique n° 2001-692 du 1er août 2001 relative aux lois de finances.

[5] Article 14-I de la loi organique précitée.

[6] Audition du président de la CRE, Assemblée nationale, Comité d'évaluation et de contrôle des politiques publiques sur les AAI, 1er avril 2010.

Les rapports d'activité de la CRE de 2012 et 2013 dénoncent les réductions systématiques de son budget par des mesures de gels budgétaires[1] et alertent sur leurs conséquences : « La poursuite de la réduction du budget de fonctionnement de la CRE après la mise en œuvre d'un plan d'économie affecte essentiellement son budget d'études, d'audit et de conseils externes. Or ces études sont indispensables à la fixation des tarifs »[2].

Cette situation est d'autant plus embarrassante que ces gels se transforment, fréquemment, en annulation de crédits pure et simple[3] : « Les budgets des AAI diminuent donc du fait de deux facteurs : ajoutée au choix politique contraint de diminuer les crédits de la loi de finances, l'application d'un taux de gel permet la mise en réserve des crédits et leur blocage temporaire jusqu'à procéder *in fine* soit à leur déblocage, soit à une annulation de crédits afin de financer des dépenses nouvelles ou imprévues »[4].

Nous avons évoqué, dans le cas des effectifs, la charte de gestion mise en place en 2012 qui vise à limiter les conséquences négatives de certains aspects de la LOLF pour les AAI dont plusieurs sont, effectivement, associées à un « dialogue approfondi et systématique avec le responsable de programme »[5].

Dans sa relation avec son responsable de programme, la CRE n'obtient pas plus de satisfaction sur le plan budgétaire que dans le domaine des effectifs, ce qu'elle exprime à la commission d'enquête sénatoriale sur les AAI de 2015 : « une charte de gestion régit les rapports entre l'AAI

---

[1] « Or, les effectifs et le budget de fonctionnement du régulateur français de l'énergie ont régressés dans la même période. Ils sont en outre systématiquement amputés en cours d'année par des mesures de gel budgétaire », *rapport d'activité CRE* 2012, p. 15.

[2] *Rapport d'activité CRE* 2013, p. 20.

[3] Par exemple les annulations de crédits LFI 2008 portaient sur des sujets aussi divers que le soutien à l'agriculture et à la pêche, le Grand Paris, l'aides aux Français rapatriés... Assemblée nationale, questionnaire projet de finances pour 2010, réponse de la CRE « exécution budgétaire exercice 2008- 2009 ».

[4] V. PALMA-ALMARIC, *L'autonomie financière des autorités indépendantes, op. cit.*, p. 387.

[5] *Ibid.*, p. 461 : « Les AAI qui dépendent du Premier ministre semblent ainsi satisfaites de la « relation régulière avec la direction des services administratifs et financiers », de la « participation au comité de pilotage du programme » et de la communication préalable des mesures de régulation « afin d'anticiper autant qu'il est possible les conséquences » (citations extraites du rapport fait au nom de la commission d'enquête sur les AAI, Sénat, n° 126, 2015, p. 53)

et le responsable de programme. Dans les faits, [...] l'AAI est considérée comme un service d'administration centrale sans respect de son statut réglementaire »[1].

La CRE aurait probablement adhéré à l'affirmation selon laquelle « la LOLF se retourne contre les AAI, par leur insertion dans des programmes, c'est-à-dire en les soumettant à un pouvoir de décision budgétaire en cours d'exercice, diminution apparente de leur propre maîtrise, c'est-à-dire de leur apparente autonomie »[2], alors qu'elle dénonce les principes de la LOLF pour une AAI, avant même de l'avoir expérimentée : « La spécificité du statut de la CRE, autorité administrative indépendante, n'est pas prise en compte dans la nouvelle nomenclature budgétaire »[3].

C- La recherche de solutions pérennes

1- La personnalité morale

Le projet de loi NOME et l'approbation du 3ème paquet énergie donnent à la CRE l'opportunité de chercher une solution au travers d'un projet d'amendement qu'elle rédige à l'attention du rapporteur du budget au Sénat, Ph. Marini. Ce projet reprend les modalités que ce dernier avait définies dans son amendement de 2004 et dans sa tentative avortée de 2006[4]. Devenue une autorité publique indépendante, son financement doit être assuré par une « contribution forfaitaire des entreprises du secteur régulé versée annuellement, acquittée par les gestionnaires de réseaux de transport et de distribution d'électricité et de gaz ».

---

[1] Rapport fait au nom de la commission d'enquête sur le bilan et le contrôle de la création, de l'organisation, de l'activité et de la gestion des AAI, rapporteur J. MEZARD, Sénat, n° 126, 2015, p. 56.

[2] M.-A. FRISON-ROCHE, in *Les AAI : Evaluation d'un objet juridique non identifié*, P. GELARD, t. II, 2006, p. 126.

[3] « En effet, lors de la mise en œuvre de la LOLF, l'activité de la CRE a été définie comme une action au sein du programme 'régulation et sécurisation des échanges de biens et de services', de la mission ministérielle 'Développement et régulation économiques'. Ainsi, la CRE est traitée dans le cadre de la LOLF comme un service d'une administration centrale, les crédits de chaque programme étant fongibles, le chef de programme, peut, a moins en droit, affecter les crédits accordés à la CRE et d'autres actions au sein du même programme.», *ibid.*, p. 126, note de bas de page 2.

[4] Dans le cadre de la loi du 6 décembre 2006, le sénateur Ph. Marini a renouvelé sa tentative précédente de doter la CRE de la personnalité morale et de l'autonomie financière. Compte tenu de la tonalité générale à l'égard de la CRE lors de la discussion, le projet n'a pu aboutir.

Le rapporteur propose un article additionnel après l'article 8, intitulé « octroi de la personnalité morale et de l'autonomie financière à la CRE ». Il explique que cette mesure s'inscrit dans le droit fil du droit communautaire, en particulier de l'article 35 de la directive 2009/72/CE et de l'article 39 de la directive 2009/73/CE (3ème paquet énergie), aux termes desquels l'autorité de régulation devait être « juridiquement distincte et fonctionnellement indépendante de toute autre entité publique ou privée ».
Pour doter la CRE de ressources propres, il est prévu d'insérer un article 1609*quatertricies* au sein du Code général des impôts, aux termes duquel, à compter du 1er janvier 2011, les gestionnaires de réseaux de transport et de distribution d'électricité et de gaz naturel seraient assujettis à une contribution, acquittée chaque année, au profit de la CRE. L'argument juridique avancé pour justifier cette mesure est que « le régulateur joue un rôle de ' prestataire de service' pour ces opérateurs, qui se trouvent en situation de monopole de fait »[1].
La commission des affaires économiques du Sénat examine l'amendement le 30 septembre 2010 et le rapporteur de la loi, L. Poniatowski, s'y déclare opposé. La raison invoquée n'était pas de nature juridique, mais économique, ce qui, compte tenu des montants en jeu, apparaît surprenant. L'argument avancé est qu'il ne faut pas « déshabiller » les gestionnaires de réseau, qui doivent investir des sommes importantes [2]. Le Gouvernement se déclare également opposé à l'amendement, au prétexte qu'il conviendrait de se poser la question pour l'ensemble des AAI[3] et pas seulement pour la CRE. Le rapporteur pour avis, Ph Marini, probablement quelque peu désabusé, accepte alors de retirer son amendement[4].

---

[1] Projet de loi portant nouvelle organisation du marché, Sénat, avis de Ph. MARINI fait au nom de la commission des finances, déposé le 6 juillet 2010.

[2] L. PONIATOWSKI Sénat, commission des affaires économiques, 30 septembre 2010, discussion : « Le réseau de moyenne tension, en électricité par exemple, n'est pas bon en France, et cela fait seulement deux ans qu'un rattrapage sérieux est mis en œuvre, après une petite dizaine d'années pendant lesquelles on n'a pas fait ce qu'il fallait. Je pense donc que ce n'est pas le moment de ' déshabiller ' ces structures ».

[3] « Il (le gouvernement) émet donc un avis défavorable sur cet amendement et considère que cette question mérite d'être examinée de manière générale, pour toutes les autorités administratives indépendantes », V. LETARD, secrétaire d'Etat, Assemblée nationale, première lecture, 30 septembre 2010, projet de loi portant nouvelle organisation du marché, article additionnel après l'article 8.

[4] Ph. MARINI a tenté à plusieurs reprises de conférer à la CRE la personnalité morale et l'autonomie financière, ainsi que le rapportait le rapporteur de la loi L.

Il est frappant de constater qu'aucun argument juridique n'est avancé, tant par le rapporteur de la loi que par le représentant du Gouvernement, pour s'opposer à cet amendement. Les deux raisons évoquées peuvent être qualifiées, au mieux, de peu consistantes. Les investissements des gestionnaires de réseaux, couverts par les différents tarifs, s'élèvent à plusieurs milliards d'euros par an, ce n'est donc pas une fraction de 20 millions pour chacun d'entre eux qui aurait été susceptible de mettre en péril le niveau des investissements.

S'agissant de la position du Gouvernement, son représentant oublie, opportunément, que l'Autorité de régulation des activités ferroviaires (devenue l'Autorité de régulation des transports), créée en 2009[1], est dotée de la personnalité morale et de l'autonomie financière[2], par amendements du rapporteur de la loi au Sénat en première lecture, alors que le Gouvernement n'y était, initialement, pas favorable.

Lors de la discussion en première lecture à l'Assemblée nationale de l'article 14 de la loi n° 2009-1503 du 8 décembre 2009 -celle-ci venait après celle du Sénat-, la seule demande du secrétaire d'Etat aux

---

PONIATOWSKI : « Je reconnais bien volontiers à notre collègue Philippe Marini une grande constance sur ce sujet. J'ai eu l'occasion d'en débattre directement avec lui, sur des textes concernant le secteur énergétique comme la loi du 9 août 2004 relative au service public de l'électricité et du gaz et aux entreprises électriques et gazières et la loi du 7 décembre 2006 relative au secteur de l'énergie. Mais je l'ai également entendu revenir à la charge sur ce point, toujours avec le même objectif, à d'autres occasions, notamment, me semble-t-il, lors de l'examen du projet de loi de finances pour 2004 et du projet de loi de finances pour 2005 » Assemblée nationale, première lecture, 30 septembre 2010, projet de loi portant nouvelle organisation du marché, article additionnel après l'article 8.

[1] Loi n° 2009-1503 du 8 décembre 2009 relative à l'organisation et à la régulation des transports ferroviaires et portant diverses dispositions relatives aux transports.

[2] Ces deux dispositions ont été adoptés par amendements parlementaires lors de la discussion en première lecture au Sénat. Amendements proposés par le rapporteur, le sénateur F. GRIGNON : « A l'article 4 (statut et champs de compétence de la Commission de régulation des activités ferroviaires), la commission a adopté un amendement remplaçant la qualification d'autorité administrative indépendante par celle d'autorité publique indépendante, afin de renforcer l'indépendance de l'ARAF en lui attribuant la personnalité morale. A l'article 14 (moyens budgétaires de la CRAF), la commission a adopté un amendement tendant à renforcer l'autonomie financière de l'ARAF en lui assurant un financement pérenne et indépendant du budget de l'Etat, ce qui est également une demande de la Commission européenne. Cette contribution serait perçue auprès des gestionnaires d'infrastructures à proportion de leurs recettes et de leur activité, y compris sur les lignes qui n'appartiennent pas au réseau ferré national », Sénat, Commission des affaires économiques, 28 janvier 2009, « organisation et régulation des transports ferroviaires et guidés » examen du rapport.

Transports était de faire payer la redevance fixe non aux gestionnaires d'infrastructures mais aux entreprises ferroviaires, « qui bénéficient d'un droit d'accès à ladite infrastructure, il nous paraît plus logique de mettre à leur charge le paiement de ce droit fixe »[1]. Le cas de l'HADOPI semble aussi avoir été occulté[2].

Il est difficile de saisir les raisons expliquant les différences d'attitudes de l'exécutif à un an d'intervalle, sauf à considérer que le vote favorable de la commission des affaires économiques du Sénat et de l'Assemblée nationale, dans un cas, et défavorable dans l'autre, emporte ou non l'adhésion du Gouvernement[3].

Il s'agit là, de la dernière tentative, tout au moins jusqu'en 2023, de doter la CRE de la personnalité morale. Néanmoins l'autonomie financière peut être « favorisée sans passer par le statut d'autorité publique indépendante »[4].

Le financement de la Commission des opérations en bourse (COB) – aujourd'hui AMF – est assuré par des redevances perçues sur les personnes soumises à son contrôle entre 1984[5] et sa mutation en autorité publique indépendante. Certaines autres autorités administratives indépendantes ont bénéficié, dans les lois institutives, de la possibilité

---

[1] Assemblée nationale, projet de loi adopté par le Sénat, relatif à l'organisation et à la régulation des transports ferroviaires et portant diverses dispositions relatives aux transports, n° 1507, déposé le 10 mars 2009, discussion publique, 22 septembre 2009, article 14, D. BUSSEREAU secrétaire d'Etat aux Transports.

[2] La Haute Autorité pour la diffusion des œuvres et la protection des droits sur internet (HADOPI) qualifiée d'autorité publique indépendante par l'article 5 de la loi n° 2009-669 du 12 juin 2009 favorisant la diffusion et la protection de la création sur internet

[3] On notera par ailleurs que le rapport des députés R. DOSIERE et Ch. VANNESTE, Les autorités administratives indépendantes : pour une indépendance sous la garantie du Parlement, op. cit., prévoyait en octobre 2010 dans sa Recommandation n° 15 « envisager, quand cela est possible, le financement des AAI par une contribution dont la charge serait supportée par le secteur régulé en contrepartie des services ainsi rendus », p. 108.

[4] S. DUBITON, *La protection des libertés publique par les autorités administratives indépendantes, une solution démocratique ? op. cit.*, p. 240.

[5] Conseil d'Etat, *Les autorités administratives indépendantes*, *op. cit.*, p. 354 : « La COB a, il est vrai, obtenu la garantie d'un financement propre (en vertu de l'art. 1er de l'ordonnance n° 67-833 du 28 septembre 1967 dans sa rédaction issue de l'art. 2 de la loi n° 84-1208 du 29 septembre 1984 et de l'art. 8-1 du décret n° 68-23 du 3 janvier 1968 ajouté par le décret n° 85-809 du 31 juillet 1985), qui prend la forme de redevances de deux types principaux : des redevances liées aux opérations financières effectuées par tout organisme autre, lors l'Etat et aux interventions de la COB à l'occasion de ces opérations ; des redevances assises sur les encours de fonds gérés dans le cadre d'une formule de gestion collective de l'épargne ».

de se financer sur des ressources propres. C'est le cas pour l'ARCEP, la CNIL ou la CRE. Pour cette dernière l'article 30 de la loi du 10 février 2000 prévoit que la CRE « perçoit, le cas échéant, des rémunérations pour services rendus »[1]. Cette possibilité, peu sinon pas, utilisée[2], n'a jamais constituée un complément budgétaire réel. Elle offre toutefois à la CRE une possibilité de manœuvre.

2- La rémunération pour services rendus

Confrontée à une situation qui risque de mettre en péril son expertise économique, faute de moyens, la CRE tente une opération, en se fondant sur l'article L. 133-5 du Code de l'énergie, qui lui permet de percevoir des « rémunérations pour services rendus ».
Le président de la CRE saisit le ministre de l'Économie et des Finances, le 13 avril 2013[3], d'une demande de modification du Code de l'énergie afin de lui permettre d'obtenir le remboursement, par les opérateurs concernés, des frais d'étude et d'audit que la CRE engage lors de l'instruction de différents dossiers.
Partant du principe que « rémunération pour service rendu » et « redevance pour service rendu »[4] recouvrent un même concept, en s'appuyant sur le guide de légistique rédigé par les services du Premier ministre, la CRE entend démontrer que cette redevance peut s'appliquer à son cas particulier.
Si le Code de l'énergie prévoit bien la possibilité pour la CRE de percevoir une redevance (ou rémunération) pour service rendu, le législateur n'a pas souhaité en définir ni les modalités ni l'étendue.
Dans ces conditions, il convenait de se référer à la jurisprudence administrative pour en définir le contour exact. Cette rémunération doit obéir à deux règles essentielles : l'existence d'une contrepartie directe,

---

[1] Code de l'Energie, art. L. 133-5.
[2] Cette possibilité a été utilisée pour la vente d'ouvrages, elle l'est aujourd'hui pour la location de salles de la CRE à d'autres organismes.
[3] Courrier du président de la CRE au ministre de l'Économie et des Finances en date du 13 avril 2013.
[4] La définition d'une redevance pour service rendu a été donnée en 1958 par le Conseil d'Etat à l'occasion de la décision du 21 novembre 1958, Syndicat national des transporteurs aériens, par laquelle le Conseil d'Etat précise qu'il s'agit de : « toute redevance demandée à des usagers en vue de couvrir les charges d'un service public déterminé ou les frais d'établissement et d'entretien d'un ouvrage public et qui trouve sa contrepartie directe dans les prestations fournies par le service ou dans l'utilisation de l'ouvrage ».

pour le redevable ; l'application du principe de proportionnalité, pour en définir le montant.
Si la seconde condition est assez aisée à remplir pour la CRE, la première apparaît juridiquement fort difficile à démontrer. La régulation s'exerçant dans l'intérêt général, il n'est pas aisé de prouver que les opérateurs régulés trouvent une contrepartie directe dans le service rendu par la CRE et peuvent, ainsi, être assujettis à une redevance.
C'est pourquoi la CRE propose la création d'une redevance, avec comme base juridique le décret en Conseil d'Etat, n°2002-1266, du 16 octobre 2002, qui avait défini une série de rémunérations pour services rendus par la CRE.
En particulier, l'article 1er de ce décret précise que :

> « Peut donner lieu à la rémunération pour services rendus la fourniture par la Commission de régulation de l'électricité [de l'énergie] des prestations énumérées ci-dessous :
> 1°) Cessions de publications réalisées par la Commission de régulation de l'électricité, avec ou sans cession du droit de reproduction ou de diffusion ;
> 2°) Organisation de conférences et colloques ;
> 3°) Missions d'expertise, de conseil et d'assistance soit auprès de personnes privées ou organismes publics autres que l'Etat, soit auprès de personnes publiques ou privées de droit étranger, soit auprès d'institutions internationales »
> L'article 2 de ce même décret précise que : « le montant de la rémunération perçue en contrepartie des prestations mentionnées à l'article 1er ci-dessus est fixé par le tarif établi par le président de la CRE ».

La direction du budget, peu convaincue par cette approche, demande alors une analyse à la direction des affaires juridiques du ministère[1]. Celle-ci démonte le raisonnement tenu par la CRE. Elle estime que les critères de rémunération pour services rendus ne sont pas remplis, car les missions de la CRE qui pourraient donner lieu à des frais d'étude et d'audit lui sont confiées au titre de son activité de régulation par des

[1] Note, pour la direction du budget, de la direction des affaires juridiques (sous-direction droit public et droit européen et international), n° 2013-05125-COJU, 20 juin 2013.

textes du droit de l'Union[1] ou par le Code de l'énergie[2]. Seules des missions d'expertise, de conseil ou d'assistance, exercées en dehors du cadre des missions obligatoires de la CRE, pourraient donner lieu à rémunération pour services rendus. Les études ou audits menés par la CRE « peuvent l'être à la demande des gestionnaires de réseaux mais elles sont conduites au titre de son activité de régulation et non dans l'intérêt privé de ces sociétés. La CRE exerce ainsi une mission d'intérêt général et ne rend, dans ce cadre, pas de service ou de prestation pouvant être dissociés de son activité de régulation. [...] De manière générale, les droits pour frais de contrôle sont des impositions, et les activités de régulation exercées par les autorités administratives indépendantes au titre de leur missions obligatoires de régulation ne peuvent donner lieu à des rémunérations pour services rendus »[3].La réponse ministérielle était en conséquence négative.

---

[1] Article 17 § 4 du règlement (CE) n° 174/2009 du 13 juillet 2009 sur les conditions d'accès au réseau pour les échanges transfrontaliers d'électricité et article 36 § 3 de la directive n° 2009/73 du 13 juillet 2009 concernant des règles communes pour le marché intérieur du gaz naturel.

[2] Articles L. 341-2 et suivants et L. 452 -1 et suivants dans le cadre de l'élaboration des tarifs, articles L. 321 - 6 et L. 431 - 6 dans le cadre de l'examen des schémas ou plans décennaux des gestionnaires de réseaux de transport d'électricité ou de gaz.

[3] Note de la direction des affaires juridiques précitée : « L'ensemble des juridictions juge que de nombreux services publics dont la production a un caractère global ou collectif n'ont pas de véritables usagers. Ainsi, dès 1894, la Cour de cassation a jugé que les services municipaux de lutte contre l'incendie accomplissent 'un devoir légal faisant moins l'affaire des particuliers que celle de la généralité des habitants' (Cass. Civ 4 décembre 1894, Compagnie d'Assurance contre l'incendie le Soleil). Pour le Conseil d'Etat, le contrôle exercé sur la qualité des vins AOC 'n'a pas été institué dans le seul intérêt des producteurs qui revendiquent le bénéfice de ces appellations, mais a essentiellement pour objet un intérêt général de protection des consommateurs'[...] Par ailleurs, en 1991, la Cour des comptes précisait que la 'rémunération n'est conciliable avec le service public que si elle ne concerne qu'une activité rigoureusement annexe à celui-ci, ce qui n'est assurément pas le cas, par exemple, des contrôles assortis d'une obligation d'ordre public, qui constituent l'essence même de l'action administrative' (rapport de la Cour des comptes sur l'exécution des lois de finances pour 1999). D'une manière générale, les droits pour frais de contrôle sont des impositions, et les activités de régulation exercées par les AAI au titre de leurs missions obligatoires de régulation ne peuvent donner lieu à des rémunérations pour services rendus ».

3- La précédent de l'ARENH

Ayant échoué dans cette nouvelle tentative pour améliorer son budget et préserver sa capacité d'expertise, la CRE utilise le précédent de l'ARENH[1] et l'outil que représente l'article L. 337-14 du Code de l'énergie. Celui-ci dispose que la CRE, « pour apprécier les conditions économiques de production d'électricité pour les centrales nucléaires [...] se fonde sur des documents permettant d'identifier l'ensemble des coûts exposés dans le périmètre de ces centrales [...]. Elle peut exiger d'Electricité de France les documents correspondants et leur contrôle, aux frais d'EDF, par un organisme indépendant qu'elle choisit »[2]. Elle convainc la Cour des comptes de l'intérêt d'une telle solution, qui la cite dans son rapport de 2014 sur l'ouverture du marché de l'électricité : « Cette possibilité d'imputer les coûts d'investigation aux opérateurs régulés pourrait être une solution partielle aux problèmes de financement de la CRE et constituer une alternative à une recette affectée : elle pourrait être étendue au minimum aux gestionnaires de réseau de transport et de distribution »[3].

Cette idée prospère au travers de la loi n°2015-992 du 17 août 2015 relative à la transition énergétique pour la croissance verte. Lors de l'audition du président de la CRE devant la commission spéciale pour l'examen du projet de loi, celui-ci déclare : « L'article 47 du projet de loi dispose que ' la CRE peut faire contrôler aux frais des entreprises les informations qu'elle recueille dans le cadre de ses missions'. Ces dispositions sont essentielles pour la CRE dans le contexte budgétaire actuel très contraint – la CRE ne dispose plus en effet que de ressources très limitées pour financer des audits sur les 50 milliards d'euros de facture d'énergie qu'elle fixe ou qu'elle contrôle –, car elles lui permettraient de transférer la charge de ces contrôles aux entreprises concernées. Il serait utile de préciser que ces contrôles sont effectués, comme dans les dispositions actuellement applicables à l'accès régulé à l'électricité nucléaire historique (ARENH), ' par un organisme indépendant qu'elle choisit'. Concrètement, les auditeurs seront choisis par la CRE dans une procédure de marché public et payés par

[1] Loi n°2010-1448 du 7 décembre 2010.

[2] Art. L. 337-14, Code de l'énergie (Loi n°2000-108 du 10 fév. 2000, art. 4-1, VII).

[3] Cour des comptes, deuxième chambre, troisième section, ROP, *L'ouverture du marché de l'électricité à la concurrence,* 11 avril 2014, p. 70.

l'opérateur concerné via une délégation de paiement. Nous parlons là d'une somme n'excédant pas un million d'euros »[1].
L'article 47 du projet de loi était repris à l'article 169 de la loi qui modifiait l'article L. 134-18, du Code de l'énergie, en ajoutant un alinéa ainsi rédigé : « La Commission de régulation de l'énergie peut faire contrôler, aux frais des entreprises et dans une mesure proportionnée à l'objectif poursuivi et à la taille de l'entreprise concernée, les informations qu'elle recueille dans le cadre de ses missions »[2].
Lors de la discussion en première lecture du projet de loi à l'Assemblée nationale, l'article 47 est adopté sans aucune discussion. L'exposé des motifs par le Gouvernement est concis : « Les troisième et quatrième alinéas permettent à la CRE de faire financer les frais d'audit des comptes des entreprises qu'elle contrôle par ces dernières. Une telle mesure se justifie par l'augmentation constante des missions confiées à la CRE : compte tenu du volume des informations recueillies, le régulateur doit pouvoir disposer des moyens de contrôle pertinents, en ayant notamment recours à des organismes tiers qu'elle choisit ».
Au Sénat, en première lecture, le rapporteur L. Poniatowski, fait voter un amendement prévoyant d'encadrer la possibilité offerte à la CRE de faire contrôler, aux frais des entreprises, les informations qu'elle recueille dans le cadre de ses missions, en renvoyant à un décret le soin de préciser les conditions et les limites dans lesquelles pourraient intervenir cette prise en charge. Le but est de la proportionner à l'objectif poursuivi et à la taille de l'entreprise contrôlée[3]. Il est assez probable que cette proposition est alors suscitée par les gestionnaires de réseaux, peu désireux de se voir imputer des frais sur lesquels ils n'auraient aucun contrôle.
L'Assemblée nationale, en seconde lecture[4], prend en compte l'objectif défendu par le Sénat, tout en écartant le décret, mais en modifiant la rédaction initiale qui devient, dans sa version définitive : « La Commission de régulation de l'énergie peut faire contrôler, aux frais des

[1] Assemblée nationale, Commission spéciale pour l'examen du projet de loi sur transition énergétique pour la croissance verte, audition du président de la CRE, 11 septembre 2014.
[2] Loi n°2015-992 du 17 août 2015 relative à la transition énergétique pour la croissance verte, art. 169, § 2.
[3] Art. 47 modifié par le Sénat en première lecture : « La Commission de régulation de l'énergie peut faire contrôler, aux frais des entreprises dans une limite fixée par décret, les informations qu'elle recueille dans le cadre de ses missions ».
[4] La commission mixte paritaire n'était pas parvenue à un accord.

entreprises et dans une mesure proportionnée à l'objectif poursuivi et à la taille de l'entreprise concernée, les informations qu'elle recueille dans le cadre de ses missions ».

Il est surprenant que cette question soit résolue si aisément, alors qu'aucune initiative parlementaire, voire de la CRE elle-même, n'a jusqu'alors abouti. La solution provient de l'exécutif et, plus précisément, du ministère en charge du secteur de l'énergie, donc directement intéressé par l'activité de la CRE. Cela ne fait que souligner les faiblesses de l'autonomie de la CRE en matière budgétaire, entièrement tributaire de la bonne volonté de l'exécutif. Si la question des effectifs ne remet pas, directement, en question l'indépendance *de facto* de la CRE, dans la mesure où elle décide de ses propres priorités, l'insuffisance croissante de ses moyens budgétaires en limitant sa capacité d'expertise, met *a contrario* en cause son indépendance à la fois *de jure* et *de facto.*

La doctrine a déjà souligné l'inadéquation de la LOLF aux spécificités des AAI, l'exemple de la CRE en apporte un témoignage supplémentaire. La LOLF n'apporte, ni dans le domaine des effectifs, ni dans celui des ressources budgétaires, de garantie d'indépendance aux AAI, car comme le disait, déjà en 2006, le sénateur P. Gélard : « Pour les AAI, la difficulté réside dans le fait qu'elles ne sont pas expressément visées par la LOLF, ni pour les inclure dans son champ d'application, ni pour les exclure »[1].

III- Absence du visa financier

Les dispositions de la loi du 10 août 1922 relative à l'organisation du contrôle des dépenses engagées ne sont pas applicables à la gestion de la CRE ainsi que l'indique l'article 30 de la loi du 10 février 2000[2]. Ce qui se traduit par une absence de contrôle budgétaire *a priori* et

---

[1] P. GELARD, *Les autorités administratives indépendantes : évaluation d'un objet juridique non identifié*, t 1, *op. cit.*, p. 70.

[2] Loi n°2000-108 du 10 février 2000 relative à la modernisation et au développement du service public de l'électricité art. 30 §5 : « La commission propose au ministre chargé de l'énergie, lors de l'élaboration du projet de loi de finances, les crédits nécessaires, outre les ressources mentionnées à l'alinéa précédent, à l'accomplissement de ses missions. Ces crédits sont inscrits au budget général de l'Etat. Les dispositions de la loi du 10 août 1922 relative à l'organisation du contrôle des dépenses engagées ne sont pas applicables à leur gestion. Le président de la commission est ordonnateur des recettes et des dépenses. La commission est soumise au contrôle de la Cour des comptes » (version initiale).

constitue une exception notable au droit commun des administrations publiques. Cette exception s'applique à la plupart des autorités administratives indépendantes, notamment aux plus importantes.
Désormais, la loi n°2017-55 du 20 janvier 2017, portant statut des autorités administratives indépendantes et des autorités publiques indépendantes, exempte l'ensemble des AAI de ce contrôle *a priori*[1].
C'est au demeurant ce que préconisait, dès 1983, l'étude de F. Gazier et Y. Cannac sur les AAI : « une pleine liberté d'emploi des crédits alloués [est] des plus souhaitable »[2].
Cette préconisation est remise en question quelques années plus tard, par le rapport du Conseil d'Etat consacré aux AAI. Ses rédacteurs, beaucoup plus prudents et théoriques[3], estiment que « dans son principe, le contrôle financier n'est pas une tutelle sur l'ordonnateur mais une garantie du respect des règles de la dépense publique. Il n'est donc pas radicalement inconciliable avec l'indépendance d'institutions qui, au même titre que les administrations classiques, vivent sur le budget de l'État, pas plus qu'il ne l'est pour les juridictions. La suppression pure et simple du contrôle financier *a priori* ne paraît donc pas s'imposer »[4].
Cette orientation du Conseil d'Etat n'est pas suivie d'effet, puisque, au contraire, la loi de finance rectificative pour 2001 supprime le contrôle financier *a priori* pour l'ancien Conseil de la concurrence qui, soumis à un contrôle de l'engagement des dépenses, rencontre, alors, beaucoup de difficultés à recruter « des rapporteurs correspondant au profil dont l'instance avait besoin » [5].

---

[1] Loi n°2017-55 du 20 janvier 2017, art. 18.

[2] F. GAZIER, Y. CANNAC, *Etude sur les autorités administratives indépendantes*, EDCE, Paris, La documentation française, 1983-1984, n° 35

[3] Théoriques car, surtout avant la mise en application de la LOLF, le contrôle financier avait tendance à porter également sur l'opportunité de la dépense (expérience professionnelle de l'auteur).

[4] « Ce choix place la France dans une position originale. Les comparaisons internationales sont certes difficiles, la séparation des ordonnateurs et des comptables n'étant pas universellement pratiquée. Mais on peut observer que, même dans des pays où l'autonomie des agences est reconnue de longue date, cette indépendance n'est pas nécessairement conçue comme excluant toute forme de contrôle sur l'engagement des dépenses et l'utilisation des crédits », Conseil d'Etat, *Les autorités administratives indépendantes*, Rapport public 2001, EDCE, Paris, La documentation française, 2001, n° 52, p. 366-367.

[5] S. DUBITON, *La protection des libertés publiques par les AAI : une solution démocratique* ? *op. cit.*, p. 251.

A la suite de l'adoption de la LOLF, « le contrôle financier qui s'exerçait dans le cadre de la loi du 10 août 1922 a été modifié et réorganisé par le décret n° 2005-54 du 27 janvier 2005 relatif au contrôle financier au sein des administrations de l'Etat qui a abrogé l'ensemble des dispositions ayant un caractère réglementaire de la loi de 1922 »[1]. Ce contrôle financier existe de longue date[2] et, jusqu'au décret de 2005, celui-ci s'exerce tant sur l'opportunité de la dépense que sur la forme. En dépit de cet « allégement », la mise en œuvre de la LOLF met les AAI dans une situation délicate. La règle de fongibilité des crédits, en particulier, avait suscité une réelle inquiétude au sein des AAI. Or nous avons vu que, pour la CRE, cet aspect est plutôt utile dans la mesure où les règles ont été adaptées pour les AAI et que cette fongibilité asymétrique revient au responsable du BOP, donc au président de l'autorité.

Cependant, tout au moins sur le plan des principes, les AAI étant rattachées à la LOLF, elles se trouvent soumise à la même procédure traditionnelle d'exécution du budget que les directions d'administration centrale. Ainsi que le remarque le sénateur P. Gélard dans son rapport sur les AAI, « les procédures informatiques, conçues pour l'ensemble des organes de l'Etat, avaient prévu le visa du contrôleur financier et mécaniquement refusaient de poursuivre le processus si la case n'était pas cochée, ce qui a conduit à restaurer un semblant de contrôle financier »[3].

Cette observation dépeint une réalité informatique due au nouveau progiciel de gestion Chorus qui succédait à ACCORD[4]. Ce nouveau progiciel posait un problème particulier aux AAI. Faisant partie des services de l'Etat, les AAI utilisent le même logiciel que ceux-ci pour

---

[1] « Décret lui-même abrogé par l'article 238 du décret n° 2012-1246 du 7 novembre 2012 qui s'applique désormais », S. FLIZOT, « Autorités de régulation contrôle budgétaire et financier » in *Dictionnaire des régulations,* (dir. M. BAZEX, G. ECKERT, B. DU MARAIS…), LexisNexis, 2015, p. 116-117.

[2] Les contrôleurs financiers ont été « créés en 1890 pour veiller sur la régularité des engagements de dépenses décidés par les ministres […] (puis) ont vu leur régime défini initialement par la loi du 10 août 1922 », N. GROPER, Ch. MICHAUT, « L'intervention du contrôleur financier dans le visa des pièces justificatives des dépenses des établissements publics », *AJDA*, 2010, n° 44, p. 2484 (Cité par V. PALMA-ALMARIC, *op. cit.*, p. 469).

[3] P. GELARD, *Les autorités administratives indépendantes : évaluation d'un objet juridique non identifié, op. cit.*, t. 2, p.128.

[4] ACCORD : Application coordonnée de Comptabilisation, d'Ordonnancement et de Règlement de la Dépense de l'Etat.

leurs opérations de gestion. Or l'intégration des contrôles financiers *a priori* dans le logiciel ne permet pas de prendre en compte la spécificité des AAI. Comme il n'est guère envisageable de modifier le logiciel, dont la mise en place a été fort complexe et coûteuse, il convenait de trouver des aménagements pour les AAI. C'est ainsi que les contrôleurs budgétaires « ont reçu l'ordre de porter leur visa sur les dépenses des AAI de façon automatique sans les contrôler »[1]. Solution qui ressort d'un « procédé uniquement conventionnel »[2] et pour le moins singulier. Par ailleurs, le décret de 2012 prévoit à son article 88 un contrôle budgétaire des AAI : « Le contrôle budgétaire des services centraux des ministères et des autorités administratives indépendantes est exercé par le contrôleur budgétaire et comptable ministériel, dans les conditions fixées par arrêté du ministre chargé du budget ». Cette disposition, contraire à la loi pour la plupart des AAI, est corrigée par les arrêtés du ministre chargé du budget, du 26 décembre 2013, qui précisent que les AAI sont exclues du dispositif du contrôle financier *a priori*[3]. Ces différents points soulignent à quel point la LOLF n'est pas adaptée aux AAI. Faute pour l'exécutif d'avoir recherché des dispositions adaptées à ces dernières, lors de la conception de la LOFL, il a fallu « bricoler » des solutions au fur et à mesure pour respecter leur autonomie de gestion[4].

L'absence de visa financier *a priori* est, indubitablement, un prérequis de l'indépendance des AAI. Leurs budgets sont de faible ampleur et la partie non contrainte, hors frais de rémunération et de loyer, l'est plus

---

[1] V. PALMA-ALMARIC, *L'autonomie financière des autorités indépendantes*, *op. cit.*, p. 491.

[2] E. OLIVA, « L'autonomie budgétaire et financière des autorités de régulation économique », *RDP*, 1er mars 2014, n° 2, p. 340.

[3] Notamment, pour la CRE, l'arrêté du même jour relatif au cadre de la gestion budgétaire et au contrôle budgétaire des ministères économiques et financiers, art. 17 : « les décisions d'engagement de dépense, hors dépenses de personnel, et d'affectation de crédits à des opérations d'investissements prises par les ordonnateurs, à l'exception des autorités administratives indépendantes, sont soumises au visa ou à l'avis préalable du contrôleur budgétaire et comptable ministériel ».

[4] Le principe posé par l'art. 94 du décret du 7 novembre 2012 est que, « sauf autorisation expresse du contrôleur budgétaire et comptable ministériel, tant que l'avis du contrôleur budgétaire sur le budget opérationnel de programme n'est pas rendu, le responsable de ce budget ne peut consommer plus de 25 % des montants des autorisations d'engagement et des crédits de paiement prévus par le document de répartition initiale des crédits », cependant les AAI titulaires d'un BOP reçoivent l'ensemble des crédits votés dès le 1er janvier de l'année N, de manière dérogatoire.

encore. Un visa financier *a priori* porterait sur des opérations secondaires, car les plus importantes sont soumises à une procédure d'appels d'offres, à l'ouverture desquels la direction du budget peut s'inviter[1]. Ce visa *a priori* aurait un aspect essentiellement bureaucratique et tatillon, sauf s'il avait concerné les recrutements, ce qui aurait conduit au blocage du fonctionnement des AAI chargées de régulation économique, et tout particulièrement de la CRE[2].
La loi du 20 janvier 2017 clôt un débat qui n'a, au demeurant, jamais été publiquement ouvert[3].

Section 3 - La complexité des relations entre l'Etat, les opérateurs historiques et le régulateur

Pour certains auteurs, J. Chevalier notamment, l'absence de lien hiérarchique et de contrôle de tutelle « donne (aux AAI), une capacité d'action pleinement autonome et une faculté de libre détermination »[4]. Nous avons vu que cette autonomie rencontre de sérieuses limites en termes de moyens et que la libre détermination entraîne d'importants rappels à l'ordre de la part du Parlement. Ces caractéristiques

---

[1] Une pratique assurée régulièrement et qui ne soulève aucun problème (expérience professionnelle de l'auteur).
[2] Selon le président de l'ARCEP, « [...] Instituer un nouveau niveau de contrôle, alors que ni sa gestion budgétaire (contrôle du responsable du programme 134), ni sa gestion en matière de recettes (taxes et redevances perçues au nom de l'État par sa régie de recettes) par le CBCM n'ont jamais été mises en cause, aurait pour seules conséquences d'alourdir les procédures, de rendre notre action moins efficace, et serait contraire aux principes d'autonomie et d'indépendance d'une autorité administrative indépendante », pour la présidente de l'Autorité de la concurrence, « la mise en place d'un nouvel échelon de contrôle [...] serait particulièrement dommageable pour les procédures de recrutement, [tandis que] l'autorité peine à recruter dans des délais courts les experts dont elle a besoin. [Ce] serait un facteur supplémentaire de sous-consommation des emplois », *Autorités administratives et publiques indépendantes : politique et pratiques de rémunération 2011 – 2016,* rapport de la Cour des comptes (réalisé à la demande du président de la commission des finances de l'Assemblée nationale) décembre 2017, p. 83-84.
[3] La question est abordée dans le rapport de la Cour des comptes précité, qui indique que la direction du Budget avait examiné début 2017, « les conditions dans lesquelles les autorités administratives indépendantes pourraient être juridiquement soumises à un contrôle budgétaire sur leurs actes et leur gestion budgétaire, dans le respect de leur indépendance », *op. cit.*, p. 84.
[4] J. CHEVALIER, « Réflexions sur l'institution des autorités administratives indépendantes », *JCP G*, 1986, I, 3254, n° 19.

s'appliquent toutefois assez bien à la manière dont la CRE fonctionne, en particulier dans ses rapports avec le Gouvernement et l'administration. Par ailleurs, la complexité des relations avec les opérateurs historiques provient essentiellement des liens de ceux-ci avec l'Etat-actionnaire, habitué à être à la fois tutelle et régulateur. La volonté de « libre détermination » de la CRE, en fonction de ses propres analyses juridique, économique et technique, met en évidence au travers de quelques exemples topiques la difficulté de ces relations (I). Il n'en est pas moins vrai qu'une évolution du contexte rend ces rapports plus apaisés, même si l'ensemble des problèmes est encore loin d'être résolu (II). Nous évoquerons, enfin, le cas du commissaire du Gouvernement auprès de la CRE car il est caractéristique de l'ambiguïté des liens entre l'exécutif et le régulateur (III).

I- Analyse d'une histoire....

Ainsi que nous l'avons vu au cours des pages précédentes, les règles de droit ne suffisent pas, à elles seules, à définir les relations entre l'exécutif, le monde politique, les anciens monopoles et le régulateur. Nous avons évoqué, lors de l'introduction, la situation particulière dans laquelle la libéralisation du marché de l'énergie s'est inscrite en France. Cette démarche remettait en question toute la structure bâtie, au lendemain de la guerre, avec les nationalisations de 1946. Il s'agit, non seulement, d'une remise en cause économique, mais aussi sociale et politique. La dé-intégration des groupes EDF et GDF, la dé-optimisation, selon une expression courante au sein des entreprises, est une orientation à laquelle les gouvernements, ainsi que l'ensemble des acteurs concernés, ont longtemps résisté. Il est vrai que l'on touchait là, à tout un pan d'un système centralisateur, monopolistique et planificateur, assez caractéristique du modèle français.
L'irruption d'une entité de régulation sous la forme d'une AAI, et dont l'indépendance est un attribut essentiel, ne pouvait que provoquer quelques turbulences.
Le point central de crispation a toujours été, pour diverses raisons, EDF. Sans revenir sur l'histoire de la politique de l'énergie française, déjà évoquée dans l'introduction, on ne peut s'abstraire de ces conditions pour appréhender la complexité des relations entre le Gouvernement, l'entreprise et le régulateur. Dès les travaux présentés dans le document réalisé en 1998 par le ministère de l'Industrie, la question est posée :

« comment articuler l'action de la structure de régulation avec la politique énergétique... ? »[1]
On se souvient que les discussions parlementaires sur la loi du 6 décembre 2000 sont fort animées, et opposent la vision de l'Assemblée nationale, qui cherche à strictement encadrer les missions et les pouvoirs de la CRE, à celle du Sénat qui, au contraire, essaie de les étendre au détriment du ministre. Si cette opposition est en partie surjouée et illustre, essentiellement, un positionnement politique, elle reflète toutefois deux conceptions du rôle du régulateur.
Cette volonté d'encadrement des missions de la CRE indique fort bien l'inquiétude, pour ne pas dire la méfiance, de nombre d'élus vis-à-vis d'une approche d'expert, apolitique, du secteur de l'énergie que pourrait mener le régulateur. Cette présomption se voyait tout à fait confirmée par la pratique de la CRE, tout au long des années suivantes.
Divers exemples permettent d'illustrer la forme d'antinomie existant entre la régulation de l'énergie, fondée sur une analyse juridique, économique et technique, et les décisions du Gouvernement en matière d'énergie, mues par des motifs politiques, « c'est-à-dire par des motifs d'ordre éminemment affectif », selon les mots de H. Kelsen[2], ou des raisons plus opérationnelles, comme celle des intérêts de l'actionnaire public.
La politique de l'énergie, par ses caractéristiques, ne peut être identifiée à la régulation (A) et cette distinction s'accentue encore avec les oppositions entre les intérêts de l'Etat-actionnaire et les priorités du régulateur (B).

A- Politique énergétique et régulation : distinctions et antinomie

La multiplicité des objectifs de la régulation est souvent évoquée[3] pour attester de l'impossibilité de les mener sans compromis entre eux.

---

[1] Ministère de l'Economie, des Finances et de l'Industrie, Secrétariat d'Etat à l'Industrie, DGEMP, *Vers la future organisation électrique française*, Février 1998, p. 45.

[2] H. KELSEN, *Théorie pure du droit*, La pensée Juridique, Bruylant L.G.D.J, 1999, p. 4.

[3] « A vrai dire, les objectifs de la régulation sont si nombreux, leurs contenus si divers et leurs divergences potentielles tellement importantes, qu'il semble assez largement illusoire d'imaginer qu'ils puissent toujours être conciliés », E. MULLER, « La comparaison des objectifs de la régulation et de la police » in *Les objectifs de la*

Si l'on souligne, en général, tout à la fois la complémentarité et la différence entre le droit de la concurrence et la régulation, - le premier s'attache à préserver un marché concurrentiel alors que le second s'efforce d'ouvrir un marché dans un environnement monopolistique - , de nombreuses analyses insistent sur les objectifs non-économiques de la régulation : « La régulation [...] devient un moyen de cadrer le marché, de le discipliner, de le modeler pour protéger efficacement des objectifs non-économiques »[1]. Outre qu'en l'occurrence on attribue un sens extensif au terme de régulation, en assimilant politique énergétique gouvernementale et action du régulateur, on brouille les objectifs de la régulation menée par la CRE, dont les visées sont essentiellement économiques[2], à la différence de la politique de l'énergie conduite par le Gouvernement, dont les buts sont, à l'évidence, pluriels. L'étude de divers documents (délibérations, rapports, communiqués de presse, auditions) témoigne, en effet, durant une quinzaine d'années d'une attention permanente de la CRE à deux sujets, la construction du marché intérieur européen, par le biais des réseaux et des interconnexions, et l'ouverture à la concurrence des secteurs de l'électricité et du gaz, pour donner une réalité tangible à la liberté de choix des consommateurs. Sur l'ensemble des sujets la CRE défend un souci de rationalité économique ou, comme elle le dit à ses débuts, de « vérité économique »[3].

Cette approche a suscité la critique, implicite ou explicite, des parlementaires en maintes occasions, comme on a pu le voir. Leurs reproches visaient ce qu'ils estimaient être une absence de prise en

---

régulation économique et financière, G. ECKERT, J.- Ph. KOVAR (dir.) Logiques Juridiques, L'Harmattan, 2017, p. 31.

[1] F. BERROD « Les objectifs de la régulation et de la concurrence ou l'esthétique du double », in *ibid.,* p. 44.

[2] « L'examen des décisions [...] de la CRE, permet de relever que ces décisions sont nettement orientées vers l'ouverture du marché, faisant obstacle aux politiques commerciales et tarifaires des opérateurs historiques quand (elle le peut), et reflètent peu les principes de service public inscrits dans la loi », G. MARCOU, « Les autorités administratives dépendantes et indépendantes dans le domaine de l'intervention économique de la puissance publique », in *Le modèle des autorités de régulation indépendante en France et en Allemagne,* G. MARCOU, J. MASING (dir.), *op. cit.*, p. 88.

[3]« Ainsi, la démarche de la CRE a été inspirée par l'exigence de vérité économique et d'économie de moyens, qui s'est exprimée dans ses délibérations, en matière d'investissement du gestionnaire de réseau de transport, dans le domaine tarifaire ou pour ce qui concerne les projets gouvernementaux de soutien aux énergies renouvelables », *Rapport d'activité CRE* 2001, message du collège, p. 3.

considération des objectifs de politique nationale en matière d'énergie et un trop grand intérêt pour la concurrence et les fournisseurs alternatifs.
D'ailleurs, la CRE affirme dès ses débuts sa volonté d'autonomie par rapport à la politique gouvernementale, elle-même assez peu soucieuse de respecter les orientations de la Commission européenne.

1- Un régulateur affirmant sa singularité par rapport au Gouvernement

« Il faut relever que dans les cas où une autorité administrative indépendante a été instituée pour faciliter l'ouverture à la concurrence d'un marché jusque-là dominé par un opérateur public, elle doit pour cela asseoir immédiatement et fermement son autorité et peser sur cet opérateur public. Elle le fait, en large partie nécessairement selon une stratégie de régulation asymétrique, en étant particulièrement exigeante à l'égard de l'opérateur public, ce dont elle peut attendre, outre une accélération de la concurrence, la reconnaissance, par l'opinion du secteur privé, de sa totale indépendance vis-à-vis du Gouvernement »[1].
Le Conseil d'Etat décrit ainsi, très justement, dans son rapport sur les AAI, la façon dont la CRE entreprend son action. Les nombreuses imprécisions et approximations de la loi de 2000 provoquent des conflits de compétence avec la DGEMP, mais donnent aussi à la CRE une assez large marge de manœuvre et d'interprétation des textes, ce dont elle ne se prive pas. La CRE n'hésite pas à s'arroger des compétences qui ne lui sont pas accordées, de façon explicite, par la loi. Les sujets de heurts sont fréquents, parfois y compris avec le commissaire du Gouvernement. Elle interprète la loi dans le sens le plus favorable à l'ouverture du marché.
Alors que le mode d'action par voie de recommandations ne lui est pas reconnu « *expressis verbis* » par la loi, la CRE définit « dans son règlement intérieur les modalités d'action de ses actions informelles. Et l'article 5 III du règlement de préciser que la Commission dispose d'une faculté d'adopter des propositions de sa propre initiative »[2].
La CRE pose, par ailleurs, un certain nombre de principes particulièrement sensibles pour l'opérateur historique, celui de la

---

[1] *Les autorités administratives indépendantes*, Etudes et Documents n° 52, Conseil d'Etat, *op. cit.*, p. 376.
[2] S. DUBITON, *La protection des libertés publiques par les autorités administratives indépendantes, une solution démocratique* ? LGDJ, *op. cit.*, p. 224 ; décision du 15 février 2001 portant règlement intérieur de la CRE, JORF du 24 mai 2001, p. 8345.

réalisation de protocoles pour les relations avec le GRT[1] et ceux de la dissociation comptable, en rappelant que la loi lui confie un pouvoir étendu en cette matière et que l'objectif était d'éviter des subventions croisées : « la dissociation comptable est une garantie essentielle de l'absence de distorsion de concurrence »[2].

La CRE complète son action par ses décisions sur les règlements de différends pour tout grief portant sur les questions d'accès au réseau, alors que le collège, avant la création du CoRDiS, en est responsable. Son approche est alors celle d'un régulateur. Elle fait « une utilisation extensive de son pouvoir de règlement de différends »[3], et va même parfois au-delà de ses compétences[4].

Sa créativité dans la production du droit s'exerce aussi à l'international. Ainsi, en était-il de l'accord passé avec *l'Autorità per l'energia elettrica e il gas italienne* du 6 décembre 2001, fixant un cadre général à l'établissement des modalités et des tarifs d'interconnexion entre les deux pays, en l'absence de toute disposition législative ou réglementaire l'y autorisant expressément.

La CRE étend son territoire dans un large champ de compétences, sans beaucoup de résistance de la part du Gouvernement qui se contente, lorsqu'il s'agit d'avis, de ne pas les suivre. C'est le cas, assez systématiquement, lorsqu'il s'agit des énergies renouvelables. C'est un exemple, fort révélateur, de la divergence entre régulation et politique gouvernementale de l'énergie. C'est, probablement, dans ce domaine que s'illustre le mieux la différence, et donc parfois l'opposition, entre volonté politique et rationalité économique.

---

[1] « La fixation des règles contractuelles, techniques ou tarifaires et le contrôle de leur application dans le cadre de ses compétences font partie des priorités de la Commission », *Rapport d'activité CRE* 2000, p. 18.

[2] « C'est une des raisons pour lesquelles les pouvoirs de la Commission sont particulièrement étendus en ce domaine. Pour en faire bon usage, la Commission se fixe pour objectif d'énoncer des principes clairs et simples qui permettront de limiter au maximum les suspicions. En cette première année de fonctionnement, la Commission souhaite s'en tenir aux principes essentiels, qui seront ultérieurement déclinés dans le détail » *Rapport d'activité CRE* 2000, p. 16-17.

[3] R. RAMBAUD, *L'institution juridique de régulation*, *op. cit.*, p. 690.

[4] Voir par exemple l'affaire Cerestar dans laquelle la CRE avait utilisé un pouvoir d'injonction, *supra* Première partie, Titre II, chapitre 2, section1, B).

2- Volonté politique et rationalité économique : le cas des ENR

La rédaction des différentes versions de la loi de 2000 s'est toujours révélée complexe en matière d'énergies renouvelables, en entremêlant les responsabilités entre l'exécutif et la CRE, comme le souligne le Conseil d'Etat[1].

Les responsabilités de la CRE, telles que définies par la loi, se limitent, d'une part, à mettre en œuvre, selon un cahier des charges détaillé, les appels d'offres[2] dont les conditions sont définies par le ministre en charge de l'énergie[3], et, d'autre part, à donner un avis sur les projets d'arrêtés fixant les tarifs de rachat [4]. A ces deux missions s'ajoute celle de chiffrer les conséquences budgétaires des décisions prises en matière de soutien aux énergies renouvelables, dans le cadre de sa mission d'évaluation annuelle des charges de service public de l'énergie (CSPE). Le régulateur français, contrairement à certains de ses homologues, n'a pas de responsabilité dans la définition de la politique de développement des énergies renouvelables.

---

[1] « À titre d'exemple de dispositions enchevêtrant les compétences, on peut citer les articles de la loi n° 2000-101 du 10 février 2000 régissant le soutien aux énergies renouvelables que le Gouvernement souhaite encourager. Il peut le faire par le biais d'obligations d'achat, dont le régime est défini par un décret en Conseil d'État, un décret simple, autant d'arrêtés que de filières énergétiques (soumis à l'avis de la CRE, contrairement aux décrets), et par des contrats. Il peut aussi le faire par voie d'appels d'offres : ceux-ci sont réalisés pour l'exécution d'une programmation pluriannuelle des investissements de production ; ils sont décidés par le ministre, mais « mis en œuvre » par la CRE, quoique le choix des candidats incombe au ministre en vertu de l'article 8 de la loi. Dans les deux cas, le financement des charges en résultant dépendra d'un fonds, créé par décret en Conseil d'État, dont les charges et produits sont définis par la CRE mais arrêtés par le ministre », *Les autorités administratives indépendantes*, Etudes et Documents n° 52, *op. cit.*, p. 336-337.

[2] Décret n° 2002-1434 du 4 décembre 2002 relatif à la procédure d'appel d'offres pour les installations de production d'électricité.

[3] Sont notamment précisées les caractéristiques énergétiques, techniques, économiques, financières, l'utilisation attendue et la région d'implantation de l'installation de production objet de l'appel d'offre.

[4] « Les pouvoirs publics demeurent seuls compétents pour assurer la mise en œuvre des missions de service public, définir et conduire la politique énergétique. Au régulateur revient la mise en œuvre des règles d'accès aux réseaux et plus généralement la régulation du marché ouvert. Les objectifs et décisions prises par les pouvoirs publics ne doivent donc faire l'objet d'aucune appréciation de la part de la CRE, à laquelle ils s'imposent comme des données de fait qu'elle doit prendre en compte dans son action », *Rapport d'activité CRE* 2001, p. 34.

Partant de son souci de vérité économique, la CRE estime dès ses premiers avis que le recours à des mécanismes de marché, tels que des appels d'offre, prévus par la loi de 2000, de préférence à un mécanisme de prix administrés, comme les obligations d'achat, est une garantie d'atteindre les objectifs recherchés au moindre coût pour la collectivité. Concernant l'éolien, « depuis qu'elle est saisie des projets d'arrêté fixant les conditions d'achat de l'électricité produite par les installations utilisant l'énergie mécanique du vent, la Commission de régulation de l'énergie (CRE), à l'appui d'une analyse détaillée, formule des avis défavorables » écrit C. Boiteau en 2009[1]. La CRE alerte, en effet, au sujet des prix de rachat, considérés comme trop élevés, et donne, le 5 juin 2001, un avis défavorable - au ton assez raide, évoquant des « rentes indues » - au projet d'arrêté[2].

Dans ce même avis, elle souhaite la transparence sur les charges de service public de la production, de manière à ce que le consommateur différencie les conséquences de l'ouverture du marché de celles de la politique de soutien aux énergies renouvelables, dont elle présage le résultat sur la facture d'électricité, ce qu'elle souligne dans son rapport d'activité de 2001[3]. La CRE signale aussi, et peut être surtout, au Gouvernement la nécessité de notifier à la Commission européenne le système d'aide mis en place, pour approbation, en préalable à son entrée

---

[1] C. BOITEAU, « Le prix controversé du rachat de l'énergie éolienne ou l'énergie renouvelable à quel prix ? », *AJDA* 2009, p. 2105.

[2] « Au vu de l'ensemble des éléments qui précèdent, la CRE considère que le tarif proposé entraîne des rentes indues aux producteurs éoliens qui se traduiront par une augmentation significative des prix de l'électricité en France, et représente un moyen exagérément coûteux pour la collectivité d'atteindre l'objectif de développement de la filière que s'est fixé le gouvernement. Elle émet, en conséquence, un avis défavorable sur ce projet d'arrêté », *Avis de la CRE du 5 juin 2001 sur l'arrêté fixant les conditions d'achat de l'électricité produite par les installations utilisant l'énergie mécanique du vent.*

[3] « Par ailleurs, la CRE souhaite que les consommateurs soient en mesure, grâce à une facturation détaillée, de bien distinguer, d'une part, le prix de la fourniture et de l'acheminement de l'électricité, qui sont les reflets des conséquences de l'ouverture, et, d'autre part, le coût de la mise en œuvre des politiques publiques, appelé à augmenter dans les années à venir. Ainsi, évitera-t-on de susciter la confusion qui pourrait naître du fait que la baisse des prix résultant de l'ouverture pourra être inférieure à la hausse du coût des politiques de soutien aux énergies renouvelables et à la cogénération ou au coût de péréquation de certaines charges de service public », *Rapport d'activité CRE* 2001, p. 38.

en vigueur [1]. Ce conseil n'est pas suivi, en dépit d'avis répétés, et produit, par la suite, l'imbroglio juridique[2] connu sous le nom de l'affaire SAS Praxair puis Messer (et Vent de colère)[3]. Le règlement des conséquences financières est traité par la CRE, après que le Conseil d'Etat a, enfin, tranché la méthode de calcul de remboursement[4], à la suite d'une très longue procédure ayant touché à tous les organes juridiques de l'Etat et de l'Union européenne.

La CRE applique aux prix de rachat de l'énergie photovoltaïque une analyse économique de même nature. Son avis de 2006, sur le projet d'arrêté, alerte sur les risques de bulle spéculative[5]. Ses avertissements ne sont pas plus entendus par le Gouvernement que ceux sur l'éolien, ce qui aboutit au moratoire de 2010[6].

Dix ans plus tard, en 2020, le Gouvernement revient sur certains des contrats conclus à cette période. Il y a une certaine ironie à ce que le Gouvernement reprenne, dans son amendement au PLF 2021, les arguments développés, à l'époque, par la CRE à propos de tarifs permettant « une rentabilité hors de proportion avec une rémunération normale des capitaux investis », et utilise l'absence de notification du régime d'aide à la Commission européenne pour considérer les tarifs

---

[1] « En raison de ses caractéristiques, ce dispositif doit être conforme à la réglementation communautaire des aides d'Etat et notifié à la Commission européenne, en vue de son approbation préalable à toute entrée en vigueur. A défaut, les autorités communautaires pourraient être amenées à demander aux producteurs qui en auraient bénéficié le remboursement des aides versées », *Avis de la CRE du 5 juin 2001 sur l'arrêté fixant les conditions d'achat de l'électricité produite par les installations utilisant l'énergie mécanique du vent.*

[2] C. Boiteau, « Le prix controversé du rachat de l'énergie éolienne ou l'énergie renouvelable à quel prix ? », *op. cit.*

[3] La Cour de justice de la Communauté européenne (deuxième chambre) dans son arrêt du 19 décembre 2013 démontre que l'aide à l'éolien français répond aux critères nécessaires pour être considérée comme une aide d'Etat mais laisse au Conseil d'Etat la responsabilité de la qualifier ainsi. Ce que fait le Conseil d'Etat dans sa décision n° 324582, du 28 mai 2014, « Association vent de colère ! ».

[4] CE n° 399115, 2 décembre 2018, *Sté Messer,* à la suite de l'arrêt du 25 juillet 2018 (Messer France SAS c/ Premier ministre, n° C-103/17) de la CJUE.

[5] « *Avis sur le projet d'arrêté fixant les conditions d'achat de l'électricité produite par les installations utilisant l'énergie radiative du soleil telles que visées au 3° de l'article 2 du décret n° 2000-1196 du 6 décembre 2000* », CRE, 29 juin 2006.

[6] Décret n° 2010-1510 du 9 décembre 2010 suspendant l'obligation d'achat de l'électricité produite par certaines installations utilisant l'énergie radiative du soleil.

entre 2006 et 2010 comme illégaux[1]. Il est intéressant de relever que le Conseil constitutionnel considère, dans sa décision sur la loi de finances 2021[2], que l'article 225 qui prévoit, pour les contrats conclus entre 2006 et 2010, la réduction du tarif d'achat de l'électricité produite par certaines installations utilisant l'énergie radiative du soleil par des technologies photovoltaïques ou thermodynamiques, est conforme à la Constitution[3].

Ces deux cas illustrent la divergence d'approche entre un régulateur, dont la crédibilité repose sur l'expertise et la vérité économique, et un Gouvernement, conduisant une politique volontariste, sans analyse préalable des conséquences budgétaires et financières de ses décisions. Il est vrai qu'une grande partie des pays européens a fait des choix analogues. La question posée ici n'est pas tant de savoir si l'on est pour

---

[1] Le 13 novembre 2020 l'Assemblée nationale vote dans le PLF 2021 un amendement gouvernemental de révision à la baisse des tarifs d'achat d'électricité produite par certains parcs solaires.

Dans l'exposé des motifs de l'amendement figure ce passage : « Dans la mesure où cet amendement cible un nombre restreint d'anciens contrats d'achats dont la rémunération est excessive, il n'induit pas de risque nouveau sur le financement des nouveaux projets énergies renouvelables. Les nouveaux dispositifs de soutien ont en effet été notifiés auprès de la Commission européenne et le niveau de rémunération a fait l'objet d'une validation formelle. Les nouveaux projets d'énergies renouvelables s'appuient donc sur des contrats d'achat solides qui ne peuvent pas être remis en cause », ce que confirmait lors de la discussion de l'amendement à l'Assemblée nationale, la ministre : « L'objection que certains m'ont faite, notamment le président de la commission, selon laquelle l'État reviendrait sur sa parole, appelle deux remarques. D'abord, les contrats visés sont illégaux au regard du droit européen puisqu'ils n'ont pas été validés par la Commission européenne au titre des aides d'État. Les gros porteurs de projets visés par la mesure du Gouvernement, qui sont des professionnels et des investisseurs avertis, ne pouvaient pas ignorer cette situation quand ils ont signé ces contrats : ils ont donc accepté de financer des projets risqués en connaissance de cause, en considération d'une rémunération très attractive » B. POMPILI, ministre de la Transition écologique, Assemblée nationale, 13 novembre 2020, discussion amendement n° 3369, PLF 2021.

[2] Décision n° 2020-813 DC du 28 décembre 2020.

[3] « En adoptant les dispositions contestées, le législateur a entendu remédier à la situation de déséquilibre contractuel entre les producteurs et les distributeurs d'électricité et ainsi mettre un terme aux effets d'aubaine dont bénéficiaient certains producteurs, au détriment du bon usage des deniers publics et des intérêts financiers de l'État, qui supporte les surcoûts incombant aux distributeurs. Ce faisant, le législateur a poursuivi un objectif d'intérêt général ». Voir Ch. LE BIHAN-GRAF, M . GARDELLIN, « Énergie photovoltaïque - Constitutionnalité de la révision des tarifs de contrats d'obligation d'achat d'électricité photovoltaïque conclus avant 2011 », *EEI* n° 3, Mars 2021.

ou contre le développement de l'éolien (ou du photovoltaïque) « que de s'assurer qu'il répond à des objectifs de développement durable clairement identifiés et mesurés plutôt qu'aux seules préoccupations de rentabilité. D'autant que si les institutions européennes sont favorables à la mise en place de mécanismes de soutien aux énergies renouvelables, ces mécanismes doivent poursuivre des objectifs d'efficience environnementale, économique et être en cohérence avec la logique concurrentielle » [1].

On peut aussi évoquer les premiers appels d'offre sur les projets d'éolien off-shore. Ces projets sont lancés avec une certaine précipitation, en raison des élections présidentielles de mai 2012, sans étude d'impact préalable et sans information sur les fonds sous-marins. Ce qui conduit, quelques années plus tard, à introduire dans le Code de l'énergie le principe du dialogue concurrentiel et, ultérieurement encore, à renégocier les prix résultant des appels d'offre conduits par la CRE. Dans le cas des énergies renouvelables, les Gouvernements successifs n'ont pas suivi les avis de la CRE, avec les conséquences évoquées précédemment, mais, hormis le fait de ne pas avoir notifié les systèmes d'aide à la Commission, il ne peut être reproché à l'exécutif de déroger à la loi. Dans les exemples suivants, l'opposition entre le régulateur et le Gouvernement se situe sur un plan juridique et plus seulement sur celui de la rationalité économique.

B- Un Gouvernement prisonnier des intérêts contradictoires d'EDF et des consommateurs

La volonté du régulateur de respecter le Code de l'énergie se confronte à une approche politique du Gouvernement, assez désinvolte en matière de respect du droit. Deux exemples, caractéristiques, permettent d'illustrer cette situation : un cas structurel, avec les tarifs réglementés de vente (1), et un sujet conjoncturel, avec TURPE 5 (2).

1- Les tarifs réglementés contre le marché

La question des TRV, pour les deux énergies, met en lumière de profondes divergences entre la CRE, qui veut ouvrir le marché, et l'exécutif, pour le moins peu empressé à cet égard. Les TRV occasionnent deux objets de désaccord entre le régulateur et le

---

[1] C. Boiteau, « Le prix controversé du rachat de l'énergie éolienne ou l'énergie renouvelable à quel prix ? », *op. cit.*

Gouvernement. Le premier a trait à leur existence même. Il s'agit d'un sujet de discorde profonde entre le Gouvernement français et la Commission européenne. Le second concerne le niveau de ces TRV et leur évolution, en fonction de la loi qui prévoit qu'ils doivent couvrir les coûts, tout au moins jusqu'à la réforme de la loi NOME (voir Première Partie, Titre II, chapitre 1, section1, II, B)

Lorsque « les considérations politiques prennent le pas sur la cohérence juridique »[1], l'exécutif se place dans une situation complexe et ambigüe vis-à-vis de la plupart des acteurs. La gestion des TRV en est un exemple typique. Les consommateurs, que le Gouvernement veut protéger des hausses tarifaires, ne lui en savent pas gré, le considérant responsable des rattrapages auxquels ils sont soumis après les décisions du Conseil d'Etat annulant les arrêtés tarifaires attaqués. Les entreprises concernées, dont l'Etat est actionnaire, sont pénalisées dans leurs résultats. Les fournisseurs alternatifs, qui attaquent régulièrement devant le Conseil d'Etat les arrêtés tarifaires, en se fondant la plupart du temps sur les avis de la CRE, se plaignent publiquement de l'interférence du Gouvernement dans le fonctionnement du marché. La Commission européenne, opposée au maintien des TRV tels qu'ils existent en France, ouvre plusieurs procédures à l'encontre de l'Etat français. Quant aux relations entre la CRE et le Gouvernement, si elles ne donnent pas lieu à une controverse publique, la dissension sur ce sujet n'en est pas moindre durant plusieurs années. La CRE s'est exprimée, très tôt, par le biais de ses rapports d'activité, pour affirmer que les TRV constituent une entrave à la concurrence s'ils sont sous-évalués[2] et qu'ils devraient être supprimés progressivement, étant « une entrave au marché intérieur », en se référant aux termes de la Commission européenne[3]. On ne reviendra pas ici sur ces différents

---

[1] S. DUBITON, *La protection des libertés publiques par les autorités administratives indépendantes, une solution démocratique* ? LGDJ, *op. cit.*, p. 265.

[2]« à cause du maintien des tarifs réglementés à un niveau qui ne reflète pas toujours la réalité des coûts, contrairement à ce qu'exige la loi », *Rapport d'activité CRE* 2003, message du collège, p. 3.

[3] « Tel est le cas de la coexistence de tarifs réglementés et de prix de marché caractérisés par des différences de niveaux telles qu'elles n'incitent pas un certain nombre de clients à se fournir sur le marché. La CRE considère que, s'il n'est pas anormal de prévoir une période de transition, le maintien de ces tarifs réglementés pour les catégories de consommateurs éligibles depuis plusieurs années constitue ' une entrave au marché intérieur ', selon les termes mêmes du rapport de la Commission européenne sur la mise en œuvre du marché intérieur du gaz et de l'électricité. C'est pourquoi la CRE est d'avis de les supprimer progressivement,

épisodes, ponctués d'avis défavorables de la CRE aux projets d'arrêtés tarifaires du Gouvernement. Cette longue séquence débouche sur des engagements du Premier ministre envers la Commission européenne[1] afin de mettre fin aux procédures engagées contre la France.
A côté des mesures dilatoires, arrêtées à l'époque par le Parlement et le Gouvernement afin de ne pas accorder trop rapidement à la CRE un pouvoir de proposition concernant le niveau des tarifs réglementés d'électricité, EDF, totalement hostile au principe de vente d'une partie de sa production nucléaire historique à ses concurrents, mène une stratégie d'influence pugnace pour obtenir la fixation du prix de l'ARENH le plus élevé possible.
C'est probablement à cette occasion que les relations entre la CRE, le Gouvernement et EDF se révèlent les plus crispées. La période précédant la fixation du prix de l'accès régulé à l'énergie nucléaire historique favorise la survenue d'accrochages avec la CRE. Ainsi, en réaction aux scénarios élaborés par celle-ci sur la manière dont devrait évoluer les TRV en fonction du niveau de l'ARENH[2], tant EDF que le Gouvernement mettent en doute l'expertise de la CRE, en évoquant de pures hypothèses ne reposant sur aucun fondement sérieux. Le ministre en charge de l'énergie assure même, en différentes occasions, que de telles augmentations n'auraient pas lieu. Assertion qui ferme la porte à la possibilité d'une concurrence de la part des fournisseurs alternatifs sur le segment des consommateurs domestiques, contrairement aux engagements pris par le Premier ministre à l'égard de la Commission européenne.
La fixation même du prix de l'ARENH fait l'objet d'une confrontation assez directe entre EDF et la CRE, tant les deux analyses divergent.
Le désaccord avec le Gouvernement se manifeste encore publiquement lors d'une déclaration du président de la CRE au sujet des évolutions des TRV en électricité à l'horizon de cinq ans[3]. La projection, toutes

---

comme c'est déjà le cas dans une majorité d'Etats membres » *Rapport d'activité CRE* 2005, message du collège, p. 2.

[1] Echange de lettres entre le Premier ministre et les commissaires européens à la Concurrence et à l'Energie en date du 15 septembre 2009 (voir annexe n°5).

[2] « La cohérence entre le tarif réglementé de vente et le prix de l'ARB (devenue ARENH), a une conséquence immédiate : plus le prix de l'ARB est élevé en début de dispositif, plus il s'éloigne de la valeur implicite de l'électricité de base des tarifs réglementés actuels – de l'ordre de 31 euros le mégawattheure » Président de la CRE, Assemblée nationale, commission des affaires économiques, 10 mai 2010.

[3] Colloque « GONNOT », *Le bouquet énergétique dans tous ses états*, Maison de la Chimie, 17 janvier 2012.

choses égales par ailleurs, d'une hausse toutes taxes comprises, de l'ordre de 30% déclenche[1] la réplique immédiate de la part du ministre en charge de l'énergie que le journaliste d'Europe résumait ainsi : « Le ministre de l'Industrie a contesté la hausse de 30% d'ici 2016, avancée par la Commission de régulation de l'énergie cette semaine...Alors que la Commission de régulation de l'énergie (CRE) a estimé cette semaine que le prix de l'électricité pourrait grimper de 6% par an jusqu'en 2016, soit plus de 30% en 5 ans, le ministre de l'Industrie E. Besson a tenu à nuancer ces chiffres. 'Cela ne correspond ni à l'analyse, ni à la volonté du gouvernement [...] Jusqu'en 2015 c'est le gouvernement qui fixe les prix de l'électricité'[2] ». Cette gestion politique des TRV souligne l'écart entre les engagements du Premier ministre envers la Commission européenne et la réalité des faits. Celle-ci est présentée par le président de la CRE, lors de son audition dans le cadre la commission d'enquête sur « le coût réel de l'électricité » du Sénat : « il existe un ciseau tarifaire […] : les conditions d'approvisionnement des fournisseurs alternatifs ne leur permettent pas, aujourd'hui, de faire des offres compétitives aux clients bénéficiant du tarif réglementé, puisqu'ils n'ont pas de moyens de production compétitifs en propre. La hausse à opérer sur les tarifs des grands clients professionnels est de l'ordre de 5 %, et de 4 % pour les clients résidentiels et les petits professionnels. Ces chiffres ont été donnés par la CRE dans son avis sur la hausse des tarifs réglementés au 1er juillet 2011. Nous veillerons chaque année à ce que la problématique du ciseau tarifaire soit mise en évidence »[3].
A cette phase de franche opposition entre la CRE et l'exécutif succède un cycle d'une relative collaboration avec les ministres en charge de l'énergie[4]. Celle-ci se traduit, notamment, par la demande d'établir un rapport sur les coûts de production et de fourniture d'EDF[5]. Il s'agit du premier exemple de volonté de l'exécutif d'associer la CRE à une réflexion en amont de la détermination des mouvements tarifaires. Les

---

[1] *Commission d'enquête sur le coût réel de l'électricité afin d'en déterminer l'imputation aux différents agents économiques,* Sénat, audition président de la CRE, 7 mars 2012.
[2] E. BESSON, interview sur Europe, 20 janvier 2012.
[3] Président de la CRE, audition « Commission d'enquête sur le coût réel de l'électricité », Sénat 7 Mars 2012.
[4]N. BRICQ, ministre de l'Écologie, du Développement durable et de l'Energie ; D. BATHO, ministre de l'Écologie, du Développement durable et de l'Energie.
[5] Lettre du 27 février 2013 de la ministre de l'Écologie, du Développement durable et de l'Energie au président de la CRE.

résultats de ce rapport[1], présentés à la presse par la CRE, suscitent un certain émoi au sein du Gouvernement, qui, pour certains de ses membres, et non les moindres, en découvrent l'existence avec la présentation de ses conclusions[2]. Cet épisode esquisse, de façon éphémère, un nouveau mode de relation sur ce sujet d'une grande sensibilité. Les changements successifs de ministre en charge de l'énergie mettent un terme à cette démarche, ainsi qu'aux engagements pris à l'égard des fournisseurs alternatifs sur les évolutions tarifaires et les rattrapages nécessaires.

On constate, néanmoins, au travers des commissions d'enquête sur les coûts d'EDF et les TRVE, une volonté de la part des parlementaires de mieux comprendre ce en quoi consistent ces évolutions tarifaires. Toutefois, seules les décisions du Conseil d'Etat imposent à l'exécutif de rendre les tarifs réglementés contestables[3], « c'est-à-dire qu'ils doivent permettre au marché de fonctionner et à la concurrence de s'exercer, ce qui implique en pratique un rapprochement des tarifs réglementés de vente des tarifs du marché » [4]

L'application de la loi NOME et de l'article confiant à la CRE la responsabilité de proposer les évolutions des tarifs réglementés de vente en électricité modifie sensiblement le contexte, en l'apaisant[5].

---

[1] *Analyse des coûts de production et de commercialisation dans le cadre des tarifs réglementés de vente d'électricité*, CRE, juin 2013.

[2] Le cabinet du Premier ministre n'avait pas connaissance du contenu de la lettre de la ministre (expérience professionnelle de l'auteur).

[3] « La politisation des tarifs de l'électricité prend un nouveau coup. Dans une décision publiée mercredi, le Conseil d'Etat a annulé deux arrêtés tarifaires de 2014, qui avaient minoré, compte tenu de la réglementation en vigueur, la hausse des tarifs réglementés de vente de l'électricité pour les ménages (tarif bleu) et certains professionnels (tarif vert) abonnés à EDF » V. LE BILLON, *Les Echos*, 16 juin 2016 ; CE, n °383722, 15 juin 2016, ANODE.

[4] R. RAMBAUD, *L'institution juridique de régulation*, Logiques juridiques, L'Harmattan, *op. cit.*, p. 470.

[5] La question de l'ARENH reste cependant un sujet sensible, si l'on s'en réfère aux auditions des trois présidents d'EDF devant la commission d'enquête visant à établir les raisons de la perte de souveraineté et d'indépendance énergétique de la France. L'ARENH est présenté comme la raison principale de la perte de compétitivité d'EDF. Les intéressés semblent avoir oublié les raisons de la mise en place de ce mécanisme au travers de la loi NOME. (Voir notamment auditions de P. GADONNEIX du 8 décembre 2022, de H. PROGLIO du 13 décembre 2022 et de J-.B. LEVY le 14 décembre 2022, Assemblée Nationale).

2- Un conflit topique : TURPE 5

Jusqu'à l'annulation par le Conseil d'Etat de TURPE 3, les questions relatives à ce tarif ne soulèvent pas de grands débats entre la CRE et le Gouvernement[1]. La décision du Conseil d'Etat a, entre autres conséquences, comme nous l'avons vu, celle de diminuer le niveau du CMPC d'ENEDIS et de peser sur les finances d'EDF. Le sujet apparaît même tellement crucial pour l'entreprise, et son actionnaire principal l'Etat, que le Gouvernement fait voter, dans la loi n°2015-992 du 17 août 2015 relative à la transition énergétique pour la croissance verte, l'article 153[2] qui vise à « obliger »[3] la CRE à revenir à une formule de calcul du TURPE proche de celle de TURPE 3, qui avait été annulé par le Conseil d'Etat[4].

---

[1] Rappel : Lors de l'élaboration de TURPE 3, en 2008, la CRE avait considéré l'hypothèse de prise en compte, au moins en partie, de l'aspect comptabilité des concessions et les provisions pour renouvellement qui vont avec, (c.-à-d. le fait que les investissements dans les réseaux de distribution étaient déjà financés par ces provisions), et l'avait publiée dans sa première consultation publique. Le Gouvernement avait alors indiqué à la CRE que, si cette hypothèse était conservée dans le TURPE, il s'y opposerait. La CRE avait alors abandonné cette voie (expérience professionnelle de l'auteur).

[2] « Pour le calcul du coût du capital investi par les gestionnaires de ces réseaux, la méthodologie est indépendante du régime juridique selon lequel sont exploités les réseaux d'électricité et de ses conséquences comptables. Elle peut se fonder sur la rémunération d'une base d'actifs régulée, définie comme le produit de cette base par le coût moyen pondéré du capital, établi à partir d'une structure normative du passif du gestionnaire de réseau, par référence à la structure du passif d'entreprises comparables du même secteur dans l'Union européenne. Les tarifs d'utilisation des réseaux publics de transport et de distribution d'électricité incluent une rémunération normale, qui contribue notamment à la réalisation des investissements nécessaires pour le développement des réseaux », L. 341-2 Code de l'énergie.

[3] « Les requérants (ENEDIS, EDF, Ministère) soutiennent que, par ces dispositions, le législateur aurait entendu faire obligation au régulateur de ne pas tenir compte, dans le calcul du coût du capital investi, de la circonstance que les réseaux sont exploités sous le régime de la concession afin d'établir un taux de rémunération du capital à partir d'une structure du passif comparable de gestionnaires de réseaux opérant dans l'Union européenne » CE, n°407516, 407547, 0408809, 409065, 9 mars 2018, Société EDF, Société ENEDIS, Ministre de l'Environnement, de l'Énergie et de la Mer, Fédération CFE-CGC Énergies.

[4] Une action du même ordre était envisagée par le Gouvernement à l'occasion du projet de loi pour un nouveau pacte ferroviaire. Le Conseil d'Etat avait, lors de la séance du 8 mars 2018, en Assemblée générale section des travaux publics, indiqué, à propos de l'intention du Gouvernement de modifier les conditions dans lesquelles l'ARAFER (ART) rend un avis sur la fixation des redevances d'infrastructure liées à

Cet épisode, qui constitue une sorte d'apogée d'une opposition publique entre la CRE et un ministre chargé de l'énergie, se traduit, dans un premier temps, par la publication au Journal officiel de ses décisions du 17 novembre 2016 et 19 janvier 2017[1]. Cette péripétie se dénouait enfin, en un deuxième temps, par la décision du Conseil d'Etat, du 9 mars 2017, d'une annulation très partielle de la méthode de calcul des tarifs d'utilisation des réseaux publics d'électricité.
Il s'agissait d'un nouvel exemple où le juge administratif se trouvait « peu à peu érigé en régulateur en dernier ressort de la régulation »[2]. On pourrait y voir aussi une défense de l'indépendance du régulateur, tout en permettant au Conseil d'Etat de s'élever en protecteur de l'intérêt général[3].

3- La résistance des opérateurs historiques

Les relations de la CRE avec les anciens monopoles, dont EDF constitue sans nul doute l'archétype alors qu'ENGIE se pose en fournisseur alternatif en oubliant son histoire monopolistique, ne pouvaient être que complexes.
EDF, par les circonstances de sa création, en raison du rôle que les pouvoirs publics lui attribuent, dans la reconstruction de l'après-guerre puis dans le programme nucléaire à partir du premier choc pétrolier, et étant donné ses dimensions et ses qualités, n'est pas perçue comme une simple entreprise. GDF n'a jamais connu une telle aura, ne serait-ce que

l'utilisation du réseau ferré national, « qu'il ne serait pas conforme à la directive (UE) 2012/34, modifiée par la directive (UE) 2016/2370 du 14 décembre 2016, de limiter le rôle de l'ARAFER à la seule vérification de la prise en compte, par le tarif de redevances d'utilisation d'infrastructures liées à l'utilisation du réseau ferré national, du contrat conclu entre l'Etat et SNCF Réseau en application de l'article L. 2111-10 du code des transports, le régulateur sectoriel prévu par la directive doit, en effet, pouvoir se prononcer, en vertu du paragraphe 6 de son article 56, sur l'application de tous les principes de tarification de l'infrastructure posés par cette directive », Extrait du registre des délibérations, avis sur un projet de loi pour un nouveau pacte ferroviaire, n° 394425, 8 mars 2018.

[1] Parution au JORF du 28 janvier 2017.

[2] B. du MARAIS, « Régulation, service public et démocratie : une décennie de mutations », in *Régulation économique et démocratie,* M. LOMBARD (dir.), Dalloz, 2006, p. 49.

[3] P. IDOUX, « Juger la régulation, c'est encore réguler : note sous l'arrêt du Conseil d'Etat, section, 25 février 2005, « France Télécom » réq. n° 247866 », RDP, 2005, n° 6, p. 1643.

parce que le gaz concerne, avec onze millions de consommateurs, un bien moins grand nombre de personnes.

L'entrée de la concurrence, ou du moins des règles la permettant, constitue un défi pour des monopoles, peu accoutumés à se voir imposer des normes qu'ils n'ont pas eux-mêmes déterminées, surtout en ce qui concerne EDF.

Parmi les nombreux points durs, l'un de ceux ayant le plus soulevé de difficultés entre la CRE et les opérateurs historiques est incontestablement celui de l'indépendance des gestionnaires de réseaux de distribution. On ne reviendra pas sur les modalités techniques de la dissociation comptable et sur différents autres facteurs clefs de la prise d'indépendance des gestionnaires de réseaux, mais nous traiterons de l'aspect le plus long à régler : celui de la confusion des noms entre ceux des gestionnaires de réseaux de distribution et ceux de leurs maisons mères. Le cas de GRDF avec GDF-Suez se résout, opportunément, de lui-même avec le changement de nom de la maison mère devenue ENGIE[1].

Celui d'ERDF se révèle sensiblement plus complexe à régler puisqu'il faut huit ans pour y parvenir. Dès la filialisation du gestionnaire de réseau de distribution d'électricité le 1er janvier 2008, la CRE exprime sa préoccupation vis-à-vis d'une trop grande proximité avec le nom d'EDF et considère qu'il s'agit d'un nom de transition[2]. Or, cette question conflictuelle ne trouve une issue qu'en 2016, avec le changement de nom d'ERDF en ENEDIS.

Les rapports sur le respect des codes de bonne conduite et d'indépendance[3](CBCI) de la CRE, à partir du rapport de 2008[4], relatent cette chronique, qui illustre les limites d'une régulation de persuasion et l'utilisation du droit souple.

La complexité de la matière, ou sa simplicité, selon la manière dont on appréhende la question, vient de ce que, derrière la confusion des noms,

---

[1] GDF-SUEZ devient ENGIE le 25 avril 2015.

[2] Cette volonté est exprimée lors d'une rencontre entre le collège de la CRE et le président d'EDF au cours de l'année 2008 (expérience professionnelle de l'auteur).

[3] La loi n°2004-803 du 9 août 2004, transposant les directives européennes du 26 juin 2003, a prévu la publication chaque année par la CRE d'un rapport sur le respect des codes de bonne conduite et l'indépendance des gestionnaires de réseaux. Le premier rapport a été publié en 2005. Art. L. 134-15 du Code de l'énergie.

[4]« Demande à EDF : Demandes 2007 - le nom de la filiale, ou la forme et les couleurs de son logo, ne doivent pas rappeler le fournisseur historique EDF et doivent dès lors être modifiés : non effectué » *Rapport 2008 sur le respect des codes de bonne conduite et l'indépendance des gestionnaires de réseaux d'électricité et de gaz naturel,* p. 45.

se pose la question de la communication des entreprises verticalement intégrées. Celles-ci, et en particulier EDF, ne respectent guère le principe de séparation de la communication entre secteur en concurrence et secteur régulé. Il convient de reconnaître que l'attitude des pouvoirs publics ne facilitait pas l'observation de cette règle, comme le montre l'exemple de la tempête de janvier 2009.

Alors que les médias ne parlent que d'EDF, et non de RTE et ERDF, son président se déplace pour une visite sur les lieux, afin de constater comment se déroulent les travaux en cours et rencontrer les élus. Ce qui conduit la CRE à réagir, assez vigoureusement, en publiant un communiqué de presse intitulé « La CRE dénonce la confusion des genres », visant les interventions publiques du président du groupe EDF, qui s'est comporté comme s'il était responsable des travaux relevant de RTE et d'ERDF[1].

Le rapport CBCI de décembre 2009 revient sur le sujet en rappelant les orientations du 3ème paquet et les lignes directrices du groupe des régulateurs européens de l'électricité et du gaz (ERGEG)[2], et critique la conduite d'EDF dans ce dossier[3]. *A contrario*, la CRE salue les

---

[1] « La CRE dénonce la confusion des genres. La Commission de régulation de l'énergie (CRE) s'élève avec la plus grande fermeté contre les récentes interventions publiques du président du groupe EDF sur des questions relevant de la responsabilité de RTE et d'ERDF, respectivement gestionnaires des réseaux de transport et de distribution d'électricité. En effet, de telles interventions entretiennent une confusion préjudiciable entre le fournisseur EDF relevant du secteur concurrentiel d'une part, et les gestionnaires de réseau RTE et ERDF relevant du secteur régulé d'autre part. Ces interventions constituent manifestement une atteinte au principe d'indépendance des gestionnaires de réseaux. Or, ce principe s'impose, en vertu du droit communautaire et national, au sein d'une entreprise intégrée telle qu'EDF, et constitue une garantie essentielle du droit d'accès aux réseaux et du bon exercice par les gestionnaires de réseaux de leurs missions de service public », Communiqué de presse, CRE, 2 février 2009.

[2] Le Groupe des régulateurs européens de l'électricité et du gaz était un groupe consultatif formel de la Commission européenne, créé par la Commission en 2003 (décision 2003/796/CE). Dissous le 16 mai 2011, il était remplacé par l'Agence de coopération des régulateurs de l'énergie (ACER), devenue opérationnelle en mars 2011 (Règlement (CE) n° 713/2009).

[3] « Malgré la demande de la CRE en ce sens, les lignes directrices de l'ERGEG et le 3ème paquet énergie, le nom et le logo d'ERDF n'ont pas évolué au cours de l'année 2009. Ils demeurent donc susceptibles d'entretenir dans l'esprit du consommateur la confusion actuelle entre les missions des différents intervenants du système électrique. La proximité de ces logos, et l'impact négatif qui en résulte, ont pu être illustrés à plusieurs occasions : le choix d'ERDF de faire figurer son nom et son logo sur les compteurs Linky utilisés dans le cadre de l'expérimentation de comptage

efforts de la jeune filiale pour se conformer aux règles du code bonne conduite et d'indépendance : « La situation d'ERDF au regard des critères de l'indépendance est acceptable au regard de la jeunesse de la filiale. La CRE salue l'implication au plus haut niveau de l'entreprise en la matière. Toutefois, ERDF doit renforcer son autonomie et mieux afficher son indépendance, notamment vis-à-vis du grand public »[1]. L'observation ne sert pas vraiment les intérêts de l'équipe de direction d'ERDF qui change en mars 2010[2]. La volonté du nouveau président d'EDF est de mieux contrôler sa filiale, à rebours de toute l'orientation du 3ème paquet.

Le « monologue » de la CRE reprend, lors du rapport de l'année 2011. Elle s'appuie sur l'article L.111-64 du Code de l'énergie, issu de la transposition dans la loi française du 3ème paquet[3] : « La CRE demande à ERDF de lui transmettre un plan des actions à entreprendre pour se mettre en conformité avec les dispositions de l'article L.111-64 du Code de l'énergie en vue de la disparition complète des facteurs de confusion qui perdurent concernant son logo et sa dénomination »[4].

Il faut attendre le rapport CBCI 2013-2014 pour que la CRE force le ton : « Depuis la création d'ERDF en 2008, la CRE a constaté dans ses rapports successifs que l'identité sociale et le logo d'ERDF sont excessivement proches de ceux d'EDF. Au cours d'un audit mené en 2013, la CRE a d'ailleurs constaté qu'EDF et ERDF ont conclu un accord de coexistence de leurs marques respectives établi en considération de la similarité de leurs marques et signes distinctifs respectifs. Ces similitudes, qui prêtent à confusion, sont contraires aux

---

évolué en cours a provoqué de nombreuses réactions des acteurs, fournisseurs alternatifs, mais aussi autorités concédantes, propriétaires de ces matériels ; le lancement au début de l'automne 2009 d'une campagne de communication par ERDF a conduit au dépôt d'un recours en référé devant le tribunal de commerce de Paris par l'Association Nationale des Opérateurs Détaillants en Électricité, sur le fondement que cette campagne, du fait de la trop forte proximité des logos d'ERDF et d'EDF, serait de nature à entretenir la confusion dans l'esprit des consommateurs. Les parties ont trouvé un accord à l'amiable », *Rapport CBCI* 2009, pp. 65-66.

[1] *Ibid.* p. 67.

[2] « Le 16 mars, Michèle Bellon a été nommée Président du directoire d'ERDF à l'issue du conseil de surveillance de l'entreprise. Elle succède à Michel Francony qui occupait cette fonction depuis la création d'ERDF le 1er janvier 2008 » Communiqué d'ERDF.

[3] L'art. L. 111-64 transpose l'article 26(3) de la directive 2009/72/CE du 13 juillet 2009.

[4] *Rapport 2011 sur le respect des CBCI*, p. 36.

dispositions de l'article L.111-64 du Code de l'énergie entrées en vigueur le 1er juin 2011 : ' la société gestionnaire d'un réseau de distribution [...] et les sociétés de production ou de fourniture qui la contrôlent [...] s'abstiennent de toute confusion entre leur identité sociale, leurs pratiques de communication et leur stratégie de marque' »[1].

La CRE publie, décision peu habituelle pour ce type de rapport, un communiqué de presse dans lequel elle reprend ses principaux griefs, en précisant qu'« En l'absence de changement, le Comité de règlement des différends et des sanctions (CoRDiS) de la CRE pourrait être saisi »[2] .

La CRE découvrait que la persuasion seule risquait de ne pas suffire devant la force d'inertie d'ERDF et l'opposition d'EDF. En l'espèce, le droit souple, sous-jacent au contenu des rapports précités, ne permet pas d'aller au-delà du simple rappel de ce qui a été « demandé » et de ce qui a été réalisé, autrement dit une forme de « *name and shame* », courante en régulation. Le terme « demander » n'a pas de portée juridique autre que le pouvoir de recommandation [3]. Le rapport suivant paraît 15 mois plus tard, en décembre 2014, et couvre les deux années 2013 et 2014. Cette dernière année connaît de profonds changements avec les nominations successives, le 23 janvier, d'un nouveau président du directoire d'ERDF[4] et, le 27 novembre, d'un nouveau président d'EDF[5].

Le constat établi par la CRE est repris par l'Autorité de la concurrence dans son avis du 20 décembre 2013 concernant l'effacement dans le domaine de la consommation d'électricité. Celle-ci relève à son tour cette « extrême similitude » des dénominations sociales et des logos des

---

[1] *Rapport 2013-2014 sur le respect des CBCI*, p. 22.

[2]Communiqué de presse de la CRE, 6 janvier 2015 : « Le régulateur de l'énergie demande aux gestionnaires de réseaux de différencier clairement leurs marques de celles de leurs maisons mères »

[3] Les recommandations sont, en général considérés comme des actes non contraignants, mais certains juristes les intègrent au sein des actes normateurs. Dans son ouvrage sur le Droit de l'électricité, P. Sablière qualifie le pouvoir de recommandation de la CRE de pouvoir « quasi-règlementaire », P. SABLIERE, *Droit de l'électricité*, *op. cit.*, p.1402.

[4] Ph. MONLOUBOU.

[5] J.-B. LEVY

deux sociétés pour illustrer « les craintes relatives à l'indépendance de cette filiale d'EDF SA par rapport à sa maison mère »[1].

Le ton du nouveau rapport de la CRE est plus comminatoire. Après un rappel chronologique de ses demandes, la CRE conclut en fixant une date limite à ERDF pour présenter les mesures qu'elle envisage de mettre en œuvre. La CRE place le sujet en première page de sa revue *Décryptage*. Le texte lui-même se révèle combatif[2] : « La CRE attend qu'ERDF [...] prenne des décisions fortes et rapides pour mettre fin à ces situations de confusion. ERDF doit présenter des propositions à la CRE au plus tard le 1er juin 2015. Si ces propositions étaient insuffisantes, le Comité de règlement des différends et des sanctions (CoRDiS) de la CRE pourrait être saisi »[3].

L'institut CSA, auquel la CRE avait confié une étude, met en évidence la confusion, existant chez une majorité des sondés, à propos des missions assurées respectivement par ERDF et EDF. Par ailleurs, la CRE a demandé à son conseil juridique (appartenant au Conseil d'Etat) une analyse approfondie de la question des marques. C'est après avoir pris connaissance de ces deux études et entendu ERDF que le collège délibère le 23 juin 2015.

Lors de cette délibération, la CRE détaille la méthode selon laquelle elle juge les propositions d'ERDF[4]. Elle reconnaît un effort, mais conclut sur une phrase laissant, volontairement, toutes les options ouvertes : « Pour autant, les facteurs de différenciation proposés par ERDF en juin 2015 pourraient ne pas suffire à compenser les facteurs de confusion qui subsistent par ailleurs (proximité phonétique et conceptuelle, proximité de certaines couleurs, proximité des sigles et

[1] Autorité de la concurrence, Avis n° 13-A-25 du 20 décembre 2013 concernant l'effacement de consommation dans le secteur de l'électricité, p. 17.

[2] Les textes de la revue *Décryptage* ne font pas l'objet d'une approbation par le collège, le ton y est donc plus libre.

[3] Revue *Décryptage*, février 2015.

[4]« La CRE a procédé à l'analyse de ces éléments et a apprécié le risque de confusion au regard notamment du droit des marques. Ainsi, le risque de confusion a été apprécié globalement en fonction de l'impression d'ensemble produite par les signes, en tenant compte de leurs éléments distinctifs et dominants. L'analyse de la CRE a tenu compte des éléments visuels, sonores et conceptuels de la proposition de marque ainsi que de la notoriété de la marque EDF. La CRE considère que les évolutions envisagées sont significatives et vont dans le sens de la réduction de la confusion », *CRE, Délibération 23 juin 2015.*

des dénominations sociales) dans un contexte où la marque 'EDF' possède un caractère distinctif exceptionnel »[1].
Le rapport d'activité de la CRE 2016, indique qu'« en application des articles L. 135-1 à L. 135-16 du Code de l'énergie, la CRE a ouvert une enquête sur les pratiques susceptibles de porter atteinte aux dispositions du Code de l'énergie relatives notamment à l'indépendance du gestionnaire de réseau. Les conclusions de cette enquête ont conduit le président de la CRE à saisir le comité de règlement des différends et des sanctions (CoRDiS), le 20 juillet 2015, d'une demande de sanctions à l'encontre d'EDF et d'ERDF ».
La présidente du CoRDiS désigne, alors, un rapporteur au sein de son collège. A la fin de son instruction, le rapporteur adresse une lettre de mise en demeure à chacun des présidents d'ERDF et d'EDF, leur demandant, à l'un ou à l'autre, une proposition de modification de leur nom dans un délai de deux mois. EDF n'envisage, évidemment, pas de changer de nom et accepte, implicitement[2], le principe du changement pour ERDF. La présentation de la nouvelle identité sociale d'ERDF a lieu lors du salon des maires, le 31 mai 2016.
Le Monde publie un article détaillé sur le sujet, intitulé : « Oubliez ERDF, la filiale d'EDF se renomme Enedis. La Commission de régulation de l'énergie a contraint la filiale d'EDF à se distinguer plus nettement de sa maison mère »[3]. Il est intéressant de souligner que le nom ENEDIS avait été déposé dès 2008 par ERDF à l'Institut national de la propriété industrielle (INPI), sans qu'il en fasse usage.
Le dénouement rapide après un long cheminement illustre les réticences d'EDF à accepter les règles de la concurrence. Il est, au demeurant, étonnant que les dirigeants de l'entreprise aient conduit cette espèce de combat d'arrière-garde, qui ne pouvait que renforcer la grande méfiance de la Commission européenne à son égard et compliquer encore un peu plus ses rapports avec elle.

---

[1] *Ibid.*
[2] Il n'y a jamais eu de communication extérieure sur le processus ayant conduit au changement de nom, mais le président d'EDF a indiqué lors d'une rencontre bilatérale avec le président de la CRE, après la réception de la lettre de mise en demeure, qu'il était d'accord (expérience professionnelle de l'auteur).
[3] *Le Monde*, 30.05.2016, J.-M. BEZAT.

II- Évolution contextuelle

Est-il possible d'évoquer à juste titre une évolution dans les relations entre le régulateur, le Gouvernement et les monopoles historiques ? Plusieurs éléments objectifs permettent de le penser. Comme toute évolution, elle se révèle progressive, mais il est possible d'en cerner quelques éléments grâce à l'examen des rapports d'activité, à celui, plus particulièrement, des messages du collège et, plus encore, au travers des messages du président, qui se distinguent, à partir du rapport 2016, du message du collège. On peut, ainsi, relever plusieurs points révélant un changement d'approche. La mission de la CRE est présentée dans le cadre général de la politique voulue par le ministre en charge de l'énergie, ce qui est assez nouveau dans l'expression, même si ce n'est pas faux sur la forme. La prépondérance de la transition énergétique[1] dans les différents documents de la CRE ou dans les interventions de son président[2] ne laisse planer aucun doute sur les priorités du

[1] « Dans ce contexte de changement accéléré, tel que souhaité par le Ministre d'État en charge de l'énergie, la mission de la CRE est double : faire fonctionner les marchés électriques et gaziers, dans les meilleures conditions d'efficacité et d'équité, en s'assurant que tous les acteurs, et notamment les gestionnaires de réseau, ont les bonnes incitations pour innover et s'engager activement dans les transformations nécessaires. Quels que soient les changements en cours, les consommateurs doivent bénéficier d'offres et de services toujours plus innovants, et l'intégration européenne des marchés de l'énergie doit se poursuivre tout en préservant nos spécificités nationales ; éclairer les pouvoirs publics, et plus largement la communauté nationale, sur les enjeux, les risques mais aussi les opportunités qui sont devant nous. Les décisions doivent être prises sur la base d'une parfaite connaissance des coûts qu'elles entraînent à court et à long terme ».

[2] Voir notamment l'intervention du président de la CRE, J.-F. CARENCO, à l'occasion des 8èmes rencontres sur les énergies renouvelables « Comment atteindre les objectifs de la Loi de transition énergétique ? » (20 juillet 2017) où l'on trouve des expressions assez engagées : « Mais aussi, je pense qu'il ne faut pas hésiter à livrer la bataille des idées contre ceux qui, sous couvert d'environnement, empêchent ou à tout le moins entravent la transition énergétique. Pour dire vrai, il y a souvent de l'idéologie pure, de l'égoïsme et un pur conservatisme comme moteur des opposants », et l'audition, devant la Commission d'enquête sur l'impact économique, industriel et environnemental des énergies renouvelables, sur la transparence des financements et sur l'acceptabilité sociale des politiques de transition énergétique, du 4 avril 2019 : « Il est donc logique de réduire progressivement la part du nucléaire pour lui substituer des EnR – qui ne produisent pas de déchets. C'est la raison pour laquelle, je suis, à titre personnel, favorable à la programmation pluriannuelle de l'énergie (PPE), qui enclenche cette réduction de manière résolue et raisonnable. L'avenir ne peut pas être de produire en permanence des déchets nucléaires que nous ne savons pas traiter ! ».

régulateur. La plus grande nouveauté concerne l'engagement, revendiqué, en faveur du développement des énergies renouvelables. Jusque-là, la mission de la CRE concerne une optimisation des moyens et un bon déroulement des appels d'offre. La définition du mix énergétique n'est pas dans ses responsabilités et elle considère qu'elle n'a pas à prendre parti. Du point de vue juridique, aucun texte n'a, au demeurant, confié de nouvelles missions à la CRE en ce domaine.
On constate donc une évolution des priorités dans différents domaines (A), mais aussi une invariabilité du sujet central de préoccupations de l'exécutif, la situation d'EDF et de la régulation du nucléaire (B).

A- Une évolution des priorités

L'importance accordée, désormais, à la transition énergétique contraste avec le contenu du rapport réalisé pour 2015, intitulé « *15 ans de régulation* », et dans lequel cinq grandes têtes de chapitre sont retenus dans le fascicule synthétique. La première est consacrée aux réseaux, la dernière à une transition énergétique soutenable, et les trois autres sont dédiées à la concurrence et au marché : « Faire du développement de la concurrence en France une réalité », « Fin des tarifs publics : répondre aux enjeux concurrentiels », « La confusion des marques : une entrave à la concurrence »[1].
Si ces derniers thèmes participent toujours aux objectifs de la régulation, ils sont moins mis en avant, soit parce que les problèmes soulevés sont résolus (la confusion des marques avec le changement de nom d'ERDF), soit parce qu'une partie des objectifs est considérée atteinte (voir ci-dessous), soit enfin parce que de nouveaux sujets apparaissent désormais comme les enjeux majeurs du futur : l'autoconsommation, la mobilité et le droit de déroger aux normes par le biais de l'expérimentation, comme par exemple le dispositif d'expérimentation réglementaire permis par la loi n°2019-1147 du 8 novembre 2019 relative à l'énergie et au climat[2]. Ces nombreux

[1] *Rapport d'activité CRE 2015,* p. 16, 20, 24.
[2] Créé par la loi « Energie-climat », ce dispositif d'expérimentation réglementaire autorise la CRE à octroyer des dérogations temporaires aux conditions d'accès et d'utilisation des réseaux et installations. Les porteurs de projet s'adressent directement à la CRE pour obtenir une dérogation à des dispositions juridiques en vigueur, afin de conduire des projets innovants, dans les meilleures conditions pour la sûreté, la sécurité et la qualité du système énergétique. Dans une délibération du 18 novembre 2020, la CRE indique avoir reçu 41 demandes de dérogations dans le cadre

thèmes, qui ont émergé au début et au milieu des années 2010, se révèlent peu à peu incontournables.
Au-delà de ces nouveaux enjeux, on peut aussi observer une sensible évolution du ton général des rapports. Il était assez rare, sinon exceptionnel, que les rapports d'activité ne comportent pas quelques critiques sur tel ou tel aspect (indépendance des GRD, faiblesse de la concurrence, ciseau tarifaire, problème posé par le maintien des TRV, rappel à la nécessité de se conformer aux directives européennes…). Or, dans les rapports plus récents, ces aspérités sont gommées au profit d'un style plus consensuel.
La conception de la régulation développée par le président du moment, dans son message personnel, peut éclairer sur les raisons de cette mutation : « je considère que l'activité de régulation doit d'abord faire s'exprimer toutes les opinions pour que se construise une société où l'énergie, un bien vital, devienne un sujet de partage et non de conflit. De grandes transformations sont en cours, il faut nous y préparer tous ensemble »[1]. Moins « gendarme de l'énergie », selon l'expression courante des médias, la CRE se veut désormais lieu d'échanges et de prospective, œuvrant pour l'intérêt général, d'où une certaine incompréhension vis-à-vis « de la multiplication des contentieux »[2], qui pouvait correspondre à la régulation de l'ancien monde, mais qui paraît peu en accord avec une vision d'un futur consensuel, relativement hypothétique, néanmoins, compte tenu des différences d'intérêt en présence.
Sans méconnaître l'influence, incontestable, des convictions et des orientations d'un président sur les travaux de la CRE, la réalité du début des années 2020 est, toutefois, peu comparable à celle de 2010 ou, même, 2015. Plusieurs des sujets au cœur de la régulation de l'énergie durant des années évoluent profondément. La question des TRVE connaissait différents changements à partir de 2016. Comme nous l'avons évoqué précédemment, les TRV en électricité et en gaz sont supprimés pour les moyens et gros consommateurs non domestiques le

---

du premier guichet du dispositif d'expérimentation réglementaire prévu par la loi énergie climat. Les projets concernent le stockage d'électricité, les véhicules électriques, le raccordement aux réseaux ou encore l'autoconsommation.
[1] *Rapport d'activité CRE* 2017, p. 4.
[2] « Enfin, l'année 2018 a vu se poursuivre la tendance à la multiplication des contentieux. […] Sur ce thème, la CRE ne peut que regretter l'agressivité de ces contentieux nombreux mais qui prospèrent peu », *Rapport d'activité CRE* 2018, p. 4.

31 décembre 2015[1]. Par ailleurs, la CRE se voit confier, en application de l'art. L. 337-4 du Code de l'énergie, la détermination des mouvements tarifaires des TRVE. Sa proposition, motivée, adressée aux ministres, chargés de l'économie et de l'énergie, est, à présent, réputée approuvée, sauf opposition de leur part dans les trois mois suivant sa réception [2]. La transformation la plus frappante vient probablement du fait que, depuis la mise en œuvre par la CRE de sa nouvelle compétence, les ministres approuvent régulièrement les propositions de la CRE dans un acte positif (par exemple, la proposition tarifaire du 16 janvier 2020 est approuvée par une décision du 29 janvier 2020). On peut, presque, ici évoquer un changement de paradigme[3].

Le devenir des TRV, eux-mêmes, connaisse un sort différent en gaz et en électricité comme nous l'avons vu (voir *supra* § 414 et s./ 437 et s.) Si le sujet prête moins à controverse, il semble toutefois que l'implication de la CRE, à cet égard, soit moindre qu'elle ne l'était auparavant[4].

Pour ce qui a trait au développement de la concurrence, on observe que, depuis 2016, en gaz et, dans une moindre mesure en électricité, la part du marché s'est notablement étoffée. Ainsi, au 31 décembre 2021, en gaz naturel, 7,87 millions de sites résidentiels sur un total de 10,7 millions (soit 73,5%) sont en offre de marché et 646 000 sites professionnels sur un total de 659 000 sont en offre de marché (soit 98%) alors qu'en électricité 12 millions de sites résidentiels sur un total de 33,8 millions (soit 35,5%) sont en offre de marché et chez les

---

[1] Loi n°2010-1448 du 7 décembre 2010 (loi NOME) pour l'électricité, et loi n° 2014-344 du 17 mars 2014 relative à la consommation (loi Hamon) pour le gaz,

[2] Du 1er janvier 2016 jusqu'au 31 décembre 2020, la CRE a fait huit propositions d'évolution des TRVE.

[3] Ces remarques ne s'appliquent que durant la période précédant la crise des prix de l'automne 2021 et la guerre en Ukraine.

[4] Le rôle que la CRE tient dans la préparation de la fin des TRV pour les professionnels en 2014 et 2015, où elle se mobilise fortement (voir *Rapport d'activité 2016* CRE, p. 30), semble être repris par le Médiateur de l'énergie (lui-même ancien commissaire à la CRE et ancien directeur général), beaucoup plus actif pour préparer la fin des TRV sur le gaz. Nombre de communications se trouvent sur son site, avec renvoi à la décision du Conseil d'Etat.

professionnels 3,6 millions de sites sur un total de 5,1 millions sont en offre de marché (soit 70%)[1].

Néanmoins, cette tendance connait une inflexion depuis la hausse spectaculaire des prix de l'électricité dus à l'augmentation du prix du gaz en raison, notamment, de la guerre en Ukraine et des sanctions européennes.

Ces évolutions apparaissent encore plus sensibles en 2023 dans un contexte dans lequel les priorités européennes évoluent, et où la sécurité d'approvisionnement et l'envolée des prix poussent la Commission européenne, sous la pression d'un certain nombre de gouvernements dont celui de la France, à envisager une évolution de la structure du marché. Si les propositions de la Commission apparaissent, au printemps 2023, assez prudentes en comparaison des souhaits de certains de s'éloigner entièrement des principes du marché intérieur, elles n'en marquent pas moins une réelle inflexion[2].

Il est, à cet égard, instructif de se référer au document, tout à fait nouveau pour la CRE, qui expose « sa feuille de route » pour 2023/2024. Dans le préambule, la CRE expose en quelques lignes sa mission principale : « elle est de mettre en place et de surveiller des marchés de l'électricité et du gaz dynamiques, innovants, favorables à la transition énergétique et bénéficiant aux consommateurs[3]. La CRE

---

[1] Au 30 juin 2020, 11 946 000 sites ont choisi une offre de marché, dont 10 260 000 auprès d'un fournisseur alternatif (CRE, Observatoire des marchés de détail, 2°trimestre 2020).

[2] Le 14 mars 2023, la Commission européenne a proposé un certain nombre de mesures pour réformer la structure du marché de l'énergie qui prévoient le recours à trois types de contrats : « les *Power Purchase agreements* qui sont des contrats privés de long terme aux conditions fixés entre les co-contractants, les contrats à terme qui sont similaires mais sur une durée plus courte (3 ans) et les contrats pour différence qui sont des contrats entre Etat et fournisseurs précisant une fourchette d'évolution des prix dont la différence entre le seuil haut ou le seuil bas de la fourchette et le prix de marché est compensé ou perçue par l'Etat » (*Rapport fait au nom de la commission d'enquête visant à établir les raisons de la perte de souveraineté et d'indépendance énergétique de la France*, Assemblée Nationale, 30 mars 2023, p. 335).

[3] Il est à noter que la CRE tente une explication, quelques lignes plus bas, de ce que peut signifier le « bénéfice du consommateur ». « Le bénéfice du consommateur est une notion globale allant bien au-delà du prix à court terme, et qui nécessite des arbitrages permanents par exemple entre court, moyen et long terme, ou entre prix, sécurité d'approvisionnement et transition énergétique… ». *Feuille de route 2023-2024 CRE,* Préambule p. 4.

contribue activement à la construction du marché intérieur européen de l'énergie et à sa nécessaire réforme »[1].
Il apparait indéniable que la CRE des années 2020 connait des circonstances et des priorités notablement différentes de celles qui avaient prévalue au cours des vingt premières années de l'ouverture du marché de l'énergie.

B- Une constante, EDF et la régulation du nucléaire

Il reste, cependant, au moins un sujet récurrent au centre des préoccupations du Gouvernement, celui d'EDF. Son devenir et son adaptation, les réformes à mener, ainsi que la régulation du nucléaire demeurent des sujets toujours aussi sensibles et non résolus.
Le niveau de l'ARENH et son plafonnement à 100 TWh[2], manifestement insuffisant pour satisfaire les demandes des fournisseurs alternatifs, soulèvent des questions qui ne peuvent être résolues que par une négociation avec la Commission européenne. Le projet d'une réorganisation du groupe, au travers du projet Hercule[3] en contrepartie d'une forme de régulation du nucléaire qui sortirait du marché, est une voie qu'a semblé vouloir suivre l'exécutif mais les négociations avec la Commission européenne ont été suspendues au début de 2022. Elles reprennent en 2023 sans qu'il soit encore très clair de savoir sur quoi elles peuvent déboucher, dans la mesure où elles s'inscrivent dans une négociation européenne sur une réforme du marché lui-même.
L'aspect inédit de la démarche provient de ce que le Gouvernement a souhaité le soutien de la CRE dans le début de ses négociations avec la Commission, ce qui n'était jamais survenu auparavant. A cette fin,

---

[1] *Ibid.*.

[2] La loi énergie climat, n° 2019-1147 du 8 novembre 2019, art. 62, (art. L. 336-é du Code de l'énergie) a prévu un relèvement du plafond pouvant être cédé aux fournisseurs par EDF à 150 térawattheures à compter du 1er janvier 2020. Le relèvement effectif du plafond demeure néanmoins soumis à la publication d'un arrêté des ministres chargés de l'économie et de l'énergie pris après avis de la Commission de régulation de l'énergie. Le Gouvernement n'avait pas publié un tel arrêté en janvier 2021, ne souhaitant pas interférer dans les discussions en cours avec Commission européenne.

[3] Il est saisissant de remarquer la réaction des parlementaires appartenant aux partis classiques de Gouvernement, comme le PS et les Républicains, qui s'élèvent avec vigueur contre ce projet qui pourrait, sous la pression de la Commission (et de la DG. Comp), toucher à la structure intégrée de l'entreprise EDF. A cet égard, l'opinion d'une grande part de la classe politique ne semble pas avoir beaucoup évolué en vingt ans.

l'exécutif demandait à la CRE d'établir un rapport, destiné à son unique intention, au sujet de ce que pourrait être une nouvelle régulation du nucléaire et sur le niveau du prix de l'ARENH. Il s'agit d'une requête inusitée, car l'étude sur les coûts de production et de commercialisation d'EDF, réalisée en 2013 par la CRE, était rendue publique par celle-ci lors d'une conférence de presse.
Si le Gouvernement accrédite, ainsi, l'expertise de la CRE, alors que dans de précédentes occasions, certes lointaines, il fait appel à des contributions extérieures[1], la confidentialité du rapport interroge sur la transparence de la démarche. Cette reconnaissance institutionnelle comporte toutefois un écueil pour la CRE, la préservation de son indépendance. Il est, d'ailleurs, surprenant que le collège ait accepté cette demande du Gouvernement.
Par ailleurs, s'il est toujours délicat d'apprécier les relations entre un régulateur sectoriel et un monopole historique, ce principe général s'applique probablement avec encore plus de force dans le cas de la CRE et EDF. Durant de nombreuses années, une grande partie du monde politique a reproché à la CRE d'être trop réceptive aux préoccupations des fournisseurs alternatifs. Certaines délibérations de la CRE, au cours de l'année 2020, conduisent, légitimement, à s'interroger sur une éventuelle modification des priorités du régulateur. A cet égard, la délibération du 26 mars 2020 traite un sujet à fort potentiel conflictuel entre EDF et des fournisseurs alternatifs : la clause de force majeure[2] et l'accès régulé à l'ARENH. En décidant de ne pas activer la clause de force majeure et en expliquant que, dans le cas contraire, « une telle situation créerait un effet d'aubaine pour les fournisseurs au détriment d'EDF qui irait à l'encontre des principes de fonctionnement du dispositif qui reposent sur un engagement ferme des parties sur une période d'un an »[3], la CRE prend un parti qui ne semblait pas absolument nécessaire. Elle aurait pu se contenter de constater les désaccords en cours et souhaiter une solution au travers de la conciliation. Or, elle adopte une position semblable à celle du

---

[1]Cela était le cas pour le rapport CHAMPSAUR, pour lequel la CRE n'avait été qu'auditionnée. De même, en 2005, le Gouvernement confiait une mission sur la question des tarifs du gaz à une équipe de hauts fonctionnaires.
[2] Voir sur les décisions du Tribunal de commerce de Paris, l'analyse de Q. QUILLARD, « Coronavirus et force majeure : lumière sur l'ARENH », *EEI*, n° 6, juin 2021.
[3] Délibération de la Commission de régulation de l'énergie du 26 mars 2020 portant communication sur les mesures en faveur des fournisseurs prenant en compte des effets de la crise sanitaire sur les marchés d'électricité et de gaz naturel.

Gouvernement, alors que la complexité de la question aurait pu l'inciter à la prudence juridique[1]. Le président de la CRE, exprime, quelques mois plus tard ses interrogations sur la sécurité juridique « c'est l'occasion de poser publiquement la question de savoir si des contrats avec des sociétés à majorité publique, sur un marché entièrement régulé, avec parfois des monopoles légaux, ne devraient pas relever uniquement de la justice administrative. La réponse n'appartient pas à la CRE, mais les différences d'appréciation entre les ordres de juridiction ne participent pas à la sécurité juridique »[2].
Une autre délibération, du 1er octobre 2020, portant, notamment, sur une modification du modèle d'accord-cadre pour l'ARENH, concerne la définition de la clause de force majeure[3] et va dans un sens similaire. Elle satisfait EDF et mécontente les fournisseurs alternatifs, si l'on se réfère aux opinions exprimées dans la consultation publique.
Il sera instructif d'observer les évolutions des délibérations de la CRE pour évaluer la vigueur de ce mouvement.

III- La question du commissaire du Gouvernement

La présence d'un commissaire du Gouvernement auprès d'une AAI fait partie des thèmes classiquement abordés au sujet de l'indépendance et, à cet égard, les avis sont assez partagés. Ainsi, le Conseil d'Etat estime, dans son rapport sur les AAI, sa présence nécessaire : « le principe d'une représentation du Gouvernement auprès du « premier cercle » d'autorités administratives indépendantes ne saurait faire l'objet que de dérogations exceptionnelles et objectivement justifiables. Le commissaire du Gouvernement devrait également se voir reconnaître de manière ordinaire la faculté de demander une seconde délibération en dehors du moins de l'exercice du pouvoir de décision »[4]. Le Conseil d'Etat justifie cette position par le besoin de donner aux AAI une vision

---

[1] Le sujet a fait l'objet de plusieurs décisions, celle du Conseil d'Etat, celle du Tribunal de Commerce, celle de la CAP.

[2] *Activité juridique de la CRE en 2019,* Rapport décembre 2020, p. 5.

[3]« La CRE estimant que cette définition n'était pas suffisamment claire et source de conflits d'interprétation, a proposé de modifier la définition de la force majeure figurant à l'article 10 de l'Accord-cadre afin de la simplifier et de la rapprocher de la définition de la force majeure figurant à l'article 1218 du Code civil en supprimant de cette clause la référence aux 'conditions économiques raisonnables' », *Délibération CRE, 1er octobre 2020.*

[4] *Les autorités administratives indépendantes*, Etudes et Documents n° 52, Conseil d'Etat, *op. cit.* p. 321.

cohérente de l'ensemble de la politique gouvernementale : « À mesure que le nombre d'autorités administratives indépendantes s'accroît, il est, en effet, essentiel que le Gouvernement ait la possibilité de faire valoir, au-delà des approches sectorielles, les orientations générales de l'action publique »[1]. Cela s'inscrit à l'opposé de « la volonté d'éviter que les objectifs de politique générale, définis par l'autorité exécutive, interfèrent avec les préoccupations propres à la régulation sectorielle du marché en cause »[2], évoquée par G. Eckert. Les rapports parlementaires sur les AAI du sénateur P. Gélard[3], puis des députés R. Dosière et Ch. Vanneste[4], reprennent les orientations du Conseil d'Etat, en préconisant la présence d'un commissaire du Gouvernement dans chaque AAI dotée d'un pouvoir réglementaire, ou plus généralement dans toute AAI, sauf exception motivée. Sans rejoindre des positions aussi tranchées, différents juristes estiment que la présence d'un commissaire du Gouvernement ne remet pas en cause l'indépendance de l'AAI. M. Lombard considère ainsi qu'il s'agit d'une « circonstance relativement indifférente au regard des exigences d'indépendance de l'institution de régulation »[5], G. Marcou estime, en évoquant le cas de la CRE, que « son indépendance de décision n'est pas en cause dans l'exercice de ses attributions », du fait de la présence d'un commissaire du Gouvernement, mais que cette « disposition rappelle qu'elle agit dans le cadre d'une politique définie par le gouvernement » [6]. Ce n'est, néanmoins, pas un avis unanimement partagé. Nombreux sont ceux qui, comme S. Dubiton, remarquent que la seule présence d'un commissaire du Gouvernement interroge la réalité de l'indépendance d'un point de vue organique (voir introduction). Elle en fait une description très négative : « largement majoritaire dans le capital d'EDF et actionnaire de référence de GDF-Suez, l'Etat dispose pourtant d'un représentant

[1] *Ibid.* p. 3.
[2] G. ECKERT, « L'indépendance des autorités de régulation à l'égard du pouvoir politique », *RFAP*, 2012/2013, n° 143, p. 632.
[3] P. GELARD, *Les AAI, évaluation d'un objet juridique non identifié*, Sénat, *op. cit.*
[4] R. DOSIERE, Ch. VANNESTE, *Rapport d'information fait au nom du Comité d'évaluation et de contrôle des politiques publiques sur les autorités administratives indépendantes, op. cit.*
[5] M. LOMBARD, « Régulateurs indépendants, mode d'emploi » in *Régulation économique et démocratie* (dir. M. Lombard), Dalloz, Paris, 2006, p. 216.
[6] G. MARCOU, « Les autorités administratives « dépendantes » et « indépendantes » dans le domaine de l'intervention économique de la puissance publique » in *Le modèle des autorités de régulation indépendantes en France et en Allemagne,* (dir. G. MARCOU, J. MASING) Société de législation comparée, Paris, 2011, p. 87.

auprès de la Commission »[1]. De même, on peut estimer que, « dès lors que le législateur a fait le choix de recourir aux autorités administratives indépendantes pour réguler un secteur, le transfert de compétence au profit de cette autorité doit être important, le contrôle de son activité doit s'opérer par la voie du contrôle juridictionnel et la présence d'un commissaire du gouvernement ne se justifie qu'en vue de rappeler la politique sectorielle du gouvernement »[2]. Pour la Commission européenne, la seule présence d'un commissaire du Gouvernement constitue une atteinte à l'indépendance des ARN. De ce point de vue la tentative du Gouvernement de placer un commissaire du Gouvernement auprès de l'ARCEP permettait, pour ceux qui en doutaient, de constater la totale opposition de la Commission à cette disposition[3]. Le cas, assez paradoxal, de la CRE permet d'étudier concrètement le lien entre indépendance et présence d'un commissaire du Gouvernement et, éventuellement, d'en tirer quelques enseignements.

L'article 29 de la loi n°2000-108 du 10 février 2000 prévoit, effectivement, que le ministre en charge de l'énergie nomme un commissaire du Gouvernement auprès de la CRE, afin de « faire connaître les analyses du gouvernement, en particulier en ce qui concerne la politique énergétique », et qu'il puisse « demander l'inscription à l'ordre du jour de la commission de toute question intéressant la politique énergétique ou la sécurité et la sureté des réseaux publics »[4]. L'article L. 133-4 du Code de l'énergie reprend, en les

[1] S. DUBITON, *La protection des libertés publiques par les AAI, une solution démocratique* ? LGDJ, *op. cit.*, p. 222.

[2] N. DECOOPMAN, « Peut-on clarifier le désordre ? », in *Le désordre des autorités administratives indépendantes : l'exemple du domaine économique et financier*, N. DECOOPMAN (DIR.), Centre de droit privé et de sciences criminelles (Amiens), PUF, coll. « Ceprisca », 2002, p. 35.

[3] Discussion de la loi n° 2011-302 du 22 mars 2011 portant diverses dispositions d'adaptation de la législation au droit de l'Union Européenne en matière de santé, de travail et de communications électroniques, amendement gouvernemental (amendement n°29) ; « le cas français a ému la Commission européenne qui s'est intéressée de très près au projet de nomination d'un commissaire du gouvernement au sein de l'ARCEP », S. DUBITON, *La protection des libertés publiques par les autorités administratives indépendantes, une solution démocratique* ? *op. cit.*, p. 221.

[4] « Un commissaire du Gouvernement auprès de la Commission de régulation de l'électricité, nommé par le ministre chargé de l'énergie, fait connaître les analyses du Gouvernement, en particulier en ce qui concerne la politique énergétique. Il ne peut être simultanément commissaire du Gouvernement auprès d'Electricité de France. Il se retire lors des délibérations de la commission.

modérant pour certains aspects et les actualisant[1], les termes de cet article initial de la loi de 2000. Cela n'apparaîtrait pas surprenant si la présence d'un commissaire du Gouvernement auprès de la CRE n'était plus effective depuis 2009.

A- Un mode de fonctionnement défini par la CRE

Le premier commissaire du Gouvernement auprès de la CRE est le directeur général de l'énergie et des matières premières[2]. Si le rôle de commissaire du Gouvernement au sein de conseils d'administration d'entreprises publiques était bien connu, tant du président de la CRE que du directeur de la DGEMP, celui de commissaire du Gouvernement auprès d'une AAI est une découverte. Dans une entreprise publique[3], les positions de l'Etat actionnaire sont censées être suivies[4]. Une AAI, qui ne peut, ni ne doit, recevoir « d'instruction du Gouvernement »[5], s'inscrit dans un contexte différent. L'ajustement des cultures nécessite une période de rodage, émaillée de quelques tensions[6], avant que la

Il peut faire inscrire à l'ordre du jour de la commission toute question intéressant la politique énergétique ou la sécurité et la sûreté des réseaux publics de transport et de distribution d'électricité ou entrant dans les compétences de la commission. L'examen de cette question ne peut être refusé », art. 29, Loi n°2000-108 du 10 février 2000.

[1] Art. L 133-4 : modifications « Il ne peut être simultanément commissaire du Gouvernement auprès de GDF-Suez et de ses filiales issues de la séparation juridique prévues aux articles L. 111- 7 et L. 111– 57 ni chargé de suivre la gestion d'EDF.
Il peut demander l'inscription (à la place de : il peut faire inscrire) à l'ordre du jour de la Commission … (est ajouté la sécurité ou la sûreté) …des ouvrages de stockage de gaz naturel et des installations de gaz naturel liquéfié » La dernière phrase indiquant que « l'examen de cette question ne peut être refusé » est supprimée.

[2] D. MAILLARD, ingénieur général des mines.

[3] *A fortiori* un établissement public industriel et commercial (EPIC).

[4] Pour être tout à fait exact, l'Etat peut être représenté par plusieurs administrateurs venant de la direction du trésor, du budget… Le commissaire du Gouvernement, qui n'est pas administrateur et ne participe pas au vote, est théoriquement chargé de coordonner les positions des uns et des autres, ce qui n'est pas toujours effectif (expérience professionnelle de l'auteur).

[5] Code de l'énergie art. L. 133-6 1er alinéa.

[6] N. CHEBEL-HORSTMANN cite l'exemple suivant comme illustratif des tensions initiales : « le commissaire du gouvernement indique oralement à la CRE qu'elle est saisie pour rendre un avis sur la base de l'article 29 de la loi du 10 février 2000. Cette base juridique est, à juste raison, contestée par la CRE qui souligne qu'en l'espèce les pouvoirs publics sont obligés de la consulter et considère que la désinvolture du commissaire du gouvernement ne constitue rien d'autre qu'un véritable détournement

CRE ne parvienne à organiser un mode de relations conforme à la description de la mission du commissaire du Gouvernement selon laquelle : « Son rôle doit rester 'plus un intercesseur qu'un tuteur'[1] »[2].
Les deux premiers règlements intérieurs de la CRE, de 2000 et 2001, prévoient diverses dispositions relatives au rôle ou à la place du commissaire du Gouvernement.
Concernant l'ordre du jour, il doit être adressé au commissaire du Gouvernement, comme aux commissaires, « au moins huit jours avant la séance ainsi que les pièces annexes et les projets de délibération qui y sont annexés »[3]. Regardant la capacité de faire inscrire une question à l'ordre du jour, le même article prévoit à son alinéa 4 que deux commissaires au moins ou « le commissaire du Gouvernement peuvent demander qu'une question soit inscrite à l'ordre du jour d'une séance huit jours au moins avant sa tenue ».
Enfin, l'article 4 du règlement traite de la tenue des séances et prévoit, au § 3, que le « commissaire du Gouvernement peut assister aux séances de la commission » et, au § 5, que « le délibéré a lieu à huis clos après que le public, le commissaire du Gouvernement, les rapporteurs, les rapporteurs adjoints, les chefs de service et leurs collaborateurs se sont retirés ».
Conformes à la loi, les dispositions du règlement intérieur précisent les modalités de fonctionnement avec le commissaire du Gouvernement. Le paragraphe 3 de l'article 4 prévoit que le commissaire peut assister aux séances de la commission. Il n'est pas écrit qu'il y assiste, il s'agit, donc, d'une simple possibilité. Or, la CRE trouve, rapidement, une façon de limiter ces occasions.
Les ordres du jour prévisionnels se répartissent, ainsi, selon une subtile différenciation : les réunions du collège dites informelles et les réunions formelles. Les premières concernent toutes celles ayant trait à des séances de préparation ou à des délibérations ne répondant pas à une saisine du Gouvernement (notamment tout ce qui concerne le droit

---

de procédure », *La régulation du marché de l'électricité, Concurrence et accès aux réseaux*, Paris, L'Harmattan, « Logiques juridiques », 2006, p. 408.

[1] C. TEITGEN-COLLY, « Les autorités administratives indépendantes : Histoire d'une institution », in *Les autorités administratives indépendantes*, C.-A COLLIARD, G. TIMSIT (dir.), Paris, PUF, coll. « les voies du droit », 1988, p. 43.

[2] S. DUBITON, *La protection des libertés publiques par les autorités administratives indépendantes, une solution démocratique* ? *op. cit.*, p. 222.

[3] Décision du 15 février 2001 relative au règlement intérieur de la commission, JORF n°120 du 24 mai 2001, Titre I, art.2.

souple). Les secondes traitent les sujets pour lesquels il y a une saisine du gouvernement ou concernant les tarifs de réseau à certaines étapes du processus. Cette méthode permet de contourner la présence du commissaire du Gouvernement lors des séances dites informelles, très nombreuses, mais qui ne se distinguent en aucune manière des séances formelles

La rédaction du § 5, ne reflète qu'imparfaitement la pratique. Le commissaire du Gouvernement n'assiste pas aux réunions du collège. Il ne vient qu'invité pour exposer la position du Gouvernement et répondre, le cas échéant, aux questions des commissaires. Il quitte la CRE lorsque cette séance est terminée.

On remarquera, enfin, que la capacité accordée par la loi au commissaire du Gouvernement d'inscrire une question à l'ordre du jour se voit banalisée par la rédaction du règlement intérieur, qui l'assimile à la possibilité ouverte à deux commissaires, au moins, de demander qu'une question soit inscrite à l'ordre du jour.

S. Dubiton écrit, en citant elle-même N. Decoopman, qu'en tant qu'intermédiaire son pouvoir maximal du commissaire « devrait résider dans la faculté de demander une seconde délibération des actes réglementaires »[1]. Or, au cours des années de présence effective d'un commissaire du Gouvernement à la CRE, celui-ci n'a jamais demandé l'inscription d'un point à l'ordre du jour, ni requis de seconde délibération[2].

B- L'effacement progressif du commissaire du Gouvernement

Le second commissaire du Gouvernement auprès de la CRE est nommé en 2008[3], après la réorganisation, en juillet, de l'administration centrale du ministère de l'Ecologie, de l'Energie, du Développement durable et

[1] S. Dubiton, *La protection des libertés publiques par les autorités administratives indépendantes, une solution démocratique ? op. cit.*, p. 222, N. Decoopman, « Peut-on clarifier le désordre ? » in Le désordre des autorités administratives indépendantes : l'exemple du domaine économique et financier, N. Decoopman (dir.) Centre de droit privé et de sciences criminelles (Amiens), PUF, coll. « Ceprisca », 2002.

[2] Cette demande est survenue une seule fois. Elle émanait de la ministre de l'Ecologie par une lettre adressée au président de la CRE, en janvier 2017 à propos du TURPE 5.

[3] D. Maillard quitte ses fonctions de directeur général à la DGEMP en février 2007 et est nommé le 17 mai 2007, président du directoire de RTE à la place d'A. Merlin, atteint par la limite d'âge.

de l'Aménagement du territoire, qui comporte désormais une direction générale de l'énergie et du climat (DGEC)[1] qui prend la suite de la DGEMP. A la suite du départ de D. Maillard, une période de flottement a lieu[2]. Le nouveau commissaire du Gouvernement n'est ni le directeur général de la nouvelle DGEC, ni le directeur de l'énergie en son sein, ce qui modifie sensiblement les relations avec la CRE. Une moins grande maîtrise des sujets traités par le régulateur, ajoutée à une absence de proximité avec le ministre et son cabinet, fragilisent le nouveau commissaire du Gouvernement vis-à-vis du collège. Plusieurs maladresses, notamment à l'occasion de la préparation du TURPE, provoquent des réactions assez vives du collège. La présence du commissaire se raréfie, s'estompe, puis disparaît. Il est alors nommé dans un poste extérieur à l'administration centrale et n'est pas remplacé. Cette curieuse situation est évoquée le 4 octobre 2012 lors des débats portant sur la loi n°2013-312 du 15 avril 2013, visant à préparer la transition vers un système énergétique sobre et portant diverses dispositions sur la tarification de l'eau et sur les éoliennes. Le député L. Tardy propose par amendement[3] la suppression du commissaire du Gouvernement auprès de la CRE. Il se réfère à la situation de l'ARCEP et à la nécessaire indépendance d'une autorité chargée de la régulation d'un secteur économique, dans lequel l'Etat reste actionnaire majoritaire de différents opérateurs[4]. Il souligne l'absence du supposé commissaire auprès de la CRE depuis plusieurs années[5], et en déduit son inutilité.

---

[1]Décret n° 2008-680 du 9 juillet 2008 portant organisation de l'administration centrale du ministère de l'Ecologie, de l'Energie, du Développement durable et de l'Aménagement du territoire.

[2] La période des élections présidentielles, suivies des législatives, et les changements intervenus dans le ministère en charge de l'énergie, ne facilitait probablement pas la désignation d'un commissaire du Gouvernement.

[3] Amendement n° 104.

[4] « Le problème de fond est l'indépendance, précisément, d'une autorité administrative indépendante quand elle est chargée d'une mission de régulation économique dans laquelle l'État a des intérêts en tant qu'opérateur. Les cas de la CRE et de l'ARCEP sont très similaires puisque l'État est actionnaire d'Orange et France Télécom, mais aussi de GDF-Suez et, bien entendu, d'EDF ; il ne peut donc à la fois être opérateur et régulateur », L. TARDY, Assemblée Nationale, 4 octobre 2012, Débat.

[5] « Certes, il ne semble pas avoir une activité très intense et, en février 2011, Philippe de Ladoucette, lors de son audition, en réponse à une question de François Brottes, déclarait ne pas l'avoir souvent vu mais que, sur le fond, il ne lui semblait pas poser un problème », L. TARDY, Assemblée Nationale, 4 octobre 2012 ; « Commençons par le commissaire du Gouvernement qui, à la CRE, peut depuis l'origine participer à la

Le Gouvernement donne un avis défavorable à cet amendement et, si la ministre en charge de l'énergie reconnaît l'absence de commissaire de Gouvernement depuis un certain temps, elle déclare : « il est nécessaire de remettre un commissaire du Gouvernement auprès de la CRE. Nous procéderons donc très prochainement à sa nomination »[1].
On ne trouve, cependant, aucun texte ayant trait à une telle nomination. La CRE fonctionne donc sans commissaire du Gouvernement depuis 2009, contrairement à ce que spécifie l'article L. 133 - 4 du Code de l'énergie, qui n'a pas été modifié.
La CRE acte, pour sa part, cette « disparition » de manière formelle au travers de la nouvelle version de son règlement intérieur du 10 octobre 2013[2], dans laquelle le commissaire du Gouvernement n'apparaît dans aucun article. Ainsi, il n'est plus fait référence à l'envoi de l'ordre du jour et des projets de délibération au commissaire du Gouvernement, ni à la possibilité pour celui-ci de demander l'inscription d'un point à l'ordre du jour. Le règlement intérieur de la CRE de 2013 ignore, délibérément, le contenu de l'article L. 133 – 4 du Code de l'énergie.
Le règlement intérieur du 7 décembre 2017[3] en fait tout autant. L'article 1 indique que « le collège de la commission est également réuni à la demande de deux au moins de ses membres pour une question dont ils demandent l'examen », sans référence au commissaire du Gouvernement. L'article 2 porte sur l'ordre du jour des séances du collège et stipule que « l'ensemble des pièces et projets de délibération

---

préparation des débats et introduire des points dans l'ordre du jour. Pour ce qui nous concerne – il n'est pas question d'en tirer des conclusions pour l'ARCEP –, sa présence constitue un avantage. Je regrette d'ailleurs que nous ne l'ayons pratiquement pas vu depuis deux ans… Lorsqu'il est là, l'échange nous permet à la fois de comprendre pourquoi le Gouvernement a choisi telle orientation et de lui faire savoir, le cas échéant, pourquoi nous ne sommes pas d'accord. Cette présence n'a jamais été considérée comme une intrusion ou comme un moyen de pression et je ne connais pas de cas où le commissaire du Gouvernement ait demandé d'inscrire un point à l'ordre du jour », Audition Ph. de Ladoucette, Assemblée nationale, Commission des affaires économiques, 2 février 2011.

[1] D. BATHO, ministre de l'Ecologie, du Développement durable et de l'Energie, « C'est important pour garantir le meilleur dialogue possible entre le Gouvernement et la CRE sans empiéter sur les prérogatives de cette dernière donc en respectant les règles prévues à l'article L. 133-4 du Code de l'énergie. Le commissaire du Gouvernement peut contribuer à fluidifier les échanges, d'inscrire des questions à l'ordre du jour des réunions ».

[2] Décision du 10 octobre 2013 relative au règlement intérieur de la CRE.

[3] *Délibération de la CRE du 7 décembre 2017 portant adoption du règlement intérieur de la CRE.*

sont communiqués au collège de la commission dans le même délai que l'ordre du jour auquel ils sont annexés, sans préjudice du dépôt de pièces complémentaires dans l'intervalle et en séance », sans aucun rappel d'un éventuel envoi de ces pièces au commissaire du Gouvernement. Enfin l'article 6, qui traite du déroulement des séances, ne mentionne pas dans la liste des personnes pouvant assister aux séances du collège, le commissaire du Gouvernement.
Néanmoins, la théorie des apparences laisse supposer qu'un commissaire du Gouvernement est toujours présent auprès de la CRE, ce qui suscite interrogations sur sa réelle indépendance. En reprenant la différence, évoquée précédemment, entre indépendance *de jure* et *de facto*, on pourrait avancer que cette indépendance est amoindrie *de jure* par la possibilité, toujours existante, de nommer un commissaire du Gouvernement auprès d'elle, et qu'elle n'est *de facto* en rien affectée tant que la situation actuelle perdure.
Au-delà d'une situation quelque peu ubuesque, on peut s'interroger sur les mérites et les écueils de la présence d'un commissaire du Gouvernement auprès de la CRE.

C- De quelques mérites et écueils de la présence d'un commissaire du Gouvernement

Une vision théorique du rôle de commissaire du Gouvernement auprès d'une ARN fait, en général, abstraction de quelques éléments susceptibles de nuancer l'opinion sur cette « intervention » étatique, comme l'information des commissaires et les échanges directs entre ceux-ci- et le commissaire du Gouvernement. De même, des aspects comme la compétence et la disponibilité du commissaire du Gouvernement sont rarement abordés.
Un thème, guère mis en exergue dans les commentaires sur ce sujet, a trait au rôle d'information du commissaire du Gouvernement vis-à-vis du collège. En effet, autant le président, le directeur général et les services entretiennent des contacts réguliers avec l'administration et, le cas échéant, le cabinet du ministre et le ou la ministre, autant ces contacts sont, pour les commissaires, pratiquement inexistants. Le commissaire du Gouvernement porte, en quelque sorte, la « parole officielle » du Gouvernement, sans le filtre du président ou du directeur général. Ce qui l'oblige à en assumer le contenu devant le collège.
Les échanges ne se font pas à sens unique, et le poids du collège est souvent sous-estimé, alors que la capacité d'influence du commissaire

du Gouvernement semble surévaluée. Si ce dernier doit éclairer le collège sur les orientations du ministre en charge de l'énergie, il se trouve aussi dans l'obligation de répondre aux questions, sans complaisance, du collège. La tâche s'avère particulièrement ardue lorsqu'il faut justifier les raisons d'un projet de décision gouvernementale sans base légale (cas le plus fréquent en ce qui concernait les évolutions des tarifs réglementés de vente en électricité ou en gaz). Si le ton reste courtois, les échanges peuvent être animés et donner l'opportunité aux commissaires de délivrer les messages qu'ils souhaitent au Gouvernement.

Le rôle de commissaire de Gouvernement auprès d'une instance de régulation d'un secteur économique implique une grande maîtrise des sujets. Dans le cas de la CRE, le champ est vaste et complexe. Il s'agit d'un exercice délicat qui requiert beaucoup de finesse dans l'expression quand la justification en droit s'avère délicate A ces qualités doivent s'ajouter une excellente connaissance des orientations de l'autorité ministérielle et une grande disponibilité. Des conditions cumulatives qui se révèlent fort complexes à combiner. La CRE en a fait l'expérience avec ses deux commissaires successifs. La nécessité de nommer à ce poste une personnalité ayant une large expérience réduit le champ des possibles. En outre, le renforcement des responsabilités de la CRE augmente le nombre de séances du collège, qui s'étendent sur deux à trois jours par semaine. Il devient, donc, à peu près impossible de conjuguer les qualités nécessaires pour assumer le poste. On peut trouver là l'une des raisons, ou la raison, pour laquelle l'exécutif n'a pas procédé à la nomination d'un commissaire du Gouvernement auprès de la CRE depuis 2009. On peut toutefois s'interroger sur les causes du maintien en l'état de l'article L. 133 – 4. Le maintien de cet article crée une ambiguïté inutile. Ambiguïté, car il suggère que le Gouvernement peut, à tout moment, décider de nommer un commissaire du Gouvernement, ce qui constituerait une forme de défiance ou de volonté de reprise en mains. Inutilité, car, ainsi que nous l'avons souligné, il est à peu près, désormais, irréalisable de nommer une personnalité ayant à la fois la compétence requise et la disponibilité suffisante pour suivre le rythme de travail du collège[1].

[1]« Le nombre de décisions du collège a augmenté de plus de 50 % depuis 2013 (182 délibérations). Cette évolution s'explique notamment par la hausse du nombre de compétences et missions – environ 70 – conférées par les différents textes européens et nationaux à la CRE depuis 2013 », *Rapport juridique CRE* 2018, p. 9.

En l'absence de commissaire du Gouvernement, la CRE a modifié son mode de relations avec l'administration chargée de l'énergie. En lieu et place de commissaire du Gouvernement, elle invite la DGEC à venir en audition devant le collège. Cette séance s'effectue en général avec le directeur de l'énergie et, ou, avec la personne chargée du sujet à traiter. Cette méthode, qui s'inscrit dans une démarche plus formelle et moins régulière que celle qui prévalait avec le commissaire du Gouvernement, présente le mérite de ne susciter aucune suspicion sur une volonté d'intervention du Gouvernement et répond au prérequis de compétence. Les avis du Conseil d'Etat en 2001 et ceux des parlementaires dans les rapports sur les AAI, de 2006 et de 2010, sur le besoin d'un commissaire du Gouvernement dans les AAI, n'avaient pas pris en compte l'ampleur de l'activité d'une entité comme la CRE, dont les missions sont allées croissantes au cours des ans.

Afin de mettre un terme au reproche latent d'une possibilité d'interférence du politique dans le champ de la régulation, il serait judicieux de ne plus prévoir de commissaire du Gouvernement auprès des autorités de régulation d'un secteur économique. En ce qui concerne la CRE[1], le Premier ministre, dans une réponse à un référé de la Cour des comptes qui propose, de manière plus que surprenante, d'y remettre effectivement un commissaire du Gouvernement, envisage de supprimer son existence dans le Code de l'énergie[2].

---

[1] Le président de la CRE indiquait dans un courrier au secrétariat général du Gouvernement à propos de ce référé que « cette faculté irait à rencontre de l'ensemble des prescriptions européennes en matière d'indépendance des régulateurs. La CRE renvoie sur ce point aux très récentes décisions et prises de position juridictionnelles sur les garanties d'indépendance du régulateur, y compris vis-à-vis de toute entité publique, pour l'exercice des missions qui lui sont confiées, notamment : l'arrêt de la Cour de justice de l'Union européenne du 3 décembre 2020 (affaire 0-767/19) condamnant la Belgique pour non-respect des obligations qui lui incombent en vertu des directives 2009/72/CE et 2009/73/CE ; ou encore les conclusions de l'avocat général Monsieur Pitruzella dans l'affaire opposant la Commission européenne et la République fédérale d'Allemagne (affaire c-718/18) ». CRE/2021/DAI/AB/327, 11 février 2021 (voir le site de la CRE).

[2] Réponse du Premier ministre au référé de la Cour des comptes, le 31 mars 2021.

Conclusion Chapitre 1

La réalité du fonctionnement de la CRE, mise en parallèle avec les textes, souligne l'écart entre pratique et théorie en matière d'indépendance.
Le collège, dont nous avons vu l'activité sous ses différents aspects, y compris le rôle du président en tant que responsable des services, montre la détermination de la collégialité à défendre l'indépendance de la CRE. Cette volonté d'indépendance est toutefois critiquée, et même jugée par certains parlementaires comme irresponsable, et conduit, en réaction, à des modifications multiples de la composition du collège, soit par le Parlement, soit par l'exécutif, démontrant ainsi une parfaite indifférence aux principes mêmes censés régir l'indépendance d'une AAI.
Cette attitude reflète les divergences sur l'ouverture du marché entre la Commission européenne et la France et le fait que la CRE endosse les orientations européennes en s'attachant au respect, tant à la lettre qu'à l'esprit, des directives successives. Plusieurs exemples en matière régulatoire illustrent ces difficultés, notamment avec les tarifs réglementés de vente en électricité et en gaz.
Ces tensions s'apaisent lorsque la CRE se voit confier de nouveaux pouvoirs en ce domaine, lorsque celles de ses décisions contestées (TURPE 5) sont validées par le Conseil d'Etat, et que, enfin, les priorités européennes sur la transition énergétique trouvent un écho sensiblement plus favorable en France que les priorités à l'égard du marché. En outre, lorsqu'il s'agit d'un sujet de fond relatif au marché tel que la régulation du nucléaire et les négociations afférentes avec la Commission européenne, dans ses discussions avec Bruxelles le Gouvernement n'hésite plus à utiliser l'image d'indépendance de la CRE et l'expertise économique qui lui est reconnue.
De manière parallèle, nous avons mis en évidence les difficultés et les carences en matière de garanties fonctionnelles rencontrées par la CRE. Qu'il s'agisse des questions de plafond d'emploi ou de ressources budgétaires, la CRE subit les conditions restrictives de la gestion administrative comme la plupart des autres autorités de régulation. Ces circonstances sont toutefois sans lien avec les aléas qu'elle connaît avec l'exécutif. A aucun moment, sauf dans un épisode insolite où elle se trouve une victime collatérale des mesures de représailles prises par le

ministre de l'Industrie de l'époque à l'encontre de l'ARCEP), les problèmes de dotation budgétaire et de niveau d'emploi ne sont corrélés à des divergences de fond sur la régulation avec le Gouvernement. Il s'agit des défauts inhérents à une gestion peu adaptée aux besoins d'une AAI.

L'ensemble de ces questions se trouve largement résolu par, d'une part, une mesure législative qui permet à la CRE de faire financer les études et audits qui lui sont nécessaires par l'entreprise concernée et, d'autre part, par une décision politique de la ministre en charge des énergies renouvelables, qui décide d'accorder à la CRE une augmentation significative du plafond d'emploi, de crainte de retards drastiques dans le programme de développement des énergies renouvelables.

On relèvera enfin qu'en dépit des atteintes au respect de son indépendance ou des accros aux garanties fonctionnelles, les responsabilités de la CRE n'ont cessé de croître.

L'ensemble des thèmes abordés ici renvoie à une question essentielle, souvent débattue, la légitimité d'une entité comme la CRE ou, plus généralement, des autorités de régulation économique sectorielle. Or « l'efficacité et l'impartialité ne suffisent pas à fonder la légitimité politique de ces autorités. […] les autorités de régulation ne peuvent être légitimées que par la délégation qui leur est consentie par des institutions procédant de l'élection et, plus encore, par l'obligation qui pèse sur elles de rendre compte de leurs activités devant les autorités démocratiquement élues. »[1]

Ce sont les thèmes que nous allons aborder à présent.

---

[1] G. ECKERT, « L'indépendance des autorités de régulation économique à l'égard du pouvoir politique », *RFAP* 2012, *op. cit.*

Chapitre 2 - Le renforcement du contrôle démocratique, garantie de l'indépendance

La légitimité des AAI est un sujet fort débattu. Leur contrôle démocratique alimente les débats du monde politique et administratif ainsi que ceux de la doctrine depuis de nombreuses années. Plusieurs rapports parlementaires, évoqués précédemment, traitent du sujet et la loi n°2017-55 du 20 janvier 2017, portant statut général des autorités administratives indépendantes et des autorités publiques indépendantes, apportent un certain nombre de réponses, sans toutefois clore le débat. Il est assez traditionnel de considérer que le renforcement du contrôle démocratique sur les AAI, constitue une garantie d'indépendance. Lier la légitimité d'une AAI au contrôle démocratique apparaît une évidence, mais en déduire que son indépendance en serait confortée est une affirmation qui demande à être nuancée. L'expérience de la CRE, au cours des ans, soulève, en effet, de nombreuses interrogations sur l'effectivité d'un rapport de causalité entre contrôle démocratique et indépendance.

En effet, la question se révèle d'une grande complexité. Soustraites à l'autorité hiérarchique ou de tutelle du pouvoir exécutif, le seul organe politique qui puisse contrôler les AAI est le Parlement, or celui-ci, en dépit des déclarations d'intention inscrites dans les différents rapports parlementaires, ne s'est jamais réellement emparé du sujet en ce qui concerne la CRE, dans le cadre classique des commissions permanentes. Ce défaut de contrôle a pu conduire à des emportements soudains à l'égard de cette autorité, mettant même en cause son indépendance.

La matière est riche et nécessite d'être abordée de manière systématique. Nous examinerons, dans un premier temps, les aspects de l'institutionnalisation d'un contrôle démocratique (section 1), avant d'aborder sa mise en œuvre (section 2).

Section 1 - L'institutionnalisation du contrôle démocratique

« Tous les pays qui ont eu recours aux AAI ont été confrontés à la nécessité de mettre en place des procédures par lesquelles les organismes administratifs dégagés de la tutelle ministérielle peuvent rendre compte de leur activité aux pouvoirs politiques »[1].

Au-delà de cet aspect précis, les questions posées par le contrôle démocratique renvoient à deux concepts, parfois peu différenciés, que sont le contrôle et l'évaluation[2].

Le contrôle, opéré par la Cour des Comptes ou l'inspection des Finances, s'avère une pratique courante dans la sphère administrative. Il peut se définir comme ayant pour objectif de vérifier la conformité de l'action publique par rapport à des textes (loi, réglementation, décret ou circulaire). Il serait toutefois réducteur de s'arrêter à une telle définition, qui occulte une réalité plus subtile, où contrôle et évaluation se combinent et parfois même se confondent.

Il convient donc de cerner ce qu'est l'évaluation des politiques publiques du point de vue conceptuel (I) avant de traiter la pratique, ou plus exactement les différentes pratiques qui tiennent lieu de contrôle démocratique et le cas échéant d'évaluation, tout d'abord avant la loi n°2017-55 du 20 janvier 2017 portant statut général des autorités administratives indépendantes et des autorités publiques indépendantes (II) et, ensuite, après la promulgation de la loi, afin d'en étudier les effets concrets (III)

I- L'évaluation des politiques publiques

Le sujet n'a été abordé que tardivement en France par rapport à d'autres pays, comme les Etats Unis, la Grande Bretagne, ou les pays du Nord de l'Europe. Et si l'évaluation connaît, depuis le milieu des années 2010, un regain d'intérêt tant sur le plan académique que sur celui de l'administration et du Parlement[3], elle a rencontré de nombreux obstacles pour se développer. L'évaluation des politiques publiques est un concept qui soulève de nombreuses questions. Ainsi, dans le rapport d'information réalisé, en 2018, par le Comité d'évaluation et de

---

[1] *Les autorités administratives indépendantes*, EDCE, *op. cit.*, p. 369.

[2] P. Gibert, « Essayer de situer contrôle et évaluation l'un par rapport à l'autre n'est pas aisé même lorsqu'on réduit le champ de la réflexion au fonctionnement des organisations publiques et à leur action. Le flou dans la vulgate des concepts comme le caractère polysémique des deux mots constituent une cause essentielle de difficulté », « Contrôle et évaluation, au-delà de querelle sémantiques parenté et facteurs de différences », *Revue française des affaires sociales*, janvier-juin 2010, p. 73.

[3] Rapport d'information précité, et Conseil d'Etat, Etude 2020, Conduire et partager l'évaluation des politiques publiques.

contrôle des politiques publiques de l'Assemblée nationale sur « l'évaluation des dispositifs d'évaluation des politiques publiques », les rédacteurs indiquent que le terme évaluation est « polysémique, et recouvre des démarches d'inspiration fort variées »[1].
Afin de saisir les nuances, les décalages et les dissemblances éventuelles entre le concept d'évaluation et l'action d'évaluation du Parlement, nous développerons, dans un premier temps, comment et avec quels objectifs le principe est introduit en France (A), avant d'aborder la manière dont le Parlement tâche de bâtir son propre système d'évaluation en dehors du système d'Etat (B).

A- L'évaluation, une nouvelle ambition

Le thème a fait l'objet de nombreux débats internes à l'administration[2], mettant aux prises les différentes grandes entités comme la Direction de la prévision, le Commissariat Général du Plan (CGP), la Cour des comptes, le Conseil d'Etat, l'Inspection générale des Finances…
Il faut l'initiative du Premier ministre, M. Rocard, qui confie en 1988, à P. Viveret, la responsabilité de réaliser un rapport sur l'évaluation[3], pour donner une réelle impulsion politique à ce projet.
A la suite de ce rapport, le Premier ministre met « en place un ambitieux dispositif institutionnel visant à développer l'évaluation des politiques *publiques* »[4]. Le décret 90-82 du 22 janvier 1990 relatif à l'évaluation des politiques publiques[5] permet la mise en place de trois instances : le Comité interministériel de l'évaluation (CIME), le Conseil scientifique

---

[1] Rapport d'information déposé en application de l'article 146-3, alinéa 6, du Règlement, par le Comité d'évaluation et de contrôle des politiques publiques, sur l'évaluation des dispositifs d'évaluation des politiques publiques, P. MOREL-A-L'HUISSIER et V. PETIT, députés, n° 771, 15 mars 2018, Assemblée nationale, p. 24.
[2] A cet égard, voir V. SPENLEHAUER, L'évaluation des politiques publiques, avatar de la planification, (thèse), Université Pierre-Mendes-France, Grenoble II, 1998.
[3] P. VIVERET, L'évaluation des politiques et des actions publiques, la Documentation Française, Paris, 1989, 193 p. Parmi ses nombreuses orientations, l'auteur soulignait le besoin d'une évaluation « fondée sur des garanties d'indépendance, de compétence, de rigueur, de transparence et de pluralisme ».
[4] Conseil d'Etat, Etude 2020, Conduire et partager l'évaluation des politiques publiques, p. 36.
[5] Le décret définissait l'évaluation des politiques publiques : « l'évaluation d'une politique […] a pour objet de rechercher si les moyens juridiques, administratifs ou financiers mis en œuvre permettent de produire les effets attendus de cette politique et d'atteindre les objectifs qui lui sont assignés. »

de l'évaluation (CSE) et le Fonds national de développement de l'évaluation. Le Commissariat général du plan (CGP) est chargé du support administratif. Si cet ensemble parvient à conduire une quinzaine d'évaluations, la lourdeur du dispositif, sans compter les rivalités entre les différentes entités[1], conduit finalement à un résultat mitigé[2]. Le décret du 18 novembre 1998 substitue le Conseil national de l'évaluation (CNE) au Conseil scientifique de l'évaluation. Le CNE cesse lui-même de fonctionner en 2002, faute de renouvellement d'une partie de ses membres, et est, en définitive, dissous en 2008[3].

Il serait probablement excessif de parler d'échec, mais il est peu contestable que les ambitions initiales doivent être révisées à la baisse, non tant en raison de l'impossibilité de réaliser une évaluation des politiques publiques effective, mais plutôt en raison des conclusions opérationnelles des constatations réalisées. « L'ambition et la passion des propos n'ont eu longtemps pour contrepartie que la seule modestie des réalisations » résumait P. Duran en 2002[4]. Il est vrai que le concept même d'évaluation s'entend de diverses manières, ce qui ne facilite pas son appréhension. Que veut-on évaluer, le fonctionnement d'une organisation ? celui d'une de ses composantes ? ou alors un programme d'action publique ? S'intéresse-t-on à l'efficacité de la politique ? C'est-à-dire à la capacité d'atteindre des objectifs, sous réserve que ceux-ci aient été définis de façon suffisamment précise au préalable.

Si l'on se réfère aux différents décrets définissant l'évaluation, on parvient à une approche assez claire de cette notion. Le décret du 22 janvier 1990, ayant instauré le dispositif interministériel d'évaluation, considère que l'évaluation des politiques publiques a comme « objet de rechercher si les moyens juridiques, administratifs ou financiers mis en œuvre permettent de produire les effets attendus de cette politique et

---

[1] « Les seuls à avoir perçu l'évaluation comme un enjeu sont les corps de contrôle qui voyaient dans son développement une concurrence possible de leur propre expertise ou comme des organismes comme le Commissariat Général du Plan qui pouvait y trouver un regain de modernité. L'évaluation n'a jamais été porté par des acteurs décisifs », P. DURAN, « L'évaluation au risque de son institutionnalisation », in *Politique et management public*, vol. 20, n° 4, 2002, numéro spécial : « L'évaluation de l'action publique : pour quand ? », p. 3-7.

[2] « La confusion de l'évaluation avec un dispositif particulièrement compliqué en a tout simplement gommé l'évidence. Du même coup, l'évaluation a fait peur », *Ibid,* p. 3-7.

[3] Décret 2008-663 du 4 juillet 2008.

[4] P. DURAN « L'évaluation, au risque de son institutionnalisation », *op. cit.*, p. 1.

d'atteindre les objectifs qui lui sont assignés »[1] ; celui du 18 novembre 1998, qui modifie et remplace l'article précédent, indique : « L'évaluation d'une politique publique, au sens du présent décret, a pour objet d'apprécier, dans un cadre interministériel, l'efficacité de cette politique en comparant ses résultats aux objectifs assignés et aux moyens mis en œuvre »[2]. Les différences sont d'ordre minime, et les deux rédactions permettent de distinguer, relativement aisément, le contrôle, dont l'objet est une organisation, de l'évaluation, qui vise un programme d'action publique.
Pour plusieurs auteurs, la LOLF est venue troubler cette conception assez claire[3], en regroupant au sein d'un programme des crédits permettant la mise en œuvre d'une action (ou un ensemble cohérent d'actions) avec des objectifs précis et pouvant faire l'objet d'une évaluation/contrôle. Les deux concepts se mêlent, dans une approche probablement la mieux à même de refléter la réalité, mais qui exige une technicité sans laquelle on obtient des résultats partiels et parfois partiaux.

B- L'action d'évaluation du Parlement : une longue marche

Les années 1980 marquent une étape significative au niveau parlementaire. Ayant fait le constat de son manque de moyens pour évaluer de manière indépendante les décisions du Gouvernement en matière scientifique, comme les programmes nucléaires et spatiaux, le Parlement décide de se doter d'une structure « d'évaluation propre avec la création d'une première structure parlementaire consacrée à

---

[1] Décret 90-82 du 22 janvier 2010, relatif à l'évaluation des politiques publiques, art.1, al. 2. « L'évaluation d'une politique publique, au sens du présent décret, a pour objet d'apprécier, dans un cadre interministériel, l'efficacité de cette politique en comparant ses résultats aux objectifs assignés et aux moyens mis en œuvre ».
[2] Décret 98-1048 du 18 novembre 1998, relatif à l'évaluation des politiques publiques, art 1.
[3] Voir P. GIBERT, « Contrôle et évaluation, au-delà des querelles sémantiques, parenté et facteurs de différences », *Revue Française des affaires sociales*, La Documentation française, 2010/1, pp. 71-88.

l'évaluation avec la création en 1983, de l'Office parlementaire d'évaluation des choix scientifiques et technologiques [1] (OPECST) »[2]. On ne peut entièrement dissocier les opérations d'évaluation menées par le Gouvernement et l'administration de celles pratiquées par le Parlement ; néanmoins celui-ci avait ses propres approches. En dépit de l'initiative prise par celui-ci en 1983, il semblerait que l'intérêt du Parlement pour la démarche d'évaluation des politiques publiques soit faible. C'est tout au moins ce qui ressort des propos de V. Spenlehauer : « le Parlement, n'a pas répondu positivement à son appel lorsqu'il l'a consultée (Laurent Fabius, le président de l'Assemblée nationale, notamment) »[3], contrairement au souhait exprimé par le Premier ministre dans la lettre de mission qu'il lui avait adressée.
Cependant, cette réticence n'empêche pas le Parlement de créer, à partir de 1990, plusieurs « offices consacrés à cette mission, qui n'ont cependant pas survécu à la décennie suivante, avant de chercher à inscrire l'évaluation de la performance dans l'examen des lois de finances et d'étendre les possibilités d'expérimentation »[4]. Nous remarquerons que parmi ces « offices » figure l'Office parlementaire pour l'évaluation de la législation, qui produit trois rapports, dont, en 2006, le rapport du sénateur P. Gélard, sur les AAI [5]. Néanmoins, cet office n'ayant, d'après les termes du rapport du député J.-L. Warsmann,

---

[1] L'Office parlementaire d'évaluation des choix scientifiques et technologiques (OPECST), créé par la loi n° 83-609 du 8 juillet 1983, avait, ainsi, pour mission « d'informer le Parlement des conséquences des choix de caractère scientifique et technologique afin, notamment, d'éclairer ses décisions ». À cet effet, l'Office « recueille des informations, met en œuvre des programmes d'études et procède à des évaluations ».

[2] Conseil d'Etat, Etude 2020, *Conduire et partager l'évaluation des politiques publiques,* p. 36.

[3] V. SPENLEHAUER, *L'évaluation des politiques publiques, avatar de la planification, op. cit.,* p. 308.

[4] Conseil d'Etat, Etude 2020, *op. cit.*, p. 38 et sui.

[5] P. GELARD, *Les autorités administratives indépendantes : évaluation d'un objet juridique non identifié,* rapport de l'Office parlementaire d'évaluation de la législation, 2006.

« pas fait la preuve d'une utilité suffisante pour justifier son maintien »[1], est supprimé en 2009[2].

Comme le dit joliment J.L. Autin, « Une seule phrase a suffi, introduite à l'article 24 de la Constitution à la faveur de la révision de juillet 2008, pour déclencher le processus : 'le Parlement évalue les politiques publiques' »[3]. La révision constitutionnelle du 23 juillet 2008 (loi constitutionnelle n°2008-724)[4], en officialisant la mission d'évaluation du Parlement, signifie que celui-ci exerce, officiellement, la mission d'évaluation, et la sort, théoriquement au moins, « du seul bon vouloir de l'exécutif dont elle était restée tributaire dans les expériences précédentes »[5]. La loi précise que le Parlement peut faire appel à l'assistance de la Cour des comptes[6] et s'appuyer sur les commissions d'enquête.

Sans entrer dans une analyse détaillée des événements survenus dans le domaine de l'évaluation au sein du Parlement (création et disparition de différentes entités), on peut retenir qu'à la suite de la révision constitutionnelle les députés mettent en place un organe transversal, le

---

[1] « Cette proposition de loi permet d'autre part de tenir compte de l'esprit de la révision constitutionnelle : donner au Parlement de nouveaux pouvoirs en matière de contrôle et d'évaluation des politiques publiques. Pour cette raison, il est proposé de supprimer des délégations parlementaires qui n'ont pas fait la preuve d'une utilité suffisante pour justifier leur maintien (Office parlementaire d'évaluation de la législation, Office parlementaire d'évaluation des politiques de santé) », au nom de la commission des lois constitutionnelles, de la législation et de l'administration générale de la république sur la proposition de loi de B. ACCOYER, tendant à modifier l'ordonnance n°581100 du 17 novembre1958 relative au fonctionnement des assemblées parlementaires (N° 1545), par J.-L. WARSMANN, député.

[2] Loi n° 2009-689 du 15 juin 2009.

[3] J.- L. AUTIN, « Autorités Administratives Indépendantes, démocratie et Etat de droit », *Droit et Société*, 2016/2 n° 93, p. 289.

[4] Loi constitutionnelle n°2008-724 du 23 juillet 2008 de modernisation des institutions de la Vème République art. 9 : « L'article 24 de la Constitution est ainsi rédigé : Le Parlement vote la loi. Il contrôle l'action du Gouvernement. Il évalue les politiques publiques (…) ».

[5] A. FOUQUET, « L'évaluation des politiques publiques : état de l'art et controverses », *RFAP*, 2013, p. 835.

[6] Loi constitutionnelle n°2008-724 du 23 juillet 2008 de modernisation des institutions de la Vème République, art. 221 : « Art. 47-*2.* La Cour des comptes assiste le Parlement dans le contrôle de l'action du Gouvernement. Elle assiste le Parlement et le Gouvernement dans le contrôle de l'exécution des lois de finances et de l'application des lois de financement de la sécurité sociale ainsi que dans l'évaluation des politiques publiques. »

Comité d'évaluation et de contrôle des politiques publiques[1], présidé par le Président de l'Assemblée nationale, qui remplace l'Office parlementaire pour l'évaluation de la législation. Comprenant 36 membres, de manière à assurer une représentation proportionnelle des groupes politiques et une représentation équilibrée des commissions permanentes, ce Comité est chargé de trois missions : réaliser des travaux d'évaluation portant sur des sujets transversaux, donner son avis sur une étude d'impact accompagnant un projet de loi déposé par le Gouvernement[2] et jouer un rôle de "tour de contrôle" de l'évaluation et du contrôle de l'Assemblée. L'une de ses caractéristiques est que ses conclusions, soumises au Comité,[3] sont transmises aux ministres, dont les réponses sont attendues dans un délai de trois mois. « Un rapport de suivi, donnant le cas échéant lieu à un nouveau débat en semaine de contrôle, est prévu six mois après, confié aux mêmes rapporteurs que l'étude elle-même »[4].

Ce Comité, tout comme l'Office parlementaire pour l'évaluation de la législation avant lui, s'intéresse à nouveau aux AAI. Il produit un rapport d'un contenu assez différent de celui du sénateur P. Gélard, qui s'était entouré d'experts. Nous avons eu l'occasion de le citer en plusieurs occasions et on a pu constater que les deux députés Ch. Vanneste et R. Dosière[5] abordaient à la fois le contrôle et l'évaluation, même si l'on peut s'interroger sur la méthodologie employée pour cette dernière.

En mars 2018, le Comité tire un bilan assez sévère de l'évaluation opérée jusque-là. Son rapport d'information sur l'évaluation des dispositifs d'évaluation des politiques publiques constate : « Si la Constitution consacre l'évaluation des politiques publiques comme

[1] Les articles 98-1 et 146-2 à 146-7 du Règlement de l'Assemblée nationale définissent les règles qui régissent ce Comité.

[2] Sur saisine du président de la commission chargée de l'examen du projet ou du Président de l'Assemblée nationale.

[3] Ces conclusions peuvent faire l'objet d'un débat en séance publique, notamment durant la semaine de contrôle du Gouvernement et d'évaluation des politiques publiques, dont l'ordre du jour est fixé par chaque assemblée, conformément aux nouvelles règles inscrites depuis juillet 2008 à l'article 48 de la Constitution, voir Ph. DAUTRY « Les autorités administratives indépendantes : un nouvel objet d'évaluation parlementaire », *RFDA* 2010, p. 884.

[4] *Ibid.*

[5] P. DOSIERE, Ch. VANNESTE, *Les autorités administratives indépendantes : pour une indépendance sous la garantie du Parlement,* Assemblée nationale, 13e législature, Comité d'évaluation et de contrôle, rapport d'information n° 2925, 28 octobre 2010.

l'une des trois missions fondamentales du Parlement et des parlementaires, dans les faits, ceux-ci ne disposent pas aujourd'hui du temps, des expertises et des moyens d'évaluer efficacement les lois qui forgent les politiques publiques et transforment le quotidien de nos concitoyens » [1]. Il ajoute : « l'évaluation française des politiques publiques doit encore faire sa révolution comme ont su le faire d'autres pays européens ou les institutions européennes »[2]. Les rapporteurs élaborent un certain nombre de propositions novatrices dont celle, déjà évoquée mais jamais concrétisée, d'un Haut Conseil de l'évaluation des politiques publiques[3]. Ce projet n'a pas encore été mis en œuvre en mai 2023.

De nombreux travaux, études et colloques en témoignent : il est malaisé de mettre en pratique, de manière continue, une évaluation des politiques publiques par le Parlement. Ce que le Conseil d'Etat souligne, dans son étude de 2020, en évoquant « une prédominance de l'exécutif et des administrations »[4] et une « place encore émergente du Parlement sur la scène évaluative »[5]. Toutefois, et en contrepoint de cette affirmation, le Conseil d'Etat liste une série d'initiatives, tant au Sénat qu'à l'Assemblée nationale, qui marqueraient une nouvelle approche, en passant des commandes d'études à des centres de recherche…

II- Le contrôle démocratique avant la loi du 20 janvier 2017

Après avoir, dans un rapide survol, présenté les principales étapes de l'évaluation des politiques publiques au sens général, nous allons étudier comment elle s'applique à la CRE en tant qu'expression d'un contrôle démocratique dans la période préalable à la loi de 2017, d'une part d'après les textes (A) et, d'autre part, en pratique (B).

A- Dans les textes ?

La loi du 10 février 2000, à son article 32, prévoit deux dispositions principales propres à répondre aux exigences d'un contrôle

[1] Rapport d'information sur l'évaluation des dispositifs d'évaluation des politiques publiques, P. MOREL – A- L'HUISSIER et V. PETIT, *op. cit.*, p.7.
[2] *Ibid.*, p. 7.
[3] *Ibid.*, proposition n° 3.
[4] Conseil d'Etat, Etude 2020, *op. cit.*, p. 42.
[5] *Ibid.*, p. 42.

démocratique. La première disposition regarde l'établissement « chaque année, avant le 30 juin, [d'] un rapport public qui rend compte de son activité, de l'application des dispositions législatives et réglementaires relatives à l'accès aux réseaux publics de transport et de distribution et à l'utilisation de ces réseaux. Ce rapport évalue les effets de ses décisions sur les conditions d'accès aux réseaux publics et l'exécution des missions du service public de l'électricité. Il est adressé au Gouvernement, au Parlement et au Conseil supérieur de l'électricité et du gaz. Les suggestions et propositions de ce dernier sont transmises au ministre chargé de l'énergie et à la Commission de régulation de l'électricité ».

La seconde disposition concerne les auditions du président de la CRE devant les commissions permanentes du Parlement. Le président « rend compte des activités de la Commission devant les commissions permanentes du Parlement compétentes en matière d'énergie, à leur demande ». L'article 32 indique, également, que les commissions « peuvent entendre les membres de la CRE » et peuvent aussi consulter la CRE sur « toute question intéressant la régulation du secteur de l'électricité… »[1]. Cette première version est modifiée par la loi de 2003, par laquelle la Commission de régulation de l'électricité devient la Commission de régulation de l'énergie. Sur le plan de la reddition des

---

[1] Loi n°2000-108 du 10 février 2000, art. 32 (version initiale) « Les commissions du Parlement compétentes en matière d'énergie, le Conseil supérieur de l'électricité et du gaz, l'Observatoire national du service public de l'électricité et le Conseil économique et social peuvent entendre les membres de la Commission de régulation de l'électricité. Ils peuvent également consulter la commission sur toute question intéressant la régulation du secteur de l'électricité ou la gestion des réseaux publics de transport et de distribution de l'électricité. La commission peut entendre toute personne dont l'audition lui paraît susceptible de contribuer à son information. »

Le président de la Commission de régulation de l'électricité rend compte des activités de la Commission devant les commissions permanentes du Parlement compétentes en matière d'électricité, à leur demande.

La Commission de régulation de l'électricité établit chaque année, avant le 30 juin, un rapport public qui rend compte de son activité, de l'application des dispositions législatives et réglementaires relatives à l'accès aux réseaux publics de transport et de distribution et à l'utilisation de ces réseaux. Ce rapport évalue les effets de ses décisions sur les conditions d'accès aux réseaux publics et l'exécution des missions du service public de l'électricité. Il est adressé au Gouvernement, au Parlement et au Conseil supérieur de l'électricité et du gaz. Les suggestions et propositions de ce dernier sont transmises au ministre chargé de l'énergie et à la Commission de régulation de l'électricité.

comptes, le texte est resté sans changement, au travers de l'article L. 134-14 du Code de l'énergie, jusqu'à la loi du 20 janvier 2017.
Ainsi, on ne trouve pas dans les textes relatifs à la CRE d'autres éléments que ceux rassemblés dans l'article précité, concernant ce qu'il est convenu d'appeler le « contrôle démocratique ».
« Par-delà les contrôles juridictionnel et financier, le vrai problème, s'agissant du contrôle qui s'exerce sur les autorités administratives indépendantes, est celui de la façon dont elles sont amenées à rendre compte de façon plus globale et politiquement plus significative de leur action en premier lieu devant les instances institutionnelles démocratiques que sont le Parlement ou le Gouvernement »[1]. On pourrait ajouter, à ce qu'écrivait le Conseil d'Etat en 2001, que la façon dont le Parlement exerce sa mission de contrôle et d'évaluation constitue un second problème.
Il est vrai que la notion de contrôle démocratique n'est pas d'une grande précision quant à ses modalités. Le rapport du sénateur P. Gélard, pour l'Office parlementaire d'évaluation de la législation, concernant les AAI, tâche de mieux définir l'exercice, dans une première approche encore incertaine : « dans tous les cas, le contrôle démocratique n'a pas seulement vocation à vérifier le bon fonctionnement des AAI, selon la logique de transparence qui a conduit à leur développement, mais aussi à assurer que chacune dispose de moyens adaptés à l'exercice de sa mission »[2]. La notion de bon fonctionnement reste assez floue, contrairement à l'aspect budgétaire. Le rapport est plus explicite en indiquant que « Le modèle français des AAI doit par conséquent être complété par l'exercice d'un contrôle démocratique régulier par l'Assemblée nationale et le Sénat. Aussi la publication par chaque autorité d'un rapport annuel et la discussion budgétaire devraient-elles devenir les deux moments où les AAI rendent compte de leur activité devant le Parlement »[3].
L'apport du rapport d'activité annuel, au travers duquel devait être évalué le fonctionnement de l'autorité, est, ainsi, précisé En conséquence, le rapporteur propose un contenu commun à ces rapports, objet de la 28ème recommandation : « L'Office considère que le rapport annuel de chaque AAI collégiale doit être soumis à la délibération de

[1] *Les autorités administratives indépendantes*, EDCE, *op. cit.*, p. 26.
[2] P. GELARD, *Les autorités administratives indépendantes : évaluation d'un objet juridique non identifié,* Office parlementaire d'évaluation de la législation, n°3166 Assemblée nationale, n°404 Sénat, 15 juin 2006, p. 118-119.
[3] *Ibid.* p. 119.

son collège. Il estime par ailleurs que le rapport annuel de chaque autorité doit : dresser un bilan de l'utilisation par l'autorité de ses crédits et de la mise en œuvre de ses prérogatives ; présenter les règles de déontologie appliquées par les membres du collège et les cadres des services ; présenter les règles et la doctrine suivies par l'autorité dans l'exercice de ses missions » [1]. La recommandation suivante préconise la possibilité d'une audition devant la commission permanente compétente, à l'occasion de la publication du rapport annuel.
Parvenus à cette phase de la présentation du contrôle démocratique, il faut admettre que le propos n'est pas d'une évidente clarté. En quoi consiste le contrôle démocratique sur une autorité de régulation comme la CRE ? Il peut s'agir de contrôle *a posteriori* sur les comptes ; il peut être question d'une évaluation de la politique menée en regard des objectifs et des résultats obtenus ; on peut aussi faire allusion à un mélange des deux dans une forme d'approximation ou, encore, viser le travail de compte-rendu réalisé par l'autorité de régulation au travers d'un rapport annuel. Nous allons voir que, dans la réalité, aucun de ces moyens n'apparaît tout à fait adéquat.

B- Pratique : rapports d'activité et auditions, outils de l'évaluation

1- Les rapports d'activité, outil de communication plus qu'instrument de contrôle

Dès sa création, la CRE se montre attentive à la compréhension et à la transparence de son action. Son premier rapport d'activité est publié trois mois après ses débuts[2]. Il fait l'objet d'une délibération du collège, ce qui constitue, par la suite, la dernière étape d'un processus comportant plusieurs présentations détaillées [3].

---

[1] *Ibid.* p. 122.
[2] « Trois mois après sa création la CRE rend public son premier rapport d'activité. Elle se conforme ainsi aux dispositions de la loi du 10 février 2000 qui prévoient que la Commission "établit chaque année, avant le 30 juin, un rapport public qui rend compte de son activité". Elle est également fidèle à une conception ouverte de la régulation qu'elle souhaite faire partager à l'ensemble des acteurs, en décrivant les premières semaines de son fonctionnement, les priorités et les méthodes de son action, les enjeux du marché », *Rapport d'activité CRE* 2000, p. 1.
[3] A certaines périodes, deux ou trois commissaires en ont supervisé directement la rédaction (expérience professionnelle de l'auteur).

Ce document, fort documenté[1] et didactique, représente à la fois le travail de la CRE, réalisé au cours de l'année en revue, et les opinions du collège, au travers du message situé en tête du document. La lecture des différents rapports apporte une grande somme d'informations sur le fond, tant au niveau européen que national. On y trouve des observations et des développements sur de nombreux sujets techniques, économiques et financiers[2], et les sujets sensibles ne sont pas écartés[3]. « Nul ne songerait à soutenir que ces rapports annuels, mine d'information, lieu d'expression de doctrine pour l'avenir, motivation d'une façon plus continue que décision par décision de l'action passée, sont inutiles »[4], mais répondent-ils suffisamment aux conditions requises par la doctrine[5], le Conseil d'Etat, ou le rapport Gélard, pour être un outil de contrôle démocratique ?

La CRE décrit avec précision « comment| [elle] remplit ses missions et, notamment, les règles qu'elle applique et comment elle les applique »[6], y compris pour les décisions les plus importantes du CoRDiS. En revanche, sa présentation budgétaire et de gestion des emplois – même avec un certain nombre d'informations telles que l'âge, les catégories, la répartition femmes/hommes, les postes et spécialisations ainsi que la

---

[1] Le volume de ce rapport fluctue selon les années de 60 à 180 pages.

[2] Par exemple sur la Base d'Actifs Régulés (BAR) : « Les Bases d'Actifs Régulés (BAR) de la distribution, du transport de gaz et des terminaux méthaniers sont calculées selon la méthodologie de la Commission Houri [Cette commission était chargée en 2002 de fixer le prix de cession des réseaux de transport de gaz naturel par l'État aux concessionnaires de ces réseaux]. Ces BAR sont réévaluées chaque année en fonction de l'indice des prix à la consommation hors tabac calculé par l'INSEE. Les BAR de la distribution et du transport d'électricité sont déterminées à partir des valeurs nettes comptables des actifs, telles qu'elles apparaissent au bilan des opérateurs. Ces actifs sont amortis sur leur durée de vie économique et l'amortissement calculé par le régulateur est intégré dans le revenu autorisé », *Rapport d'activité CRE* 2007, p. 47.

[3] Elle propose de supprimer les TRV dans son rapport de 2005, « C'est pourquoi la CRE est d'avis de les supprimer progressivement, comme c'est déjà le cas dans une majorité d'Etats membres », *Rapport d'activité CRE* 2005, p. 2.

[4] *Les Autorités administratives indépendantes, évaluation d'un objet juridique non identifié*, *op. cit.* t. 2, M.-A. FRISON-ROCHE, *Etude dressant un bilan des AAI,* p. 146.

[5] J.-L. AUTIN, « une véritable reddition des comptes devrait comporter le bilan de l'utilisation par l'Autorité de ses crédits […], la présentation des règles de déontologie mises en œuvre en interne », « *La rationalisation du système des AAI* » *in Les autorités administratives indépendantes,* M. COLLET (dir.), *Regards sur l'actualité,* Paris, La Documentation française, n° 330, avril 2007, p. 49.

[6] G. DUMORTIER, « Le contrôle de l'action des autorités administratives indépendantes », *ibid.*, p. 50.

formation – reste synthétique et n'excède pas deux pages. Par ailleurs, elle n'aborde pas, réellement, la question des règles de déontologie appliquées en interne, considérant, probablement, que le rappel des articles de la loi, concernant les commissaires, est suffisant[1]. La situation des agents de la commission, enfin, n'est pas du tout traitée de ce point de vue.

Que peut-on alors conclure de cet exercice en termes de contrôle démocratique ? La CRE, comme plusieurs de ses homologues, réalise des rapports d'activité qui ne peuvent, à eux seuls, permettre une reddition des comptes dans les règles, mais qui sont devenus « un moyen d'accroitre l'influence des AAI, [...] voire un instrument de communication »[2] et de pédagogie, par le souci d'explication qui caractérise ces rapports.

En dépit de ces limites, on peut toutefois considérer que ces rapports constituent « un premier instrument de contrôle »[3], sinon « l'outil

---

[1] A cet égard, la CRE rappelle, dans plusieurs de ses rapports d'activité, les éléments factuels issus de la loi : « Les membres du collège des commissaires sont indépendants : ils sont soumis à une incompatibilité avec tout mandat électif et toute détention d'intérêts dans une entreprise du secteur de l'énergie. Ils exercent un mandat de six ans, non renouvelable », *Rapport d'activité CRE* 2007, p. 135.

« Afin de garantir l'indépendance de la CRE, les membres du collège exercent leur fonction à plein temps et sont irrévocables, à l'exception des cas de démission d'office, d'empêchement ou de manquement grave. De surcroît, les règles d'incompatibilité interdisent tout cumul de la qualité de membre du collège avec un mandat électif communal, départemental, régional, national ou européen, et prohibent toute prise d'intérêt directe ou indirecte dans une entreprise du secteur de l'énergie » *Rapport d'activité CRE* 2011, p. 5.

« Les commissaires sont nommés pour une durée de six ans, non renouvelable. Par exception, les membres actuels du collège ont été nommés pour des durées allant de trois à six ans, afin d'assurer le renouvellement par tiers du collège tous les deux ans. Les membres du collège exercent leur fonction à plein temps. Afin de se conformer aux exigences d'indépendance fixées par le droit européen, ils ne peuvent être révoqués que dans les trois cas prévus à l'article L. 132-5 du Code de l'énergie, en cas de non-respect des règles d'incompatibilité, de manquement grave ou d'empêchement. De surcroît, les règles d'incompatibilité interdisent tout cumul de la qualité de membre du collège avec un mandat électif communal, départemental, régional, national ou européen, et prohibent toute prise d'intérêt directe ou indirecte dans une entreprise du secteur de l'énergie. Cette interdiction de prise d'intérêt vaut jusqu'à l'expiration d'un délai de trois ans suivant la fin de leur mandat » *Rapport d'activité CRE* 2014, p.7.

[2] S. DUBITON, *La protection des libertés publiques par les autorités administratives indépendantes, une solution démocratique*, *op. cit.*, p. 342.

[3] *Ibid.*

privilégié de contrôle »[1], mais cela dépend de l'utilisation qu'en fait le Parlement, or, s'ils sont « une forme de reddition des comptes, [...] ils ne peuvent suffire, notamment du fait de l'inertie des autorités politiques auxquelles ils sont fréquemment remis »[2].

2- Les auditions, construction d'une crédibilité plus qu'outil de contrôle et d'évaluation

Les auditions de la CRE devant les commissions compétentes en énergie du Sénat et de l'Assemblée nationale ne débutent, de façon régulière, qu'à partir de 2008, pour devenir fréquentes dans les années 2010. L'examen des comptes-rendus de ces auditions permet d'en tirer deux enseignements : l'existence d'un déficit de contrôle, d'une part ; la construction d'une réelle crédibilité de la CRE, d'autre part.

i- Un déficit de contrôle démocratique de la part des commissions permanentes

L'examen des comptes-rendus de l'ensemble des séances de la CRE devant le Parlement met en évidence un défaut de contrôle et d'évaluation de la part des commissions permanentes compétentes en matière d'énergie. Cela ne signifie pas, nécessairement, une insuffisance des relations entre la CRE et le Parlement, mais un déficit de contrôle et (ou) d'évaluation.

Il y a, toutefois, une période, durant laquelle, si les relations existent de façon informelle[3], elles sont réduites à leur plus simple expression sur le plan formel. Le président de la CRE déclare ainsi, à la fin de son mandat, qu'en « six ans, le Parlement nous a demandé deux fois des explications dans le cadre solennel d'une audition en commission »[4].

Il n'existe guère de raisons à cette phase entre parenthèses de la part des commissions permanentes en charge de l'énergie. Une attitude d'autant

---

[1] P. GELARD, *Autorités administratives indépendantes – 2006-2014 : un bilan*, Rapport d'information fait au nom de la commission des lois constitutionnelles, de législation, du suffrage universel, du Règlement et d'administration générale sur les autorités administratives indépendantes, Sénat, 11 juin 2014, pp. 22-23.

[2] *Les Autorités administratives indépendantes, évaluation d'un objet juridique non identifié*, *op. cit.* t. 2, M.-A. FRISON-ROCHE, *Etude dressant un bilan des AAI,* p. 146.

[3] « Mais il ne faut pas sous-estimer les nombreux contacts informels établis avec les parlementaires les plus impliqués dans les problèmes énergétiques » J. SYROTA, interview *Enerpresse*, 22 février 2006.

[4] *Enerpresse*, 22 février 2006.

plus surprenante que, durant ce laps de temps, trois lois sur l'énergie sont débattues et votées : celle du 3 janvier 2003[1] (qui transpose la directive sur le gaz de 1998, et modifie la composition du collège de la CRE), celle du 9 août 2004 et celle du 14 juillet 2005[2].

On ne saurait en attribuer la responsabilité à la CRE seule, alors que son président souligne publiquement, lors des rencontres parlementaires sur l'énergie en juin 2000, l'importance que le Parlemente revêt : « pour une autorité administrative indépendante telle que la Commission de Régulation de l'Electricité, le Parlement est à la fois la source unique de son existence, de ses pouvoirs, de ses moyens aussi, et par, dessus tout, de sa légitimité, inséparable de sa responsabilité. Créés par le législateur, nous n'exerçons nos compétences que dans les limites qu'il a imparties et pour servir les buts qu'il a fixés ». Cette déclaration, véritable appel à un contrôle démocratique, ne reçoit pas de la part du Parlement la réponse espérée[3]. Il faut, en effet, attendre la fin du mandat du premier président de la CRE pour qu'une réelle audition devant la commission des affaires économiques, de l'environnement et du territoire de l'Assemblée nationale soit organisée[4].

Il est surprenant qu'à cette occasion, outre l'absence de questions sur le fonctionnement de la CRE, aucun parlementaire n'évoque les questions qui soulèveront l'ire de certains d'entre eux quelques mois plus tard[5]. Bien au contraire, la plupart des intervenants, y compris ceux les plus opposés à l'ouverture du marché, salue la compétence et l'impartialité de la CRE[6]. Plusieurs expriment, même, leur satisfaction que cette

---

[1] Lors de la préparation des débats sur la loi de 2003, le président de la CRE est auditionné par le rapporteur au Sénat, et ne l'est pas par le rapporteur à l'Assemblée nationale.

[2] Loi 2003-8 du 3 janvier 2003 relative aux marchés du gaz et de l'électricité ; loi n°2004-803 du 9 août 2004 relative au service public de l'électricité et du gaz et aux entreprises électriques et gazières ; Loi n°2005-781 du 13 juillet 2005 de programme fixant les orientations de la politique énergétique.

[3] Propos, par ailleurs, assez savoureux au regard de la pratique de la CRE au cours des années qui suivent, et qui la voient exploiter le silence de la loi, au profit de la création d'un marché, en dépassant sensiblement les intentions du législateur.

[4] « le président Patrick Ollier, après s'être félicité que l'audition de Jean Syrota ait enfin pu être organisée… », Assemblée nationale, Commission des affaires économiques, de l'environnement et du territoire, 8 mars 2006, compte-rendu n° 35, audition de J. SYROTA président de la CRE.

[5] Voir les débats à l'Assemblée nationale sur le projet de loi du 7 décembre 2006 à propos de la CRE.

[6] « M. Claude Birraux a rendu à son tour hommage au Président de la CRE, organisme qui a d'emblée trouvé ses marques et imposé son impartialité. M. Daniel Paul,

audition ait, enfin, lieu. Les circonstances ne se prêtent, certes, plus à un exercice de contrôle qui, à la fin d'un mandat de six ans, serait incongru, mais il est regrettable que les critiques, sur différents points de l'action de la CRE, n'aient pas été exprimées à ce moment. Cela aurait permis un dialogue et, peut-être, évité l'espèce de crispation politique qui survient, quelques mois plus tard, à l'occasion des débats sur le projet de loi du 7 décembre 2006[1], qui remet profondément en cause l'indépendance de la CRE[2].

La publication du rapport d'activité de la CRE 2007 occasionne la première audition portant sur le travail de la CRE au cours de l'année écoulée. Encore faut-il souligner que cette démarche a été initiée par la CRE, comme l'indiquent les propos introductifs de son président : « le président de la CRE remercie le président Ollier d'avoir accepté de l'entendre à l'occasion de la présentation au Parlement du rapport annuel d'activité de la CRE – c'est une première... »[3].

L'exposé du président de la CRE est consacré aux actions conduites au niveau européen et national, et n'aborde ni la question du budget, ni l'utilisation des crédits, ni d'autres thèmes propres au fonctionnement de la CRE. Les députés, lors des questions, ignorent tout autant ces aspects, et se concentrent sur les thèmes de l'ouverture du marché, de la politique européenne, de la défense du modèle énergétique français... Une présentation similaire, réalisée le même jour, devant la commission des affaires économiques du Sénat, suscite la seule question relative aux moyens de la CRE [4].

---

intervenant au nom du groupe communiste, a estimé que la CRE avait bien rempli son office – faire en sorte que la mise en concurrence fonctionne – mais que les faits donnaient de plus en plus raison au groupe communiste, opposé à ce processus », *ibid.*

[1] Loi 2006- 1537 du 7 décembre 2006, relative au secteur de l'énergie.

[2] « Le Parlement a non seulement le devoir de vérifier la conformité du rôle des AAI aux rôles qu'il leur a confié, mais ces rôles mêmes peuvent parfois aller jusqu'à des risques de friction politique. [...] Le Parlement a profité de l'occasion offerte par la loi du 7 décembre 2006 pour modifier la composition de la CRE et pour cantonner ses attributions [...] Certains commentateurs y ont vu un effet de reproches d'adhésion à des libéralisations avancées par la Commission européenne », A. DELION, « Régulation : progrès et problèmes actualisations 2006 – 2008 » in *Annales de la Régulation*, vol. 2, 2009, TH. REVET, L. VIDAL (dir.), Bibliothèque de l'Institut de Recherche Juridique de la Sorbonne – André Tunc, IRJS Edition, Paris.

[3] Assemblée nationale, Commission des affaires économiques, de l'environnement et du territoire, audition du président de la CRE, 11 juillet 2007, session extraordinaire de 2006-2007.

[4] « M. H. REVOl a demandé si la CRE disposait de moyens suffisants pour exercer les nouvelles missions que lui a confiées le législateur et en particulier assurer le suivi

Très éloignées d'un exercice de contrôle et, plus encore, d'une évaluation, ces auditions sont cependant, avec celles de 2008, ce qui peut s'en rapprocher le plus. La présentation du rapport d'activité ne donnera plus lieu à audition durant de nombreuses années.
La préparation des lois de finances devrait normalement être l'occasion d'un exercice de contrôle. Les auditions auprès de la commission des finances (en fait auprès du rapporteur de la commission des finances, ainsi que du rapporteur pour avis de la commission des affaires économiques) permettent, surtout, à la CRE d'exprimer ses préoccupations en matière d'emplois et de budget, sur lesquels le Parlement a au demeurant peu de prise[1], et de répondre, principalement, à des questions sur l'énergie[2].
Nous verrons que le seul contrôle auquel la CRE est soumise est celui conduit par le Comité d'évaluation et de contrôle des politiques publiques en 2010 (voir les développements *infra* § 1189-1200) et la seule évaluation est réalisée par la Cour des comptes, en 2014.

ii- Un pouvoir d'expertise reconnu

Les auditions, de toute nature, de la CRE devant le Parlement deviennent de plus en plus fréquentes[3]. Il est vrai que les multiples

des transactions entre fournisseurs, négociants et producteurs qu'exige la surveillance des marchés. », Travaux de la commission des affaires économiques, Sénat, audition du président de la CRE, 11 juillet 2007.
[1] Exception faite des tentatives du rapporteur du budget au Sénat, PH. MARINI, de doter la CRE de l'autonomie financière.
[2] L'audition du 1er juillet 2010 à la commission des finances du Sénat porte, par exemple, sur le dispositif ARENH, (compatibilité avec le droit européen, conséquences sur les évolutions tarifaires), évolution des missions de la CRE, modification du collège. L'audition devant le rapporteur énergie de la commission des finances de l'Assemblée nationale, le 3 septembre 2013, comporte 21 pages de réponses portant sur l'évolution des TRVE dans le cadre de la transition énergétique, les composantes du tarif électricité, l'impact de l'ARENH sur la concurrence, l'impact sur les prix de la réduction de la part du nucléaire dans le mixe énergétique, l'évolution du TURPE, l'évolution de la CSPE et l'évolution des tarifs de gaz.
[3] A partir du rapport d'activité 2012, la CRE indique le nombre d'auditions annuelles devant les commissions, en évoquant l'art. L. 134-14 du Code de l'énergie, qui prévoit que le président de la CRE « rend compte des activités de la Commission devant les commissions permanentes du Parlement compétentes en matière d'énergie à leur demande », *rapport d'activité CRE* 2012, p. 13.
Exemple du contenu du rapport d'activité 2014 : « Soustraite à l'autorité hiérarchique ou de tutelle du pouvoir exécutif, son indépendance prend sa source dans la loi. La CRE attache une importance toute particulière à ce dialogue. Chaque publication de

événements relatifs à la politique de l'énergie - qu'il s'agisse des directives européennes, de la crise du gaz russe avec l'embargo sur l'Ukraine, de la loi NOME, du déploiement des investissements de sûreté suite à l'accident nucléaire de Fukushima[1], des commissions d'enquête sur les TRV de l'électricité et sur les coûts d'EDF, ou enfin de la question du coût des énergies renouvelables et sa conséquence sur la CSPE- réduisent l'intérêt du Parlement pour le rapport d'activité. Néanmoins, celui-ci reste une référence pour les entreprises régulées, la Cour des comptes, le Conseil d'Etat et la presse.

Les parlementaires s'intéressent plus aux dossiers thématiques[2] de la CRE, qui font l'objet d'auditions régulières devant les commissions permanentes. L'objectif des membres de ces commissions, dont plusieurs d'entre eux connaissent bien l'énergie, n'est pas de contrôler la CRE - « ils ont pu considérer que ce contrôle n'était pas une priorité »[3]-, mais d'obtenir son expertise. Cette dialectique permet aux

---

la CRE fait l'objet d'une transmission au Parlement et parfois même d'une présentation devant la commission compétente. Le président de la CRE a ainsi été auditionné onze fois par l'Assemblée nationale au cours de l'année 2014. Ces auditions ont pour objet de présenter l'activité de la CRE mais aussi : de communiquer des éléments dans le cadre d'une commission d'enquête, comme celles menées en 2014 par l'Assemblée nationale sur le coût du nucléaire, puis sur les tarifs réglementés de vente de l'électricité, ou d'une mission d'information, comme cela a été le cas sur l'adaptation du droit de l'énergie aux Outre-Mer par exemple ; de recueillir le point de vue de la CRE dans le cadre de l'élaboration d'une loi. Cette année la CRE a notamment été sollicitée à plusieurs reprises lors de l'examen du projet de loi relatif à la transition énergétique pour la croissance verte », *Rapport d'activité CRE* 2014, p. 14.

[1] « Le 11 mars 2011, un séisme de magnitude 9 s'est produit à 80 kilomètres au large des côtes-est de l'île d'Honshu au Japon. Il a engendré un tsunami d'une ampleur exceptionnelle qui a provoqué à la centrale nucléaire de Fukushima-Daichi, située à 145 kilomètres au sud-ouest de l'épicentre, une véritable catastrophe nucléaire. fusion du cœur de trois des six réacteurs […] ; dégradation de la sureté des entreposages, en piscine, d'assemblages de combustibles usés ; rejets radioactifs importants dans l'environnement par voie atmosphérique mais également par voie liquide, en mer ». K. HERVIOU, direction de la sureté des réacteurs à l'Institut de radioprotection et de sureté nucléaire, www.universalis.fr.

[2] Rapports sur les interconnexions électriques françaises, Rapports sur la surveillance des marchés de gros, Observatoires des marchés, Rapport sur les coûts d'approvisionnement de GDF Suez, Rapport sur le respect des codes bonne conduite et indépendance des gestionnaires de réseaux, Rapport d'analyse sur les coûts et la rentabilité des énergies renouvelables en France métropolitaine…

[3] V. PALMA-ALMARIC, *L'autonomie financière des autorités indépendantes*, *op. cit.*, p. 496.

élus d'approfondir un thème et à la CRE d'asseoir sa crédibilité d'expert en renforçant sa légitimité.

Il est tout à fait remarquable que l'examen des comptes-rendus de ces nombreuses séances en commissions parlementaires[1] ne fasse apparaître aucune interrogation sur les actions menées par la CRE. On trouve, certes, des positionnements politiques plus ou moins favorables à la libéralisation du marché de l'énergie et aux orientations européennes, mais jamais un questionnement solide sur la manière dont la CRE accomplit ses missions, ou sur ses éventuels désaccords avec le Gouvernement. Elle est écoutée, sinon toujours entendue, mais jamais contrôlée, ni évaluée.

Il est intéressant de noter les propos introductifs de la présidente de la commission des affaires économiques, lors de l'audition du président de la CRE le 20 juillet 2016, quelques mois avant la promulgation de la loi de 2017. Elle évoque, pour la première fois depuis 2008, le rapport d'activité de la CRE : « J'ai souhaité que l'on puisse, avant la fin de

---

[1] Parmi celles-ci on peut noter les auditions devant l'Office parlementaire d'évaluation des choix scientifiques et technologiques sur les conditions d'approvisionnement en électricité de la France en hiver (16 décembre 2009) ; devant la Commission chargée des affaires européennes sur le 3ème paquet énergie (4 février 2009) ; devant les commissions des affaires économiques de l'Assemblée nationale et du Sénat sur la loi NOME (12 mai 2010 et 23 juin 2010) ; devant les commissions des affaires économiques et du développement durable de l'Assemblée nationale sur le Photovoltaïque et la CSPE (16 novembre 2010) ; devant les commissions des affaires économiques et du développement durable de l'Assemblée nationale, sur le coût de la production d'électricité à partir d'énergies renouvelables (24 mai 2011) ; devant la Commission d'enquête sur le coût réel de l'électricité du Sénat (7 mars 2012) ; devant la Délégation sénatoriale aux collectivités territoriales et à la décentralisation sur les collectivités locales et l'énergie (29 novembre 2012) ; devant le Conseil national sur la transition énergétique (6 juin 2013) ; devant la commission des affaires économiques de l'Assemblée nationale sur les coûts de production d'EDF (19 juin 2013) ; devant la commission d'enquête sur les coûts du nucléaire Assemble nationale (9 janvier 2014) ; devant la commission spéciale pour l'examen du projet de loi relatif à la transition énergétique pour la croissance verte Assemblée nationale (11 septembre 2014) ; devant la commission d'enquête sur les TRVE (15 octobre 2014) ; devant la commission des affaires économiques du Sénat sur le projet de loi relatif à la transition énergétique pour la croissante verte (14 janvier 2015) ; devant la commission des lois de l'Assemblée nationale sur la proposition de loi ordinaire (n°3476) et la proposition de loi organique (n° 3477) adoptée par le Sénat portant statut général des AAI et des API (12 avril 2016) ; devant le groupe d'études sur l'énergie du Sénat à propos du TURPE (2 novembre 2016) ; devant la commission des affaires économiques de l'Assemblée nationale à propos du TURPE et de divers autres points dont le rapport d'activité (20 juillet 2016).

cette session extraordinaire, vous entendre non seulement sur ce rapport-ci (sur le TURPE) mais également sur le rapport d'activité de la CRE ainsi que sur les nombreux sujets d'actualité qui concernent votre domaine de compétence.[...] Je dois souligner que votre rapport d'activité et de synthèse est très pédagogique et très lisible ; il permet d'avoir une vision claire de votre fonctionnement. De fait, les enjeux en cause ne sont évidents ni pour les parlementaires, ni pour les professionnels, sans parler du consommateur particulier »[1].

3- Les rapports parlementaires sur les AAI : outil d'évaluation et volonté de contrôle

Vouloir appréhender les trois rapports parlementaires sur les AAI[2] sous l'angle de l'évaluation est probablement réducteur pour le premier[3], plus proche du contrôle que de l'évaluation pour le deuxième[4] et très incertain pour le dernier[5]. Notre objet n'est pas, ici, d'étudier les divers aspects de ces rapports, mais d'apprécier s'ils ont pu jouer un rôle en matière de contrôle et d'évaluation pour la CRE.
Le rapport du sénateur P. Gélard, conduit dans le cadre de l'Office parlementaire d'évaluation de la législation, commun à l'Assemblée nationale et au Sénat, consiste à une analyse approfondie des AAI, au travers des études réalisées par M.-A. Frison-Roche, et J.-M. Pontier. Le recours à des experts extérieurs[6], outre le fait de respecter les

[1] F. MASSAT, présidente de la commission des affaires économiques, Assemblée nationale, audition du président de la CRE, 20 juillet 2016.
[2] On peut ajouter un quatrième rapport réalisé par l'ancien sénateur P. GELARD en 2014 afin de faire le point sur ce qu'il était advenu des recommandations de son rapport de 2006.
[3] P. GELARD, *Les autorités administratives indépendantes : évaluation d'un objet juridique non identifié,* Office parlementaire d'évaluation de la législation, n°3166 Assemblée Nationale, n°404 Sénat, 15 juin 2006.
[4] R. DOSIERE, Ch. VANNESTE, *Les autorités administratives indépendantes : pour une indépendance sous la garantie du Parlement*, Assemblée Nationale, XIIIe législature, Comité d'évaluation et de contrôle, Rapport d'information n° 2925, 28 octobre 2010.
[5] M.- H. DES ESGAULX, J. MEZARD, *« Un Etat dans l'Etat » Canaliser la prolifération des autorités administratives indépendantes pour mieux les contrôler,* Rapport n° 126 de la commission d'enquête du Sénat sur le bilan et le contrôle de la création, de l'organisation, de l'activité et de la gestion des autorités administratives indépendantes, 2015-2016.
[6] « Il a ainsi décidé, sous la présidence de M. Philippe Houillon, président de la commission des lois de l'Assemblée nationale, de confier à des spécialistes reconnus la réalisation, d'une part, d'un bilan complet des autorités administratives

préconisations relatives à l'évaluation des politiques publiques, se révélait une initiative féconde et permettait de tracer la trame du rapport final. Certainement le plus riche des rapports parlementaires sur le sujet, il aborde à peu près tous les thèmes et, en particulier, la question de la reddition des comptes. Le rapport insiste déjà, comme celui du Conseil d'Etat en 2001, sur les carences du Parlement dans son rôle de contrôle et d'évaluation des AAI[1] et la conclusion du sénateur P. Gélard le souligne encore : « Il appartient au Parlement d'assurer leur [aux AAI] stabilité, et de mieux asseoir leur indépendance, à la stricte condition cependant de contrôler leur activité de façon régulière »[2].

On trouve dans ce rapport, et dans celui du Conseil d'Etat en 2001 qui l'a d'ailleurs inspiré, des « préconisations [qui] ne s'éloignent qu'assez peu des modes d'intervention habituels des assemblées parlementaires, qu'il s'agirait en l'occurrence de rationaliser et de systématiser »[3].

Pour sa part, si la CRE est mise à contribution au travers du questionnaire qui lui est adressé, sa participation lui permet, pour l'essentiel, d'affirmer ses opinions et d'indiquer ses préoccupations.

Prenant la suite de l'Office, le Comité d'évaluation et de contrôle des politiques publiques retient, pour son premier programme de travail, le

---

indépendantes et, d'autre part, d'une étude de droit comparé permettant d'apprécier l'architecture et l'évolution des autorités administratives indépendantes françaises à la lumière des expériences étrangères. [...] L'Office a attribué la réalisation d'une étude dressant un bilan des autorités administratives indépendantes à Mme Marie-Anne Frison-Roche, professeur, directeur de la chaire de droit de la régulation à l'Institut d'Etudes Politiques de Paris, et celle d'une étude visant à établir une comparaison entre les autorités administratives indépendantes françaises et les organismes créés à l'étranger pour exercer des missions comparables à M. Jean-Marie Pontier, professeur, directeur de l'école doctorale Sciences juridiques et politiques de l'Université Paul Cézanne, Aix-Marseille III », P. GELARD, *Les autorités administratives indépendantes : évaluation d'un objet juridique non identifié*, *op. cit.*, p.18-19.

[1] Dans le second tome consacré aux études, M.-A. FRISON-ROCHE portait un jugement, resté longtemps vrai : « les parlementaires sont surchargés, les AAI sont éparpillées et leur définition par leur mission en éparpille par reflet les experts, la technicité des questions est rébarbative. L'exhortation ne sert à rien, car l'appel au Parlement pour qu'il exerce en la matière ses responsabilité se répète année après année », *Les autorités administratives indépendantes, évaluation d'un objet juridique non identifié*, *op. cit.*, T. 2, *Etude dressant un bilan des AAI*, M.-A. FRISON-ROCHE, p.147.

[2] P. GELARD, *Les autorités administratives indépendantes : évaluation d'un objet juridique non identifié*, *op. cit.*, p.125.

[3] J.-L. AUTIN, « Le devenir des autorités administratives indépendantes », *RFDA*, 2010, p. 877.

thème des AAI. On pourrait s'interroger sur les raisons d'un tel choix, alors que le précédent rapport ne date que de quatre ans, et que l'on est loin d'en avoir épuisé l'ensemble des recommandations. Le secrétaire général du Comité fournit quelques éléments de réponse, en évoquant le souci des députés à l'égard d'une prolifération des AAI et leur préoccupation devant « la croissance jugée excessive des crédits budgétaires prévus pour certaines de ces autorités dans un contexte de rigueur budgétaire »[1]. Il ajoute que plusieurs parlementaires estiment qu'il existe « une certaine insuffisance du dispositif de contrôle démocratique de quelques AAI »[2]. Ce qui, en soi, n'a rien de surprenant, les pratiques de contrôle du Parlement n'ayant guère évolué depuis le rapport du sénateur P. Gélard. Au-delà de ces préoccupations légitimes, la question de fond est de savoir si les AAI constituent « un dispositif institutionnel plus efficace que les administrations auxquelles elles se substituent pour remplir les missions qui leur sont assignées ? »[3],c'est à dire, exprimé de manière plus directe, par les deux rapporteurs : « au fil de ses travaux, la problématique centrale du Groupe de travail a été la suivante : l'activité des AAI est–elle plus efficace que celle des administrations traditionnelles et des juridictions »[4].

Un tel postulat crée un biais dans l'approche retenue, car il n'est pas, entièrement, fondé de comparer des AAI, et en particulier des autorités de régulation économique, avec les services de l'administration traditionnelle, qui ne conduisent pas les mêmes missions. Ce rapport,

---

[1] Ph. DAUTRY « Les autorités administratives indépendantes : un nouvel objet d'évaluation parlementaire », *op. cit.*, p. 886.
[2] *Ibid.*, p. 887.
[3] *Ibid.*, p. 887.
[4] Ch. VANNESTE, R. DOSIERE, *Rapport d'information fait au nom du Comité d'évaluation et de contrôle des politiques publiques sur les autorités administratives indépendantes*, *op. cit.*, p. 16.

qui se veut un travail de contrôle[1] et d'évaluation[2], est indéniablement pour la CRE plus un contrôle qu'une évaluation.
Après une première phase, consacrée à l'étude des questionnaires adressés à quarante-trois AAI et à l'audition d'une large partie de leurs présidents, le Comité retient le principe d'un approfondissement de l'analyse pour neuf AAI. Celles-ci sont l'objet d'investigations complémentaires sous différents angles : « celui de leurs procédures de sanctions, pour celles qui en prononcent, en termes de délais, d'utilisation du barème prévu, de coordination éventuelle avec les procédures pénales, de résultats des contentieux le cas échéant ; la question des modalités d'organisation de l'évaluation de l'activité des autorités indépendantes ; en particulier, leur perception par leurs publics et leurs partenaires, y compris les administrations concernées, avec la possibilité d'interroger ceux-ci par écrit, puis, lorsque cela sera justifié, dans le cadre d'auditions ou de tables rondes, éventuellement contradictoires »[3].
La CRE figure parmi les neuf AAI retenues[4]. Les thèmes sur lesquels porte le contrôle se révèlent assez classiques avec, cependant, une certaine prédilection pour deux sujets : les frais de communication et le coût de l'immobilier[5]. L'audition du président de la CRE et de la

---

[1] « Un premier questionnaire commun aux autorités a été transmis à ces quarante-trois AAI [...] Ce questionnaire portait sur des sujets très divers incluant les statuts, les budgets, les dépenses de personnels et leur évolution, la question des rémunérations des présidents, des membres du collège, des équipes de direction, les dépenses de communication ou de déplacement, les indicateurs au sens de la LOLF ou à usage interne pour évaluer l'efficacité de l'action de l'autorité considérée, l'identification des publics et des partenaires », Ph. DAUTRY « Les autorités administratives indépendantes : un nouvel objet d'évaluation parlementaire », *op. cit.*, p. 888.

[2] « Au-delà, il convenait d'élargir cette première étude, plus orientée vers le contrôle, au champ de l'évaluation, qui, selon sa définition la plus communément admise, consiste à apprécier l'efficacité d'une politique en comparant ses résultats aux objectifs assignés et aux moyens mis en œuvre », *ibid.*, p. 888.

[3] *Ibid.*, p. 888.

[4] Autorité de la concurrence, AMF, ASN, CNIL, CRE, CSA, HAS, HALDE et ARCEP.

[5] N. BRICQ, *Rapport sur la gestion immobilière de l'Etat locataire*, Sénat, 1er juillet 2009. Le rapport indiquait le « top 10 » des loyers les plus élevés à Paris, et parmi ceux-ci figuraient trois AAI : HALDE, l'Agence d'évaluation de la recherche et de l'enseignement supérieur (AERES) et le CSA. Il aurait été normal que la CRE figure dans ce palmarès car, à la date à laquelle ces données avaient été recueillies, elle n'avait pas encore déménagé. Son absence de cette liste était due à la signature du bail

directrice générale est un bon exemple de contrôle au travers des questions posées. Elles portent sur l'optimisation des moyens (rapprochement avec le Médiateur de l'énergie), sur l'utilisation des crédits (la part consacrée à la communication), sur le coût immobilier (localisation des bureaux dans le centre de Paris) et, enfin, sur l'intérêt d'une autonomie financière. La seule question ayant trait à la régulation concerne un sujet, déjà, d'actualité, l'augmentation des tarifs réglementés du gaz pour les particuliers. Les questions de fond, peu abordées, donnent toutefois l'occasion d'un dialogue animé avec un membre du Comité, qui met en doute l'indépendance de la CRE à l'égard du Gouvernement[1], évoquant ainsi la formule de P. Sabourin

---

par le président de la CRE, alors qu'il n'en avait pas légalement la possibilité, et à la non-communication de celui-ci à France Domaine.

[1] « M. Jean Mallot. Je comprends mal la logique d'une commission qui n'a pas de personnalité morale et vit sur des ressources budgétaires. Qu'est-ce qui vous distingue d'un service du ministère de l'économie, mis à part la présence d'un président et d'un conseil d'administration ?

À un moment où l'on prive les collectivités locales de leur autonomie financière, quel est l'intérêt d'une autorité administrative indépendante, dotée de ressources propres et d'une personnalité morale ?

M. Philippe de Ladoucette. Cela correspond à une obligation européenne ! L'Europe a estimé que, en la matière, il ne devait pas y avoir de confusion entre le Gouvernement et l'action d'une autorité administrative indépendante. L'Europe, qui, jusqu'au troisième paquet, admettait l'existence de deux régulateurs – l'administration et une autorité indépendante –, a changé d'orientation. Le troisième paquet, accepté par l'ensemble des vingt-sept pays, prévoit qu'il ne peut y avoir qu'un seul régulateur de l'énergie, indépendant des pouvoirs publics et ne recevant pas d'instruction du Gouvernement.

M. Jean Mallot. Tout cela est totalement fictif !

M. René Dosière, rapporteur. En tout cas, cela ne s'applique pas à toutes les autorités administratives.

M. Christian Vanneste, rapporteur. Cette question est complexe, mais dès lors qu'il y a un marché européen, il doit y avoir une instance indépendante.

M. Philippe de Ladoucette. Qu'entendez-vous par fictif, monsieur le député ? Voulez-vous dire que le Gouvernement intervient dans nos décisions ?

M. Jean Mallot. J'ai du mal à croire que votre commission est totalement indépendante »,

Ch. VANNESTE, R. DOSIERE, Rapport d'information fait au nom du Comité d'évaluation et de contrôle des politiques publiques sur les autorités administratives indépendantes, *op. cit.*, T. II.- Auditions, p. 152.

pour lequel les AAI ne seraient qu'un « écran commode pour le pouvoir »[1].

Le plus surprenant, néanmoins, ne résidait pas dans ces échanges, qui, pour la majeure partie, étaient tout à fait normaux dans le cadre d'un contrôle, mais dans le travail d'évaluation réalisé ensuite.

Ce travail d'évaluation consistait, selon Ph. Dautry, chef du secrétariat du Comité, à « apprécier l'efficacité d'une politique en comparant ses résultats aux objectifs assignés et aux moyens mis en œuvre ». La question délicate a, précisément, trait à la définition de ces objectifs. L'une des conditions de l'évaluation nécessite en effet, d'être « parti des objectifs poursuivis et que l'on ait mis en exergue les leviers déterminants pour assurer l'atteinte de ces objectifs »[2], or, ce prérequis est rarement rempli. Il peut, en outre, y avoir des écarts dans la définition de ces objectifs entre l'évaluateur et l'évalué.

Certains passages du rapport du Comité démontrent que l'audition du président de la CRE ne suffit pas pour cerner toutes les dimensions de ces objectifs. Ainsi, la prise en compte de critiques de l'opérateur historique EDF – sans mise en perspective, et, surtout, sans audition des fournisseurs alternatifs[3], ni procédure contradictoire avec la CRE – conduit les rapporteurs, en ignorant les directives européennes, à laisser penser au lecteur non averti que la CRE allait, très au-delà, de ses prérogatives. Une telle affirmation était inexacte, comme le remarque V. Palma-Amalric. A propos des TRVE[4], « la CRE a la possibilité de formuler des avis et de proposer toute mesure favorisant le bon fonctionnement et la transparence, notamment en matière de prix, du marché de détail. Ainsi, elle a bien le pouvoir de proposer des

---

[1] P. SABOURIN, « Les autorité administratives indépendantes dans l'Etat » in *Les autorités administratives indépendantes,* C.-A. COLLIARD, G. TIMSIT, (dir.), Paris, PUF, coll. « Les voies du droit », 1988, p. 111.

[2] P. GIBERT, « Contrôle et évaluation, au-delà des querelles sémantiques, parenté et facteurs de différences », *op. cit.*, p. 80.

[3] Le choix des « parties prenantes » ne visait d'ailleurs à aucune représentativité : « En outre le choix des parties prenantes auditionnées ou consultés par questionnaire ne peut prétendre à un quelconque critère de représentativité » Ch. VANNESTE, R. DOSIERE, rapport précité, p. 25.

[4] « EDF estime que la Commission de régulation de l'énergie (CRE) va au-delà de la mission qui lui est confiée en proposant de modifier la loi et en tendant à porter les recommandations de l'association des régulateurs européens, avec en ligne de mire les tarifs règlementés », *ibid.*, p. 50.

modifications relativement aux tarifs réglementés »[1]. Sur le reproche de ne pas tenir compte des répercussions financières et économiques de ses décisions sur les opérateurs[2], elle précise : « Or, en réalité, la CRE n'a fait qu'appliquer rigoureusement les nouvelles règles d'ouverture à la concurrence et de séparation des activités de réseaux et de services des opérateurs historiques imposés par le droit européen. Elle est donc restée dans les limites de sa compétence »[3].

Qu'il s'agisse d'excéder leurs compétences ou de faire une utilisation extensive de ce que le rapport appelle « le droit mou », les critiques visent un certain nombre d'autres AAI, comme l'Autorité de sûreté nucléaire (ASN), l'Autorité des marchés financiers (AMF), la CNIL. Concernant le droit mou et la CRE, le rapport rapportait les déclarations d'EDF disant regretter « les propositions d'évolution législatives publiées par la CRE dans ses rapports annuels et souhaiterait que le développement de la pratique de la *soft law* reste dans le périmètre des missions dévolues à la CRE par le législateur »[4].

Tout en se montrant, pourtant, assez ouvert sur les apports du « droit mou », le rapport n'en recommandait moins « [d']encadrer l'élaboration des lignes directrices par les AAI »[5], en instituant deux dispositions, celle de permettre au commissaire du Gouvernement de solliciter une seconde délibération sur les projets de ligne directrice et

---

[1] V. PALMA-AMALRIC, *L'autonomie financière des autorités administratives indépendantes*, *op. cit.*, p. 463.

[2]« La CRE prendrait insuffisamment en compte des répercussions financières de ses décisions pour les opérateurs concernés : séparation du nom, du logo, des locaux entre EDF et ERDF (Électricité réseau distribution de France). La CRE a ainsi obligé EDF à séparer les locaux d'EDF et ERDF avant la fin des baux, ce qui a entraîné un surcoût de 59 millions d'euros… », Ch. VANNESTE, R. DOSIERE, rapport précité, p. 50.

[3] *Ibid.*, p. 50.

[4] *Ibid.*, p 53-54.

[5] « Recommandation N° 3 : Encadrer l'élaboration des lignes directrices émises par les AAI. – assurer la prise en considération suffisante de l'ensemble des parties prenantes des AAI par l'établissement de groupes de travail ou de consultations associant publics, partenaires et usagers ; assurer en particulier les conditions d'une consultation préalable des parties prenantes et une transparence suffisante lors de l'élaboration par les AAI de leurs lignes directrices ; – permettre au commissaire du Gouvernement de solliciter une seconde délibération sur les projets de lignes directrices des AAI ; – s'assurer que ces lignes directrices ne soient pas créatrices de règles empiétant sur le domaine de la loi et du règlement en prévoyant par exemple un mécanisme par lequel le commissaire du Gouvernement puisse déférer devant le juge administratif les actes des AAI à portée générale qu'il estimerait excéder leur champ de compétences », Ch. VANNESTE, R. DOSIERE, rapport précité, p. 57.

plus étonnante, celle d'ouvrir au commissaire du Gouvernement la possibilité de déférer devant le juge administratif les actes des AAI à portée générale qui pourraient dépasser leur champ de compétence.
La mise en œuvre de cette dernière disposition aurait été une réelle atteinte à leur indépendance, et en particulier à celle de la CRE[1]. Le Gouvernement, saisi de l'ensemble des recommandations du Comité, répondait négativement à cette proposition[2].
On mentionnera quelques autres recommandations concernant la CRE : celle d'une fusion avec le Médiateur de l'énergie, sous réserve d'un service distinct pour la médiation au sein de la CRE[3] ; ou celle de la réunion, prévue à terme (10 ou 20 ans) de toutes les autorités de régulation économique au sein de l'Autorité de la concurrence (hormis l'ARCEP prévue dans un bloc CSA et HADOPI)[4].

---

[1] Pour laquelle, au demeurant, nous avons vu que l'existence du commissaire du Gouvernement était devenue virtuelle.
[2] « Le Gouvernement est favorable à la systématisation d'une mesure permettant au commissaire du Gouvernement de solliciter une seconde délibération sur les projets de lignes directrices des AAI. Le Gouvernement est en revanche défavorable à un mécanisme de « déféré » des lignes directrices par le commissaire du Gouvernement près l'AAI. D'une part, une telle faculté modifie considérablement le rôle du commissaire du Gouvernement et fait de lui une sorte de « censeur » de l'AAI, ce qui pourrait nuire au dialogue serein entre le Gouvernement et l'autorité. D'autre part, les personnes à qui les lignes directrices font grief et qui estiment que celles-ci empiètent sur le domaine réglementaire peuvent d'ores et déjà demander leur annulation au juge de l'excès de pouvoir », Rapport d'information déposé en application de l'article 146-3, alinéa 8, du Règlement par le comité d'évaluation et de contrôle des politiques publiques sur la mise en œuvre des conclusions du rapport d'information (n° 2925) du 28 octobre 2010 sur les autorités administratives indépendantes, p. 31.
[3] Curieusement, les rapporteurs oubliaient que cette configuration, initialement prévue, avait été modifié par les députés lors de la loi du 7 décembre 2006.
[4] Les réponses du Gouvernement sur ces deux aspects étaient négatives : « le Gouvernement est opposé à la fusion entre le Médiateur national de l'énergie et la CRE. En effet, toujours selon le Gouvernement, les auditions des représentants des autorités concernées ont clairement démontré l'absence de double emploi. Il faut d'abord rappeler que le Parlement a choisi de créer le Médiateur alors que la Commission de régulation existait déjà […] La CRE régule le secteur économique de l'énergie tandis que le Médiateur traite des différends avec les consommateurs. C'est pourquoi les deux autorités n'ont pas le même pouvoir juridique : les recommandations du Médiateur de l'énergie n'ont pas de caractère contraignant contrairement aux décisions de la CRE, via son comité de règlement des différends et des sanctions (CORDIS), en charge des conflits liés à l'accès au réseau », *ibid.*, p. 37.
« en ce qui concerne le regroupement des autorités de régulation économique sectorielles (CRE, Araf, etc.), le Gouvernement n'envisage pas leur fusion mais est

Le travail réalisé pour ce rapport, très complet et précis en termes de contrôle, démontre, *a contrario*, la complexité, de l'évaluation appliquée aux AAI. L'étendue des connaissances nécessaires afin d'appréhender l'ensemble des secteurs rend la tâche d'évaluation presque impossible sans mobiliser une multitude d'administrateurs du Parlement sur une très longue durée, ou sans faire appel à des experts extérieurs.

Il apparaît donc difficile d'aboutir à une réelle évaluation d'un organisme comme la CRE de la part du Parlement seul. Le concours de la Cour des comptes, comme le prévoit la loi constitutionnelle n°2008-724 du 23 juillet 2008, permettrait de surmonter cette difficulté.

Le troisième rapport parlementaire sur les AAI émane de la commission d'enquête constituée au Sénat à l'initiative du groupe Rassemblement démocratique et social européen (RDSE). Il s'inspire en partie, du rapport portant sur le bilan des AAI entre 2006 et 2014, réalisé, à la demande de la commission des lois du Sénat, par P. Gélard. Ce rapport, et plus encore l'exposé qui en est fait au Sénat par l'ancien sénateur, était assez sévère sur l'évolution des AAI au cours de cette période[1]. Cette critique annonçait le ton de la commission d'enquête : « les autorités administratives indépendantes ne sauraient devenir un Etat dans l'Etat »[2]. Le travail réalisé par cette commission repose à la fois sur un questionnaire et sur les auditions des présidents des AAI.

Le questionnaire, assez comparable à celui produit par le Comité en 2010, permet d'actualiser les données utiles à un contrôle. Les auditions se révèlent d'une nature assez différente et certaines d'entre elles apparaissent particulièrement offensives[3]. Le compte- rendu de celle du

favorable à un réexamen périodique de la justification des autorités sectorielles », *ibid.*, p. 37.

[1] « Qu'est-ce qu'une AAI, sinon un objet administratif non identifié, qui exerce des fonctions relevant de la compétence du gouvernement, et qui est donc issu d'un abandon de ses attributions par ce dernier ? Il n'existe pas de définition ; le législateur est hésitant : il y a des « autorités administratives » qui ne sont pas « indépendantes » et des « autorités indépendantes » pas « administratives ». Pourquoi certaines AAI sont-elles dotées de la personnalité morale et pas d'autres ? Mystère », P. GELARD, *AAI 2006-2014, un bilan,* discussion en commission, Sénat, 11 juin 2014.

[2] M.-H. DES ESGAULX, J. MEZARD « *Un Etat dans l'Etat » canaliser la prolifération des AAI pour mieux les contrôler, op. cit.*, préambule p. 10.

[3] Voir à cet égard l'audition du président de l'Autorité de la concurrence, B. Lasserre, « *Un Etat dans l'Etat » canaliser la prolifération des AAI pour mieux les contrôler,* T. 2, compte-rendu des auditions, 17 juin 2015.

président de la CRE[1] illustre assez bien le ton général des questions. L'un des axes retenu pour l'ensemble des AAI consiste à questionner le besoin d'être une AAI. Les questions portent sur les sujets les plus variés, et parfois surprenants[2]. Plusieurs questions laissent percevoir une certaine méconnaissance de la réalité d'une entité comme la CRE. Les sujets de conflits d'intérêts pour les commissaires venant d'entreprises régulées, d'indépendance par rapport au Gouvernement, ou la présence des grands corps (Conseiller d'Etat) dans une structure comme le CoRDiS dont les recours contre les décisions s'effectuent devant le Conseil d'Etat, font partie des points évoqués. On peut constater au travers du déroulé de l'audition, et de celles des autres AAI, que le rapporteur et la présidente suivent des axes précis et prédéterminés.

Il n'y a pas de volonté d'effectuer un contrôle, et encore moins une évaluation de chaque AAI, mais de réaliser un constat permettant de tirer les principales orientations d'une réforme générale qui aboutit à la rédaction d'une proposition de loi.

III- Les apports de la loi du 20 janvier 2017

La loi organique n° 2017-54 et la loi n°2017-55 du 20 janvier 2017 relative aux autorités administratives indépendantes et autorités publiques indépendantes, votées après de très longs débats, définissent un cadre commun à l'ensemble des AAI et API. Les discussions parlementaires, en particulier à l'Assemblée nationale, réduisent la portée initiale de la proposition de loi sénatoriale. Celle-ci prévoyait à l'article 15 que les AAI et API « disposent des moyens humains et techniques nécessaires à l'accomplissement de leurs missions ainsi que les crédits correspondants, dans les conditions fixées par la loi de finances », car « des moyens suffisants constituent l'une des conditions de l'indépendance et de l'efficacité des autorités administratives et publiques indépendantes »[3]. Cette disposition, certes utile mais dénuée de portée normative, est supprimée en première lecture à l'Assemblée

---

[1] *Ibid.*,16 juin 2015.

[2] Par exemple : « Avez-vous le sentiment que quelqu'un ou quelque chose fasse puisse vous faire obstacle ? » ; ou, en ce qui concerne les commissaires : « Ne trouvez-vous pas les nominations politiques ? ».

[3] J. MEZARD, Rapport n° 332 (2015-2016) fait au nom de la commission des lois, déposé le 27 janvier 2016, proposition de loi portant un statut général des AAI et API, Sénat.

nationale. D'autres mesures très controversées, comme celle d'une grille des salaires, à laquelle le Gouvernement est opposé, disparaissent du texte[1]. L'article 22 prévoit, dans sa version initiale, que le rapport d'activité annuel puisse « donner lieu à un débat à l'Assemblée nationale et au Sénat »[2]. Une telle disposition, si elle avait été maintenue, aurait profondément modifié la nature de l'audition sur le rapport d'activité, et peut-être même également ce dernier.
De manière générale, les dispositions de la loi du 20 janvier 2017 n'ont pas transformé le contexte des autorités de régulation économique comme l'ARCEP, l'ART (ex ARAFER) et la CRE. Mises à part les nouvelles incompatibilités concernant la nomination des membres des collèges, évoquées précédemment (voir *supra* Première partie Titre I chapitre 2), une grande partie des nouvelles dispositions était, en effet, déjà en application pour ces autorités.
En revanche, la loi définissait des objectifs en termes de contrôle démocratique pour l'ensemble des AAI et API, visant un renforcement de l'évaluation parlementaire sur les activités (A), et du contrôle sur la gestion financière (B).

A- Contrôle parlementaire sur les activités

Le Titre IV de la loi du 20 janvier 2017 prévoit à l'article 21 que toute AAI et API « adresse chaque année, avant le 1er juin, au Gouvernement et au Parlement un rapport d'activité rendant compte de l'exercice de ses missions et de ses moyens. [...]. Le rapport d'activité est rendu public ».
L'article 22 précise que « à la demande des commissions permanentes compétentes de l'Assemblée nationale et du Sénat, toute autorité administrative indépendante ou autorité publique indépendante rend compte annuellement de son activité devant elles »[3].
Ces deux articles ne comportent pas d'éléments substantiellement nouveaux pour la CRE. Ainsi, l'article 32 de la loi du 10 février 2000, dans sa version initiale, prescrit que « la Commission de régulation de

[1] L'article 9 bis du projet de texte a été supprimé à la suite d'un amendement du Gouvernement. Introduit à l'initiative de M. Alain Richard au stade de la commission des lois au Sénat, cet article additionnel prévoyait qu'un décret en Conseil d'État établisse une échelle des rémunérations et/ou des indemnités pour les membres des autorités administratives indépendantes et des autorités publiques indépendantes.
[2] Version initiale de la proposition de loi de M.-H. DES ESGAULX, J.-L DUPONT et J. MEZARD n° 2017-55 du 20 janvier 2017, art. 22, Sénat, 7 décembre 2015.
[3] Loi n°2017-55 du 20 janvier 2017, art. 22.

l'électricité établit chaque année, avant le 30 juin, un rapport public qui rend compte de son activité ». La seule modification de la loi de 20 janvier 2017 concerne la date de publication qui est, désormais, prévue avant le 1er juin.

L'article L. 134-14 (abrogé) du Code de l'énergie indique que « le président de la Commission de régulation de l'énergie rend compte des activités de la commission devant les commissions permanentes du Parlement compétentes en matière d'énergie, à leur demande »[1].

Il n'y a donc là aucune nouveauté et ces, éventuelles, auditions restent du seul ressort de la volonté des commissions permanentes. Seule la pratique permet d'évaluer l'apport de la loi en ce qui concerne le contrôle démocratique sur le plan des activités.

A cet égard, le rapport d'activité de la CRE 2019, dans la rubrique « La CRE et le Parlement »[2], souligne que le président et les services de la CRE ont été auditionnés 13 fois par les parlementaires, ou les services de l'Assemblée nationale et du Sénat, au cours de l'année, ce qui pourrait laisser supposer un contrôle et une volonté d'évaluation accrus de la part du Parlement sur la CRE.

B- Quid d'un contrôle financier ex-post ? (Parlementaire et Cour des comptes)

Le contrôle financier *ex post* des AAI est essentiellement du ressort des juridictions financières. En effet, « à l'abri des pressions du gouvernement, et en l'absence d'un véritable contrôle du Parlement, les autorités de régulation françaises jouissent d'une grande autonomie, et même d'une quasi-irresponsabilité politique. Dans ce contexte, le contrôle juridictionnel apparaît comme le seul facteur de limitation juridique des pouvoirs étendus des autorités de régulation »[3]. Cette assertion, rédigée avant la loi du 20 janvier 2017, conserve encore, une large part de vérité. La Cour des comptes est l'instance de contrôle

[1] Loi n°2000-108 du 10 février 2000, art. 32, art. 2.

[2] *Rapport d'activité CRE* 2019, p. 6.

[3] D. Lemieux, C. Rouve, « La déférence du juge envers les autorités de régulation économique en droit français et canadien », in *Indépendances, Mélanges en l'honneur de J.L. AUTIN*, (dir.) M. Clapie, S. Denaja, P. Idoux, Montpellier, Presses de la faculté de Montpellier, 2011, p. 596. (cité par V. Palma-Amalric, *op. cit.*, p. 514).

régulière[1]des AAI, auxquelles elle peut s'intéresser sous différents angles.
Le premier type de contrôle concerne la vérification du bon emploi des crédits. La Cour a contrôlé la CRE, sur ce plan, tous les trois à quatre ans. La vérification porte sur les années écoulées depuis l'enquête précédente. Elle s'étend sur plusieurs mois et s'effectue sur pièces et sur place. Il est de coutume de mettre à la disposition de l'équipe de la Cour un bureau dans les locaux même de l'autorité. L'équipe de contrôle a accès à tous les documents qu'elle souhaite obtenir. Ceux-ci peuvent être très divers : frais de mission (respect des normes ou, si dérogations, les décisions afférentes[2]), passation des marchés publics[3], respect des procédures de comptabilité publique... La rédaction des rapports s'effectue en deux phases. La première est le relevé d'observations provisoires, document provisoire et confidentiel, qui fait l'objet du « contradictoire » écrit. Dans certains cas, à la demande du président de la Chambre concernée, ou du président de l'AAI contrôlée, la réponse écrite est complétée par une audition devant les membres de la Chambre. A l'issue de ce processus, la Chambre délibère sur les conclusions, qui font l'objet du rapport des observations définitives. Lors d'un contrôle de ce genre, le rapport n'est pas rendu public[4]. Il est adressé au président de la CRE et aux ministres en charge des finances, du budget et de l'énergie[5]. Ils comportent en général plusieurs recommandations à l'intention de l'autorité et, éventuellement, de l'administration. Le contrôle suivant vérifie si ces recommandations ont été mises en œuvre et, lorsque que ce n'est pas le cas, questionne les raisons de leur inobservance.

[1] La Cour des comptes n'est pas la seule autorité habilitée à le faire, l'Inspection générale des finances y est tout aussi juridiquement habilitée. L'une des profondes différences entre les deux institutions provient de l'absence de procédure contradictoire à l'Inspection des finances.
[2] Il peut s'agir de l'utilisation de taxis, de remboursements de frais de mission au réel et non forfaitaires...
[3] La CRE, comme la plupart des autorités de régulation, fait appel à des études extérieures sur appels d'offres.
[4] En application de l'article L. 143-1 du Code des juridictions financières, la communication des observations est une prérogative de la Cour des comptes, qui a seule compétence pour arrêter la liste des destinataires.
[5] En cas de découvertes d'irrégularités de gestion, la Chambre peut voter une saisine de la Cour de discipline budgétaire et financière (CDBF). Les présidents, et, le cas échéant, certains directeurs peuvent être déférés devant elle.

Il n'est guère besoin d'élaborer pour souligner la distance entre ce type de contrôle et celui exercé par le Parlement, si tant est qu'il ait lieu. Le second type de contrôle de la Cour s'effectue en application du 2° de l'article 58 de la loi organique n° 2001-692 du 1er août 2001 relative aux lois de finances, qui permet au Parlement de demander à la Cour toute enquête sur la gestion des services ou organismes qu'elle contrôle. Il peut également s'opérer en application de l'article 22 de la loi constitutionnelle n°2008-724 du 23 juillet 2008, qui indique que la Cour assiste le Gouvernement et le Parlement dans l'évaluation des politiques publiques [1]. La CRE a fait l'objet d'un contrôle au titre de la première de ces possibilités. Le président de la commission des finances, de l'économie générale et du contrôle budgétaire de l'Assemblée nationale a demandé à la Cour, par un courrier du 20 décembre 2016, de réaliser une enquête sur « la politique salariale et les rémunérations pratiquées par les autorités administratives indépendantes »[2]. Compte tenu de l'ampleur des travaux, du nombre et de la diversité des AAI, la Cour a mené les enquêtes avec six Chambres associées. Le choix était fait de retenir un échantillon de douze AAI[3]

[1] Loi constitutionnelle n°2008-724 du 23 juillet 2008 de modernisation des institutions de la Vème République, art. 22 I : « Art. 47-2. La Cour des comptes assiste le Parlement dans le contrôle de l'action du Gouvernement. Elle assiste le Parlement et le Gouvernement dans le contrôle de l'exécution des lois de finances et de l'application des lois de financement de la sécurité sociale ainsi que dans l'évaluation des politiques publiques » ; la loi n° 2011-140 du 3 février 2011 précise les conditions de cette assistance au Parlement : la Cour doit être saisie par les présidents des assemblées parlementaires ; elle est invitée à produire son rapport écrit dans les douze mois de sa saisine. Cette disposition a été intégrée dans les articles L. 111-3-1 (« La Cour des comptes contribue à l'évaluation des politiques publiques ») et 132-5 du code des juridictions financières.

[2] Par une lettre du 11 janvier 2017, le Premier président a confirmé que la Cour serait en mesure de mener l'enquête demandée et de remettre le rapport correspondant en 2017.

[3] « Un plan d'échantillonnage a été défini pour les besoins de l'enquête. Sans faire appel à des « quotas », il entend respecter des critères de représentativité : - les 12 entités représentent 46 % de la population définie dans l'annexe de la loi adoptée au Parlement en janvier 2017 ; - leur date de création s'échelonne entre 1978 et 2013 ; - elles contribuent soit à la régulation d'un secteur économique, soit à la défense des libertés, qui sont les deux domaines majeurs d'intervention des AAI/API ; - elles exercent leurs missions dans des secteurs très diversifiés (concurrence, énergie, télécommunications, audiovisuel, informatique, transports, santé) ; - deux d'entre elles disposent d'une autonomie financière renforcée par la reconnaissance du statut d'autorité publique indépendante ; - elles ont des moyens humains et financiers d'importance très variable ; - plusieurs autorités ont vu récemment leurs missions être

dont la CRE faisait partie. Le rapport général a été rendu public[1], alors que les rapports sur chacune des AAI sont restés confidentiels.
Le document concernant la CRE conjugue une analyse des orientations de la régulation de l'énergie dans le cadre européen et une analyse de la gestion des ressources humaines, (politique des rémunérations, mode d'affection des primes, évolution de la masse salariale, rôle accordé à la représentation syndicale…). Les rédacteurs abordent également le fond des missions, en portant un avis sur ce qui leur semble être le cœur de celles-ci et sur ce qu'ils désignent comme « des tâches non centrales ». Parmi celles-ci, ils relèvent l'action sur les réseaux intelligents, le développement de la consultation préalable aux décisions, ou la communication menée lors de la fin des tarifs réglementés de vente du gaz pour les professionnels. Cette critique se fonde « sur les moyens humains limités de la CRE ». Les rapporteurs estiment ainsi que la CRE devrait pouvoir « objectiver le temps qu'elle consacre à chacune de ses activités », afin de pouvoir discuter en toute transparence « des moyens qu'elle entend y consacrer, dans le cadre du dialogue de gestion avec le responsable de programme dont elle relève »[2]. Si l'on peut s'interroger sur certaines orientations de la Cour dans son approche, il n'en reste pas moins qu'il s'agit là d'un contrôle approfondi auquel le Parlement, seul, ne peut prétendre.
Le troisième type de contrôle concerne une évaluation des politiques menées dans un secteur donné. Il est effectué en application de l'article L. 111-3-1 du code des juridictions financières qui dispose que « la

---

élargies par le législateur ; l'apparition de tâches nouvelles permet d'aborder de manière concrète un facteur potentiel de croissance des effectifs et de la masse salariale. Ce « panel » offre ainsi des moyens d'analyse suffisants pour permettre de dresser un état des lieux », les 12 AAI sont la HAS, le CSA, le Défenseur des droits (DDD), l'Autorité de la concurrence, l'ARCEP, la CRE, la CNIL, l'ARJEL, le Contrôleur général des lieux de privation de liberté (CGLPL), la Haute Autorité pour la transparence de la vie publique (HATPV), l'Autorité de contrôle des nuisances aéroportuaires (ACNUSA), la CADA. *Autorités administratives et publiques indépendantes : politique et pratiques de rémunération 2011 – 2016,* Communication à la Commission des finances, de l'économie générale et du contrôle budgétaire de l'Assemblée nationale, décembre 2017, Cour des comptes, p. 4, p. 104.

[1] *Autorités administratives et publiques indépendantes : politique et pratiques de rémunération 2011 – 2016,* Communication à la Commission des finances, de l'économie générale et du contrôle budgétaire de l'Assemblée nationale, décembre 2017, Cour des comptes.

[2] *La politique salariale et les rémunérations pratiquées au sein de la CRE,* Observations définitives, Exercices 2011-2016, Cour des comptes, Deuxième Chambre, S2017-3238, p.17.

Cour des comptes contribue à l'évaluation des politiques publiques dans les conditions prévues par le présent code ».

Concernant l'énergie, et la CRE, on peut citer le rapport sur les énergies renouvelables de 2013[1] et surtout le rapport sur *L'ouverture du marché de l'électricité à la concurrence* de 2014, qui est, très probablement, le travail d'évaluation le plus exhaustif réalisé dans le secteur de l'énergie[2].

Une partie du rapport intégral a été inséré dans le Rapport public annuel 2015 de la Cour[3]. Cette synthèse est extrêmement riche, même si elle est nécessairement moins complète que le document original. Elle comporte, en outre, les réponses très intéressantes des diverses entités concernées[4].

L'évaluation vise à proposer un bilan des conditions effectives de l'ouverture, « sans toutefois se prononcer sur l'opportunité d'une telle politique publique, décidée au niveau européen »[5]. Ce préalable permettait une évaluation dénuée de jugements sur l'opportunité des mesures analysées et créait les conditions d'un dialogue objectif entre l'évalué et l'évaluateur. Condition qui n'aurait pas été aisément réalisable avec le Parlement, qui, sur plusieurs sujets, comme l'existence des tarifs réglementés de vente, a des positions très affirmées.

L'enquête de la Cour cherche à apprécier le niveau de réalisation de l'ouverture du marché, « correspondant aux engagements de l'État, et à analyser les conséquences des modalités de transposition sur l'organisation et le fonctionnement du marché de l'électricité ainsi que sur les consommateurs »[6]. Elle s'attache à étudier successivement ce qu'elle désigne comme « une évolution chaotique de la réglementation,

---

[1] Cour des comptes, Rapport public thématique : *La politique de développement des énergies renouvelables.* La Documentation française, juillet 2013, 241 p.

[2] Plus récemment, l'enquête sur « Les compteur communiquant Linky : tirer pour les consommateurs tous les bénéfices d'un investissement coûteux », insérée dans le Rapport annuel 2018 de la Cour de comptes, pp. 243 – 287. Les critiques de la Cour sur le système de financement avec un mécanisme de différé tarifaire, donnaient lieu à une vive réplique de la CRE, dont la réponse était publiée.

[3] Cour des comptes, Rapport public annuel 2015, pp. 165-225

[4] Les présidents de la CRE, d'EDF, de RTE, d'ERDF (devenu ENEDIS), d'ENGIE, de Direct Energie, et du Médiateur national de l'énergie.

[5] Cour des comptes, Relevé d'observations provisoires, *L'ouverture du marché de l'électricité à la concurrence,* deuxième Chambre, 11 avril 2014, RC 69885, p. 6, (archives personnelles).

[6] Cour des comptes, Rapport public annuel 2015, p. 165.

marquée par un forte instabilité législative » : l'impact sur les consommateurs, les différents aspects du marché allant de la production à la commercialisation et, enfin, à la régulation, principalement à la CRE, mais aussi au Médiateur national de l'énergie et à l'Autorité de la concurrence.
Il s'agit de la seule évaluation de l'action de la CRE, sur plusieurs années, prenant en compte l'ensemble des dimensions techniques, économiques, juridiques et politiques. Une tentative équivalente, initiée quelques années plus tard, en 2019, n'a pu déboucher sur un document de cette nature, car le cahier des charges était mal défini. En voulant amalgamer contrôle de gestion et évaluation de la régulation, avec un *a priori* défavorable au marché, le résultat de la Cour n'est pas à la hauteur des ambitions et n'a pu donner lieu à publication. Ce contre-exemple démontre, s'il en était besoin, la nécessité que « la posture [d'évaluation soit] délibérément distinguée de celle du contrôle en privilégiant la désignation de rapporteurs distincts de ceux qui contrôlent les organismes publics concernés » [1].

C- Contrôle parlementaire sur la gestion financière

Le contrôle parlementaire sur la gestion financière sort très renforcé par la loi n°2017-55 du 20 janvier 2017.
L'article 21 comporte un alinéa précis concernant le rapport d'activité des AAI : « Il comporte un schéma pluriannuel d'optimisation de ses dépenses qui évalue l'impact prévisionnel sur ses effectifs et sur chaque catégorie de dépenses des mesures de mutualisation de ses services avec les services d'autres autorités administratives indépendantes ou autorités publiques indépendantes ou avec ceux d'un ministère ». C'est la partie la plus novatrice de cet article, qui, pour le reste, tend surtout à harmoniser des règles ou des pratiques déjà existantes dans la plupart des cas. Cette partie semble, cependant, interprétée différemment selon les autorités.
De plus, afin de permettre l'approfondissement du contrôle parlementaire sur la gestion des autorités indépendantes, l'article 23 prévoit la publication d'un rapport spécifique, en annexe au projet annuel de loi de finances : « le Gouvernement présente, en annexe générale au projet de loi de finances de l'année, un rapport sur la gestion

---

[1] Ph. HAYEZ, « La Cour des comptes : du contrôle à l'évaluation », *RFAP* 2015/3 (n° 155), pp. 707 – 711.

des autorités administratives indépendantes et des autorités publiques indépendantes »[1]. Le texte définit de manière précise le contenu de ce rapport[2], qui comprend des informations financières relatives aux prévisions et aux réalisations de dépenses, ainsi que des informations

[1] Il s'agissait en l'occurrence d'adapter aux AAI le système qui préexistait pour les API. Par amendement à la loi de finances, le Parlement avait prévu, à partir du projet de loi de finances pour 2013, que « le Gouvernement présente, en annexe générale au projet de loi de finances de l'année, un rapport sur les autorités publiques indépendantes dotées de la personnalité morale et sur les autorités administratives indépendantes dont les effectifs ne sont pas inclus dans un plafond d'autorisation des emplois rémunérés par l'État ». Ce document, jaune budgétaire, intitulé *Rapport sur les autorités publics indépendantes,* présentait, jusqu'à la loi du 20 janvier 2017, des informations concernant 9 autorités : L'Agence française de lutte contre le dopage (AFLD), l'Autorité de contrôle prudentiel et de résolution (ACPR), l'Autorité des marchés financiers (AMF), l'Autorité de régulation des activités ferroviaires et routières (ARAFER), le Conseil supérieur de l'audiovisuel (CSA), la Haute Autorité de santé (HAS), la Haute Autorité pour la diffusion des œuvres et la protection des droits sur internet (HADOPI), le Haut Conseil du commissariat aux comptes (H3C) et le Médiateur national de l'énergie (MNE).

[2] Art. 23, loi 2017-55 du 20 janvier 2017 : « Le Gouvernement présente, en annexe générale au projet de loi de finances de l'année, un rapport sur la gestion des autorités administratives indépendantes et des autorités publiques indépendantes. 1. Cette annexe générale récapitule, par autorité et pour le dernier exercice connu, l'exercice budgétaire en cours d'exécution et l'exercice suivant : a) Le montant constaté ou prévu de leurs dépenses et leur répartition par titres ; b) Le montant constaté ou prévu des produits des impositions de toutes natures, des subventions budgétaires et des autres ressources dont elles bénéficient ; c) Le nombre des emplois rémunérés par ces autorités ou mis à disposition par des tiers ainsi que leur répartition présentée : - par corps ou par métier et par type de contrat ; - par catégorie ; - par position statutaire pour les fonctionnaires ; d) Le loyer, la surface utile brute du parc immobilier de l'autorité ainsi que le rapport entre le nombre de postes de travail et la surface utile nette du parc immobilier ; e) Les rémunérations et avantages du président et des membres de l'autorité. 2. Elle présente également, de façon consolidée pour l'ensemble des autorités administratives et publiques indépendantes, l'ensemble des crédits et des impositions affectées qui leur sont destinés et le total des emplois rémunérés par eux ou mis à leur disposition par des tiers. 3. Cette annexe générale comporte enfin, pour chaque autorité publique indépendante, une présentation stratégique avec la définition d'objectifs et d'indicateurs de performance, une présentation des actions et une présentation des dépenses et des emplois avec une justification au premier euro. Elle expose la répartition prévisionnelle des emplois rémunérés par l'autorité et la justification des variations par rapport à la situation existante et comporte une analyse des écarts entre les données prévues et constatées pour les crédits, les ressources et les emplois, ainsi que pour les objectifs, les résultats attendus et obtenus, les indicateurs et les coûts associés », Annexe au projet de loi de finances 2020, *Rapport sur les Autorités administratives et publiques indépendantes,* p. 3.

relatives aux emplois. En outre, des données en matière immobilière et en matière de rémunération et avantages du président et des membres de l'autorité sont également requises. Les informations, collectées de façon individualisée puis agrégées, visent à faire ressortir la réalité des coûts des AAI et API.

Les parlementaires obtiennent, ainsi, une vision consolidée du coût budgétaire et du nombre d'emplois pour chacune des deux catégories[1] et connaissent le nombre exact d'emplois par catégories et par autorité, la rémunération annuelle brute des présidents (sujet faisant parfois irruption dans l'actualité), la superficie de l'immobilier et son coût.

Il s'agit d'une avancée certaine dans le contrôle, qui, dans la plupart des cas, est jugée suffisante par les parlementaires appartenant à la commission des finances du Sénat et de l'Assemblée nationale. Ces données sont, théoriquement, complétées par les auditions des présidents des AAI par les commissions des finances du Sénat et de l'Assemblée nationale.

Les opinions sont cependant partagées sur la complétude des données rassemblées au sein du jaune budgétaire. Pour la doctrine, réaliser une reddition des comptes « utile et efficace » nécessiterait que chaque AAI consacre « au moins une quinzaine de pages à son budget »[2], afin d'aborder à peu près tous les points, y compris le déroulé des négociations budgétaires. Il conviendrait d'exposer l'écart entre les demandes initiales et le résultat obtenu et d'établir une comparaison entre ce dernier avec celui que s'était fixé l'AAI, en mettant en exergue les écarts dus au manque de moyens. Cette reddition des comptes devrait être réalisé dans le rapport d'activité, en le transformant en véritable outil de contrôle.

Entre une forme d'idéal un peu théorique, l'application de la loi et la pratique, nous verrons à quel niveau se situe la réalité.

Section 2- La mise en œuvre du contrôle démocratique

La promulgation de la loi du 20 janvier 2017 donne les moyens au Parlement de contrôler et, tâche plus complexe, d'évaluer les AAI, mais

---

[1] A titre d'information, le rapport 2020 fournit les chiffres suivants : dépenses du budget général de l'Etat (crédits de paiement) LFI 2019 : 241, 525 M€, PLF 2020 : 251,137 M€. ETPT : prévisions 2019 3419 ; prévisions 2020 : 3572 (nombre d'emplois rémunérés directement par les AAI ou mis à disposition), p. 7.

[2] V. PALMA-ALMARIC, *L'autonomie financière des autorités indépendantes*, op. cit., p. 508.

la pratique n'apparaît, toutefois, pas entièrement convaincante. Plusieurs facteurs sont en cause au travers de la façon dont sont réalisés et utilisés les deux principaux moyens permettant cette mise en œuvre du contrôle démocratique, les rapports d'activité et les auditions (I). Nous verrons ensuite quelles pourraient être les voies possibles d'amélioration (II).

I- Les rapports d'activité et les auditions

Nous avons déjà évoqué le sujet des rapports d'activité et celui des auditions devant les commissions compétentes du Parlement. Il s'agit maintenant de vérifier si les modifications envisagées par la loi de 2017 se traduisent dans les faits et comment, tout d'abord dans les rapports d'activité annuels (A) et ensuite dans l'exercice des auditions (B).

A- Les rapports d'activité : une pratique différenciée selon les AAI

Le premier critère a trait à la façon dont les AAI respectent l'esprit et la lettre de la loi. A cet égard, la CRE se démarque de plusieurs autres autorités de régulation, comme l'ARCEP ou l'ART (ex ARAFER), dans le contenu de ses rapports d'activité. Sur le plan de l'exposé des divers projets et missions de la CRE au cours de l'année écoulée, tout à fait similaire à ce qui prévalait avant la loi, il n'y pas de différences. La somme des informations présentées fournit la base à un exercice d'évaluation. En revanche, on ne trouve, dans ses rapports, aucune donnée relative à un « schéma pluriannuel d'optimisation des dépenses et de mutualisation de ses services »[1]. Les informations concernant le personnel sont réduites à la simple indication du nombre d'agents. La partie budgétaire est tout aussi laconique, seul est mentionné le montant total du budget. Ce traitement contraste avec les rapports d'activité de l'ARCEP ou de l'ART, qui détaillent, à la fois, leur politique sociale, - en indiquant certains accords de mutualisation passés avec la CRE qu'elle-même ne mentionne pas[2]- et les aspects budgétaires sur plusieurs pages, et parfois un chapitre entier.

---

[1] Loi n°2017-55 du 20 janvier 2017, art. 21.

[2]« La CRE (Commission de régulation de l'énergie) et l'ARCEP ont retenu le même référent déontologue. Au-delà de la mission de conseil à titre individuel des agents, cette démarche a permis d'assurer la mutualisation de son expertise auprès des deux institutions », *Rapport d'activité ARCEP* 2019, p. 46.

Le choix de la CRE de ne pas respecter dans son intégralité l'article 21 de la loi du 20 janvier 2017 et de fournir sensiblement moins d'informations en matière de gestion que dans les rapports d'activité réalisés avant la loi ne donne pas lieu à explications[1].

Le second facteur que l'on peut évoquer est une forme d'atonie du Parlement. Il est, en effet, surprenant qu'aucun parlementaire n'interpelle la CRE pour s'étonner de l'absence de tels éléments dans son rapport d'activité. Et ce d'autant plus que les destinataires de ces rapports, en provenance des trois AAI mentionnées, appartiennent pour une partie d'entre eux à la même commission des affaires économiques. « Les rapports annuels d'activité sont des outils de reddition des comptes largement perfectibles dont l'insuffisance est compensée par la tenue régulière d'auditions de présidents d'autorités administratives indépendantes »[2]. Bien que rédigée avant la promulgation de la loi du 20 janvier 2017, cette affirmation pourrait s'appliquer à la CRE.

B- Les auditions, un moyen d'affirmation

Le second outil du contrôle démocratique, complémentaire du rapport d'activité, est donc effectivement l'audition. La CRE, dans son rapport d'activité de 2019, évoque ainsi 13 auditions. Il est particulièrement instructif d'étudier la manière dont elle les évoque.

« La CRE attache une importance toute particulière au dialogue avec les membres du Parlement en accompagnant leurs travaux sur l'énergie et en leur fournissant son expertise sur les marchés de l'énergie lors de l'élaboration des lois ». Il s'agit donc d'un dialogue par lequel la CRE apporte son expertise aux parlementaires. Pour chacune des occasions mentionnées, la CRE apparaît comme un expert en soutien de la réflexion des parlementaires : « La CRE a été particulièrement sollicitée lors de l'élaboration de la loi n°2019-1147 du 8 novembre 2019 relative à l'énergie et au climat. Elle a notamment contribué aux évolutions législatives concernant les marchés de l'énergie, ainsi que son propre fonctionnement », ou : « Lors de l'élaboration de la loi n° 2019-1428 du 24 décembre 2019 d'orientation des mobilités, la CRE a apporté son expertise technique en matière de réseaux, notamment sur

---

[1] Il convient toutefois de noter qu'existe désormais, depuis 2018, un rapport annuel spécifique sur l'activité juridique de la CRE, ainsi qu'un blog de suivi de cette actualité.

[2] V. PALMA-ALMARIC, *L'autonomie financière des autorités indépendantes*, *op. cit.*, p. 510.

les infrastructures de recharge et le déploiement du véhicule électrique » [1]. La CRE ne fait jamais allusion à une quelconque reddition des comptes devant le Parlement.

Le troisième facteur est conjoncturel. L'un des aspects, que les promoteurs de la loi n'ont, en effet, pu anticiper est le profond renouvellement des députés lors des élections législatives des 11 et 18 juin 2017. Le départ de nombre de ceux connaissant le secteur de l'énergie modifie la nature des rapports avec la CRE. Celle-ci prend, en effet, l'initiative d'organiser, pour les nouveaux membres de l'Assemblée nationale, des sessions de formation sur l'énergie. Cela renouvèle le mode de travail entre la CRE et les députés de la commission des affaires économiques, et crée une relation qui ne débouche pas, naturellement, sur une volonté de contrôle ou d'évaluation de la part des députés.

De manière inédite jusqu'alors, il faut attendre le 7 juillet 2020 pour, qu'à l'occasion de la sortie du rapport d'activité 2019, l'audition du président de la CRE ait enfin lieu, soit plus de trois ans après celle du 7 février 2017 consacrée à l'examen de la candidature du président pressenti.

A cette occasion, il n'y a pas de faux semblant. Le président de la CRE n'est pas venu pour être contrôlé ou évalué, et les parlementaires ne l'envisagent pas non plus. L'exposé du président[2] couvre un large panorama du monde de l'énergie et des actions de la CRE, sans jamais évoquer la notion de reddition des comptes devant la représentation nationale. L'objectif consiste surtout à apporter le regard du régulateur sur différents sujets. Les parlementaires confortent cette approche par leurs questions, qui, pour certaines, dépassent le cadre des responsabilités du régulateur, par exemple en ce qui concerne la fermeture de la centrale nucléaire de Fessenheim[3].

Il serait, certes, possible d'envisager l'ensemble de ces contacts, dont cette dernière audition, comme concourant à une forme de contrôle et

---

[1] « Les services de la CRE sont intervenus dans les débats portant sur les réseaux et l'éolien, organisés par la mission d'information sur les freins à la transition énergétique de l'Assemblée nationale », *Rapport d'activité CRE* 2019, p. 8.

[2] Commission des affaires économiques, Assemblée nationale, audition du président de la CRE, 7 juillet 2020, enregistrement vidéo (il n'existe pas de compte-rendu écrit).

[3] Il est prématuré, au premier semestre 2023, d'anticiper ce que pourraient être les rapports entre les nouveaux députés de la commission des affaires économiques et la CRE, dans la personne de sa présidente, mais il est probable que les auditions seront pour le moins animées.

d'évaluation parlementaire des activités de la CRE, au sens le moins scientifique et le moins formel des termes, mais l'exercice n'a que peu de rapports avec ce que l'on attend en général de cette démarche.
L'aspect budgétaire fait l'objet d'une audition particulière des présidents des AAI. Contrairement à ce qui est souvent évoqué, ces auditions complémentaires ne se déroulent pas, pour la plupart d'entre elles, devant la commission des finances, mais en comité restreint, constitué du rapporteur de la commission et d'un ou deux administrateurs parlementaires. Les échanges portent le plus souvent sur les thèmes techniques que traite l'AAI concernée et très peu sur les aspects spécifiquement budgétaires, abordés par écrit.
L'évocation par la CRE, dans son rapport d'activité, de ses contacts avec les commissions des finances est assez savoureux : « Chaque année, la CRE est aussi à la disposition des membres des commissions parlementaires en charge de l'élaboration des lois de finances pour répondre à leurs questions concernant la conduite et le pilotage des politiques de l'écologie, du développement et de la mobilité durable, ainsi que sur les perspectives économiques et budgétaires liées au secteur de l'énergie »[1].
Au travers de l'exemple de la CRE, qui n'est pas nécessairement représentatif de l'ensemble des AAI, comme on a pu l'observer en ce qui concerne le contenu des rapports d'activité, les apports pratiques de la loi du 20 janvier 2017, en termes de reddition des comptes semblent limités aux informations contenues dans le jaune budgétaire annexé à la loi de finances.

II- Quelles améliorations à apporter ?

Dans un contexte où, de façon récurrente, les parlementaires, et plus particulièrement les députés, se plaignent d'un emploi du temps surchargé, il est présomptueux d'imaginer une procédure qui améliorerait sensiblement le contrôle démocratique des AAI.
Il faut, peut-être, en premier lieu, souligner l'existence d'une certaine différence dans la manière d'aborder le contrôle ou l'évaluation selon les commissions permanentes. Les commissions des lois des deux assemblées connaissent, ainsi, une inclinaison naturelle à une approche critique. Il est, révélateur que les sénateurs responsables des deux rapports sur les AAI de 2006 et 2015 aient appartenu à la commission

[1] *Rapport d'activité CRE* 2019, p. 8.

des lois, tout comme les deux députés rapporteurs du rapport d'information fait au nom du Comité d'évaluation et de contrôle des politiques publiques sur les autorités administratives indépendantes de 2010. La proposition de loi du 20 janvier 2017 a également été portée par deux membres de la commission des lois, et un membre de la commission des finances, du Sénat.

La seconde remarque concerne l'intérêt des parlementaires pour l'activité, très technique, d'une autorité comme la CRE, à laquelle la commission des lois a peu de raisons de s'intéresser en dehors de l'occasion des rapports généraux sur les AAI.

Le témoignage, produit par la CRE dans sa revue *Décryptage*, d'une sénatrice, vice-présidente de la commission des finances, mais également ancien chef de département à la CRE durant plusieurs années, est assez éloquent : « les AAI sont des garde-fous complémentaires des assemblées parlementaires. Même si les élus sont des personnes compétentes, ils ne peuvent pas être experts dans tous les domaines. Les services du régulateur ont des connaissances techniques, économiques et juridiques du secteur », mais « les parlementaires critiquent souvent les autorités administratives indépendantes », alors que « rares sont les parlementaires connaissant les travaux de la CRE. Très peu de sénateurs ont conscience des enjeux de régulation du secteur de l'énergie au niveau européen »[1].

Si l'intérêt est, naturellement, plus marqué dans les commissions des affaires économiques pour les autorités de régulation économique, comme la CRE, nous avons, néanmoins, constaté que cette attention ne se traduit pas par une aspiration particulière à effectuer un travail de contrôle ou d'évaluation. Il est vrai que « l'évaluation reste moins aisée à mettre en valeur que le vote d'une loi »[2]. Par ailleurs, l'organisation même des auditions devant les commissions permanentes n'est pas propice à ce type d'exercice. A la suite des quelques mots d'introduction du président de la commission, qui indique quelques thèmes généraux sur lesquels l'assemblée présente souhaite entendre le président de l'AAI, celui-ci fait une présentation assez complète[3]. On

---

[1] C. LAVARDE-BOËDA, vice-présidente de la commission des Finances du Sénat, *Décryptage*, avril 2019, n°59, p. 59-60.

[2] CE, *Conduire et partager l'évaluation des politiques publiques,* Etude annuelle 2020, p. 24.

[3] La présentation avec projection de tableaux n'est pas réalisable dans la salle de la commission des affaires économiques. Pour certains sujets traités par la CRE, cela constitue un certain handicap (expérience professionnelle de l'auteur).

procède, ensuite, aux questions. Chaque groupe politique pose une question (qui peut se traduire par une déclaration) avant que, selon le temps disponible, les parlementaires présents puissent à leur tour exprimer les leurs[1].

Ayant avancé ces quelques observations, il est, néanmoins, possible, après avoir présenté les contraintes constitutionnelles (A), de développer quelques pistes permettant d'améliorer cette situation (B) .

A- Les contraintes constitutionnelles

Avant d'envisager d'éventuelles modifications du système actuel, il convient d'en examiner les contraintes. Les commissions parlementaires permanentes ne sont pas aisément ajustables. Leur nombre a été déterminé une première fois par la Constitution de 1958, qui les avait limitées à six, et, une seconde fois, lors de la révision constitutionnelle du 23 juillet 2008, qui a porté cette limite à huit[2] et qui a également fait du renvoi d'un texte à une commission permanente la règle, et de la constitution d'une commission spéciale l'exception. Les députés ne peuvent être membre que d'une seule commission. Chaque commission permanente dispose de moyens conséquents : sa propre salle de réunion (sonorisée et permettant l'enregistrement numérique des débats), deux équipes de fonctionnaires, un budget lui permettant de couvrir des frais de mission ou des frais d'étude.

L'ensemble des commissions, enfin, est soumise à de fortes contraintes de temps, notamment en raison de l'encombrement de l'ordre du jour,

---

[1] En raison des contraintes d'emploi du temps, il arrive que les parlementaires ne soient plus présents pour entendre la réponse à leur question (expérience professionnelle de l'auteur).

[2] Les huit commissions permanentes de l'Assemblée nationale sont : commission des affaires culturelles et de l'éducation, commission des affaires économiques, commission des affaires étrangères, commission des affaires sociales, commission de la défense et des forces armées, commission du développement durable et de l'aménagement du territoire, commission des finances, de l'économie générale et du contrôle budgétaire, commission des lois constitutionnelles, de la législation et de l'administration générale de la République.

Le Sénat compte 7 commissions permanentes : commission des affaires économiques, commission des affaires étrangères, de la défense et des forces armées, commission des affaires sociales, commission de l'aménagement du territoire et du développement durable, commission de la culture, de l'éducation et de la communication, commission des finances, commission des lois constitutionnelles, de législation, du suffrage universel, du Règlement et d'administration générale.

même après la révision constitutionnelle du 23 juillet 2008 qui a cherché à l'alléger [1].

B- Les voies possibles d'amélioration

Compte tenu des contraintes que nous venons d'évoquer, les solutions possibles semblent assez restreintes et, « à défaut de pouvoir changer les acteurs, il est parfois plus rapide de changer leur cadre d'action »[2].
L'idée, simple, d'instituer une commission permanente dédiée au contrôle et à l'évaluation des AAI, ou au moins des autorités de régulation, composée de membres venant de différentes commissions comme celle des finances, celle des lois et celle des affaires économiques, n'est guère réalisable, tout au moins à l'Assemblée nationale dont le nombre de commissions permanentes atteint, déjà, la limite de huit. Le Sénat, n'en comptant que sept, aurait, théoriquement, la possibilité d'aller dans ce sens, mais cela reste fort improbable.
On peut retenir le principe de la participation croisée de membres de différentes commissions et examiner s'il est possible de trouver une autre voie qu'une commission permanente. Deux hypothèses sont envisageables : les missions d'information temporaire, et les missions d'information et de contrôle.
Les missions d'information temporaires peuvent être communes à plusieurs commissions permanentes et pourraient permettre, en conséquence, de réunir des parlementaires venant de différents horizons. Ces missions d'information ont la faculté de se voir attribuer les pouvoirs dévolus à une mission d'enquête sur un sujet déterminé et pour une durée ne dépassant pas six mois. Les limites de l'exercice proviennent de la durée d'une telle mission et de la parution d'un rapport, susceptible de faire l'objet d'un débat sans vote en séance. Le résultat ne serait pas, sensiblement, distinct de celui des rapports parlementaires sur les AAI. Afin de parvenir à un résultat dans la durée, il conviendrait de modifier les règles de fonctionnement de ces missions.

---

[1] La révision constitutionnelle du 23 juillet 2008 a introduit l'exigence d'un délai de six semaines entre le dépôt d'un texte et son examen en première lecture devant la première assemblée saisie. Ces délais ne s'appliquent pas en cas de procédure accélérée engagée par le Gouvernement, ni aux projets de loi de finances, ni aux projets relatifs aux états de crise.

[2] P. DURAN, « L'évaluation au risque de son institutionnalisation », *op. cit.*, p. 4.

Les missions d'information et de contrôle constituent une seconde hypothèse. Mises en place en 1999, ces missions de contrôle sont menées par les commissions des finances de l'Assemblée nationale et du Sénat. Elles réalisent chaque année une évaluation des politiques publiques, en travaillant sur divers thèmes prédéterminés par le bureau de la commission des finances[1]. Rien n'empêcherait que ces missions d'information et de contrôle s'intéressent à une autorité comme la CRE. La capacité d'associer contrôle et évaluation serait particulièrement riche, d'autant qu'en général la Cour des comptes apporte son concours. L'obstacle essentiel a trait au facteur temps. Une telle mission ne peut traiter toutes les AAI, même si on limite celles-ci aux autorités de régulation, ou alors on duplique, une fois de plus, les rapports parlementaires sur les AAI, ce qui n'est pas l'objectif.

Il reste une troisième voie qui n'implique pas de grands bouleversements. Il s'agirait de s'inspirer de la pratique du Parlement européen à l'égard de l'ACER. Celle-ci est soumise à un double exercice de contrôle. Un contrôle budgétaire très approfondi et complexe, qui doit donner lieu à une décharge de la part du Parlement européen (voir *infra* Seconde partie, Titre II, Chapitre 2, section 2, II, B) et un contrôle, plus proche d'une forme d'évaluation, conduit par la commission en charge de la politique de l'énergie, la commission ITRE. Au sein de cette commission, un sous-groupe, constitué de parlementaires, a été constitué de façon informelle afin de travailler de façon continue avec le directeur de l'ACER. Nombre de sujets sont ainsi abordés et débattus (voir *infra ibid.*).

Les commissions des affaires économiques, ou tout au moins celle de l'une des deux Chambres, pourraient concevoir ce type de relations. Ce n'est, certes, prévu ni par le règlement de l'Assemblée nationale ni par celui du Sénat, mais il ne semble pas que ce soit interdit.

Il est, malheureusement, assez peu probable, par manque d'intérêt et de temps que l'une de ces voies soit empruntée par le Parlement. Les propos de M. Pochard, repris dans le rapport Gélard, déplorant une faiblesse du contrôle indique que cela « ne résulte pas de ce que les textes ne le permettent pas [...] mais de ce que dans la pratique, les dispositions ou les habitudes n'ont pas été prises en ce sens ; on relève une sorte d'inertie plus ou moins consentie [...] par le Parlement [...]

[1] Il existe également depuis 2004 une mission d'évaluation et de contrôle des lois de financement de la sécurité sociale (MECSS) à l'Assemblée nationale et, depuis 2006, au Sénat.

peu habitué à des tâches de contrôle régulier d'institutions spécifiques »[1].

Pour l'ensemble des AAI, l'écueil réside dans un nouveau rapport parlementaire d'évaluation qui pourrait reprendre certaines critiques de 2006, sur l'absence de contrôle parlementaire.

---

[1] M. POCHARD, *Autorité administratives indépendantes et contrôle démocratique, Cahiers de la fonction publique,* novembre 2001, p. 5.

Conclusion Chapitre 2

L'indépendance de la CRE, affirmée comme une sorte de « mantra », appelle en contrepartie un contrôle démocratique, qui devrait se traduire par une réelle évaluation. Le sujet renvoie à de nombreuses interrogations sur les AAI. A intervalles réguliers, différents rapports parlementaires soulignent la nécessité d'un tel contrôle, puis critiquent son absence et, enfin, stigmatisent une situation où les AAI apparaissent comme un 'Etat dans l'Etat'. La loi sur les AAI de 2017 vise à répondre à ces déficiences supposées.

La réalité se révèle plus nuancée et permet de mettre en évidence les carences et les obstacles à ce que seraient une réelle évaluation et un contrôle adéquat, deux intentions parfois confondues dans une sémantique approximative.

L'insuffisance de tradition française en matière d'évaluation des politiques publiques, à l'aune des exemples de l'Europe du Nord ou des pays anglo-saxons, peut justifier les hésitations et tâtonnements de cette démarche initiée par M. Rocard, Premier ministre, à la fin des années 1980. Difficultés au sein de l'appareil d'Etat à mettre en place de telles évaluations, souvent en raison de visions différentes entre instances ou rivalités classiques entre directions. Les initiatives gouvernementales ne suscitent guère d'intérêt au sein du Parlement, mais celui-ci met en place sa propre organisation d'évaluation. Là encore, les résultats n'apparaissent pas à la hauteur des espérances.

La révision constitutionnelle du 23 juillet 2008 (loi constitutionnelle n°2008-724) ancre cependant définitivement l'évaluation en tant que responsabilité parlementaire : « le Parlement évalue les politiques publiques ». Concernant les AAI et plus particulièrement la CRE, le contrôle démocratique reste un concept plus qu'une pratique. Au peu de volonté de la part des commissions compétentes sur l'énergie de réaliser une évaluation de la régulation, sans qu'elle soit une critique de la politique de libéralisation du marché de l'énergie, ce qui est hors sujet, s'ajoute le peu d'empressement de l'autorité à s'y soumettre. Le haut degré de technicité de la matière confère plus au régulateur un statut d'expert, propre à venir en soutien explicatif des parlementaires, qu'une situation dans laquelle il doit une reddition des comptes. Il ne s'agit d'ailleurs pas de pallier un défaut d'informations, lesquelles sont largement développées dans des rapports d'activité assez denses, mais plutôt de répondre à des questions afférentes. Les auditions, nombreuses devant les commissions compétentes, sont en fait surtout l'occasion d'apporter l'éclairage du « sachant » sur tel ou tel point (le plus souvent en rapport avec les tarifs de vente d'électricité ou de gaz et les tarifs de réseaux, ainsi qu'avec le développement des énergies renouvelables, mais la CRE, ou plus exactement son président, n'est jamais dans la position de l'évalué devant l'évaluateur.

Le contrôle, qui concerne l'aspect budgétaire et l'utilisation des fonds, ne semble guère plus concluant, même si, depuis la loi de 2017, les éléments détaillés et synthétiques des dépenses – notamment concernant l'immobilier, les études et les emplois (respect du plafond d'EPT) – se trouvent désormais en annexe de la loi de finances, permettant aux parlementaires concernés une comparaison aisée. Les autorités de régulation ne défendent pas elles-mêmes leur budget, qui se trouve inséré au sein de celui du ministère de rattachement : le ministère de l'Economie et des Finances jusqu'au 1er janvier 2017 et depuis à celui du ministère en charge de l'énergie, tout au moins jusqu'aux élections présidentielles de 2022. La rencontre annuelle avec le rapporteur pour avis du projet de loi de finances permet surtout à ce dernier de s'informer sur la situation de la politique de l'énergie et sur différents aspects de la régulation, mais ne consiste en aucun cas à un contrôle, qui serait d'ailleurs matériellement fort compliqué.

Seule la Cour des comptes conduit régulièrement un contrôle au sens propre du terme, conjointement avec une évaluation de l'adéquation des moyens publics affectés aux objectifs de la régulation. En ce domaine, les rapports peuvent alterner méthodologie construite, avec un cahier des charges parfaitement défini, et une approche fondée sur un postulat initial, biaisant l'ensemble de la démarche.

Si le contrôle est certainement renforcé dans ses modalités, il reste encore très perfectible sur le contenu et l'implication des parlementaires.

Conclusion Titre I

La signifiance de l'indépendance de la CRE recouvre plusieurs réalités : celle qui reconnaît que les conditions de nomination de ses membres garantissent leur indépendance, celle que pratique la CRE par l'indépendance de ses actes régulatoires et, enfin, celle relative au respect de cette indépendance par l'exécutif et le Parlement.

Si les deux premières acceptions de cette signifiance s'imposent rapidement, la dernière demande de la part des Institutions une période d'adaptation et d'acceptation, qui s'établit progressivement par la capacité de la CRE à démontrer et imposer son expertise économique, en dépit de problèmes récurrents en termes de garanties fonctionnelles et d'importantes déficiences dans le contrôle parlementaire qui traduisent un problème récurrent de l'évaluation des politiques publiques.

Il est toutefois probable que, sans le soutien à une régulation nationale indépendante de la part de là Commission européenne, la CRE aurait rencontré de nombreux obstacles à assoir seule son indépendance.

La dimension européenne est le thème que nous allons aborder à présent

Titre II : Un équilibre institutionnel en construction au niveau européen

Historiquement, les origines mêmes du projet communautaire sont étroitement associées aux enjeux de l'énergie. La création de la Communauté européenne du charbon et de l'acier (CECA) en 1952, puis l'entrée en vigueur du traité Euratom le 1er janvier 1958, en même temps que le traité créant la Communauté économique européenne, en témoignent. La mise en œuvre d'une approche commune de l'énergie est cependant relativement récente au regard de l'histoire de la construction européenne : l'ouverture des marchés de l'électricité et du gaz est un processus engagé depuis une vingtaine d'années, sur la base des orientations données par l'Acte unique européen en 1986. Aussi est-il assez courant d'évoquer l'aspect paradoxal de l'énergie, qui, ayant été au cœur de la construction européenne, est restée, jusqu'au traité de Lisbonne, signé le 13 décembre 2007, quasiment absente des traités en tant que politique partagée entre l'Union et les Etats membres.

Même si les avis peuvent être nuancés, on ne peut parler de grande réussite concernant la CECA[1] ou EURATOM en matière de politique de l'énergie. Toutefois, l'essentiel n'était probablement pas là, car, « en mettant en commun des ressources énergétiques essentielles qui pouvaient avoir un usage militaire, telles que le charbon et l'énergie atomique, les pères fondateurs de l'Europe avaient pour objectif fondamental de garantir la paix entre les nations européennes après les déchirements des deux guerres mondiales »[2].

Il fut fait peu, ou pas, mention de l'énergie dans les traités suivants : « Mais l'énergie ne bénéficie d'aucun statut spécial eu égard aux traités, et ce d'autant plus que l'Union comme les États membres ont longtemps répugné à mettre en place une politique énergétique commune »[3] .

[1] Après d'incontestables réussites, il ne résistera ni à la crise charbonnière des années soixante, ni à celle de l'acier des deux décennies suivantes. Conclu pour une durée de cinquante ans, le traité disparaît le 23 juillet 2002.

[2] O. BEYNET, « La stratégie de la Commission dans le domaine de l'énergie » in *Vers une politique européenne de l'énergie*, (dir.) C. BLUMANN, Collection Droit de l'Union Européenne, Colloques, Bruylant, Bruxelles, 2012, 304 p., p. 132.

[3] C. BLUMANN, L. DUBOUIS, *Droit matériel de l'Union européenne*, 7ème édition, LGDJ, Domat Droit public, Paris, 2015, 878 p., p.451.

Hormis quelques tentatives de définir des réponses communes[1] dans les années 1970, en réaction au premier « choc pétrolier », aucune volonté de politique de l'énergie commune n'a fait surface : « l'absence de dispositions spécifiques sur l'énergie dans les traités a rendu impossible une approche globale qui seule aurait permis la définition d'une véritable politique commune » [2], tout au moins jusqu'au traité de Lisbonne.

C'est pourquoi il faut du temps à la Commission européenne pour parvenir à faire émerger l'énergie comme politique européenne. Nous avons évoqué dans l'introduction les nombreux obstacles et oppositions que la Commission rencontre. Le cheminement pour parvenir à instaurer une régulation de l'énergie avec l'objectif de création d'un marché unique européen (chapitre 1) et pour aller vers une régulation supra nationale (chapitre 2) sont des étapes qui mettent en évidence la détermination de la Commission, mais aussi les difficultés juridiques, économiques et politiques d'une telle ambition.

---

[1] Ces réponses « consisteront d'une part dans la fixation, sous forme de résolution du Conseil, de grands objectifs à long terme indiquant les principales orientations de production et de consommation ainsi que la ventilation entre les différentes sources d'énergie ; et d'autre part, dans l'édiction d'un certain nombre de mesures sectorielles pour chaque source d'énergie,[…] dans une tentative de diversification et de mise en valeur des énergies nouvelles et renouvelables et dans l'adoption vis-à-vis des pays tiers de positions communes.». C. BLUMANN, *ibid.* p. 451.

[2] G. DE CARMOY, G. BRONDEL, *L'Europe de l'énergie*, Office des publications Officielles des Communautés européennes, Luxembourg, 1991, 192 p., p. 61.

Chapitre 1 - La régulation de l'énergie, une compétence de la Commission européenne

Si on liste les « apparitions » de l'énergie dans les traités, on constate une première évocation indirecte, dans l'Acte unique, par le biais de l'environnement à l'ex-article 175, §2, point c (devenu 192 TFUE), qui indique que toute mesure environnementale qui aurait pour effet d'affecter « sensiblement le choix d'un Etat membre entre différentes sources d'énergie et la structure générale de son approvisionnement énergétique » nécessitera un vote du Conseil à l'unanimité. Au sein du traité de Maastricht, l'énergie apparaît à deux reprises. La première mention figure dans le cadre de la nouvelle politique des réseaux transeuropéens (articles 129 B, C et D, devenus 170-172 FUE), dont l'objectif est de financer de grands réseaux d'infrastructure, en matière de transport, de télécom, mais aussi d'énergie. L'énergie fait, par ailleurs, son entrée dans les domaines d'action de la Communauté à l'ex-article 3, point t « des mesures dans les domaines de l'énergie, de la protection civile et du tourisme », alors que dans ce même article 3 le point k évoque « une politique dans le domaine de l'environnement ». On note, sans difficulté, la différence de degré entre une « politique » et des « mesures », d'autant que cette disposition ne renvoie à aucune disposition opérationnelle dans le corps du traité. Par ailleurs, toujours dans cet article 3, au point c, est réaffirmé la réalisation d'« un marché intérieur caractérisé par l'abolition, entre les États membres, des obstacles à la libre circulation des marchandises, des personnes, des services et des capitaux ».

Néanmoins, il ne faut pas sous-estimer la portée des articles 129 B, C et D du traité de Maastricht, car ils donnent à l'Union une compétence partagée en matière de réseaux transeuropéens d'énergie, puisqu'elle contribue à leur établissement et à leur développement : « Afin de réaliser les objectifs visés à l'article 170, L'Union :

- établit un ensemble d'orientations couvrant les objectifs, les priorités ainsi que les grandes lignes des actions envisagées dans le domaine des réseaux transeuropéens ; ces orientations identifient des projets d'intérêt commun ;

- met en œuvre toute action qui peut s'avérer nécessaire pour assurer l'interopérabilité des réseaux, en particulier dans le domaine de l'harmonisation des normes techniques »[1] .

Cette compétence a deux caractéristiques importantes, d'une part le fait de pouvoir intervenir pour assurer l'interconnexion des grands réseaux transeuropéens d'énergie, (gaz et électricité), d'autre part le fait d'œuvrer afin d'harmoniser les normes techniques nationales sur les réseaux existants afin de faciliter les échanges. Or l'interconnexion des marchés est « l'objectif premier du marché intérieur »[2] ; c'est la raison pour laquelle les directives 96/92/CE et 98/30/CE insistent tellement sur cet aspect et posent les bases d'une collaboration renforcée entre gestionnaires de réseaux de transport. La Commission n'attend d'ailleurs pas la transposition des deux directives dans tous les pays membres pour prendre une initiative forte en ce domaine. Elle crée en 1998 le Forum de Florence et en 1999 le Forum de Madrid. La création de ces deux Forums a pour objectif d'aller vers une sorte de corégulation, en particulier avec les gestionnaires de réseaux de transport, mais tous les acteurs du secteur y sont conviés. Il s'agit de faire réfléchir et réagir ensemble tous les protagonistes concernés sur la réalisation concrète du marché unique. Au moment de la création de ces groupes, qui vont jouer un rôle non négligeable, le nombre de régulateurs nationaux est encore limité et la Commission est encline à jouer le rôle de régulateur en chef au niveau européen, en traitant directement avec les gestionnaires de réseau de transport.

La question de son rôle se retrouve au centre des discussions au moment de la création de l'Agence européenne de coordination de l'énergie (ACER) lors de la 3ème directive de 2009 et, plus encore, avec le vaste « paquet énergie » de 2019, « Une énergie propre pour tous les européens ».

La vision de ce que peut être la régulation d'une politique de l'énergie et du rôle de la Commission se précise au travers des directives européennes sur plus de vingt ans (section 1), de façon concomitante à l'articulation des compétences avec les autorités de régulation nationale (section 2).

---

1 TFUE article 171-1.

2 F. BERROD, « Les objectifs de la régulation et de la concurrence ou l'esthétique du double », in Les *objectifs de la régulation économique et financière,* (dir. G. ECKERT et J.-Ph. KOVAR), Logiques juridiques, L'Harmattan, Paris 2017, p. 37.

Section 1 : Les compétences de la Commission européenne depuis les premières directives

Le traité de Maastricht ne donne pas de base juridique nouvelle à la Commission, par rapport à l'Acte unique, pour négocier la première directive sur l'électricité. Il faut attendre le Traité de Lisbonne pour que l'énergie devienne une compétence partagée. Les premières directives de 1996, 1998 et 2003 n'ont pu être menées à bien par la Commission qu'en s'appuyant sur les dispositions de l'Acte unique, qui prévoyait l'achèvement du marché intérieur et, de manière corollaire, sur le droit de la concurrence (I).
Le 3ème paquet de 2009, qui peut s'appuyer sur le traité de Lisbonne, marque un tournant et une sorte de victoire de la Commission. Elle parvient, en effet, à imposer des éléments déterminants, à ses yeux, pour réaliser le marché unique au travers de l'harmonisation des compétences et de l'indépendance des autorités de régulation nationale, mais également de l'indépendance des gestionnaires de réseaux de transport et de la création d'une agence de coordination des régulateurs européens de l'énergie. Ces fortes avancées en termes de régulation s'effectuent dans un contexte assez conflictuel avec différents Etats, dont, surtout, la France. En revanche, le consensus existe en ce qui concerne la préparation et la conclusion, de façon concomitante, de la directive « énergie-climat » (II).
« Une énergie propre pour tous les citoyens », marque une nouvelle étape, assez différente de tout ce qui a précédé, car cette fois l'approche se veut globale. Si le marché intérieur reste une priorité, il s'agit, désormais, d'un moyen au service d'un objectif plus large. En dépit de l'absence de nouveaux textes accordant des compétences supplémentaires à l'Union, en matière d'énergie, la Commission fait adopter des orientations à la fois novatrices et intrusives, remettant parfois en cause les principes de subsidiarité et de proportionnalité (III).

I- Les premières directives, de l'ébauche à l'affirmation

Sans refaire l'analyse des événements, évoqués rapidement dans l'introduction, survenus entre l'Acte unique et la ratification de la première directive 96/92/CE du 19 décembre 1996, il n'est pas inutile de se remémorer la situation qui prévaut avant la signature de l'Acte unique et, surtout, de constater comment la Commission utilise le droit de la concurrence pour faire avancer ce qui n'est pas encore une politique de l'énergie (A), avant de conforter les régulateurs nationaux de l'énergie dans le même but (B).

A- Le biais du droit de la concurrence

Secoués par la succession des chocs pétroliers, les Etats membres ont alors un réflexe protectionniste et « chacun cherche à protéger son secteur industriel, quitte pour cela à sacrifier la réalisation du marché commun »[1]. La tendance à revenir aux prix réglementés va à l'encontre du marché commun et du jeu de la concurrence. La Cour de justice s'implique alors « très largement afin de faire respecter les dispositions du traité de Rome. L'activisme des juges du Luxembourg renforce par la même occasion les prérogatives de la Commission »[2], ou, plus précisément, de sa direction générale de la concurrence, très connue à l'époque en tant que DG IV. Celle-ci, sous l'impulsion de ses commissaires successifs aux fortes personnalités et aux convictions affirmées – Frans Andriessen[3], Peter Sutherland[4] et Leon Brittan[5] –, utilise le droit de la concurrence pour réaliser le marché unique.
L'importance du droit de la concurrence mais aussi l'influence nouvelle sur la Commission européenne des théories économiques de l'Ecole de

---

[1]L. ZEVOUNOU, *Le concept de concurrence en droit,* Thèse de doctorat en droit public, Université Paris Ouest Nanterre La Défense, UFR Droit et Sciences Politiques, Ecole Doctorale Droit et Sciences Politiques, Décembre 2010.
[2] *op. cit.*, p. 54.
[3] « Le premier objectif a trait à la réalisation d'un marché européen unique. L'idée de base est la suivante : un Traité qui impose aux Etats membres participants des obligations visant à supprimer les barrières économiques existantes ne peut admettre simultanément que des entreprises individuelles fassent échec à cette unité en se répartissant les marches ou en abusant d'une position de force sur ces marches. Cet objectif primordial des règles de concurrence a été rappelé maintes et maintes fois par La Cour de justice », Discours prononcé par M. F.-H. J. J.. ANDREISSEN, Membre de La Commission des Communautés Européennes Bruxelles, Belgique, 29 novembre 1984, Fédération des entreprises belges.
[4] P. SUTHERLAND, « *Competition policy in EEC today* », Discours, Bonn, 31 mars1987 ; « *European policy on competition* », Discours, Bonn, 25 juin 1992 ; Commission européenne, *La politique de la concurrence dans le nouvel ordre commercial : renforcement de la coopération et des règles au niveau international,* 1995, p. 30-60.
[5]L. BRITTAN, *Europe: The Europe we need*, London, Hamish Hamilton, 1994; L. BRITTAN, « *The Law and Policy of Merger Control in EEC* », *Eur. L. Rev*, 1990, vol.15, n°5, p.351-357.

Chicago[1] vont, à partir de la signature de l'Acte unique, conduire la Commission à s'intéresser à la libéralisation des secteurs sous monopole public, ce dernier étant jugé moins efficient que le marché. Ce sont donc les principales industries en réseaux qui sont concernées : télécommunications, énergie, transport ferroviaire. Et c'est essentiellement sous cet angle qu'est abordée l'énergie, et non sous l'angle d'une politique de l'énergie.

Après s'être heurtée à différents Etats membres, dont particulièrement la France, dans son projet initial de démanteler les monopoles, la Commission aborde la question de l'énergie sur la base des dispositions de l'Acte unique, qui prévoit l'achèvement du marché intérieur[2] et permet la libre circulation des marchandises[3], au nombre desquelles appartient l'électricité[4].

Comme on l'a évoqué dans l'introduction, les difficultés rencontrées par la Commission pour appliquer au secteur de l'électricité ce qu'elle a réalisé pour le secteur des télécommunications – en utilisant les compétences qu'elle détenait de par l'article 86 §3[5] lui permettant d'adopter des directives, afin que « les États membres, en ce qui concerne les entreprises publiques et les entreprises auxquelles ils accordent des droits spéciaux ou exclusifs, n'édictent ni ne maintiennent aucune mesure contraire aux règles du présent traité, notamment à celles prévues à l'article 12 et aux articles 81 à 89 inclus » – la conduisent à se retourner vers l'article 95 du traité CE[6].

C'est donc par ce biais que la première directive 96/92/CE du Parlement européen et du Conseil du 19 décembre 1996, concernant des règles

---

[1] H. LEPAGE, « L'école de Chicago et la concurrence », *RCC*, n° 14, 1981, p.3-8; R. RAPP, « *The application of economic argument in anti-trust cases : recent American trends* », *ECLR*, vol. 9, 1988, p.207-226 ; R. HAWKS, « *The American (Antitrust) Revolution : Lessons for the EEC* », *ECLR*, 1988, vol.9, p.53-87.

[2] Article 14 § 1 du traité CE.

[3] Article 14 § 2 du traité CE.

[4] Cette appartenance qui ressort de l'arrêt de la CJCE « Commune d'Almelo » du 27 avril 1994 (C-393/92, rec. p. I-1477) est confirmée par la Cour dans son arrêt « France / Commission » du 23 octobre 1997 (C-159/94, rec. p. I-5815) par lequel elle rejette l'argumentation française visant à assimiler l'électricité à un service.

[5] Art. 86 § 3. La Commission veille à l'application des dispositions du présent article et adresse, en tant que de besoin, les directives ou décisions appropriées aux États membres.

[6] Celui-ci lui permet sur la base de l'article 14 de procéder à l'harmonisation des législations nationales, en définissant les orientations et les conditions de réalisation du marché intérieur « dans l'ensemble des secteurs concernés » par la procédure de codécision du Parlement et du Conseil.

communes pour le marché intérieur de l'électricité, est finalement adoptée. La Commission doit accepter d'introduire –notamment sous la pression française mais aussi, et probablement surtout, en raison des arrêts Corbeau[1] et Commune d'Almelo de la Cour de justice – les termes d'un compromis, « les obligations de service public dans l'intérêt économique général »[2], que l'on trouve à l'article 86 § 2 du traité CE [3](106 TFUE). Par ailleurs, le traité d'Amsterdam revalorise le rôle des services publics par son article 16 CE (14 TFUE)[4].

Néanmoins, cela ne modifie pas sensiblement la vision de la Commission, qui, « depuis toujours, [...] a poursuivi comme premier objectif de ses actions en matière d'énergie l'ouverture des marchés, le décloisonnement de l'énergie par rapport aux autres produits, l'abolition des obstacles aux échanges », comme l'affirme avec raison C. Blumann [5]. On peut ainsi constater que les règles de marché prennent le pas sur les obligations de service public. Le considérant 9 de la directive, indiquant que « les entreprises du secteur de l'électricité doivent pouvoir agir, sans préjudice du respect des obligations de service public, dans la perspective d'un marché de l'électricité qui soit concurrentiel et compétitif », souligne bien que l'objectif principal vise

---

[1] 19 mai 1993, aff. C-320/91, Rec. I.-2533.

[2] N. CHEBEL-HORSTMANN, *La régulation du marché de l'électricité, Concurrence et accès aux réseaux*, *op. cit.* p. 51.

[3] Art. 86 § 2 du traité CE : « Les entreprises chargées de la gestion de services d'intérêt économique général ou présentant le caractère d'un monopole fiscal sont soumises aux règles du présent traité, notamment aux règles de concurrence, dans les limites où l'application de ces règles ne fait pas échec à l'accomplissement en droit ou en fait de la mission particulière qui leur a été impartie. Le développement des échanges ne doit pas être affecté dans une mesure contraire à l'intérêt de la Communauté ».

[4] Art. 14 TFUE : « Sans préjudice de l'article 4 du traité sur l'Union européenne et des articles 93, 106 et 107 du présent traité, et eu égard à la place qu'occupent les services d'intérêt économique général parmi les valeurs communes de l'Union ainsi qu'au rôle qu'ils jouent dans la promotion de la cohésion sociale et territoriale de l'Union, l'Union et ses États membres, chacun dans les limites de leurs compétences respectives et dans les limites du champ d'application des traités, veillent à ce que ces services fonctionnent sur la base de principes et dans des conditions, notamment économiques et financières, qui leur permettent d'accomplir leurs missions. Le Parlement européen et le Conseil, statuant par voie de règlements conformément à la procédure législative ordinaire, établissent ces principes et fixent ces conditions, sans préjudice de la compétence qu'ont les États membres, dans le respect des traités, de fournir, de faire exécuter et de financer ces services ».

[5] C. BLUMANN, « Rapport introductif général », in *Vers une politique européenne de l'énergie*, (dir.) C. BLUMANN, Colloques, Droit de l'Union Européenne, Bruylant, 2012, p.17.

l'établissement d'un marché concurrentiel et qu'il s'agit alors pour la Commission de poser les bases d'une ouverture transitoire du marché électrique à la concurrence. Au demeurant, l'article 26 de la directive 96/92 CE prévoit qu'il lui revient d'évaluer l'application de la directive et de soumettre « un rapport sur l'expérience acquise dans le fonctionnement du marché intérieur de l'électricité [...] afin de permettre au Parlement et au Conseil d'examiner la possibilité d'une nouvelle ouverture du marché qui deviendrait effective en 2007 ». Les concessions qu'elle a dû accorder ne la détournent pas de son objectif.
Ni le traité d'Amsterdam en 1997, ni le traité de Nice en 2001 ne modifient les compétences de la Commission dans le domaine de l'énergie et, entre les deux, la directive 98/30 CE du 22 juin 1998 sur le gaz paraît[1], reprenant à peu de choses près les mêmes dispositions que la directive sur l'électricité.
La Commission, dont les projets initiaux ont donc été contrariés, ne tarde pas, conformément à l'article 26 de la directive 96/92/CE, à établir une nouvelle proposition de directive. Elle présente ainsi, dès le 13 mars 2001[2], sa proposition initiale modifiant les directives 96/92/CE et 98/30/CE concernant les règles communes pour les marchés intérieurs de l'électricité et du gaz naturel. Notons qu'en France la directive sur l'électricité n'est transposée en droit national que depuis 13 mois et que celle sur le gaz ne l'est pas encore, et ne le sera que le 3 janvier 2003[3].
Le conseil européen du 15 et 16 mars 2002 à Barcelone reprend dans les conclusions de la présidence[4] plusieurs sujets poussés par la Commission et, notamment, le fait d'adopter dès que possible en 2002 « les propositions en instance concernant la phase finale de l'ouverture des marchés de l'électricité et du gaz ;

- cela comporte le libre choix du fournisseur pour tous les consommateurs européens autres que les ménages à partir de 2004 pour l'électricité et pour le gaz; cela représentera au moins 60 % de la totalité du marché ;
- la dissociation entre la transmission et la distribution, d'une part, et la production et l'approvisionnement, d'autre part ; l'accès non discriminatoire au réseau pour les consommateurs et les producteurs, sur la base de tarifs transparents et publiés ;

[1] JOCE n° L 204 du 21 juillet 1998.
[2] Proposition initiale de la Commission JO C-240/60 E.
[3] Loi n°2003-8 du 3 janvier 2003.
[4] Commission Européenne, Base de données des communiqués de presse, DOC/02/8.

- la mise en place, dans chaque État membre et dans le cadre réglementaire adéquat, d'un organisme régulateur en vue d'assurer, en particulier, le contrôle effectif des conditions de fixation des tarifs »[1].

B- La Commission conforte les régulateurs

Les priorités de la Commission apparaissent clairement. Pour ce qui intéresse les réseaux de transport et de transmission (en France, de distribution), la priorité concerne la dissociation entre ces activités et celles de production et de commercialisation d'une part, et un accès non discriminatoire à ces réseaux sur la base de tarifs transparents d'autre part. Elle estime que les « principaux obstacles à l'achèvement d'un marché intérieur tout à fait opérationnel et compétitif sont liés à des questions d'accès aux réseaux »[2]. La seconde priorité, en dépit des efforts de la France pour s'y opposer, est l'ouverture progressive, certes, mais néanmoins totale, du marché pour l'ensemble des clients au plus tard au 1er juillet 2007[3]. Enfin, une troisième priorité réside dans une définition plus précise de la régulation. A cet égard, il faut souligner l'évolution de la Commission. Lors de la première directive, la régulation, tout comme l'organe de régulation, sont essentiellement abordés au travers des règlements de différends concernant l'accès au réseau, soit en quelque sorte dans une activité *ex post*, afin de « régler les litiges concernant les contrats, les négociations et le refus d'accès »[4]. Qui plus est, en vertu du principe de subsidiarité, la Commission laisse aux Etats membres une assez grande liberté dans le choix de l'entité

---

[1]Le *Nouvel Observateur*, soulignait le 15 mars à 19h, la nature de l'approche française par rapport à ces nouvelles avancées, dans un contexte particulièrement tendu, à deux semaines des élections présidentielles : « Néanmoins, sur le fond, le principal enjeu est d'arracher un accord de la France sur une libéralisation totale des marchés du gaz et de l'électricité. Jacques Chirac et Lionel Jospin devaient unir leurs forces pour défendre leur vision d'une "ouverture progressive et maîtrisée" de ces marchés, seule façon selon eux de garantir la pérennité des services publics. Ils devaient, notamment s'opposer, au grand dam de leurs partenaires, à prendre des engagements précis sur une ouverture totale aux particuliers des marchés de l'énergie ».

[2] Points 3 et 4 de la directive 03/54/ CE.

[3] Article 21 de la directive 03/54/ CE, §1 point B qui indique l'ouverture du marché pour tous les clients non résidentiels a partir du 31 juillet 2004 ; le point C indique la date du 31 juillet au plus tard pour l'ouverture du marché à l'ensemble des clients.

[4] Article 20 § 3 de la directive 96/92 CE.

chargée de cette responsabilité. Dans la seconde directive, la Commission « organise l'intervention des autorités de régulation »[1].

1- Une indépendance à l'égard du secteur régulé

L'article 23 de la nouvelle directive apporte, en effet, de nombreuses précisions sur ce que la Commission attend de l'organe chargé de la régulation de l'électricité et (ou) du gaz. « Les États membres désignent un ou plusieurs organes compétents chargés d'exercer les fonctions d'autorités de régulation. Ces autorités sont totalement indépendantes du secteur de l'électricité. Elles sont, au minimum, chargées, par l'application du présent article, d'assurer la non-discrimination, une concurrence effective et le fonctionnement efficace du marché... ». Les régulateurs doivent ainsi, au moins, contrôler l'indépendance des gestionnaires de réseaux de transport et de distribution par rapport aux activités de production et de fourniture des entreprises intégrées sur les plans comptable et juridique, fixer ou approuver les méthodologies utilisées pour établir les conditions de raccordement et les tarifs d'utilisation des réseaux de transport et de distribution et veiller au règlement des différends relatifs à l'accès aux réseaux.
Il est toutefois frappant de remarquer que si cette, ou ces instances, doivent être indépendantes du secteur de l'électricité et (ou) du gaz, ce n'est pas encore le cas à l'égard du Gouvernement. Or, parmi les amendements adoptés par le Parlement européen en première lecture le 13 mars 2002, l'un d'entre eux demandait que les autorités de régulation soient indépendantes des Gouvernements. La Commission, dans le document du 7 juin 2002, répond alors que « l'exigence selon laquelle les autorités de régulation nationales doivent être indépendantes des gouvernements ne peut pas être acceptée (considérant 12) » [2], elle ajoute dans ses commentaires sur l'article 23 : « en ce qui concerne l'indépendance de l'autorité de régulation nationale, la Commission considère qu'il est important que l'autorité de régulation soit indépendante des intérêts de l'industrie ». Le chemin parcouru entre cette position prudente, voire timide, et le contenu du 3ème paquet, qui veille à donner tous les gages possibles d'indépendance aux autorités

[1] N. CHEBEL-HORSTMANN, *La régulation du marché de l'électricité, Concurrence et accès aux réseaux*, *op. cit.* p. 378.
[2] COM (2002) 304 final, Proposition modifiée de Directive du Parlement européen et du Conseil modifiant les directives 96/92/CE et 98/30/CE concernant des règles communes pour les marchés intérieurs de l'électricité et du gaz, p.3.

nationales de régulation, est substantiel. La loi de 2000, qui transpose la directive 96/92/CE, a déjà été plus loin en termes d'indépendance pour la CRE puisque, dans son article 35, il est indiqué que « les membres et agents de la Commission de régulation de l'électricité exercent leurs fonctions en toute impartialité, sans recevoir d'instruction du Gouvernement, ni d'aucune institution, personne, entreprise ou organisme » [1].

2- Les débuts d'une vision européenne de la régulation

Il faut, en réalité, attendre la directive de 2003 (03/54/CE) pour que la régulation devienne un élément fondamental de la stratégie de la Commission concernant le marché unique. C'est ainsi qu'apparaît, au point 16 de la directive, le projet de la Commission d'instituer un « organe de régulation européen de l'électricité et du gaz qui constituerait un mécanisme consultatif adapté pour encourager la coopération et la coordination des autorités de régulation nationales, de manière à promouvoir le développement du marché intérieur de l'électricité et du gaz et à contribuer à l'application cohérente, dans tous les États membres, des dispositions visées par la présente directive »[2]. Nous verrons plus loin que cette attitude résulte d'un double phénomène : la volonté du Parlement européen de ne pas laisser la Commission s'arroger seule la responsabilité de la régulation d'une part, et la volonté de la Commission d'organiser la régulation d'un point de vue européen d'autre part.
Par ailleurs, si l'on peut considérer que la directive 03/54/CE cherche, ou réussit, à concilier les orientations de concurrence avec celles de mission de service public, ou de service universel[3], la priorité de la Commission reste belle et bien la concurrence : « le régulateur doit, selon les impératifs précisés dans la directive 03/54 du CE, faire primer les objectifs de concurrence sur ceux dégagés par les États membres et, en particulier, ceux relatifs aux missions de service public »[4]. On voit

[1] Loi n°2000-108 du 10 février 2000 relative à la modernisation et au développement du service public de l'électricité.
[2] Par décision du 11 novembre 2003, la Commission a procédé à la création du *European Regulator Group for Electricity and Gas,* (ERGEG), décision n° 2003/796 du CE.
[3]Voir. à cet égard l'analyse de N. CHEBEL-HORSTMANN, *La régulation du marché de l'électricité, Concurrence et accès aux réseaux, op. cit.* pp. 65 -75.
[4] *Ibid.* p. 439.

là, l'écart entre l'approche de la Commission et celle de la France, qui, dans la loi du 13 juillet 2005[1] fixant les orientations de la politique énergétique, réaffirme dès l'article 1 que « la politique énergétique repose sur un service public de l'énergie qui garantit l'indépendance stratégique de la nation et favorise sa compétitivité économique. Sa conduite nécessite le maintien et le développement d'entreprises publiques nationales et locales dans le secteur énergétique ».
Cette différence de conception se cristallise au travers du 3ème paquet qui, préparé dès 2005, est finalisé en 2009, après la signature du traité de Lisbonne le 13 décembre 2007.

II- L'énergie une compétence partagée : le traité de Lisbonne et le 3ème paquet énergie

La période allant de 2005 à 2009 se révèle un moment particulièrement riche en matière de politique de l'énergie pour l'Europe. La première étape est le Livre vert de la Commission du 8 mars 2006[2], définissant un projet de stratégie européenne de l'énergie (A).
L'achèvement du marché intérieur de l'énergie et les nouvelles mesures — la solidarité des Etats membres pour assurer une meilleure sécurité d'approvisionnement, la maîtrise de l'énergie et le développement des énergies renouvelables avec des objectifs à l'horizon 2020 — constituent les principales priorités de ce document qui annonce, à la fois, le 3ème paquet du 13 juillet 2009[3] et le plan climat-énergie du 23 avril 2009[4] (B).

---

[1] Loi n°2005-781 du 13 juillet 2005 de programme fixant les orientations de la politique énergétique.
[2] Livre vert, suivi du plan d'action pour l'efficacité énergétique adopté par la Commission le 19 octobre 2006.
[3] Directive 2009/72/CE du Parlement européen et du Conseil du 13 juillet 2009 concernant des règles communes pour le marché intérieur de l'électricité et abrogeant la directive 2003/54/CE. Directive 2009/73/CE du Parlement européen et du Conseil du 13 juillet 2009 concernant des règles communes pour le marché intérieur du gaz et abrogeant la directive 2003/55/CE.
[4]Directive 2009/28/CE du Parlement européen et du Conseil, du 23 avril 2009 relative à la promotion de l'énergie produite à partir de sources renouvelables et modifiant puis abrogeant les directives 2001/77/CE et 2003/30/CE.

A- Le marché unique condition d'une politique de l'énergie

La direction générale de la concurrence (DG Comp) de la Commission européenne lance une enquête, menée en vertu des règles communautaires sur les ententes et les abus de position dominante[1], qui permet « d'identifier les barrières entravant la réalisation du marché intérieur du gaz et de l'électricité »[2].Ce travail approfondi, auquel participe l'ensemble des acteurs – gestionnaires de réseaux, entreprises productrices, et (ou) verticalement intégrées, nouveaux entrants, régulateurs...– donne lieu, le 10 janvier 2007, à différentes communications de la Commission à l'intention du Conseil et du Parlement européen : « Une politique de l'énergie pour l'Europe »[3], et « Perspectives du marché du gaz et de l'électricité »[4].

Le traité de Lisbonne n'est pas encore été signé mais, déjà, la Commission européenne affirme sa volonté de conduire une politique de l'énergie. Ainsi, A. Piebalgs, Commissaire européen chargé de l'énergie[5], expose, une semaine après les différentes communications de la Commission, lors d'un colloque organisé à Paris le 17 janvier 2007, les nouvelles grandes priorités de cette politique.

1- Indépendance des gestionnaires de réseau

Il évoque en premier lieu l'objectif de réduction des émissions de gaz à effets de serre de l'UE à l'horizon 2020, en rappelant le chiffre de 20% par rapport aux niveaux atteints en 1990 et en précisant, déjà, qu'il faudrait faire plus, « en relevant l'objectif de réduction à 30% d'ici à 2030 et de 60 à 80% d'ici 2050 »[6] *;* il ajoute que cet objectif ne concerne pas seulement le changement climatique mais également « la sécurité d'approvisionnement énergétique de l'Europe », en limitant « l'exposition croissante de l'UE à la volatilité et à la hausse des prix

---

[1] Article 17 du règlement (CE) n° 1/2003.

[2] Communication de la Commission du 10 janvier 2007 intitulée « Enquête menée en vertu de l'article 17 du règlement (CE) n° 1/2003 sur les secteurs européens du gaz et de l'électricité (rapport final) » [COM (2006) 851].

[3] Communication de la Commission au Conseil européen et au Parlement européen du 10 janvier 2007, COM (2007) 1 Final.

[4] Communication de la Commission au Conseil et au Parlement européen du 10 janvier 2007, (2006) 841 Final.

[5] A. PIEBALGS, Commissaire européen à l'énergie du 22/11/2004 au 31/10/2009.

[6] A. PIEBALGS, extraits de son intervention du 17 janvier à Paris, Maison de la Chimie, in *Ecopolis*, 1er trimestre 2007, n° 1, p. 9-10.

du pétrole et du gaz ». Toutefois, A. Piebalgs précise qu'aucun de ces objectifs ne serait atteint « sans un marché intérieur de l'énergie réellement caractérisé par une concurrence forte à l'échelle européenne ». Pour y parvenir, la Commission estime que deux conditions doivent être réunies. La première condition concerne « la séparation effective entre les réseaux et les activités concurrentielles », selon deux options. Une première option, qui n'a pas la préférence de la Commission, consiste à recourir « à un gestionnaire de réseau totalement indépendant », ce qui signifie que « la compagnie intégrée verticalement, reste propriétaire des actifs du réseau et perçoit une rémunération réglementée sur ces actifs, mais n'en assure pas l'exploitation, l'entretien ni le développement ». La seconde, à laquelle la Commission est la plus favorable, est « la séparation de propriété car elle permet[tait] de résoudre ces questions de façon claire et nette ».

2- L'idée d'une régulation européenne

La seconde condition est relative à la régulation elle-même. Le constat a été fait, au travers notamment de l'enquête réalisée par la Commission, qu'il « existe de grandes disparités entre Etats membres en ce qui concerne les attributions et l'efficacité des régulateurs nationaux de l'énergie. Les régulateurs doivent avoir pour mission de promouvoir le bon développement non seulement de leur marché national, mais aussi du marché intérieur de l'énergie ». Il convient donc d'harmoniser leurs pouvoirs en se fondant, « non pas sur le plus petit dénominateur commun, mais le plus grand ». La Commission et le Commissaire Piebalgs estiment toutefois cela insuffisant, car, en dépit de la création en 2003 du groupe des régulateurs européens de l'électricité et du gaz (ERGEG), « l'harmonisation des normes techniques nécessaires au bon fonctionnement des échanges transfrontaliers n'a pas enregistré de progrès suffisants. Nous devons passer à la vitesse supérieure. Quel que soit l'organisme choisi, celui-ci doit avoir le pouvoir de prendre des décisions contraignantes sur les questions techniques et les mécanismes relatifs aux échanges transfrontaliers ».
Lors de cette intervention, A. Piebalgs exprime de façon très directe, à la fois ses convictions et les orientations de la Commission, qui sous-

tendent les bases du 3ème paquet (directive 2009/72/CE)[1]. A l'issue de ce colloque, et le symbole est fort, le Commissaire européen se rend à la CRE pour une séance de travail. Cette visite vise à démontrer l'attention que la Commission porte à au régulateur[2].

3- L'énergie compétence partagée

La signature du traité de Lisbonne, le 13 décembre 2007, promeut l'énergie dans le domaine des compétences partagées entre l'Union européenne et les Etats membres (art. 4 § 2 point i TFUE) et donne, avec l'article 194 Titre XXI[3], une base juridique élargie aux incursions de la Commission en ce domaine. « Avec le traité de Lisbonne, l'Union européenne s'est dotée de moyens nouveaux puisqu'une nouvelle base juridique, l'article 194 du traité sur le fonctionnement de l'Union européenne (traité FUE) donne à l'Union européenne une compétence claire et incontestable dans le domaine de l'énergie »[4]. L'enthousiasme de certains – « l'énergie constitue l'heureuse surprise du traité de Lisbonne. Ce dernier permet -en effet et enfin- le démarrage d'une

---

[1] Ses propos étaient d'autant plus directs qu'il avait reçu quelques jours auparavant, une lettre du ministre français délégué à l'industrie, F. Loos, qui, d'une part exprimait la satisfaction du Gouvernement français sur les orientations de la Commission en matière de politique énergétique, mais, d'autre part, soulignait le fait que « les Autorités françaises ne peuvent accepter deux orientations importantes de la Commission : la suppression des tarifs réglementés[...], la séparation patrimoniale des gestionnaires de réseaux de transport ». Lettre de F. LOOS, ministre délégué à l'industrie, adressée à A. PIEBALGS, Commissaire européen en charge de l'énergie, Paris, le 10 janvier 2007. *Source http://www.industrie.gouv.fr, le 12 janvier 2007 in Vie Publique.*

[2] Il s'agit de l'unique visite d'un Commissaire européen chargé de l'énergie à la CRE.

[3] TFUE, Titre XXI, Article 194.

1. Dans le cadre de l'établissement ou du fonctionnement du marché intérieur et en tenant compte de l'exigence de préserver et d'améliorer l'environnement, la politique de l'Union dans le domaine de l'énergie vise, dans un esprit de solidarité entre les États membres :

a) à assurer le fonctionnement du marché de l'énergie ;

b) à assurer la sécurité de l'approvisionnement énergétique dans l'Union ;

c) à promouvoir l'efficacité énergétique et les économies d'énergie ainsi que le développement des énergies nouvelles et renouvelables ;

d) à promouvoir l'interconnexion des réseaux énergétiques.

[4] O. BEYNET, « La stratégie de la commission dans le domaine de l'énergie », *op. cit.* p. 133.

véritable politique commune dans ce secteur »[1] – est toutefois tempérée par le fait que cette politique est d'emblée placée sous la double tutelle du marché unique et de l'environnement, selon l'expression de C. Blumann. Peut-être l'apport principal du traité en l'espèce est-il de faire de l'énergie une compétence partagée. Les deux principes qui régissent le fonctionnement des compétences partagées sont le principe de subsidiarité d'une part, et de proportionnalité d'autre part. L'article 5 point 3, du traité sur l'Union européenne (ex art. 5 TCE) indique que l'Union « intervient si et seulement si, et dans la mesure où, les objectifs de l'action envisagée ne peuvent pas être atteints de manière suffisante par les Etats membres, tant au niveau central qu'au niveau régional et local, mais peuvent l'être mieux, en raison des dimensions ou des effets de l'action envisagée, au niveau de l'Union ». Le point 4 précise qu' « en vertu du principe de proportionnalité, le contenu et la forme de l'action de l'Union n'excèdent pas ce qui est nécessaire pour atteindre les objectifs des traités ». En d'autres termes, les Etats membres disposent d'une priorité d'action, et « les institutions de l'Union ne peuvent intervenir que si les deux célèbres critères de l'insuffisance étatique d'une part, et du mieux réalisant de l'Union d'autre part seront réunis »[2] .

Or, concernant le gaz et l'électricité et la réalisation du marché unique, ces limitations théoriques à l'intervention de l'Union sont de peu de portée. Les questions de l'énergie sont en général de niveau transnational, européen, voire mondial. Il est, en effet, assez simple de démontrer qu'en ce domaine l'action au niveau européen est plus efficace et effective qu'au niveau des Etats : « le test de l'efficacité comparative a de fortes chances de jouer en faveur de l'Union, et ce d'autant plus que la Cour de justice n'exerce en général qu'un contrôle assez peu poussé sur le principe de subsidiarité »[3]. Et ce, même si la Cour ne se contente pas d'un simple contrôle réduit. Il lui est même arrivé de contrôler elle-même si les deux conditions d'insuffisance étatique et du mieux réalisant de l'Union était réalisées[4], mais, comme le souligne C. Blumann, « la Cour le plus souvent se contente de reprendre les motivations avancées par le législateur européen dans

---

[1] C. BLUMANN, « Rapport introductif général », in *Vers une politique européenne de l'énergie*, *op. cit.* p.1.
[2] *Ibid.*, p.12.
[3] *Ibid.* p.13.
[4] CJCE, 12 juillet 2005, *Alliance for Natural Health*, aff. C-154/04, Rec. p. I-6451.

l'acte soumis à son contrôle »[1]. C'est pourquoi le principe de compétence partagée ouvre à la Commission d'assez larges possibilités, notamment dans le cadre des orientations évoquées par le Commissaire Piebalgs pour le 3ème paquet énergie.

B- 3ème paquet et Directive climat : des objectifs non coordonnés

Entre l'intervention parisienne du Commissaire européen à l'énergie et la signature des textes du 3ème paquet, plus de deux ans se sont écoulés. Deux années marquées par une confrontation assez rude entre la Commission et différents Etats, dont surtout la France et l'Allemagne, à propos du projet de séparation patrimoniale des gestionnaires de réseaux de transport des entreprises verticalement intégrées.

1- Des sujets de tension : « unbundling » des GRT et tarifs réglementés

Un second sujet conflictuel est, en outre, venu se greffer à la même période avec la France : la question des tarifs de vente réglementés en électricité et l'existence du TaRTAM. L'ensemble de ces sujets a été abordé par l'enquête de la Direction Générale de la Concurrence de la Commission européenne, qui insistait sur toutes les carences de ce début de marché intérieur : persistance d'un pouvoir de marché des opérateurs historiques, persistance des contrats à long terme entre amont et aval verrouillant le marché, existence de barrières à l'entrée, insuffisante dissociation entre activités concurrentielles et monopolistiques (réseaux), maintien des tarifs réglementés, cloisonnement des marchés au niveau national. Ce quasi-réquisitoire, qui joue un rôle assez déterminant dans les orientations du 3ème paquet, est aussi, pour une assez large part, un acte d'accusation de la situation française.
Ces constatations sont reprises dans le Rapport de la Commission au Conseil et au Parlement européen sur l'État d'avancement de la création du marché intérieur du gaz et de l'électricité du 15 avril 2008, « Hormis quelques rares exceptions, les marchés de l'électricité et du gaz dans l'Union européenne restent nationaux du point de vue économique ». Le rapport insiste sur ce qui allait être un des sujets conflictuels du 3ème paquet, la question de la séparation patrimoniale des gestionnaires de

[1] C. Blumann, *op. cit.* p.13.

réseaux de transport : « le manque d'indépendance des gestionnaires de réseau reste une entrave à l'investissement. L'expérience montre que lorsque les exploitants nationaux traditionnels sont actionnaires des réseaux de transport sur leur marché, leur intérêt à limiter la concurrence sur leur marché national représente souvent un frein à une expansion suffisante des capacités en amont ». La question sensible des tarifs réglementés est également abordée : « les effets négatifs des tarifs réglementés de l'énergie restent préoccupants. Ils ont pour effet direct de fausser le jeu de la concurrence et de réduire les liquidités sur les marchés de gros ». Le cas français est même cité : « sur le marché français, par exemple, la bourse de l'électricité s'est révélée incapable d'établir un prix de référence du marché compte tenu des tarifs réglementés de l'énergie. Les mesures de protection des consommateurs ne doivent pas être confondues avec des mesures de régulation de la concurrence : ces deux aspects doivent être traités par des moyens différents »[1]. Et le rapport d'insister enfin sur la nécessité que les régulateurs nationaux se voient octroyer des pouvoirs suffisants. Ce rapport permet à la Commission d'insister sur tous les sujets évoqués dans le paquet législatif présenté le 19 septembre 2007.

2- Directive climat, une approche parallèle

L'une des ambiguïtés de cette période réside dans la simultanéité des négociations de deux directives, signées à quelques mois d'intervalle, l'une sur le climat, le 23 avril 2009 (2009/28/CE)[2], et l'autre sur le marché intérieur avec le « paquet énergie », le 13 juillet 2009.
Le terme ambiguïté peut paraître curieux, mais il résulte de l'absence de coordination au sein de la Commission entre les responsables du marché intérieur et de l'ouverture à la concurrence d'une part, et ceux responsables de la question du climat d'autre part. Certains observateurs, comme Th. Reverdy, le soulignent en évoquant l'étude menée par L. Harr qui note le « cloisonnement interne à la Commission européenne entre les autorités et les experts impliqués dans l'ouverture du marché européen de l'électricité, et ceux qui sont impliqué dans la

[1] Rapport de la Commission au Conseil et au Parlement européen - État d'avancement de la création du marché intérieur du gaz et de l'électricité [SEC (2008) 460] /* COM/2008/0192 final */

[2] Directive 2009/28/CE du Parlement européen et du Conseil du 23 avril 2009, relative à la promotion de l'utilisation de l'énergie produite à partir de sources renouvelables modifiant puis abrogeant les directives 2001/77/CE et 2003/30/CE.

définition de la politique de lutte contre le changement climatique »[1]. Un autre aspect de cette « séparation » tient au fait que, dans le cas du climat, il s'agit de politique de l'énergie, et donc de responsabilité gouvernementale, et que, dans le cas du marché intérieur, il s'agit essentiellement de régulation, et donc relève des autorités de régulation nationale.

De ce point de vue, la France illustre un parfait exemple de cette dichotomie. Autant elle s'oppose avec force, à la fois à la séparation patrimoniale des gestionnaires de réseaux de transport et à la disparition des tarifs réglementés, et s'investit peu dans la préparation du 3ème paquet, autant elle se présente comme un acteur pro-actif de la préparation de la directive climat[2].

Quelques années plus tard, nombre d'observateurs déplorent, à juste titre, que « très peu, voire aucune, réflexion n'a été menée sur les relations entre le marché intérieur de l'énergie et le paquet climat-énergie »[3], alors que ce dernier a une forte influence sur le marché intérieur, « les interventions politiques dans le cadre du paquet climat-énergie ne sont pas sans conséquence sur la structure et le modèle des marchés de l'électricité »[4].

Le paquet énergie de juillet 2009 représente, néanmoins, une grande avancée en termes de régulation et de construction du marché intérieur par le biais de l'indépendance. Indépendance et complémentarité des gestionnaires de réseaux de transport, indépendance et harmonisation par le haut des pouvoirs des régulateurs nationaux, et émergence d'une régulation européenne avec la création d'une Agence de coopération des régulateurs de l'énergie[5]. Comme le dit L. Grard, « la réglementation en la matière est sans précédent et ceci à deux niveaux. En premier lieu, on a rarement vu une harmonisation aussi poussée

---

[1] Th. REVERDY, *La construction politique des prix de l'énergie. Sociologie d'une réforme libérale*, Presses de Sciences Po, 2014, 320 p., pp. 182-183.

[2] B. DU MARAIS, « L'adoption sous haute tension du troisième « Paquet énergie » », Gaz. Pal. avril 2010, étude 11155.

[3] D. HELM, « Situation actuelle et prévisions à moyen terme des marchés européens de l'électricité », in *La crise du système électrique européen,* Commissariat général à la stratégie et à la prospective, Rapports et Documents, janvier 2014, p.72.

[4] D. AUVERLOT, E. BEEKER, G. HOSSIE, L. ORIOL, A. RIGARD-CERISON, « Le marché européen de l'électricité à la croisée des chemins », *ibid.* p.31.

[5] Règlement n° 713/2009 du Parlement Européen et du Conseil, du 13 juillet 2009 instituant une agence de coopération des régulateurs de l'énergie.

quant au rôle des régulateurs nationaux. En second lieu, un régulateur européen se met en place : c'est une première »[1].

III- Vers une politique de l'énergie : un changement de paradigme

Le très vaste projet « Une énergie propre pour tous les Européens », dont les prémices remontent à la décision du Conseil européen du 26 juin 2014, comprend huit textes principaux, qui constituent le résultat des discussions et négociations qui ont suivi la présentation par la Commission européenne, en novembre 2016, de son projet initial comprenant plusieurs milliers de pages. Il prévoit de faire figurer la création d'une union de l'énergie au nombre des cinq objectifs du programme stratégique européen. Ce 4ème paquet énergie utilise toutes les marges, et peut être au-delà, de ce que permet l'article 194 du traité FUE, mais il s'appuie aussi politiquement sur les accords de Paris. Au demeurant le président de la Commission, J.C. Juncker, le déclare sans ambages lors de sa ratification par l'UE le 4 octobre 2016 : « L'accord de Paris est sans précédent et il n'aurait pas été possible sans l'UE »[2]. L'approbation, le 22 juin 2019, de la directive sur le marché intérieur de l'électricité marque l'aboutissement de ce processus[3].

Sur le plan du droit, les compétences de la Commission en matière d'énergie n'ont pas connu d'évolution depuis le traité de Lisbonne et son article 194. Aussi, lorsque le Conseil européen du 14 décembre 2014 demande à la Commission européenne de présenter « une

---

[1] L. GRARD, « Le marché intérieur de l'énergie » in *Vers une politique européenne de l'énergie, op. cit.*, p.36.

[2] Communication de la Commission, *Une énergie propre pour tous les européens*, 30/11/2016, COM (2016) 860 final, p. 2.

[3] Règlement sur la gouvernance de l'union de l'énergie, (UE) 2018/1999 ,11 décembre 2018 ; Directive relative à la promotion de l'énergie générée à partir de sources renouvelables, (UE) 2018 /2001, 11 décembre 2018 ; Directive sur la performance énergétique des bâtiments (UE) 2018/844, 14 mai 2018 ; Directive sur l'efficacité énergétique (UE) 2018/2002, 11 décembre 2018 ; Règlement sur la gestion des risques dans le secteur de l'électricité (UE) 2019/941, 5 juin 2019 ; Règlement instituant une Agence de l'Union européenne pour la coopération des régulateurs de l'énergie (UE) 2019/943, 5 juin 2019 ; Directive concernant les règles communes pour le marché intérieur de l'électricité (UE) 2019/944, 5 juin 2019 ; Règlement sur le marché intérieur de l'électricité (UE) 2019/943, 5 juin 2019.

proposition concernant une union européenne de l'énergie »[1], la démarche s'inscrit, nécessairement, dans le cadre juridique du traité de Lisbonne.

L'article 194, paragraphe 1, assigne les objectifs suivants à cette politique : assurer le fonctionnement du marché de l'énergie, promouvoir l'efficacité énergétique et les économies d'énergie ainsi que le développement des énergies nouvelles et renouvelables, et promouvoir l'interconnexion des réseaux énergétiques. L'article 194 dispose aussi « que la politique de l'Union dans le domaine de l'énergie vise, dans un esprit de solidarité entre les Etats membres, à assurer la sécurité de l'approvisionnement énergétique dans l'Union ». Cette référence à la solidarité constitue, comme le dit C. Vial, « une nouveauté remarquable par rapport au prédécesseur de l'article 194 du traité FUE, l'article III-256 du traité établissant une constitution pour l'Europe »[2], et elle souligne les liens entre l'article 194 et l'article 347. La déclaration n°35 qui accompagne le traité indique que « l'article 194 n'affecte pas le droit des Etats membres de prendre les dispositions nécessaires afin d'assurer leur approvisionnement énergétique dans les conditions prévues par l'article 347 », ce qui pourrait paraître comme une nette restriction à l'idée d'une approche commune des questions d'approvisionnement. Cependant, cet article encourage les Etats, en cas de crise, à « prendre en commun » les mesures nécessaires « pour éviter que le fonctionnement du marché intérieur ne soit affecté par des actions unilatérales »[3]. La crise gazière de 2009 entre la Russie et l'Ukraine et les tensions continues qui se sont poursuivies ont approfondi la volonté d'une approche plus européenne de ces situations, même si la souveraineté des Etats membres n'a pas été remise en question. Les événements des années 2022 et 2023 avec la guerre en Ukraine mettent cet article à l'épreuve.

Ainsi, le nouveau concept d'Union de l'énergie repose sur cinq dimensions qui se complètent mutuellement :

- la sécurité, la solidarité et la confiance ;
- un marché intérieur complétement intégré, qui implique que l'énergie doit pouvoir circuler librement sans aucune barrière

[1] *European Council*, 18 décembre 2014, EUCO 237/14, CO EUR 16, CONCL 6, I. 1. f. « *The European Council: calls on the Commission to present a comprehensive Energy Union proposal well ahead of the March 2015 European Council* ».

[2] C. VIAL, « L'Union européenne et la gestion des crises énergétiques » in *Vers une politique européenne de l'énergie, op. cit.*, p. 215.

[3] *Ibid.*, p. 219.

technique ou réglementaire et ainsi permettre aux fournisseurs de se concurrencer librement et de promouvoir les énergies renouvelables tout en proposant les prix les meilleurs ;

- l'efficacité énergétique, en tant que contribution à la modération de la demande d'énergie ;
- la décarbonisation de l'économie, afin de remplir les engagements de l'accord de Paris sur le climat ;
- la recherche, l'innovation et la compétitivité.

Si le marché intérieur reste une des dimensions sur lesquels se construit l'Union de l'énergie, il est évoqué comme l'un des moyens qui doit permettre de promouvoir les énergies renouvelables et relever les défis d'un nouvel environnement. Les principes ne sont pas fondamentalement nouveaux, mais ce qui l'est consiste à coordonner une vision d'ensemble autour de l'impératif climat/environnement, et à en tirer les conséquences sur l'organisation d'un marché, historiquement conçu selon un système de production centralisée, basé sur les centrales thermiques à flamme[1] et les centrales nucléaires.

La Directive concernant des règles communes pour le marché intérieur de l'électricité[2] expose ainsi, dans son considérant numéro 3, que les directives 2003/54/CE et 2009/72/CE « ont contribué pour beaucoup à la création du marché intérieur de l'électricité. Toutefois, le système énergétique de l'Union traverse une profonde transformation. L'objectif commun d'une décarbonation du système énergétique fait naître de nouvelles opportunités et crée de nouveaux défis pour les acteurs du marché. Dans le même temps, l'évolution des technologies permet une diversification des modes de participation des consommateurs et des formes de coopération transfrontalière. Il est nécessaire d'adapter les règles de marché de l'Union à une nouvelle réalité du marché ».

A la différence du 3ème paquet, qui n'avait pas de liens substantiels avec le paquet dit « climat énergie », l'approche cette fois-ci se veut « englobante », et il est possible de penser que cette évolution illustre ce que l'on a appelé la « requalification partielle de la politique

---

[1] L'énergie thermique à flamme dépend de combustibles fossiles (charbon, gaz ou pétrole) ; compte tenu du développement de l'énergie nucléaire en France, elles sont aujourd'hui essentiellement utilisées comme moyen pour répondre aux pics de consommation aux heures de pointe ou lors des périodes de froid.

[2] Directive (UE) 2019/944 du Parlement Européen et du Conseil du 5 juin 2019 concernant des règles communes pour le marché intérieur de l'électricité et modifiant la directive 2012/27/UE.

énergétique en pilier de la politique climatique »[1]. L'expression, qui date de 2010, était, probablement, en avance sur la réalité, mais elle apparaît assez pertinente au regard du projet de 2019.

IV- De nouvelles orientations

L'analyse détaillée de l'ensemble des textes législatifs n'entre pas dans le cadre de ce travail, mais il n'est pas inutile de souligner quelques points forts et nouveaux, dans la mesure où ils illustrent l'approche de la Commission qui se caractérise, avec un sous- jacent de fond - celui d'un marché fluide dégagé des interventions des Etats (A) — par un double mouvement : celui d'une volonté de prise en compte, tout à fait nouvelle, du rôle du « local », du consommateur-acteur, lié au développement des énergies nouvelles d'une part (B), et celui d'un fort recentrage au niveau européen d'autre part (C).

A- « Energy market only »

La volonté de la Commission d'aller vers un marché fondé sur ce qu'il est coutumier d'appeler *energy market only* n'était pas nouvelle, mais la Commission réaffirmait cette position dans sa proposition de directive dans laquelle elle critique les interventions des États dans les marchés de l'électricité, qui empêchent, par exemple, les prix de refléter les situations de rareté de l'électricité. Elle appelle donc à « réviser toute réglementation déjà en vigueur qui fausse la formation des prix », et l'article 3, aux points a et b du Règlement, indique que « les prix sont formés sur la base de l'offre et de la demande ; les règles du marché encouragent la formation libre des prix et évitent les actions qui empêchent la formation des prix sur la base de l'offre de la demande »[2]. Cela concerne notamment les tarifs réglementés et les mécanismes de capacité, deux points sensibles en France, mais aussi la priorité d'injection dans les réseaux de l'électricité produite par des installations

[1] Th. VEYRENC, « Un nouveau paradigme pour la politique énergétique européenne », *Questions d'Europe* n°162 et 163, Fondation Robert Schuman, 22 mars 2010, disponible sur : http://www.robert-shuman.eu/doc/questions_europe/qe-162-163-fr.pdf

[2] Règlement (UE) 2019/943.

de renouvelables, ou bien la délicate question des zones de prix, notamment avec l'Allemagne[1].

Si la Commission échoue à obtenir une date de fin des tarifs règlementés, en raison de la très forte opposition de la France, la question reviendra néanmoins en 2025[2], comme l'indique l'art. 5 point

---

[1]« Les zones tarifaires ne reflètent pas toujours la rareté réelle [...] et suivent plutôt les frontières politiques », remarquait la Commission dans son exposé des motifs. Un pays notamment pose problème : l'Allemagne. Son réseau électrique, peu adapté à l'essor des renouvelables, aboutit, en effet, à faire passer des flux d'électricité incontrôlés par les pays voisins. Pour remédier à cette situation, la Commission a voulu s'arroger le droit de découper un pays européen en plusieurs zones de prix, ce que le Gouvernement allemand a vivement refusé, ne serait-ce que pour des raisons historiques. Lors du Conseil énergie de décembre 2018, Berlin est parvenu à convaincre ses partenaires de supprimer cette option. La solution de remplacement, plus ou moins satisfaisante, prévue à l'article 16 du règlement, qui traite les Principes généraux d'allocation de capacité et de gestion de la congestion. « 1. Les problèmes de congestion du réseau sont traités grâce à des solutions non discriminatoires, fondées sur le marché, qui donnent des signaux économiques efficaces aux acteurs du marché et aux gestionnaires de réseau de transport concernés [...] 8. Les gestionnaires de réseau de transport ne limitent pas le volume de la capacité d'interconnexion à mettre à la disposition des acteurs du marché en tant que moyen de résoudre un problème de congestion situé à l'intérieur de leur propre zone de dépôt des offres ou en tant que moyen de gestion des flux résultant de transactions internes aux zones de dépôt des offres. Sans préjudice de l'application des dérogations prévues aux paragraphes 3 et 9 du présent article et de l'application de l'article 15, paragraphe 2, le présent paragraphe est réputé respecté lorsque les niveaux de capacité disponible pour les échanges entre zones atteignent les niveaux minimaux suivants :

a) pour les frontières où est utilisée une approche fondée sur la capacité de transport nette coordonnée, la capacité minimale est de 70 % de la capacité de transport respectant les limites de sécurité d'exploitation après déduction des aléas, déterminée conformément à la ligne directrice relative à l'allocation de la capacité et à la gestion de la congestion adoptée sur la base de l'article 18, paragraphe 5, du règlement (CE) no 714/2009 ;

b) pour les frontières où est utilisée une approche fondée sur les flux, la capacité minimale est une marge fixée dans le processus de calcul de la capacité disponible pour les flux résultant de l'échange entre zones. La marge est de 70 % de la capacité respectant les limites de sécurité d'exploitation des éléments critiques de réseau internes et entre zones, en tenant compte des aléas, déterminée conformément à la ligne directrice relative à l'allocation de la capacité et à la gestion de la congestion adoptée sur la base de l'article 18, paragraphe 5, du règlement (CE) no 714/2009.

Le montant maximal de 30 % peut être utilisé pour les marges de fiabilité, les flux de boucle et les flux internes pour chaque élément critique de réseau », art. 16, Règlement (UE) 2019/943.

[2] Cette assertion ne prend pas en compte les modifications qui seront apportées au « *market design* » par la Commission européenne et les Etats au cours des

10 de la directive 2019/944 : « Au plus tard le 31 décembre 2025, la Commission réexamine la mise en œuvre du présent article visant à parvenir à une fixation des prix de détail de l'électricité fondée sur le marché, et présente un rapport sur cette mise en œuvre au Parlement européen et au Conseil assorti ou suivi, s'il y a lieu, d'une proposition législative. Cette proposition législative peut comprendre une date de fin pour les prix réglementés »[1].
La question des mécanismes de capacité, qui, depuis sa mise en place au travers de la loi NOME, a donné lieu à de nombreux échanges entre la France et Bruxelles, reste un sujet sensible, en dépit de la décision de la Commission, avalisant en 2016, avec des demandes d'aménagement à la France[2], son mécanisme de capacité[3]. Il est vrai que le principe *energy market only* est antinomique du marché de capacité. Le premier ne rémunère que l'énergie réellement produite, tandis que le marché de capacité rémunère aussi la disposition à produire de l'électricité[4]. Le Règlement 2019/943 sur le marché intérieur de

---

négociations de 2023 à partir des propositions de la Commission européenne du 14 mars 2023.

[1] Voir l'article de Ch. LE BIHAN-GRAF, P. HEDDI, « L'encadrement des tarifs réglementés de vente par le droit de l'Union européenne : vraie évolution, fausse révolution », in *EEI*, LexisNexis, Juin 2019, n° 6, pp. 33-37.

[2] « Le gouvernement français s'est engagé à amender le mécanisme pour répondre aux préoccupations de la Commission, en formulant trois propositions majeures consistant à : instaurer une série de mesures visant à prévenir toute manipulation de marché ; permettre la participation des capacités étrangères au mécanisme de capacité français à horizon 2019 ; créer un dispositif spécifique pour les nouvelles capacités leur permettant de bénéficier de revenus sur 7 ans, augmentant ainsi la visibilité pour les nouveaux investissements et facilitant l'entrée de nouveaux acteurs sur le marché à horizon 2019. » *CRE délibération, 27 septembre 2018, portant avis sur le projet de décret relatif au mécanisme d'obligation de capacité dans le secteur de l'électricité.*

[3] C (2016) 7086 final. Par sa décision du 8 novembre 2016, la Commission européenne a autorisé en vertu de l'article 107 paragraphe 3 du traité sur le fonctionnement de l'Union européenne, pour une période de 10 ans, le mécanisme de capacité français, dont le fonctionnement est régi par les dispositions prévues aux articles L.335-1 et suivants du Code de l'énergie.

[4] On prend en général cet exemple pour illustrer, de manière plaisante, le principe : un boulanger ne se fait pas payer sa simple disponibilité à cuire des petits pains. Il obtient plutôt un prix de vente défini pour chaque petit pain, lequel fluctue en fonction de l'offre et de la demande. Pour éviter les invendus, il adapte le nombre de petits pains à la clientèle prévue. Bien sûr, il peut anticiper et, au besoin, cuire des petits pains supplémentaires. Sur le marché de capacité, le besoin en petits pains est fondamentalement le même, mais le boulanger est obligé d'entretenir de nombreux fours supplémentaires, dont il n'a pas besoin au quotidien. Cet entretien implique des frais de maintenance élevés et engendre des surcapacités.

l'électricité consacre huit articles (articles 20 à 27 inclus) au sujet de la capacité. Il en ressort essentiellement que tout mécanisme de capacité est temporaire, tout principe ayant été approuvé par la Commission l'étant au maximum pour dix ans. Les mécanismes de capacité ne doivent pas créer de distorsions inutiles du marché et ne pas limiter les échanges entre zones. Par ailleurs, les évaluations de l'adéquation des ressources à l'échelle européenne sont conduites par le réseau européen des gestionnaires de réseaux de transport (REGRT) et, si l'évaluation de l'adéquation des ressources au niveau national « identifie une difficulté d'adéquation concernant une zone de dépôt des offres, que l'évaluation de l'adéquation des ressources à l'échelle européenne n'a pas identifiée, l'évaluation de l'adéquation des ressources à l'échelle nationale contient les motifs de la divergence entre les deux évaluations de l'adéquation des ressources, notamment le détail des sensibilités utilisées et les hypothèses sous-jacentes. Les États membres publient cette évaluation et la transmettent à l'ACER »[1]. L'ACER a deux mois pour donner un avis, et il convient de tenir « dûment compte » de cet avis. Le mécanisme de capacité, en sursis, est ainsi très encadré.
La question de la priorité d'injection de l'électricité produite par des installations de renouvelables a été un sujet de nombreuses négociations entre les Etats membres. La Commission avait pour objectif d'adapter les énergies renouvelables au marché. Le compromis final aboutit à conserver une priorité d'injection, uniquement pour des installations de production d'électricité utilisant des sources d'énergie renouvelables et ayant une puissance électrique installée inférieure à 400 kW. Dernier accommodement, cette mesure ne s'applique pas aux installations qui bénéficient d'un contrat d'appel prioritaire avant le 4 juillet 2019[2].

[1] Règlement (UE) 2019/943, art. 25, §3.

[2]« Sans préjudice des contrats conclus avant le 4 juillet 2019, les installations de production d'électricité qui utilisent des sources d'énergie renouvelables ou la cogénération à haut rendement et qui ont été mises en service avant le 4 juillet 2019 et, lorsqu'elles ont été mises en service, ont fait l'objet d'un appel prioritaire en vertu de l'article 15, paragraphe 5, de la directive 2012/27/UE ou de l'article 16, paragraphe 2, de la directive 2009/28/CE du Parlement européen et du Conseil , continuent de bénéficier de l'appel prioritaire. L'appel prioritaire ne s'applique plus à ces installations de production d'électricité à compter de la date à laquelle l'installation de production d'électricité fait l'objet d'importants changements, ce qui est considéré être le cas, au moins, lorsqu'une nouvelle convention de raccordement est requise ou lorsque la capacité de production de l'installation de production d'électricité est augmentée ». Règlement (UE) 2019/943, art. 12 § 6.

B- Une volonté de rapprochement au niveau du consommateur

Il est frappant de constater le rôle central accordé au consommateur dans l'ensemble des textes du paquet « une énergie propre pour tous les européens ». Celui-ci doit : « prendre à son compte la transition énergétique, tirer avantage des nouvelles technologies pour réduire sa facture et prendre une part active au marché » [1], ce qui se traduit notamment par un article 15 de la directive, intitulé « clients actifs »[2], précisant qu'il convient que ces clients a) aient le droit d'exercer leurs activités soit directement, soit par agrégation; b) aient le droit de vendre de l'électricité autoproduite, y compris par des accords d'achat d'électricité ; c) aient le droit de participer à des programmes de flexibilité et d'efficacité énergétique. Ces différents points répondent aux objectifs énoncés dans le considérant 42 de la directive 2919/944 : « Les consommateurs devraient pouvoir consommer, stocker et vendre sur le marché l'électricité autoproduite et participer à tous les marchés de l'électricité en apportant de la flexibilité au système, par exemple en stockant l'énergie, notamment à partir de véhicules électriques, en participant activement à la demande ou en mettant en œuvre des programmes d'efficacité énergétique ». Selon la même orientation, et de manière sensiblement plus « disruptive », apparaît la notion de « Communautés énergétiques citoyennes »[3], complémentaire de celle

[1] Directive (UE) 2019/944 du Parlement Européen et du Conseil du 5 juin 2019 concernant des règles communes pour le marché intérieur de l'électricité et modifiant la directive 2012/27/UE. Considérant n° 4.

[2]« Client actif » : un client final, ou un groupe de clients finals agissant conjointement, qui consomme ou stocke de l'électricité produite dans ses locaux situés à l'intérieur d'une zone limitée ou, lorsqu'un État membre l'autorise, dans d'autres locaux, ou qui vend l'électricité qu'il a lui-même produite ou participe à des programmes de flexibilité ou d'efficacité énergétique, à condition que ces activités ne constituent pas son activité commerciale ou professionnelle principale. Directive (UE) 2019/944, art. 2, point 8, définition.

[3] « Communauté énergétique citoyenne» : une entité juridique qui: a) repose sur une participation ouverte et volontaire, et qui est effectivement contrôlée par des membres ou des actionnaires qui sont des personnes physiques, des autorités locales, y compris des communes, ou des petites entreprises, b) dont le principal objectif est de proposer des avantages communautaires environnementaux, économiques ou sociaux à ses membres ou actionnaires ou aux territoires locaux où elle exerce ses activités, plutôt que de générer des profits financiers, et c) peut prendre part à la production, y compris à partir de sources renouvelables, à la distribution, à la fourniture, à la consommation, à l'agrégation, et au stockage d'énergie, ou fournir des services liés à l'efficacité

de « Communautés d'énergie renouvelable »[1]. Cinq considérants (de 43 à 47) sont d'ailleurs nécessaires pour aborder et expliquer en quoi consiste cette nouvelle entité qui, selon les systèmes d'organisation de la distribution, est susceptible de soulever des problèmes non négligeables[2]. Le sujet est d'ailleurs évoqué, lors de l'examen des projets de directive et de règlements, à l'Assemblée nationale et surtout au Sénat[3]. Le rapporteur du Sénat souligne ainsi que « par leur portée très générale de telles dispositions posent, d'une part, la question de leur compatibilité avec les dispositions nationales existantes (autoconsommation collective, dispositifs de flexibilité locale et réseaux fermés de distribution), et, d'autre part, de la remise en cause éventuelle de principes cardinaux de notre système électrique (péréquation tarifaire et optimisation technico-économique des réseaux) »[4].

C- Une volonté de recentrage sur les organismes européens

Parallèlement à cette préoccupation de décentrage, pour ne pas dire décentralisatrice, dont on peut s'interroger quant à la portée opérationnelle, notamment en France, les textes marquent une volonté bien réelle de recentrer différentes missions sur des entités dans l'orbite de la Commission. Ainsi, en est-il, par exemple et en dépit de leur appellation, de la création des « centres de coordination régionaux », qui, dans la proposition initiale de la Commission, sont désignés comme

---

énergétique, des services de recharge pour les véhicules électriques ou d'autres services énergétiques à ses membres ou actionnaires. *Ibid.* art. 2 point 11.

[1] « Communauté d'énergie renouvelable », article 2, point 16), de la Directive (UE) 2018/2001.

[2] Voir à cet égard l'article de L. de FONTENELLE « Les communautés énergétiques » in Energie-Environnement-Infrastructures, LexisNexis, août-septembre 2019, n° 8-9, pp. 35-40.

[3] Rapport d'information de N. CHABANNE et A. SCHNEIDER, déposé par la Commission des affaires européennes sur la nouvelle organisation du marché de l'électricité, dans le cadre du quatrième paquet énergie, N ° 4568, 23 Février 2017, Assemblée Nationale./ Rapport fait au nom de la commission des affaires économiques sur la proposition de résolution européenne présentée par J. BIZEt et M. DELEBARRE en application de l'article 73 quater du Règlement, sur les énergies renouvelables J et les mécanismes de capacité, par L. PONIATOWSKI, n° 435, 22 Février 2017, Sénat.

[4] La loi n° 2023-175 du 10 mars 2023- art.3 a transposé ces dispositions aux art. L291-1 à L291-3 du Code de l'énergie.

des « centres de conduite régionaux » (*Regional operational centers*), ce qui leur donnait un aspect plus directif et a suscité de nombreux débats. Aucun des acteurs français ne s'y est montré favorable, à commencer par le gestionnaire de réseau de transport RTE.
Les responsabilités et l'organisation de ces centres de coordination régionaux sont décrites de manière extrêmement détaillée dans les articles 35 à 47 du règlement sur le marché intérieur de l'électricité [1]. Ces centres doivent remplacer les coordinateurs de sécurité régionaux, établis conformément à la ligne directrice sur la gestion du réseau de transport de l'électricité adoptée sur la base de l'article 18, paragraphe 5, du règlement (CE) nº 714/2009[2]. Ces centres de coordination régionaux peuvent donner aux gestionnaires de réseaux de transport des instructions, qui, si elles ne sont pas « contraignantes » – ce qui « aurait heurté le principe de subsidiarité » et a donc été contourné par le Conseil, contrairement aux souhaits du Parlement – nécessiteront, si elles ne sont pas suivies d'effets, des explications motivées de la part des gestionnaires de réseaux. Il ne sera donc pas si aisé pour ceux-ci d'échapper à une certaine « tutelle » de ces nouvelles entités auxquelles, il est assez probable, que l'ACER apporte son appui. Il est d'ailleurs prévu que lorsque ces centres « effectuent leurs tâches en vertu du droit de l'Union, [ils] agissent en toute indépendance par rapport aux intérêts nationaux individuels et aux intérêts des gestionnaires de réseau de transport »[3].
Au cœur de cette nouvelle organisation, la Commission introduit un acteur qui jusqu'alors été appréhendé essentiellement sous l'aspect indépendance, les gestionnaires de réseaux de distribution (GRD). L'obligation d'indépendance est, certes, rappelée dans la directive, ainsi que l'importance de l'accès non discriminatoire de l'accès au réseau de distribution, « car il détermine l'accès à la clientèle en aval, au niveau de la vente de détail »[4]. On dépasse, néanmoins, cette approche, car les textes soulignent aussi, désormais, le rôle essentiel des réseaux de distribution dans l'intégration des énergies renouvelables : « les gestionnaires de réseau de distribution doivent intégrer de manière

---

[1] Règlement (UE) 2019/943 du Parlement européen et du Conseil du 5 juin 2019 sur le marché intérieur de l'électricité.
[2] *Délibération de la CRE n° 2021-25 du 28 janvier 2021portant adoption de la proposition de création des centres de coordination régionaux de la région d'exploitation du réseau Europe Centrale.*
[3] *Ibid.*
[4] Considérant n°65, Directive (UE) 2019/944.

efficace au niveau des coûts les nouvelles capacités de production d'électricité, en particulier les installations produisant de l'électricité à partir de sources renouvelables, et de nouvelles installations de consommation telles que les pompes à chaleur et les véhicules électriques »[1]. L'objectif étant d'utiliser des services de ressources énergétiques décentralisées, « tels que la participation active de la demande et le stockage de l'énergie, sur la base de procédures de marché », de manière à optimiser l'utilisation du réseau et d'éviter des extensions coûteuses. Cette approche, parfaitement justifiée techniquement et économiquement, est complétée par la création d'une « entité européenne pour les GRD », qui doit permettre la coopération des différents GRD, « afin de promouvoir l'achèvement et le fonctionnement du marché intérieur de l'électricité »[2]. Cette nouvelle entité, dite GRD de l'Union (art. 53 du Règlement 2919/943), devait être pourvue, au plus tard le 5 juillet 2020, de statuts soumis à la Commission et à l'ACER. Elle se nomme en réalité *EU DSO Entity* et est officiellement lancée le 8 juin 2020 ; elle est dirigée par un conseil d'administration, avec à sa tête un président et 27 membres, et comprend un conseil stratégique et un groupe d'expertise[3]. Le Règlement détaille, une fois de plus, de façon étonnement précise (art. 54) les principales règles et procédures applicables à cette nouvelle entité. Ses tâches sont également définies, notamment dans son rôle de facilitateur d'intégration des sources d'énergie renouvelable, dans sa coopération avec le REGRT pour l'électricité, afin de veiller à la mise en œuvre des codes de réseaux et des lignes directrices, et dans l'élaboration de ces codes de réseaux quand ils ont une incidence sur l'exploitation et la planification des réseaux de distribution (art. 55, 1 f, 2 a, du Règlement UE 2019/943).
La Commission et l'ACER ont ainsi deux entités européennes gestionnaires de réseaux de transport et de distribution comme acteurs et interlocuteurs privilégiés.
Un troisième exemple significatif de cette orientation de recentrage concerne les codes de réseaux. Les articles 58 à 61, décrivent les modalités des codes de réseaux et des lignes directrices que la

[1] Considérant n°61, Directive (UE) 2019/944.
[2] Règlement (UE) 2019/943 du Parlement européen et du Conseil du 5 juin 2019 sur le marché intérieur de l'électricité, Chapitre VI, art. 52.
[3] Afin d'avoir une idée de l'ampleur d'une telle organisation, il faut souligner que chacun des 2500 gestionnaires de réseaux de distribution en Europe peut en être membre.

Commission peut prendre : « La Commission est habilitée à adopter des actes d'exécution afin d'assurer des conditions uniformes d'exécution du présent règlement en établissant des codes de réseau dans les domaines suivants : règles relatives à la sécurité et à la fiabilité du réseau, […] règles d'allocation de capacité et de gestion de la congestion en application… »[1]. En fait, la Commission se réserve la capacité d'intervenir dans tout ce qui concerne les échanges transfrontaliers et sensiblement plus, en liaison avec l'ACER, le REGRT, et l'entité EU DSO[2].

---

[1] Règlement (UE) 2019/943, art. 59 § 1, a, b, c, d, e.

[2] *Ibid.*, art. 59, § 2 : « La Commission est habilitée à adopter des actes délégués conformément à l'article 68 complétant le présent règlement en ce qui concerne l'établissement de codes de réseau dans les domaines suivants :

a) règles de raccordement au réseau, y compris des règles sur le raccordement des installations de consommation raccordées à un réseau de transport, des installations de distribution et des réseaux de distribution raccordés à un réseau de transport, le raccordement des unités de consommation utilisées pour la participation active de la demande, les exigences applicables au raccordement au réseau des installations de production d'électricité, les exigences applicables au raccordement au réseau des systèmes en courant continu à haute tension, les exigences applicables au raccordement au réseau des parcs non synchrones de générateurs raccordés en courant continu et des stations de conversion de courant continu haute tension à l'extrémité isolée et les procédures de notification opérationnelle applicables au raccordement au réseau;

b) règles en matière d'échange de données, de règlement et de transparence, y compris en particulier des règles sur les capacités de transfert pour les horizons temporels pertinents, les estimations et les valeurs réelles concernant l'allocation et l'utilisation des capacités de transfert, prévisions et demande réelle des installations et leur agrégation, y compris l'indisponibilité des installations, les prévisions et la génération effective des unités de production et leur agrégation, y compris l'indisponibilité des unités, la disponibilité et l'utilisation des réseaux, les mesures de gestion de la congestion et les données du marché de l'équilibrage. Les règles devraient préciser la façon dont les informations sont publiées, le calendrier de publication et les entités responsables de leur traitement

c)règles concernant l'accès des tiers ;

d) procédures opérationnelles d'urgence et de reconstitution en cas d'urgence, y compris les plans de défense du réseau, les plans de reconstitution, les interactions du marché, l'échange et la communication d'informations et les outils et installations

e) règles sectorielles concernant les aspects liés à la cybersécurité des flux transfrontaliers d'électricité, y compris des règles sur les exigences minimales communes, la planification, la surveillance, les rapports et la gestion de crise.

§ 3. Après avoir consulté l'ACER, le REGRT pour l'électricité, l'entité des GRD de l'Union et les autres parties prenantes concernées, la Commission établit, tous les trois ans, une liste des priorités, qui recense les domaines visés aux paragraphes 1 et 2, qui doivent être pris en considération pour l'élaboration des codes de réseau ».

Le renforcement sensible du rôle de l'ACER, à laquelle le Règlement 2019/942 est consacré, est, probablement, l'un des sujets les plus sensibles de cette volonté de recentrage. Le considérant n° 4 indique, très clairement, l'objectif poursuivi : « Au vu de l'expérience acquise dans la mise en œuvre du marché intérieur, l'absence de coordination des initiatives nationales peut entraîner de graves problèmes pour le marché, notamment dans des zones fortement interconnectées où les décisions des États membres ont souvent des répercussions concrètes chez leurs voisins. Pour que le marché intérieur de l'électricité puisse produire ses effets positifs en matière de bien-être des consommateurs, de sécurité d'approvisionnement et de décarbonation, il faut que les États membres, et notamment leurs autorités de régulation indépendantes, coopèrent sur les mesures réglementaires qui ont une incidence transfrontalière ». Nous reviendrons sur l'évolution de l'ACER depuis sa création, et le rôle de régulateur européen que la Commission souhaite lui voir jouer, mais il est intéressant de souligner dès à présent que le Règlement ne va pas, en fait, aussi loin dans les modifications de gouvernance que les propositions de la Commission l'envisageaient. Ainsi, le Conseil des régulateurs continue à se prononcer à la majorité des deux tiers, alors qu'il avait été prévu un vote à la majorité simple, ce qui aurait incontestablement diminué le poids des régulateurs nationaux des grands pays.
Le rôle accru que va désormais jouer l'ACER, ou du moins tel qu'il est prévu qu'elle le joue, marque, pour le moins, une étape, sinon un tournant, dans le traitement de la régulation par la Commission. L'on est, certes, encore loin de ce que prédisaient en 2007, J.-M. Chevalier et J. Percebois dans un rapport du Conseil d'Analyse Economique adressé à la ministre de l'Economie et au ministre en charge de l'énergie « Notre approche est fondée sur l'idée que l'on irait progressivement, au moins sur la plaque continentale, vers un seul réseau électrique, un seul organisme de régulation et un seul marché pour l'électricité »[1], mais c'est un projet que la Commission porterait volontiers.

[1]J.-M. CHEVALIER, J. PERCEBOIS, *Gaz et électricité : un défi pour l'Europe et pour la France,* Conseil d'Analyse Economique, La Documentation française, Paris, 2008, p. 9.

Section 2 : La Commission européenne et les autorités de régulation nationale : articulation des compétences

Aussi curieux que cela puisse paraître, l'intérêt pour les ARN de l'énergie de la part de la Commission européenne n'a été ni spontané, ni immédiat. On a évoqué précédemment les initiatives de la Commission concernant la création de Forums sur l'électricité et le gaz[1] avec les gestionnaires de réseaux de transport. Cette démarche correspond à une période durant laquelle la Commission souhaite être elle-même le régulateur de l'ouverture du marché et de la réalisation du marché intérieur.
Lors des discussions relatives à l'adoption de la directive 96/92/CE du Parlement européen et du Conseil du 19 décembre 1996 concernant des règles communes pour le marché intérieur de l'électricité, la Commission a, en effet, émis une proposition suivant laquelle la prise en charge de la régulation du secteur électrique par ses services serait plus efficace que d'avoir dans chaque État membre une autorité de régulation sectorielle. La Commission « estimait que l'efficacité de la régulation du secteur électrique impose une régulation supranationale en raison de sa dimension européenne »[2]. Une telle approche provenait du Rapport du groupe Bangemann, fait au Conseil européen dans le domaine des télécommunications[3], qui proposait que la régulation de ce secteur soit assurée par la Commission. Celle-ci estimait « qu'une autorité de régulation supranationale était plus à même de traduire les principes d'indépendance et d'impartialité qui s'imposent au régulateur »[4].
La Commission avait des doutes sur la capacité des entités nationales qui seraient chargées de la régulation de mener à bien l'ouverture du marché, alors que ce projet restait très controversé par plusieurs Etats membres. Ceux-ci s'opposaient, sans grande surprise, à cette volonté de la Commission qui, dans les deux premières directives de 1996 et 1998, n'impose pas aux Etats membres d'instituer une véritable autorité de régulation nationale. Il s'agissait simplement de désigner une

---

[1] Forum de Florence pour l'électricité, Forum de Madrid pour le gaz.
[2] N. CHEBEL-HORSTMANN, *La régulation du marché de l'électricité, Concurrence et accès aux réseaux*, *op. cit.* p. 383.
[3] Rapport du groupe Bangemann au Conseil européen, *European and the global information society, recommendations to the European council*, mai 1994.
[4] N. CHEBEL-HORSTMANN, *ibid.* p. 383.

« autorité compétente pour régler les litiges relatifs à l'accès au réseau »[1] et de créer des mécanismes appropriés et efficaces de régulation ainsi que de contrôle et de transparence, afin d'éviter tout abus de position dominante ou tout comportement prédateur.
C'est donc avec un certain scepticisme que la Commission considère alors l'action future des régulateurs. Elle en sous-estime la capacité à assumer réellement leur mission, et mesure peu, ou mal, le niveau de compétence en matière d'énergie de plusieurs des présidents de ces nouvelles entités[2] et de leurs équipes. L'organisation et la volonté d'existence des régulateurs se concrétise dans une structure associative (I) avant d'être réellement prises en compte par la Commission européenne (II).

I- L'affirmation des autorités de régulation, du CEER à l'ERGEG

A l'initiative des présidents des autorités de régulation du Portugal et d'Italie, les régulateurs nationaux de l'énergie des Etats membres de l'Union européenne et de l'Espace économique européen décident, en mars 2000, de signer un « *memorandum of understanding* » (protocole d'accord) pour la création du « *Council of European Energy Regulators* » (CEER)[3]. L'objectif est de faciliter la coopération entre les régulateurs nationaux, afin de promouvoir le marché intérieur du gaz et de l'électricité, par le biais de la coopération et de l'échange des meilleures pratiques (A). La Commission européenne envisage, pour sa part, par souci d'efficacité et de contrôle de réguler directement mais voit ses ambitions recadrées par le Parlement européen (B).

---

[1] Article 20§3 de la directive 96/92/CE et Article 21§2 de la directive 98/30/CE.

[2] A titre d'exemple, le président du régulateur italien P. Ranci, co-fondateur du CEER est un économiste reconnu, formé en Italie (Milan) et aux Etas Unis (Michigan), devenu depuis président de la commission d'appel de l'ACER ; Y. Vasconcelos, président du régulateur portugais, autre co-fondateur du CEER et son premier président, est docteur en ingénierie électrique de l'université de Erlangen-Nuremberg, devenu depuis membre de la commission d'appel de l'ACER. J. Syrota, alors président de la CRE, est ingénieur général des mines et l'ancien directeur général de Direction de l'Energie et des Matières Premières (DGEMP).

[3] Le CEER ne se constitua en association à but non lucratif de droit belge que le 10 juin 2003, au moment où il s'installa à Bruxelles et mit en place un secrétariat général.

A- La constitution du CEER, une volonté d'exister des régulateurs

A sa création, le CEER, comprend 13 pays[1]. Il est présidé par le président du régulateur portugais[2] et le président de la CRE en est un des deux vice-présidents[3]. La CRE est devenue membre du CEER le 6 juin 2000, soit seulement quatre mois après sa propre création et évoque, dans son premier rapport d'activité de l'année 2000, l'implication des services dans les groupes de travail du CEER[4].

Pour la toute nouvelle CRE, il est en effet rapidement apparu que la coopération avec ses homologues européens est essentielle, car, ainsi que l'exprimait son président, « la concurrence avec EDF viendra beaucoup plus de l'intervention d'opérateurs étrangers que de la présence de producteurs importants installés sur le territoire national »[5]. Ce qui était parfaitement prémonitoire pour la partie implantation d'opérateurs étrangers sur le territoire national, beaucoup moins en ce qui concerne la concurrence venant des autres pays de l'UE.

La création du CEER vient, également, en réponse à la constitution, la même année, des associations des gestionnaires de réseaux de transport d'électricité et de gaz, encouragée par la Commission, qui travaillait avec les GRT au sein des Forum de Florence et de Madrid dont elle avait initié la création deux ans auparavant[6]. Les régulateurs nationaux

---

[1] Angleterre, Belgique, Danemark, Espagne, Finlande, France, Irlande, Irlande du Nord, Italie, Norvège, Pays-Bas, Portugal, Suède.

[2] Y. VASCONCELOS, membre, depuis 2015, du conseil d'administration de l'ACER.

[3] A cette époque, l'Allemagne avait décidé que la régulation du secteur de l'énergie (électricité et gaz) serait assurée par son autorité de la concurrence (*Bundeskarlellam*t), et ce n'est qu'avec la directive 2003/54/CE (électricité) et la directive 2003/54/CE (gaz) du 26 juin 2003, qui prévoyaient, notamment, plusieurs actes de régulation *ex ante*, que le Gouvernement allemand décida en 2004 que l'énergie serait régulée de façon sectorielle en en confiant la responsabilité à l'Agence fédérale des réseaux (*Bundesnetzagentur*) à partir de 2005.

[4] « Ce forum des régulateurs permet un large échange d'informations et d'expériences ; il constitue, au travers de plusieurs groupes de travail auxquels participent les services, le cadre approprié pour l'examen des problèmes européens ou internationaux suscités par le commerce de l'électricité ». *Ibid.* p. 30.

[5] CRE, *Rapport d'activité*, juin 2000, p.8.

[6] « *For both of these Fora, the first step has been the creation of a body representing the transmission system operators (TSOs). Thus, for electricity the European Transmission System Operators Association (ETSO) has been created, which is a wholly new and separate body from other Electricity Industry associations or bodies. With respect to gas, a grouping of transmission system operators- GTE- was set up in*

se sont rendus compte qu'il était nécessaire de s'organiser au niveau européen s'ils voulaient peser un tant soit peu sur les évolutions en cours.
L'arrivée d'une association des régulateurs nationaux vient ainsi rééquilibrer le poids pris par la Commission dans la « régulation » au travers des Forums de Florence et de Madrid qu'elle préside et anime[1]. De ce point de vue, on peut établir le parallèle avec le processus entamé depuis la mise en œuvre du 4ème paquet entre la Commission et les organisations régionales européennes du transport et de la distribution.
La Commission s'intéresse très rapidement à l'activité du CEER et à ses groupes de travail, qui paraissent constituer des réservoirs d'expertise pour l'assister, voire pour pallier l'insuffisance technique de ses propres capacités.
Les travaux du CEER sont lancés par ses membres sur une base entièrement volontaire, comme l'indique son rapport annuel de 2002 : « *The performance of the CEER depends entirely on the good will of its members. The achievements recorded in this Annual Report are the result of voluntary co-operation and pooling of resources*»[2].
Il s'agit de trouver des accords avec l'ensemble des partenaires et, en particulier, avec les gestionnaires de réseau de transport[3]. Le CEER rédige, à partir des conclusions de ses propres groupes de travail sur l'électricité ou le gaz, des documents approuvés en Assemblée générale, qui deviennent ainsi la position officielle du CEER (*Position Paper).* Ces documents sont présentés lors des Forums de Florence ou de Madrid et font l'objet de discussions ouvertes, qui permettent, parfois,

---

the summer of 2000. In addition to this, national electricity and gas Regulators have created the Council of European EnergyRegulators (CEER). These developments have proved important in reaching common ground on a number of the issues under consideration ». Communication from the Commission to the Council and the European Parliament, Completing the internal energy market. Proposal for a Directive of the Euroean Parliament and of the Council, amending Directives 96/92/CE and 98/30/CE concerning common rules for the internal market in electricity and natural gas, COM (2001) 125 final, p. 11.

[1] Certains voyaient même dans le CEER, un potentiel futur régulateur européen : G. CHAVRIER, Electricité, fascicule 145, jurisclasseur 2002 du 22 mai 2002, p. 18.

[2] CEER *Annual Report* 2002, Foreword, p.1., consultable sur le site ceer-eu.

[3] « *We believe the 2002 Annual report shows the commitment of CEER to a model of regulation by co-operation. This model seems to be most suitable to the implementation of a large energy market such as the Internal Energy Market* » *Ibid*., Foreword. p.1.

d'aboutir à un accord, volontaire et non contraignant, de l'ensemble des parties prenantes [1].

Cette méthode peut s'apparenter à de la corégulation, telle que la Commission en a dessiné les contours dès 2001, et qui ressemble beaucoup à l'utilisation du droit souple. L'accord interinstitutionnel « *Mieux légiférer* »[2] permet à la Commission de définir et d'encadrer les pratiques de corégulation, en précisant que les institutions communautaires « reconnaissent l'utilité de recourir, dans les cas appropriés, lorsque le traité n'impose pas spécifiquement le recours à un instrument juridique, à des mécanismes de régulation alternatifs [...] Ils doivent assurer une régulation rapide et flexible qui n'affecte pas les principes de concurrence ni l'unicité du marché intérieur ». Cette démarche est en quelque sorte « justifiée » *a posteriori* par la Commission lorsqu'elle explique, dans le projet d'accord interinstitutionnel pour un encadrement des agences européennes de régulation, que « la régulation ne passe pas nécessairement par l'adoption d'actes normatifs à caractère réglementaire. Elle peut également recourir à d'autres moyens plus incitatifs, tels que la corégulation, l'autorégulation, les recommandations, [...] la mise en réseaux et la convergence de bonnes pratiques »[3].

---

[1] Les participants aux Forums comprenaient les régulateurs, les Etats membres, les GRT, les fournisseurs, les *traders*, les Bourses, les consommateurs et les utilisateurs de réseaux.

Les rapports 2002 du CEER, sur l'électricité, concernaient les thèmes suivants :

"CEER Position Paper Inter-TSO Compensation mechanism, a model for the longer term", approved 20th September 2002, submitted to the 9th Electricity Forum (16-17 October 2002) in Rome.

• *"CEER Technical Background paper Inter-TSO Compensation mechanism, locational signals",* approved 20th September 2002, submitted to the 9th Electricity Forum (16-17 October 2002) in Rome.

• *"CEER Position Paper Principles and Rules on the Management and Allocation of ATC of interconnections"*, approved 20th September 2002, submitted to the 9th Electricity Forum (16-17 October 2002) in Rome.

• *"CEER Position Paper Transparency of network access and system development"*, approved 20th September 2002, submitted to the 9th Electricity Forum (16-17October 2002) in Rome.

• *Position Paper of the CEER on Congestion Management*, submitted to the 8th Forum 21-22, February 2002 in Florence.

[2] Accord interinstitutionnel « Mieux légiférer » conclu entre le Parlement européen, le Conseil et la Commission, le 16 décembre 2003 (2003/C 321/01).

[3] Projet d'accord interinstitutionnel pour un encadrement des agences européennes de régulation, 25 février 2005, Doc. COM [2005], 59 final. Cité par H. DELZANGLES,

Initiateurs d'un mouvement de corégulation dans le domaine des réseaux[1], les Forums de Florence et Madrid sont des laboratoires pour la construction du marché, et, probablement, plus le Forum de Florence, consacré à l'électricité, que celui de Madrid, dédié au gaz.

1- Le Forum de Florence, laboratoire des principes

Lors de sa création par la Commission en 1998, le Forum de Florence se voit assigner l'objectif de se focaliser « sur les questions relatives à la création d'un véritable marché intérieur de l'électricité qui ne sont pas couvertes par la directive ' électricité' »[2]. L'idée consiste à pouvoir discuter entre tous les acteurs concernés dans un cadre neutre, la Commission s'étant aperçue que le principe de subsidiarité ne lui permettait pas d'établir des règles d'harmonisation plus détaillées que celles déjà prescrites dans les directives [3]. L'une des spécificités de ces Forums est de compter des représentants des Etats membres à côté des régulateurs et des acteurs du secteur, y compris les consommateurs. C'est également la Commission qui a demandé au travers du Forum, lors de sa seconde réunion en octobre 1998, aux GRT d'électricité de s'organiser afin d'avoir un réel interlocuteur indépendant et représentatif de l'ensemble des GRT de l'Union Européenne. C'est ainsi que l'association *European Transmission System Operators* (ETSO) est créée en juillet 1999[4]. Avec cette création se met en place

---

Ch. VLACHOU, « Autorités européennes de régulation », in *Dictionnaire des Régulations*, *op. cit.*, p. 147.

[1] Institut Montaigne, *Régulation : ce que Bruxelles doit vraiment faire*, juin 2004, p. 128, http://www.institutmontaigne.org/medias/IM_Rapport-Régulation-ce-que-Bruxelles-doit-vraiment-faire.pdf.

[2] L. RODRIGUE, *Les aspects juridiques de la régulation européenne des réseaux*, Bruylant, collection Droit administratif, n° 10, 2012, p. 156.

[3] *Minutes of the First Meeting of the European Electricity Regulatory Forum*, Florence, 5-6 février 1998, p. 1.

[4] ETSO se composait des 23 membres de l'Union pour la coordination du transport d'électricité (UCTE), de NORDEL représentant les GRT de Norvège, Suède et Finlande, de ATSOI, comprenant les deux GRT Irlandais, et de UKTSOA représentant les trois GRT britanniques. Son premier président fut M. O. HAKON HOELSAETER, directeur de Statnett SF (GRT norvégien) et président de NORDEL. Lui succéda en juin 2001, A. MERLIN, directeur du Réseau de Transport d'Electricité (RTE) français. Par ailleurs, ETSO a été remplacé par ENTSO-E, le réseau européen des GRT d'électricité qui regroupe 43 GRT originaires de 36 pays d'Europe, lors du 3ème paquet énergie.

la structure qui se révèle un acteur incontournable de la réalisation du marché unique, l'interlocuteur de la Commission et des régulateurs.
Les principaux thèmes abordés dans le Forum de Florence au cours des premières années sont les questions d'échanges transfrontaliers et la gestion des congestions[1], tous sujets du ressort direct des GRT et donc d'ETSO. Thèmes extrêmement complexes et qui touchent à des intérêts et des habitudes dans chaque pays. Lors d'une telle démarche volontaire, quand surviennent des dissensions sur des sujets sensibles, il est nécessaire, mais pas toujours suffisant, de disposer de temps pour trouver une solution. Ainsi, en ce qui concerne l'un des points d'achoppement principaux, la tarification des échanges transfrontaliers d'électricité, il faut attendre la 10ème réunion du Forum de Florence, le 9 juillet 2003, pour que l'ensemble des acteurs s'accorde sur une suppression complète de toute tarification des échanges transfrontaliers d'électricité.
Le fonctionnement du Forum est rapidement devenu de plus en plus organisé. Les positions du CEER sont, en général, présentées, par le président du groupe de travail concerné à partir des conclusions (même intermédiaires) du CEER. La diversité des opinions peut s'exprimer à l'occasion des débats avec la salle, mais il est, toutefois, fréquent que les réunions du Forum servent essentiellement à exposer les positions de chacun, sans prise de décision. La durée du Forum, qui s'étend sur deux jours, permet néanmoins de nombreux à-côtés informels facilitant des avancées dans certains domaines.
Cet aspect est renforcé par la création, en 2004, de la *Florence School of Regulation* (FSR) par deux régulateurs européens du secteur de l'énergie et un universitaire[2]. La FSR est devenue un centre unique en

---

[1] « Les opérateurs en charge des réseaux doivent prévoir, pour assurer l'équilibre des flux, les échanges futurs d'énergie. Dans ce but, les utilisateurs des réseaux établissent une programmation des transactions à mettre en œuvre. Une fois cette programmation établie, les opérateurs en charge des réseaux disposent alors d'une vision 'idéale' des mouvements d'énergie à venir.[...] Toutefois, en pratique, leur réalisation est subordonnée au traitement des contraintes techniques inhérentes aux réseaux. Ces problèmes d'engorgement, dits de congestion, doivent être traités par le GRT. », Ch. LEMAIRE, *Energie et concurrence : Recherches sur les mutations juridiques induites par la libéralisation des secteurs de l'électricité et du gaz*, t. I, Presse Universitaire d'Aix-Marseille, Institut de droit des affaires, Centre de droit économique, 2003, pp. 125-127.

[2] P. RANCI (cofondateur du CEER et ancien président de l'ARN italienne), J. VASCONCELOS (co-fondateur et président du CEER) et I. PEREZ-ARRIAGA universitaire (MIT et université de Comillas).

son genre de rencontre entre régulateurs européens et nationaux ou universitaires, venus se former ou participer à des séminaires de travail. La proximité géographique des réunions du Forum avec les locaux de l'Ecole a permis une assez forte synergie et a enrichi les échanges.

2- Le Forum de Madrid

Le Forum de Madrid n'a pas bénéficié de conditions aussi favorables. La situation du gaz est objectivement différente de celle de l'électricité. Le gaz est pour l'essentiel importé (ce qui reste encore plus vrai aujourd'hui), aussi les sujets de sécurité des réseaux et de sécurité d'approvisionnement sont nécessairement tournés vers les pays producteurs de gaz et de transit, et n'incitent pas spontanément les acteurs de marché à se coordonner[1]. La production de gaz est ouverte depuis longtemps à la concurrence et dépend soit de grandes compagnies pétrolières multinationales, soit de grandes sociétés publiques nationales dans les pays producteurs-exportateurs[2]. De ce fait, l'amont de la chaîne gazière échappe largement à l'emprise du droit européen. Le gaz est principalement importé dans le cadre de contrats à long terme (20 à 25 ans) avec des clauses de *take or pay* [3] ; les bourses de gaz étaient de ce fait moins développées que celles de l'électricité (situation qui a sensiblement évolué au fil des années). Le secteur se caractérise ainsi par une forte prédominance des relations bilatérales, dans un marché qui s'avère de plus en plus mondialisé[4], ce qui incite à privilégier les rapports avec les grands producteurs[5], et à négliger la

---

[1] Le transport de gaz se fait par deux moyens, soit sous forme gazeuse dans des gazoducs, soit sous forme liquide via des méthaniers. Comme on le sait, il faut refroidir le gaz à -160 ° c pour le liquéfier.

[2] BP, SHELL, EXXON, TOTAL…, GAZPROM pour la Russie, SONATRACH pour l'Algérie.

[3] L'importateur paie le volume prévu au contrat, que ce gaz soit physiquement ou non importé par lui.

[4] A cet égard, on peut noter une sensible évolution au cours des 20 dernières années. Le marché du gaz connaissait trois grandes zones de prix (Europe, Asie et Amérique), qui, depuis l'avènement du gaz de schiste aux Etats Unis dans les années 2008/2009 ont tendance à s'effacer.

[5] La France a toujours eu, depuis le début des années 2000, un approvisionnement diversifié en gaz naturel dont 98% est aujourd'hui importé. Après une forte hausse, les importations françaises de gaz naturel diminuent en 2020 et 2021 à un niveau comparable à celui de 2009 pour cette dernière année.. La Norvège demeure le principal fournisseur de la France (32 % du total des entrées brutes), devant la Russie (22 %) et dont la part diminue drastiquement depuis le début du conflit en Ukraine,

collaboration de tous les acteurs européens qui apparaît moins déterminante que dans le secteur de l'électricité. Par ailleurs, le réseau de gaz naturel est moins maillé que le réseau d'électricité, et, enfin, le gaz n'a pratiquement pas d'usage captif et se stocke.
Le Forum de Madrid est ainsi confronté à des sujets sur lesquels il n'a pas toujours de capacité d'influence. Son dynamisme s'en est d'ailleurs ressenti, car il a connu une fréquence de réunions moindre que son homologue florentin, à raison d'un seul Forum par an jusqu'en 2005. Néanmoins, il existe un point commun essentiel aux deux secteurs : le transport est un maillon essentiel de l'organisation industrielle. Et c'est le point sur lequel la régulation porte son attention.
Au début des années 2000, on considère que les « disponibilités de court et moyen terme pouvant contribuer à une concurrence active sur le marché gazier étaient encore très limitées (de l'ordre de 5 à 10 % de la consommation européenne). Contrairement au marché électrique caractérisé par une offre abondante, alimentée par des surcapacités de production, le marché gazier est peu fluide »[1].
Alors que, dans le cas de l'électricité, les fluctuations de la demande doivent être couvertes par le parc de production et ses réserves de capacité, pour le gaz on doit faire appel au stockage souterrain, afin d'équilibrer les variations de la demande, très sensible à la saisonnalité[2]. A cet égard, l'accès à un service de modulation dans des conditions transparentes et non discriminatoires constitue un complément indissociable de l'accès des tiers aux réseaux. Or de profondes divergences d'intérêt existent entre les pays européens, selon qu'ils sont, à l'époque, auto-suffisants comme les Pays-Bas ou la Grande-Bretagne, ou très dépendants des importations, comme la France ou l'Espagne. En outre on estime que « seulement 5 à 10 % des besoins

---

l'Algérie (8 %), les Pays-Bas (7 %), le Nigeria (7 %) et le Qatar (1 %). Les achats auprès d'autres pays, dont une partie porte sur du gaz pour lequel le lieu de production ne peut pas être tracé (lorsqu'il est acheté sur les marchés du nord-ouest de l'Europe par exemple), représentent 23 % des entrées brutes. Leur développement traduit une diversification des approvisionnements permise par l'importation de gaz naturel liquéfié qui a bondi en 2022 notamment en provenance des Etats Unis. (Source : ministère de la Transition Ecologique, DataLab, chiffres clés de l'énergie édition 2022).

[1] J. SYROTA, « *Rapport sur l'ouverture du marché gazier français* », CRE, Paris, 24 octobre 2002, p. 8.

[2] Il est particulièrement instructif de relever que l'ensembles des points soulevés à l'époque est d'une grande actualité en 2022/2023 dans les débats relatifs à l'approvisionnement en gaz de l'Europe et au rôle de la Russie et de Gazprom.

européens peuvent être alimentés par des ressources plus fluides et parfois moins coûteuses que les ressources de long terme »[1].

Enfin, il convient de souligner un élément de différenciation non négligeable, à laquelle les régulateurs sont, nécessairement, attentifs : les réseaux de transport constituent un élément prépondérant du patrimoine des opérateurs gaziers. Les opérateurs gaziers historiques assurent l'achat-revente, le transport, le stockage, la distribution et la commercialisation. Aussi, les infrastructures de transport et de distribution de gaz naturel, qui entrent dans le champ de la régulation, représentent l'essentiel de leurs actifs.

D'une manière générale, l'Europe gazière est loin de constituer un marché unique. Chacun des marchés nationaux a organisé ses propres approvisionnements à long terme, quelquefois en partenariat, mais sans considération particulière pour une intégration dans un grand marché intérieur du gaz. Les interconnexions entre réseaux apparaissent, en tout état de cause, comme insuffisamment développées, et un maillage complémentaire, orienté davantage vers l'équilibrage à court et moyen termes des réseaux restait à mettre en place

L'ensemble de ces considérations peut expliquer la lenteur avec laquelle le Forum de Madrid parvient à trouver des solutions satisfaisantes sur les thèmes clés de la construction du marché intérieur, comme l'accès des tiers aux installations de stockage (un accord n'est trouvé qu'en 2005), les conditions de transparence, d'équilibrage…

La corégulation va connaître un regain de force avec la création d'ERGEG, mais il est intéressant, avant d'aborder cet aspect, d'étudier la première tentative, réelle, de la Commission de prise de pouvoir dans le domaine de la régulation.

B- La tentation de verticalité de la Commission tempérée par le Parlement européen au profit des régulateurs

Après un retour d'expérience relativement bref en matière de corégulation, au travers du Forum de Florence et de l'existence du CEER, la Commission présente, le 13 mars 2001, une proposition de règlement [2] concernant les conditions d'accès au réseau pour les échanges transfrontaliers d'électricité. Dans cette proposition, elle

[1] *Ibid*, p. 8.

[2] La Commission présentait en même temps une proposition de directive du Parlement européen et du Conseil modifiant les directives 96/92/CE et 98/30/CE concernant des règles communes pour les marchés intérieurs de l'électricité et du gaz naturel.

s'octroie des compétences nouvelles en matière de réglementation, en se faisant assister par deux comités, dans lesquels devaient siéger les représentants des Etats. La Commission explique combien le travail réalisé au sein du Forum de Florence a été conséquent, mais souligne aussi la difficulté, pour résoudre des questions délicates, de passer par la seule recherche d'un consensus[1]. Elle considère en conséquence que, « pour réaliser des progrès décisifs [...], il convient désormais d'adopter un instrument législatif permettant un processus décisionnel clair, complétant les résultats obtenus au sein du forum »[2]. La Commission a d'ores et déjà conclu que la corégulation a montré ses limites et qu'il faut passer à la vitesse supérieure. Elle estime que le fonctionnement des réseaux et les flux transfrontaliers établissent une condition à la concurrence sur le marché intérieur, et qu'il convient de ce fait de se donner les moyens de régler les questions pendantes de manière rapide. Si de nombreux acteurs, dont les régulateurs, partagent le diagnostic, ils diffèrent sur la méthode pour y parvenir. L'approche, pour le moins volontariste, de la Commission ne fait pas l'unanimité.

Au cours de sa séance plénière du 13 mars 2002, un an plus tard, le Parlement européen approuve, sous réserve d'un certain nombre d'amendements, la proposition de la Commission. Parmi ceux-ci, les amendements 27 à 33 proposent la création d'un Conseil des régulateurs européens de l'énergie avec un rôle consultatif et l'amendement 21 prévoit que ce Conseil assiste la Commission dans la mise en œuvre du règlement.

L'intervention du Parlement confère aux régulateurs nationaux un rôle important alors que la Commission les a singulièrement ignorés.

La Commission accepte, le 2 juin 2002, ces amendements, tout en précisant qu'elle entend créer ce Groupe « au moyen d'une décision et

---

[1] « *Member States alone cannot resolve this issue: to develop an effective tarification system an harmonised approach is imperative and cannot be developed at national level. As demonstrated above, an informal collaborative approach will not lead to the implementation of an appropriate system with necessary procedural and democratic safeguards. Such a proposal is therefore wholly in line with the subsidiarity principle, and indeed is made necessary by it. Thus, together with the adoption of this Communication, the Commission has decided to propose to the Parliament and Council the adoption of a "Regulation on conditions for access to the network for cross-border exchanges in electricity in the internal electricity market".* »

[2] « *The Commission has concluded that to build on the progress achieved at the Forum, it is now necessary to adopt a legislative instrument for a clear decision-making process for making final progress on the issues of cross-border transmission tarification and congestion management on interconnectors.* »

non du règlement, comme le propose le Parlement » [1]. En pratiquant ainsi, la création de la future entité relevait du droit dérivé et non du droit primaire, et laissait, de ce fait, une grande marge de manœuvre à la Commission.

Néanmoins, le Parlement européen ne se contente pas de l'engagement de la Commission et rappelle, en deux occasions, sa volonté de voir se créer une telle entité pour les régulateurs de l'énergie[2].

Cet épisode est intéressant par ce qu'il permet d'appréhender la conception par la Commission de la régulation de l'énergie au niveau européen. On peut ainsi constater que si cette conception connaît des évolutions dans la mise en œuvre, elle reste toutefois assez constante au fil des ans, comme plusieurs aspects du 4ème paquet énergie le montrent. Il est, par ailleurs, surprenant que la Commission n'ait pas proposé d'elle-même la création d'une entité de même nature pour l'énergie, à l'instar de ce qu'elle a fait pour les régulateurs des télécommunications[3]. C'est bien le Parlement qui souhaite l'instauration d'une telle structure européenne, placée auprès de la Commission, afin de pas laisser celle-ci se positionner en « régulateur européen ».

Au niveau du régulateur français, les propositions de la Commission et sa volonté de « réguler » elle-même suscitent une réaction assez vive, exprimée de manière officielle dans son rapport d'activités de juin 2002. La CRE estime en effet que, par sa proposition de règlement sur les échanges intracommunautaires, et sous couvert de convergence et d'harmonisation, la Commission entend « se voir conférer un pouvoir

---

[1] COM (2002) 304 final, Proposition modifiée de Directive du Parlement Européen et du Conseil modifiant les directives 96/62/CE et 98/30/CE concernant des règles communes pour les marchés intérieurs de l'électricité et du gaz naturel, Proposition modifiée de Règlement du Parlement européen et du Conseil sur les conditions d'accès au réseau pour les échanges transfrontaliers d'électricité, p. 58.

[2] A cet égard, voir P.-M. MOMBAUR, *Rapport sur la proposition de règlement du Parlement européen et du Conseil concernant les conditions d'accès au réseau pour les échanges transfrontaliers d'électricité* de la Commission de l'industrie, du commerce extérieur, de la recherche et de l'énergie, PE 309.067 du 28 février 2002, puis PE 322.001 du 14 mars 2003. « Le parlementaire rappelle l'engagement de la Commission de reconnaître un rôle formel au Conseil des autorités réglementaires européennes dans les domaines de l'énergie (CEER) par voie de décision, sur le modèle du Groupe des régulateurs européens (GRE) ».

[3] Décision de la Commission 2002/627/CE du 29 juillet 2002 instituant le groupe des régulateurs européens dans le domaine des réseaux et services de communications, J.O.C.E. L.200 du 30 juillet 2002.

étendu, bien au-delà du rôle normatif que lui assignent les traités, comme un régulateur communautaire, assisté dans la prise de décision par deux comités où siègeront les représentants des Etats. Déterminant ainsi, par exemple, les règles de tarification ou les modalités d'usage des interconnexions, elle orienterait de façon décisive le fonctionnement des marchés. Cette approche est éminemment contestable » [1].

La critique souligne d'une part « le paradoxe d'exiger, au plan national, que la régulation soit indépendante – entre autres, des gouvernements[2] – pour, simultanément confier à la Commission, assistée par les représentants des gouvernements, la charge de l'assurer à l'échelle de l'Union européenne »[3], et, d'autre part, insiste sur l'erreur que constitue, d'après la CRE, une approche de type « technocratique », alors que les problèmes rencontrés ne pouvaient être prédéfinis.

La CRE considère que plusieurs sujets ont été traités dans le cadre des discussions bilatérales ou multilatérales, notamment grâce au Forum de Florence, et qu'il convient d'aborder progressivement les problèmes que le marché soulève, en recherchant, par la concertation, le consensus des régulateurs et en laissant à chacun d'eux le soin d'appliquer les modalités de l'accord obtenu dans chaque pays. Cette conviction est exprimée par son directeur général, Th. Tuot, lors d'un colloque en avril 2002 : « Avec le Parlement européen, nous plaidons pour une régulation communautaire qui ne serait pas définie par un texte mais émergerait progressivement des autorités de régulation nationales dans les secteurs du gaz et de l'électricité, analogue à celui existant déjà dans le secteur des communications électroniques. C'est pourquoi nous sommes très réticents à l'adoption d'un règlement sur les échanges transfrontaliers qui nous paraît réduire l'espace de liberté des pays de façon improductive. Nous souhaitons que la Commission européenne définisse par la directive des objectifs et un cadre dans lequel le jeu de la concurrence puisse se dérouler. Les régulateurs nationaux réunis au sein d'un comité auprès de la Commission européenne pourront alors, au fur et à mesure que les besoins se manifestent, réguler d'un commun accord certaines questions comme celle des transits, résolue à Florence ou encore celle du fonctionnement des bourses et des marchés

---

[1] CRE, *Rapport d'activité, juin 2002*, p. 18.

[2] Ce qui, au demeurant, était inexact car, jusques et y compris les directives électricité et gaz de 2003, la Commission n'a jamais demandé que le régulateur soit indépendant des Gouvernements, contrairement à la loi de février 2000 en France.

[3] CRE, *Rapport d'activité, juin 2002*, p. 18.

d'ajustement »[1]. C'est une vision sensiblement différente de celle affichée par la Commission, qui estime que la pratique de la corégulation par consensus a, déjà, atteint ses limites et veut conduire une régulation plus « verticale ». La CRE s'oppose donc à cette conception, en considérant que le seul modèle de régulation européenne souhaitable est un système émanant des régulateurs nationaux, et indique qu' « Un pas dans la direction suggérée a été accompli à l'initiative du Parlement européen, qui, en amendant le projet de directive, a proposé de créer un conseil de régulateurs auprès de la Commission »[2].

Cette conception, qui reflète une certaine confiance dans la capacité des régulateurs à trouver ensemble des solutions, correspond à un contexte plutôt positif pour la CRE. A cette époque, elle peut tirer un bilan satisfaisant de l'ouverture du marché pour la France ; elle est parvenue à imposer son autorité aux entreprises qu'elle régule, au besoin en utilisant avec fermeté son pouvoir de règlement de différends, ce qui n'est pas le cas de tous ses homologues ; elle utilise, avec une certaine audace comme nous l'avons vu, le droit souple pour permettre la mise en place d'un marché ; elle pilote plusieurs groupes de travail au sein du CEER en raison de l'expertise reconnue de ses équipes constituées en majorité d'ingénieurs. La CRE est, en cette période, elle-même en « confiance ».

De ce point de vue, sa critique, assez tranchée, de la situation allemande et, implicitement, du contenu de la proposition de directive de la Commission, dans son rapport d'activité de juin 2002, très inhabituelle dans ce genre de document, mérite d'être mentionnée. La CRE exprime ainsi son regret que le projet de directive n'impose pas un régulateur sectoriel « Confiant les compétences prévues par la directive à son autorité nationale de concurrence, le *Bundeskartellamt* (BKA), l'Allemagne n'envisage nullement de s'engager dans l'effort commun d'élargissement de la concurrence sur un plan européen [...]Le modèle allemand dit d'"auto-régulation", par entente entre les principaux

[1] « Le rôle et la place du régulateur sectoriel dans l'ouverture à la concurrence et l'importance de la coordination entre les régulateurs européens de l'énergie », *in Les enseignements de l'ouverture à la concurrence du secteur énergétique,* Ateliers de la concurrence organisé par la DGCCRF du 3 avril 2002, http://www.finances.gouv.fr/DGCCRF/concurrence/ateliers_concu/energie7.htm, cité par L. Rodrigue.

[2] CRE, *Rapport d'activité,* juin 2002, p.19.

opérateurs, antithétique avec une saine compétition entre acteurs, pourra ainsi perdurer »[1].

La proposition de règlement ayant soulevé de telles critiques est finalement adoptée le 26 juin 2003 (1228/2003/CE)[2], en même temps que les directives sur l'électricité et le gaz (03/54/CE et 03/55/CE), mais son efficacité ne sera pas à la hauteur des espérances de la Commission. Le règlement 1228/2003/CE sur les échanges transfrontaliers donne à la Commission, un pouvoir sur les méthodes, le niveau et les dérogations du montant des compensations du nouveau système de transit transfrontalier[3], « en considérant que les méthodes d'attribution des interconnexions devaient être ' basées sur les mécanismes de marché'[4], et prévoyant, sans la rendre obligatoire, une procédure d'enchères »[5]. Toutefois l'application du règlement se heurte à une difficulté essentielle. Bien que l'Annexe comporte des orientations d'application, celles-ci ne sont pas entièrement opérationnelles. Un arrêt de la Cour de Justice des Communautés européennes (CJCE) s'avère nécessaire pour permettre une avancée déterminante dans la réalisation du marché unique.

Son arrêt du 7 juin 2005 règle, en effet, deux questions clefs pour le marché unique : l'accès privilégié au réseau de transport transfrontalier

---

[1] CRE, *Rapport d'activité*, 2002, p. 17. A cette même page, on peut noter l'échange à fleurets « peu mouchetés » entre le président de l'autorité de la concurrence allemand et le président de la CRE : La régulation selon le président du BKA : "Quand vous jouez au football, vous devez avoir des règles, mais ensuite, vous laissez les joueurs jouer", (Energies News, 25 février 2002, n° 29, page 6). Réponse du président de la CRE : "[...] certes, mais il y a aussi un arbitre de champ et des arbitres de ligne. Le football sans arbitre est un sport de gentlemen joué par des voyous", (*Energies News*, 11 mars 2002 n° 30, page 10).

[2] Un règlement de même nature fut adopté pour le gaz en 2005 : Règlement (CE) n° 1775/2005 du Parlement européen et du Conseil du 28 septembre 2005 concernant les conditions d'accès aux réseaux de transport de gaz naturel, J.O.C.E. L289/1 du 3 novembre 2005.

[3] Règlement 1228/2003/CE, Article 1, Objet et champ d'application, « Le présent règlement vise à fixer des règles équitables pour les échanges transfrontaliers d'électricité afin d'améliorer la concurrence sur le marché intérieur de l'électricité, en tenant compte des spécificités des marchés nationaux et régionaux. À cet effet, il conviendra d'établir un mécanisme de compensation pour les flux transfrontaliers d'électricité et d'instituer des principes harmonisés sur les redevances de transport transfrontalières et l'attribution des capacités existantes d'interconnexion entre les réseaux nationaux de transport ».

[4] Règlement 1228/2003/CE, § 17 de l'exposé des motifs et article 6.

[5] R. RAMBAUD, *L'institution juridique de régulation, op. cit.*, p. 456.

d'électricité et les contrats de longue durée préexistants à la libéralisation du marché. En se fondant sur la directive 96/92/CE (articles 7, paragraphe 5, et 16), la Cour (grande chambre) dit pour droit que « Lesdits articles s'opposent à des mesures nationales accordant à une entreprise une capacité prioritaire de transport transfrontalier d'électricité, que ces mesures émanent soit du gestionnaire du réseau, soit du contrôleur de la gestion du réseau ou du législateur, lorsque de telles mesures n'ont pas été autorisées dans le cadre de la procédure prévue à l'article 24 de la directive 96/92 »[1]. En déclarant ainsi illégal tout accès prioritaire accordé préalablement à la directive 96/92/CE, la Cour de justice modifie définitivement les règles de fonctionnement des échanges aux frontières et facilite la mise en place de mécanismes concurrentiels dans le traitement des congestions.

C'est en se fondant sur cet arrêt et sur une consultation du directeur général de l'énergie et des transports de la Commission Européenne, que la CRE décide la généralisation des mécanismes d'enchères en décembre 2005[2]. La décision évoque l'ensemble des frontières de la France et prescrit à RTE les règles qu'il doit suivre. Ainsi, concernant les frontières belge et allemande : « A partir du 1er janvier 2006, RTE ne devra, donc, plus permettre un accès prioritaire à ces frontières aux transactions conclues en application des contrats signés avant l'entrée en vigueur de la directive 96/92/CE. A cet effet, RTE devra à partir de cette date, allouer la capacité totale disponible sur les frontières belge et allemande par des mécanismes d'enchères explicites coordonnés à différentes échéances »[3]. C'est toutefois avec une entreprise italienne que cette décision soulève un contentieux. ENEL dépose le 30 mai 2006 un recours devant le Conseil d'Etat pour annulation de la décision de la CRE, en date du 1er décembre 2005, « en tant qu'elle remet en cause à compter du 1er janvier 2006 les droits d'accès prioritaire au réseau électrique à la frontière franco-italienne ».

---

[1] Arrêt de la Cour de justice des Communautés européennes du 7 juin 2005, *Vereniging voor Energie*, Milieu en Water et autres contre Directeur *van de Dienst uitvoering en toezicht energie*, C-17/03.

[2] CRE, *Décision du 1er décembre 2005 sur la mise en œuvre des programmes de travail dénommés « feuilles de route » concernant les procédures d'allocation de capacités d'interconnexion en 2006 et la prise en compte de l'arrêt de la CJCE C-17/03 du 7.06.05.*

[3] *Ibid*, p. 1., la seule frontière qui conserve alors des contrats historiques est celle avec la Suisse qui ne fait pas partie des Etats membres.

Le Conseil d'Etat, par sa décision du 30 mars 2007, rejette le recours d'ENEL, en se fondant sur le règlement 1228/2003/CE et sur l'arrêt de la CJCE du 7 juin 2005[1].
L'arrêt de la CJCE peut être considéré comme l'élément déterminant qui ouvre, réellement, la voie à la réalisation du marché intérieur. La Commission modifiait, par une décision du 9 novembre 2006, l'annexe du règlement (1228/2003/CE), et rend obligatoire le mécanisme d'enchères[2]. Celui-ci n'est en fait qu'une étape avant le couplage des marchés, mais ce dernier s'inscrit dans un nouveau contexte pour les régulateurs et la Commission, celui de la création de l'entité européenne des régulateurs.

II- La création d'ERGEG : un nouvel équilibre entre régulateurs et Commission

La Commission met en œuvre son engagement vis-à-vis du Parlement européen de créer une entité spécifique des régulateurs nationaux par sa décision du 11 novembre 2003 (2003/796/CE), qui institue le groupe

[1] CE n ° 289 687 du 30 mars 2007, « Considérant que, par un arrêt C-17/03 en date du 7 juin 2005, la Cour de justice des communautés européennes a jugé, sur renvoi préjudiciel, que les dispositions de la directive 96/92/CE concernant les règles communes pour le marché intérieur de l'électricité s'opposaient en principe à des mesures nationales accordant à une entreprise une capacité prioritaire de transport transfrontalier d'électricité ; que ce même arrêt précise que les dispositions du règlement susvisé (CE) n° 1228/2003 et de son annexe sont " parfaitement cohérentes " avec les dispositions de la directive 96/92/CE ; que si, à la date de la décision attaquée, la directive 96/92/CE n'était plus en vigueur, du fait de son abrogation par la directive susvisée 2003/54/CE, cette nouvelle directive prévoit à son article 9 e) des dispositions garantissant la non-discrimination entre utilisateurs du réseau équivalentes à celles interprétées par la décision précitée de la Cour de justice des communautés européennes ; que, dans ces conditions, il y a lieu d'analyser les dispositions du règlement n° 1228/2003 et de son annexe relatives aux contrats à long terme comme n'ayant ni pour objet ni pour effet d'autoriser des mesures nationales accordant ou reconnaissant à une entreprise une capacité prioritaire de transport transfrontalier d'électricité sans qu'ait été respectée préalablement une procédure non discriminatoire ; qu'ainsi, en interdisant au gestionnaire du réseau français d'accorder un accès prioritaire à certaines transactions et en lui imposant d'allouer la capacité disponible à la frontière franco-italienne par voie d'enchères, la Commission de régulation de l'énergie n'a méconnu aucune disposition du règlement n° 1228/2003 et de son annexe ».

[2] Décision de la Commission du 9 novembre 2006 modifiant l'annexe du règlement 1228/2003/CE concernant les conditions d'accès au réseau pour les échanges transfrontaliers d'électricité, §2.2 des orientations.

des régulateurs européens dans les secteurs de l'électricité et du gaz (*European Group of Regulators for Electricity and Gaz*, ERGEG). L'objectif annoncé est de « désormais donner à la coopération et à la coordination dans le domaine de la régulation un statut plus officiel en vue de faciliter la réalisation du marché intérieur et dans la perspective de l'adhésion prochaine de nouveaux Etats »[1].
Le rôle de ce « groupe consultatif indépendant », composé des représentants des autorités de régulation nationale[2], « était de faciliter la consultation, la coordination, et la coopération entre les autorités nationales elles-mêmes et entre ces autorités et la Commission. Sa contribution principale consistait à adopter du droit mou sous forme d'orientations non contraignantes, de recommandations et d'avis à la Commission, sans pour autant que soient spécifiés la façon ou le degré dont la Commission devait les prendre en compte »[3].
Pour sa part, P.-A. Jeanneney écrit, en 2004, que ces associations de régulateurs « élaborent des textes avec l'accord ou à la demande de la Commission européenne qui peut ensuite les reprendre à son compte et leur donner une valeur contraignante. Et avant qu'ils ne soient repris par la Commission, ces documents, s'ils font l'objet d'un consensus, sont mis en œuvre par chacun des régulateurs dans son propre pays »[4]. Le propos peut s'appliquer en fait aux deux structures, CEER et

---

[1] Décision 2003/796/CE, considérant n°5. Cette décision était annoncée au point 16 des considérants des directives sur l'électricité et le gaz d'août 2003 (03/54/CE et 03/55/CE). Par ailleurs 2004 voyait outre une nouvelle Commission, l'arrivée de 10 nouveaux Etats membres.

[2] La composition d'ERGEG était calquée sur celle du CEER ; l'article 2 § 1 de la décision 2003/796/CE prévoyait que les membres d'ERGEG étaient les dirigeants des ARN de l'énergie ou leurs représentants. Au § 2 la décision désignait lesdites ARN « Aux fins de la présente décision, on entend par «autorité de régulation nationale», l'autorité publique établie dans un État membre en application des directives 2003/54/CE et 2003/55/ CE, en vertu desquelles les États membres désignent un ou plusieurs organes compétents chargés d'exercer les fonctions d'autorités de régulation pour garantir l'absence de discrimination, l'existence effective de la concurrence et l'efficacité du fonctionnement du marché du gaz et de l'électricité et, plus particulièrement, pour superviser la mise en œuvre journalière des dispositions des directives 2003/54/CE et 2003/55/CE et du règlement (CE) no 1228/2003 à cet égard ».

[3] Ch. VLACHOU, *La coopération entre les autorités de régulation en Europe, Communications électroniques, énergie, op. cit.*, p. 114.

[4] P.-A. JEANNENEY, « Le régulateur producteur de droit », in *Les régulations économiques, légitimité et efficacité,* Paris, Dalloz, Presses de Science Po, 2004, p. 50.

ERGEG, avec, cependant, une nuance d'importance concernant ERGEG. En effet, les recommandations d'ERGEG, lorsqu'elles deviennent publiques, sont porteuses d'une forme de légitimité « européenne » que les régulateurs nationaux peuvent utiliser dans leurs pays respectifs. Légitimité que la CRE utilise fréquemment.
ERGEG conforte l'indépendance et l'influence des régulateurs nationaux (A), et initie une nouvelle approche de la construction du marché intérieur par l'approche régionale (B).

A- L'indépendance des régulateurs renforcée

Dans la mesure où la décision de création de cette nouvelle entité avait été annoncée dans les directives 2003/54/CE et 2004/55/CE, il n'était pas nécessaire de consulter à nouveau les organes gouvernementaux. La mise en place d'ERGEG relève uniquement de la Commission et des régulateurs nationaux. Le président d'ERGEG est le président du CEER et les deux vice-présidents sont également ceux du CEER. Le secrétariat est assuré par la Commission, laquelle approuve son règlement intérieur et assure les coûts de fonctionnement[1].
Le mode de fonctionnement d'ERGEG se traduit par un rôle d'interaction entre les régulateurs et la Commission. Sur certains thèmes, le CEER est moteur et propose des positions qu'il fait avaliser par l'ERGEG, et dans d'autres cas la Commission demande au CEER d'étudier, et de chercher à parvenir à un accord, sur un sujet particulier. Il est, en réalité, assez délicat de différencier très précisément les travaux du CEER de ceux d'ERGEG, même si leurs groupes de travail ne sont pas similaires, la principale différence étant que dans ceux estampillés ERGEG, les membres de la Commission peuvent y participés. Le rapport d'activité du CEER de 2004 aborde le sujet et tente d'expliquer les nuances d'approche entre les deux entités[2].
ERGEG est l'instance par laquelle les régulateurs conseillent officiellement la Commission, alors que le CEER est l'entité par laquelle les régulateurs adoptent des positions moins formelles vis-à-

---

[1] Les frais de transport des représentants des autorités de régulation nationale au sein d'ERGEG sont pris en charge par la Commission.
[2] Le rapport d'activité d'ERGEG avait été prévu à l'article 3 §8 de la décision 2003/796/CE. Ce rapport est transmis par la Commission au Parlement et au Conseil avec, le cas échéant, des commentaires.

vis de la Commission[1]. La nuance était assez subtile, mais peut s'avérer utile pour tester des positions vis-à-vis des acteurs du marché, avant de devenir des positions d'ERGEG.
Dans son rapport d'activité de l'année 2005, ERGEG précise son rôle par différenciation aux autres instances, « c'est plus qu'un forum informel comme ceux de Florence et de Madrid, plus qu'un laboratoire d'idées innovantes comme l'Ecole de Florence de la régulation, et plus qu'un club de régulateurs comme le CEER. ERGEG est « la fabrique » où se conçoivent, s'expérimentent, et s'élaborent les solutions techniques pour les problèmes connus et nouveaux de l'intégration de 25 marchés de l'électricité et du gaz dans le cadre juridique et institutionnel de l'UE » [2].
De manière pratique, la réunion d'ERGEG, qui se tient au sein des locaux de la Commission, se déroule à l'issue de celle du CEER, avec l'ensemble des membres de ce dernier. Son président et les rapporteurs des groupes de travail concernés présentent à l'ERGEG les points d'avancement et d'accord que le CEER a avalisé le matin même. L'approbation d'ERGEG donne ainsi à ces positions une coloration européenne officielle. La réunion est le décalque de celle du matin, avec en plus la présence de deux ou trois membres de la Commission. L'existence de cette nouvelle entité apporte sans conteste un degré d'indépendance supplémentaire aux régulateurs en général, et à la CRE en particulier. Les rapports entre la Commission et les régulateurs nationaux sont directs et ne passent jamais par l'intermédiaire des Gouvernements. En ce qui concerne la CRE, si les positions d'ERGEG lui permettent de les présenter comme des orientations de la Commission, et donc de leur donner une certaine valeur d'orientation au niveau national, cela était d'autant plus utile qu'il n'est pas rare que les conceptions de la CRE elle-même, soient reprises par le CEER et ERGEG.

---

[1] « *ERGEG is the institution through which Regulators formally advise the Commission, whereas CEER is the institution by which it provides less formal advice and position papers to the Commission ».* Rapport du CEER, 2004, p. 9.

[2] *Annual Report ERGEG*, p.4., traduction de l'auteur. « *It is more than just an informal forum for exchange of information (like the Florence and Madrid Fora), a laboratory for innovative ideas (like the Florence School of Regulation) or a club of regulators (like the Council of European Energy Regulators).The ERGEG is the factory where technical solutions to the old and new problems of integrating 25 electricity and gas markets are designed, tested and built within the complex EU legal and institutional framework* ».

En dépit des efforts du CEER, d'ERGEG et de la Commission, la réalisation du marché unique avance lentement en raison de l'opposition de plusieurs Etats membres à l'opérationnalité des interconnexions, ce qui se traduit par « un désaccord profond entre systèmes nationaux sur la gestion des congestions[1] des interconnexions, (et) un soutien persistant aux champions nationaux »[2]. Or il ne peut y avoir de marché unique sans un système fluide reliant les différents réseaux de transport nationaux. La plupart des interconnexions de l'époque ont été construites avant la directive de 1996, et donc dimensionnées pour assurer le secours mutuel des sociétés d'électricité et permettre l'exécution des contrats à long terme. Elles ne sont, en général, pas adaptées pour faire face à l'accroissement des échanges transfrontaliers d'énergie électrique découlant de la réalisation du marché intérieur. Il convient donc d'augmenter les interconnexions et d'optimiser les échanges sur les réseaux existants.
La situation qui prévaut alors est très bien décrite par P. Bornard, directeur de la division système électrique de RTE : « avant le marché, chaque pays fonctionnait sur la base de l'optimisation nationale avec des échanges peu fluides pour des raisons économiques. Les échanges se faisaient par deux moyens : soit par des contrats à 15-20 ans, soit par des échanges de dernière minute (de l'ordre de l'heure) de petites quantités à prix approximatifs. »[3] La mise en place du marché unique change entièrement les données. « Le problème actuel est que l'on manque d'infrastructures et d'interconnexions, ce qui crée des congestions partout, plus localisées aux frontières politiques, et ces goulots d'étranglement gênent les flux qui deviennent très fluctuants »[4]. Or en 2004, en dépit de l'adoption des nouvelles directives et du fameux règlement 1228/2003/CE, la situation a peu évolué ainsi que le décrit le régulateur français : « la réalisation du marché unique [...] est encore

---

[1] « Congestion : une situation dans laquelle une interconnexion reliant des réseaux de transport nationaux ne peut pas accueillir tous les flux physiques résultant d'échanges internationaux demandés par les opérateurs du marché, en raison d'un manque de capacité de l'interconnexion et/ou des réseaux nationaux de transport en cause ». Règlement (CE) 1228/2003 du 26 juin 2003, sur les conditions d'accès au réseau pour les échanges transfrontaliers d'électricité, art. 2, définitions point c).

[2] A. FERRON, *Electricité naissance d'une communauté,* Collection l'Europe après l'Europe, Confrontations Europe, Edition Le Manuscrit, Paris 2006, p.126.

[3] P. BORNARD, Groupe de travail de Confrontation Europe, cité par A. Ferron, *Electricité naissance d'une communauté, op. cit.,* p. 127

[4] P. BORNARD, Groupe de travail de Confrontation Europe, cité par A. Ferron, *Electricité naissance d'une communauté, op. cit.,* p. 127.

lointaine. Le marché de l'électricité de la plaque continentale, qui intéresse la France au premier chef, n'a pas plus connu de début de réalisation, et ce pour différentes raisons dont la fermeture de fait du marché allemand… »[1].

La vision de la CRE est, en grande partie, fondée sur ses responsabilités au sein du CEER. Elle y anime l'instance technique chargée d'étudier et de proposer l'harmonisation des tarifs d'utilisation des réseaux de transport européens [2]. Il est clair que l'absence d'un régulateur sectoriel en Allemagne crée un problème insurmontable pour aller vers un marché unique : il est difficile de construire une Europe de l'énergie sans l'Allemagne. L'autorité de la concurrence allemande, jusque-là en charge de l'énergie (électricité et gaz), n'a ni la volonté ni la capacité d'intervenir *ex ante* sur la question des réseaux et des tarifs. La régulation se résume ainsi, en Allemagne, à une autorégulation réalisée au sein des entreprises verticalement intégrées[3].

---

[1] CRE, *Rapport d'activité*, 2004, p. *2.*, « [...] encore caractérisé par des entreprises électriques complètement intégrées, le maintien d'un accès négocié aux réseaux et une absence de régulateur. Le 1er juillet 2004 pourrait changer cette situation si la directive européenne est enfin convenablement mise en œuvre par tous les Etats membres ».

[2] Ces travaux ont notamment porté sur les thèmes suivants :

• comparaison des coûts des réseaux couverts par les tarifs de transport dans les différents pays européens (domaines de tension exploités par les gestionnaires de réseaux de transport, couverture du coût des pertes, des services systèmes, rémunérations des actifs, …) ;

• état des lieux des principes de facturation des nouveaux raccordements ;

•évaluation du besoin en matière de signaux tarifaires destinés à inciter les producteurs à localiser la production de manière efficace sur le continent, compte tenu des contraintes et du coût des réseaux ;

• comparaison de modèles de tarifications destinés à délivrés des signaux de long terme des producteurs en Europe ;

• structure et niveau des timbres d'injection facturés aux producteurs dans les différents pays européens.

[3] La première phase a commencé avec la transposition de la directive électricité par la loi sur la gestion de l'énergie (« *Energiewirtschaftsgesetz* » - EnWG 1998) définissant les nouvelles règles juridiques applicables au secteur de l'énergie. Conformément à la marge de manœuvre prévue par la directive électricité, le législateur allemand a opté d'abord pour un système d'accès aux réseaux, négocié entre les groupements économiques intéressés, sans intervention de l'Etat. La loi ne prévoyait qu'un droit de libre accès aux réseaux dont la mise en œuvre dépendait en principe des parties intéressées. Les directives pour l'accélération de l'ouverture du marché de l'électricité et du gaz naturel de 2003 ont mis fin à la pratique allemande des « conventions de groupements » en prescrivant obligatoirement la mise en place d'autorités de régulation dans les Etats membres. Cette phase a abouti à une nouvelle version de la

Dans ces conditions, il semble effectivement difficile d'établir des règles de marché cohérentes et complètes afin de supprimer les entraves aux échanges transfrontaliers d'énergie. La création, enfin, d'un régulateur sectoriel en Allemagne permet de dépasser ce blocage et la décision de la CJUE donne une solide assise à une nouvelle approche.

B- Les initiatives régionales, une action majeure d'ERGEG

Les participants aux Forums de Florence et de Madrid avaient commencé à réfléchir à une approche différente de celle suivie depuis les premières directives, une approche par grandes régions. Cette idée est reprise en 2004 par la Commission, qui charge ERGEG d'y travailler. Une démarche par marchés régionaux paraît, compte tenu de l'ampleur des difficultés à surmonter, probablement plus accessible. Le risque est de donner le sentiment que le projet de marché intérieur est abandonné au profit de plusieurs marchés régionaux, ce qui n'est évidemment pas le projet de la Commission.
A l'issue d'une réunion du Forum de Florence en septembre 2004, la Commission décide la création de sept mini forums destinés « à favoriser l'essor de marchés régionaux, pour progresser vers un marché unique dont elle constatait qu'il était difficile de le mettre en place en une seul étape »[1]. Constatation qui semble de plus en plus évidente à l'ensemble des acteurs.

1- Une démarche graduelle vers le marché intérieur

L'ERGEG présente, en juin 2005, un document de travail intitulait « la création de marchés régionaux d'électricité »[2], dont l'objectif affiché est de traiter le manque d'intégration du marché de l'électricité au niveau européen. Après de nombreuses discussions et concertations, l'ERGEG lance le processus dit des « Initiatives régionales

---

EnWG en 2005. Depuis lors, il existe en Allemagne un système de régulation publique *ex ante* des rémunérations pour l'accès aux réseaux, mis en œuvre par de nouvelles autorités de régulation de l'Etat fédéral et des « Länder » (*Netzagenturen*). Pour l'Etat fédéral il s'agit de l'Agence fédérale des réseaux (*Bundesnetzagentur*). Voir sur ce sujet, M. GABEL, « Régulation de l'énergie : l'exception allemande », *Regards sur l'économie allemande, Bulletin économique du CIRAC* n°76, 2006, p. 13. Disponible sur : https://rea.revues.org/807#tocto1n2.

[1] CRE, *Rapport annuel 2007*, p. 15.

[2] « The Creation of Regional Electricity Markets - an ERGEG Discussion Paper », ERGEG, *Annual Report*, p. 7.

européennes »[1], et crée, le 26 avril 2006, sept régions de travail en électricité, puis trois régions pour le gaz[2]. Cette opération, qui constitue une forme d'institutionnalisation de l'action engagée dans les mini forums, reprend le même objectif de faciliter la réalisation du marché intérieur. Il faut donc que les initiatives régionales ne conduisent pas à des solutions régionales incompatibles, empêchant l'instauration future dudit marché.

Pour éviter cet écueil, ERGEG définit quatre axes de travail autour desquels les régulateurs doivent organiser leurs travaux communs : disponibilité maximum des capacités des réseaux de transport d'électricité ; disponibilité et contrôle de l'information délivrée par et aux acteurs de marché ; amélioration de la coopération entre gestionnaires de réseaux en vue du développement de l'interopérabilité de leurs réseaux ; compatibilité des mécanismes de marchés des différents pays.

L'une des particularités de la méthode de travail de ces initiatives régionales réside dans la présence de la Commission et des représentants des Gouvernements dans certaines des réunions. Celles-ci se situent à différents niveaux : les plus techniques d'entre elles se déroulent entre les GRT concernés et les services des régulateurs de la région, et les plus « politiques » avec les régulateurs, la Commission et les administrations nationales compétentes. L'ERGEG suit de façon très attentive cette opération et organise, sur un rythme annuel, une conférence sur les initiatives régionales, qui comprend non seulement les acteurs habituels, mais également le Commissaire chargé de l'énergie, le Président du Parlement européen, de nombreux parlementaires européens et différents ministres. Cela crée

---

[1]« EU-wide Electricity Regional Initiative (ERI) », *ibid,* p.7.

[2] Les 7 régions pour l'électricité : Centre-Ouest (Allemagne, Belgique, France, Luxembourg et Pays-Bas), régulateur leader Belgique ; Nord (Allemagne, Danemark, Finlande, Norvège, Pologne et Suède), régulateur leader Danemark ; France, Grande Bretagne et Irlande), régulateur leader Grande Bretagne ; Centre-Sud (Allemagne, Autriche, France, Grèce, Italie, Slovénie), régulateur leader Italie ; Sud-Ouest (Espagne, France, Portugal), régulateur leader Espagne ; Centre-Est (Allemagne, Autriche, Hongrie, Pologne, Slovaque, Slovénie, Tchéquie), régulateur leader Autriche ; Baltique (Estonie, Lettonie, Lituanie), régulateur leader Lettonie.

Les 3 régions pour le gaz : Nord-Ouest (Allemagne, Belgique, Danemark, France, Grande Bretagne, Irlande, Pays-Bas, Suède), régulateur leader Pays-Bas ; Sud (Espagne, France, Portugal), régulateur leader Espagne ; Sud-Sud-Est (Autriche, Grèce, Hongrie, Italie, Pologne, Slovaquie, Slovénie, Tchéquie), régulateurs leaders Italie et Autriche.

l'opportunité de « rendre compte », de manière très officielle, de l'évolution de cette démarche dépendante de la seule volonté de coopération des principaux acteurs et qui, donc, reste de la corégulation. Les rapports annuels du CEER et d'ERGEG (à partir de 2007 il n'y a plus qu'un seul rapport pour les deux entités) accordent une large place au sujet et soulignent les progrès réalisés, à la fois dans l'ensemble des sept régions pour l'électricité et les trois pour le gaz, et sur le fait que les sujets et les solutions envisagées convergent et vont dans le sens d'un marché intérieur. L'ERGEG organise, de manière systématique, les conditions de transparence du processus en cours et crée un site web afin d'être tenu informé des travaux poursuivis et des étapes atteintes dans chaque région.

Lors de l'accord sur le 3ème paquet, ERGEG considère que cette démarche reste pertinente pour l'avenir, même si les conditions changent et passent de la coopération volontaire à l'obligation, en estimant que « les initiatives régionales, non seulement, apportent des solutions concrètes sur le terrain, mais définissent le cadre général d'une convergence graduelle du marché intérieur »[1]. L'ERGEG a d'ailleurs créé, en 2009, un groupe de travail chargé de recenser les solutions retenues au sein des initiatives régionales susceptibles d'être généralisées.

Ces initiatives, dans le contexte d'une coopération volontaire, constituent une étape essentielle dans la réalisation du marché intérieur, avec, cependant, des résultats différents selon les régions. De ce point de vue la France, impliquée dans quatre des initiatives régionales en électricité et deux en gaz, représente un exemple intéressant en raison de la création de la Pentalatérale de l'énergie d'une part, et du couplage des marchés qui constitue l'opération la plus importante d'ERGEG au travers des initiatives régionales.

2- La Pentalatérale de l'énergie, une coopération interétatique de droit souple

Des discussions entre les deux GRT belge et néerlandais sur les échanges d'électricité entre leurs réseaux, et la manière d'en améliorer le fonctionnement pour aller vers une plus grande intégration, débutent

---

[1] « *The Regional Initiatives not only provide a mechanism for making practical progress on the ground but also provide the umbrella framework for a step-by-step EU market convergence* », CEER ERGEG, *Annual report* 2009, p. 6.

au début des années 2000. Elles conduisent assez rapidement à l'implication, par le GRT belge, de son homologue français, et par le GRT néerlandais de ses homologues allemands. En dépit du soutien des régulateurs de chaque pays mais en l'absence, à cette période, d'un régulateur sectoriel allemand, il est difficile de poursuivre sans l'implication des Gouvernements. Des protocoles d'accord[1] sont alors conclus entre la Belgique et les Pays-Bas et entre la Belgique et la France, l'Allemagne ne souhaitant pas s'impliquer officiellement, mais étant néanmoins partie prenante du processus. Cette démarche originale aboutit, à l'initiative du Benelux, à la création de la Pentalatérale de l'énergie, avec l'Allemagne et la France. L'étape suivante, soutenue par la Commission européenne mais sans qu'elle en soit signataire, a lieu le 6 juin 2007 à Luxembourg, avec la création officielle du Forum Pentalatéral de l'énergie[2]. Un protocole d'accord signé par les cinq Gouvernements, représentés par leurs ministres en charge de l'énergie[3], les autorités de régulation nationale (dont la CRE), les sept GRT, et les quatre Bourses d'échange concernées[4], concrétise cette création. Accord tout à fait remarquable, car l'un des très rares à être signé conjointement par les Gouvernements et les régulateurs. Le président de la CRE en mentionne l'existence lors d'une audition devant la commission compétente en matière d'énergie de l'Assemblée nationale.[5] L'objectif, similaire à celui des initiatives régionales d'ERGEG, est de créer un marché de l'électricité de l'Europe du nord-ouest en reprenant le principe du couplage des marchés.

---

[1] *Memorandum of Understanding* (MoUs).

[2] Initialement destiné à l'électricité, le gaz fut ensuite ajouté.

[3] Ce fut le seul accord international, dans le secteur de l'énergie, signé par A. Juppé au cours de la période, entre l'élection présidentielle de 2007 et les élections législatives, durant laquelle il est Ministre d'Etat, ministre de l'Ecologie, du Développement et de l'Aménagement durables (MEDAD).

[4] « *Memorandum of Understanding of the Pentalateral Energy Forum on Market Coupling and Security of Supply in Central Western Europe* », signé le 6 juin 2007 à Luxembourg. Voir en annexe n° 6.

[5] « Le 6 juin dernier, s'est tenue au Luxembourg la réunion dite Pentalatéral sur le couplage des marchés et la sécurité d'approvisionnement de l'Europe du Centre-Ouest, qui réunit les ministres chargés de l'énergie, les régulateurs et les opérateurs des cinq pays concernés. A l'époque, le ministre français chargé de l'énergie était A. Juppé. A cette occasion, un accord est intervenu, sous forme d'un *Memorandum of Understanding*, pour étendre ce couplage à l'Allemagne et au Luxembourg d'ici à janvier 2009. », audition du président de la CRE, commission des affaires économiques, de l'environnement et du territoire, Assemblé nationale, 11 juillet 2007, session extraordinaire 2006-2007.

Il s'agit d'un parfait exemple de droit souple tel qu'il en existe de nombreux en droit international[1]. Comme le rappelle le Conseil d'Etat dans son rapport sur le droit souple, le Conseil européen de Lisbonne, en 2000, a fait de la « méthode ouverte de coordination, un processus souple de supervision des politiques des Etats »[2]. Le protocole d'accord, qui n'est pas traduit en français, indique, dès le troisième considérant, que le but est « d'apporter un soutien politique au processus d'intégration régional des marchés électriques en vue de la réalisation du marché européen, en conformité avec les directives 2005/89/CE et 2003/54/CE et le règlement 1228/2003/CE »[3]. La mise en place de groupes de supports avec l'ensemble des acteurs (régulateurs, GRT, bourses, et Gouvernements) s'assortit de l'engagement de tous de « partager au mieux leur expérience afin de parvenir à de nouvelles étapes d'un marché plus intégré ». On trouve un peu plus loin l'expression suivante, assez courante dans les documents internationaux non contraignants : les parties signataires s'engagent à « faire leurs meilleurs efforts » pour parvenir à la mise en œuvre du couplage des marché entre les cinq pays signataires de cet accord avant janvier 2009. Il est, par ailleurs, indiqué que les régulateurs sont chargés, en fonction de leurs compétences légales, de la surveillance du processus engagé au niveau technique et régulatoire en suivant le Plan d'action régional publié le 12 février 2007[4] et qu'ils s'engagent à un processus de codécision efficace, nonobstant les obligations nationales. Enfin, en annexes, dont le texte précise qu'elles sont parties intégrantes du protocole d'accord, sont définies de façon très précises et détaillées les modalités, le calendrier et le processus des projets de couplage de marchés.

Ce protocole d'accord, bien que n'ayant pas de force contraignante, confère un cadre politique et un surcroit de légitimité aux régulateurs

---

[1] Le terme de « *soft law* » apparaît dès 1930 en droit international.

[2] CE Rapport *« Le droit souple »* 2013, p. 7.

[3] « *This initiative aims to give political backing to a process of regional integration of electricity markets towards a European energy market in compliance with Directives 2005/89 and 2003/54 and Regulation 1228/2003* » *Memorandum of Understanding of the Pentalateral Energy Forum On Market Coupling and Security of Supply in Central Western Europe*, §3, p. 2.

[4]« Dans la région Centre-Ouest, la CRE, avec les quatre autres régulateurs concernés, a publié en février 2007 un plan d'action régional définissant les étapes concrètes à franchir dans les deux prochaines années, en vue d'accélérer l'intégration régionale des marchés électriques », CRE, *Rapport sur l'utilisation et la gestion des interconnexions électriques pour l 'année 2006*, p. 8.

des cinq pays signataires, sans interférer avec les initiatives régionales d'ERGEG, puisque les acteurs et les buts sont les mêmes. On peut toutefois s'interroger sur ce qu'auraient été les résultats dans cette zone, sans l'implication, même symbolique, des Gouvernements.

3- Le couplage des marchés, pierre angulaire du marché intérieur

Jusqu'en 2004, la gestion des capacités d'interconnexion, entre la France et les pays voisins d'Europe continentale, repose sur des mécanismes administrés. Ces mécanismes doivent nécessairement évoluer pour permettre aux opérateurs européens de s'échanger de l'électricité sur la base de contrats plus souples permettant à la concurrence de s'exercer entre un plus grand nombre d'acteurs.
Le couplage de marchés vise à optimiser le processus d'allocation des capacités transfrontalières grâce à un mécanisme de formation des prix et des flux coordonnés entre les pays. Ce mécanisme utilise les enchères implicites pour lesquelles les acteurs ne se voient pas directement allouer de la capacité transfrontalière, mais négocient de l'énergie sur leur propre bourse. Les bourses utilisent alors la capacité de transfert transfrontalière disponible pour réduire les différences de prix entre deux zones ou plus. Le couplage des marchés oriente systématiquement les flux du pays où le prix est le plus bas vers le pays où il est le plus élevé, ce qui conduit à une convergence des prix entre les zones de marché.
L'article 6 du règlement 1228/2003/CE indique des principes généraux de gestion de congestion[1], et par ailleurs, comme on l'a vu, la CJCE a jugé incompatible avec l'établissement du marché européen de l'électricité, la priorité d'accès aux interconnexions accordée jusqu'alors aux contrats de long terme « historiques », conclus entre les grands opérateurs européens avant l'entrée en vigueur de la directive 96/92/CE du 19 décembre 1996.
En novembre 2006, le contexte juridique dans lequel s'inscrivent les mécanismes d'échanges commerciaux des interconnexions n'est défini

---

[1] Règlement 1228/2003/CE, art.6, « Les problèmes de congestion du réseau sont traités par des solutions non discriminatoires, basées sur le marché et qui donnent des signaux économiques efficaces aux opérateurs du marché et aux gestionnaires de réseaux de transport concernés. Les problèmes de congestion du réseau sont de préférence résolus par des méthodes indépendantes des transactions, c'est-à-dire des méthodes qui n'impliquent pas une sélection entre les contrats des différents opérateurs du marché ».

que par ce règlement, complété lui-même par la révision de son annexe fixant de manière précise les améliorations à apporter aux mécanismes en vigueur[1], et par l'arrêt de la CJCE. Le cahier des charges type de concession du réseau public de transport d'électricité, conformément à l'article 23 de la directive 2003/54 du 26 juin 2003, qui renforce les responsabilités de la CRE en lui conférant le pouvoir d'approuver formellement les règles de calcul et d'allocation des capacités d'interconnexion, n'est approuvé que le 23 décembre 2006, par le décret n° 2006-1731.

Pour comprendre le mécanisme des couplages de marché, il est nécessaire d'évoquer le rôle des marchés de gros de l'électricité. Avec la libéralisation du secteur de l'électricité, des places d'échanges se constituent en Europe, permettant la réalisation des transactions immédiates ou à terme, de manière bilatérale ou dans le cadre de marchés organisé portant sur des livraisons physiques ou accueillant des opérations strictement financières.

La bourse française de l'énergie est créée, comme on l'a vu dans la première partie, par la volonté de la CRE (voir *infra* Titre II chapitre 1).Parmi les actionnaires initiaux de Powernext, se trouvent Euronext et les GRT français, belge et hollandais. Sa fonction économique première est de fournir des références de prix. Le rôle des marchés de gros s'est considérablement amplifié à partir de 2001, en dépit de la fragilité juridique de l'activité de la bourse française. En novembre 2001 un marché pour livraison d'électricité sur chacune des 24 heures du lendemain, dit *Powernext Day-Ahead*, permet de gérer les risques d'équilibrage ou de volume sur le marché français[2]. En 2004, un marché de moyen terme est lancé. *Powernext Futures* assure la gestion du risque de fluctuation du prix de l'électricités d'un mois à trois ans.

En préalable au lancement officiel des initiatives régionales par l'ERGEG, le document de travail sur le projet d'initiatives régionales, présente des « feuilles de route » (*road maps*) pour différentes zones. Celle concernant la Belgique, la France et les Pays-Bas recommande la mise en place de couplage de marchés.

Les trois régulateurs de cette zone encouragent les bourses et les GRT concernés à examiner la faisabilité d'une telle opération inédite en Europe. Le premier couplage de marché, le 21 novembre 2006, entre

---

[1] Décision de la Commission du 09/11/2006.

[2] Ce marché comprenait 56 membres parmi lesquels les principaux producteurs d'électricité européens, des fournisseurs, des institutions financières et des sociétés de négoce.

les marché français, belges et hollandais, dit Trilatéral, résulte du travail mené conjointement et volontairement par les trois bourses concernées – APX (Pays-Bas), Belpex (Belgique) et *Powernext Day-Ahead* (France) - en étroite collaboration avec les trois GRT – TenneT, Elia et RTE, et en liaison avec les régulateurs de chaque pays (DTe, CREG, CRE).
Le mode d'approbation retenu par les régulateurs, faute d'un fondement juridique leur permettant une approbation formelle, est celui d'un communiqué de presse commun daté du 27 octobre 2006 : « Les régulateurs autorisent la mise en œuvre du couplage des marchés de l'électricité belge, français et hollandais ». Cette « autorisation » ressort d'une démarche typique de droit souple illustrant de manière assez « exemplaire » les avancées réalisées dans un contexte de coopération et de corégulation. Cette innovation devient rapidement le modèle cible pour l'ensemble des initiatives régionales et le Forum Pentalatéral. Le cap suivant, est franchi le 9 novembre 2010 avec le couplage des marchés en Europe du Centre-Ouest couvrant la France, l'Allemagne et le Benelux[1]. Les discussions sont ardues avec les GRT allemands qui, par manque d'indépendance vis-à-vis de leurs maisons mères, ne respectent pas les orientations du régulateur. La situation est telle que le président de la CRE saisit de ces difficultés, par un courrier du 6 décembre 2006, le Commissaire européen à l'énergie dans lequel il se plaint de l'attitude des GRT allemands concernant le projet des règles d'allocation des capacités sur l'interconnexion France-Allemagne. »[2]
Le courrier insiste, en outre, sur la nécessité de modifier le règlement 1228/2003 afin d'obliger les GRT à soumettre aux régulateurs plusieurs mois à l'avance, pour approbation, les règles d'allocation des capacités aux interconnexions[3].

---

[1] Le cas du gaz est peu évoqué à ce stade car il posait des questions d'une autre nature, il n'apparaît d'ailleurs pas dans les premiers rapports sur les interconnexions de la CRE.

[2] Ce projet « remet en cause le principe de fermeté des capacités journalières et des nominations et constitue donc une dégradation de la qualité de service offerte aux acteurs de marché » et « Qui plus est, ces règles ont été publiées unilatéralement par les gestionnaires de réseaux allemands, sans attendre les résultats de la concertation et l'accord des deux régulateurs » Courrier du président de la CRE au Commissaire en charge de l'énergie, A. PIEBALGS, 6 décembre 2007. Voir annexe n° 4.

[3] « Afin de pallier ces difficultés, la CRE insiste sur la nécessité de modifier, dans le cadre du 3ème paquet législatif, le règlement 1228/2003 afin de prévoir l'obligation pour les gestionnaires de réseaux de soumettre aux régulateurs plusieurs mois à l'avance, pour approbation, les règles d'allocation des capacités aux

La délibération de la CRE, du 28 octobre 2010, s'inscrit dans un contexte juridique clair, et se situe, qui plus est, après l'adoption, au niveau européen, du 3ème paquet énergie. En regard du communiqué de presse de novembre 2006, l'évolution est sensible. Le titre, sans ambiguïté, indique « Délibération portant approbation de la méthode d'allocation implicite journalière des capacités d'interconnexion au sein de la région Centre-Ouest ». Faisant ensuite référence au décret du 23 décembre 2006 (n° 2006-1731) et aux initiatives régionales, la CRE rappelle que le couplage des marchés par les prix est le modèle-cible défini au niveau européen, et évoquait également le *Memorandum of Understanding* du Forum Pentalatéral de l'énergie.
Ce couplage est étendu, au cours des cinq années suivantes, à 19 pays européens, et constitue la méthode d'allocation des capacités à l'échéance journalière sur cinq des six frontières françaises[1].
Les initiatives régionales s'avèrent être à la base de la construction du marché intérieur, mais paradoxalement, au moment même où elles sont lancées, la Commission européenne est déjà tournée vers sa proposition de 3ème paquet portant le projet d'une entité nouvelle, l'ACER, et la volonté de faire émerger une régulation européenne qui allait faire disparaître l'ERGEG.

---

interconnexions ainsi que les modifications ultérieures qui seront apportées à ces règles ». *Ibid.*

[1] Allemagne, Belgique, Grande Bretagne, Espagne, Italie.

Conclusion Chapitre 1

Handicapée par l'absence de bases juridiques précises concernant l'énergie, la Commission fonde l'essentiel de son approche, jusqu'au Traité de Lisbonne, sur l'Acte unique européen pour promouvoir le marché intérieur de l'énergie. L'apparition de l'énergie dans le traité de Maastricht, au travers des grands réseaux transeuropéens d'une part et dans le domaine d'action de la Communauté, sans plus de précisions, d'autre part, ne modifie pas fondamentalement la situation.
La volonté de la Commission de libéraliser le secteur de l'énergie se heurte à l'opposition de plusieurs Etats membres, dont l'Allemagne et, surtout, la France, et la Commission doit concéder plusieurs points pour parvenir, laborieusement, à l'approbation de la première directive sur l'électricité de 1996.
La décision de la CJCE de 1997[1] concernant l'électricité, en confirmant que les produits énergétiques relèvent du régime général du marché commun, conforte la Commission dans son approche du marché intérieur, et permet de dire que « l'énergie est sans doute l'un des secteurs où le lien entre le principe de libre circulation et le principe de concurrence est le plus étroit »[2].
Faute de pouvoir conduire elle-même la régulation du secteur, pour laquelle elle est persuadée qu'une approche supranationale est nécessaire, la Commission créait les Forums de Florence et de Madrid où se retrouve l'ensemble des acteurs du secteur de l'électricité et du gaz. C'est ainsi que débute un travail de corégulation, concernant les interconnexions et les échanges transfrontaliers, dont les résultats, nécessairement lents, lui paraissent rapidement insuffisants.
Sa proposition de règlement sur les interconnexions (1228/2003/CE) conduit le Parlement européen à souhaiter la création d'une entité de coordination européenne des régulateurs nationaux, afin que ceux-ci, dont l'organisation CEER a démontré l'expertise, puissent être conseil de la Commission. Option qu'il aurait été logique d'attendre de la Commission elle-même, comme elle l'avait décidé auparavant avec les télécommunications.
La création d'ERGEG institutionnalise la coopération entre les régulateurs et la Commission, dans un contexte juridique qui continue

[1] CJCE, 30 octobre 1997, Commission c. France, aff. C-159/94, Rec. p. I-5815

[2] L. IDOT, « La concurrence », in *Vers une politique européenne de l'énergie*, dir. C. BLUMANN, *op cit.*, p. 47.

à privilégier le droit souple. Cette organisation confère aux régulateurs un nouveau poids dans la démarche européenne, d'autant que les directives de 2003 définissent, pour la première fois, leur rôle et leurs missions, et imposent leur indépendance à l'égard du secteur régulé. La Commission trouve ainsi un « interlocuteur » à la compétence technique reconnue. Les régulateurs trouvent au travers d'ERGEG un surplus de légitimité dont la CRE sait tirer parti dans le contexte national.

Ce partenariat, en donnant une nouvelle chance à l'approche par la corégulation, se traduit par une démarche moins ambitieuse et plus graduelle, au travers des initiatives régionales européennes. Leur création permet d'organiser, à titre transitoire, l'intégration des marchés de l'énergie par grandes zones régionales, et rend possible de réelles avancées par le couplage des marchés. Toutefois, les résultats entre régions s'avèrent contrastés. L'ERGEG n'ayant pas été dotée de pouvoirs réglementaires, l'approfondissement de l'intégration des marchés européens de l'énergie se heurte aux limites de l'approche volontaire initiée par les régulateurs et la Commission européenne.

De ce point de vue, la région Centre-Ouest est à la fois un exemple et un contre-exemple. Si elle est pionnière en la matière, en déterminant dès novembre 2006 le modèle cible pour l'ERGEG avec le premier couplage de marchés entre la France, la Belgique et les Pays Bas, il est difficile d'affirmer que cette réussite n'est due qu'à la corégulation. L'existence du Forum Pentalatéral modifie en effet le contexte. C'est un facteur dont il est délicat d'évaluer l'exact apport. L'implication des Gouvernements, au travers de la signature du protocole d'accord, quand bien même ce document n'a jamais eu de valeur contraignante, a, probablement, été un élément de facilitation, notamment avec l'Allemagne. Le couplage des marchés avec l'Allemagne a en effet demandé beaucoup d'efforts et de temps. Il serait donc probablement excessif de conférer les succès de la zone Centre-Ouest, à la seule corégulation, et d'en tirer des enseignements généralisables.

L'absence de décisions contraignantes, la disparité des responsabilités entre régulateurs des Etats membres, et les délais nécessaires à l'obtention d'un consensus sur des sujets complexes, ne peuvent que conforter la Commission dans sa volonté de modifier le contexte juridique de la régulation. Elle y parvient avec le 3ème paquet énergie. La création de l'ACER établit les conditions de l'émergence d'une régulation européenne. La Commission peut reprendre le processus, auquel elle a dû renoncer quelques années auparavant, d'une régulation supra nationale. Ce sont les circonstances et les conditions qui permettent cette évolution fondamentale que nous allons étudier à présent.

Chapitre 2 - L'émergence d'une régulation européenne indépendante

« L'émergence d'une régulation européenne indépendante » peut se comprendre à la fois comme une affirmation et comme une interrogation. Le phénomène « d'agenciarisation », pour reprendre un néologisme souvent utilisé, dépasse largement le cas de l'énergie, puisqu'il traduit l'existence d'une « prolifération d'organes spécialisés formant un ensemble hétéroclite au sein ou à l'immédiate périphérie du système institutionnel (stricto sensu) de l'Union »[1] ; il préoccupe la Commission elle-même, « qui appelle depuis de nombreuses années, non seulement à l'élaboration de règles communes régissant notamment leur création et leur fonctionnement, mais aussi, plus largement, à une véritable réflexion sur leur place dans le système institutionnel de l'Union »[2]. Il s'agit d'une réflexion portant sur les agences de régulation, devenues agences décentralisées, et non sur les agences exécutives, dont les relations avec la Commission sont tout à fait claires, et qui sont régies par un règlement unique[3].

La Commission présentait dès 2005 un projet d'accord interinstitutionnel visant à « assurer le respect d'un socle commun minimal de principes et règles pour la création, le fonctionnement et le contrôle de ces agences »[4]. La Commission définissait ce qu'on appelait à l'époque les agences de régulation et déterminait différentes règles et principes auxquels ces agences devraient être soumises. Cette proposition est repoussée par le Conseil sous le prétexte officiel qu'un accord interinstitutionnel, susceptible d'être contraignant, pourrait être contraire aux traités, mais plus sûrement parce que « plusieurs des

---

[1] R. MEDHI, « Le pouvoir de décision à l'épreuve de « l'agenciarisation » de l'Union-Quelques questions constitutionnelles », in *L'identité du droit de l'Union Européenne, Mélanges en l'honneur de C. Blumann*, Bruylant, 2015, p. 653.

[2] E. BERNARD, « Accord sur les Agences, la montagne accouche d'une souris », Revue du Droit de l'Union européenne, 3/2012, pp. 398-460.

[3] Règlement (CE) n° 58/2003 du Conseil du 19 décembre 2002 portant statut des agences exécutives chargées de certaines tâches relatives à la gestion de programmes communautaires, JOCE L 11, 2003, p. 1-8.

[4] Projet d'accord interinstitutionnel du 25 février 2005 pour un encadrement des agences de régulation, COM (2005) 59 final, JOCE C 123, 2005, p. 2.

propositions de la Commission pouvaient amoindrir les prérogatives des Etats membres »[1].

La Commission reprend le sujet en 2008, en suggérant alors un simple « débat interinstitutionnel qui devrait déboucher sur une approche commune »[2]. Ce simple débat devait durer près de quatre ans. En mars 2009 se constitue un groupe de travail interinstitutionnel (*Inter-Institutionnal Working Group*, IIWG) dont les conclusions, sous forme de vingt-deux fiches thématiques, servent à nourrir l'approche commune. L'accord, auquel parviennent enfin le Parlement européen, le Conseil et la Commission le 19 juillet 2012, consiste en une déclaration conjointe, de deux pages, à laquelle est annexée « l'approche commune »[3]. E. Bernard exprime un jugement sans concession sur les conclusions de cet accord : « Les questions les plus politiquement sensibles, qui concernent notamment les limites des pouvoirs susceptibles de faire l'objet d'une délégation aux agences ou la responsabilité afférente à ces pouvoirs, ont été occultées par les trois institutions »[4]. Il est exact que cet accord *a minima* ne permet pas de répondre aux questions que pose la Commission dans sa communication, alors qu'il aurait dû aboutir à « une vision claire et cohérente de la place que les agences devront à l'avenir occuper dans le système de gouvernance de l'Union »[5]. Très en retrait par rapport à l'approche de la Commission de 2005, la déclaration conjointe insiste en outre sur le caractère non contraignant du document « approche commune ». Le changement de vocable concernant les agences, dont la dénomination passe de « régulation » à « décentralisées », est officiellement motivé par le fait que, si ces agences peuvent avoir des fonctions de régulation, elles ne créent pas de nouvelles normes. Notons que cette explication est en contradiction avec la vision de la régulation exprimée en plusieurs occasions par la Commission.

---

[1] E. BERNARD, « Accord sur les Agences, la montagne accouche d'une souris », *op. cit.*, p. 404.

[2] Communication de la Commission du 11 mars 2008, « Agences européennes – Orientations pour l'avenir », COM (2008) 135 final, JOCE C 202, 2008, p. 9.

[3] « *Joint Statement of the European Parliament, the Council of the EU and the European Commission on decentralized agencies* », 19 juillet 2012.

[4] E. BERNARD, *op. cit.*, p. 430.

[5] COM (2008) 135 final, *op. cit.*, p. 11.

La question de délégation de compétences[1], ou la capacité des agences à prendre des actes normatifs, est finalement traitée par la CJUE le 22 janvier 2014, lors de sa décision sur le recours en annulation déposé par le Royaume-Uni à propos des pouvoirs dévolus à l'Autorité Européenne des marchés financiers (AEMF)[2].

C'est dans une période d'incertitude, pour ne pas dire de confusion, sur la place, la nature, le rôle et les pouvoirs des « agences » européennes que se situent les projets de la Commission concernant l'énergie et les communications électroniques d'une part, puis le secteur financier, qui marque une rupture, d'autre part. Les orientations de la Commission ne se sont pas inscrites dans une réflexion théorique, comme celle menée dans les années 90 par G. Majone[3], favorable à un transfert de la fonction de régulation de l'échelon national à l'échelon européen, ou celle, opposée[4], qui estime que « la régulation des services publics en réseaux, doit essentiellement provenir des Etats membres »[5]. La Commission a plutôt une approche empirique guidée, néanmoins, par une conception initiale de l'efficacité supérieure d'une régulation « supranationale ».

L'observation des trois secteurs évoqués – communications électroniques, énergie et finances – souligne à la fois les différences des conditions de création des entités européennes correspondantes, leurs pouvoirs, et leur mode de fonctionnement respectifs.

Ainsi, la proposition de la Commission d'institutionnaliser une « Autorité européenne du marché des communications électroniques »

---

[1] Contrairement à la délégation de pouvoirs à la Commission européenne, régie par les articles 290 et 291 TFUE, la délégation de pouvoirs aux agences ne trouve aucune consécration formelle dans les traités.

[2] Règlements n° 1095/2010 du Parlement européen et du Conseil du 24 novembre 2010 et Règlement n° 236/2012, Arrêt de la CJUE n° C-270/12 du 22 janvier 2014.

[3] G. MAJONE, « *The regulatory state and its legitimacy problems* », West European Politics, Vol. 22, Iss. 1, 1999, p. 1. « *The rise of the regulatory state in Europe* », in W.-C. MÜLLER and V. WRIGHT (dir.), *The State in Western Europe: Retreat or Redefinition?,* London, Frank Cass, 1994, p. 77.

[4] F. GILARDI, « *Policy credibility and delegation to independent regulatory agencies: a comparative empirical analysis* », JEPP, Vol 9, Iss. 6, 2011, p. 873. C.-M. RADAELLI, « Européanisation », in L. BOUSSAQUET, S. JACQUOT, P. RAVINET (dir.), *Dictionnaire des politiques publiques*, Presses de sciences Po, 2010, p. 247. A. MASSON, Droit communautaire : Droit institutionnel et droit matériel, Larcier, 2009, pp. 182 et s.

[5] V. DELVAL, *Recherche sur un modèle d'autorité de régulation dans l'union européenne dans les secteurs économiques et financiers, op. cit.*, p. 153.

est critiquée et repoussée. En premier lieu par l'association européenne des régulateurs (ERG) qui, dans un communiqué de presse, reprenait les principaux arguments de sa lettre adressée à la Commission, en dénonçant le risque de manque d'indépendance d'une telle nouvelle structure, qui serait en outre non conforme à l'évolution d'une coopération entre les régulateurs fondée sur un modèle fédéral et non bureaucratique[1]. Les Etats se sont, eux également, opposés au projet de la Commission : « Face à ce qu'ils considéraient comme une nouvelle couche de centralisation superflue, et essentiellement une perte de pouvoir sur le plan vertical, au profit de l'Union européenne, la réaction des Etats membres ne pouvait qu'être hostile. Ils se sont nettement exprimés sur un modèle de coopération basé sur le renforcement du rôle et des tâches d'ERG »[2]. Enfin, les régulateurs nationaux, dont l'ARCEP, se sont également opposés à ce projet.
Il serait certainement abusif d'établir des comparaisons entre l'énergie et les marchés financiers, mais l'accueil des autorités politiques et des régulateurs nationaux aux projets de structures européennes de la Commission pour ces deux secteurs a été sensiblement plus positif que pour les communications électroniques. Curieusement, on trouve dans les deux cas des phénomènes de crise : crise financière, bien sûr, de 2008 d'une part, et l'incident qui a plongé une partie de l'Europe dans le noir en novembre 2006, d'autre part. Pour la partie financière, il convient certainement d'ajouter les conditions particulières dues à l'existence des comités Lamfalussy depuis 2001 renforcés en 2009[3].

---

[1] ERG communiqué de presse, ERG. *ready for extended role*, ERG (07) 70, 13/11/2007, p. 1: « *the Group argues in its letter to the Commissioner that a proposed Commission power to veto remedies and new layers of unnecessary centralism risk undermining at a European level the very independence which the Commission is concerned to protect at the national level. As a result, also Commission's proposals for a new institutional setup appear, at a prima facie analysis, not to be in line with the evolution of the cooperation amongst regulators toward a federal and non-bureaucratic model, as advocated by the ERG* ».

[2] Ch. VLACHOU, *La coopération entre les autorités de régulation en Europe (communications électroniques, énergie)*, *op. cit.*, p. 189.

[3] « La procédure Lamfalussy, est une procédure de comitologie particulière, qui avait eu pour but de « doubler » les comités classiques composés des représentants des Etats membres, par des comités techniques composés des représentants des autorités nationales de surveillance pour faire face à la complexité technique des matières financières », F. LAFARGE « L'indépendance des autorités européennes de surveillance », Ecole nationale d'administration, *RFAP* 2012/3 n° 143,pages 677 à 691 Voir E. POSNER, « *The Lamfalussy Process : Polyarchic Origins of Networked*

Les circonstances de la création de l'entité européenne pour l'énergie, l'ACER , se situent dans le contexte conflictuel du 3ème paquet entre la Commission et un certain nombre d'Etats membres, dont l'Allemagne et la France[1] (section 1).
Cette création assez laborieuse confère toutefois à la nouvelle entité une impulsion suffisante pour devenir une agence de régulation de l'énergie au niveau européen (section 2).

Section 1 : La création de l'ACER, premier pas vers une régulation européenne

Entre la déclaration des ministres de l'énergie de début 2006, soulignant la nécessité de renforcer l'harmonisation et la coopération, mais repoussant fermement la mise en place d'un régulateur européen [2], et l'acceptation, finalement relativement aisée, de l'Agence de coopération des régulateurs de l'énergie (hormis par l'Allemagne et l'Autriche), un événement est venu, de façon inattendue, aider la Commission dans l'idée d'une entité européenne de régulation (I) Néanmoins, la définition précise de l'entité destinée à jouer un rôle de coordination des régulateurs de l'énergie et ses pouvoirs fait l'objet de nombreux débats notamment entre la Commission et les régulateurs arbitrés par le Parlement européen (II).

Financial Rule making in the EU », in C.F. Sabel and J. Zeitlin (eds.), *Experimentalist Governance in the European Union : Towards a New Architecture*, OUP, 2010, p. 46.

[1] Principales étapes de la négociation du 3ème paquet : ***19 septembre 2007***, Présentation de l'ensemble des textes du 3ème paquet par la Commission européenne ; ***6 mai 2008***, Vote au Parlement européen en Commission ITRE des 5 textes ; ***18 juin 2008***, Vote en 1ere lecture au Parlement européen en session plénière : directive électricité, règlement électricité et règlement Agence ; ***19-20 juin 2008***, Conseil européen ; ***9 juillet 2008***, vote en 1ere lecture au Parlement européen en session plénière : directive gaz et règlement gaz ; ***10 octobre 2008***, accord du Conseil énergie en seconde lecture ; ***9 janvier 2009***, position commune du Conseil au Parlement européen ; ***31 mars 2009,*** vote au Parlement européen en Commission ITRE des 5 textes ; ***22 avril 2009***, vote en seconde lecture au Parlement européen en session plénière du 3ème paquet ; ***25 juin 2009***, adoption de l'ensemble des textes par le Conseil ; ***14 août 2009***, publication des textes au JOUE.

[2] J.-M. CHEVALIER, *Does Europe need a common energy policy,* CERA, Private Report, Mai 2006, p. 12: « *Energy ministers have approved reinforcing cooperation and harmonization, but the idea of establishing an European regulator was firmly rejected* ».

I- La responsabilité d'un GRT allemand dans la panne d'électricité massive du 4 novembre 2006

Dans la soirée du samedi 4 novembre 2006, peu après 22h10, une partie de l'Europe de l'Ouest est privée d'électricité pendant près de deux heures à la suite d'un incident important s'étant produit sur le réseau à très haute tension en Allemagne. Cette panne d'électricité touche environ 15 millions de clients, dont 5 millions en France. Elle affecte l'Allemagne, la France, l'Italie, l'Espagne, le Portugal, la Belgique, la Croatie, l'Autriche, la Slovénie et le Luxembourg, mais aussi, dans une moindre mesure, les Pays-Bas et la Suisse[1]. A l'issue de cet événement, la CRE, d'une part, et ERGEG, d'autre part[2], lancent des enquêtes approfondies sur les circonstances de cette panne[3]. L'une des premières conclusions du rapport de la CRE souligne que « La panne d'électricité du 4 novembre 2006 a pour origine un non-respect des règles de sûreté d'exploitation dans la zone de contrôle *E.ON Netz* »[4]. Le 18 septembre 2006, les chantiers navals Meyer sollicitent, auprès d'*E.ON Netz*, GRT du nord de l'Allemagne[5], la mise hors tension de la ligne double à très haute tension Diele-Conneforde le 5 novembre à 1 heure du matin, afin de pouvoir faire passer en toute sécurité un paquebot norvégien sur le fleuve Ems[6]. *E.ON Netz* répond favorablement, sur le principe, à cette

---

[1] L'Europe compte plusieurs systèmes électriques interconnectés synchrones, dont les principaux sont :
- le réseau de l'Union pour la coordination du transport d'électricité (UCTE), qui couvre la plaque continentale européenne et auquel est intégré le réseau électrique français ;
- le réseau du NORDEL, regroupant les pays scandinaves et une partie du Danemark ;
- le réseau de la Grande-Bretagne (UKTSOA) ;
- le réseau irlandais (ATSOI) ;
- le réseau des pays baltes, qui est intégré au système électrique synchrone de l'Ex-URSS (IPS/UPS).

[2] La CRE est responsable du groupe chargé de l'investigation.

[3] *ERGEG Final Report on the lessons to be learned from the large disturbance in the European power supply on the 4th of November 2006,* 7 février 2007.

[4] *Panne d'électricité du 4 novembre 2006 – Rapport d'enquête de la CRE*, p. 9.

[5] Contrairement à la situation française où n'existe qu'un seul GRT (RTE), l'exploitation du réseau de transport allemand est partagé entre 4 GRT, *EnBW Transportnetze AG, E.ON Netz GmbH, RWE Transportnetz Strom GmbH, Vattenfal Europe Transmission GmbH.*

[6] Manœuvre non exceptionnelle due à des raisons de sécurité, l'espace entre les cheminées ou les mats du paquebot et les lignes électriques n'étant pas suffisante pour garantir l'absence de risque d'amorçage électrique.

demande le 27 octobre, après avoir consulté les GRT concernés. L'autorisation définitive ne peut être accordée qu'après l'analyse de l'état du réseau juste avant la mise hors tension. Quelques jours plus tard, les chantiers navals Meyer informent *E.ON Netz* de leur souhait d'avancer le créneau horaire à 22 h le 4 novembre. *E.ON Netz* donne alors son accord à cette modification sans avoir procédé à une nouvelle étude du réseau et, en particulier, sans s'être assurer du respect du critère « N-1 »[1]. Par ailleurs, *E.ON Netz* ne juge pas utile de prévenir en temps et en heure les GRT voisins du changement d'horaire. Une demi-heure après la mise hors tension de la ligne Diele- Conneforde par *E.ON Netz*, le report de charge qui suit cette manœuvre entraîne le déclenchement par surcharge d'une ligne située plus au Sud.
Cela provoque le déclenchement en cascade d'une quinzaine de lignes à très haute tension par reports de charge successifs conduisant à la séparation en trois zones du réseau électrique interconnecté continental européen [2]. Ce phénomène conduit à une baisse de fréquence qui lui-même déclenche un délestage automatique, permettant d'éviter un effondrement de tout le système. Sans entrer dans plus de détails techniques, il convient de retenir que cet important incident permet de mettre en évidence les disparités entre les Etats membres dans le contrôle du niveau de sûreté d'exploitation du réseau et le manque de coordination entre les GRT. Cet état de fait étant dû, d'après les rapports de la CRE et d'ERGEG, au fait que les règles techniques, appliquées sur une base volontaire par les GRT, sont juridiquement non-contraignantes et sujettes à interprétation, et par ailleurs incomplètes, notamment en termes de coordination entre les GRT. La conclusion

[1] « Les règles de l'UCTE prévoient que : tout événement probable conduisant à la perte d'éléments du réseau ne doit pas remettre en cause la sûreté de fonctionnement du système interconnecté. Cette règle est généralement appliquée en considérant que la perte d'un élément du réseau ne doit pas porter atteinte à sa sûreté de fonctionnement du système électrique. Lorsque la perte simultanée de plusieurs éléments du réseau a une probabilité suffisante, les gestionnaires sont amenés à généraliser ce critère alors appelé « N-k » (k désignant le nombre d'éléments considérés comme pouvant être perdus simultanément) », *Panne d'électricité du 4 novembre 2006 Rapport d'enquête de la CRE*, p. 23.

[2] « La séparation du réseau interconnecté a entraîné des déséquilibres instantanés entre la production et la consommation d'électricité dans chaque zone. En France et dans toute la zone Ouest, ce déséquilibre a fait chuter la fréquence de 50 à 49 Hz. Conformément au plan de défense prévu dans ce type de situation, le délestage automatique et sélectif d'une part de la consommation était nécessaire pour éviter un effondrement total du système électrique (*black-out*) », *ibid.* p. 24.

générale des rapports est qu'il semble « urgent de renforcer la sûreté du réseau européen en instaurant, dans un cadre légal adapté, de nouvelles règles techniques harmonisées et juridiquement contraignantes dont le respect devra faire l'objet d'un contrôle externe rigoureux », ce qui comporte, aussi, une critique implicite de la méthode jusqu'alors employée, fondée sur la recherche de consensus entre régulateurs et les acteurs du système. C'était d'ailleurs le sens de l'exposé de la CRE devant la Mission d'information du Sénat : « Les mesures de pure coopération consensuelle entre les gestionnaires de réseaux au sein de l'UCTE sont insuffisantes. L'UCTE n'a pas pris en compte les conclusions qu'elle avait elle-même tirées des causes et remèdes au *black-out* italien du 28 septembre 2003 dans la révision des règles opérationnelles qu'elle a publiée cette année, car elle n'a pas obtenu de consensus sur la mise en application de ces règles. L'analyse technique ne peut pas passer dans les règles consensuelles. Les régulateurs considèrent qu'il est nécessaire de passer à un cadre législatif et réglementaire contraignant, sur des bases techniques solides qui commencent à être définies. Les instruments juridiques vont devoir être européens parce qu'il semble difficile d'arriver dans un bref délai à une convergence des législations nationales par une simple négociation bilatérale, voire multilatérale à l'intérieur de certaines régions »[1].

II- La sécurité d'approvisionnement, un facteur d'intégration forcée

Il est fort probable qu'en l'absence d'un incident majeur ayant plongé dans le noir une grande partie de l'Europe, l'acceptation d'une entité au niveau européen concernant la régulation de l'énergie n'aurait pas été aisée de la part d'un certain nombre de Gouvernements. Aussi, en dépit de réticences toujours très présentes à l'égard du marché de l'énergie au sein du monde politique français, le Parlement national approuve le projet de la Commission.

Les premières réactions politiques, tout particulièrement en France, sont de mettre en cause les effets de la libéralisation du marché de l'électricité et de s'interroger sur la compatibilité entre libéralisation et sécurité d'approvisionnement. Le Sénat met alors en place une mission

[1] Audition du président de la CRE le 1er février 2007 devant la *Mission commune d'information sur la sécurité d'approvisionnement électrique de la France et les moyens de la préserver, Approvisionnement électrique : l'Europe sous tension, Auditions,* Les Rapports du Sénat, n° 357, 2006-2007.

d'information « sur la sécurité d'approvisionnement électrique de la France et les moyens de la préserver »[1]. La mission souligne, dans une première observation, qu'il faut s'interroger « sur la pertinence de l'option, décidée en 1996, de créer un marché libéralisé de l'électricité car les règles habituelles de fonctionnement des marchés ne semblent pas adaptées à ce bien dont les caractéristiques sont si particulières »[2], ajoutant un peu plus loin : « il semble évident à votre mission d'information que les spécificités de ce bien rendent extrêmement difficile, pour ne pas dire impossible, sa soumission aux règles habituelles de fonctionnement des marchés libéralisés »[3]. A quelques mois de l'ouverture totale du marché pour tous les consommateurs domestiques, ces propos reflètent la grande réticence de la classe politique française devant ce projet.
Parmi les nombreuses remarques du rapport critiquant les orientations de la Commission européenne, il en est une, particulièrement significative de la distance entre la vision des parlementaires français et celle de la Commission : la convergence des prix au niveau européen.
Cette convergence était contestée dans son bien-fondé, pour la France, en raison de son parc électronucléaire, car cet « objectif conduirait inéluctablement à un fort renchérissement du coût de l'électricité pour les consommateurs français [...] l'objectif de la Commission ne pourrait être acceptable qu'à la condition corrélative que les bouquets électriques des différents Etats membres soient, sinon identiques, du

[1] Cette mission d'information était le résultat d'un compromis par rapport à la demande initiale qui souhaitait une Commission d'enquête dont l'intitulé ciblait plus directement la libéralisation : « *Proposition de résolution n° 63 (2006-2007) du 9 novembre 2006 tendant à la création d'une commission d'enquête sur les causes de la panne d'électricité du 4 novembre 2006 et sur l'état de la sécurité d'approvisionnement de l'électricité en France dans le cadre des politiques européennes d'ouverture à la concurrence du secteur énergétique*, présentée par N. BORVO et les membres du groupe communiste, républicain et citoyen ». A cette proposition avait répondu le « *Rapport n° 104 (2006-2007) de .L. PONIATOWSKI, fait au nom de la commission des affaires économiques, déposé le 6 décembre 2006 »,* qui avait conclu à l'absence de nécessité d'une Commission d'enquête en se référant à toutes les enquêtes en cours ERGEG-CEER, UCTE, et CR.
[2] *Mission commune d'information sur la sécurité d'approvisionnement électrique de la France et les moyens de la préserver, Approvisionnement électrique : l'Europe sous tension*, B. SIDO, Président, M. BILLOUT, M. DENEUX, J.-M. PASTOR rapporteurs, *Les Rapports du Sénat, n° 357, 2006-2007, p. 15.*
[3] *Ibid.*, p. 16.

moins similaires, et laissent toute sa place à la production d'origine nucléaire »[1].

Si cette affirmation n'est pas dénuée de fondement lorsque le prix de gros de l'électricité est élevé, elle perd toute pertinence lorsque les prix sont en baisse. Or cette éventualité s'est produite entre 2009 et 2016, période au cours de laquelle le prix est passé sur le marché à J+1 de 70 €/MWh en moyenne en 2008, son plus haut niveau, à 35 €/MWh. La mission d'information n'a jamais considéré envisageable une telle hypothèse [2].

Par ailleurs le refus réitéré d'une convergence des prix entre les différents Etats membres est en contradiction totale avec l'action menée par la CRE, au sein des initiatives régionales avec le couplage de marchés, et avec l'accord du Forum Pentalatéral de l'énergie signé le 6 juin 2007 par le Gouvernement français, au moment même de la parution du rapport de la mission d'information.

Le plus surprenant est que la mission ait retenu deux propositions, parmi les 40 que comporte son rapport, sur la régulation. La première consiste à « promouvoir en Europe l'exemple français de régulation du marché de l'électricité, qui garantit le droit d'accès aux réseaux publics ainsi que l'indépendance des gestionnaires de réseaux (la CRE approuvant, en particulier, le plan d'investissement de RTE) »[3], proposition assez surprenante si l'on se souvient du débat à l'Assemblée nationale de décembre 2006 où la CRE n'est pas ménagée (voir *supra* Seconde Partie, Chapitre 1, section 1, III, B). La seconde vise à « encourager la création d'un « ERGEG + », émanation du groupement des régulateurs nationaux, compétent pour réguler les échanges internationaux d'électricité »[4].

---

[1] *Ibid.*, p.20. On peut noter, au demeurant, que cette remarque reste pertinente en 2023, (voir à cet égard le *rapport de la commission d'enquête de l'AN sur les raisons de la perte de souveraineté et d'indépendance de la politique énergétique française,* 6 avril 2023), bien que contraire à la construction du marché intérieur telle quelle a été conçue.

[2] Cette lacune dans les hypothèses de travail fut renouvelée lors de la loi NOME, les parlementaires, et le Gouvernement, n'ayant conçu aucun scénario comportant une baisse des prix de gros qui est devenu l'un des principaux problèmes entre 2013 et fin 2016.

[3] Proposition n°16 du rapport de la *Mission commune d'information sur la sécurité d'approvisionnement électrique de la France et les moyens de la préserver, Approvisionnement électrique : l'Europe sous tension, op. cit.*, p. 210.

[4] Proposition n° 17, *ibid.*, p. 210.

Il s'agit, ici, de prévoir une régulation « efficace » des échanges internationaux d'électricité. Cette approche positive à l'égard de la régulation ne se comprend, compte tenu des orientations du rapport, que par la compréhension particulière des membres de la mission de la nature de la régulation : un moyen de contrôle du marché afin d'en limiter les effets néfastes. Cette vision est illustrée par le passage concernant les bourses, dont la mission ne voit l'utilité que pour les transactions d'ajustement journaliers ou infra-journaliers : « Comme pour tout marché, il apparaît néanmoins essentiel [...] de définir les conditions d'une solide régulation publique [...] avec le mouvement de couplage des bourses au niveau européen [...] une fois n'est pas coutume, votre mission d'information se déclare en parfaite adéquation avec la Commission européenne [et] recommande un renforcement du pouvoir de contrôle des régulateurs européens sur les marchés de gros »[1].
La mission reprend les orientations défendues, devant elle, par la CRE lors de son audition, tout en considérant que la « création d'un régulateur européen est, sinon utopique, du moins prématurée », en estimant que la disparité des moyens et des pouvoirs des différents régulateurs empêche une telle création, et qu'il est nécessaire d'harmoniser la situation des régulateurs nationaux auparavant. La mission s'appuie sur l'avis d'ERGEG en réponse à la Commission européenne sur sa communication « *Une politique énergétique pour l'Europe* » et sur les conclusions du Conseil européen des 8 et 9 mars 2007 qui évoquent « la mise au point d'un mécanisme indépendant permettant aux régulateurs nationaux de coopérer et de prendre des décisions sur des questions transfrontières importantes »[2] ; elle affirme que la « création d'un ERGEG+, structure qui, à partir de l'actuelle ERGEG, serait spécifiquement chargée de cette mission, apparaît comme la solution appropriée »[3]. De ce point de vue, la question est entendue : il convient d'avoir une forme de régulation au niveau européen, qui n'a cependant rien à voir avec la conception du marché intérieur de la Commission européenne et des régulateurs.

---

[1] *Ibid.*, p. 109.
[2] « *The establishment of an independent mechanism for national regulators to cooperate and take decisions on important cross-border issues* », *Annuel Report of the European Energy Regulators* 2007, p. 13.
[3] *Ibid.*, p. 142.

III- De ERGEG+ à l'ACER

Si la grande panne de novembre 2006 contribue à rendre souhaitable un renforcement de l'échelon européen pour réguler les gestionnaires de réseaux, il s'agit alors de conférer plus de pouvoirs à l'ERGEG et non de créer une entité nouvelle. Dans son rapport « *Une politique de l'énergie pour l'Europe* » du 10 janvier 2007, la Commission évoque alors trois hypothèses possibles. La première hypothèse, une « Évolution progressive de l'approche actuelle », aurait consisté à « renforcer la coopération entre les régulateurs nationaux en imposant notamment aux États membres de donner à leurs régulateurs nationaux un objectif communautaire, et introduire un mécanisme permettant à la Commission de revoir certaines décisions des régulateurs nationaux qui ont des répercussions sur le marché intérieur de l'énergie ».
La deuxième, un « réseau européen de régulateurs indépendants ("ERGEG+") » aurait formalisé le rôle d'ERGEG, afin de lui conférer un pouvoir de décisions contraignantes tant à l'égard des régulateurs nationaux que de l'ensemble des acteurs du marché. La Commission européenne prévoyait dans cette solution de jouer un rôle de gardien des intérêts de l'Union[1]. Enfin, la troisième solution consistait en « l'institution d'un nouvel organe unique au niveau communautaire. Cet organe serait notamment chargé d'adopter des décisions individuelles pour le marché du gaz et de l'électricité dans l'UE concernant les aspects réglementaires et techniques à prendre en compte pour permettre le fonctionnement effectif des échanges transfrontaliers ». La Commission indiquait que, de ces trois solutions, seules les deux dernières lui paraissaient convenir, la première ne permettant pas de dépasser les divergences entre les régulateurs nationaux. Si la création possible d'une entité européenne est évoquée, on en reste encore au niveau conceptuel, du moins dans l'énoncé.

---

[1] « Un réseau européen de régulateurs indépendants ("ERGEG+") : Dans ce système, le rôle du groupe ERGEG serait formalisé, et on confierait à cet organe la mission de structurer des décisions contraignantes pour les régulateurs et les acteurs du marché concernés, comme les exploitants de réseaux, les négociants en électricité ou les producteurs d'électricité, portant sur des points techniques et des mécanismes bien définis concernant les aspects transfrontaliers. Cela nécessiterait une participation appropriée de la Commission, si nécessaire, afin de garantir que l'intérêt de la Communauté a bien été pris en considération », *Une politique de l'énergie pour l'Europe,* 10 janvier 2007, p.9.

La préférence des régulateurs est largement en faveur d'un ERGEG renforcé (A) et si l'hypothèse d'une entité spécifique prend forme, le premier projet ne la dote que de peu de pouvoir (B), avant de parvenir à une entité structurée avec peu de moyens mais beaucoup de missions (C).

A- La renforcement d'ERGEG, préférence des régulateurs

Les régulateurs, par le biais d'ERGEG, répondent à la Commission en présentant, d'avril à juin 2007, une série de rapports portant sur chacun des points du document. ERGEG souligne d'emblée l'importance des nouvelles obligations des gestionnaires de réseaux de transport et les pouvoirs nécessaires aux régulateurs et à « l'entité européenne » pour surveiller ces obligations. ERGEG insiste ensuite sur la nette préférence des régulateurs pour la solution dite ERGEG+, plutôt que celle retenant un seul régulateur européen[1].

Le président de la CRE exprime également sa préférence pour cette solution lors d'un colloque organisé par les parlementaires français, le 17 janvier 2007 : « les suggestions contenues dans la communication du 10 janvier privilégient la voie d'un ERGEG renforcé, dit ERGEG+. C'est une orientation qui nous semble satisfaisante »[2]. Dans ce même colloque, le Commissaire européen à l'énergie, A. Piebalgs indique que « l'harmonisation des normes techniques nécessaires au bon fonctionnement des échanges n'a pas enregistré de progrès suffisants. Nous devons passer à la vitesse supérieure. Quel que soit l'organisme choisi, celui-ci doit avoir le pouvoir de prendre des décisions contraignantes sur les questions techniques et les mécanismes relatifs aux échanges frontaliers. Cette évolution ne viserait pas à créer un 'régulateur européen'… »[3].

Il est probablement exagéré de dire que les propositions de la Commission privilégient la solution ERGEG+, car, à la lecture du texte, rien d'indique une préférence pour cette solution, mais elle n'est pas écartée, et elle est privilégiée par les régulateurs, dans la mesure où leur expérience avec ERGEG leur a permis de prendre une forme

---

[1] « *The legal and regulatory framework for an European system of energy regulation* », *2007 Annual report of the European Energy Regulators.*

[2] « Politique énergétique : 2007, quel choix pour la France ? » colloque Maison de la Chimie, Paris, 17 janvier 2007, Décision et Etudes Conseil, p. 32, (archives personnelles).

[3] *Ibid.*, p. 13.

d'ascendant sur la Commission, avec laquelle la collaboration se déroule parfaitement bien. Par ailleurs, la Commission n'a guère développé l'hypothèse d'une nouvelle entité et les options paraissent (encore) ouvertes.

En juillet 2007, le Parlement européen adopte, en large partie, les propositions de la Commission européenne, et appelle à une amélioration de la « coopération entre les régulateurs au niveau européen, au travers d'une entité européenne, afin de promouvoir une approche plus européenne de la régulation des questions transfrontalières [...] et estimait que les décisions des régulateurs sur des sujets techniques doivent devenir contraignantes »[1].

La Commission européenne présente ses propositions du 3ème paquet le 19 septembre 2007[2], avec l'objectif de le faire adopter à l'été 2008. Ces délais ne sont pas respectés en raison des fortes dissensions entre la Commission et certains Etats[3]. Le projet de création d'une agence européenne de coopération des régulateurs de l'énergie ne soulève pas de polémiques à la hauteur de celles suscitées par la question de la séparation patrimoniale des entreprises verticalement intégrées. Seules

---

[1] *The Parliament called for enhancing "cooperation between regulators at EU level, through an EU entity, as a way to promote a more European approach to regulation on cross-border issues; underlines that the Commission should play a determining role, whilst not undermining the independence of regulators; believes that decisions by regulators should be made on specifically defined technical and trade issues and on an informed basis considering, when appropriate, the views of TSOs and other relevant stakeholders, and should be legally binding", 2007 Annual Report of the European Regulators*, p. 12.

[2]Le projet adopté par la Commission européenne le 19 septembre 2007 comporte une proposition de règlement instituant une Agence européenne de coopération des régulateurs nationaux de l'énergie (COM (2007) 0530), une proposition de directive relative à l'électricité modifiant et complétant la directive électricité 2003/54/CE (COM(2007 0528), une proposition de directive relative au gaz modifiant et complétant la directive gaz 2003/55/CE (COM(2007) 0529), une proposition de règlement relatif à l'électricité modifiant et complétant le règlement Electricité 1228/2003 (COM(2007) 0531) et une proposition de règlement relatif au gaz modifiant et complétant le règlement gaz existant 1775/55 (COM(2007) 0532).

[3] « Cette adoption a cependant été retardée en raison, d'une part, des désaccords persistants entre certains États membres et la Commission concernant la séparation patrimoniale des gestionnaires de transport et le choix prévu entre la séparation patrimoniale totale (*Ownership unbundling*) et la mise en place d'un gestionnaire indépendant des réseaux de transport (*Independent system operator: ISO*), et d'autre part, des difficultés de trouver un compromis avec les parlementaires européens», L. RODRIGUE *Les aspects juridiques de la régulation européenne des réseaux,* Bruylant, Bruxelles, 2012, p. 30 *(§ 12).*

l'Allemagne, l'Autriche et la Pologne émettent de sérieuses réserves sur le bien-fondé même de la création de cette agence : « ces pays considèrent qu'il aurait été plus pertinent de se limiter à un « ERGEG+ », permettant d'éviter la création d'un nouvel organe, en se bornant à donner au Groupe des régulateurs européens des compétences renforcées »[1]. C'est, en fait, le débat suscité par l'Allemagne qui conduit la Commission européenne à envisager un « moratoire » sur la question de nouvelles agences (à l'exception de celles qui étaient en cours d'examen, à savoir l'ACER et celle prévue pour les communications électroniques), évoquée au début de ce chapitre. Le problème juridique de la délégation de pouvoirs de la Commission est essentiellement soulevé par ces trois pays, qui ont régulièrement rappelé la jurisprudence de la Cour de justice des Communautés européennes[2] autorisant, certes, la Commission à déléguer une part de son pouvoir décisionnel à des entités tierces, mais sous réserve que cette délégation soit limitée à des pouvoirs d'exécution précisément définis et susceptibles d'un contrôle rigoureux, ce qui ne leur semble pas devoir être le cas pour l'ACER.
Ce débat juridique ne prospère cependant guère, n'étant repris ni par d'autres Gouvernements, ni par les régulateurs nationaux qui, tout à l'inverse, déplorent le peu de pouvoirs dont été dotée l'ACER, dans sa version initiale, vis-à-vis des entreprises gestionnaires de réseaux de transport avant d'obtenir, grâce à l'appui du Parlement européen, une agence dotée de certains pouvoirs.

B- L'ACER, un projet d'agence sans réels pouvoirs

On ne peut évoquer le projet de création de l'ACER sans traiter la création des deux entités européennes des gestionnaires de réseaux de transport, ENTSO-E pour l'électricité[3] et ENTSO-G pour le gaz[4] . Ce projet consensuel suscite, néanmoins, une forte réaction de la part des

---

[1] A. SCHNEIDER, *Rapport d'information déposé par la délégation de l'Assemblée Nationale pour l'Union Européenne sur le troisième paquet de libéralisation du marché de l'énergie,* Assemblée nationale, 13 mai 2008, p. 22.
[2] CJCE, n° C-9/56, 13 juin 1958, Meroni & Co., Industrie Metallurgiche, SpA contre Haute Autorité de la Communauté européenne du charbon et de l'acier ; CJCE, n° C-98/80, 14 mai 1981, Giuseppe Romano contre Institut national d'assurance maladie-invalidité.
[3] *European Network of Transmission System Operators for Electricity.*
[4] *European Network of Transmission System Operators for Gas.*

régulateurs, inquiets de l'absence de contrôle, envisagé par la Commission, sur ces entités.
Si les régulateurs regrettent l'abandon de l'option ERGEG+, ils acceptent finalement aisément le choix de la Commission d'une agence. Leur attention se porte dès lors sur les pouvoirs qu'aurait ladite agence. Dans une démarche profondément différente de leurs collègues des communications électroniques, ils s'efforcent de convaincre la Commission, assez timide en l'espèce, de doter l'ACER d'une véritable capacité de supervision de ENTSO.E et ENTSO.G.

1- Le risque d'autorégulation des GRT

Ainsi, dès le mois de décembre 2007, ERGEG publie les commentaires des régulateurs sur les propositions de la Commission. Tout en saluant la création d'une agence européenne, ils soulignent leurs préoccupations concernant le rôle et l'interaction entre l'agence et les ENTSOs[1], au travers de trois points principaux : l'étendue des règles techniques et de marché, dont la responsabilité est attribuée aux ENTSOs, serait trop large et floue, alors qu'il s'agit d'un secteur essentiel pour le marché intérieur ; les codes de marché pourraient rester « volontaires » et donc non contraignants, ce qui conduirait à un échec du système ; et il ne serait pas prévu, à ce stade, un contrôle suffisant en terme de régulation des ENTSOs, l'ACER n'ayant de pouvoir de décision ni sur les codes de marché ni sur le plan d'investissement à 10 ans que devront élaborer les entités européennes des transporteurs. Les régulateurs affirment alors clairement leurs convictions, en insistant sur la nécessité que l'agence puisse approuver ce plan d'investissement et contrôler l'élaboration des codes de marché par les ENTSOs, afin d'en vérifier la conformité avec la construction du marché intérieur, notamment en établissant des « lignes directrices » (*strategic guidelines*) pour chaque code et en rendant ces codes contraignants. A défaut de ces améliorations, les régulateurs estiment que la Commission va organiser et légitimer un système d'auto-régulation.
Les régulateurs réagissaient d'autant plus vivement qu'ils ont constaté qu'un an après la panne de novembre 2006 aucune des mesures préconisées n'avait encore été mises en œuvre.

[1] Manière d'évoquer les deux ENTSO.E et G dans les textes européens.

La frilosité de la Commission dans ses propositions concernant l'ACER contraste avec sa détermination concernant la séparation patrimoniale des GRT au sein des entreprises verticalement intégrées, sujet sur lequel la bataille politique bat alors son plein[1], ainsi que par rapport à ses projets pour les communications électroniques[2]. L'émergence d'une régulation européenne dans le secteur de l'énergie, se manifeste, curieusement, plus au travers du projet de séparation patrimoniale que dans le projet de création d'une agence européenne de régulation. Il y a probablement là, de la part de la Commission, le souhait de rester « le régulateur » et de poursuivre la relation directe qu'elle entretient avec les GRT depuis qu'elle a créé les Forums de Florence et de Madrid. De

---

[1] Parmi les très nombreux articles consacrés à ce sujet, celui des *Echos* du 6 août 2007 reflète assez bien les tensions à l'époque : « EDF, GDF, les tenants du démantèlement tiennent la corde » où l'on expliquait que « chef de file des opposants, la France vient d'adresser à la Commission une lettre cosignée par 8 autres Etats : l'Allemagne, l'Autriche, la Bulgarie, Chypre, la Grèce, la Lettonie, le Luxembourg et la Slovaquie. Tous « s'opposent » à la « séparation de propriété » voulue par la Commission ».

[2] Le discours de V. REDING, Commissaire chargée de la société de l'information et des médias, devant les régulateurs des communications électroniques (ERG) le 15 février 2007 à Bruxelles, était très direct. Après avoir fait un bilan de la situation du marché intérieur (un constat très semblable à celui de l'énergie, « pas un marché, mais 27 marchés juxtaposés… »), la Commissaire expliquait qu'il y avait deux solutions : l'une était le renforcement du rôle de la Commission : « *The first option is to strengthen the Commission's role to achieve the internal market objective in selected areas. The Commission indicated in June last year that this option is its favoured option and submitted it for public consultation* » ; l'autre solution consistait à créer une agence européenne, « *a single European regulatory body* ». Selon V. Reding, il ne s'agissait pas pour la Commission d'augmenter ses pouvoirs mais de trouver une réelle solution ; elle donnait, à titre d'exemple, le cas de l'énergie, où la Commission avait indiquer qu'elle était prête à créer une agence européenne : « *This is a clear signal that the Commission does not hold on to power at any price, but sees the completion of the internal market as its primary priority* ». La Commissaire affirmait ensuite, sans prendre trop de précautions oratoires : « *There is only one element that is non-negotiable for the Commission : whatever system is found for regulating better, more effectively and more consistently in the telecom sector, must be a system based on the Community method. This means first of all that decisions taken at European level should be taken as a rule by majority, to avoid the danger of a "lowest common denominator" approach. This means also that decisions taken at European level must be capable of being enforced throughout the 27 Member States* ». Cette détermination était fondée, et c'était une des profondes différences avec l'approche de la Commission dans le secteur de l'énergie, sur la volonté de la Commissaire de passer le plus rapidement possible à une régulation « *ex post* » : « *The system we will propose by July for regulating more effectively the remaining markets [...] should be capable of making ex ante-regulation practically superfluous by 2018 at the latest* ».

leur côté, les GRT poussent leur avantage en effectuant un intense lobbying auprès de la Commission, afin de conserver cette forme de lien leur permettant de se soustraire à un contrôle réel des régulateurs et de la nouvelle agence.

Ces premières orientations de la Commission sont, en fait, très mal reçues par les régulateurs, qui ont le sentiment qu'au lieu de progresser vers plus d'efficacité on risquait de régresser.

Telle est l'opinion dominante lors d'un séminaire interne du CEER, tenu le 9 octobre 2007, et durant lequel différents scénarios sont envisagés à partir d'un thème général, sans ambiguïté, « *Regulatory Agency (ACER) will not fulfil our ambitions* ». Deux grandes hypothèses sont, alors, considérées pour améliorer les propositions de la Commission : soit tâcher d'augmenter les pouvoirs et l'indépendance de l'ACER et réduire les pouvoirs des ENTSOs, soit rechercher un autre modèle, sans agence et sans entités européennes des GRT, basé sur la coopération entre les régulateurs nationaux. C'est la première option qui est retenue. Une stratégie d'action, qui devait être déployée au cours de la phase de négociations du 3ème paquet, est alors définie Cette solution comportait, entre autres, des contacts avec l'ensemble des responsables de la Commission (Président et commissaires, à l'Energie, à la Concurrence…), avec les parlementaires européens membres de la commission ITRE[1], avec les associations de consommateurs et les associations des opérateurs. Les régulateurs nationaux sont, aussi, chargés de convaincre leurs Parlements respectifs.

C'est dans ce contexte que la position des régulateurs est rappelée publiquement par J. Mogg, président d'ERGEG et du CEER, en expliquant que « la Commission laissait trop de responsabilités aux gestionnaires de réseaux de transport et faisait courir le risque d'avoir des règles qui ne soient pas contraignantes »[2]. Cette opinion est relayée tant devant les parlementaires français qu'européens. Ainsi le président de la CRE déclare, devant la Commission ITRE, le 24 janvier 2008 : « De notre point de vue, le renforcement des pouvoirs et de l'indépendance des régulateurs prévu au niveau national doit se refléter de manière symétrique à l'échelle de l'Agence. Or, la proposition de la

---

[1] La Commission de l'industrie, de la recherche et de l'énergie (ITRE) compte 72 membres, ce qui en fait l'une des deux plus importantes commissions du Parlement européen (la plus importante étant celle de l'Environnement, santé publique et sécurité alimentaire ENVI).

[2] L. Rodrigue, *Les aspects juridiques de la régulation européenne des réseaux, op. cit*. p. 12 (14).

Commission européenne remet en question l'équilibre institutionnel établi au niveau national entre les GRT et les autorités de régulation qui les contrôlent » ; il ajoute « l'Agence doit être dotée de pouvoirs contraignants […], en particulier sur les questions transfrontalières ; la mise en place de l'Agence doit permettre le maintien de la primauté de la régulation externe sur l'autorégulation des gestionnaires de réseaux »[1].

La question des pouvoirs de l'ACER sur les ENTSOs, n'est cependant pas la seule préoccupation des régulateurs : celle de l'indépendance de l'agence vis-à-vis de la Commission, en est une fondamentale.

2- Le risque d'une mainmise de la Commission sur l'agence

L'attitude des régulateurs de l'énergie vis-à-vis du projet d'une agence européenne est bien différente de celle de leurs homologues des communications électroniques[2]. Néanmoins, les interrogations des

---

[1] Parmi quelques-unes des interventions du président de la CRE, on peut noter celle publiée dans Euractiv.fr, le 3 octobre 2007, où il dit « nous sommes favorables à une agence européenne pour la coopération entre régulateurs d'énergie. Les transporteurs doivent être régulés et contrôlés par l'agence européenne ainsi que par les régulateurs nationaux. Nous souhaitons que la future agence puisse intervenir directement pour réguler au mieux le marché au niveau européen…à ce titre, elle devrait en particulier s'occuper des interconnexions transfrontalières et veiller au bon développement des réseaux européens grâce à la surveillance des projets d'investissement à long terme ».

[2] Il est vrai que les projets de la Commission étaient assez peu semblables. L'option d'une « *Single European Regulatory Authority* (SERA) » a été brièvement étudiée, hypothèse selon laquelle cette entité prenait des décisions aussi bien sur le plan communautaire que nationale et où les régulateurs nationaux devenaient de simples exécutants. Puis, la Commission a proposé de créer une autorité supranationale permanente dotée d'un statut d'agence communautaire : l'Autorité européenne du marché des communications électroniques (AEMCE). Cette autorité devait remplacer l'ERG et l'ENISA (Agence européenne chargée de la sécurité des réseaux et de l'information) et être composée d'un Conseil d'Administration dont les 12 membres étaient désignés par le Conseil et la Commission. Elle aurait notamment eu pour mission d'assister la Commission dans ses travaux préparatoires sur l'achèvement du marché intérieur, de définir des orientations communes pour les 27 régulateurs nationaux et de faciliter les services transfrontaliers. Ce projet d'autorité européenne de régulation a été vivement critiqué, notamment par le groupe des régulateurs européens. Ceux-ci considérèrent que, coupée de la réalité des marchés, cette nouvelle autorité ne pouvait fonctionner de façon satisfaisante et qu'une modification du processus de gouvernance de l'ERG suffirait amplement à répondre aux attentes de la Commission sur le traitement des questions transnationales. P. CHAMPSAUR, président de l'ARCEP, a exprimé, en plusieurs occasions, son opposition à ce projet « l'Autorité européenne des marchés de communications électroniques qu'elle prévoit de créer ne

régulateurs de l'énergie sur l'indépendance de la future entité par rapport à la Commission européenne rejoignaient celles des régulateurs des communications électroniques, bien que leurs réponses ne soient pas similaires.

Si les régulateurs de l'énergie sont dans leur grande majorité favorables à la création d'une entité européenne, avec, comme nous l'avons vu, une préférence pour un ERGEG+, la solution retenue par la Commission de création d'une agence ne soulève pas le flot de critiques suscités par ses projets dans les communications électroniques, bien au contraire. Toutefois l'emprise que la Commission est susceptible d'avoir sur l'ACER pose un sérieux problème.

Cette préoccupation est donc tout à fait présente lors du séminaire du CEER, évoqué précédemment. Le point d'accroche se résume à « la Commission reste formellement le décideur sur les points clés ». Et l'interrogation porte sur le pouvoir réel qu'aurait le conseil des régulateurs sur le directeur et l'encadrement de l'ACER. L'ensemble de ces sujets était abordé par le président du CEER et d'ERGEG[1], et le

---

fonctionnera pas. Elle serait lourde et coûteuse, coupée de la réalité des marchés et, paradoxalement, enverrait un signal en contradiction avec l'idée sous-jacente de disparition progressive de la régulation sectorielle et de convergence vers le droit commun de la concurrence. Elle brisera en outre la dynamique de coopération positive enclenchée au sein d'un réseau de régulateurs européens indépendants, qui apporte son expertise à la Commission et dont le résultat des travaux est d'ores et déjà reconnu par le secteur », *Les Echos*, 20 février 2008.

[1] Euractive, 28 janvier 2008, « Les pouvoirs limités de la nouvelle Agence de coopération des régulateurs de l'énergie, dont la création a été proposée par la Commission, ont fait l'objet d'un examen minutieux de la part de la commission parlementaire de l'Industrie (ITRE), lors d'une audition publique le 24 janvier.

Sir John Mogg, président du Conseil des régulateurs européens de l'énergie (CEER) et président du groupe de régulateurs européens pour l'électricité et le gaz (ERGEG), a déclaré aux eurodéputés que pour être efficace, l'Agence devait être suffisamment indépendante et avoir suffisamment de pouvoirs de régulation, à l'instar des régulateurs nationaux. Philippe de Ladoucette, président de la Commission de régulation de l'énergie française (CRE), a déclaré lors de l'audience de la commission parlementaire ITRE que l'Agence devait être bien plus qu'un simple organe consultatif. D'autre part, il a demandé que les pouvoirs de l'agence soient renforcés, notamment qu'elle puisse examiner les plans d'investissement à dix ans des gestionnaires des réseaux de transport. Mais la Commission est confrontée à deux obstacles majeurs au moins concernant le renforcement des pouvoirs de l'Agence. La première relève de l'opposition politique des États membres. D'après l'analyse d'impact de la Commission, créer un régulateur unique au niveau européen serait prématuré à ce stade et rencontrerait probablement une forte résistance d'un certain nombre d'États membres et de parties prenantes.

président de la CRE, lors d'une audition publique devant la commission ITRE du Parlement européen, le 24 janvier 2008[1] : « En l'état actuel de la proposition de la Commission européenne, l'indépendance du Conseil des régulateurs n'est pas assurée. L'autorité du Conseil des régulateurs, l'étendue de ses pouvoirs et son indépendance vis-à-vis de la Commission européenne comme des Etats membres nous apparaissent comme des points essentiels, qui ne sont actuellement pas assurés en l'état actuel des textes » [2].

D'autre part, d'après les explications d'Antonio Napolitano, professeur à l'université de Naples, lors de l'audition, les traités européens ne permettent pas à la Commission d'accorder des pouvoirs à une agence ou à d'autres organes qu'elle ne contrôle pas ».

[1] Cette audition avait été précédée, le 19 décembre 2007, par une audition devant le Groupe de travail « Troisième paquet énergie » de l'Assemblée nationale, comportant plusieurs questions écrites. Les propos tenus devant la Commission ITRE étaient identiques à ceux exprimés devant l'Assemblée nationale le 19 décembre ce qui ne donnaient pas nécessairement un blanc-seing de la représentation nationale, mais, au moins, relativise les affirmations concernant l'absence de contrôle démocratique sur les régulateurs en général, et la CRE en particulier.

[2] Audition du président de la CRE, auprès de la Commission ITRE du Parlement européen sur le thème « l'Agence de coopération des régulateurs de l'énergie », Bruxelles le 24 janvier 2008 : « Dans un souci d'opérationnalité, le Conseil d'administration doit par conséquent demeurer une structure réduite et se limiter à la gestion administrative de l'Agence ; le Directeur de l'Agence, de par son mode de nomination par le Conseil d'administration, la durée de son mandat en décalage par rapport à celui des membres du Conseil des régulateurs, ses pouvoirs décisionnels et de représentation vis-à-vis de l'extérieur, dispose d'un poids excessif dans la nature des décisions qui seront rendues par l'ACER. Je souhaite en outre insister sur le fait que le processus d'élaboration des décisions doit permettre à l'ACER de ne pas être qu'un simple organe consultatif mais un organe décisionnel ayant le pouvoir de prendre rapidement des décisions qui s'imposent directement aux acteurs du marché ».

[2]Les propositions du CEER portent sur différents points : les projets de codes préparés par les ENTSOs doivent s'inscrire strictement dans le cadre défini par les lignes directrices stratégiques préalablement établies par la Commission, assistée de l'ACER et rendues obligatoires via la procédure de comitologie. Pour le CEER, l'agence doit disposer de la faculté d'approuver ou de modifier les codes proposés par les GRT. Par ailleurs ces codes doivent se limiter aux codes techniques et exclure les codes commerciaux. L'étendue exacte des codes techniques doit être précisée en amont de l'intervention des GRT, en étroite liaison avec l'ACER : l'agence doit disposer de pouvoirs de contrôle sur le contenu des règles adoptées par les GRT et sur leur application ainsi que de pouvoirs contraignants, quant aux mesures qui seraient prises en cas de non-respect par un GRT. Un simple avis sur les projets de plans d'investissements décennaux des GRT n'est pas jugé suffisant, l'ACER devrait pouvoir examiner et approuver ces plans ; dans le cadre de l'élaboration de ses recommandations, c'est à l'ACER et non aux GRT de mener des consultations

Le Parlement européen, en dépit des obstacles juridiques limitant la possibilité de déléguer des pouvoirs à une agence comme l'ACER, ne reste pas insensible aux arguments des régulateurs, à commencer par le rapporteur du texte au sein de la commission ITRE[1], qui a intégré quelques-unes des propositions du CEER dans son rapport.

A cet égard, il est très utile de comparer le contenu du « dialogue » entre la Commission et le Parlement européen sur les projets respectifs d'agences pour l'énergie et les communications électroniques. La construction/déconstruction s'est en effet effectuée à fronts renversés. Dans le cas de l'énergie, les propositions du Parlement visent à accroître les responsabilités et les pouvoirs de l'ACER, alors que le projet d'agence pour les communications électroniques de la Commission est réduit de façon drastique par les parlementaires européens, suivant en cela les orientations des régulateurs du secteur[2].

Tout à l'opposé, les amendements du Parlement européen sur le projet de règlement de la Commission ambitionnent tous d'accroitre les responsabilités et les pouvoirs de la future agence[3]. Dès les considérants, le Parlement insiste sur la nécessaire indépendance de l'agence vis-à-vis « des producteurs d'énergie et des opérateurs de systèmes de transmission et de distribution (qu'ils soient publics ou privés) ». Le Parlement introduit la notion de décisions contraignantes : « l'Agence doit également être en mesure d'adopter des orientations contraignantes afin d'aider les autorités de régulation et les acteurs économiques à échanger de bonnes pratiques »[4].

---

publiques auprès des acteurs du marché et des consommateurs (compétence déjà existante pour l'ERGEG) ; enfin, le CEER précise que l'Agence doit disposer de la personnalité juridique et, d'une part de ressources propres, en plus des dotations prévues dans la proposition de règlement.

[1] R. BRUNETTA, député européen, 20-07-1999 – 28-04-2008, groupe du Parti populaire européen, vice-président de la commission ITRE.

[2] Le Parlement européen appuie la position des régulateurs via ses amendements. Il est ainsi revenu sur la fusion au sein d'une même autorité des activités de l'ERG et de l'ENISA et sur la gouvernance de cette nouvelle autorité. Il propose l'institution d'un organe des régulateurs européens des télécommunications dont le pouvoir décisionnel serait entre les mains d'un conseil des régulateurs composé des directeurs et hauts représentants des 27 régulateurs nationaux.

[3] Marie-Christine CORBIER, « *Agence des régulateurs de l'énergie : la Commission européenne critiquée pour sa timidité* », *Les Echos*, 28 janvier 2008.

[4] Résolution législative du Parlement européen du 18 juin 2008 sur la proposition de règlement du Parlement européen et du Conseil instituant une Agence de coopération des régulateurs de l'énergie (COM (2007)0530 — C6-0318/2007 — 2007/0197(COD)) 2009/C 286 E/45, considérants 7 et 12.

Parmi les articles du projet de règlement, assez largement amendés par le Parlement, l'article 4 est illustratif. Le Parlement en modifie les paragraphes a, b, c et d, en amplifiant les responsabilités de l'agence, ou en créant de nouvelles. Ainsi, là où la Commission a écrit l'agence « peut émettre des avis », le Parlement corrige ce qui apparaît comme une simple possibilité, en une affirmation positive « l'Agence émet », et précise « des recommandations et des décisions » destiné aux gestionnaires de réseau de transport.
Le Parlement ajoute, par ailleurs, dans cet article 4, sept nouveaux paragraphes consacrés aux relations entre l'agence et les ENTSOs. Le paragraphe f prévoit que « l'agence supervise l'exécution des taches des Réseaux européens des gestionnaires de réseau de transport de gaz et d'électricité » ; le paragraphe g octroie à l'agence un pouvoir d'approbation sur les codes de réseaux : l'agence « crée les conditions économiques et techniques pour la mise en place de codes et de règles élaborés par les Réseaux européens des gestionnaires de réseau de transport de gaz et d'électricité et approuve ces codes et ces règles afin de garantir le fonctionnement efficient et sûr du marché intérieur de l'énergie ». Le Parlement européen répond de la sorte aux demandes insistantes du CEER sans trop se soucier, au demeurant, de considérations juridiques.
Le rôle pro-actif des régulateurs dans la création et la définition de l'agence a pu faire écrire, à juste titre, que « l'ACER est autant une émanation des institutions communautaires que des autorités de régulation nationales elles-mêmes »[1]. La comparaison avec l'entité créée pour les communications électroniques conduit, néanmoins, à mettre cette affirmation en perspective. Il est, en effet, possible d'estimer que le résultat obtenu en ce domaine, une entité dualiste sans pouvoirs[2], est également le produit de l'action des régulateurs qui ont

[1] L. Rodrigue, *Les aspects juridiques de la régulation européenne des réseaux*, *op. cit.* p. 33.

[2] Règlement (CE) No 1211/2009 du Parlement européen et du Conseil du 25 novembre 2009 instituant l'Organe des régulateurs européens des communications électroniques (ORECE) ainsi que l'Office. L'ORECE n'est pas une agence européenne, il s'agit d'une formalisation de l'organisation européenne des régulateurs, sans pouvoirs, et c'est l'Office qui est instauré sous la forme d'un organisme de la Communauté doté de la personnalité juridique au sens de l'article 185 du règlement financier. Sa fonction est strictement délimité : « Sous la direction du conseil des régulateurs, il doit notamment: — fournir des services professionnels et administratifs à l'ORECE, — rassembler des informations auprès des ARN, échanger et transmettre des informations en relation avec le rôle et les tâches visés à l'article 2,

cherché à réduire les ambitions de la Commission. Cela met en relief la capacité d'influence des régulateurs sur le Parlement européen, et donc le pouvoir des experts, sans toutefois mésestimer le poids politique des Etats. Dans le cas des communications électroniques, les Etats membres étaient, dans l'ensemble, défavorables aux propositions de la Commission. A titre d'exemple, le Parlement français s'est, dans sa motion votée lors de la réunion de la Délégation aux affaires européennes de l'Assemblée nationale du 15 octobre 2008, clairement opposé à la création d'une Autorité européenne des télécommunications, tout en estimant nécessaire de renforcer les structures du Groupe des régulateurs européens[1]. Il n'y a rien de tel lors des discussions relatives au projet de création de l'ACER, ni à l'Assemblée nationale ni au Sénat.

Le rapport présenté par le député J.C. Lenoir sur « le troisième paquet de libéralisation de l'énergie »[2] évoque l'opposition de l'Allemagne, de

---

point a), et à l'article 3, — diffuser auprès des ARN les meilleures pratiques réglementaires, conformément à l'article 2, point a), — aider la présidence dans la préparation du travail du conseil des régulateurs, — mettre en place des groupes de travail d'experts à la demande du conseil des régulateurs et leur fournir le soutien permettant de garantir le bon fonctionnement de ces groupes. L'Office comprend : a) un comité de gestion ; b) un responsable administratif ». Sur la structure ambiguë de l'ORECE voir Ch. VLACHOU, *La coopération entre les autorités de régulation en Europe (communications électroniques, énergie), op. cit.*, p. 242 et s.

[1] « 6) s'oppose à la création d'une Autorité européenne des télécommunications, mais estime nécessaire de renforcer les structures du Groupe des régulateurs européens et d'améliorer ses processus décisionnels en abandonnant la règle du consensus pour un vote à la majorité qualifiée ou à la majorité simple selon les domaines concernés », l'argumentation qui précédait, portait sur le respect du principe de subsidiarité en rappelant que celui-ci « est manifestement celui qui a le plus fortement mobilisé les énergies au sein du Conseil et du Parlement européen » et le rapporteur rappelait que « La Commission européenne a effectivement cherché à étendre sensiblement ses compétences dans ce domaine, mais elle s'est heurtée à l'opposition conjuguée des Etats membres et du Parlement européen, qui vont la contraindre à limiter ses ambitions, résolvant ainsi les problèmes de subsidiarité ».
Réunion de la Délégation pour l'Union Européenne, Assemblée nationale, 15 octobre 2008.

[2] Rapport fait au nom de la Commission des affaires économiques, de l'environnement et du territoire sur la proposition de résolution (N° 887) de A. SCHNEIDER, Rapporteur de la Délégation pour l'Union Européenne, sur le troisième paquet de libéralisation du marché de l'énergie, par M. Jean-Claude LENOIR, Député. Pour examiner le 3ème paquet énergie dans le cadre de la procédure prévue par l'article 88-4 de la Constitution (examen des propositions européennes par le Parlement national), un groupe de travail commun à la Délégation pour l'Union européenne et à

l'Autriche et du Luxembourg, ainsi que les quelques réserves du Gouvernement français, soucieux de protéger le forum Pentalatéral, mais souligne l'opinion favorable du régulateur français. Il ajoute que « de façon sous-jacente, la position française laisse apparaître des interrogations sur l'influence de la Commission européenne sur l'agence, qui pourrait faire figure de contrôle de la Commission susceptible d'affaiblir la liberté d'action des régulateurs nationaux »[1], et conclut sur une motion favorable à la création de l'agence, sous réserve qu'elle n'intervienne pas sur les sujets régaliens[2].
Si les préoccupations relatives à l'influence ou au pouvoir de la Commission sont partagées dans les deux cas de l'énergie et des communications électroniques, les régulateurs savent user de leur influence, et de leur expertise, pour orienter des réponses politiques différentes. On peut, au demeurant, s'étonner que l'opposition de l'Allemagne à la création d'une agence dans le cas de l'énergie n'ait pas fédéré plus d'oppositions, par exemple celle de la France, alors que les deux Etats membres sont parties liées contre la séparation patrimoniale des GRT. La raison en est indéniablement à rechercher dans les effets de la panne de novembre 2006 et les rapports de la CRE et d'ERGEG sur les raisons de cet incident, qui, tous deux, pointent, outre les erreurs commises par E.ON, la souplesse du régulateur allemand à l'égard des entreprises nationales. Les débats au Parlement français sur le 3ème paquet l'évoquent clairement : « De son côté, le régulateur allemand de l'énergie a réagi sans fermeté, manifestement soucieux de préserver E.ON »[3]. Cela explique l'adhésion des politiques français à l'idée de renforcer le contrôle des régulateurs sur les GRT et au projet d'agence.

C- L'ACER, une agence avec certains pouvoirs

La Commission européenne est loin de reprendre l'ensemble des amendements votés par les parlementaires européens, mais ceux qui sont repris à l'issue des différentes lectures entre la Commission, le

---

la Commission des affaires économiques, de l'environnement et du territoire avait été constitué.

[1] *Ibid.*, p. 24.

[2] *Ibid.*, p. 23.

[3] *Proposition de résolution sur le troisième paquet de libéralisation du marché de l'énergie,* Sénat, Rapport n° 330 (2007-2008)..

Conseil et le Parlement aboutissent à la création d'une agence, très différente de l'ORECE, avec des pouvoirs réels bien que relatifs.
L'ACER est un organisme de l'Union européenne doté de la personnalité juridique, auquel est reconnu « la capacité juridique la plus étendue aux personnes morales », ainsi que la capacité « d'acquérir et aliéner des biens mobiliers et immobiliers et ester en justice », financé par le budget européen.
Afin de saisir la nature de ce nouvel organisme il est nécessaire d'examiner, dans un premier temps, comment est structurée l'ACER, quelles sont ses tâches et ses pouvoirs, et, dans un second temps, le contexte de sa mise en place réelle en 2011.

1- L'organisation interne de l'ACER : un équilibre délicat entre régulateurs et Commission

L'une des particularités de l'ACER est son organisation, qui comporte, assez traditionnellement, un conseil d'administration et un directeur, de manière moins fréquente, une Commission de recours et, de façon innovante, un Conseil des régulateurs.

i- Le conseil d'administration

Le conseil d'administration comprend neuf membres titulaires, et autant de suppléants, dont deux sont nommés par la Commission, deux par le Parlement européen et cinq par le Conseil. Leur mandat est de quatre ans, renouvelable une fois[1]. Les membres désignent un président et un vice-président, dont les mandats sont de deux ans, renouvelables une fois. Les textes prévoient que le directeur et le président du conseil des régulateurs peuvent assister aux réunions du conseil d'administration sans droit de vote. Le conseil doit se réunir au moins deux fois par an en session ordinaire. Il peut aussi se réunir à l'initiative de son président, à la demande de la Commission, ou à la demande d'au moins un tiers de ses membres[2]. Les décisions sont prises à la majorité des deux tiers des membres présents. Parmi les décisions du conseil d'administration, qui pour l'essentiel portent sur des questions administratives et financières, il faut relever la nomination officielle, après avis favorable du Conseil des régulateurs, du directeur de

[1] Règlement (CE) n° 713/2009 du Parlement européen et du Conseil du 13 juillet 2009 instituant une agence de coopération des régulateurs de l'énergie, art. 12.
[2] *Ibid.*, art. 12 § 3.

l'agence[1], l'approbation, après consultation de la Commission et approbation du conseil des régulateurs, du programme de travail annuel de l'ACER, transmis à la Commission, au Conseil et au Parlement européen, et la désignation formelle des membres du Conseil des régulateurs ainsi que des membres de la commission de recours[2]. Si l'essentiel des sujets abordés et débattus par le conseil d'administration porte sur des sujets administratifs et financiers, l'examen des comptes-rendus montre qu'en de nombreuses occasions les discussions dépassent amplement de simples questions techniques.

ii- Le directeur

Le directeur est nommé par le conseil d'administration à partir d'une liste comportant trois noms, proposée par la Commission et après avis du conseil des régulateurs[3]. Son mandat de cinq ans est prolongeable, une seule fois, pour une durée de trois ans. Il peut être auditionné par la commission compétente du Parlement européen[4].

Le directeur arrête les avis, recommandations et décisions visés aux articles 5, 6, 7, 8 et 9, après l'avis favorable du conseil des régulateurs, et les publie. Il est chargé de la mise en œuvre du programme de travail annuel, en fonction des orientations du conseil des régulateurs et sous le contrôle du conseil d'administration[5].

Enfin, les éléments de son indépendance sont fixés par l'article 16 du règlement : « sans préjudice des rôles respectifs du conseil d'administration et du conseil des régulateurs à l'égard de ses tâches, le directeur ne sollicite ni ne suit aucune instruction d'aucun gouvernement, de la Commission ou de toute autre entité publique ou privée ».

« Il s'agit donc à la fois d'une personnalité qui tire sa légitimité des institutions de l'Union européenne, mais qui occupe aussi la place

---

[1] *Ibid.*, art. 13 § 1.
[2] *Ibid.*, art. 13 § 2, 3.
[3] *Ibid.*, art. 16.
[4] Les modalités de prolongement du mandat du directeur suivent une procédure très stricte, qui débute par une évaluation réalisée 9 mois avant la fin du mandat par la Commission européenne. L'éventuelle prolongation est décidée par le conseil d'administration sur proposition de la Commission, après avis du Conseil des régulateurs.
[5] Règlement 713/2009/CE, art. 17, § 3 et 4.

centrale du système »[1]. Ce rôle central s'est confirmé dans les faits, plus encore que ne l'avaient prévu les textes.

iii- La commission de recours

La commission de recours comprend six membres (et autant de suppléants), qui sont choisis parmi les cadres de haut niveau, actuels ou anciens, des autorités de régulation nationale, ou des autorités chargées de la concurrence, ou encore d'autres institutions nationales ou communautaires, ayant l'expérience requise dans le secteur de l'énergie. Ces membres sont, formellement, désignés par le conseil d'administration sur proposition de la Commission, après consultation du conseil des régulateurs.
La commission de recours désigne son président. Elle arrête ses décisions à la majorité qualifiée d'au moins quatre de ses six membres et se réunit autant que de besoin[2].Les membres de la commission de recours s'engagent à agir au service de l'intérêt public et dans un esprit d'indépendance. Ils effectuent, à cette fin, une déclaration écrite d'engagement et une déclaration d'intérêts, renouvelées chaque année et rendues publiques[3].
Toute personne physique ou morale, y compris les autorités de régulation nationale, peut former un recours contre toute décision (visée aux articles 7, 8 ou 9 du Règlement) la concernant directement[4].
La création d'une commission de recours au sein des agences européennes n'est pas courante : « un tel organe, est, en effet, mis en place, uniquement comme corollaire de l'attribution des pouvoirs d'adoption de décisions individuelles contraignantes à l'égard des *tiers* »[5], et l'ACER fait partie des quelques agences européennes qui peuvent prendre des décisions individuelles juridiquement contraignantes sujettes au contrôle du juge de l'Union européenne. La création d'une instance de recours au sein de l'Agence permet d'avoir à la fois l'expertise, la rapidité et la flexibilité nécessaires sur des sujets aussi techniques que l'énergie.

---

[1] H. DELZANGLES, Ch. VLACHOU, « Autorités européennes de régulation », in *Dictionnaire des régulations 2016*, *op. cit.*, p.150.
[2] Règlement 713/2009/CE, art. 18. § 1.
[3] *Ibid.*, art. 18 § 4,5,6,7.
[4] *Ibid.*, art. 19 § 1.
[5] Ch. VLACHOU, *La coopération entre les autorités de régulation en Europe, op. cit.*, p. 232.

iv- Le conseil des régulateurs

Le conseil des régulateurs constitue l'aspect le plus innovant, du point de vue institutionnel, de la nouvelle Agence. C'est, en quelque sorte, la transposition d'ERGEG au sein de l'ACER. Cela conduit Ch. Vlachou à considérer que « par son biais, les caractéristiques du modèle de gouvernance en réseau sont incorporées dans le corps d'une agence de l'Union européenne, créant, ainsi, la forme hybride d'une agence 'en réseau' »[1].

Le conseil des régulateurs comporte un membre titulaire, et un suppléant, par autorité de régulation nationale, ainsi qu'un représentant de la Commission ne prenant pas part aux votes[2]. Le conseil élit un président et un vice-président, leurs mandats sont de deux ans et demi renouvelables. Il statue à la majorité des deux tiers des membres présents[3]. Le conseil des régulateurs émet un avis sur les candidatures pour le poste de directeur et arrête cette décision à la majorité des trois quarts de ses membres. Il émet un avis, à l'intention du directeur, concernant « les avis, recommandations, et décisions visées aux articles 5, 6, 7, 8 et 9 qu'il est envisagé d'adopter »[4]. Enfin, il donne, dans son domaine de compétence, des indications au directeur, concernant les tâches de celui-ci, et approuve le programme de travail annuel et le rapport annuel de l'ACER pour la partie relative aux activités règlementaires[5].

L'article 14 (§ 5) prévoit les conditions de son indépendance, en spécifiant que, « dans l'exécution des tâches qui lui sont conférées par *le présent règlement et sans préjudice de ses membres agissant au nom* de leur autorité de régulation respective, le conseil des régulateurs agit en toute indépendance et ne sollicite ni ne suit aucune instruction d'aucun gouvernement d'un État membre, de la Commission ni d'aucune autre entité publique ou privée ».

2- Les taches et pouvoirs de l'ACER

Le contenu des tâches et, surtout, les pouvoirs conférés à l'ACER sont le fruit d'un « combat » des régulateurs pour parvenir à obtenir une

[1] *Ibid.* p. 234.
[2] Règlement 713/2009/CE, art. 14, § 1 a et b.
[3] *Ibid.*, art. 14, § 2,3,4.
[4] *Ibid.*, art. 15 § 1.
[5] *Ibid.*, art. 15 § 3 et 4.

réelle capacité de contrôle sur les entités européennes des réseaux de transport (ENTSOEs), qui, dans la première version de Règlement de la Commission, se voyaient octroyer une très grande liberté d'autorégulation : « Les régulateurs obtinrent en effet, en dépit du désaccord de nombreux Etats membres, mais avec l'appui des parlementaires européens, de contrôler à minima les statuts de ce nouvel organisme (ENTSO), de surveiller l'exécution de ses tâches et d'encadrer le travail des deux associations regroupant les gestionnaires des infrastructures du gaz et de l'électricité sur les codes de réseaux, voués à établir les règles techniques sur de nombreux sujets essentiels au bon fonctionnement du marché »[1].

Dès le considérant n°6 du Règlement 713/2009/CE, il est précisé qu'« il est nécessaire de garantir l'indépendance de l'agence vis-à-vis des producteurs d'électricité et de gaz, des gestionnaires de réseau de transport et de distribution ». Par ailleurs, le considérant n°7 indique que l'agence doit surveiller l'exécution des tâches du réseau européen des gestionnaires de réseau de transport d'électricité et de gaz (ENTSOs).

Les tâches et les pouvoirs de l'ACER peuvent être réparties en trois catégories : un pouvoir consultatif, un pouvoir de surveillance et d'orientation et un pouvoir décisoire .

i- Un pouvoir consultatif

Ce sont les « pouvoirs » les plus larges, qui se traduisent par des avis, des recommandations, ou des rapports, réalisés sur tel ou tel sujet de sa propre initiative ou à la demande d'une des institutions de l'Union européenne. Ce sont des modes d'action très similaires à ceux utilisés par les régulateurs nationaux de l'énergie, souvent assimilés à du droit souple. Ainsi, l'ACER émet un avis à l'intention de la Commission sur le projet de statuts, la liste des membres et le projet de règlement intérieur des deux ENTSOs.

Elle émet également un avis à l'intention des ENTSOs sur le projet de programme de travail annuel, mais aussi, et cela va, dans les faits bien au-delà d'un pouvoir consultatif, sur les codes de réseau, et le plan décennal des réseaux au niveau européen[2]. Ce sont des sujets sur lesquels nous revenons plus loin.

---

[1] L. RODRIGUE, *Les aspects juridiques de la régulation européenne des réseaux*, *op. cit.*, p. 40.

[2] Règlement n° 713/2009/CE, art. 6 § 1, 2, 3, 4.

L'ACER peut également formuler des recommandations, selon une rédaction assez floue, conformément à son programme de travail ou à la demande de la Commission, « afin d'aider les autorités de régulation et les acteurs économiques à échanger de bonnes pratiques »[1].

ii- Des pouvoirs de surveillance et d'orientation

L'absence de supervision de l'ACER sur les ENTSOs, dans le projet initial de la Commission, a constitué un des sujets de controverse entre celle-ci, le Parlement et les régulateurs. Les pouvoirs, ou responsabilités, de surveillance, finalement, accordés à l'Agence se trouvent dans les règlements 714/2009/CE et 715/2009/CE[2] sur les conditions d'accès au réseau pour les échanges transfrontaliers d'électricité et de gaz, abrogeant les règlement 1228/2003/CE.
L'approche n'est pas d'une grande clarté. En effet, on mêle codes de réseau[3] et orientations cadre, ce qui permet d'écrire dans le considérant n° 6 : « les codes de réseau devraient se conformer aux orientations-cadres, qui sont d'une nature non contraignante (orientations-cadres) et qui sont élaborées par l'agence de coopération des régulateurs de l'énergie » ; le texte précise ensuite, pour simplifier, que « l'agence devrait jouer un rôle dans le réexamen, fondé sur les faits, des projets de codes de réseau, y compris leur respect des orientations-cadres, et elle devrait pouvoir en recommander l'adoption par la Commission » [4].
On peut considérer que, de façon, certes, assez alambiquée dans la

---

[1] *Ibid.*, art. 7 § 2.
[2] Règlement (CE) n° 714/2009 du Parlement européen et du Conseil du 13 juillet 2009 sur les conditions d'accès au réseau pour les échanges transfrontaliers d'électricité et abrogeant le règlement (CE) 1228/2003. Abrogé et remplacé par le Règlement (UE) 2019/943 du Parlement européen et du Conseil du 5 juin 2019 sur le marché intérieur de l'électricité.
Règlement n° 715/2009 du Parlement européen et du Conseil du 13 juillet 2009 concernant les conditions d'accès aux réseaux de transport du gaz naturel et abrogeant le règlement (CE) n° 1775/2005.
[3] Les codes de réseau définissent, chacun dans leur champ d'application, des exigences, techniques ou opérationnelles, applicables à différentes catégories d'acteurs. Le principe était de lever les freins aux échanges transfrontaliers d'énergie par l'élaboration et la mise en œuvre de codes de réseau et lignes directrices européens, sous la forme de règlements.
[4] Les codes de réseau élaborés par les ENTSOs ne sont pas destinés à remplacer les codes de réseau nationaux nécessaires pour ce qui concerne les questions non transfrontalières.

forme, les régulateurs et les parlementaires européens[1] ont obtenu que l'Agence joue un vrai rôle dans le contrôle des codes de réseau ayant en l'espèce un pouvoir « quasi règlementaire »[2], en raison de l'ambiguïté de la nature juridique des orientations-cadres qui, bien que théoriquement non contraignantes[3], se voient conférer une force contraignante puisque les codes de réseau doivent leur être conformes[4]. C'est d'ailleurs ainsi que l'interprètent les régulateurs au vu du rapport annuel CEER-ERGEG, dans lequel le Président souligne que l'Agence a un rôle central en élaborant ces « orientations-cadres » (*framework guidelines*) avec lesquelles les codes de réseau doivent se conformer.[5]
L'article 6 du Règlement permet de mieux comprendre l'articulation entre la Commission, l'ACER et les ENTSOs, en ce domaine.
La Commission établit, après avoir consulté l'ACER, les ENTSOs, et l'ensemble des acteurs concernés, une liste des priorités qui doivent être

---

[1] Une proposition d'accorder le pouvoir d'adopter des lignes directrices contraignantes à l'ACER avait été faite par les parlementaires européens lors des discussions du 18 juin 2008. Cette proposition n'avait pas été retenue en tant que telle.
[2] Selon la définition qui en est donnée par H. DELZANGLES et Ch. VLACHOU dans « Autorités européennes de régulation » *op. cit.*, p. 146 : « la notion de pouvoir quasi réglementaire peut être décrite comme un pouvoir de proposition d'un acte de portée réglementaire, complété par un pouvoir de consultation en cas de consultation en cas de modification de la proposition. Le détenteur de ce pouvoir, eu égard à sa qualité d'expert du secteur et de spécialiste de la question, est rarement désavoué dans les faits de sorte que l'organe, en l'espèce la Commission européenne, qui est chargée de donner sa valeur juridique à l'acte, n'a qu'une marge de manœuvre assez restreinte pour s'opposer au contenu de la règlementation ».
[3] V. DELVAL, *Recherche sur un modèle d'autorité de régulation dans l'Union européenne dans les secteurs économiques et financiers, op. cit.,*p. 340 : « Cette préoccupation (la jurisprudence Meroni) a en effet été mise en avant dans le refus d'attribuer à l'ACER le pouvoir d'adopter des codes de réseau contraignants, arguant du fait que « la Commission ne peut accepter la tentative du Parlement de renforcer les pouvoirs de l'Agence, car cela est en contradiction avec l'arrêt de la Cour européenne de justice dans l'affaire Meroni », Communication de la Commission au Parlement européen du 12 janvier 2009 conformément à l'article 251, paragraphe 2, deuxième alinéa, du traité CE concernant la position commune arrêtée par le Conseil en vue de l'adoption d'un règlement du Parlement européen et du Conseil modifiant le règlement (CE) n° 1775/2005 concernant les conditions d'accès aux réseaux de transport de gaz naturel, COM(2008) 911 final, point 3.3.1.
[4] Voir l'analyse de Ch. VLACHOU, *La coopération entre les autorités de régulation en Europe, op. cit.,* p. 202.
[5]« ACER *will also have a central role in the development of these EU-wide network codes, in particular in setting the framework guidelines with which they must comply* », CEER and ERGEG, 2010 *Annual Report of The European Energy Regulators*, p. 4.

pris en considération pour l'élaboration des codes de réseau. C'est ensuite l'ACER qui, à la demande de la Commission, élabore une orientation-cadre, non contraignante, fixant des principes[1] pour l'élaboration des codes de réseau. Chaque orientation-cadre doit contribuer à un fonctionnement efficace du marché et une concurrence effective. La Commission peut demander à l'Agence, qui a consulté les ENTSOs et les parties prenantes lors de l'élaboration, de réviser son orientation-cadre. Au cas où l'Agence ne modifierait pas l'orientation-cadre, la Commission a la possibilité de l'élaborer elle-même.
A partir de cette étape, la Commission demande aux ENTSOs de préparer un code de réseau « conforme à l'orientation cadre » dans un délai de douze mois. L'ACER a ensuite trois mois, après réception du projet de code de réseau, pour consulter les parties prenantes et produire un avis à l'ENTSO concerné. Le cas échéant, l'ENTSO peut modifier le code de réseau en fonction de l'avis de l'ACER, puis, si cette dernière considère que le code est conforme à l'orientation cadre, elle le soumet à la Commission en recommandant son adoption.
Enfin, dans le cas où ni l'ENTSO concerné, ni l'Agence, qui en aurait alors la responsabilité, n'établiraient le code de réseau, ce serait ainsi la Commission qui adopterait, de sa propre initiative, un ou plusieurs codes de réseau.
Outre la complexité de cette articulation, il est clair que la Commission « occupe donc une place centrale dans le système de la régulation des services publics en réseaux »[2], et que les craintes que l'Agence soit sous son influence ne sont pas dissipées au simple examen des textes. Au-delà de ces remarques, les principes, tels qu'ils sont énoncés, apportent une nette plus-value par rapport au système alors en cours dans les initiatives régionales, qui reposent sur des accords contractuels entre les GRT, alors qu'ils deviennent juridiquement contraignants, de par leur adoption par la Commission, selon les règles de la comitologie.

iii- Un pouvoir décisoire

Les différents aspects du pouvoir décisoire de l'Agence sont énoncés à l'article 7 du Règlement : « l'agence arrête des décisions individuelles sur des questions techniques si ces décisions sont prévues dans la

[1] Conformément à l'article 8, paragraphe 7, des Règlements 714/2009/CE et 715/2009/CE.
[2] H. DELZANGLES, Ch. VLACHOU, « Autorités européennes de régulation », *op. cit.*, p. 154.

directive 2009/72/CE, la directive 2009/73/CE, le règlement (CE) no 714/2009 ou le règlement (CE) no 715/2009 », ce qui, dans les faits, ne représentent pas de nombreux sujets. Les actes décisoires potentiels de l'ACER portent surtout sur les questions relatives aux infrastructures transfrontalières. L'ACER prend des décisions dans le cas où les régulateurs nationaux concernés ne sont pas parvenus à s'accorder sur des questions de réglementation dans un délai de six mois après que la dernière autorité a été mise en courant de la question ou si les autorités de régulation en question font conjointement appel à l'ACER. L'agence a ensuite six mois pour rendre une décision.
L'ACER détient également une capacité décisoire dans les cas de dérogation pour de nouvelles interconnexions en courant continu. Si les autorités de régulation ne parviennent pas à s'entendre sur les modalités de l'opération, dans un délai de six mois à compter de la date à laquelle la dérogation a été demandée à la dernière de ces autorités, ou à la demande conjointe des autorités concernées, l'ACER intervient[1].

3- Une mise en place contrôlée par les régulateurs

i- Le premier directeur de l'ACER un choix des régulateurs

Entre l'entrée en vigueur partielle[2] du Règlement 713/2009/CE, en septembre 2009, et la mise en place effective de l'Agence à Ljubljana, le 3 mars 2011[3], le CEER et l'ERGEG préparent activement les débuts de l'Agence en accord avec la Commission. Ainsi, trois réunions du Conseil d'administration et quatre du conseil des régulateurs se tiennent au cours de l'année 2010.
Le conseil des régulateurs se réunit pour la première fois les 3 et 4 mai 2010 à Bruxelles. Réunion qui n'est guère différente, sinon plus officielle et avec uniquement les membres du conseil et leurs suppléants, des réunions du CEER ou d'ERGEG. Le conseil élit, à cette occasion, son président, le même que celui du CEER et d'ERGEG, et un vice-président[4]. Le conseil doit, lors de cette même réunion, donner son avis sur les candidats proposés par la Commission, pour le poste de directeur de l'ACER.

---

[1] Règlement 714/2009/CE, art. 17 § 1,2,3,4.
[2] Les article 5 à 11 n'entraient en vigueur qu'à l'entrée en vigueur du 3ème paquet.
[3] Date à laquelle le 3ème paquet est entré en vigueur.
[4] Le président était John MOGG, et le vice-président Walter BOLTZ, par ailleurs président du régulateur autrichien.

La Commission a retenu trois candidats potentiels, dont deux, en tant qu'anciens parlementaires, avaient des profils plutôt politiques, alors que le troisième, dont la carrière s'est en grande partie déroulée dans le secteur de l'énergie, apparaît comme un professionnel du secteur. La Commission n'a pas caché sa préférence pour l'un des anciens parlementaires.
Les régulateurs, qui ont abordé le sujet lors de réunions précédentes du CEER, sans connaître les propositions de la Commission, convergent, plutôt, vers un profil de technicien, car le directeur de l'ACER doit conduire, avec ses équipes, des travaux assez complexes. Le président du conseil des régulateurs, comme de nombreux régulateurs, envisage l'ACER comme une forme de prolongement opérationnel d'ERGEG, entité que les régulateurs maitrisent très bien (la fusion des rapports annuels du CEER et d'ERGEG à partir de 2008 en est une illustration). Aussi le directeur de l'Agence leur semble devoir être un opérationnel, qui suivrait les orientations du conseil, plutôt qu'un candidat politique, plus enclin à privilégier une relation avec la Commission. Telle était, du moins, la perception des régulateurs.
La procédure selon laquelle s'effectue le choix est très structurée. Il est prévu une liste de questions écrites auxquelles chaque candidat répond durant 25 minutes, après avoir eu 5 minutes pour se présenter. Les membres du conseil des régulateurs interrogent ensuite chaque candidat. A l'issue des trois auditions, une discussion générale permet d'évaluer la prestation de chaque candidat. Le vote, à bulletins secrets, se déroule ensuite en deux temps. Le premier est destiné à évaluer l'adéquation des candidats au poste de directeur, le second à les classer par ordre de préférence. Lors du premier vote, deux candidats obtenaient un avis favorable du conseil. Lors du second vote, c'est le candidat ayant le profil technique qui obtient le meilleur classement[1]. Le représentant de la Commission au conseil des régulateurs indiquait qu'il regrettait le rejet de son candidat, mais qu'il proposerait au conseil d'administration de l'ACER de nommer la personne retenue par le conseil.

---

[1] « *1st ACER Board of Regulators meeting, Tuesday, 4 May 2010, from 14.00 to 18.00 (CET) Wednesday, 5 May 2010, from 09.00 to 16.00 (CET)* », ACER, Board of Regulators.

C'est ainsi que le conseil d'administration de l'ACER du 6 mai 2010, nomme officiellement le premier directeur de l'ACER[1], en suivant le choix des régulateurs[2].

ii- La préparation du travail de l'ACER, résultat d'une étroite collaboration entre Commission et régulateurs

Sans attendre l'entrée en vigueur du Traité de Lisbonne, par lequel l'énergie devient une compétence partagée[3], la Commission demande, en septembre 2009, à l'ERGEG de fonctionner comme la future Agence et de préparer une « orientation-cadre » sur l'allocation de capacités en gaz dans les six mois suivants. Il s'agit de tester en conditions réelles et en impliquant l'ensemble des acteurs concernés - en utilisant le Forum de Madrid pour le gaz, et le forum de Florence pour l'électricité- le processus imaginé pour l'ACER. La Commission et les régulateurs partagent, en l'occurrence, le même avis : il faut accélérer la construction du marché intérieur.
Selon le rapport du CEER-ERGEG de 2009, l'objectif est d'utiliser au mieux la période intérimaire qui s'étend jusqu'en mars 2011, date à laquelle l'ACER devient opérationnelle[4]. Poursuivant ainsi son rôle de préfiguration en tant qu'Agence virtuelle, ERGEG travaille, au cours

[1] « *Announcement, 7 May 2010 : Designation of ACER's first Director*
On 6 May 2010, the Administrative Board of the Agency for the Cooperation of Energy Regulators (ACER) designated Mr Alberto Pototschnig as the first Director of ACER, following a favourable opinion from the ACER Board of Regulators. His term of office is 5 years (renewable once for up to 3 years).
Mr Alberto Pototschnig is currently Chair and CEO of Mercados EMI Europe. He has worked on regulatory and related issues in a number of different capacities over a long period, including with the Italian Energy Regulatory Authority (AEEG) during its early days; as the first CEO of the Italian Electricity Market Operator; and as advisor to the Italian Government. Since 2004, he is an advisor to the Florence School of Regulation. He is an econometrician by training ».

[2] Ce passage s'appuie sur l'expérience professionnelle de l'auteur.

[3] L'article 4 du traité FUE intègre l'énergie parmi les compétences partagées et l'article 194 en détaille les éléments.

[4] « *We immediately began preparatory work on some specific areas covered by the 3rd Package to ensure the Agency for the Cooperation of Energy Regulators (ACER) and the national regulators would be fast out of their blocks in early 2011 when ACER becomes operational* », 2009 *Annual Report of European Energy Regulators,* p. 6. (Accessible uniquement en anglais).

de l'année 2010[1], sur six « orientations-cadres »[2] en parallèle. Grâce aux groupes de travail (ERGEG/CEER) et à l'implication des équipes des régulateurs nationaux, ERGEG parvient à soumettre à la Commission des orientations-cadres sur deux thèmes (allocations de capacité en gaz et les systèmes de transport et de distribution en électricité).

A l'issue du travail réalisé au cours de cette année, ERGEG établit un bilan, en retour d'expérience du processus engagé. L'idée est d'en tirer des enseignements pour le directeur de l'ACER. L'exercice permet de souligner l'importance de la phase exploratoire durant laquelle est définie la portée du sujet. Cette phase, qui concerne la future Agence, les ENTSOs et la Commission, apparaît à l'ERGEG comme le point le plus sensible pour le respect des délais, très restreints, prévus par les textes. Cette observation se révélera parfaitement juste par la suite.

Pour clore cette période transitoire, marquée par une certaine effervescence intellectuelle, la Commission décide, début 2011, de mandater officiellement ENTSO-E, pour élaborer le premier code de réseau, en se référant à l'orientation cadre réalisé par l'ERGEG, et en respectant les délais de 12 mois prévus par le 3ème paquet.

L'opération est pour le moins singulière, car l'orientation cadre n'a pas été élaborée par l'ACER, qui n'avait pas encore le droit de fonctionner, et la Commission demande à ENTSO-E de réaliser un code de réseau dans les délais impartis par le 3ème paquet qui n'est pas encore en application.

En paraphrasant une formule indiquant que les spécificités du droit communautaire permettraient « d'instrumentaliser le droit, dans une approche finaliste de son utilisation », on pourrait dire qu' « alors que dans la réglementation, la normativité est empruntée à la légitimité de son auteur, la pertinence de la régulation est liée à sa finalité qui est d'instaurer et de veiller à l'équilibre du secteur et au bon

[1] « *Working "as if" it were ACER (i.e. respecting the deadlines and procedures set out in the 3rd Package and following the step-by-step process which the regulators had developed), ERGEG tested the framework guideline process during 2010 working on a total of 6 different framework guidelines in parallel* », 2010 *Annual Report of European Energy Regulators*, p. 7. (Accessible uniquement en anglais).

[2] Les six « orientations-cadre » portaient, en électricité, sur le réseau de transport et de distribution, les allocations de capacité et la gestion des congestions, et l'opération système ; elles concernaient, en gaz, les allocations de capacité, les règles d'équilibrage et l'harmonisation de la structure des tarifs de transport.

fonctionnement du marché »[1], la Commission pourrait être dans son rôle en sortant du strict cadre juridique, car « la régulation fait appel à une conception finaliste ou fonctionnelle du droit [...] dans ce cadre ce n'est pas l'institution qui façonne la norme mais c'est le mode opératoire de l'action qui modifie l'institution »[2].

Section 2 : La montée en puissance de l'ACER

Le début de l'activité de l'ACER se caractérise par un manque de moyens humains, en partie compensé par l'implication des régulateurs nationaux et de leurs équipes, et un déficit de moyens budgétaires, qui traduisent de sérieuses carences en matière de garanties fonctionnelles (I). Sans que l'ensemble de ces questions soit entièrement résolu, l'ACER devient peu à peu plus dépendante de la Commission européenne au travers de son directeur (II) et plus autonome vis-à-vis des régulateurs confrontés à la volonté de la Commission d'orienter directement une régulation européenne de l'énergie (III). Plusieurs de ces enjeux sont traités par le 4ème paquet dans lequel la Commission n'atteint pas tous ces objectifs en ce qui concerne la prédominance de l'ACER à l'égard des régulateurs nationaux (IV).

I- Les ARN en appui d'une Agence aux moyens limités et aux responsabilités grandissantes

L'ACER est, dès sa création effective, confrontée à un problème d'effectifs, compensé par l'implication des membres des ARN, dans ses groupes de travail. Cette situation, qui perdure jusqu'à l'approbation définitive du paquet « Une énergie propre pour tous les européens », dit 4ème paquet, est un élément important pour l'analyse de l'action et de l'interaction de l'ACER et des régulateurs nationaux (A).
De façon paradoxale par rapport à cette situation de dépendance de l'ACER à l'égard des moyens des régulateurs nationaux, la

[1]A. LAGET-ANNAMAYER, *La régulation des services publics en réseaux, télécommunications et électricités*, thèse, Bruylant, Bruxelles et Paris, LGDJ, 2002, p.30.
[2]A. LAGET-ANNAMAYER, « La détermination des objectifs de la régulation dans l'Union européenne :au-delà de l'évidence, la complexité » in G. ECKERT, J.-PH. KOVAR (dir.) *Les objectifs de la régulation économique et financière,* Logique Juridique, L'Harmattan, Paris, 2017, p. 52.

Commission européenne décide d'augmenter les responsabilités de l'agence (B).

A- Une dépendance en compétences à l'égard des régulateurs en moyen vis-à-vis de la Commission

Le travail réalisé lors de la période intérimaire par l'ensemble ERGEG/CEER a posé les fondements d'une collaboration avec l'ACER, et ce d'autant plus que son installation à Ljubljana ne facilite pas le recrutement de l'équipe[1] . Ainsi que l'écrit Ch. Vlachou, « cette coexistence semble être très fructueuse dans le cas du CEER et de l'ACER », la synergie et la complémentarité de leurs travaux « se manifestent dans le fait que des pratiques de travail, des documents et des résultats de consultation menés par le CEER, alimentent son travail » [2]. Le CEER propose même, dès les premiers mois, de mettre gracieusement à la disposition de l'ACER, qui cherche à y conserver une antenne, une partie de ses locaux à Bruxelles. Opération qui est *in fine* autorisée par la Commission[3]. Il est frappant de constater l'écart

---

[1] Le recrutement du personnel de l'ACER, comme de l'ensemble des agences européennes, suit un processus formel qui ne permet pas la célérité. Lors de la 4e réunion du conseil d'administration, du 3 mars 2012, le directeur déplorait l'échec rencontrée par la proposition de l'ACER pour des postes d'Experts Nationaux qui n'avait suscité aucune candidature. Il avait alors appliqué des règles similaires à celles utilisées par la Commission européenne, dont une des conditions était d'avoir 15 ans d'expérience dans la régulation. En raison de cet échec, il proposait au conseil d'administration d'initier une nouvelle tentative en diminuant la durée d'expérience professionnelle requise dans la régulation.

[2] Ch. VLACHOU, *La coopération entre les autorités de régulation en Europe, op. cit.* p. 111.

[3] Proposition évoquée et débattue lors du conseil d'administration de l'Agence du 3 mars 2011. Le conseil n'était pas très enclin à accepter cette proposition, évaluée par le directeur de l'Agence à une économie de l'ordre de 100 000 euros, compte tenu des prix sur le marché des bureaux à Bruxelles. Certains craignaient que cela ait une incidence sur l'indépendance de l'ACER. Il fallut recourir au considérant n° 20 du règlement 713/2009/CE, qui stipulait que « L'agence devrait être essentiellement financée à l'aide du budget général de l'Union européenne, de redevances et de contributions volontaires. En particulier, les ressources actuellement mises en commun par les autorités de régulation au titre de leur coopération au niveau de la Communauté devraient rester à la disposition de l'agence », pour que cette opération puisse être envisagée. Le conseil décida d'autoriser le directeur à soumettre la question à la Commission. Minutes ACER – 4th meeting of Administrative Board, 3 Mars2011,acer.europa.eu/en/The_agency/Organisation/Administrative_Board/Documents/ACER.

entre les volontés des promoteurs d'une agence opérationnelle, parmi lesquels on peut compter les parlementaires européens, les régulateurs et dans, une certaine mesure, la Commission, au moins par le biais de sa nouvelle direction dédiée uniquement à l'énergie[1], et la réalité budgétaire ainsi que le grand formalisme de l'ensemble des procédures. La majeure partie du travail est, alors, effectuée par les équipes des régulateurs nationaux, ce qui permet à l'ACER, lors de sa première année d'existence, de produire cinq orientations-cadre et un avis sur le premier programme d'équipements décennal européen pour le gaz[2]. Dans son message, lors du premier rapport annuel de l'Agence, le directeur exprime d'ailleurs sa reconnaissance aux régulateurs, sans lesquels rien n'aurait pu être réalisé[3]. Propos auxquels répond, en miroir, dans le même rapport, le mot du président du conseil des régulateurs « *ACER benefitted greatly from the 18-month period prior to the Agency's official opening on 3 March 2011, during which the National Regulatory Authorities worked just as if the Agency had already been established* » ; il ajoute que la récente équipe de l'ACER a pu compter sur l'ensemble des équipes des régulateurs, dans le cadre

[1] Dite DG ENER, dans le jargon bruxellois, qui prenait la suite de la direction transport-énergie, dite DG TREN.

[2] L'orientation-cadre sur le raccordement au réseau a été publiée par l'ACER le 20 juillet 2011, celle sur l'allocation des capacités d'interconnexion et la gestion des congestions (dite CACM, *Capacity Allocation and Congestion Management*) le 29 juillet, et celle sur la conduite opérationnelle du réseau le 2 décembre. L'orientation-cadre sur l'allocation des capacités d'interconnexion et la gestion des congestions émane directement d'un consensus sur les modèles cibles pour le calcul et l'allocation des capacités aux interconnexions. En gaz, la première orientation-cadre portait sur l'harmonisation des méthodes d'allocation des capacités aux points d'interconnexion entre zones, elle a été adoptée le 3 août 2011 ; la deuxième orientation-cadre rédigée en 2011 concernait l'équilibrage (équilibrage de marché journalier) et a été adoptée le 18 octobre 2011. Voir le *Rapport d'activité de la CRE 2011* pp. 40-50.

[3] « *These achievements would not have been possible without the continuous support of the NRAs and the preparatory work they undertook since well before the Agency was established. NRAs are not only the main 'clients' of the Agency, the overall mission of which is to support and coordinate NRAs actions at EU level, but also the Agency's 'constituencies', through the Board of Regulators and the Agency's Working Groups. The year 2011 was particularly successful in implementing arrangements for the smooth cooperation between the Agency and the NRAs at all levels* », *Agency for the cooperation of Energy Regulators, Annual Activity Report 2011*, « *Foreword by the Director* », p. 5.

des groupes de travail dont les études préparatoires ont permis au directeur de présenter des propositions au conseil des régulateurs[1].

Il souligne enfin, ce qui peut être considéré comme la vision des régulateurs, que cette pratique correspond exactement à ce que cherche à être l'Agence, une agence pour la coopération des régulateurs de l'énergie[2]. La remarque est intéressante en ce qu'elle traduit l'attente, satisfaite, des régulateurs à l'égard de l'ACER à ses débuts. Le rapport d'activité de la CRE, de la même année, offre, dans le passage consacré à l'ACER, une excellente illustration de cette approche selon laquelle le conseil des régulateurs incarne l'élément central de l'ACER : « organe clé de l'Agence, le conseil des régulateurs, composé des représentants des 27 régulateurs indépendants de l'Union européenne, dont la CRE, s'est réuni à huit reprises au cours de l'année 2011. Il donne des indications au directeur de l'ACER sur l'exécution de ses tâches, de sorte qu'aucune décision, recommandation ou avis du directeur n'est réputée valable sans l'avis favorable du conseil des régulateurs »[3]. L'ACER est alors vécue comme un prolongement d'ERGEG, qui est dissoute le 1er juillet 2011[4].

L'ACER a très vite souhaité, en accord avec le conseil des régulateurs, redynamiser les « Initiatives régionales » lancées par ERGEG en 2006. Rappelons que l'objectif des sept régions Électricité et des trois régions Gaz était d'organiser, à titre transitoire, l'intégration des marchés de l'énergie par grandes zones régionales. Afin de maintenir l'ambition du calendrier fixant l'objectif de 2014 pour l'achèvement du marché intérieur (décidé par le Conseil), le rôle des initiatives régionales est, alors, redéfini autour d'un programme de travail qui identifie des objectifs et des étapes communes, afin de conserver une vision d'ensemble, préoccupation exprimée en plusieurs occasions par la Commission.

---

[1]« *In fact, the Agency currently comprises not only those staff members in Ljubljana, but also has the full and continuing support of NRAs throughout the Union. The latter, together with the Agency's staff, work in close collaboration in the Working Groups on whose preparations the Director bases his proposals to be put to the Board of Regulators for a reasoned opinion* », *ibid.* Statement of the chair of the Board of Regulators, p. 16.

[2] « *This encapsulates exactly what the Agency's title intends to convey, i.e. it is the Agency for the Co-operation of Energy Regulators* », *ibid.*, p.16.

[3] *Rapport d'activités de la CRE 2011*, p. 40.

[4] Décision de la Commission du 16 mai 2011 annulant la décision 2003/796/CE.

L'ACER coordonne ainsi la définition de feuilles de route interrégionales, déclinant les jalons de mise en place du modèle-cible pour le calcul et l'allocation des capacités aux différentes échéances de temps (long terme, journalier et infrajournalier)[1]. Elle met également en place deux groupes de coordination, l'un sur l'électricité et l'autre sur le gaz, avec des membres des régulateurs et des représentants de la Commission. L'objectif est de vérifier la cohérence des actions menées dans chaque région avec l'objectif général du marché intérieur. On peut juger cette démarche comme la première action concrète d'une régulation européenne, même si les accords intervenus jusque-là au sein des initiatives régionales résultent d'accords volontaires.

Par ailleurs, l'ACER souhaite créer ses propres groupes de travail, similaires à ceux d'ERGEG, qui eux-mêmes sont parfois communs à ceux du CEER. Dans le cas de l'ACER, les groupes de travail comportent des membres de l'équipe de l'Agence, des observateurs de la Commission et, surtout, des experts venant des régulateurs nationaux. Les groupes et les sous-groupes (*Task Forces*) sont présidés par des « représentants de haut niveau » des régulateurs nationaux. L'ensemble de ces activités représente une importante charge de travail pour les ARN[2]. Les objectifs de ces groupes sont définis par le directeur de l'Agence, en liaison avec les présidents des groupes de travail. Par ailleurs leur mode de fonctionnement se fonde sur les règles appliquées au sein de l'Agence, et se révèle donc beaucoup plus formaliste que celui régissant les groupes sous l'égide d'ERGEG, et *a fortiori* du CEER, notamment en matière de règle de confidentialité[3].

[1]L'échéance de long terme correspond à des droits d'utilisation des capacités d'interconnexion valables pour une année ou mois donnés. Ils sont nécessaires aux acteurs de marché, d'une part pour sécuriser leurs approvisionnements, d'autre part pour développer la concurrence et enfin pour se couvrir des risques de fluctuations prix entre pays frontaliers.

[2] Cette charge de travail européenne pour des structures sous contrainte budgétaire, n'était pas toujours comprise des autorités gouvernementales nationales.

[3]Règles définies par la décision n° 08/2011 du 10 avril 2011 du conseil d'administration.

B- L'augmentation des responsabilités de l'ACER : une volonté de la Commission

1- La surveillance du marché de gros

Dès la fin de sa première année, les missions de la jeune Agence, déjà suffisamment lourdes par rapport à ses moyens, sont sensiblement accrues. La Commission lui confie de nouvelles responsabilités avec le règlement 1227/2011//CE sur l'intégrité et la transparence du marché de gros de l'énergie (REMIT). Ce règlement est officiellement entré en vigueur le 28 décembre 2011[1].
Ce texte adapte les notions de la régulation financière aux spécificités des marchés de l'énergie. Ainsi, la notion d'information privilégiée fait spécifiquement référence aux informations relatives aux installations physiques. La nouvelle surveillance des marchés de l'énergie au niveau européen, qui doit détecter les opérations d'initiés et les manipulations de marché, est confiée à l'ACER, en coordination avec les régulateurs nationaux. Il est prévu qu'elle se fasse, le cas échéant, en coopération avec les régulateurs financiers nationaux, l'Autorité européenne des marchés financiers (ESMA) et les autorités de la concurrence[2].

---

[1] Le règlement 1227/2011/CE du 25 octobre 2011 interdit les abus sur les marchés de gros de l'électricité et du gaz, à savoir les opérations d'initiés consistant à utiliser une information privilégiée pour intervenir sur les marchés. Il est en outre obligatoire pour les acteurs de marché de publier ces informations ; les manipulations de marché consistant à donner un signal trompeur sur le prix ou l'équilibre entre l'offre et la demande sur les marchés de l'énergie.

[2] La CRE était, avec le régulateur britannique l'*OFGEM*, les seules ARN de l'énergie, chargées de la surveillance du marché de gros. Par ailleurs, en droit interne, la loi de régulation bancaire et financière du 11 octobre 2010 modifiait la loi n°2000-108 du 10 février 2000 relative à la modernisation et au développement du service public de l'électricité à l'effet d'étendre la mission de la CRE à l'analyse de la cohérence entre les fondamentaux des marchés de l'électricité et du gaz et les transactions réalisées sur le marché du CO2 par des acteurs de ces secteurs. La même loi du 11 octobre 2010 établissait le principe d'une coopération entre l'AMF et la CRE. Ainsi, le code monétaire et financier prévoyait la coopération entre les deux autorités et la possibilité pour l'AMF de communiquer à la CRE des informations couvertes par le secret professionnel. Symétriquement, la loi n°2000-108 modifiée, instituait le principe de coopération entre les deux autorités et autorisait la CRE à communiquer à l'AMF les informations couvertes par le secret professionnel. Pour la mise en œuvre de ces dispositions, un Protocole d'accord était signé entre l'AMF et la CRE, par leurs présidents respectifs, le 10 décembre 2010. Cet accord permettait aux deux autorités de publier un communiqué de presse indiquant que « Par cet accord la France est le premier pays européen à anticiper les dispositions du projet de règlement européen

C'est le règlement d'exécution 1348/2014/UE, du 17 décembre 2014[1] qui permet à l'ACER d'entamer sa mission. L'objectif du règlement est d'établir les règles de transmission d'informations à l'agence et de définir le détail des données concernant les produits énergétiques de gros et les données fondamentales à déclarer. Il définit aussi les canaux appropriés pour la déclaration des informations, incluant le délai et la fréquence de déclaration. La mise en œuvre du règlement lance le compte à rebours d'un certain nombre d'obligations à remplir dans un délai de neuf à 18 mois pour les acteurs de marché et les tierces parties[2]. Elle implique également, pour l'ACER, la rédaction de différents documents comme un manuel de déclarations des transactions et plusieurs autres[3]. On reviendra, ultérieurement, sur les problèmes posés à l'ACER par cette mission disproportionnée par rapport à ses moyens.

2- Les projets d'intérêt commun

Le règlement 347/2013/UE, du 17 avril 2013, concernant des orientations pour les infrastructures énergétiques transeuropéennes, dote, ensuite, l'ACER d'un rôle important en matière de choix et de suivi des projets d'intérêts commun[4]. Il s'agit là du second ajout de

---

sur l'intégrité et la transparence des marchés de l'énergie (REMIT) que la Commission européenne vient de rendre public ».

[1] Règlement d'exécution (UE) No 1348/2014 de la Commission du 17 décembre 2014 concernant la déclaration des données en application de l'article 8, paragraphes 2 et 6, du règlement (UE) no 1227/2011 du Parlement européen et du Conseil concernant l'intégrité et la transparence du marché de gros de l'énergie.

[2] « *Market participants and third parties reporting on their behalf would have to: - within nine months, report transactions in wholesale energy contracts admitted to trading at Organised Market Places and fundamental data from the ENTSOs central information transparency platforms, and - within fifteen months, report transactions in the remaining wholesale energy contracts (OTC standard and non-standard supply contracts; transportation contracts* », Compte-rendu du Conseil d'administration de l'ACER du 18 décembre 2018, REMIT, p. 7.

[3] « *the Manual of Procedures on transaction and fundamental data reporting, the Requirements for Registered Reporting Mechanisms (RRM5) and a List of Organised Market Places », Ibid.*, p.7.

[4] Règlement (UE) N° 347/2013 du Parlement Européen et du Conseil du 17 avril 2013 concernant des orientations pour les infrastructures énergétiques transeuropéennes, et abrogeant la décision n° 1364/2006/CE et modifiant les règlements (CE) n° 713/2009, (CE) n° 714/2009 et (CE) n° 715/2009.

taille à ses responsabilités, qui renforce la dimension européenne de la régulation.
Les considérants du règlement font référence à un grand nombre de sujets. L'énumération comprend, en premier lieu, le fait que le taux d'interconnexions électriques des Etats membres, équivalent au minimum à 10 % de leur capacité de production installée, tel qu'il avait été fixé dans les conclusions du Conseil européen de Barcelone de mars 2002, n'est pas encore atteint ; la question de la sécurité énergétique notamment en gaz ; le rappel des objectifs de la directive 2009/28/CE à l'horizon 2020 en matière de développement des énergies renouvelables, de réductions des gaz à effets de serre et de l'augmentation de l'efficacité énergétique (le fameux trois fois 20) ; les lacunes d'un marché intérieur encore trop fragmenté ; l'importance des investissements nécessaires dans les infrastructures de gaz et d'électricité (évalués à 200 milliards d'euros)… une sorte de liste « à la Prévert » pour justifier la liste des projets d'intérêt commun de l'Union. Les principes déterminant cette liste sont issus des travaux effectués par les ENTSOs. L'ensemble est évalué par l'ACER, qui transmet son avis aux Etats membres et à la Commission et le publie. Les Etats membres et la Commission disposent de trois mois pour émettre un avis (facultatif pour les Etats) qui est soumis aux ENTSOs ; ces dernières ont également trois mois pour adapter leurs méthodologies, en tenant dûment compte des différents avis, dont celui de l'ACER, et les soumettent ensuite pour approbation à la Commission.
Le règlement donne à l'ACER d'importantes nouvelles responsabilités, calquées, en termes de méthode, sur celles qu'elle a déjà concernant les orientations-cadre et les codes de réseaux.
Avant d'aborder ce que l'on peut établir comme bilan de l'action de l'ACER, nous allons étudier l'aspect indépendance et contrôle.

II- Une agence européenne

L'aspect singulier de l'ACER en raison de ses trois structures (conseil d'administration, commission de recours et conseil des régulateurs) n'en fait pas moins une agence européenne[1], ce qui se traduit par une présence importante de la Commission européenne, en particulier au

[1] Les agences sont soumises au contrôle contentieux de leurs actes, aux règles de transparence (Article 15 §1 et §3 TFUE), à la protection des données personnelles (Article 16 §2 TFUE), et au respect du droit des citoyens à poser des questions et à recevoir des réponses dans leur propre langue (Article 24 TFUE).

sein du conseil d'administration (A) et au travers de la DG budget. Ce statut implique également un contrôle démocratique à un double niveau : d'une part un processus de décharge budgétaire venant du Parlement européen, d'autre part une relation assez soutenue avec la commission ITRE du Parlement (B).

A- La question du rôle de la Commission

L'indépendance de l'ACER par rapport à la Commission est moins claire que celle des ARN par rapport aux Gouvernements. Certes, le règlement prévoit bien que ni le conseil des régulateurs, ni le directeur, ne doivent solliciter ou suivre d'instructions venant des Gouvernements ou de la Commission, ce qui n'est pas le cas du conseil d'administration, qui n'est lui tenu à une indépendance qu'à l'égard des instructions politiques[1]. Ajoutons que la Commission nomme deux des membres, et leurs suppléants, du conseil d'administration, et qu'un observateur de la Commission assiste à ce conseil d'administration, sans droit de vote, comme à celui du conseil des régulateurs.

1- Le rôle déterminant de la Commission

Les comptes rendus des conseils d'administration montrent de nombreux cas d'intervention des membres du conseil représentant la Commission, insistant sur tel ou tel point, souvent pour affirmer le besoin d'« indépendance » de l'Agence vis-à-vis des régulateurs du conseil[2].
La Commission joue, par ailleurs, un rôle déterminant dans la définition et l'approbation du programme de travail de l'ACER. Ces éléments sont présentés par l'un des membres du conseil d'administration

---

[1] Art. 12, §7 du règlement : « les membres du conseil d'administration s'engagent à agir objectivement au service de l'intérêt public et dans un esprit d'indépendance, sans solliciter ni suivre aucune instruction politique ».
[2] Compte-rendu du conseil d'administration de l'ACER du 26 septembre 2013, « *Lord Mogg as the representative of the BoR said that the Agency is developing a Strategy paper on energy markets covering the period after 2014; the objective is to cover the period between now and 2025. The Agency's strategy should be seen as a major contribution and link to the strategy the EC is preparing for 2020 and 2030. He said that the Market Monitoring Report should pull the strategy.*
The AB member representing the EC reiterated that the Agency should have the last word on the Market monitoring Report and stressed the importance of Agency's independence », acer.europa.eu. *Minutes of the Administrative Board.*

représentant la Commission, détaillant les attentes de celle-ci, « la Commission estime [...], encourage l'Agence [...] invite l'Agence, [...] considère que l'Agence », ce qui, incontestablement, oriente ou cherche à orienter les priorités de l'ACER.

La Commission décide des moyens de l'Agence, en évaluant ce qui lui paraît nécessaire — en ne tenant guère compte des demandes du directeur, qui apparaissent pourtant réalistes aussi bien au conseil des régulateurs qu'à la commission ITRE du Parlement — pour accomplir les tâches qui lui sont dévolues par le règlement REMIT (1227/2011/CE) et le règlement concernant les infrastructures énergétiques transeuropéennes (347/2013/UE)[1]. Ainsi, l'affirmation que 10 emplois supplémentaires seront suffisants pour traiter ces deux sujets en 2016, alors que le manque de moyens humains ne permet déjà pas d'assurer l'intégralité des missions découlant de la mise en œuvre de REMIT en 2015, est assez caractéristique de la façon dont la Commission aborde ces sujets.

Par ailleurs, et en l'occurrence cela n'a rien de surprenant, la Commission cherche à ce que l'ACER s'inscrive dans le moule des agences européennes, particulièrement en ce qui concerne la question des conflits d'intérêt. Ce point est abordé à plusieurs reprises par le conseil d'administration, car la difficulté provient de l'existence du conseil des régulateurs qui ne veut pas être, en raison de sa composition, aligné strictement sur les règles définies pour les agences[2].

---

[1] « *Most importantly, the Commission reiterated its view that additional 10 staff for the implementation of* REMIT *and the TEN-E Regulation is sufficient for 2016. Accordingly, ACER was invited to align the Work Programme to the levels of human and financial resources proposed by the Commission in the Draft Budget 2016 (64 establishment plan posts and EU contribution of EUR 15,547,582 including assigned revenues), subject to the final decision of the Budgetary Authority* », *ibid.* p. 7.

[2] « *Lord Mogg, the BoR representative, underlined the distinction of the BoR from the other two Boards. He noted that the EC Guidelines on the prevention and management of conflicts of interest in EU were not legally binding but rather provided an indication of the optimal approach for the Agencies. However, the policy proposed did not take account of the respective firm obligations on conflicts of interest applying to all NRAs' staff and management Boards which were to be implemented by the Member States. These were set against strong dissuasive penalties and sanctions (as reflected in the EC's interpretative note on NRAs). BoR members sat at the BoR not in a personal capacity but as senior representatives of their NRAs and are thus bound by the above requirements. This was made clear during the discussion had taken place at the BoR meeting on 17 December. He suggested that ACER's CoI policy reflects this distinction, which is also reflected in the ACER Regulation which does not set the*

2- L'absence d'indépendance de l'ACER

La question de l'indépendance de l'ACER par rapport à la Commission est une question rhétorique. Si l'on veut établir une comparaison avec les ARN chargées de l'énergie, et plus particulièrement avec la CRE, il ne fait pas de doute que l'Agence est moins indépendante de la Commission que la CRE ne l'est, et ne l'a été, du Gouvernement. En fait, « la Commission entend déléguer aux agences certaines de ses compétences, notamment les tâches techniques. Mais elle ne souhaite pas déléguer au point de perdre le contrôle sur les agences. Elle en réduit donc les moyens d'actions ou conserve en leur sein un contrôle sur les organes décisionnels »[1]. Le sujet, assez souvent débattu du point de vue académique, de l'indépendance d'agences comme l'ACER vis-à-vis de la Commission, semble aujourd'hui ne plus soulever de questions : l'ACER n'est pas réellement indépendante de la Commission[2].

Est-ce surprenant compte tenu du modèle d'agence qui a été retenu ? La structure même de l'Agence donne un rôle, certes sur le papier, relativement important au conseil des régulateurs, mais en confère un très important au conseil d'administration et, surtout, au directeur : « c'est le directeur de l'agence, qui dispose de l'essentiel des pouvoirs [...] C'est en effet lui qui, à la suite d'un avis favorable du Conseil des régulateurs, arrête les avis, recommandations et décisions de l'agence »[3].

Si la Commission et les Etats membres avaient souhaité un modèle plus indépendant, celui qui a été instauré pour les Autorités européennes de surveillance (AES)[4] est probablement celui qui se rapproche le plus d'une régulation européenne indépendante. L'organisation des AES s'appuie essentiellement sur les présidents des ARN, au travers du conseil des autorités de surveillance, comparable au conseil des

requirement of Col for the BoR », Compte-rendu du conseil d'administration de l'ACER du 18 décembre 2014.

[1] V. DELVAL, *Recherche sur un modèle d'autorité de régulation dans l'Union européenne dans les secteurs économiques et financiers, op. cit.*, p. 208-209.

[2] La commission de recours n'est pas concernée par cette affirmation, son fonctionnement étant entièrement à part.

[3] V. DELVAL, *ibid.*, p. 208-209.

[4] Règlement (UE) n ° 1095/2010 du Parlement européen et du Conseil du 24 novembre 2010 instituant une Autorité européenne de surveillance (Autorité européenne des marchés financiers), modifiant la décision n ° 716/2009/CE et abrogeant la décision 2009/77/CE de la Commission.

régulateurs de l'ACER, mais qui s'en différencie de manière substantielle. Le conseil désigne le président, qui est à la fois président du conseil des autorités de surveillance et président du conseil d'administration, et le directeur exécutif de l'autorité[1]. Le conseil des autorités de surveillance définit les orientations de l'Autorité, et adopte son programme de travail sur proposition du conseil d'administration qui, lui-même, est composé de membres des ARN[2]. L'essentiel des responsabilités est donc confié aux ARN, même si la Commission est présente, comme observateur, au sein du conseil de surveillance et du conseil d'administration[3].

Il est toutefois peu vraisemblable qu'un tel modèle ait pu, à l'époque, être imaginé et accepté par le Conseil et par la Commission. Le Conseil n'a jamais dans ce domaine été très favorable à une extension des pouvoirs des régulateurs et la Commission, on l'a vu, n'envisageait pas de se défaire de son pouvoir.

B- Un contrôle multidimensionnel

Le contrôle de la l'ACER s'effectue à deux niveaux. Celui de l'encadrement budgétaire, afin d'assurer les moyens de l'Agence à ses missions (1) et celui de l'examen de ses activités, de manière à vérifier si elles mènent à bien les missions qui lui sont confiées (2).

Un troisième niveau est celui du contrôle juridictionnel que nous n'évoquerons que de façon détournée. L'ACER faisant partie des agences ayant la capacité de prendre des actes juridiquement

---

[1] « Le président est désigné par le conseil des autorités de surveillance sur la base de ses qualifications, de ses compétences, de sa connaissance des acteurs des marchés financiers et des marchés financiers ainsi que de son expérience en matière de surveillance et de réglementation financière, dans le cadre d'une procédure de sélection ouverte.
Avant l'entrée en fonctions du candidat retenu et au plus tard un mois après sa désignation par le conseil des autorités de surveillance, le Parlement européen peut, après avoir entendu le candidat retenu, s'opposer à la désignation de ce dernier », Art. 48 § 2, du Règlement susmentionné.

[2] « Le conseil d'administration comprend le président et six autres membres du conseil des autorités de surveillance élus par et parmi les membres votants du conseil des autorités de surveillance », art. 45 § 1 du Règlement.

[3] « L'essentiel des pouvoirs des trois autorités est donc concentré, directement ou indirectement, aux mains des présidents des ARN. Cette spécificité est tout à fait unique parmi les organismes de l'Union dans la mesure où l'exercice de pouvoirs garantis par l'UE ne peut être contrôlé par l'une des Institutions de l'Union », V. DELVAL, *op. cit.*, p. 335.

contraignants[1], les recours sont possibles dans un premier temps devant la commission de recours de l'ACER et, dans un second temps, devant le juge de l'Union européenne. Un recours peut être formulé par toute personne physique ou morale ayant intérêt à agir[2], et donc par toute ARN, ce qui a été le cas à plusieurs reprises au cours des dernières années. Les décisions de la commission de recours sont publiées et le contrôle juridictionnel est du ressort de la Cour de justice de l'Union européenne.

1- Contrôle budgétaire et reddition des comptes : un encadrement strict

La procédure budgétaire prévue pour l'ACER est similaire à celle de toutes les autres agences. Elle débute par un projet de budget, établi par le directeur de l'Agence[3], qui doit être finalisé avant la fin janvier pour l'année suivante. Cet avant-projet, qui comporte un tableau prévisionnel des effectifs, est adressé au conseil d'administration et, en parallèle, au conseil des régulateurs, qui peut émettre un avis motivé. Le conseil d'administration transmet à la Commission un projet de budget ainsi qu'un projet de tableau des effectifs. Cet état prévisionnel est adressé par la Commission au Parlement et au Conseil avec l'avant-projet de budget général de l'Union européenne. Dans cet avant-projet, la Commission intègre « les prévisions qu'elle estime nécessaires »[4] en ce qui concerne tant les effectifs que la subvention à la charge du budget général de l'Union européenne. Comme on l'a évoqué précédemment, les discussions entre la Commission et l'ACER sont fréquemment délicates sur les effectifs, et il n'y a jamais réellement d'accord sur les besoins exprimés par l'Agence. Une fois les propositions de crédits arrêtées par la Commission, elles sont transmises au Conseil et au Parlement européen[5].

---

[1] Art 7 § 1, Art. 8 § 1, Art. 9 § 1 du règlement 713/2009/CE.

[2] L'intérêt à agir est prouvé lorsque le requérant est le destinataire de la décision ou « directement et individuellement » concerné par elle, Art. 19 § 1 du règlement 713/2009/CE.

[3] Art. 23, § 1 du règlement 713/2009/CE.

[4] Art. 23 § 3 du règlement 713/2009/CE.

[5] Les différents contrôles budgétaires s'appuient sur deux règlements du Parlement européen et du Conseil : le règlement (UE, Euratom) n ° 966/2012 du Parlement européen et du Conseil du 25 octobre 2012 relatif aux règles financières applicables au budget général de l'Union et abrogeant le règlement (CE, Euratom) n° 1605/2002 du Conseil, JOUE L 298 du 26.10.2012, p. 1, dit « règlement financier », modifié

Au plus tard le 1er mars suivant la fin de chaque exercice, les comptes provisoires avec le rapport sur la gestion financière et budgétaire de l'exercice sont adressés par le comptable de l'ACER au comptable de la Commission et à la Cour des comptes et sont consolidés par le comptable de la Commission. Le directeur de l'Agence établit les comptes définitifs, après avoir pris connaissance des observations de la Cour des comptes, et les transmet au conseil d'administration pour avis. Le directeur adresse, au plus tard le 1er juillet suivant la fin de l'exercice, les comptes et l'avis du conseil d'administration au Parlement européen, au Conseil, à la Commission et à la Cour des comptes. Le directeur diligente sa réponse à la Cour des comptes au plus tard le 15 octobre ; il la transmet également à la Commission et au conseil d'administration de l'Agence. Enfin, sur recommandation du Conseil, statuant avant le 15 mai de l'année n+2, le Parlement européen peut donner décharge au directeur pour l'exécution du budget de l'année N [1].

Le Conseil et le Parlement sont donc les deux institutions clés dans cette procédure de reddition des comptes. Le Conseil, car c'est lui qui effectue la recommandation. Le Parlement, puisque c'est lui qui donne décharge et que, depuis le Traité de Lisbonne, il est devenu colégislateur et intervient comme autorité budgétaire de l'Union.

Au sein du Parlement, la commission compétente est la commission du contrôle budgétaire, dite COCOBU, et non la commission ITRE qui suit normalement l'ACER. La COCOBU est l'interlocuteur de l'ACER (comme des autres agences) et, à ce titre, elle est chargée de rédiger le projet de rapport du Parlement européen sur chaque agence, « ainsi que d'un projet de rapport contenant des observations horizontales sur la performance, la gestion financière et le contrôle des agences de l'Union européenne, dans leur ensemble »[2].

Le processus de décharge budgétaire du Parlement européen ne connaît pas d'équivalent dans le cas français pour les autorités de régulation

---

récemment par le règlement (UE, Euratom) n ° 2015/1929 du Parlement européen et du Conseil du 28 octobre 2015 et le Règlement délégué (UE) n ° 1271/2013 de la Commission du 30 septembre 2013 portant règlement financier-cadre des organismes visés à l'article 208 du règlement (UE, Euratom) n° 966/2012 du Parlement européen et du Conseil, JOUE L 328 du 7.12.2013, p. 42, dit « règlement délégué ».

[1] Article 24, § 2 à 10 du règlement 713/2009/CE.

[2] Ch. VLACHOU, *La coopération entre les autorités de régulation en Europe (communications électroniques et énergie), op. cit.,* p. 423. Pour une analyse approfondie du processus de reddition des comptes cf. pp. 420-430.

comme nous avons pu le voir. Le travail « formel » réalisé par le COCOBU paraît assez considérable ; il couvre un champ plus large que le simple budget, notamment les questions de conflit d'intérêts et de transparence, et même les questions de parité au sein des équipes.

Les remarques du Parlement ont conduit les agences à s'organiser pour apporter des réponses communes, assorties de réponses pour chaque agence concernée[1]. Le Parlement s'est exprimé sur différents sujets comme un contrôle plus important par les commissions *ad hoc* des programmes de travail annuel, ou une transparence accrue des travaux des conseils d'administration, avec l'idée d'y faire participer un membre de la COCOBU en tant qu'observateur[2]. Les résolutions du Parlement ne sont pas de simples souhaits virtuels, car il a la possibilité de refuser, ou de retarder, la décharge[3], ce qui lui donne un moyen de pression assez sensible sur les agences. Et ce d'autant plus que le Parlement peut s'appuyer sur les conclusions des rapports d'audit interne ou externe, assez nombreux, qui « cernent » les agences.

Ainsi, l'ACER connaît, dès février 2012, la première visite du Service d'Audit Interne de la Commission[4] (IAS), dont le rôle essentiel est de conseiller les agences sur la gestion de la maîtrise des risques de leurs activités[5] ; cette visite, outre le rapport alertant sur un certain nombre de faiblesses décelées dans l'organisation de l'Agence, débouche sur le

---

[1] Cf., par exemple, « EU *Agencies Network report to the European Parliament on the follow-up to the 2015 budgetary discharge October 2017* ».

[2] Les propositions d'approches communes du Parlement, du Conseil de l'Union et de la Commission européenne, sur les agences décentralisées ont fait l'objet d'un premier rapport https://europa.eu/europeanunion/sites/europaeu/files/docs/body/joint_statement_and_common_approach_2012_fr.pdf , puis d'un second rapport par la Commission en 2015 : *Progrès réalisés dans la mise en œuvre de l'approche commune concernant les agences décentralisées de l'UE.* https://europa.eu/european-union/sites/europaeu/files/docs/body/joint_statement_and_common_approach_2012_fr.pdf.

[3] Si le refus de décharge n'est pas explicitement prévu par les textes, le Parlement estime que dans la mesure où il peut octroyer la décharge, il peut également la refuser. C'est survenu en trois occasions pour la Commission en 1984,1998 et 1999 ; c'est arrivé à certaines agences (l'Agence pour la formation des services répressifs, CEPOL en 2010).

[4] Le Service d'Audit Interne a vu sa compétence élargie en 2003 aux agences de l'Union européenne.

[5] En formulant des avis sur la qualité des systèmes et de contrôle et des conseils pour améliorer la gestion financière. Le rapport d'audit est remis au directeur et au conseil d'administration de l'ACER.

plan d'audit sur la période 2013-2015[1]. Enfin, vient s'ajouter à ce principe d'audit interne, l'audit externe, réalisé par la Cour des Comptes européenne[2], qui sert de base à la procédure de décharge budgétaire.
Cette profusion de contrôles a pu faire dire à certains auteurs[3] qu'il s'agit d'un contrôle en « excès », tout au moins en ce qui concerne l'aspect budgétaire, au sens large, car le Parlement a, de ce point de vue, une vision assez extensive de la notion de budget.
Il est incontestable que le poids de ces contrôles constitue un facteur de complication du fonctionnement de l'ACER, d'autant que les ARN présentes au sein du conseil des régulateurs ne sont pas, pour la plupart, soumises à des procédures de contrôle budgétaire aussi lourdes. On peut d'ailleurs constater, au travers des comptes rendus du conseil des régulateurs, leur méconnaissance des contraintes auxquelles est confronté le directeur de l'ACER.

2- L'examen des activités : un dialogue démocratique

Comme pour les ARN, dans la majorité des Etats membres, le règlement 714/2009/CE, prévoit pour l'ACER, et pour ses homologues européennes d'une part l'examen des programmes de travail et du rapport annuel d'activités et, d'autre part, des auditions devant la commission compétente, en l'espèce l'ITRE.
Ce sont des méthodes, dites de contrôle, assez classiques et qui dépendent de la façon dont elles sont utilisées. Certes, l'examen du programme de travail (ce qui n'existait pas dans le cas de la CRE[4]) peut permettre d'évaluer, *ex post*, les performances de l'Agence de manière assez objective. Néanmoins, « il reste difficile de déterminer précisément dans quelle mesure la formulation *ex ante* d'objectifs peut

---

[1] IAS Strategic Audit Plan 2013-2015 for ACER, Réf. Ares (2012) 570045, 10 mai 2012. Cf. le site de l'ACER, www.acer.europa.eu/The Agency/Organisation/Administrative Board/Meetings.
[2] Procédure qui se passe en deux temps : un auditeur externe indépendant vérifie d'abord les comptes, la Cour des Comptes élabore ensuite un rapport annuel, conformément à l'art. 287 § 1 TFUE, en examinant ce premier rapport d'audit ainsi que les réponses apportées par l'agence à ses conclusions.
[3] Ch. VLACHOU, *La coopération entre les autorités de régulation en Europe (communications électroniques et énergie), op.cit.*, p. 432.
[4] Il faut attendre 2023 pour que la CRE publie sa première feuille de route sur deux ans, voir « *Feuille de route 2023-2024 Commission de régulation de l'énergie* ».

avoir un impact sur la reddition des comptes *ex post* et quel lien de causalité il existe entre l'un et l'autre »[1].

Dans la pratique, on peut constater que, au-delà du strict respect des textes, des relations informelles se sont nouées entre l'ACER, son directeur et la commission ITRE, afin de présenter à celle dernière le programme de travail. Les discussions vont souvent assez au-delà de ce seul sujet, sur des thèmes sensibles au niveau des Etats membres, comme les mécanismes de capacité, ainsi que l'indique le directeur de l'ACER lors d'une réunion du conseil des régulateurs[2].

L'ACER, du fait de ses rapports assez constructifs avec les parlementaires membres de cette commission, obtient qu'un sous-groupe de la commission (*ACER Contact Group*)[3] se constitue, afin, lors de rencontres régulières et approfondies, d'aborder de nombreux sujets. Cette démarche est rendue d'autant plus utile que la complexité des thèmes ne se prête guère à des auditions traditionnelles. Cela se

---

[1] V. DELVAL, *Recherche sur un modèle d'autorité de régulation dans l'Union européenne dans les secteurs économiques et financiers, op. cit.*, p. 585.

[2] « *The report observes that MS currently have national and diverging approaches to SoS (Security of Supply) with a lack of coordination among them and there is a current patchwork of Capacity Remuneration Mechanisms which indicate a lack of coordination between those designing CMs. The report shows complexities regarding the implementation of Capacity Remuneration Mechanisms with the potential risk of short and long-term distortions. The paper makes four recommendations.*

- Harmonisation of generation adequacy and SoS levels;

- Common (at least regional) approach for SoS assessment;

- For national CRMs, we need to ensure participation of adequacy and system flexibility by generators and loads in other jurisdictions;

- CRMs should be compatible with the IEM and include an impact assessment framework including detailed criteria.

The Director clarified that the legal basis for the report is article 11 which is monitoring activities of ACER. The report tried to respond to some of the questions asked at the ITRE committee, when ACER delivered its opinion on capacity markets with which it is consistent ». Compte-rendu du conseil des régulateurs de l'ACER du 12 juin 2013 (Réf: A13-BoR-29-02).

[3]« *The Director updated the AB on the first meeting with the ACER Contact Group of thenew ITRE Committee, which took place on 9 December. Seven Members of the European Parliament (MEPs) out of the 20 Group members attended: this was positive turnout and in general was perceived to be one of the most successful meetings held with the Parliament. During the meeting, the Director and the BoR Chair delivered a presentation on the Agency. The discussions were interesting and an action plan was agreed, namely to hold meetings on a regular basis, at least two or three times per year. Lord Mogg also reflected on the success of the first Contact Group meeting. A number of members attended but also the assistants of many others*», Compte-rendu du conseil d'administration de l'ACER du 18 décembre 2014.

révèle aussi un excellent moyen pour obtenir l'appui de l'ITRE dans les débats budgétaires.
Le rapport annuel d'activité est le second moyen classique de rendre compte du travail réalisé. Celui de l'ACER présente une particularité, celle de comporter « une partie distincte, approuvée par le conseil des régulateurs, concernant les activités réglementaires de l'agence au cours de l'année de référence »[1]. Le même article du règlement précise que « le conseil d'administration le conseil adopte et publie le rapport annuel sur les activités de l'agence (...) et transmet ce rapport, le 15 juin de chaque année au plus tard, au Parlement européen, au Conseil, à la Commission, à la Cour des comptes, au Comité économique et social européen et au Comité des régions »[2] . Il existe peu d'obligations de contenu, sinon des éléments assez généraux (ce qui est le cas pour l'ensembles des agences), mais l'examen des rapports annuels de l'ACER fournit une information complète des travaux conduits au cours de l'année.
Le fait qu'il y ait deux messages distincts, l'un du directeur et l'autre du président du conseil des régulateurs, permet de constater les éventuelles nuances d'approche, lissées néanmoins par l'aspect convenu de l'exercice. Les différents sujets sont détaillés, et les difficultés rencontrées ne sont pas occultées. C'est la raison pour laquelle nous ne partageons pas tout à fait le point de vue considérant « l'évaluation de leur activité par le Parlement européen difficile, lequel ne peut pas vérifier si l'agence a tenu ses engagements »[3]. Les rapports d'activité de l'ACER, même s'ils ne répondent pas à un cahier des charges prédéfinis par le Parlement, apportent suffisamment d'éléments d'information pour évaluer le travail accompli, d'autant, comme on l'a vu, que les relations informelles avec la commission ITRE sont régulières et permettent de vrais échanges.
Les évaluations faites par la Commission européenne constituent un autre élément de cet ensemble. Le règlement 713/2009/CE prévoit, en effet, qu'une première évaluation doit être effectuée dans les trois ans suivant la prise de fonction du premier directeur[4]. Une telle évaluation

---

[1] Règlement 713/2009/CE art. 13 § 12.
[2] *Ibid.*
[3] V. DELVAL, *Recherche sur un modèle d'autorité de régulation dans l'Union européenne dans les secteurs économiques et financiers*, *op. cit.*, p. 587.
[4] Art. 34, § 3 du règlement 713/2009/CE : « La Commission soumet la première évaluation au Parlement européen et au Conseil dans un délai de trois ans à compter de la prise de fonctions du premier directeur ».

doit, normalement, être réalisée tous les quatre ans, durée portée à cinq ans[1] par la déclaration commune du Parlement européen, du Conseil et de la Commission sur les agences décentralisées. La première évaluation de l'ACER par la Commission est rendue publique le 22 janvier 2014[2] ; elle s'est essentiellement appuyée sur une consultation à laquelle a répondu la plupart des grandes entreprise et organisations professionnelles concernées par l'activité de l'agence. Les préconisations de la Commission se résument à souhaiter « inclure des indicateurs clés de performance dans son rapport annuel d'activité et à établir un programme pluriannuel »[3].

Une amélioration de l'ensemble du processus d'évaluation est certainement perfectible, mais si on le compare aux pratiques de différents Etats membres, et notamment à celles de la France, on peut considérer que l'ACER est suivie, et évaluée, de façon correcte. La question qui se pose est par rapport à quoi ?

III- La réalité d'une régulation européenne sous contrôle de la Commission

Entre l'appui ferme des régulateurs nationaux, ou du moins d'une grande part d'entre eux, à la fin des années 2000, à l'instauration d'une entité de régulation au niveau européen, et les critiques exprimées, après quelques années de fonctionnement, par plusieurs d'entre eux, peut-on porter une appréciation sur la réalité d'une régulation européenne ?

Les termes sont différents de ceux posés en début de chapitre, car la question de l'indépendance ne paraît pas réellement pertinente, compte tenu de la structure de l'ACER et de son mode de fonctionnement. L'émergence d'une régulation européenne est en revanche une véritable question à laquelle il est possible d'apporter des réponses différentes.

---

[1] Déclaration commune du Parlement européen, du Conseil de l'UE et de la Commission européenne du 12 juin 2012 sur les agences décentralisées, *op. cit.*, p. 13 : « L'acte fondateur de chaque agence devrait prévoir une évaluation globale à intervalles réguliers, à réaliser à la demande de la Commission. La première évaluation devrait avoir lieu cinq ans après le démarrage de la phase opérationnelle de l'agence concernée. Les évaluations ultérieures devraient avoir lieu tous les cinq ans, et lors d'une évaluation sur deux, la clause de limitation dans le temps/de réexamen devrait être appliquée ».

[2] Commission européenne, Evaluation de la Commission du 22 janvier 2014, C (2014) 242 final.

[3] *Ibid.* p. 10.

Pour certains, il s'agit toujours d'une simple coordination des régulateurs nationaux, pour d'autres, ce qui est notre position, il s'agit désormais d'une véritable régulation européenne.
Une certaine dichotomie se fait jour entre des résultats positifs de l'action de l'ACER et le sentiment des membres du conseil des régulateurs. L'évolution vers une régulation européenne, avec sa part de contraintes et la volonté d'uniformisation de la Commission, suscite de fortes réticences chez les régulateurs nationaux (A), mais la réalité de la régulation devient de plus en plus supra nationale au travers de plusieurs actions déterminantes dans la construction du marché intérieur (B).

A- Un certain désenchantement en dépit de résultats positifs

Les propos tenus par H. Gassin, commissaire de la CRE, membre du conseil des régulateurs de l'ACER, lors d'une conférence, en 2015, sur « Les modalités de la régulation européenne »[1], résument parfaitement les forces et les faiblesses de l'Agence, du moins du point de vue d'un régulateur national : « Au terme de cinq ans d'exercice, le bilan de l'ACER est très positif. Les groupes de travail sont productifs, et la majorité des textes a été adoptée au consensus par le conseil (des régulateurs), signe de qualité, de confiance et d'efficacité [...] Ce modèle permet aux équipes de l'ACER d'être en lien avec les réalités des régulateurs, et réciproquement aux équipes des régulateurs de vivre l'Europe au quotidien ». Un constat donc très positif de l'action menée par l'ACER, et au sein de l'ACER, mais perce ensuite une certaine préoccupation à l'égard d'une part, du rôle du directeur – « L'ACER encourt toutefois un risque de faiblesse institutionnelle du fait du rôle prédominant de son directeur » –, d'autre part, de l'indépendance – « L'indépendance de l'agence est en outre fragile, sachant que la Commission fixe son budget – notoirement insuffisant, de même que ses ressources humaines – et nomme son directeur ».
Une dernière touche décrit l'ambiance dans laquelle s'inscrit l'évolution de la pensée au niveau européen : « Une 'petite musique' persistante vise à semer le doute sur la capacité des régulateurs nationaux à atteindre le consensus et à travailler efficacement au niveau

[1] Conférence annuelle du Club des régulateurs, « *Les modalités de la régulation européenne* », Université Paris-Dauphine, 23 octobre 2015, synthèse de conférence.

communautaire, voire à rechercher l'intérêt général européen. Les tenants de cette position prônent la transformation de l'agence en un régulateur européen, au détriment de la logique de coopération »[1].
On trouve là une synthèse de l'ambiguïté de l'attitude des régulateurs à l'égard de l'ACER. Dans l'ensemble, ils se montrent satisfaits de la coopération que permet l'Agence entre les régulateurs nationaux, mais supportent mal l'importance que les textes donnent au directeur.
Un exemple est, à cet égard, symptomatique : le conseil des régulateurs ne peut qu'approuver ou repousser les textes présentés par le directeur et non les amender, alors que ces textes sont préparés par les groupes de travail, présidés, le plus souvent par les régulateurs eux-mêmes, et constitués par, au moins, autant de personnel appartenant aux régulateurs qu'à l'Agence. L'article 15 § 1 du règlement indique que « Le conseil des régulateurs émet un avis, à l'intention du directeur, concernant les avis, recommandations et décisions visés aux articles 5, 6, 7, 8 et 9 qu'il est envisagé d'adopter » ; l'article 16 § 1 précise que « L'agence est gérée par son directeur, qui agit conformément aux indications visées à l'article 15, paragraphe 1, deuxième phrase, et, lorsque le présent règlement le prévoit, aux avis rendus par le conseil des régulateurs ». Rien n'indique effectivement que le conseil des régulateurs puisse amender un texte, puisqu'il s'agit d'un avis ; rien n'interdit, néanmoins, une pratique plus accommodante, mais elle aurait probablement ouvert des débats qui n'entrent pas dans le cadre des textes.
Cette préoccupation est exprimée sur un mode plus large, qui dépasse l'ACER et concerne la Commission européenne, par le président de la CRE : « dans le domaine de l'énergie, comme dans bien d'autres secteurs de la construction européenne, la réussite ne viendra pas d'une unification technocratique et conceptuelle mais d'une harmonisation pragmatique qui colle au réel .Cette harmonisation défiant toute tentation d'uniformisation afin d'accélérer la marche vers un marché unique, telle est la mission propre aux autorités de régulation aujourd'hui en Europe »[2].
En dépit de ces préoccupations, aussi fondées soient-elles, l'approche européenne et supranationale s'affirme progressivement.

---

[1] *Ibid.* H. GASSIN, commissaire à la CRE, membre du conseil des régulateurs de l'ACER, vice- présidente du CEER, p. 11.
[2] Ph. DE LADOUCETTE, « Régulation de l'énergie en Europe, Méthode, Enjeux, Défi », *Géoéconomie* 2013/3 n° 66, pp. 65-81.

B- De la coordination aux prémices d'une régulation européenne

1- Le cas de REMIT

L'une des missions les plus difficiles pour l'ACER, est, incontestablement, celle de la surveillance des marchés, REMIT. Ce projet utile, mais dont les concepteurs européens ont mal identifié l'ampleur, est l'objet, dès sa mise en exécution en 2015, d'une incessante course poursuite entre les moyens humains nécessaires et les arbitrages budgétaires. Dès 2013, le directeur de l'ACER alerte le conseil des régulateurs, le prévenant qu'il serait obligé de repousser un certain nombre de tâches relatives à l'informatique concernant REMIT[1]. Le directeur évoque, lors du conseil d'administration de décembre 2014, le risque de ne pouvoir appliquer REMIT en 2015, en raison du manque de moyens humains. Le sujet est également à l'ordre du jour lors de la première rencontre avec le « *ACER Contact Group* » de la commission ITRE[2].
L'afflux considérable de données à traiter pour l'année 2015 est fort délicat à gérer, mais l'ACER parvient à faire paraître un bulletin trimestriel consacré à REMIT et aux nombreuses questions posées[3]. Les règles de sécurité informatique appliquées par l'ACER, en conformité avec celles de la Commission, ont, en outre, rendu la préparation très lourde, notamment dans les relations avec les ARN ayant déjà l'expérience de la surveillance des marchés, comme la CRE et l'OFGEM. Les mécanismes de sécurité exigés créent souvent de fortes tensions, car jugés, à tort ou à raison, excessifs.
La question des effectifs est d'autant plus sensible que les qualifications requises pour la surveillance des marchés ne se trouvent pas dans l'équipe de l'ACER. Le principe habituel, préconisé par toutes les

---

[1] « *The proposal by the Director states that - unless the resources are found – the Agency will be forced to postpone to subsequent years part of the development of IT solutions for market surveillance, data collection, and data sharing between the Agency and NRAs of wholesale energy markets* », Conseil des régulateurs de l'ACER, 12 juin 2013.

[2] « *ACER was able to highlight the more political aspects of its work, including potential consequences of the lack of resources for the implementation of REMIT* » Compte-rendu du conseil d'administration de l'ACER, 18 décembre 2014.

[3] « *REMIT Quarterly* » *ACER guidance on the application of REMIT and transaction reporting. Issue No. 1 / Q1 2015.*

autorités budgétaires, de trouver des solutions par redéploiement, ne peut guère s'appliquer.

Lors du conseil d'administration du 17 septembre 2015, le directeur explique que, lors de la conception de REMIT, il était difficile d'imaginer l'étendue de ce que représenterait l'exercice de la surveillance du marché de gros[1]. Le protocole d'accord passé par l'ACER avec la *Federal Energy Regulatory Commission* (*FERC*) américaine met en évidence la différence des moyens affectés à la surveillance des marchés. Là où la FERC affecte 80 emplois à la surveillance, l'ACER n'en a que 15. Ainsi l'Agence met cinq mois pour répondre aux 2500 questions reçues.

Le directeur explique que l'Agence ferait ses « meilleurs efforts », mais qu'il serait irréaliste de fixer des objectifs de performance[2].

La situation des effectifs n'est pas totalement résolue[3], mais REMIT fonctionne de façon satisfaisante, grâce à l'aide importante des régulateurs nationaux.

REMIT constitue un exemple, de la difficulté pour l'Union européenne, de calibrer ses moyens à ses ambitions[4]. Il montre aussi la complémentarité nécessaire entre l'ACER et les ARN, elles-mêmes confrontées à de sérieuses restrictions budgétaires dans la plupart des

---

[1] « *The Director remarked that when REMIT was constructed it was difficult to see the scope of the entire wholesale market monitoring exercise* ». Compte-rendu du conseil d'administration de l'ACER, 17 septembre 2015, p. 5.

[2] « *Therefore, the Director clarified that the Agency's activities for the implementation of REMIT have to be intended as being carried out on a „best effort" basis, given the inadequate resourcing of the Agency which makes it impossible to define any meaningful performance targets* ». *Ibid.* p. 5.

[3] « *In particular, the Director noted that on REMIT the resources available will enable the Agency to fulfil its mandatory tasks under REMIT but it will not enable the Agency to undertake a regional market monitoring for which the Agency would still require 14 additional staff members. Some of the REMIT tasks have been deprioritised in line with the available human resources (cancelled, postponed or in part combined with other tasks* », Compte-rendu du conseil des régulateurs de l'ACER du 27 janvier 2016.

[4] « *The monitoring framework introduced by REMIT is unprecedented worldwide in terms of its geographical and product scope, and its implementation has posed a formidable challenge for the Agency, NRAs, market participants — which have to report trade data — and other stakeholders — which are responsible for reporting fundamental data* », *Consolidated Annual Activity Report ACER 2017*, p. 5.

Etats membres. Il s'agit, en définitive, d'une véritable action pilotée au niveau européen et garante du bon fonctionnement du marché[1].

2- Le marché intérieur

Il ne peut être question, dans le cadre de cette recherche, d'explorer tous les éléments qui participent à la réalisation du marché intérieur. L'objectif fixé par l'Union européenne d'avoir achevé ce marché en 2014 n'a pu être respecté ; l'ambition était trop grande par rapport aux enjeux techniques.
Cependant les objectifs définis, à l'époque, pour considérer le marché intérieur achevé sont atteints. Ainsi, le couplage des marchés est effectif quelles que soient les temporalités, y compris à court terme en infra-journalier (ou *intraday*), qui permet des échanges à 30 minutes.
Il n'est pas inexact d'affirmer que ce résultat doit autant à l'ACER qu'aux régulateurs nationaux (sans oublier ENTSO et les Bourses), mais, dans la mesure où ces couplages s'effectuent dans le cadre des codes de réseaux dont on va faire un bilan , il est intéressant d'examiner au travers de deux exemples, l'un en électricité, l'autre en gaz, l'action effective de l'ACER, ses réussites et ses échecs et de faire un premier constat sur le rôle de l'ACER qui s'oriente de plus en plus vers une régulation européenne (intrusive ?).

i- Les codes de réseau

En gaz, le code de réseau sur l'allocation des capacités gazières, premier code de réseau européen adopté (14 octobre 2013), est contraignant depuis le 1er novembre 2015. Il est amendé le 16 mars 2017 pour autoriser le développement de nouvelles capacités quand le marché en manifeste le besoin[2].

---

[1] A cet égard on a vu que plusieurs des sanction prise par le CoRDiS, dont celle de mai 2022 concernant EDF, l'est dans le cadre d'une infraction à REMIT (voir Partie I, Titre 2 chapitre 3).

[2] Il vise à faciliter les échanges de gaz en créant des règles d'allocation standardisées entre les différentes zones européennes de marché. Règlement (UE) 2017/459 du 16 mars 2017 établissant un code de réseau sur les mécanismes d'attribution des capacités dans les systèmes de transport de gaz et abrogeant le règlement (UE) nº 984/2013.

Adopté le 26 mars 2014, le code de réseau sur l'équilibrage des réseaux de transport est en vigueur depuis le 1er octobre 2015. Il définit un système d'équilibrage harmonisé à l'échelle européenne[1].
Adopté le 30 avril 2015, le code de réseau sur l'interopérabilité et les échanges de données est contraignant depuis le 1er mai 2016. Il vise à faciliter la coopération commerciale et opérationnelle entre les gestionnaires de réseaux de transport adjacents, en s'assurant notamment de la compatibilité de certains paramètres techniques au niveau des interconnexions[2].
Adopté le 16 mars 2017, le code de réseau sur l'harmonisation des structures tarifaires des réseaux de transport est pleinement contraignant depuis le 31 mai 2019[3]. Nous examinerons, plus loin, comment et en quoi ce cas a été utilisé comme exemple, par la Commission, pour vouloir modifier le fonctionnement de l'ACER au détriment du conseil des régulateurs.
En électricité, trois codes sont approuvés en 2016. Le code de réseau sur les exigences applicables au raccordement au réseau des installations de production d'électricité est entré en vigueur le 17 mai 2016 [4]. Le code de réseau sur les exigences applicables au raccordement au réseau des réseaux de distribution et des installations de consommation est entré en vigueur le 7 septembre 2016[5]. Le code de réseau sur les exigences applicables au raccordement au réseau des systèmes en courant continu à haute tension et des parcs non synchrones de générateurs raccordés en courant continu est entré en vigueur le 28 septembre 2016.[6].
La mise en application des exigences qu'imposent ces codes est étalée dans le temps : les règlements prévoient ainsi qu'ils sont pleinement applicables trois ans après leur publication au journal officiel de l'Union européenne.
Il existe, par ailleurs, plusieurs règlements portant sur la gestion opérationnelle du réseau, dont la sécurité d'approvisionnement, pour

[1] Règlement (UE) N ° 312/2014 du 26 mars 2014 relatif à l'établissement d'un code de réseau sur l'équilibrage des réseaux de transport de gaz.
[2] Règlement (UE) 2015/703 du 30 avril 2015 établissant un code de réseau sur les règles en matière d'interopérabilité et d'échange de données.
[3] Règlement (UE) 2015/703 du 30 avril 2015 établissant un code de réseau sur les règles en matière d'interopérabilité et d'échange de données.
[4] Règlement (UE) 2016/631 du 14 avril 2016.
[5] Règlement (UE) 2016/1388 du 17 août 2016.
[6] Règlement (UE) 2016/1447 du 26 août 2016.

lesquels l'ACER joue un rôle auprès de la Commission [1], et des règlements relatifs au marché et à la gestion des interconnexions. Ainsi, le règlement relatif à l'allocation de capacité et à la gestion des congestions établissant une ligne directrice relative à l'allocation de la capacité et à la gestion de la congestion (règlement CACM, pour *Capacity Allocation and Congestion Management*), qui régit le calcul et l'allocation de capacité aux échéances journalière et infrajournalière. Il inscrit dans le droit européen le principe de couplage des marchés et prévoit la création d'une plateforme d'allocation transfrontalière unique pour l'infrajournalier[2].

Le règlement relatif à l'équilibrage, entré en vigueur le 18 décembre 2017, prolonge le couplage des marchés européens entamé par le règlement CACM à l'échéance de l'équilibrage[3].

Enfin, le règlement relatif à l'allocation de capacité à terme (règlement FCA, pour *Forward Capacity Allocation*), entré en vigueur le 17 octobre 2016[4], est le cas que nous allons examiner plus en détail.

ii- Deux rôles différents de l'ACER

L'ACER recommande à la Commission, le 22 mai 2014, l'adoption du code de réseau amendé traitant de l'allocation de long terme des capacités d'échanges d'électricité entre pays. En octobre 2013, ENTSO-E a proposé une première version du code que l'ACER juge, dans son avis adopté le 18 décembre 2013, non conforme à ses orientations-cadre. En avril 2014, ENTSO-E publie, de ce fait, une nouvelle version de ce code.

---

[1] Règlement (UE) 2017/2196 du 24 novembre 2017 établissant un code de réseau sur l'état d'urgence et la reconstitution du réseau électrique . Règlement (UE) 2017/1485 du 2 août 2017 établissant une ligne directrice sur la gestion du réseau de transport de l'électricité (règlement *SO* pour *System Opération*).

[2] Règlement (UE) 2015/1222 du 24 juillet 2015. Les bourses d'électricité qui opèrent le couplage acquièrent un nouveau statut : celui de NEMO. Le règlement CACM prévoit aussi la mise en place par les GRT de calculs de capacité coordonnés au sein des différentes régions de calcul de capacité, sur la base d'un modèle de réseau unique pour toute l'Union européenne. La cible est l'extension du couplage des marchés fondés sur les flux (*Flow Based*), mis en œuvre de manière anticipée sur une base volontaire par plusieurs pays, dont la France.

[3] Règlement (UE) 2017/2195 du 23 novembre 2017.

[4] Règlement (UE) 2016/1719 du 26 septembre 2016 régissant le fonctionnement des droits de transit à long terme qui permettent aux acteurs de marché de sécuriser leurs transactions transfrontalières d'électricité physiquement ou financièrement (couverture du différentiel de prix entre zones de marché) jusqu'à un an à l'avance.

L'ACER estime néanmoins insuffisantes les améliorations proposées, et joint à sa recommandation une liste d'amendements. Les principales modifications apportées suggèrent des délais plus ambitieux pour la mise en œuvre du modèle cible européen et une fermeté renforcée des droits de transit, à savoir une couverture garantie même en cas d'indisponibilité des capacités de transport. Il faut attendre deux ans, après la proposition de l'ACER, pour que la Commission promulgue le règlement, par le biais de la comitologie. Les intérêts en jeu pour les GRT d'électricité sont élevés et les négociations âpres.

Ce cas permet de constater les délais nécessaires, plus de trois ans, pour aboutir à un acte contraignant. Il est assez probable, par ailleurs, que par simple consensus mutuel, on ne soit pas parvenu à un accord. Cet exemple met, également, en évidence l'ambiguïté juridique des orientations-cadres de l'ACER.

Juridiquement non contraignante, l'orientation-cadre est néanmoins utilisée par l'ACER pour ne pas avaliser la proposition d'ENTSO-E, au demeurant sans contestation de ce dernier. On constate ainsi que l'ACER aurait la capacité d'imposer ses vues, sans en avoir formellement, le pouvoir, ce qui répond bien à l'appellation « quasi-réglementaire », évoquée précédemment. Il peut néanmoins survenir des conditions de blocage, comme on va le voir dans le cas du gaz ci-dessous.

Dans le secteur du gaz, il s'agit d'un très long processus. Débuté en 2011, il aboutit en 2020 à l'évaluation réalisée par l'ACER des documents de consultation publique de chaque ARN, concernant la structure du tarif de transport. Cette opération constitue en elle-même une « intrusion » assez peu imaginable de la part de l'Agence auparavant. Ce cas permet d'apprécier les évolutions, difficiles, de la mise en place d'une régulation européenne, ainsi que les rôles respectifs de l'ACER et de la Commission.

Lors du Forum de Madrid de septembre 2011, l'ACER est invitée à conduire un projet visant à harmoniser les structures tarifaires de transport de gaz au sein de l'Union européenne. En juin 2012, la Commission demande à l'Agence d'élaborer une orientation-cadre sur les règles relatives aux structures tarifaires de transport harmonisées pour le gaz. La lettre de la Commission détaille les priorités que doit suivre l'ACER[1]. Secondée par un groupe d'experts, l'ACER réalise les

---

[1] Commission européenne, « *Invitation to start the procedure on a framework guideline on rules regarding harmonised transmission tariff structures for gas* », Réf.

mois suivants un certain nombre de consultations publiques sur son projet. En mars 2013, la Commission, qui a connaissance du préprojet, indique à l'ACER que son projet manque d'ambitions[1]. La Commission lui demande d'y inclure les aspects spécifiques liés aux méthodologies tarifaires.

En avril 2013, le conseil des régulateurs approuve le projet d'orientation-cadre, à l'exception de la partie consacrée à la répartition des coûts, pour laquelle le directeur propose une nouvelle rédaction. L'orientation-cadre est approuvée par le conseil des régulateurs le 29 novembre 2013[2]. L'ACER transmet alors le document à la Commission. La Commission écrit le 19 décembre 2013[3] au président d'ENTSO-G pour l'informer que l'orientation-cadre, réalisée par l'ACER, est conforme aux attentes de la Commission. En conséquence, la Commission demande à ENTSO-G de préparer un code de réseau, en ligne avec l'orientation-cadre, avant le 31 décembre 2014.

Ares (2012)789016 - 29/06/2012: « *In line with those objectives the framework guideline should at least formulate principles on the following : General cost allocation aspects such as the split of revenues between entry and exit points. The framework guideline should develop principles mitigating the risk of undue discrimination between cross-border and domestic network usage. Reserve price, revenue recovery and payable price: as the network code on capacity allocation mechanisms will introduce auctions to sell cross-border capacity services, guidance shall be given on principles for setting the reserve price and for possible revenue recovery mechanisms as well as the payable price of the cross-border capacity taking into account the different capacity products and their durations. Transparency with regards to the i) methodology used to set tariffs, ii) costs and congestions in the system and iii) future evolution of the tariffs. Furthermore ACER - based on its impact assessment - should consider formulating principles on the following: Incremental Capacity: addressing, for instance, topics on how to set the thresholds for the relevant market test. Usage of locational signals: addressing, for instance, the influence of tariffs on signalling investment for e.g. gas-fired power plants, storages, LNG terminals; Effects Entry-Exit Zone mergers: addressing, for instance, the topics of tariff alignment and the disappearance of interconnection points, and the corresponding cross-border tariffs, due to the zone merger* ».

[1] Commission européenne, « *Framework Guidelines on rules regarding harmonised transmission tariff structures for gas* » « *We are concerned in particular that it is not ambitious enough with regard to the harmonisation of the determination of the price for an annual firm capacity product...* », Ref. Ares (2013)355201 - 15/03/2013.

[2] Decision No. 01/2013 of the ACER of 29 November 2013, « *Framework Guidelines on Rules regarding Harmonised Transmission Tariff Structures for Gas* ».

[3] Commission, Lettre adressée au président d'ENTSO-G : « *Invitation to draft a Network Code on Tariff Structures in Gas Transmission Networks* », Ref. Ares(2013)3773211 - 19/12/2013.

ENTSO-G présente son projet de code de réseau le 26 décembre 2014 à l'ACER,[1]. Celui-ci fait l'objet de nombreuses réunions d'information et discussions avec les parties prenantes en présence de l'ACER, qui peut, en ces occasions, expliquer les choix de son orientation-cadre.
En dépit du travail organisé en commun entre ENTSO-G et l'Agence, le projet présenté à l'ACER ne répond pas entièrement au contenu de l'orientation-cadre. Aussi, l'ACER demande à ENTSO.G, dans son avis très détaillé du 26 mars 2015, d'amender son projet sur plusieurs points [2]. ENTSO-G présente un code amendé le 31 juillet 2015. De façon assez insolite, la lettre d'envoi[3], ainsi que le projet, sont adressés à la fois au Commissaire européen en charge de l'énergie et au directeur de l'ACER. Cette particularité s'explique par le « trilogue » évoqué dans la lettre, entre ENTSO-G, l'ACER et la Commission européenne, au cours des derniers mois. Elle n'en est pas moins intéressante à l'égard du mode de relations entre la Commission et l'ACER.
A l'issue de ce processus, le directeur présente le projet de code au conseil des régulateurs. En raison des divergences entre régulateurs, le conseil ne parvient pas à s'accorder sur l'expression d'un avis favorable. En conséquence, l'ACER n'est pas en mesure de recommander son adoption à la Commission[4]. Le directeur de l'Agence exprime sa déception, à mots à peine couverts, dans le rapport annuel de l'ACER de l'année 2015[5].

---

[1] ENTSO-G expliquait dans un document annexe, la démarche: « *The TAR NC was developed by ENTSOG, an organisation currently comprising 44 TSO Members from 23 European countries, in accordance with the task per Article 8(1) of Regulation (EC) No 715/2009 and following the process foreseen by its Article 6. The preparation of this network code by ENTSOG was initiated by an invitation letter from the European Commission to draft a Network Code on Tariff Structures in Gas Transmission Networks which was received by ENTSOG on 19 December 2013. The development of this network code is based on Framework Guidelines on rules regarding harmonised transmission tariff structures for gas published on 29 November 2013 by the Agency for the Cooperation of Energy Regulators* ».

[2] *Opinion of ACER No 02/2015 of 26 March 2015 On the Network Code on Harmonised Transmission Tariff structures for gas.*

[3] La lettre se trouve sur le site d'ENTSO-G : https://www.entsog.eu/tariff-nc#tar-nc-monitoring-repor

[4] Règlement (CE) 713/2009 art.6 § 5.

[5]« *In the gas sector, the Agency was unable to formulate a recommendation for the last priority Network Code. After providing, in March 2015, its reasoned opinion on the draft Network Code on Harmonised Rules for Transmission Tariff Structures submitted by the European Network of Transmission System Operators for Gas (ENTSOG), and after the submission of a revised draft by ENTSOG in July, the*

Devant ce blocage, la Commission reprend alors l'initiative, et le projet de code est approuvé le 30 septembre 2016. Il est publié le 17 mars 2017 sous forme du règlement 2017/460/EU.

iii- Une régulation « intrusive » ?

L'article 26 du règlement prévoit les modalités de consultation pour l'élaboration des tarifs de transport par les ARN. Le paragraphe 5 prévoit que l'ACER établisse, avant le 5 juillet 2017, un modèle pour ces consultations, de manière à les rendre cohérentes dans toute l'Union européenne, [1]. L'Agence débute l'étude des documents de consultation des ARN en mars 2018, et rend sa première analyse en mai 2018. Il est prévu, selon l'article 26 § 5, du règlement 2017/460/EU, que l'ensemble des analyses soit terminé le 31 mai 2019, mais les ARN et l'ACER prennent du retard sur ce calendrier.

Au cours des années 2018, 2019 et 2020, l'ACER analyse, de façon minutieuse, les consultations publiques de chaque régulateur national. Ce travail nécessite une coopération assez étroite du régulateur, qui doit apporter de nombreux éclairages complémentaires par rapport aux documents remis à l'ACER.

Cette démarche apparaît très nouvelle, et il n'existe pas de précédent d'une telle présence de l'ACER dans une procédure menée par les ARN. Si les propositions d'amélioration de l'Agence ne sont pas contraignantes, les ARN doivent néanmoins justifier, lors de leurs décisions finales, pourquoi elles s'en écartent. On peut considérer que cette procédure constitue un tournant majeur dans une régulation qui devient européenne.

IV- Les ambitions en partie contrariées de la Commission

Si la régulation devient, peu à peu, européenne, la Commission souhaite en accélérer le processus. Le paquet « Une énergie propre pour tous les européens » lui offre cette opportunité. Telle est, du moins, l'ambition qui ressort des premières orientations. Le projet de la Commission était

---

recommendation proposed by the Director failed to obtain the necessary favourable opinion from the Board of Regulators. The Network Code is now being finalised by the Commission ».

[1] « *The Agency shall develop a template for the consultation document referred to in Article 26(1) of the TAR NC. This template shall be made available to national regulatory authorities ('NRAs') and transmission system operators ('TSOs') before 5 July 2017* ».

de recentrer les pouvoirs sur l'Agence, et son directeur, au détriment du conseil des régulateurs, perçu comme un obstacle à l'achèvement du marché intérieur, en évoquant à cet égard l'épisode que nous venons d'évoquer dans le cas du gaz (A). Cet élan est toutefois endigué par le rappel des principes de subsidiarité et de proportionnalité, et la Commission ne parvient pas entièrement à ses fins (B).

A- Contrôler pour agir

Lors du conseil d'administration de l'ACER du16 décembre 2016, les principaux points de la future directive électricité et du futur règlement concernant l'Agence sont présentés par la Commission aux membres du conseil d'administration et au président du conseil des régulateurs. A l'issue de cette présentation, le président du conseil des régulateurs marque sa surprise d'apprendre que le conseil des régulateurs n'aurait plus à approuver le programme de travail de l'ACER[1]. Ce programme ne serait plus approuvé que par le conseil d'administration, après avis de la Commission[2]. Il se déclare étonné du rôle prééminent conféré au directeur, ainsi que de l'augmentation de la durée du mandat, de ce dernier, qui passerait de 3 à 5 ans (renouvelable également pour 5 ans)[3]. Enfin, la proposition de modification des règles de vote au sein du conseil des régulateurs, ses avis devant être adoptés à la majorité simple et non plus à la majorité des deux-tiers de ses membres présents, constitue un autre élément d'étonnement[4]. Plusieurs membres du conseil d'administration expriment, à cette occasion, leur inquiétude pour l'indépendance de l'ACER[5].
La démarche de la Commission, très semblable à une prise de pouvoir, est moins étonnante que prévisible. Après plusieurs années d'un mode de fonctionnement de l'ACER, où les régulateurs, appuyés par le

---

[1] « *He was surprised that the BoR disappeared from the Work Programme adoption process...* », conseil d'administration de l'ACER 15 décembre 2016.
[2] « *The Administrative Board adopts the draft programming document and final one following the Opinion of the Commission* », *ibid.*
[3] « *and noted the intrusion in the way the Director operates internally and externally. He expressed serious concerns about the independence of the regulatory system (the shield against the political interference has disappeared)* », *ibid.*
[4] « *The BoR would be voting by simple majority (except for opinion on the appointment of Director — two thirds), and the Director's term of office would be 5 years with a possible extension of 5 years, instead of the current 3* », *ibid.*
[5] « *Some members regretted that the reference to the political interference shield has disappeared* », *ibid.*

Parlement européen, sont parvenus à obtenir une forme d'équilibre entre eux-mêmes et le directeur de l'Agence, la Commission tire les conclusions des insuffisances constatées. Insuffisances perçues comme rédhibitoires, car retardant la mise en œuvre du marché intérieur.
Les dissensions entre régulateurs sur certains projets de codes de marché, comme celui sur la méthode harmonisée des tarifs de transport de gaz, ont convaincu la Commission qu'il convenait de passer à un échelon supérieur, comme elle l'a fait à l'époque pour ERGEG. Le conseil des régulateurs, qui est déjà considéré, par la doctrine, comme n'occupant « dans ce cadre qu'une place de second rang avec l'émission d'avis favorables »[1], se retrouve, plus encore, mis dans l'ombre des organes émanant de l'Union européenne.
Le directeur, quant à lui, admet mal que des décisions prises après l'avis favorable du conseil des régulateurs puissent faire l'objet de recours auprès de la commission des recours de l'ACER par certains régulateurs. Il estime que les régulateurs, qui n'ont pas voté en faveur de la proposition, se doivent d'être solidaires de la position majoritaire arrêtée par le conseil des régulateurs. Le désenchantement des régulateurs, évoqué précédemment, se retrouve donc, de façon réciproque, chez le directeur de l'Agence.
La Commission revenait, ainsi, à son inclinaison initiale de vouloir diriger elle-même la régulation de l'énergie. Elle souhaite le faire au travers de l'Agence, qu'elle contrôlerait mieux encore qu'elle ne l'a fait jusqu'alors. Elle ne peut s'appuyer sur aucune autre base juridique que le traité de Lisbonne, dont la mise en œuvre avait été concomitante à l'approbation du 3ème paquet. La décision de la CJUE du 22 janvier 2014 sur le recours en annulation déposé par le Royaume-Uni, à propos des pouvoirs dévolus à l'Autorité Européenne des marchés financiers (AEMF), pouvait, néanmoins, l'encourager à déléguer plus de compétences à l'ACER.
La liste évoquée par le directeur, lors de ce conseil d'administration, est assez vaste mais manque de précisions[2]. On peut cependant, au travers

[1] H. DELZANGLES, Ch. VLACHOU, « Autorités européennes de régulation », in *Dictionnaire des Régulations, op. cit.*, p.155.
[2] « *The Director added to the presentation by summarising the new tasks for ACER: - directly reviews and finalises Network Code proposals for submission to the Commission, - directly decides on terms and conditions or methodologies for Network Code implementation (current "all NRA" decision), - decides on the methodology and assumptions for the bidding-zone review, defines methodologies for a coordinated European Adequacy Assessment, - defines technical parameters for the cross-border*

des intitulés, estimer qu'il était bien envisagé de lui déléguer de nouveaux pouvoirs de décisions
Les projets de la Commission suscitent une forte réaction des régulateurs, qui rédigent dans les semaines suivantes une série d'amendements visant à préserver l'équilibre institutionnel connu jusque-là[1].

B- Subsidiarité et proportionnalité, deux principes rappelés à la Commission

Nous n'examinerons pas ici les nombreuses discussions et négociations qui se déroulent jusqu'à l'approbation le, 5 juin 2019, des derniers textes constituant le paquet « une énergie propre pour tous les européens »[2]. Les débats parlementaires au niveau français soulignent tous que les propositions de la Commission s'inscrivent dans l'article 194 du traité de Lisbonne, et qu'elles doivent donc respecter deux principes : le principe de subsidiarité, en vertu duquel l'Union n'intervient que lorsque l'objectif poursuivi est le mieux à même d'être atteint par l'échelon communautaire ; et le principe de proportionnalité, qui exige que l'intervention de l'Union n'aille pas au-delà des actions nécessaires à l'atteinte des objectifs fixés par les traités. Or ces principes n'apparaissent pas respectés.
Le Sénat, outre de nombreuses critiques portant sur d'autres aspects des propositions de la Commission, insiste sur celle révisant l'ACER : « elle méconnaîtrait ou pourrait méconnaître, par certaines de ses dispositions, le principe de subsidiarité : d'une part, l'harmonisation des méthodologies tarifaires ne devrait porter que sur les grands principes, au risque de restreindre la capacité à prendre en compte les spécificités

participation in capacity mechanisms, - coordinates national actions related to risk preparedness, - monitors the implementation of NEMOs functions, - oversees Regional Operation Centres, - supports the creation of a EU DSO Entity, and - may issue recommendation to NRAs and market players, on its own initiative », compte- rendu du conseil d'administration de l'ACER,15 décembre 2016.

[1] « A *Policy Committee is expected to produce a Vision paper, which will be circulated by early January, consulted with NRAs and discussed at the 23-24 January joint ACER-CEER conference. In the 6-month period following the conference a set of White papers is going to be prepared, proposing amendments underlying the need to maintain balance* », *ibid.*

[2] La directive électricité (2019/944/UE), et les règlements (2019/943/UE) sur le marché intérieur de l'électricité et (2019/942/UE) instituant une agence de l'Union européenne pour la coopération des régulateurs de l'énergie.

nationales, en particulier en matière de distribution – pour laquelle les régulateurs nationaux devraient rester totalement compétents – et, d'autre part, les nouvelles règles de gouvernance proposées – votes à la majorité simple et monopole du directeur pour la rédaction des actes – réduiraient excessivement le poids des régulateurs nationaux ».

Les parlementaires sont sensibilisés à l'ensemble des propositions de la Commission par une démarche de la CRE, qui, par son aspect inédit, traduit la préoccupation des régulateurs devant la volonté de contrôle de la Commission sur l'ACER. La CRE rend en effet publique une série de 14 fiches sur les thèmes les plus sensibles en matière de régulation. Sans en reprendre l'intégralité, il nous paraît instructif d'en souligner quelques aspects, dans la mesure où la CRE s'est montrée l'un des régulateurs les plus favorables à la création d'une agence au niveau européen.

Sur le plan théorique, tout d'abord, elle estime que l'augmentation considérable du volume des propositions de la Commission, « ainsi que du niveau de détail auquel elles font référence pose la question de la proportionnalité des mesures envisagées, et celles de la pertinence d'inclure des règles extrêmement détaillées dans des actes législatifs qui organisent le fonctionnement du marché intérieur de l'énergie »[1].

La CRE estime, par ailleurs, qu'il lui paraît prématuré d'avancer sur de nouveaux objectifs, alors que les mesures découlant du 3ème paquet ne sont pas encore mises en œuvre.

Concernant l'ACER, la CRE rappelle que « la bonne régulation des régulateurs au sein de l'Agence, qui s'appuie largement sur les compétences et les ressources des régulateurs nationaux, est un facteur clé pour que celle-ci puisse mener à bien ses missions »[2].

Sur l'analyse de la Commission, la CRE « ne partage pas l'analyse de la Commission selon laquelle le processus de vote actuel au sein du conseil des régulateurs a conduit à faire échouer ou à retarder la progression du marché intérieur », et elle explique son opposition au changement de règles de vote : « le passage à un vote à la majorité simple au sein du conseil des régulateurs signifie concrètement qu'une décision pourrait être adoptée quand bien même un ensemble de régulateurs représentant plus de 80% de la population s'y opposerait ». Cette argumentation est reprise en plusieurs occasions, lors des débats

---

[1] Réaction de la CRE au paquet énergie propre.

[2] *Ibid.*

parlementaires français, et est également avancée, lors des négociations européennes.

Enfin, la CRE soulève la question d'une centralisation des pouvoirs réglementaires : « dans les mains du seul directeur de l'Agence : si le monopole d'initiative en ce qui concerne la préparation des actes de l'Agence était effectivement confiée au directeur, la CRE juge fondamental que le Conseil des régulateurs puisse amender les propositions qui lui seraient soumises »[1].

Comme nous l'avons vu dans la partie consacrée à l'examen du paquet « Une énergie propre pour tous les européens »[2], les négociations furent longues et les ambitions de la Commission, en partie, contrariées.

Dans le texte définitif, la règle de la majorité des deux-tiers est conservée au sein du conseil des régulateurs, et un équilibre des pouvoirs entre le conseil des régulateurs et le directeur de l'Agence est trouvé.

Le nouveau règlement prévoit même une mesure répondant aux vœux des régulateurs. Si le directeur conserve le monopole de la proposition des textes, le conseil des régulateurs peut désormais « fournir des avis et, le cas échéant, des observations et des modifications en ce qui concerne les textes proposés par le directeur, et le directeur devrait en tenir compte .Au cas où le directeur s'écarte des observations et des modifications soumises par le conseil des régulateurs ou les rejette, le directeur devrait fournir une motivation écrite dûment justifiée pour faciliter un dialogue constructif… »[3], ce qui, sans employer le terme, ouvre la voie à amender les textes.

Si l'ACER voit ses compétences largement renforcées par le règlement 2019/942/UE, les régulateurs obtiennent de conserver un équilibre, et même de l'améliorer à leur profit, au sein de l'Agence.

Le processus de sélection du nouveau directeur est un exemple, peut-être anecdotique mais significatif, du rôle que le conseil des régulateurs entend assurer. La DG Energie de la Commission a initié, en 2017, la procédure de sélection du futur directeur de l'Agence. A l'issue de cette sélection, comportant diverses épreuves, écrites puis orales, le candidat retenu, réputé avoir les qualités requises selon la Commission, est, comme le prévoit le règlement, présenté au conseil des régulateurs. Le conseil émet un avis négatif sur sa candidature, ainsi que sur les deux

---

[1] *Ibid.*, p. 4.

[2] Voir Chapitre 1, Section 1, III.

[3] Considérant n° 36, Règlement 2019/942/UE.

autres candidats présentés par la Commission. Le directeur, en poste, doit ainsi, assurer un intérim d'un an.
Cet épisode contribue, *a contrario*, à renforcer la crédibilité de l'ACER. Désormais chargée de véritables missions de régulation européenne, l'Agence devra toujours chercher à préserver un équilibre délicat entre la coopération des régulateurs et la volonté de la Commission. Il est néanmoins probable que leur rôle respectif restera l'un des sujets de controverse de ces prochaines années, mais tout aussi probable que le poids de la Commission s'affirmera en utilisant tout le potentiel du paquet « une énergie propre pour tous les citoyens ».

Conclusion Chapitre 2

On voit émerger, sous différents aspects, une régulation européenne. Entre les textes initiaux du 3ème paquet et le règlement créant l'ACER, l'évolution est sensible. D'une agence relativement transparente et sans pouvoirs, telle qu'elle est conçue par la Commission, il a été possible, sous la pression du Parlement européen et avec les demandes des régulateurs, de parvenir à une agence détenant de réels pouvoirs.
Ainsi, le risque, très souvent évoqué par les régulateurs, d'un système favorisant l'autorégulation des GRT a été écarté. La grande panne d'électricité de novembre 2006 contribue très certainement à la prise de conscience des responsables politiques qui appuient, dans l'ensemble, sauf en Allemagne, la démarche des régulateurs.
Le second écueil évoqué par le CEER, ainsi que par certains politiques, notamment en France, est celui du manque d'indépendance potentielle de l'ACER par rapport à la Commission. Nous avons constaté que, loin d'être écarté, ce risque s'est traduit dans les faits.
La structure même de l'Agence est loin de donner un rôle central aux régulateurs comme dans le cas du secteur de la finance. La Commission a toujours souhaité – et en grande partie réussi – à contrôler l'ACER. Outre sa présence institutionnelle dans les différentes instances de l'Agence (conseil d'administration et conseil des régulateurs), le rôle et les pouvoirs conférés au directeur de l'ACER constituent un facteur important de l'influence de la Commission. La doctrine relève d'ailleurs que « par son intermédiaire l'ACER semble trop liée à la Commission européenne »[1]. Les régulateurs s'émeuvent, lors des discussions du 3ème paquet, du déséquilibre des pouvoirs entre le conseil des régulateurs, qui n'en a guère, et le directeur qui en détient de nombreux. Si les textes définissent le cadre général, il reste, toutefois, possible de les respecter en les appliquant avec plus ou moins de souplesse. Le directeur de l'ACER, en suivant la Commission, qui « peut avoir une vision autocratique de certains sujets et ne pas ou peu tenir compte de l'avis des régulateurs »[2], contribue à créer une forme d'incompréhension entre les régulateurs et la Commission.
L'Europe de l'énergie se construit à partir d'une grande diversité de modèles nationaux, influencés par les disponibilités naturelles, les

---

[1] A. LAGET-ANNAMAYER, « La détermination des objectifs de la régulation dans l'Union européenne : au-delà de l'évidence, la complexité », *op. cit.*, p. 78.
[2] *Ibid.* p. 78.

cadres institutionnels, la taille des pays, le niveau plus ou moins prononcé de centralisation et l'évolution des usages, par exemple dans l'industrie ou pour la satisfaction des besoins de chauffage. Avec un mix énergétique relevant du domaine régalien des Etats membres, et historiquement différent d'un pays à l'autre, l'énergie ne se prête pas aisément à l'application de normes indifférenciées[1].

L'augmentation considérable du volume des dispositions proposées par la Commission, ainsi que le niveau de détail auquel elles font référence, soulève les questions de proportionnalité et de subsidiarité ainsi que de la pertinence d'inclure des règles extrêmement précises dans les actes législatifs qui organisent le fonctionnement du marché intérieur de l'énergie.

Les régulateurs souhaitent que la Commission et l'Agence gardent suffisamment de souplesse, proposent des mesures proportionnées aux bénéfices attendus, et prennent en compte le retour d'expérience. Ce que certains nomment le risque de « sur -régulation »[2] ne laisse aucune marge d'adaptation aux régulateurs nationaux, et s'avère contraire à la vision d'une régulation adaptative : « la régulation n'a pas vocation à être simple, rigide, immanente, elle est adaptive, réactive, parfois inductive, elle épouse les changements, les accompagne, les structure, [afin d'] offrir de nouvelles réponses aux nouvelles questions »[3]. Si un niveau d'harmonisation est nécessaire pour garantir un fonctionnement efficace des marchés, l'intégration européenne ne doit pas être synonyme d'uniformisation à tout prix.

Le refus implicite de la Commission de prendre en compte des spécificités techniques propres à chaque pays la conduit à considérer les dissensions des régulateurs au sein du conseil de l'Agence comme des obstacles à la réalisation du marché intérieur.

La question de la détermination des objectifs est probablement centrale. Comme le dit A. Laget-Annamayer, « en matière d'énergie la

---

[1] Le cas français en est un exemple typique : en raison de la production à majorité nucléaire, et du choix, fait dans les années 1980, d'un fort développement du chauffage électrique, la thermo-sensibilité française est spécifique : lorsqu'en hiver la température diminue d'un degré la France représente plus de la moitié de l'augmentation de la demande européenne.

[2] CRE, *Rapport : Les interconnexions électriques et gazières en France*, juillet 2018, p. 20.

[3] M. JANSSEN, ancien Président du CSA de la Communauté française de Belgique, Actes du colloque sur les téléviseurs connectés, *Les colloques du CSA*, Juin 2011, p. 42.

coopération fonctionne dans les domaines techniques, mais beaucoup moins lorsqu'il s'agit de la définition des objectifs de la régulation »[1].
La complexité de la mise en œuvre opérationnelle peut, néanmoins, interroger sur la façon dont sont déterminés les objectifs.
La Commission n'est pas parvenue à intégrer, dans le paquet « Une énergie propre pour tous les européens », l'ensemble des inflexions qu'elle souhaitait pour la gouvernance de l'ACER. Elle réussit, toutefois, à conserver des normes régulatoires, critiquées par plusieurs régulateurs, qui doivent s'appliquer de façon uniforme dans tous les Etats membres.
Du point de vue de la technique de régulation, cela peut être discutable.
Du point de vue de la prédominance d'une régulation européenne sur les singularités nationales, c'est probablement une avancée.
Savoir s'il y aura un jour une régulation européenne indépendante reste, toutefois, une question ouverte sur le sens de laquelle on peut s'interroger. Faut-il réellement une régulation indépendante de la Commission, au niveau européen, dans la mesure où ce sont les institutions européennes qui définissent les objectifs de cette régulation, et plus particulièrement la Commission ?

---

[1] A. LAGET-ANNAMAYER, « La détermination des objectifs de la régulation dans l'Union européenne : au-delà de l'évidence, la complexité », *op. cit.*, p. 78.

Conclusion Titre II

Le chemin parcouru entre la première directive de 1996 et celle de 2019 met en évidence les évolutions de la Commission européenne sur la régulation de l'énergie.

Initialement désireuse de jouer elle-même le rôle de régulateur, elle abandonne ce projet, et finalement s'investit assez peu dans la définition du rôle des régulateurs nationaux prévu par la directive de 1996.

Son approche, que l'on peut qualifier de graduelle, change de nature et de rythme avec la constatation que le marché intérieur ne se réalise pas comme elle l'entend, en raison de divers blocages et d'une application imparfaite et inadéquate des premières directives. Elle acte aussi qu'il est incontournable de passer par une démarche régionale, dite initiatives régionales, en suivant en cela les conseils des régulateurs nationaux.

L'organisation d'une collaboration structurée entre l'association des régulateurs européens (CEER) et la Commission se traduit par la création d'une structure *ad hoc*, ERGEG, qui préfigure le projet de la Commission au travers de la préparation de la 3ème directive de créer une quasi agence européenne de coopération des régulateurs de l'énergie qui voit le jour en 2011 sous le nom d'ACER. Cette directive modifie, par ailleurs, assez sensiblement les pouvoirs décisoires de la CRE, en donnant aux régulateurs nationaux le dernier mot sur les tarifs de réseaux. L'indépendance du régulateur doit alors être entière et totale vis-à-vis de l'exécutif, sans parler du secteur régulé.

Alors que la création de l'ACER est fortement approuvée par les régulateurs nationaux, le poids de la Commission en son sein et le rôle du directeur général suscite un certain nombre de réserves de la part des régulateurs et tout particulièrement de la CRE, qui plaide pour une approche privilégiant l'harmonisation plutôt que l'uniformisation.

Nonobstant ces reproches, la régulation supranationale se développe au travers de différents outils, telle la surveillance des marchés de gros de l'électricité avec REMIT.

Le 4ème paquet de règlements et directives sur l'énergie, dont la mise œuvre commence en 2022, ne répond pas entièrement aux souhaits d'une mainmise encore plus importante de l'ACER dans la régulation, mais pose cependant un certain nombre de jalons, avec la mise en place de structures européennes opérationnelles.

Conclusion Partie II

L'équilibre recherché par une autorité de régulation comme la CRE, entre niveau national et niveau européen, ressort d'une quête permanente. En matière d'énergie, l'autorité de régulation s'est trouvée placée face à une situation intermédiaire, résultat d'un compromis politique, entre une ouverture à la concurrence demeurée, dans les faits, à la marge, et le maintien, notamment pour l'électricité, d'un *statu quo* sur l'essentiel des conditions de production et de distribution. La spécificité de l'organisation du secteur de l'énergie en France, surtout et avant tout pour l'électricité, et la volonté de conserver une politique de l'énergie à la main de l'exécutif ont suscité de nombreuses divergences avec la CRE, qui s'est toujours inscrite dans le respect non seulement de la lettre mais aussi de l'esprit des directives européennes dans les domaines de l'électricité et du gaz naturel. Cette domination du fait politique s'est particulièrement manifestée à propos des tarifs règlementés de vente d'électricité et du gaz, sujet de tensions entre le régulateur et l'exécutif ainsi qu'avec le Parlement. La propension à conserver une capacité d'influence sur le régulateur se traduisait alors par la présence d'un commissaire du Gouvernement en son sein. Cet ensemble contraint fait dire à de bons connaisseurs du secteur qu'« il convient alors de qualifier la régulation tarifaire par ce qu'elle est : un modèle économique français de régulation de l'industrie électrique, sortant du cadre communautaire et du paradigme concurrentiel »[1].

La notion d'autorité de régulation nationale indépendante, consacrée par le Conseil européen de Barcelone en mars 2002, est reprise par l'ensemble des directives, ce qui confère une sérieuse assise à la CRE vis-à-vis de son environnement politico-administratif. Les interrogations sur son indépendance, en raison de la présence d'un commissaire du Gouvernement, ne sont guère fondées ; toutefois la théorie des apparences, alors qu'il a disparu depuis 2010 mais que le Code de l'énergie n'est pas modifié, laisse perdurer de telles interrogations.

---

[1] I. ALAVOINE, Th. VEYRENC, « Idéologie communautaire vs. réalisme national ? L'épineux problème des tarifs d'électricité », Fondation Robert Schuman, *Questions d'Europe*, n°95, 7 avril 2008.

Le régulateur, aidé en cela par les décisions du Conseil d'Etat, les procédures contentieuses de la Commission européenne et la 3ème directive, affirme son indépendance au plan national. Certaines critiques sur la teneur de cette directive, concernant précisément l'indépendance, portent sur le concept lui-même, en estimant que le droit de l'Union, en exigeant « l'indépendance pour l'indépendance », impose l'idée que les « États membres sont présumés partiaux lorsqu'ils régulent certains marchés »[1]. L'expérience française ne peut que confirmer cette partialité supposée.
La directive, qui confère à la CRE des pouvoirs décisoires, notamment sur les tarifs de réseaux et la certification des gestionnaires de réseaux de transport, marque une étape décisive dans le poids du régulateur, et le rôle de la Commission européenne, avec la création de l'Agence de coopération des régulateurs de l'énergie (ACER), consolide sa fonction de supervision de la régulation.
Alors que l'indépendance des régulateurs nationaux est défendue avec fermeté par la Commission, l'indépendance de la nouvelle entité ACER devient, après quelques exercices, un sujet de préoccupation pour le conseil des régulateurs. Ainsi, le renouvellement de la question de l'indépendance des autorités de régulation commence à émerger. La présence de la Commission au sein du conseil d'administration de l'ACER et le mode fonctionnement adopté ne laissent pas de doute sur les liens entre la Commission et l'ACER. Cela étant, la Commission est indépendante des Etats, n'intervient pas au travers d'un opérateur sur le marché, et est porteuse de l'intérêt général européen. La question de l'indépendance ne devrait pas tant se poser.
La 4ème directive de 2019 instaure un certain rééquilibrage entre les différents acteurs. Seule la pratique permettra de savoir comment cet équilibre évoluera entre le poids de la Commission, l'influence de l'ACER et la régulation nationale.

[1] H. Delzangles, « L'indépendance des AAI chargées de régulation des marchés de services publics : éléments de droit comparé et européen », *Lextenso, Droit et Société*, 2016/2, n° 93, p. 301.

Conclusion Générale

« La docilité est un vice, on ne peut s'en dispenser »[1]

L'indépendance a été le fil conducteur de cette recherche. « Indépendant, oui mais de qui ? » était l'une des questions posées par la doctrine[2], et « indépendant pour faire quoi » était la question que nous reformulions en forme de préalable.

L'indépendance de la régulation est entièrement tributaire de l'indépendance du régulateur, qui s'est construite sur une compétence essentiellement d'expertise de nature économique. Nous avons pu constater que les textes seuls ne suffisent pas à garantir l'indépendance, ou l'autonomie pour reprendre l'expression du Conseil d'Etat, d'une autorité de régulation comme la CRE. Cette indépendance, la CRE l'a obtenue au travers de plusieurs crises, par la volonté constante de participer à la construction du marché intérieur européen, en respectant la lettre et l'esprit des directives. Elle a utilisé tous les outils juridiques à sa disposition et les pouvoirs qui lui étaient conférés, en combinant l'aspect le plus normatif à l'apport du droit souple, indispensable dans un secteur en évolution constante. Cette démarche sur la durée n'aurait guère été réalisable sans, d'une part, la reconnaissance par l'ensemble des acteurs du secteur de l'énergie et du monde politique de son expertise économique et, d'autre part, un apport jurisprudentiel lui ayant souvent donné raison.

La question du régulateur indépendant, ou de l'indépendance du régulateur sectoriel, soulève de nombreuses questions. Parce qu'en France l'Etat a créé la nation avant de la définir sur la base d'un concept politique, il est toujours apparu difficile de le soumettre à des critères de légalité et d'efficacité. Or, l'instauration progressive d'autorités administratives indépendantes, responsables d'une régulation sectorielle, dont les objectifs « s'inscrivent et découlent directement des objectifs mêmes de l'Union européenne définis par le constituant dans le droit primaire »[3], n'avait rien de naturel. En raison d'une référence,

---

[1] A. GUITTON, *Césarine ou le soupçon*, 1971, p.95, cité par A. PEYREFITTE, *Le mal français*, 1976, Plon, p. 388.

[2] J.-L. AUTIN, *Autorités administratives indépendantes*, *JCP administratif* 1998, fascicule 75, p. 3

[3] A. LAGET-ANNAMAYER, « La détermination des objectifs de la régulation dans l'Union européenne : au-delà de l'évidence, la complexité », in G. ECKERT, J.-Ph.

explicite ou implicite, à l'Etat de droit, qui « a en effet pour fonction première d'imposer des limites au champ politique, d'être un frein »[1], les AAI concourent depuis plusieurs décennies à une remise en question de la volonté politique comme seule justification.

Dans un domaine particulièrement sensible comme l'énergie, la CRE a poussé très loin la logique de l'indépendance en se référant aux directives européennes, quitte à se trouver en opposition à une volonté politique plus ou moins explicite. Cette attitude soulève la question centrale de la légitimation démocratique d'une autorité de régulation comme la CRE.

Notre conclusion est, en effet, rédigée à une époque où la guerre en Ukraine a porté à son paroxysme la crise des prix de l'énergie. Ces événements mettent en évidence la fragilité de la sécurité d'approvisionnement gazier de l'Europe et sa dépendance vis-à-vis de la Russie, la France étant à cet égard beaucoup moins tributaire du gaz en général et de la Russie en particulier. Les effets collatéraux de la montée du prix du gaz sur le prix de l'électricité conduisent à interroger, et à critiquer, les mécanismes de marché mis en place, et en particulier le poids du coût marginal dans la détermination du prix sur les marchés de gros de l'électricité[2]. On ne saurait se livrer ici à une analyse géopolitique qui serait, en tout état de cause, prématurée et téméraire. En revanche, il est vraisemblable que le cycle de plus d'une vingtaine d'années que nous avons évoqué au cours de cette recherche, soit parvenu à une fin. Nous faisons allusion à ce « moment » assez singulier durant lequel l'Europe s'est construite avec une prédominance pour le droit et l'économie et une mise en retrait du politique. On perçoit aujourd'hui, particulièrement au niveau national, une volonté de retour du politique. Le thème assez traditionnel de l'absence de légitimité démocratique des ARN réapparaît dans le discours politique au plus haut niveau sous un jour un peu différent : « on a confié à des AAI des décisions parfois lourdes. Il faut revoir ce sujet parce qu'à la fin personne n'est responsable »[3]. La question n'est pas, comme ce fut le

KOVAR (dir.) *Les objectifs de la régulation économique et financière,* Logiques juridiques, L'Harmattan, 2017, p. 55.

[1] P. ROSANVALLON, *La légitimité démocratique*, *op. cit.*, p. 167.

[2] Pour illustrer l'ampleur du phénomène, les prix spot *Day-ahead* en mai 2022 varient autour de 175 €/ MWh alors qu'ils étaient de l'ordre de 25€/ MWh un an auparavant (source Nord Pool Group).

[3] « En démocratie, une autorité technique n'a pas de mandat. Il faut redonner du sens au mandat démocratique. Il faut reprendre le contrôle, et remettre de la légitimité

cas dans les années 2000, de refuser de leur confier de tels pouvoirs, mais de revenir sur ce qui leur a été accordé ensuite au fil du temps. En mai 2022, le terme de souveraineté apparaît dans les dénominations de certains ministères, comme celui de l'économie, avec « la souveraineté industrielle et numérique », ou celui de l'agriculture, qui inclut la « souveraineté alimentaire »[1].

De manière concomitante, le sujet du droit européen dérivé pourrait à nouveau être discuté, de même que le rôle de la Commission et des agences européennes, en reprenant les critiques les plus acerbes à l'égard du système européen, décrit parfois comme un prototype du pouvoir technicien, réorganisé en réseau polycentrique produisant des normes de régulation.

Sans s'essayer à des scénarios du futur, il est certain que la place du droit constitue un élément déterminant d'éventuels changements. Nous l'avons vu dans le cas de la CRE : le rapport au droit a été un principe directeur de son action, même si on peut lui reprocher d'avoir souvent eu une interprétation téléologique, en considérant la finalité de la règle de droit, en l'occurrence les objectifs d'ouverture du marché des directives européennes et de la Commission européenne. Pour certains, cette adhésion, ou soumission, à une vision technocratique, dont l'idéal serait de « gouverner sans gouvernement »[2], est par nature suspecte : « comment qualifier un régime dans lequel le Politique serait supplanté par une oligarchie de techniciens et d'experts *?* »[3]. L'indépendance de la CRE et même son existence en tant qu'AAI semblent des questions secondaires à l'aune de ce genre de critiques, mais le lien est indéniable si l'on se remémore les jugements portés sur l'entité de régulation par les parlementaires français il y a plus de dix ans. Parmi les blâmes les plus marquants, pas nécessairement exprimés publiquement, se

---

politique. C'est ce que nous sommes en train de faire, et même au niveau européen par exemple. La question de l'énergie était dans les mains des techniciens, nous avons pris des décisions souveraines pour mettre des boucliers énergétiques pour protéger le pouvoir d'achat. Partout, il faut remettre de la souveraineté populaire. » E. MACRON, *Le Figaro*, 7 avril 2022.

[1] Composition du Gouvernement du 20 mai 2022.

[2] R. RHODES, « La nouvelle gouvernance : gouverner sans gouvernement », *Political Studies*, Vol 44, p. 652, 1996, cité par le site de la Commission http://collection.europarchive.org/dnb/20070701121414/http://ec.europa.eu/governance/index_fr.htm

[3] Ch. BEAUDOIN, *op. cit.*, p. 7.

trouvaient celui « d'obéir à la Commission européenne et pas à la représentation nationale »[1].
Le rôle et le degré d'indépendance de la CRE seront fonction des orientations qui pourraient être arrêtées concernant la structure du marché de l'énergie. Dans ce domaine, comme dans d'autres, les Etats expriment des vues différentes et parfois divergentes. Entre la France, qui souhaite une refonte des mécanismes sur lesquels est bâti le marché de l'électricité, et l'Allemagne, qui reste attachée aux règles du marché, l'écart est grand. Les ajustements éventuels seront-ils proposés par l'ACER, et donc conformes à une approche dans laquelle les règles de droit, et notamment celles relatives à la concurrence, seraient prises en compte ? Ou ces ajustements, qui seraient alors sensiblement plus drastiques, proviendront-ils de Gouvernements opposés aux règles actuelles du marché intérieur ? La question reste ouverte même si la Commission européenne a présenté le 14 mars 2023 un projet de réforme qui, pour une fois, satisfait globalement l'exécutif français mais dont le devenir va dépendre des négociations entre les Etats.
Le débat est, certes, de nature politique mais, aussi, de nature juridique. La prédominance du droit dans « le grand ensemble de normes régulatrices communautaires visant à l'ouverture et à la libéralisation des marchés concernés »[2], qui a contraint les Gouvernements à « juridiciser leurs arguments et se déporter ainsi vers l'arène judiciaire dans laquelle la CJCE [aujourd'hui CJUE] est prééminente »[3], fait partie des sujets certainement débattus.
Le devenir de la CRE est tributaire de ces évolutions. Parmi les invariants se trouve son expertise, qui n'est ni contestée ni, même, concurrencée[4]. La question pourrait être la nature de son indépendance. La réforme d'EDF, envisagée depuis 2021 et toujours en cours à la fin du premier semestre 2023, sa « renationalisation » et le lancement d'un

[1] Ce propos prêté au président, de l'époque, de la commission des affaires économiques de l'Assemblée nationale, de l'époque, nous était rapporté par le président d'un grand groupe énergétique français.
[2] J.-L. DA CRUZ VILAÇA, « Vers un droit des relations entre les autorités administratives et les opérateurs économiques », in *Autorités administratives, droits fondamentaux et opérateurs économiques*, Actes du colloque du 12 octobre 2012, Collection colloque vol., 19, Société de législation comparée 2013.
[3] Ch. BEAUDOIN, *La démocratie à l'épreuve de l'intégration européenne,* Bibliothèque de droit public t. 278, 2014, LGDJ, p. 388.
[4] Son expertise s'étend également au domaine juridique. La DGEC fait couramment appel à la direction juridique de la CRE, beaucoup plus étoffée que la sienne, pour obtenir un point de vue d'expert.

projet très ambitieux de construction de nouvelles centrales nucléaires, constituent, au cours des années à venir, un premier défi au cours duquel nombre des questions évoquées ici seront incontournables et mettront le régulateur à l'épreuve.
Aux prémices d'un cycle qui voit le retour en force du politique dans le secteur de l'énergie, et dont personne ne peut anticiper le déroulement, un autre champ de recherche s'ouvre.

Bibliographie

Ouvrages généraux, Manuels :

ALBERT Jean-Louis, *Finances publiques*, Paris, Dalloz, 8e édition 2013.

BAZEX Michel, **ECKERT** Gabriel, **LANNEAU** Régis, **LE BERRE** Christophe, **du MARAIS** Bertrand, **SEE** Arnaud (dir.) *Dictionnaire des régulations*, 2016, Lexis Nexis, 663 p.

BRAIBANT Guy, **DELVOLVE** Pierre, **GENEVOIS** Bruno, **LONG** Marceau, **WEIL** Prosper, *Les Grands arrêts de la jurisprudence administrative*, Paris, Dalloz, coll. Grands arrêts, 21èmeéd., 2017, 1018 p.

BASTIAT Fréderic, *Ce qu'on voit et ce qu'on ne voit pas,* Paris, éd. Romillat, 1993, 255 p.

BLUMANN Claude, **DUBOUIS** Louis, *Droit matériel de l'Union européenne*, 7ème éd., LGDJ, Domat Droit public, Paris, 2015, 878 p.

BOUSSAQUET Laurie, **JACQUOT** Sophie, **RAVINET** Pauline, (dir.), *Dictionnaire des politiques publiques,* Presses de sciences Po, 2014.

CHAPUS René, *Droit administratif général*, t. I, Paris, Montchrestien, coll. Domat Droit public, 15ème éd. 2001, 1440 p.

COLLET Martin, *Le contrôle juridictionnel des actes des autorités administratives indépendantes,* Bibliothèque de droit public, LGDJ, Paris, 2003, 398 p.

COLSON Jean-Philippe, **IDOUX** Pascale, *Droit public économique*, Paris LGDJ Lextenso, coll. Manuel, 5ème éd., 2010, 980 p.

EISENMANN Charles, *Cours de droit administratif*, LGDJ, 1982, t. I, 790 p.

HENRY Emmanuel, **GILBERT** Claude, **JOUZE**L Jean Noel, **MARICHALAR** Pascal, *Dictionnaire critique de l'expertise*, 2015, Presses de Sciences Po,

HOSTIOU René, *Procédure et forme de l'acte administratif unilatéral en droit français*, LGDJ, Paris, 1975, 353 p.

JOUVENEL de Bertrand, *Du pouvoir, histoire naturelle de sa croissance*, 1947, Ed. Bouquins, 650 p.

KELSEN Hans, *Théorie pure du droit*, La pensée Juridique, Bruylant LGDJ, 1999.

KRYNEN Jacques, *Le théâtre juridique. Une histoire de la construction du droit.* Biblio. des Histoires, Gallimard, 2018, 374 p.
LINOTE Didier, **ROMI** Raphaël, *Droit public économique,* LexisNexis Litec, 6ème éd., 2006, 449 p.
LUCHAIRE François, *Le Conseil Constitutionnel*, Juridica, 1980, 437 p.
du MARAIS Bertrand, *Droit public de la régulation économique*, Presse de Science-Po et Dalloz, coll. Amphithéâtre, 2004, 601 p.
MASSON Antoine, *Droit communautaire : Droit institutionnel et droit matériel*, Larcier, 2009.
MORAND-DEVILLIER Jacqueline, *Cour de droit administratif*, Paris Montchrestien, 9ème éd., 2005, 860 p.
NEUVILLE Sébastien, *Philosophie du droit*, LGDJ, 2019, 424 p.
NICINSKI Sophie, *Droit public des affaires*, Coll. Domat droit, Paris Montchrestien, 2ème éd., 2010, 779 p. (LGDJ , 8ème éd., 2021, 906 p.)
SABLIERE Pierre, *Droit de l'électricité*, 2003, Dalloz, 1710 p.

- *Droit de l'énergie,* 2014/2015, Dalloz Action, 2910 p.

Mélanges et ouvrages collectifs :

ASSOCIATION HENRI CAPITANT, *Le droit souple - Journées Nationales de Boulogne-sur- mer,* Tome XIII, Paris Dalloz, coll. Thèmes et commentaires, 2009, 178 p.
Autorités administratives, droits fondamentaux et opérateurs économiques, Actes du colloque du 12 octobre 2012, Collection Colloques vol., 19, Société de Législation comparée, 2013.
AUBIN Emmanuel, **KERLEO** Jean-François, **EYMERI-DOUZANS** Jean-Michel, **SAISON** Johanne (dir.), *Quelle déontologie pour la haute fonction publique, Enjeux, textes et perspectives,* Collection Colloques et Essais, IFDJ, LGDJ, 2021.
BASTIEN François, **VAUCHEZ** Antoine (dir.) *Politique de l'indépendance, Formes et usages contemporains d'une technologie de gouvernement,* Mission de recherche Droit et Justice, Presses universitaires du Septentrion, 2020, 338 p.
BLUMANN Claude (dir.), *Vers une politique européenne de l'énergie*, Collection Droit de l'Union européenne, Colloques, Bruylant, Bruxelles, 2012.

CARMOY de Guy, **BRONDEL** Georges, *L'Europe de l'énergie,* Office des publications Officielles des Communautés européennes, Luxembourg, 1991, 192 p.
CHEVALIER Jean-Marie, de **LADOUCETTE** Ph. (dir.), *L'électricité du futur un défi mondial,* Ed. Economica, Paris 2010, 196 p.
DERO BUGNY Delphine, **LAGET-ANNAMAYER** Aurore (dir.), *L'évaluation en droit public*, Centre Michel de l'Hospital, LGDJ, 2015, 240 p.
ECKERT Gabriel, **KOVAR** Jean-Philippe (dir.) *Les objectifs de la régulation économique et financière*, Logiques juridiques, L'Harmattan, 2017, 265 p.
MARCOU Gérard, **MASING** Johannes (dir.), *Le modèle des autorités de régulation indépendantes en France et en Allemagne*, Société de législation comparée, Coll. De l'UMR de droit comparé de Paris (Paris 1/CNRS- UMR 8103) vol. 25, 2011, 407 p.
MENURET Jean-Jacques, **REIPLINGER** Charles (dir.), *La collégialité, valeurs et significations en droit public*, Bruxelles, Bruylant, 2012.
REVET Thierry., **VIDAL** Laurent. (dir.), *Annales de la Régulation,* v.2, Bibliothèque de l'Institut de recherche juridique de la Sorbonne André Tunc, IRJS édit., 2009, 669 p.
REVET Thierry., (dir.), *L'inflation des avis en droit,* Economica, coll. « Etudes juridiques » 1998,

Thèses :

BEAUDOIN Christophe, *La démocratie à l'épreuve de l'intégration européenne*, 2014, Bibliothèque de droit public, t. 278, LGDJ, 531 p.
BRIARD Marine, *Recherche sur la détermination du droit de l'Union Européenne par le droit international : l'exemple de la soft law*, Thèse, Université de droit, d'économie, et des sciences d'Aix-Marseille, 584 p.
CALANDRI Laurence, *Recherche sur la notion de régulation en droit administratif français*, LGDJ., « Bibliothèque de droit public », t. 259, 2008, 733 p.
CHEBEL-HORSTMANN Nadia, *La régulation du marché de l'électricité : concurrence et accès aux réseaux*, Thèse, Paris, L'Harmattan, coll. « Logiques juridiques », 2006, 501 p.
DELVAL Vincent, *Recherche sur un modèle d'autorité de régulation dans l'Union européenne dans les secteurs économiques et financiers,* Thèse, Université Lille 2, Droit et Santé, 2016, 850 p.

DELZANGLES Hubert, *L'indépendance des autorités de régulation sectorielles : communications électroniques, énergie et postes*, Bordeaux IV, 2008.
GUENOD Christian, *Théorie juridique et économique du régulateur sectoriel. Modèles communautaire et français dans les secteurs des communications électroniques et de l'énergie*, Thèse, Dauphine, 2009, 787 p.
KALOUDAS Christos, *Les actes administratifs unilatéraux de régulation*, Thèse, Université Paris II, Panthéon- Assas, 5 décembre 2016, 643 p.
LAGET-ANNAMAYER Aurore, *La régulation des services publics en réseaux, télécommunications et électricités*, Thèse, Bruylant, Bruxelles et Paris, LGDJ, 2002, 541 p.
LAVERGNE Benjamin, *Recherche sur la soft law en droit public français*, Thèse, LGDJ, Presses de l'Université de Toulouse 1 Capitole, 2013, 614 p.
MAUGER Romain, *Le droit de la transition énergétique, une tentative d'identification*, Droit, Université de Montpellier, 2017, 709 p.
MOUCHETTE Julien, *La magistrature d'influence des autorités administratives indépendantes,* Strasbourg, LGDJ, 2019, Bibliothèque de droit public, 691 p.
PALMA-AMALRIC Valérie, *L'autonomie financière des autorités indépendantes*, L'Harmatan, Paris, 2017, 615 p.
RAMBAUD Romain, *L'institution juridique de régulation, Recherches sur les rapports entre droit administratif et théorie économique,* Paris, L'Harmattan, « Logiques juridiques », 2012, 930 p.
RODRIGUE Léa, *L'aspect juridique de la régulation européenne des réseaux,* Thèse, 2012, coll. Droit ad., Bruxelles, Bruylant, 499 p.
SPENLEHAUER Vincent, *L'évaluation des politiques publiques, avatar de la planification,* Thèse, Sciences de l'Homme et Société. Université Pierre Mendès-France - Grenoble II, 1998, 357 p.
VLACHOU Charikleia, *La coopération entre les autorités de régulation en Europe, (communications électroniques et énergie)*, Thèse, Université Panthéon-Assas, 2014, 581 p.

Ouvrages spéciaux :

CANNAC Yves, *La qualité des services publics*, Paris, La Documentation française, 2004.

CHEVALIER Jean-Marie, **PASTRE** Olivier, (dir.), *L'Energie en état de choc,* Paris 2015, Eyrolles, 111 p.

- **GEOFFRON** Patrice, (dir.) *Les Nouvelles guerres de l'énergie*, Eyrolles, 2017, 159 p.

COHEN-TANUGI Laurent, *Le droit sans l'Etat, sur la démocratie en France et en Amérique*, Recherches Politiques, PUF, 1ère éd., 1985. 206 p.

DUBITON Sophie, *La protection des libertés publiques par les AAI, une solution démocratique* ? Bibliothèque de droit public, Tome 293, LGDJ, 2016.

FERRON André, *Electricité naissance d'une communauté,* Collection l'Europe après l'Europe, Confrontations Europe, éd. Le Manuscrit, 2006, 232 p.

Fondation Jean Monnet pour l'Europe, *Une dynamique européenne : le Comité d'action pour les Etats-Unis d'Europe : acte du colloque, Lausanne, 11 et 12 septembre 2009.* Paris, Economica, 2011, Les Cahiers rouges (Lausanne).

FREGET Olivier, *La concurrence, une idée toujours neuve en Europe et en France,* Paris, Odile Jacob, 2015, 345 p.

LEVEQUE François, *Nucléaire On/Off, Analyse économique d'un pari,* Paris, Dunod, 2013, 272 p.

LEMAIRE Christophe, *Energie et concurrence : Recherches sur les mutations juridiques induites par la libéralisation des secteurs de l'électricité et du gaz,* Tome I, Presses Universitaires d'Aix-Marseille, Institut de Droit des Affaires, Centre de Droit Eco. 2003, 817 p.

LORENZI Jean-Hervé, **DOCKES** Pierre, (dir), *Fin du monde ou sortie de crise*, Le Cercle des économistes, éd. Perrin, 2009, 330 p.

MILLION-DELSOL Chantal, *L'Etat subsidiaire,* PUF, 1992, 227p

PERRIN Laurent, *Le président d'une autorité administrative indépendante de régulation,* Droit et Science Politique, lalibrairienumerique.org, 2013.

ROSANVALLON Pierre, *La légitimité démocratique, impartialité, réflexivité, proximité,* Le Seuil, Paris 2008.

RUBERCY de Guillaume *Le démantèlement des installations nucléaires en Europe, enjeux juridiques et financiers*, L'Harmattan, 2009, 402 p.

SOULT François, *EDF, Chronique d'un désastre inéluctable*, 2003, Calmann-Lévy, 282 p.

SPECTOR David, *Electricité : Faut-il désespérer du marché ?* Collection du CEPREMAP, éd. Rue d'Ulm ENS, 2007, 54 p.

STOFFAES Christian, *Entre monopole et concurrence, la régulation de l'énergie en perspective historique* (dir.), Ed. P.A.U. 1994, 516 p.
WEBER Max, *Economie et société*, t. 1 *Les catégories de la sociologie*, Paris, Pocket, coll. Agora les classiques, 1995.
YERGIN Daniel, *The Quest, Energy, Security and the Remaking of the Modern World,* The Penguin Press, New York, 2011, 804 p.

Documentation officielle et Rapports :

AMELINE Nicole, **CATALA** Nicole, *Rapport d'information sur les réformes institutionnelles de l'Union européenne : premières réflexions en vue de la Conférence intergouvernementale de 1996.* Paris : Assemblée nationale, 1995. Les Documents d'information – Assemblée nationale, 9/95. ISSN 1240-831X.
Centre d'analyse stratégique, *Perspectives énergétiques de la France à l'horizon 2020-2050,* n° 12, volume 2, 2008, La Documentation française, 528 p.
Commissariat général à la stratégie et à la prospective, Rapports et Documents, janvier 2014, *La crise du système électrique européen.*
Conseil d'Etat, Etudes et Documents, **GAZIER** François, **CANNAC** Yves, *Etude sur les autorités administratives indépendantes*, janvier 1984.
Conseil d'Etat, Etudes et Documents n° 52, *Les autorités administratives indépendantes,* La Doc. française, 2001.
Conseil d'Etat, Etudes et Documents, *De la sécurité juridique,* La Doc. française, 1991.
Les Rapports du Conseil d'Etat (anciennement Etudes et Documents) Etude annuelle 2006 n° 57 : *Sécurité juridique et complexité du droit.*
Les Rapports du Conseil d'Etat, Etude annuelle 2013, n° 64*, Le droit souple,* 295 p.
Les Rapports du Conseil d'Etat, Etude annuelle 2016, *Simplification et qualité du droit,* La Doc. française, 246 p.
Conseil d'Etat, Etude annuelle 2020, *Conduire et partager l'évaluation des politiques publiques*, La Doc. française, 194 p.
Rapport d'information du Comité d'évaluation et de contrôle des politiques publiques sur la mise en œuvre des conclusions du rapport d'information du 28 octobre 2010 sur les AAI, n° 4020, Assemblée nationale.
Cour des comptes, *Les coûts de la filière électronucléaire,* Rapport publique thématique, La Doc. française, 2012.

Cour des comptes, « *L'Etat actionnaire, apport et limites de l'Agence des participations de l'Etat* », Rapport public 2008.
Cour des comptes, deuxième chambre, troisième section, ROP, *L'ouverture du marché de l'électricité à la concurrence*, 11 avril 2014.
Cour des comptes, *Autorités administratives et publiques indépendantes : politique et pratiques de rémunération 2011 – 2016*, rapport réalisé à la demande du président de la commission des finances de l'Assemblée nationale décembre 2017.
DELETRE Bruno, *Rapport de la mission de réflexion et de propositions sur l'organisation et le fonctionnement de la supervision des activités financières en France*, IGF n° 2008-M-069-02, janvier 2009.
DOSIERE René, **VANNESTE** Christian, *Les autorités administratives indépendantes : pour une indépendance sous la garantie du Parlement*, Assemblée nationale, XIIIe législature, Comité d'évaluation et de contrôle, Rapport d'information n° 2925, 28 octobre 2010.
DES ESGAULX Marie-Hélène, **MEZARD** Jacques, « *Un Etat dans l'Etat » Canaliser la prolifération des autorités administratives indépendantes pour mieux les contrôler*, Rapport n° 126 de la commission d'enquête du Sénat sur le bilan et le contrôle de la création, de l'organisation, de l'activité et de la gestion des autorités administratives indépendantes, 2015-2016.
GELARD Patrice, *Les autorités administratives indépendantes : évaluation d'un objet juridique non identifiée*, Assemblée nationale n° 3166, Sénat n° 404, 2006.

- **FRISON-ROCHE** Marie-Anne, « Etude sur les AAI », in *Les AAI : évaluation d'un objet juridique non identifié,* t. 1.

GELARD Patrice, *Autorités administratives indépendantes 2006-2014: un bilan*, Rapport d'information n° 616 (2013-2014) fait au nom de la commission des lois constitutionnelles, de législation, du suffrage universel, du Règlement et d'administration générale sur les autorités administratives indépendantes, Sénat, 11 juin 2014.
OCDE, *Being an Independant Regulator, The Governance of Regulators, OECD Publishing 2016*, Paris, 90 p.
Ministère de l'Economie, des Finances et de l'Industrie, Secrétariat d'Etat à l'Industrie, DGEMP, *Vers la future organisation électrique française*, Février 1998, 800 p., 2 t.
MOREL-A- L'HUISSIER Pierre, **PETIT** Valérie, députés, Comité d'évaluation et de contrôle des politiques publiques, *Rapport*

d'information sur l'évaluation des dispositifs d'évaluation des politiques publiques, n° 771, 15 mars 2018, Assemblée nationale.
Rapport Bergougnoux, *Services publics en réseau : perspectives de concurrence et nouvelles régulations,* Commissariat Général du Plan, La Documentation française, 2000.

Rapports du Sénat :
VALADE Jacques, **REVOL** Henri, *La politique énergétique de la France : passion ou raison ?* n° 439, 1997-1998, 377 p.
Revue Politique et Parlementaire, *Les territoires de la transition énergétique,* octobre 2014 mars 2015, n° 1073-1074, 320 p.
SYROTA Jean, « Rapport sur l'ouverture du marché gazier français », CRE, Paris, 24 octobre 2002, 60 p.
VIVERET Patrick, *L'évaluation des politiques et des actions publiques*, La Documentation Française, Paris, 1989, 193 p.

Articles et contributions :

AUTIN Jean-Louis, « Du juge administratif aux autorités administratives indépendantes : un autre mode de régulation », *RDP* 1988.

- « Réflexions sur l'usage de la régulation en droit public », in M. Mialle (dir), *La régulation entre droit et politique*, Paris, L'Harmattan, « Logiques juridiques », 1992
- « Les autorités de régulation sont-elles des autorités administratives indépendantes ? », in C. Ribot, J.-L. Autin (dir.), Environnements, *Mélanges en l'honneur du professeur Jean Philippe Colson*, Grenoble, Presses universitaires de Grenoble, 2004.
- « Le devenir des autorités administratives indépendantes », *RFDA*, 2010.
- « Autorités administratives indépendantes, démocratie et Etat de droit » Lextenso |
  Droit et société, 2016/2 n° 93, p. 285 à 290.

AUVERLOT Dominique, **BEEKER** Etienne, **HOSSIE** Gaëlle, **ORIOL** Louise, **RIGARD-CERISON** Aude, « Le marché européen de l'électricité à la croisée des chemins », in *La crise du système électrique européen, Commissariat général à la stratégie et à la prospective*, Rapports et Documents, janvier 2014, p. 31.

BARTHELEMY Christophe, **DEVEDEIX** Marc, « La CJUE élargit le cercle des différends dont les régulateurs de l'énergie peuvent connaître », *EEI* n° 1, Janvier 2021, comm. 1.
BASEX Michel, *Revue du droit administratif* n° 10, oct. 2012, p. 26.
BERROD Frédérique, « Les objectifs de la régulation et de la concurrence ou l'esthétique du double », in G. **Eckert,** *Les objectifs de la régulation économique et financière*, Logiques juridiques, L'Harmattan, 2017, p. 44.
BEYNET Odile, « La stratégie de la Commission dans le domaine de l'énergie » in *Vers une politique européenne de l'énergie* (dir) C. **Blumann**, Collection Droit de l'Union Européenne, Colloques, Bruylant, Bruxelles, 2012, 304 p., p. 132.
BODA Jean Sébastien, « Validation de la nouvelle méthode de fixation des tarifs réglementés de vente d'électricité », *EEI,* 2016, n° 75.

- « L'obligation de consulter la CRE sur les projets de règlements relatifs à l'accès aux réseaux publics d'électricité, », *EEI*, mars 2018.

BOITEAU Claudie, « Le prix controversé du rachat de l'énergie éolienne ou l'énergie renouvelable à quel prix ? », *AJDA*, 2009, p. 2109.

- « Le Code de l'énergie : entre urgence mal contrôlée et choix politique discutable », *AJDA*, 2011, p. 1169.
- « Soutien aux énergies renouvelables et aide d'Etat », *AJDA*, 2014, pp. 928 – 929.
- « Les entreprises liées aux personnes publiques », *RFDA*, 2017, pp. 57 – 59.

  - **LOUVARIS** Antoine, « La judiciarisation de la régulation économique », *AJDA* 2020, p. 1521.
  - **GEOFFRON** Patrice, « Les tarifs réglementés de vente de l'électricité : enjeux et limites », *RFDA*, n° 4, juillet-août 2018.

BONHOMME Alexandra, **CACCIALI** Mathieu, « La commission de régulation de l'énergie », *RFDA*, 2017, p. 666.
BRITTAN Leon, « The Law and Policy of Merger Control in EEC », *Eur. L. Rev*, 1990, vol.15, n°5, p.351-357.
BRUNET François, « Contrainte, obligation, normativité en droit : quelques remarques », *EEI*, mars 2021, n° 3.
BURGELIN Jean- François, « Quand le juge des référés prend parti, Conclusions sous Cass. Ass. pl., 6 novembre 1998 », D. 1999, p. 1.

CACCIALI Mathieu, « Le maintien des tarifs réglementés d'électricité et de gaz », *RFDA*, n° 2, 12/05/2017.

CASTEL Robert, « Savoir d'expertise et production de normes », in F. **Chazel** et J. **Commaille**, (dir), *Normes juridiques et régulation sociale*, Paris, LGDJ, coll. Droit et société, p.177-188.

CHARBIT Nicolas, « Les objectifs du régulateur. Entre recherche d'efficacité et rappel de légalité », *in* M.-A. **Frison-Roche** (dir.), *Règles et pouvoirs dans les systèmes de régulation,* Paris, Presses de Sciences Po – Dalloz, 2004, p. 60.

- « L'ouverture du négoce d'électricité, exercice d'interprétation constructive », *Recueil Dalloz,* 2001, p. 2962.

CHEVALLIER Jacques, « Réflexions sur l'institution des autorités administratives indépendantes », *La Semaine juridique*, JCP G, n° 3254, 1986.

- « Les autorités administratives indépendantes et la régulation des marchés », *Revue Justices*, 1995.
- « La régulation juridique en question », *Droit et Société* 49-2001, p. 830.
- « L'Etat régulateur », *RFAP*, n° 111, 2004, p. 473.

COHEN-TANUGI Laurent, « Une doctrine pour la régulation », *Le Débat* 1988/5, p. 62.

COIN Rémy, « La régulation du secteur de l'énergie en France à l'heure de l'ouverture totale du marché », *Annales de la Régulation,* v.2, Th. **Revet**, L. **Vidal** (dir.), IRJS Edit., 2009, p. 654-655.

- « La contribution de la CRE à une stabilisation incertaine du cadre juridique de l'activité d'opérateur d'effacement de consommation d'électricité », *EEI* n° 7, juil. 2016, comm. 54, p. 3 – 4.

COLLET Martin, « La création des AAI : symptôme ou remède d'un Etat en crise ? », in *Les autorités administratives indépendantes, Regards sur l'actualité*, n° 330, avril 2007, La Documentation française, p. 5 et s.

- « Le droit fiscal, berceau de la régulation » in T. **Revet**, L. **Vidal** (dir.), *Annales de la régulation,* Volume 2, IRJS Editions, « Bibliothèque de l'Institut de recherche juridique de la Sorbonne – André Tunc », 2009, p. 40.

DA CRUZ VILAÇA Jose Luiz, « Vers un droit des relations entre les autorités administratives et les opérateurs économiques », in *Autorités administratives, droits fondamentaux et opérateurs économiques*, Actes

du colloque du 12 octobre 2012, Collection colloque vol., 19, Société de législation comparée 2013.
DAUTRY Philippe, « Les autorités administratives indépendantes : un nouvel objet d'évaluation parlementaire », *RFDA* 2010, p. 884.
DECOOPMAN Nicole, « Peut-on clarifier le désordre ? », in Le désordre des autorités administratives indépendantes : l'exemple du domaine économique et financier, N. Decoopman (dir.), Centre de droit privé et de sciences criminelles (Amiens), PUF, coll. « Ceprisca », 2002.
DELION André, « Régulation : progrès et problèmes, actualisation 2006-2008 », in T. **Revet**, L. **Vidal** (dir.) *Annales de la régulation*, Volume 2, IRJS Editions, « Bibliothèque de l'Institut de recherche juridique de la Sorbonne – André Tunc » 2009, p.17.
DELZANGLES Hubert, « Les autorités de régulation ne peuvent être indépendantes de l'Etat, mais seulement indépendantes au sein de l'Etat » in « La détermination hésitante de la portée de l'indépendance des autorités de régulation nationales par la Cour de justice de l'Union européenne », *RJEP*, 2011, comm.41.

- « L'indépendance des AAI chargées de régulation des marchés de services publics : éléments de droit comparé et européen », Lextenso, *Droit et Société*, 2016/2, n° 93.

DELAUNAY Benoit, « Autorités de régulation et responsabilité de la puissance publique », *RDP* 2014, p. 276.
DELVOLVE Pierre, « La définition des actes administratifs », *RFDA* 2016.
DEVEIDEIX Marc, **BARTHELEMY** Christophe, « La première sanction prononcée par le Comité de règlement des différends de la Commission de régulation de l'énergie », *EEI* n° 10, Octobre 2018, comm. 51.

- « Nouvelle sanction du CoRDIS : le cas d'une manipulation de marché », *EEI* n° 3, Mars 2019, comm. 13.

DEZOBRY Guillaume, « L'indépendance des autorités de régulation économique à l'égard des opérateurs régulés », in *L'indépendance des AR économique et financière: une approche comparée*, *RFAP*, 2012/3, n°143.
DREYFUS Jean - Louis, **LOUVARIS** Antoine, « Le contentieux du règlement des différends », *RFDA*, juillet-août 2017, p. 681.
DOUCHEZ Marie-Hélène, « La déontologie médicale » in M. Hecquard-Theron (dir.), *Déontologie et droit,* Presses de l'IEP de Toulouse, 1994, 180 p.

DURAN Patrice, « L'évaluation au risque de son institutionnalisation », in *Politique et management public*, vol. 20, n° 4, 2002, numéro spécial : « L'évaluation de l'action publique : pour quand ? », p. 3-7.

DYEVRE Eric, « Tarification, signal prix et concurrence ou comment concilier les inconciliables », Revue des droits de la concurrence, n° 4-2009, p. 20.

ECKERT Gabriel, « Autorités de régulation, Autorités administratives et publiques indépendantes », in M. Bazex, G. Eckert (dir), Dictionnaire des Régulations, Paris, LexisNexis, 2016, p.100.

- « L'indépendance des autorités de régulation économique à l'égard du pouvoir politique », in *L'indépendance des autorités de régulation économique et financière : une approche comparée*, *RFAP* 2012/3, n°143.

EYMERY-DOUZANS Jean-Michel, « Les hauts fonctionnaires et le Prince dans la France d'aujourd'hui : réflexions sur des 'liaisons dangereuses' à l'improbable déontologie », in *Quelle déontologie pour la haute fonction publique ?* E. **AUBIN**, J. M. **EYMERY-DOUZANS**, J. F. **KERLEO,** J. **SAISON** (dir.), Actes du colloque du 21 novembre 2019 par l'Observatoire de l'éthique publique, Institut Francophone pour la justice et la démocratie, 2021.

FELDMAN Jean-Philippe, « Les AAI sont-elles légitimes ? Sur les AAI en général et les Conseil Supérieur de l'Audiovisuel en particulier», *Recueil Dalloz*, Dalloz, 2010, p. 2852.

FLIZOT Stéphanie, « Autorités de régulation contrôle budgétaire et financier » in *Dictionnaire des régulations,* (dir. M. **Bazex**, G. **Eckert,** B. **du Marais**…), LexisNexis 2015, p. 116-117.

FONTENELLE de Louis, « Les tarifs réglementés de l'électricité sur la sellette », *EEI,* 2018, p. Comm 44.

- « Les communautés énergétiques » in EEI, LexisNexis, août septembre 2019, n° 8-9, p. 35-40.

FOUQUET Annie, « L'évaluation des politiques publiques : état de l'art et controverses », *RFAP,* 2013, p. 835.

FRISON-ROCHE Marie-Anne, « Régulateurs indépendants versus LOLF », *RLC*, n°7, avril-juin 2006, p. 69-73.

- « Le pouvoir du régulateur de régler les différends. Entre office de régulation et office juridictionnel civil », *Droit et économie de la régulation*, 3, 2005, p. 269-287.
- « Ambition et efficacité de la régulation économique », *RDBF*, novembre-décembre 2010, pp. 59-66.

GABEL Markus, « Régulation de l'énergie : l'exception allemande », Regards sur l'économie allemande, *Bulletin économique du CIRAC* n°76, 2006, p. 13. Disponible sur : https://rea.revues.org/807#tocto1n2.

GAUDEMET Yves, « Les actions administratives informelles », *Revue internationale de droit comparé,* Vol. 46 n°2, Avril-juin 1994. p. 645-654.

- « La déontologie un pouvoir masqué », intervention à l'Académie des sciences morales et politiques, *RDP*, juillet-août 2021, n°4.

GIBERT Patrick., « Contrôle et évaluation, au-delà de querelle sémantiques parenté et facteurs de différences », *Revue française des affaires sociales*, janvier-juin 2010, p. 73.

GLACHANT Jean - Michel, **PEREZ** Yannick, « L'analyse économique appliquée à la problématique des effacements diffus contribution au débat de l'affaire CRE-VOLTALIS », *Revue de l'Énergie*, n° 597, septembre-octobre 2010.

GRARD Loic, « Le marché intérieur de l'énergie », in **BLUMANN** Claude (dir.), *Vers une politique européenne de l'énergie*, Collection Droit de l'Union européenne, Colloques, Bruylant, Bruxelles, 2012.

GROPER Nicolas, **MICHAUT** Christian, « L'intervention du contrôleur financier dans le visa des pièces justificatives des dépenses des établissements publics », *AJDA*, 2010, n° 44, p. 2484.

GROULIER Cédric., « L'impératif dans la jurisprudence Duvignères : réflexion sur un 'sésame contentieux' », *RFDA*, 2008, p. 9.

HAWKS Barry, « *The American (Antitrust) Revolution : Lessons for the EEC* », *ECLR*, 1988, vol.9, p.53-87.

HAYEZ Philippe, « La Cour des comptes : du contrôle à l'évaluation », *RFAP* 2015/3 (n° 155), pp. 707 – 711.

HELM Dieter., « Situation actuelle et prévisions à moyen terme des marchés européens de l'électricité », in *La crise du système électrique européen*, Commissariat général à la stratégie et à la prospective, Rapports et Documents, janvier 2014, p. 72.

HENRY Jean-Pierre, « La fin du rêve prométhéen ? Le marché contre l'Etat », *RDP*, n°3, mai-juin 1991, p. 631-656.

HOCHMANN Thomas, « Questions à … L'élargissement du champ des actes de droit souple pouvant donner lieu à recours contentieux », *La lettre juridique* n°833, 23 juillet 2020, lexbase.fr.

JEANNENEY Pierre-Alain, « Le régulateur producteur de droit » *in* M.-A. **Frison-Roche** (dir), *Règles et pouvoirs dans les systèmes de* *régulation*, vol. 2, Paris, Dalloz, Presses de Sciences Po, « *Thèmes et commentaires* », 2004, pp. 44-51.

JEANGENE VILMER Jean- Baptiste, « Comment distinguer neutralité et impartialité ? Le cas du CICR », *La Chronique*, Mensuel d'Amnesty International, n°294, avril 2011, p. 14.

de La ROSA Stéphane, « Les prix réglementés et les marchés de l'énergie : disparition, sursis ou adaptation », *RFDA*, 2017, 1099.

KIRAT Thierry,« Les problèmes de l'interface entre le droit et l'économie » in *Économie du droit*, Paris, éd. La Découverte, 1999, p.11-34.

- **VIDAL** Laurent, « Le droit et l'économie : étude critique des relations entre les deux disciplines et ébauches de perspectives renouvelées », Annales de l'Institut André TUNC – Université de Paris I Panthéon Sorbonne, 2005.

LADOUCETTE de Philippe, « Régulation de l'énergie en Europe, Méthode, Enjeux, Défi », *Géoéconomie* 2013/3 n° 66, p. 65-81.

LAGET-ANNAMAYER Aurore, « La détermination des objectifs de la régulation dans l'Union européenne : au-delà de l'évidence, la complexité », in G. **ECKERT,** J. PH. **KOVAR** (dir.) *Les objectifs de la régulation économique et financière*, Logiques juridiques, L'Harmattan, 2017, p. 55.

LAFARGE François, « L'indépendance des autorités européennes de surveillance », Revue française d'administration publique, 2012/3 n° 143 p. 677- 691.

LEGAL Hubert, « Le rôle des agences et autorités indépendantes de l'Union et de ses Etats membres dans la mise en œuvre du droit de l'Union européenne », in *Autorités administratives, droits fondamentaux et opérateurs économiques,* Coll. Colloques vol. 19, Actes du colloque du 12 octobre 2012, Société de législation comparée, p. 25-35.

LE BIHAN-GRAF Christine, **GARDELLIN** Maxime, « Énergie photovoltaïque - Constitutionnalité de la révision des tarifs de contrats d'obligation d'achat d'électricité photovoltaïque conclus avant 2011 », *EEI,* n° 3, Mars 2021.

- **HEDDI** Pierre, « L'encadrement des tarifs réglementés de vente par le droit de l'Union européenne : vraie évolution, fausse révolution », *EEI*, n° 6, Juin 2019, pp. 33-37.

- **CREUX** Elisabeth « Le règlement des différends, instrument moteur de la régulation sectorielle », *EEI*, n° 6, Juin 2016, étude 13.

LEMIEUX Denis, **ROUVE** Caroline, « La déférence du juge envers les autorités de régulation économique en droit français et canadien », in *Indépendances*, Mélanges en l'honneur de J.L. AUTIN, (dir.) M. **Clapie,** S. **Denaja,** P. **Idoux**, Montpellier, Presses de la faculté de Montpellier, 2011, p. 596.

LEPAGE Henri, « L'école de Chicago et la concurrence », RCC, n° 14, 1981, p.3-8.

LOMBARD Martine, « Introduction générale », *in* M. Lombard (dir), *Régulation économique et démocratie*, Thèmes et Commentaires, Paris, Dalloz, 2006, p. 2-3.

- « Pourquoi des autorités indépendantes en matière économique ? Typologie de leurs missions », in *Le modèle des autorités de régulation indépendantes en France et en Allemagne*, G. **Marcou**, J. **Masing** (dir.), Collection de l'UMR de droit comparé de Paris (Paris 1/CNRS-UMR 8103) Volume 25, Société de législation comparée, Paris 2011.
- « Chronique d'un désastre tarifaire annoncé », *AJDA*, n° 22, 2014, 1240.
- **NICINSKI** Sophie, **GLASER** Emmanuel, « Régulation tarifaire », *AJDA* 2012, p.1146.

ODINET Guillaume, **ROUSSEL** Sophie, « La modulation dans le temps des effets de l'annulation d'un acte contraire au droit de l'Union », *AJDA* 2017, n° 33, 1879.

OLIVA Erica., « L'autonomie budgétaire et financière des autorités de régulation économique », *Revue de droit public et de la science politique RDP*,1er mars 2014, n° 2, p. 340.

MAHERZI Djalel, « La réforme constitutionnelle du 23 juillet 2008 et le pouvoir de nomination du président de la République », *Revue de la recherche juridique*. Droit prospectif, 1er décembre 2011, n° 3, p. 1335-1357.

MALVERTI Clément, **BEAUFILS** Cyrille, « La littérature grise tirée au clair », Chronique de jurisprudence du Conseil d'Etat, *AJDA*, n° 25/2020, p. 1407.

du MARAIS Bertrand, « Règles juridiques matérielles applicables aux autorités indépendantes » in *Le modèle des autorités de régulation indépendantes en France et en Allemagne*, G. Marcou, J. Masing (dir.),

Collection de l'UMR de droit comparé de Paris (Paris 1/CNRS-UMR 8103) Volume 25, Société de législation comparée, Paris 2011, p. 233.
MARCOU Gérard, « La notion juridique de régulation », *AJDA*, 2006, p. 347.

- « Les autorités administratives 'dépendantes' et 'indépendantes' dans le domaine de l'intervention économique de la puissance publique- une analyse sur des secteurs sélectionnés » in *Le modèle des autorités de régulation indépendantes en France et en Allemagne,* G. **Marcou,** J. **Masing** (dir.), Collection de l'UMR de droit comparé de Paris (Paris 1/CNRS-UMR 8103) Volume 25, Société de législation comparée, Paris 2011, p. 72.

MELLERAY Fabrice, « Les apports du CRPA à la théorie de l'acte administratif unilatéral », *AJDA*, 2015, p. 2491.
MENURET Jean-Jacques, « Quelle collégialité pour les autorités administratives indépendantes ? » *in* Menuret J.- J. , Reiplinger (dir.) *La collégialité, valeurs et significations en droit public*, Bruxelles, Bruylant, 2012, p. 119-146.
S. de MONSEMBERNARD Marc « La commission de régulation de l'énergie : la transition vers le marché ouvert de l'électricité », *JCPE*, n°3, 2004, p. 12-17.

- « L'encadrement des contrats par le régulateur et le juge », p. 231-237, M.-A. Frison-Roche (dir.), Droit et économie de la régulation 4, Presse de Science Po, 2006, 288 p.

MONTAY Benoit, « Le pouvoir de nomination de l'Exécutif sous la Ve République », *Jus Politicum, Revue de droit politique,* n° 11, décembre 2013.
NICINSKI Sophie, « La libéralisation du secteur gazier », *AJDA,* Dalloz, février 2003, p. 223.
OBERDORFF Henri, « Ordre et désordre normatif dans l'Union européenne », *Revue du droit public* n°1 janvier 2006.
PAULIAT Hélène, « Séparation des autorités de poursuite et de sanction : mise en conformité des procédures devant le CoRDiS », *JCP*. A. n° 10-11, 9 mars 2015, act. 231.
PEZ Thomas, « L'ordre public économique », Les nouveaux cahiers du Conseil constitutionnel, 2015/4, n° 49, p. 43-57.

- « Le règlement des différends et la fonction de régulation », *Revue française de droit administratif,* Dalloz, 2017, p. 643.

POCHARD Marcel, « Autorité administratives indépendantes et contrôle démocratique, » *Cahiers de la fonction publique*, novembre 2001, p. 5.

POSNER E, « *The Lamfalussy Process : Polyarchic Origins of Networked Financial Rule making in the EU* », in C.F. Sabel and J. Zeitlin (dir.), *Experimentalist Governance in the European Union : Towards a New Architecture*, OUP, 2010, p. 46.

PUY-MONTBRUN du Guillaume, **MARTOR** Boris « La Commission de régulation de l'électricité », *LPA* 14 janvier 2000, p.12, citée par L. Calandri, *Recherche sur la notion de régulation en droit administratif français,* LGDJ., Bibliothèque de droit public t. 259, 2008, p. 161.

QUILLARD Quentin, « Coronavirus et force majeure : lumière sur l'ARENH », *EEI*, n° 6, juin 202.

RACINE Pierre-François, « Le comité de règlement des différends et des sanctions (CoRDiS) de la Commission de régulation de l'énergie », *RJEP*, mars 2010, n° 673, pp. 3-9.

- « La régulation dans le domaine de l'énergie vue à travers la jurisprudence du CoRDiS- 2007-2013 », *Revue juridique de l'économie publique* n° 711, Août 2013, étude 12.

RADAELLI Claudio M., « Européanisation », in L. BOUSSAQUET, S. JACQUOT, P. RAVINET (dir.), Dictionnaire des politiques publiques, Presses de sciences Po, 2010, p. 247.

RAMBAUD Romain, « Pouvoir Réglementaire », in Bazex, Eckert, Lanneau (dir.) *Dictionnaire des régulations*, 2016, Lexis Nexis, p.466.

RAPP Richard Tilden, « *The application of economic argument in anti-trust cases : recent American trends* », *European competition law review (ECLR)*, vol. 9, 1988, p. 207-226.

RAYNARD Jacques, « Domaines et thèmes des avis » in Th. Revet (dir.), *L'inflation des avis en droit,* Economica, coll. « Etudes juridiques » 1998, p. 27.

RHODES R. W. A, « La nouvelle gouvernance : gouverner sans gouvernement », *Political Studies*, Vol 44, p.652, 1996.

ROBERT Cécile, « Expertise européenne », in Emmanuel Henry, Claude Gilbert, Jean Noel Jouzel, Pascal Marichalar (dir) *Dictionnaire critique de l'expertise*, 2015, Presses de Sciences Po, p. 148-156.

RICHIER Laurent, « Electricité : pouvoirs de la Commission de régulation de l'énergie, droit d'accès au réseau et transparence », Actualités du droit de la concurrence et de la régulation, *AJDA*, 2005, p.1216.

SABOURIN Paul, « Les autorité administratives indépendantes dans l'Etat » in *Les autorités administratives indépendantes*, C.-A. Colliard, **Timsit** G. (dir.), Paris, PUF, coll. « Les voies du droit », 1988, p. 111.

- « Les autorités administratives indépendantes. Une catégorie nouvelle ? », *AJDA* n°5, 20 mai 1983.

SAUVE Jean-Marc, Entretiens du contentieux, Conseil d'Etat, « La régulation », 20 novembre 2017.

- *Autorités administratives, droits fondamentaux et opérateurs économiques*, Actes du colloque du 12 octobre 2012, coll. Colloques vol. 19, Société de législation comparée, p. 19.

SCAPIN Thomas, « La Commission de déontologie de la fonction publique symbole de la mainmise des grands corps sur le contrôle du pantouflage » in Aubin E., Kerléo J.-F., Eymeri-Douzans J.-M, Saison J. (dir.), *Quelle déontologie pour la haute fonction publique, Enjeux, textes et perspectives,* Collection Colloques et Essais, IFDJ, LGDJ, 2021.

SABLIERE Pierre, « Une nouvelle source du droit ? Les "documents référents" », *AJDA* 2007, p. 66-73.

SAINT SERNIN de Jean, « Le pouvoir d'injonction des autorités indépendantes », *Revue française de droit administratif,* Dalloz, 2020, pp.861-870.

TERNEYRE Philippe, **BOITEAU** Claudie, « Existe-t-il un droit de l'énergie ? », *RFDA*, 2017, pp. 517 – 521.

THIBIERGE Catherine, « Le droit souple. Réflexions sur la texture du droit », *RTD Civ*., éd. Dalloz, 2003, p. 559.

- « Au cœur de la norme : le tracé et la mesure. Pour une distinction entre normes et règles de droit », *APD* t. 51, Dalloz, 2008, p. 341.

TUOT Thierry, « La loi du 10 février 2000 un an après l'installation de la régulation du marché électrique », *CJEG* 2001, chron., p. 54.

- « Régulation du marché de l'électricité : une année de règlements de différends », *RFDA*, 2003, p. 312.
- « La planète des sages », in R. FAUROUX et B. SPITZ (dir.), Notre Etat, Ed. Robert Laffont, 2000, pp. 688-712.
- « Perspectives d'évolution », in M. LOMBARD (dir.), *Régulation économique et démocratie*, Dalloz, Coll. Thèmes et commentaires, 2006, pp. 219-323.
- « L'autorité de la CRE en tant qu'autorité de règlement des différends 2003-2004 », *Revue juridique de l'entreprise publique*, n° 616, janvier 2005, chron. 100000.

VEYRENC Thomas., « Un nouveau paradigme pour la politique énergétique européenne », *Questions d'Europe* n°162 et 163, Fondation

Robert Schuman, 22 mars 2010, disponible sur : http://www.robert-shuman.eu/doc/questions_europe/qe-162-163-fr.pdf
UNTERMAIER-KERLEO Emilie, « La double définition de l'acte réglementaire », *AJDA* 2017, p. 1725.

Presse

Le ***Nouvel Observateur***, soulignait le 15 mars 2002 à 19h, la nature de l'approche française par rapport à ces nouvelles avancées, dans un contexte particulièrement tendu, à deux semaines des élections présidentielles : « *Néanmoins, sur le fond, le principal enjeu est d'arracher un accord de la France sur une libéralisation totale des marchés du gaz et de l'électricité. Jacques Chirac et Lionel Jospin devaient unir leurs forces pour défendre leur vision d'une "ouverture progressive et maîtrisée" de ces marchés, seule façon selon eux de garantir la pérennité des services publics. Ils devaient, notamment s'opposer, au grand dam de leurs partenaires, à prendre des engagements précis sur une ouverture totale aux particuliers des marchés de l'énergie* ».
Le Monde, Interview Jean Louis Debré, 28 novembre 2006. *Les Echos*, « Agence des régulateurs de l'énergie : la Commission européenne critiquée pour sa timidité », M.- C. Corbier, 28 janvier 2008.
Les Echos, Interview de Paul Champsaur président de l'ARCEP, 20 février 2008.
Les Echos, « La Commission de régulation de l'énergie se trouve au centre d'une polémique après sa décision concernant la société Voltalis, interprétée par les Verts comme 'une taxation des économies d'électricité réalisées par les consommateurs' »., Th. Madelin, 22 juillet 2009.
L'Expansion.com, « *Affaire Voltalis-EDF : un conflit plus économique qu'écologique. Depuis qu'elle a rendu une décision sur la société " Voltalis " la CRE est plongée au cœur d'une polémique mettant en cause concurrence, protection de l'environnement et sécurité du système électrique.* » J. de la Brosse, 24 juillet 2009 17h13.
Le Monde, « Bruxelles veillera à l'indépendance et l'impartialité de l'ARCEP », 13 janvier 2011.
La Gazette des communes, « *L'histoire tourmentée du compteur communicant Linky a connu un nouvel épisode mardi 9 juillet 2013, à Paris, avec l'annonce, par le Premier ministre Jean- Marc Ayrault, de son déploiement* », 11 juillet 2013.

Le Monde, « *Oubliez ERDF, la filiale d'EDF se renomme Enedis. La Commission de régulation de l'énergie a contraint la filiale d'EDF à se distinguer plus nettement de sa maison mère* », J.-M. Bezat, 30 mai 2016.

Les Echos, « ROYAL engage un bras de fer avec le régulateur », V. Le Billon, 18 janvier 2017.

Principales lois sur l'Energie et les AAI

Loi n°2019-1147 du 8 novembre 2019 relative à l'énergie et au climat.

Loi n° 2017-1839 du 30 décembre 2017 mettant fin à la recherche ainsi qu'à l'exploitation des hydrocarbures et port nt diverses dispositions relatives à l'énergie et à l'environnement (dite loi Hydrocarbures).

Loi n°2017-55 du 20 janvier 2017 portant statut des autorités administratives indépendantes et des autorités publiques indépendantes.

Loi n°2015-992 du 17 août 2015 relative à la transition énergétique pour la croissance verte.

Loi n°2013-312 du 15 avril 2013 visant à préparer la transition vers un système énergétique sobre et portant diverses dispositions sur la tarification de l'eau et sur les éoliennes.

Loi n°2010-1448 du 7 décembre 2010 portant nouvelle organisation du marché de l'électricité (dite loi NOME).

Loi n°2006-1537 du 7 décembre 2006 relative au secteur de l'énergie.

Loi n°2005-781 du 13 juillet 2005 de programme fixant les orientations de la politique énergétique

Loi n°2004-803 du 9 août 2004 relative au service public de l'électricité et aux entreprises électriques et gazières.

Loi n°2003-8 du 3 janvier 2003 relative aux marchés du gaz et de l'électricité et au service public de l'énergie.

Loi n°2000-108 du 10 février 2000 relative à la modernisation et au développement du service public de l'électricité.

Index

Les noms ou entités, tels que Commission européenne, Assemblée nationale, CRE, CoRDiS ou EDF, dont l'occurrence est trop fréquente ne sont pas répertoriés dans cet Index.

A

C

D

E

P

R

S

T

Annexes

Annexe 1 : Lettre du ministre de l'Economie et des Finances et du ministre de l'Ecologie, du Développement durable et de l'Energie au président de la CRE (12 novembre 2013)

Liberté • Égalité • Fraternité
RÉPUBLIQUE FRANÇAISE

Le ministre de l'Economie et des Finances

*Le ministre de l'écologie,
du développement durable et de l'énergie*

Paris, le 12 NOV. 2013

Monsieur le Président,

Suite à l'annulation le 28 novembre 2012 par le Conseil d'Etat du troisième tarif d'utilisation des réseaux publics de distribution d'électricité (« TURPE 3 »), la Commission de Régulation de l'Energie (CRE) a mis en place un tarif de remplacement couvrant la période du 1er août 2009 au 31 juillet 2013 (« TURPE 3 bis ») prolongé de manière transitoire jusqu'au 31 décembre 2013 (« TURPE 3 ter »). Dans le même temps, elle a mené les travaux et consultations nécessaires à l'élaboration du quatrième tarif (« TURPE 4 ») qui devrait donner lieu à une décison prochaine du collège de la CRE.

A l'aube d'une période où les besoins en investissements seront importants sur le réseau, à la fois pour renforcer la qualité de service dont bénéficient nos concitoyens et accompagner la transition énergétique, nous rejoignons les préoccupations que la CRE a pu exprimer au cours des consultations menées : le tarif d'utilisation des réseaux publics de distribution d'électricité doit créer un cadre favorable à l'investissement, en se basant sur une méthode tarifaire stable, lisible et juridiquement solide.

Le contentieux amenant à la décision du Conseil d'Etat sus-mentionnée a montré que, concernant la distribution d'électricité, la CRE n'était pas nécessairement à même de recourir à la méthode utilisée par la quasi-totalité de ses homologues européens et par la CRE elle-même concernant les autres réseaux régulés (gaz et transport d'électricité), à savoir, dans le cadre d'une approche économique, une tarification des charges de capital des opérateurs fondée sur une base d'actifs multipliée par un taux de rémunération du capital investi calculé sur une base normative.

Compte tenu de la décision du Conseil d'Etat sus-mentionnée, et afin de sécuriser le cadre juridique dans lequel sont déterminés les tarifs d'utilisation des réseaux publics de distribution d'électricité et de permettre la mise en œuvre d'une méthode communément admise de régulation économique normative, nous envisageons de présenter très prochainement un projet de loi au Parlement.

Monsieur Philippe DE LADOUCETTE
Président de la Commission de Régulation de l'Energie
15 rue Pasquier
75008 PARIS

Annexe 2 : Requête en référé suspension

CONSEIL D'ÉTAT

SECTION DU CONTENTIEUX

Requête en référé suspension

(article L. 521-1 du code de justice administrative)

POUR : la Commission de régulation de l'énergie, dont le siège est situé 15, rue Pasquier, 75379 Paris Cedex 08, représentée par son président, Monsieur Philippe de LADOUCETTE

CONTRE : la décision du Premier ministre refusant de donner suite à l'envoi par la Commission de régulation de l'énergie pour publication au *Journal officiel* de la République française de ses délibérations du 17 novembre 2016, portant, d'une part, décision sur les tarifs d'utilisation des réseaux publics d'électricité dans les domaines de tension HTA et BT et, d'autre part, décision sur les tarifs d'utilisation des réseaux publics d'électricité dans le domaine de tension HTB

FAITS ET PROCEDURE

La Commission de régulation de l'énergie (CRE) dispose, depuis l'entrée en vigueur des directives et règlements du « troisième paquet » énergie et du code de l'énergie, d'une compétence exclusive pour fixer les tarifs d'utilisation des réseaux publics de l'électricité. Jusqu'à 2011, elle les proposait aux ministres chargés de l'énergie et de l'économie, qui avaient la faculté de s'y opposer par une décision publiée au Journal officiel.

En application des dispositions du règlement n° 714/2009 du Parlement européen et du Conseil du 13 juillet 2009, et de celles de l'article L. 341-3 du code de l'énergie prises pour la transposition de la directive 2009/72/CE du Parlement européen et du Conseil du 13 juillet 2009, la CRE a adopté le 17 novembre 2016 :

- d'une part, une délibération portant décision sur les tarifs d'utilisation des réseaux publics d'électricité dans les domaines de tension HTA et BT (TURPE 5 HTA/BT) (**production n° 1**),
- et, d'autre part, une délibération portant décision sur les tarifs d'utilisation des réseaux publics d'électricité dans le domaine de tension HTB (TURPE 5 HTB) (**production n° 2**).

Ces deux délibérations ont été transmises le 18 novembre 2016 à la ministre de l'environnement, de l'énergie et de la mer, en charge des relations internationales sur le climat, et reçues par celle-ci à la même date (**production n° 3**). En application des dispositions de l'article L. 341-3 du code de l'énergie, la ministre pouvait, si elle estimait que la délibération de la CRE ne tenait pas compte des orientations de politique énergétique, demander une nouvelle délibération par décision motivée publiée au *Journal officiel* de la République française. La ministre a fait usage de cette faculté concernant la première des deux délibérations susmentionnées, mais non la seconde, par une lettre du 12 janvier 2017, publiée au Journal officiel du 17 janvier (**production n° 4**).

La CRE a adopté le 19 janvier 2017 une délibération portant décision sur la demande par la ministre d'une nouvelle délibération sur le TURPE 5 HTA/BT (**production n° 5**), par laquelle :

- d'une part elle décide, après avoir examiné les différents points soulevés par cette demande, qu'il n'y a pas lieu de prendre une nouvelle délibération pour modifier sa délibération du 17 novembre 2016 portant décision sur ce tarif ;
- d'autre part elle indique que la délibération du 17 novembre 2016 sera publiée au Journal officiel de la République française d'ici le 24 janvier 2017.

Enfin, alors que la lettre du 12 janvier comportait six références à un « *projet de décision* » de la CRE, que celle-ci devrait « *proposer* » à la ministre, la CRE a rappelé dans cette délibération qu'elle disposait d'une compétence exclusive pour fixer les méthodes d'établissement des tarifs d'utilisation des réseaux de distribution d'électricité, et qu'à cet égard, la délibération de la CRE du 17 novembre 2016 constituait une décision tarifaire et non un « *projet de décision* » ni une « *proposition* ».

La ministre a indiqué le 19 janvier 2017 sur « Twitter » qu'elle entendait à nouveau demander à la CRE « *un nouvel examen* » (**production n° 6**).

Par ailleurs, la ministre a indiqué dans un communiqué du 21 janvier qu'elle comptait examiner les « *suites à donner* » à la délibération du 19 janvier « *pour que les tarifs puissent mieux prendre en compte ces évolutions en 2017 et notamment les conditions d'une nouvelle délibération* » (**production n° 7**).

Dans le même temps, la publication au Journal officiel des deux délibérations du 17 novembre 2016, qui avait été lancée le 4 janvier 2017 dans SOLON (*Système d'Organisation en Ligne des Opérations Normatives*) pour une publication le 20 janvier, et avait franchi le 19 janvier toutes les étapes de validation sauf la dernière (**production n° 8**), a été bloquée sans explication par les services de la direction de l'information légale et administrative (DILA) et du Secrétariat général du Gouvernement. Ces services sont rattachés au Premier ministre.

Le 20 janvier 2017, le président de la CRE a adressé au Secrétaire général du gouvernement une lettre, reçue le même jour, pour lui demander de bien vouloir procéder dans les meilleurs délais, et en tout état de cause avant le 24 janvier 2017, à la publication des décisions susmentionnées (**production n° 9**). Cette demande n'a donné lieu à aucune réponse.

Le 24 janvier 2017, les deux délibérations de la CRE en date du 17 novembre 2016 n'étaient toujours pas publiées au Journal officiel.

Le blocage, depuis le 19 janvier au soir, du processus de publication au Journal officiel des deux délibérations de la CRE, et l'absence de réponse à la demande adressée par le Président de la CRE au Secrétariat général du gouvernement tendant à ce qu'il soit mis fin à ce blocage, traduisent une décision de refus de donner suite à l'envoi par la CRE de ces délibérations pour publication au Journal officiel.

Le refus du Premier ministre de donner suite à cet envoi pour publication des délibérations du 17 novembre 2016, alors que l'une n'a donné lieu à aucune demande de l'autorité administrative dans le délai prévu par l'article L. 341-3 du code de l'énergie et que, s'agissant de l'autre, la CRE a décidé par une délibération motivée du 19 janvier 2017 qu'il n'y avait pas lieu de donner suite à la demande de la ministre, constitue une violation des dispositions des articles L. 341-3 et L. 133-6 du code de l'énergie et des objectifs de la directive 2009/72 qu'elles ont pour objet de transposer, et une atteinte d'une particulière gravité à l'indépendance de la CRE.

La Commission de régulation de l'énergie a présenté ce jour devant le Conseil d'Etat un recours tendant, d'une part à l'annulation de cette décision de refus, d'autre part à ce qu'il soit enjoint au Premier ministre de publier sans délai les deux délibérations susmentionnées du 17 novembre 2016 (**production n° 10**).

C'est cette décision qui fait l'objet de la présente demande de suspension en application de l'article L. 521-1 du code de justice administrative.

La CRE dispose d'un intérêt certain pour demander l'annulation et la suspension de la décision du Premier ministre refusant de donner suite à l'envoi par la Commission de régulation de l'énergie pour publication au *Journal officiel* de la République française de ses délibérations du 17 novembre 2016.

En effet, cette décision porte une atteinte d'une particulière gravité à l'indépendance de la CRE, consacrée tant par l'article L. 133-6 du code de l'énergie que par le droit de l'Union européenne et à l'exercice de la mission qui lui a été confiée, à titre exclusif, par l'article L. 341-3 du code de l'énergie, de fixer les tarifs d'utilisation des réseaux publics d'électricité.

DISCUSSION

Il sera démontré que la CRE a présenté dans son recours au fond plusieurs moyens propres à créer un doute sérieux sur la légalité de la décision du Premier ministre (I.1), tirés :

- d'une part de ce qu'en faisant obstacle à la publication au Journal officiel des deux délibérations du 17 novembre 2016, alors que l'une n'a donné lieu à aucune demande de nouvelle délibération par l'autorité administrative dans le délai prévu par l'article L. 341-3 du code de l'énergie, et que, s'agissant de l'autre, la CRE a décidé par une délibération du 19 janvier 2017 qu'il n'y avait pas lieu de donner suite à cette demande, le Premier ministre a porté une atteinte manifeste aux dispositions des articles L. 341-3 et L. 133-6 du code de l'énergie et aux objectifs des articles 35 et 37 de la directive 2009/72 et, ce faisant, entaché sa décision d'erreur de droit.
- d'autre part de ce qu'en utilisant ainsi les compétences de la direction de l'information légale et administrative (DILA) relatives à la publication au Journal officiel pour s'opposer à l'entrée en vigueur de décisions de la CRE en matière de tarifs d'utilisation des réseaux, alors que les ministres ont perdu un tel pouvoir d'opposition depuis l'entrée en vigueur des dispositions de l'article L. 341-3 du code de l'énergie, prises pour la transposition de la directive 2009/72, le Premier ministre a entaché sa décision d'une incompétence et d'un détournement de procédure ou d'un détournement de pouvoir.

Il sera également démontré que l'urgence justifie de suspendre cette décision (I.2). En effet :

- cette méconnaissance manifeste des droits conférés par l'ordre juridique européen porte une atteinte grave aux intérêts publics liés au respect des compétences et de l'indépendance du régulateur, et à la crédibilité du dispositif français de régulation des marchés de l'énergie, tant vis-à-vis des acteurs de ce marché que des institutions européennes. La gravité de l'atteinte et le caractère difficilement réversible d'un tel dommage justifient qu'il y soit mis fin immédiatement ;
- la CRE se trouve dans une situation inédite et improbable dans laquelle ses décisions ne peuvent entrer en vigueur, parce qu'une autorité n'ayant pas compétence pour s'opposer à cette entrée en vigueur y fait obstacle en bloquant la publication des décisions au Journal officiel. La procédure de référé assortie d'une demande d'injonction est le seul recours efficace dont dispose la CRE face à une telle situation ;
- enfin le fait de différer, si une telle situation perdurait, l'entrée en vigueur des tarifs d'utilisation des réseaux porterait une atteinte grave et immédiate au bon fonctionnement des marchés de l'électricité.

Dans ces conditions, il convient d'enjoindre au Premier ministre de reprendre sans délai le processus de publication au Journal officiel des délibérations de la CRE en date du 17 novembre 2016 (II).

I. SUR LA DEMANDE DE SUSPENSION

L'article L. 521-1 du code de justice administrative dispose :

> *« quand une décision administrative, même de rejet, fait l'objet d'une requête en annulation ou en réformation, le juge des référés, saisi d'une demande en ce sens, peut ordonner la suspension de l'exécution de cette décision, ou de certains de ses effets, lorsque l'urgence le justifie et qu'il est fait état d'un moyen propre à créer, en l'état de l'instruction, un doute sérieux quant à la légalité de la décision.*
>
> *Lorsque la suspension est prononcée, il est statué sur la requête en annulation ou en réformation de la décision dans les meilleurs délais. La suspension prend fin au plus tard lorsqu'il est statué sur la requête en annulation ou en réformation de la décision »*

La CRE a présenté un recours au fond qui comporte deux moyens propres à créer un doute sérieux sur la légalité de la décision attaquée.

1. Sur les moyens de nature à créer un doute sérieux quant à la légalité de la décision refusant de donner suite à l'envoi par la Commission de régulation de l'énergie pour publication au Journal officiel de la République française de ses délibérations du 17 novembre 2016

a. Sur l'erreur de droit tenant à la violation des dispositions des articles L. 341-3 et L. 133-6 du code de l'énergie, et des objectifs de la directive 2009/72 qu'elles transposent

Sur la compétence exclusive de la CRE pour fixer les tarifs d'utilisation des réseaux publics d'électricité

L'article 23 de la directive 2003/54 du 26 juin 2003 concernant les règles communes pour le marché intérieur de l'électricité (« deuxième paquet énergie ») donnait compétence à l'autorité de régulation pour fixer ou approuver « *au moins les méthodologies utilisées pour calculer et établir (...) les tarifs de transport et de distribution* », tout en permettant aux Etats membres, par dérogation à ce principe, de mettre en place une procédure dans laquelle l'autorité de régulation proposait les tarifs ou leur méthodologie au gouvernement, qui pouvait s'y opposer par une décision publique et motivée.

La France avait fait usage de cette possibilité de dérogation, en mettant en place, dans les dispositions du III de l'article 4 de la loi du 10 février 2000, issues de la loi du 13 juillet 2005 de programme fixant les orientations de la politique énergétique, une procédure dans laquelle la CRE présentait pour les tarifs de réseaux une proposition motivée, qui entrait en vigueur sauf opposition motivée de l'un des ministres compétents dans un délai de deux mois. Cette procédure a été appliquée pour l'adoption de TURPE 2 en 2005, de TURPE 3 en 2009 et pour la fixation en 2013 d'un tarif rétroactif à la suite de l'annulation par le conseil d'Etat du tarif de 2009.

Les modifications issues des directives du « troisième paquet énergie » ne permettent plus au ministre chargé de l'énergie de s'opposer à une décision tarifaire de la CRE, ni de mettre en œuvre un pouvoir ayant pour effet pratique d'aboutir à une telle opposition.

L'article 35 § 4 de la directive 2009/72 du 13 juillet 2009 concernant les règles communes pour le marché intérieur de l'électricité pose le principe de l'indépendance de l'autorité de régulation, non seulement à l'égard du secteur de l'électricité, mais aussi du gouvernement et de toute entité publique ou privée :

> « *les États membres veillent à ce que, dans l'exécution des tâches de régulation qui lui sont conférées par la présente directive et la législation connexe: (...)*
>
> *b) l'autorité de régulation veille à ce que son personnel et les personnes chargées de sa gestion: (...)*
>
> *(ii) ne sollicitent ni n'acceptent d'instructions directes d'aucun gouvernement ou autre entité publique ou privée dans l'exécution des tâches de régulation. Cette exigence est sans préjudice d'une étroite concertation, le cas échéant, avec les autres autorités nationales concernées ou d'orientations générales édictées par le gouvernement qui ne concernent pas les missions et compétences de régulation visées à l'article 37.* »

Ainsi, le gouvernement ne peut donner aucune instruction au régulateur. L'article L. 133-6 du code de l'énergie dispose que « *les membres et agents de la Commission de régulation de l'énergie exercent leurs fonctions en toute impartialité, sans recevoir d'instruction du Gouvernement, ni d'aucune institution, personne, entreprise ou organisme.* ». Le gouvernement peut seulement édicter des orientations générales dans des domaines qui ne concernent pas les missions et les compétences de régulation.

L'article 37 § 1 de la directive 2009/72 précise en outre que l'autorité de régulation est investie de la mission de : « *a) fixer ou approuver, selon des critères transparents, les tarifs de transport ou de distribution ou leurs méthodes de calcul* ». Contrairement à la directive du deuxième paquet, la directive 2009/72 ne comporte aucune dérogation permettant au gouvernement de s'opposer à une décision du régulateur dans son domaine de compétence tarifaire.

Pour transposer ces dispositions relatives aux compétences tarifaires, le législateur français a confié à la CRE – dans les dispositions de l'article L. 341-3 du code de l'énergie, issues de l'ordonnance n° 2011-504 du 9 mai 2011 – une compétence exclusive pour fixer tant la méthodologie que le niveau des tarifs.

C'est ce qu'a rappelé le Conseil d'Etat dans son avis n° 392061 du 6 octobre 2016 sur le projet de loi ratifiant les ordonnances n° 2016-1019 du 27 juillet 2016 relative à l'autoconsommation d'électricité et n° 2016-1059 du 3 août 2016 relative à la production d'électricité à partir d'énergies renouvelables et visant à adapter certaines dispositions relatives aux réseaux d'électricité et de gaz et aux énergies renouvelables : « *le Conseil d'Etat relève que le dispositif adopté par le Parlement dans le cadre de la loi du 17 août 2015 relative à la transition énergétique pour une croissance verte renvoie, pour la fixation du pourcentage de réduction du tarif, au décret, en contradiction avec les objectifs de la directive 2009/72/CE du 13 juillet 2009 concernant les règles communes pour le marché intérieur de l'électricité, qui donne compétence exclusive au régulateur indépendant, c'est-à-dire à la Commission de régulation de l'énergie, pour fixer les tarifs d'utilisation des réseaux (considérant 36 et article 37 de cette directive).* » (**Production n° 11**).

<u>Sur la portée et sur les effets d'une demande de nouvelle délibération</u>

Les dispositions de l'article L. 341-3 du code de l'énergie applicables à l'élaboration des tarifs d'utilisation du réseau public d'électricité prévoient en outre que :

- la CRE prend en compte les orientations de la politique énergétique indiquées par l'autorité administrative ;
- la CRE transmet ses décisions à l'autorité administrative pour publication au journal officiel ;
- dans un délai de deux mois à compter de cette transmission, l'autorité administrative peut, si elle estime que la CRE ne tient pas compte de ces orientations, demander une nouvelle délibération par décision motivée publiée au Journal officiel.

Le conseil d'Etat a jugé que la CRE n'était pas tenue de se conformer à ces orientations de politique énergétique (CE, 25 septembre 2015, *Storengy*, n° 369055, Mentionné dans les tables du recueil Lebon ; CE, 13 mai 2016, *Direct Energie*, n° 375501, Mentionné dans les tables du recueil Lebon). Il exerce un contrôle limité sur les modalités de leur prise en compte.

La possibilité pour l'autorité administrative de demander une nouvelle délibération vise à lui permettre de s'exprimer publiquement sur la façon dont la CRE prend en compte les orientations de politique énergétique, et à donner à la CRE la possibilité de reconsidérer sa décision – en principe définitive – au vu des éléments indiqués.

Cette faculté vise à permettre une meilleure articulation entre la compétence – exclusive – de la CRE dans le domaine tarifaire, et la compétence du ministre en charge de l'énergie en matière de définition de la politique énergétique.

En revanche, elle ne saurait aboutir à limiter l'indépendance de la CRE en restreignant son pouvoir de décision ou en donnant un caractère contraignant aux orientations ministérielles, ce qui méconnaîtrait la directive 2009/72.

A cet égard, dans le cas où la CRE a indiqué qu'elle n'entendait pas donner suite à une demande de nouvelle délibération, le fait pour l'autorité administrative de présenter une deuxième demande de nouvelle délibération ou de faire obstacle à la publication de la délibération de la CRE aurait un tel effet.

La possibilité de telles mesures doit donc être écartée comme contraire à la directive 2009/72.

Cette analyse est confirmée par la note interprétative du 22 janvier 2010 de la Commission européenne sur les directives 2009/72 et 2009/73 (**Production n° 12**), qui a clairement exclu toute intervention *a posteriori* d'une autorité publique qui conditionnerait le caractère directement applicable et exécutoire de la décision de l'autorité de régulation : « *Les autorités de régulation nationales (ARN) doivent pouvoir prendre des décisions d'une façon autonome, indépendamment de toute entité politique, publique ou privée. Ceci a des conséquences* ex ante *(avant qu'une décision soit prise) et* ex post *(après que la décision a été prise) [...]. La dimension* ex post *de cette exigence signifie que les décisions d'une ARN sont immédiatement exécutoires et directement applicables, sans qu'il soit besoin de l'approbation formelle ou d'une autre forme de consentement d'une autorité publique ou de tiers. En outre, les décisions d'une ARN ne peuvent faire l'objet d'une modification, d'une suspension ou d'un veto du gouvernement ou d'un ministère.* [traduit par nos soins] »[1]

Application au cas d'espèce

La ministre de l'environnement, de l'énergie et de la mer, en charge des relations internationales sur le climat a transmis à la CRE par lettres des 22 février et 24 juin 2016 ses orientations de politique énergétique. Pour les tarifs de distribution, ces orientations portaient sur les enjeux relatifs à la maîtrise des pointes électriques, qui devrait être favorisée par l'introduction de tarifs d'utilisation des réseaux à quatre index et à pointe mobile, sur l'attention à porter à tout éventuel rééquilibrage entre les parts puissance et énergie qui devrait être mesuré, sur l'importance d'engager une réflexion sur le développement de nouveaux types de profils associés à de nouveaux usages des réseaux, sur la question des installations de stockage pour lesquelles une régulation tarifaire adaptée devrait être envisagée, sur l'importance d'un cadre de régulation favorable à l'investissement, se fondant sur une

[1] Interpretative note on directive 2009/72/EC concerning common rules for the internal market in electricity and directive 2009/73/EC concerning common rules for the internal market in natural gas, The regulatory authorities: « *The NRA must be able to take autonomous decisions, independently from any political, public or private body. This has consequences ex ante (before a decision is taken) and ex post (after a decision is taken). From an ex ante perspective, this requirement excludes any interference from the government or any other public or private entity prior to an NRA decision. (...) As already indicated, this does not discharge the NRA from complying with the Member State's energy policy insofar as it is in accordance with European Union law.*

The ex post aspect of the requirement of having an NRA being able to take independent decisions means that the decisions of the NRA are immediately binding and directly applicable without the need for any formal or other approval or consent of another public authority or any other third parties. Moreover, the decisions by the NRA cannot be subject to review, suspension or veto by the government or the Ministry. This, of course, precludes neither judicial review nor appeal mechanisms before any other bodies independent of the parties involved and of any government".

méthode tarifaire stable et lisible, et enfin sur la priorité que constitue le redressement du niveau de qualité acheminée.

Dans sa délibération du 17 novembre 2016, la CRE a largement pris en compte ces orientations, qui comme il vient d'être rappelé ne présentaient pas de caractère contraignant.

Par une lettre du 12 janvier 2017, reçue le 16 janvier 2017 et publiée au *Journal officiel* de la République française le 17 janvier 2017, la ministre de l'environnement, de l'énergie et de la mer, en charge des relations internationales sur le climat, indique qu'il lui « *paraît nécessaire que le cadre d'élaboration* [des tarifs d'utilisation des réseaux publics d'électricité] *prenne mieux en compte les enjeux liés à la transition énergétique exprimés dans* [ses] *orientations de politique énergétique* ». Elle souhaite donc que la CRE puisse « *poursuivre* [ses] *travaux sur ces tarifs en vue de* [lui] *proposer un nouveau projet qui s'inscrive pleinement dans la transition énergétique, en cohérence avec les orientations* [qu'elle lui a] *adressées* ». Aussi, en application de l'article L. 341-3 du code de l'énergie, elle demande à la CRE « *d'établir* [...] *un nouveau projet de décision relative aux tarifs des réseaux publics de distribution de l'électricité, prenant en compte* [ses] *orientations de politique énergétique* ».

Dans une délibération du 19 janvier 2017, la CRE a répondu à cette demande en examinant les différents points soulevés par la lettre de la ministre, relatifs à l'anticipation des évolutions liées aux nouveaux usages des réseaux, à la maîtrise des pointes électriques, au cadre de régulation des investissements dans les réseaux, en particulier à la rémunération du capital et aux dispositions issues de l'article 153 de la loi relative à la transition énergétique pour une croissance verte.

Après avoir examiné les différents points soulevés par cette lettre, la CRE a décidé qu'il n'y avait pas lieu de prendre une nouvelle délibération pour modifier sa délibération du 17 novembre relative TURPE 5 HTA/BT.

A la suite de cette délibération, la ministre de l'environnement, de l'énergie et de la mer, en charge des relations internationales sur le climat, a indiqué le 19 janvier 2017 sur « Twitter » qu'elle entendait à nouveau demander à la CRE « *un nouvel examen* » (**production n° 6**). Elle a confirmé cette intention dans un communiqué de presse du 21 janvier 2017, dans lequel elle indique qu'elle « *examine les suites à donner à la délibération de la CRE pour que les tarifs puissent mieux prendre en compte ces évolutions dès 2017, et notamment les conditions d'une nouvelle délibération* » (**production n° 7**). D'autre part, la publication des deux délibérations du 17 novembre 2017, que la CRE avait lancée dans SOLON le 4 janvier pour le 20, et qui le 19 avait franchi toutes les étapes de validation sauf la dernière, a été bloquée.

En faisant ainsi obstacle à la publication au Journal officiel des deux délibérations du 17 novembre 2016, alors que l'une n'a donné lieu à aucune demande de nouvelle délibération par l'autorité administrative dans le délai prévu par l'article L. 341-3 du code de l'énergie, et que, s'agissant de l'autre, la CRE a décidé par une délibération du 19 janvier 2017 qu'il n'y avait pas lieu de donner suite à cette demande, le Premier ministre a porté une atteinte manifeste aux dispositions des articles L. 341-3 et L. 133-6 du code de l'énergie et aux objectifs des articles 35 et 37 de la directive 2009/72 et, ce faisant, entaché sa décision d'erreur de droit.

Cette erreur de droit est manifeste, et par suite propre à créer, en l'état de l'instruction, un doute sérieux quant à la légalité de la décision.

b. Sur le détournement de pouvoir, ou de procédure, et sur l'incompétence du Premier ministre pour refuser de donner suite à l'envoi par la Commission de régulation de l'énergie pour publication au Journal officiel de la République française de ses délibérations du 17 novembre 2016

Aux termes des dispositions de l'article L. 134-1 du code de l'énergie, « *Dans le respect des dispositions législatives et réglementaires, la Commission de régulation de l'énergie précise, par décision publiée au Journal officiel de la République française, les règles concernant : [...] 3° Les conditions d'accès aux réseaux et de leur utilisation y compris la méthodologie de calcul des tarifs d'utilisation des réseaux et les évolutions de ces tarifs* » (nous soulignons).

Ces dispositions prévoient la publication au Journal officiel de certaines décisions de la CRE, notamment celles relatives aux tarifs d'utilisation des réseaux. Cette publication est engagée à l'initiative de la CRE.

En l'espèce, la publication au Journal officiel des deux délibérations du 17 novembre 2016, qui a été lancée le 4 janvier 2017 dans SOLON (Système d'Organisation en Ligne des Opérations Normatives) pour une publication le 20 janvier, soit un délai de deux mois et deux jours à compter de la transmission de ces délibérations aux ministres. Elle avait, le 19 janvier 2017 franchi toutes les étapes de validation sauf la dernière (**Production n° 8**). Dans le cas de TURPE HTB, aucune demande de nouvelle délibération n'est intervenue dans ce délai. Dans le cas de TURPE HTA/BT, la demande de nouvelle délibération et la réponse de la CRE sont intervenues dans ce délai. La CRE n'a donc pas modifié la date de publication indiquée dans SOLON.

La circonstance que la CRE doive recourir à la direction de l'information légale et administrative placée sous l'autorité du Premier ministre et rattachée au secrétaire général du Gouvernement pour publier ses décisions au Journal officiel ne saurait conférer à celle-ci une quelconque compétence pour faire obstacle à la publication dans les délais prescrits par la CRE pour le bon accomplissement de ses missions.

Si la direction de l'information légale et administrative (DILA) est garante de l'accès au droit et, à ce titre, chargée d'assurer plus particulièrement « *l'édition et la diffusion des lois, ordonnances, décrets et autres actes ou documents administratifs qui doivent être publiés au Journal officiel de la République française* » en application des dispositions de l'article 2 du décret n° 2010-31 du 11 janvier 2010 relatif à la direction de l'information légale et administrative, aucune disposition législative ou réglementaire ne lui confère la compétence de refuser la publication de décisions administratives qui, en application de la loi, doivent être publiées au Journal officiel, ni a fortiori celle de faire obstacle aux compétences exercées par la CRE en application des dispositions susmentionnées de l'article L. 341-3 du code de l'énergie.

En l'espèce :

- la ministre de l'environnement, de l'énergie et de la mer, en charge des relations internationales sur le climat, a indiqué le 19 janvier 2017 sur « Twitter » qu'elle entendait à nouveau demander à la CRE « *un nouvel examen* » (**production n° 6**).
- par ailleurs, la ministre a indiqué dans un communiqué du 21 janvier qu'elle comptait examiner les « *suites à donner* » à la délibération du 19 janvier « *pour que les tarifs puissent mieux prendre en compte ces évolutions en 2017 et notamment les conditions d'une nouvelle délibération* » (**production n°7**).
- la publication des deux délibérations du 17 novembre 2017, que la CRE avait lancée dans SOLON le 4 janvier pour le 20, et qui le 19 avait franchi toutes les étapes de validation sauf la dernière, a été bloquée,
- le président de la CRE a adressé au Secrétaire général du gouvernement le 20 janvier une lettre, reçue le même jour, pour lui demander de bien vouloir procéder dans les meilleurs

délais, et en tout état de cause avant le 24 janvier 2017 à la publication des décisions susmentionnées (**Production n° 9**). Cette lettre est restée sans réponse,

- le 24 janvier 2017, cette publication n'était toujours pas intervenue.

En faisant obstacle à la publication des délibérations susmentionnées, le Premier ministre a entaché sa décision d'incompétence. En effet, un tel blocage revient à conférer au Premier ministre, ou indirectement à la ministre chargée de l'énergie, le pouvoir de s'opposer aux décisions de la CRE en matière de tarifs d'utilisation des réseaux, comme les ministres chargés de l'économie et de l'énergie en avaient la faculté avant 2011 en application de la loi du 10 février 2000. Or, comme il a été rappelé ci-dessus, les ministres ont perdu cette compétence depuis l'entrée en vigueur des dispositions de l'article L. 341-3 du code de l'énergie, prises pour la transposition de la directive 2009/72.

La ministre chargée de l'énergie dispose, si elle estime que la CRE a rejeté à tort une demande de nouvelle délibération, de la possibilité de présenter un recours devant le conseil d'Etat contre ce refus et contre les délibérations tarifaires concernées.

D'autre part, dans la mesure où la décision du Premier ministre répond à un but manifestement étranger au but assigné aux missions confiées à la DILA par les textes précités, cette décision est également entachée de détournement de procédure ou de détournement de pouvoir. La CRE ne peut à ce stade que former des hypothèses sur les buts de la décision attaquée, dont elle ne connaît pas les justifications. Elle peut en particulier se référer :

- dans le cas de la délibération relative aux TURPE HTA/BT, aux motifs mentionnés dans la lettre de la ministre du 12 janvier 2017 (**Production n° 4**). Cependant, dans la mesure où la CRE a pleinement pris en compte les orientations de politique énergétique auxquelles cette lettre fait référence, les raisons qui conduisent le Premier ministre à faire obstacle à la publication de cette délibération posent question. A cet égard, s'agissant de la rémunération du capital de l'opérateur – dont on peut douter qu'elle relève des orientations de politique énergétique au sens des dispositions de l'article L. 341-3 du code de l'énergie et de la directive 2009/72 – la CRE a rappelé dans sa délibération du 19 janvier 2017 « *qu'une hausse supplémentaire de la rémunération du capital viendrait simplement augmenter les bénéfices de l'opérateur et indirectement les bénéfices de son actionnaire. Sur la période 2013-2015, Enedis a versé des dividendes à son actionnaire à hauteur de 0,5 Md € par an en moyenne* ». Si la décision attaquée répond à un motif principalement financier, dont en l'espèce les enjeux sont considérables, elle doit être considérée comme entachée de détournement de pouvoir. Elle traduit une ingérence caractérisée de l'Etat actionnaire dans les missions du régulateur, alors que la prévention de ce conflit d'intérêt est au fondement même de la mise en place par le droit européen d'autorités indépendantes de régulation ;
- si l'on examine non le but ultime de la mesure, mais son objectif intermédiaire, qui est de faire obstacle à l'entrée en vigueur d'une décision qui relève de la seule compétence de la CRE, on ne pourra que constater que cet objectif est étranger à l'intérêt général, et que par suite, la décision attaquée est entachée de détournement de pouvoir ;
- à titre subsidiaire, si des buts qui n'étaient pas étrangers à l'intérêt général étaient invoqués par l'autorité concernée et si le juge considérait qu'ils l'emportaient sur les intérêts financiers qui viennent d'être rappelés, la décision serait entachée de détournement de procédure. A cet égard, on peut se référer aux autres points soulevés dans la lettre du 12 janvier 2017, relatifs à l'anticipation des évolutions liées aux nouveaux usages des réseaux, à la maîtrise des pointes électriques. La ministre évoque également, dans un communiqué de presse du 18 janvier 2017 (**Production n° 13**), le fait que la structure du tarif proposée par la CRE ferait porter l'essentiel des hausses du TURPE sur les consommateurs domestiques et rappelle la nécessité de préserver leur pouvoir d'achat. Cette motivation ne figure pas dans la lettre du 12 janvier 2017, avec laquelle elle est en partie contradictoire, dans la mesure où comme l'indique un communiqué de presse du 19 janvier 2017 de la CRE (**Production n° 14**), une évolution plus marquée du tarif, liée à la maîtrise de la pointe de consommation ou à la rémunération du capital d'Enedis,

conduirait à une hausse de plus de 3% de la facture des clients domestiques, alors que le tarif fixé par la CRE limite cette hausse à 2% ;

- s'agissant de la délibération relative au TURPE HTB, la CRE ignore tout des motifs qui ont conduit à faire obstacle à sa publication, alors qu'aucune demande de procéder à une nouvelle délibération ne lui a été adressée dans le délai de deux mois prévu à l'article L. 341-3 du code de l'énergie. En l'absence de toute justification, elle ne peut que présumer que la décision attaquée a pour objet de faire obstacle à l'entrée en vigueur d'une décision qui relève de sa seule compétence, et par suite qu'elle est entachée de détournement de pouvoir.

L'incompétence et le détournement de pouvoir – ou subsidiairement le détournement de procédure, selon les buts poursuivis par l'autorité administrative – sont patents, et par suite propres à créer, en l'état de l'instruction, un doute sérieux quant à la légalité de la décision.

II. Sur l'urgence

a. Sur l'atteinte aux droits conférés par l'ordre juridique de l'Union européenne

Dans la balance des intérêts à laquelle procède le juge des référés pour apprécier si la condition d'urgence doit être regardée comme remplie, il est tenu compte, le cas échéant, de ce que l'intérêt public commande que soient prises les mesures provisoires nécessaires pour faire cesser immédiatement l'atteinte aux droits conférés par l'ordre juridique de l'Union européenne (Conseil d'État, Juge des référés, 14/02/2013, *M. B... A...*, n° 365459, Mentionné dans les tables du recueil Lebon).

Or, tel est le cas en l'espèce, dans la mesure où il a été démontré que la décision attaquée était entachée :

- d'une part d'une erreur de droit, liée à une méconnaissance manifeste des dispositions des articles L. 341-3 et L. 133-6 du code de l'énergie relatifs à la compétence exclusive du régulateur en matière de fixation des tarifs des réseaux publics de l'électricité et à son indépendance, et des objectifs énoncés aux articles 37 § 1 et 35 § 4 de la directive 2009/72 qu'elles ont pour objet de transposer ;
- d'autre part, d'une incompétence et d'un détournement de pouvoir ou d'un détournement de procédure qui traduisent une interférence caractérisée de l'Etat actionnaire dans les missions du régulateur, alors que la prévention de ce conflit d'intérêt est au fondement même de la mise en place par le droit européen d'un régulateur.

Cette méconnaissance manifeste des droits conférés par l'ordre juridique européen porte une atteinte grave aux intérêts publics liés au respect des compétences et de l'indépendance du régulateur, et à la crédibilité du dispositif français de régulation des marchés de l'énergie, tant vis-à-vis des acteurs de ce marché que des institutions européennes. La gravité de l'atteinte et le caractère difficilement réversible d'un tel dommage justifient qu'il y soit mis fin immédiatement.

b. La publication au Journal officiel est le seul moyen pour la CRE de faire entrer en vigueur les tarifs d'utilisation des réseaux publics d'électricité qu'elle a adoptés le 17 novembre

Les dispositions précitées de l'article L. 134-1 du code de l'énergie prévoient que les décisions relatives à la méthodologie et au calcul des tarifs d'utilisation des réseaux sont publiées au Journal officiel. Dans ces conditions, et contrairement au cas dans lequel les dispositions législatives et réglementaires demeurent silencieuses s'agissant du mode de publication (CE, Section, 13 juillet 2016, *GDF Suez*, n° 388150), la publication au Journal officiel est le seul moyen de faire entrer cette décision en vigueur et toute autre forme de publicité est inopérante.

La CRE se trouve dans une situation inédite et improbable dans laquelle ses décisions existent, ont été portées à la connaissance des acteurs de marché (sur le site internet de la CRE le 18 novembre 2016), mais ne peuvent entrer en vigueur, parce qu'une autorité n'ayant pas compétence pour s'opposer à cette entrée en vigueur y fait obstacle en bloquant la publication des décisions au Journal officiel.

La procédure de référé assortie d'une demande d'injonction est le seul recours efficace dont dispose la CRE face à une telle situation. En effet, le fait de laisser perdurer cette situation pendant le délai nécessaire à l'instruction du recours au fond portera une atteinte importante au bon fonctionnement du marché, et surtout un dommage difficilement réversible à la crédibilité du dispositif français de régulation.

c. Sur l'atteinte à l'intérêt public s'attachant au bon fonctionnement des marchés

i. S'agissant de la nécessité pour les gestionnaires de réseaux, comme pour les fournisseurs, d'être en mesure d'anticiper les évolutions techniques rendues nécessaires par la décision TURPE 5 HTA-BT

Le fait de différer, comme en l'espèce, pour un délai indéfini l'entrée en vigueur du TURPE entraînera des difficultés opérationnelles importantes pour les gestionnaires de réseaux publics de transport et distribution d'électricité.

Les décisions tarifaires prévoient que les tarifs TURPE 5 HTB et HTA-BT entrent en vigueur au 1er août 2017.

S'agissant du TURPE 5 HTB, son entrée en vigueur conduira de nombreux utilisateurs à changer de formule tarifaire, par rapport à celle souscrite dans le cadre du TURPE 4 HTB. En effet, la grille tarifaire voit l'ensemble de ses coefficients évoluer, ce qui peut changer l'optimisation à laquelle procède chaque utilisateur en choisissant telle ou telle formule tarifaire. En pratique, le gestionnaire de réseau de transport propose à chaque utilisateur la souscription de la formule tarifaire qui lui semble la plus adaptée au regard de son utilisation historique du réseau, le choix revenant *in fine* à l'utilisateur. Cette optimisation nécessite des évolutions des systèmes d'information et des échanges entre les utilisateurs et le gestionnaire de réseau de transport. L'ensemble de ce processus nécessite une autorisation opérationnelle de plusieurs mois.

S'agissant du TURPE 5 HTA-BT, son entrée en vigueur conduira notamment à ne pas reconduire certaines formules tarifaires prévues par le TURPE 4 HTA-BT, et à en introduire d'autres.

La délibération prévoit ainsi en son point 3.2.12 des dispositions transitoires : celles-ci prévoient notamment que les gestionnaires de réseaux de distribution déterminent des règles d'équivalence s'appliquant pour fixer la formule tarifaire du TURPE 5 HTA-BT des utilisateurs, lorsque la formule tarifaire du TURPE 4 HTA-BT qui leur était applicable n'est pas reconduite dans le nouveau tarif et qu'ils n'ont pas explicitement choisi une nouvelle formule. La délibération prévoit que ces règles d'équivalence sont déterminées par le gestionnaire de réseau de distribution, après avoir procédé à une concertation avec les acteurs de marché. L'ensemble de ce processus, qui durera plusieurs mois, doit être terminé bien en amont du 1er août 2017, pour donner une visibilité suffisante aux acteurs de marché.

Par ailleurs, les gestionnaires de réseaux de distribution doivent organiser la relève et le comptage des quantités d'énergie soutirées du réseau pour chacune des plages de la formule tarifaire choisie par le client (ou par le fournisseur pour son compte). Compte tenu du changement de formules tarifaires introduites par le TURPE 5 HTA-BT, les modalités de comptage et de relève doivent évoluer très significativement pour permettre la mise en œuvre du TURPE 5 HTA-BT. Les gestionnaires de réseaux et les fournisseurs doivent également être en mesure de facturer le nouveau tarif à leurs clients.

Ainsi, la mise en œuvre des changements introduits par le TURPE 5 HTA-BT nécessite des évolutions importantes des systèmes d'information des gestionnaires de réseaux et des fournisseurs, et une coordination entre les acteurs pour assurer les échanges entre systèmes d'informations (par exemple pour la mise en œuvre des règles d'équivalence, décidées par les gestionnaires de réseaux de distribution après un processus de concertation). Le temps nécessaire pour procéder à la concertation, au développement et à la mise en exploitation des systèmes d'information est de plusieurs mois.

A titre d'illustration, la société Enedis a commencé à travailler à ces évolutions des systèmes d'information au début de 2016 et diffuse déjà aux fournisseurs des précisions techniques sur l'évolution du format des flux informatiques échangés pour assurer la mise en œuvre du TURPE 5. Les fournisseurs commencent également à procéder à l'évolution de leurs systèmes d'information.

L'ensemble des évolutions des systèmes d'information de RTE et d'Enedis, des entreprises locales de distribution, des utilisateurs du réseau de transport et des fournisseurs ne peut raisonnablement se poursuivre s'il subsiste plus longtemps une incertitude quant à la date d'entrée en vigueur effective des TURPE 5 HTA BT et HTB au 1er août 2017, a fortiori sur le contenu de ces évolutions.

ii. Sur les conséquences d'une incertitude du revenu tarifaire d'Enedis et de RTE pour 2017

Les délibérations déterminent le revenu tarifaire d'Enedis et de RTE pour les années 2017 et suivantes. Ainsi, tant que les délibérations n'ont pas été publiées au Journal officiel, Enedis et RTE engagent des dépenses sans certitude sur les méthodes de rémunération qui leur seront appliquées.

En particulier, le revenu tarifaire comprend des incitations financières, qui dépendent de la performance atteinte par Enedis et par RTE au cours de l'année 2017. Enedis et RTE doivent décider de l'intensité des efforts qu'ils réalisent pour améliorer leur performance opérationnelle, sans avoir de certitude sur les mécanismes incitatifs qui leur seront applicables. Différer significativement la publication de ces mécanismes les rendra inopérants en 2017.

En outre, bien qu'il n'appartienne pas à la CRE de se prononcer sur les intérêts de l'Etat actionnaire, il convient d'observer que la suspension du tarif TURPE HTB intervient au cours du processus de cession d'une part du capital de RTE à la Caisse des Dépôts et Consignation.

D'une façon plus générale, l'interférence du gouvernement dans l'entrée en vigueur de décisions sur lesquelles il n'a plus compétence crée une incertitude que les marchés financiers pourraient considérer comme un facteur de risque réglementaire de nature à renchérir le coût du capital des gestionnaires de réseau et le niveau des tarifs de réseaux. Ce dommage serait difficilement réversible.

iii. Sur les conséquences de la décision attaquée pour les fournisseurs et les clients industriels, qui ne pourraient pas anticiper le niveau du TURPE dans les offres tarifaires

S'agissant du TURPE HTA-BT, de nombreux fournisseurs proposent à leurs clients des offres de fourniture intégrées, notamment sur le marché de masse, dont le prix inclut le TURPE. Une partie d'entre eux s'engage sur des offres à prix fixe sur une durée d'une ou plusieurs années. L'incertitude sur le niveau et la structure du TURPE 5 HTA-BT, qu'ils devront payer au distributeur pour le compte de leur client, fait peser un risque sur l'économie générale de leur activité. En effet, elle augmente sensiblement le risque qu'ils prennent en proposant un niveau et une structure d'offre au client final, compte tenu de l'incertitude sur le niveau et la structure du TURPE. Elle affecte ainsi le bon fonctionnement du marché et le bon fonctionnement de la concurrence.

L'incertitude sur la date de publication du TURPE pourrait décaler la création de nouvelles offres s'appuyant sur le TURPE à 4 plages temporelles, ce qui irait à l'encontre de l'objectif de développer dans les meilleurs délais des offres conduisant à réduire la pointe électrique.

Les fournisseurs d'électricité au tarif réglementé de vente se trouvent, quant à eux, dans une situation différente, puisque l'évolution du niveau et de la structure des tarifs réglementés s'appuient sur des actes réglementaires, dont l'article R. 337-22 du code de l'énergie[2] prévoit qu'ils doivent être modifiés pour prendre en compte les tarifs de réseaux.

S'agissant du TURPE HTB, le coût de l'accès au réseau pour les clients industriels représente pour beaucoup d'entre eux une part significative de l'ensemble de leurs charges. L'incertitude persistante sur le niveau des factures à leur charge à compter du 1er août 2017 pèse d'une façon importante sur leur capacité à anticiper le niveau de leurs coûts, ce qui augmente significativement le degré de risque de leur activité (difficulté notamment à établir le niveau de prix pour leur propre production et sa vente à leurs clients).

Ce besoin d'anticipation et de visibilité des acteurs de marché est souligné page 2/151 (« *processus d'élaboration du TURPE 5* ») et page 12/151 (« *consultation des parties prenantes* ») de la délibération sur le TURPE HTA-BT, et page 2/103 (« *processus d'élaboration du TURPE 5* » et page 9/103 (« *consultation des parties prenantes* ») de la délibération sur le TURPE 5 HTB.

*

Il résulte de l'ensemble de ces éléments que la décision contestée porte une atteinte grave et immédiate au bon fonctionnement des marchés de nature à justifier sa suspension.

III. Sur l'injonction

Compte tenu de l'existence d'un doute sérieux quant à la légalité de la décision attaquée et de l'urgence qui s'attache à ce qu'il soit mis fin à une atteinte grave et immédiate aux compétences et à l'indépendance du régulateur, il y a lieu d'enjoindre au Premier ministre de reprendre sans délai le processus de publication au Journal officiel des délibérations de la CRE en date du 17 novembre 2016.

---

[2] « *Toute évolution du prix de l'accès régulé à l'électricité nucléaire historique ou des tarifs d'utilisation des réseaux publics d'électricité donne lieu à la modification des tarifs réglementés de vente en vigueur pour prendre en compte cette évolution. (…)* »

PAR CES MOTIFS, et tous autres à produire, déduire ou suppléer au besoin même d'office, la Commission de régulation de l'énergie conclut qu'il plaise au juge des référés du Conseil d'État :

- de suspendre la décision du Premier ministre refusant de donner suite à l'envoi par la Commission de régulation de l'énergie pour publication au *Journal officiel de la République française* de ses délibérations en date du 17 novembre 2016 portant, d'une part, décision sur les tarifs d'utilisation des réseaux publics d'électricité dans les domaines de tension HTA et BT et, d'autre part, décision sur les tarifs d'utilisation des réseaux publics d'électricité dans le domaine de tension HTB.
- et de reprendre sans délai le processus de publication au *Journal officiel* de la République française de ces deux délibérations.

Pour la Commission de régulation de l'énergie,

Le président,

Philippe de LADOUCETTE

15

Annexe 3 : La délibération de la CRE, 26 juillet 2012, portant communication relative à la gestion de clients en contrat unique

1- Le contrat unique, paradoxe d'une simplification complexe

La faculté pour les consommateurs de signer auprès du fournisseur un contrat de fourniture et un contrat d'accès au réseau de distribution (dit « contrat unique ») était introduite par la loi n°2003-8 du 3 janvier 2003[1], dont l'article 52 modifiait l'article 23 de la loi n°2000-108 du 10 février 2000, afin de prévoir que, lorsqu'un fournisseur, ayant conclu un contrat relatif à l'accès au réseau avec le gestionnaire de réseau de distribution (GRD), assure la fourniture exclusive d'un site de consommation, le consommateur concerné n'est pas tenu de conclure lui-même un contrat d'accès au réseau pour ce site. Cette volonté de simplification était réaffirmée dans la loi n°2006-1537 du 7 décembre 2006, en son article 42, qui modifiait le Code de la consommation en prévoyant à l'article L. 121-92. (devenu art. L. 224-8) que « le fournisseur est tenu d'offrir au client la possibilité de conclure avec lui un contrat unique portant sur la fourniture et la distribution d'électricité ou de gaz naturel »[2]. Il s'agissait d'appliquer, dans le cadre de l'ouverture du marché à l'ensemble des consommateurs domestiques du 1er juillet 2007, une possibilité similaire à celle instaurée pour les consommateurs professionnels. Cette opportunité avait d'ailleurs été réclamée par les associations de consommateurs dans les groupes de travail mis en place par la CRE pour préparer cette étape, car la grande majorité des consommateurs n'avait pas connaissance de l'existence même de la signature d'un contrat. La loi n'avait toutefois pas prévu un dispositif de rémunération des fournisseurs, et cette lacune était à l'origine d'un enchaînement juridictionnel tout à fait étonnant.

---

[1] Loi n°2003-8 du 3 janvier 2003 relative aux marchés du gaz et de l'électricité et au service public de l'énergie.

[2] Loi n°2006-1537 du 7 décembre 2006 relative au secteur de l'énergie, art. 42 : Le chapitre Ier du titre II du livre Ier du Code de la consommation est complété par une section 12 ainsi rédigée : « Contrats de fourniture d'électricité ou de gaz naturel », Art. L. 121-92. Le fournisseur est tenu d'offrir au client la possibilité de conclure avec lui un contrat unique portant sur la fourniture et la distribution d'électricité ou de gaz naturel. Ce contrat reproduit en annexe les clauses réglant les relations entre le fournisseur et le gestionnaire de réseau, notamment les clauses précisant les responsabilités respectives de ces opérateurs. Outre la prestation d'accès aux réseaux, le consommateur peut, dans le cadre du contrat unique, demander à bénéficier de toutes les prestations techniques proposées par le gestionnaire du réseau. Le fournisseur ne peut facturer au consommateur d'autres frais que ceux que le gestionnaire du réseau lui a imputés au titre d'une prestation. »

Le contrat unique devait recréer les conditions d'un contrat intégré pour les clients ayant changé de fournisseur[1]. Le fournisseur agit comme le mandataire du GRD : il gère pour son compte une partie de la relation avec le client, ce qui recouvre une multitude de prestations, comprenant la signature du contrat de distribution, le choix des options souscrites, la facturation et le recouvrement des impayés. Cette gestion d'une partie de la relation clientèle pour le compte du GRD engendrait, inévitablement, un surcoût pour le fournisseur, par rapport aux coûts des seules activités liées à la fourniture. Cette charge était la source de plusieurs litiges entre les fournisseurs et les GRD.

A l'origine, les contrats conclus par les fournisseurs avec les GRD, afin de définir les conditions de leur accès aux réseaux pour les besoins de leur activité, ne prévoyaient aucune rétribution pour ces prestations. Le fournisseur était rémunéré par le client pour l'ensemble des services fournis, pour son propre compte comme pour celui des GRD. Cette relation déséquilibrée conduisait les fournisseurs alternatifs à se tourner vers le CoRDiS.

Dans une première décision, du 7 avril 2008[2], celui-ci considérait que « le gestionnaire de réseaux ne peut, à travers une stipulation contractuelle, transférer sur un tiers ou un cocontractant, directement ou indirectement, tout ou partie des obligations précitées » ayant trait à l'accès au réseau. Plus précisément, s'agissant du contrat unique, le CoRDiS relevait que ce contrat n'avait « ni pour objet, ni pour effet, de modifier les responsabilités contractuelles respectives du gestionnaire de réseaux, du fournisseur et du client final. Ce dernier bénéficie des mêmes droits et obligations que s'il avait conclu un contrat d'accès au réseau ».

Dans le cadre d'un litige circonscrit à la charge des impayés en électricité, le CoRDiS considérait dans une décision du 22 octobre 2010, confirmée par

---

[1] Comme l'écrit M. LATINA, ce contrat unique masque en réalité « une relation tripartite entre le fournisseur, le consommateur et le "gestionnaire du réseau de distribution" (GRD), qui est, dans 95 % des cas, ERDF [devenu Enedis] ou GRDF. Le consommateur qui signe le "contrat unique" s'engage en effet dans deux relations contractuelles distinctes. La première le lie au fournisseur qui s'oblige, non seulement à produire (ou à acheter) l'électricité ou le gaz dont il aura besoin, mais également à gérer, en son nom et pour son compte, l'accès au réseau permettant l'acheminement de l'énergie jusqu'au point de livraison défini. C'est dire qu'en s'engageant dans les liens du "contrat unique", le consommateur donne mandat au fournisseur de signer en son nom et pour son compte le contrat qui le liera au GRD ». « Contrats de fourniture d'électricité ou de gaz naturel », JurisClasseur Concurrence, Consommation, Fascicule 995, 2014, § 10.

[2] Décision du CoRDiS, n° 08-38-05 du 7 avril 2008 sur les différends qui opposent respectivement les sociétés Direct Energie, Gaz de France, Electrabel France et POWEO, à la société Electricité Réseau Distribution France (ERDF), relatifs à la signature d'un contrat GRD-F.

la Cour d'appel de Paris dans un arrêt définitif du 29 septembre 2011[1], « que les droits et obligations du gestionnaire du réseau à l'égard du fournisseur ne peuvent, sous couvert de la mission confiée au fournisseur auprès du client dans le cadre de la conclusion du contrat unique, être aménagés de telle sorte qu'ils aboutiraient à faire supporter au seul fournisseur l'intégralité d'un risque qui s'attache à l'exercice par le gestionnaire de réseau de sa mission de service public. »
Outre le risque d'impayés, la gestion d'une partie de la relation client correspondant aux activités de distribution était susceptible de générer un surcoût aux fournisseurs. C'était précisément le différend, qui opposait Direct Energie (qui venait de racheter POWEO) et ERDF (devenue par la suite ENEDIS), auquel le collège de la CRE, qui n'avait eu jusque-là aucune part aux litiges précédents, était confronté.
La délibération que la CRE prenait, le 26 juillet 2012, en tant que communication, ouvrait, de façon directe et indirecte, une série de litiges qui allait concerner toutes les juridictions. Les propos introductifs des conclusions du rapporteur public du Conseil d'Etat le 18 décembre 2020, donnent une bonne image de cette réalité étonnante : « Peut-être son scénario manque-t-il d'une dose de piquant et d'un soupçon de simplicité pour tenir en haleine les amateurs de feuilletons judiciaires, mais l'affaire qui vous est soumise n'en constitue pas moins une véritable saga, qui a connu de multiples rebondissements, dans l'enceinte de la CRE, dans les prétoires de l'île de la Cité, celui de la rue de Montpensier, et même jusqu'au plateau du Kirchberg. »[2]
Il n'y avait là aucun effet de style car on est, réellement, devant une saga qui illustre pleinement la judiciarisation de la régulation.

---

[1] CA Paris, pôle 05- ch. 5-7, 29 septembre 2011, n° 10/24020 : « Considérant que c'est à juste titre que la Décision déduit de ce qui précède que les droits et obligations du gestionnaire de réseau à l'égard du fournisseur ne peuvent, sous couvert d'une mission confiée au fournisseur auprès du client dans le cadre de la conclusion du contrat unique, être aménagés de telle sorte qu'ils aboutiraient à faire supporter au seul fournisseur l'intégralité d'un risque qui s'attache à l'exercice par le gestionnaire de sa mission de service public et qu'ainsi, lorsqu'au titre du contrat GRD F, ils réalisent des tâches ou supportent des coûts pour le compte du gestionnaire de réseau auprès du client final, les fournisseurs doivent être placés dans une situation équivalente à celle du gestionnaire de réseau dans le cadre d'un contrat CARD ». La Cour de cassation a confirmé qu'en instituant un contrat unique, le législateur
n'avait entendu ni remettre en cause l'existence d'une double relation contractuelle unissant le consommateur à son fournisseur d'énergie et au gestionnaire du réseau de distribution ni modifier les responsabilités respectives de ceux-ci envers celui-là, Cass. 1e Civ., 26 septembre 2019, n° 18-10-890, au bull.

[2] CE, séance du 18 décembre 2020, lecture du 31 décembre 2020, n° 416802, 416805, 419231, Société Total Direct Energie, n° 420263 - Société Eni, Conclusions de C. GUIBE, rapporteur public, séance du 18 décembre 2020, lecture du 31 décembre 2020.

La délibération précitée de la CRE ne constitue, d'ailleurs, qu'un élément de cette chaîne dans laquelle les décisions du CoRDiS jouent un rôle très important.
La CRE était informée, par lettre du 21 mars 2012, que Direct Energie avait engagé des négociations avec ERDF afin de mettre en place « un contrat de prestations de services dit de « gestion de clientèle » et ainsi mettre fin au litige en cours. Le projet de contrat finalisé lui était adressé le 25 juillet 2012. La CRE rappelait qu'elle n'avait pas le pouvoir d'approuver un tel projet de contrat mais qu'il lui appartenait de l'examiner en application de l'article L. 131-1 du Code de l'énergie, qui énonce que la CRE « veille, en particulier, à ce que les conditions d'accès aux réseaux de transport et de distribution d'électricité et de gaz naturel n'entravent pas le développement de la concurrence »[1]. La CRE était confrontée à une question régulatoire délicate, car les conséquences du transfert, jusque-là sans compensation, différaient sensiblement selon les acteurs concernés. La situation n'était, objectivement, pas la même entre les nouveaux entrants et les deux opérateurs historiques. Ce qu'avançait, quelques années plus tard dans ses conclusions, le rapporteur public du Conseil d'Etat : « La non-discrimination n'exclut pas une régulation asymétrique, qui peut être justifiée afin de tenir compte d'un désavantage objectif de certains opérateurs, et plus particulièrement des nouveaux entrants, dont le niveau de coûts se trouverait, compte tenu des caractéristiques objectives de leur clientèle, structurellement plus important que celui des autres opérateurs »[2].
C'était dans ces conditions que la CRE envisageait l'hypothèse d'une solution asymétrique, et saisissait le président de l'Autorité de la concurrence afin de recueillir son avis. Celui-ci considérait dans sa réponse, du 11 mai 2012[3],

---

[1] *Délibération de la CRE, 26 juillet 2012, portant communication relative à la gestion de clients en contrat unique.*
[2] CE, concl. C. GUIBE, 31 décembre 2020, n° 416802, précité.
[3] Courrier du 11 mai 2012 de B. LASSERRE, président de l'Autorité de la concurrence, à la CRE : « Vous m'avez fait part du projet de la société DIRECT ENERGIE de conclure un contrat avec ErDF concernant certaines modalités d'accès au réseau public de distribution d'électricité, pour lequel vous avez souhaité connaître mon sentiment.
Ce contrat prévoit une facturation par DIRECT ENERGIE à ERDF des frais de gestion relatifs au transport de l'énergie pour les clients résidentiels de DIRECT ENERGIE, qui ont un contrat unique couvrant la fourniture et le transport de l'électricité.
Une telle possibilité n'est aujourd'hui pas prévue par les tarifs publics de transport et de distribution de l'électricité ou TURPE 3, qui sont appliqués par ERDF aux utilisateurs de ses réseaux.
La société DIRECT ENERGIE considère que les règles tarifaires actuelles lui imposent de supporter pour les clients en contrat unique, sans rémunération en contrepartie, des charges devant revenir à ERDF. Ces charges correspondent aux frais

qu'un tel schéma de régulation pouvait être mis en place sous réserve que soit démontrée l'existence d'un désavantage objectif aux dépens du nouvel entrant, que ce mécanisme soit limité dans le temps, et proportionné à la stricte nécessité de corriger le déséquilibre entre opérateurs.

---

de gestion des clients (accueil et gestion de la relation avec ERDF) ainsi qu'à la part acheminement en cas de facture impayée par le consommateur.
Les fournisseurs nouveaux entrants sur le marché seraient pénalisés par ce transfert de charges par rapport aux opérateurs présents de longue date dans l'activité de fourniture d'énergie, car ils ne sont pas en mesure de répercuter ces charges dans leur prix de vente et la taille actuelle de leur clientèle ne leur permet pas non plus de les répartir sur un grand nombre de clients comme peut le faire un opérateur historique.
Au regard des règles de concurrence, les réseaux publics constituent une infrastructure essentielle pour l'exercice de la concurrence sur le marché de la fourniture d'électricité au consommateur final, étant donné le caractère indispensable de ces réseaux pour tout fournisseur livrant un client et leur nature non réplicable à des conditions économiques raisonnables. S'agissant d'une infrastructure essentielle, les conditions tarifaires d'accès doivent répondre à plusieurs principes, que rappelle l'article L. 341-2 du Code de l'énergie, tenant au caractère public des tarifs, à l'absence de discriminations et au strict recouvrement par l'exploitant de l'infrastructure des coûts supportés. Elles rejoignent celles qu'impose le droit de la concurrence et plus particulièrement l'article L. 420-2 du code du commerce.
Toutefois, les règles de concurrence ainsi rappelées ne sont pas exclusives d'une régulation d'un secteur d'activité récemment ouvert à la concurrence, qui a pour but d'organiser les conditions de fonctionnement considérées comme optimales d'une activité que le seul jeu normal du marché ne permettrait pas d'assurer.
Le dispositif contractuel envisagé m'apparaît ainsi relever d'une modalité technique de régulation des réseaux publics de distribution de l'électricité, dans le cadre de la mission générale confiée par la loi à la CRE d'assurer le libre accès de tous les fournisseurs aux réseaux publics pour permettre le développement de la concurrence sur le marché de la fourniture d'électricité. Ces choix de régulation peuvent viser à remédier au constat d'une asymétrie de la situation entre plusieurs entreprises opérant sur un même marché ouvert à la concurrence, qui proviendrait par exemple de leur arrivée plus ou moins récente sur ce marché. Le Conseil puis l'Autorité de la concurrence a eu l'occasion d'approuver ce type de solutions proposées par le régulateur dans le secteur des télécommunications en matière de prix des terminaisons d'appel, dès lors que trois conditions sont réunies : il existe un désavantage objectif aux dépens de l'opérateur arrivé le plus récemment et donc disposant de la part de marché la plus faible ; la régulation compensant ce désavantage est temporaire ; la dissymétrie qu'elle organise par rapport aux autres opérateurs est proportionnée à la différence de situation afin de corriger le déséquilibre. En l'état des informations qui me sont soumises, je ne vois donc pas d'obstacle à ce que puisse être mis en œuvre le choix de régulation que vous proposez, dès lors que seraient vérifiées par votre commission les trois conditions rappelées ci-dessus et que serait assurée, toujours par la CRE, la transparence du dispositif envisagé ».

La CRE jugeait que l'ensemble des conditions susmentionnées était rempli[1] et que POWEO-Direct Energie se trouvait « dans une situation de 'handicap concurrentiel'. Elle indiquait, enfin, qu'elle examinerait le moment venu la possibilité d'intégrer dans le périmètre des charges couvertes par le TURPE, les montants facturés à ERDF dans le cadre du contrat de prestation de service, ainsi que dans le cadre de tout autre accord du même type.
On remarquera la sémantique employée dans cette communication qui s'attachait à ne jamais s'apparenter à celle d'une décision ou d'une approbation, même si la partie consacrée à l'aspect asymétrique était développée par l'exposé de la position du président de l'Autorité de la concurrence. La délibération était mise en ligne sur le site internet de la CRE, le 2 août 2012, dans l'espace consacré à la publication des délibérations. ENGIE présentait le 7 octobre 2014, une demande de recours gracieux, auprès de la CRE, tendant au retrait de la délibération du 26 juillet 2012.

2 - Des contentieux avec une pluralité de juges.

La CRE rejetait cette demande, le 10 décembre 2014, en excipant de « l'absence de tout caractère décisoire (de la délibération) et donc insusceptible de faire grief à la société GDF Suez. » Plus encore que la délibération de 2012, il s'agissait, là, de l'élément déclencheur de l'enchaînement juridique et judiciaire qui suivait.
A la suite du rejet par la CRE de sa demande, GDF Suez déposait une requête auprès du Conseil d'Etat, le 19 février 2015, visant à l'annulation pour excès de pouvoir de la délibération de la CRE du 26 juillet 2012 ainsi que de la délibération du 10 décembre 2014 rejetant le recours gracieux.
Un des facteurs de complexité de ce futur écheveau juridique provenait de ce que, parallèlement, POWEO-Direct Energie souhaitait obtenir dans le secteur du gaz un système de gestion de clientèle comparable à ce qu'il était dans l'électricité. Par un courrier daté du 2 avril 2013, Direct Energie demandait à GRDF que les clauses des contrats d'acheminement sur le réseau de distribution de gaz naturel « soient alignées sur les principes dégagés par les décisions du CoRDiS du 7 avril 2008 et du 22 octobre 2010 et qu'un projet de contrat rectifié lui soit adressé »[2]. La société adressait, en outre, un « contrat

[1] Concernant l'aspect temporaire du dispositif, le projet de contrat était limité dans le temps, sa date d'expiration étant fixée au 30 septembre 2015. S'agissant du caractère proportionné, la CRE estimait que le niveau de rémunération fixé de manière « à être au-dessus d'une évaluation du coût marginal de la prestation pour l'opérateur entrant tout en étant inférieur à ses coûts complets » répondait à cette condition.
[2] Décision du CoRDiS, n° 11-38-13, 19 septembre 2014 sur le différend qui oppose la société POWEO-Direct Energie à la société GRDF relatif au contrat d'acheminement sur le réseau de distribution de gaz naturel.

de prestations de services » établi sur le même modèle que celui établi avec la société ERDF.

Une véritable saga judiciaire s'ensuivait à laquelle la décision du Conseil d'Etat du 31 décembre 2020 mettait un terme dans le cas de l'électricité.[1]

Saisi de trois requêtes de la société Total Direct Energie[2] visant à l'annulation de trois délibérations prises par la CRE dans le domaine de l'électricité (la société s'étant désisté des requêtes identiques prises à l'encontre des délibérations relatives au gaz) ainsi que de la société ENI gaz & power France. Les requêtes en annulation portaient à la fois sur les décisions de la CRE concernant la révision du TURPE et celles relatives à la fixation du niveau de rémunération des prestations de gestion de clientèle.

Parmi les moyens soulevés par les requérantes, la compétence de la CRE pour fixer cette rémunération avant la loi Hydrocarbures permettait au Conseil d'Etat de revenir sur quelques principes et d'évoquer à nouveau sa décision de 2016 à propos de la délibération de la CRE de juillet 2012. Le Conseil rappelait qu'avant la promulgation le 1er janvier 2018 de la loi Hydrocarbure, le Code de l'énergie n'attribuait pas « explicitement compétence à la CRE pour fixer la rémunération des prestations accomplies par les fournisseurs pour le compte des GRD »[3]. Le rapporteur public précisait que la décision de Section GDF-Suez du 13 juillet 2016 n'avait pas acté la compétence de la CRE en ce domaine. La délibération portant communication de la CRE de 2012 était « un acte de droit souple », celui-ci pouvait légalement être pris sur le fondement des dispositions de l'article L. 131-1 du Code de l'énergie, qui prévoit que la CRE 'veille à ce que les conditions d'accès aux réseaux de transport et de distribution d'électricité et de gaz naturel n'entravent pas le développement de la concurrence'. Compte tenu de sa formulation générale, cet article ne permet en revanche pas de fonder la compétence de la CRE pour adopter un acte réglementaire fixant le prix d'un service rendu par des opérateurs économiques »[4]. Le rapporteur tenait un raisonnement dont les développements étaient instructifs à plus d'un titre. S'il reconnaissait que le Conseil d'Etat ne s'arrêtait pas à une pure logique formaliste pour définir les compétences des autorités de régulation, il jugeait qu'en l'espèce « les conditions de nécessité et de proportionnalité auxquelles vous avez subordonné l'intervention de l'autorité de régulation en l'absence d'habilitation législative expresse ne nous apparaissent cependant pas remplies »[5]. Il en concluait que la CRE n'était pas compétente en 2017 pour

---

[1]CE, 31 décembre n° 416802, Ste Total Energie, Ste ENI power & Gaz France.

[2] Total a racheté Direct Energie en juillet 2018 : acquisition de 73, 04 % du capital de Direct Energie, septembre 2018, Total finalise l'acquisition du capital de Direct Energie à 95,37 %.

[3] CE, C. GUIBE, conclusions, 31 décembre 2020, n°416802, *précité.*

[4] *Ibid.*

[5] *Ibid.*

fixer la rémunération des fournisseurs et que, en conséquence, la délibération n° 2017-236 du 26 octobre devait être annulée.
Le rapporteur public estimait en revanche, que la délibération sur le TURPE ne devait pas être annulée car la décision du Conseil du 13 juillet 2016, qui actait le principe d'une rémunération pour les fournisseurs, imposait de faire évoluer le TURPE, pour laquelle la CRE disposait d'une base légale, pour y inclure le poste de coût afférent à cette rémunération. La CRE devait donc l'évaluer que celui-ci « soit régulé par ses soins ou qu'il soit librement déterminé par les opérateurs »[1].
Concernant la délibération du 25 janvier 2018 relative à la fixation de la rémunération, plusieurs moyens étaient soulevés par les sociétés requérantes dont l'étendue des prestations dont la rémunération est fixée par la CRE qui était écartée, et les références de coûts retenues par le régulateur pour fixer le montant de la rémunération des fournisseurs. Le Conseil d'Etat annulait la décision de la CRE du 26 octobre 2017 relative à la fixation des rémunérations des fournisseurs dans le cadre du contrat unique et rejetait les conclusions des requêtes tendant à l'annulation des délibérations du 26 octobre 2017 modifiant le TURPE et du 25 janvier 2018 fixant la rémunération des fournisseurs.
Avec cette décision, le Conseil d'Etat mettait un terme aux contentieux en cours devant la justice administrative concernant l'ensemble des sujets ayant trait au contrat unique dans le secteur de l'électricité.
Le cas du secteur du gaz est traité devant la Cour d'appel de Paris, dont l'arrêt du 20 janvier 2020 renvoyait la question de la définition du montant des prestations due aux fournisseurs, à un jugement qui devrait survenir à la fin de l'année 2022.

[1] *Ibid.*

Annexe 4 : Lettre du président de la CRE au Commissaire européen à l'énergie M. PIEBALGS 6 décembre 2007

Paris, le 6 Décembre 2007

Monsieur Andris PIEBALGS
Membre de la Commission Européenne
Commission Européenne
Berl 9/339
200 rue de la Loi
1049 BRUXELLES

Monsieur le Commissaire,

Vous avez exprimé à plusieurs reprises l'importance que vous attachez aux initiatives régionales comme moyen de parvenir à la création d'un grand marché européen de l'énergie. Je partage pleinement cette vision. C'est la raison pour laquelle je souhaite vous informer d'une situation qui me préoccupe.

Dans le cadre de l'initiative régionale Centre-Ouest, le plan d'actions approuvé par toutes les parties prenantes et publié le 12 février 2007 définit en première priorité l'harmonisation et l'amélioration des enchères explicites de long terme. Les gestionnaires de réseaux, notamment français et allemands, s'étaient engagés à soumettre un projet de règles intégrant les améliorations de court terme issues des travaux de la région Centre-Ouest. Ces améliorations concernent, entre autres, le processus de nomination et la fermeté des produits alloués et des programmes.

Or, le projet de règles d'allocation des capacités sur l'interconnexion France-Allemagne transmis à la CRE remet en cause le principe de fermeté des capacités journalières et des nominations et constitue donc une dégradation de la qualité de service offerte aux acteurs de marché. Ce principe n'est, certes, pas formellement prévu dans le règlement européen 1228/2003 mais constitue un élément essentiel au développement des échanges transfrontaliers et au processus d'intégration des marchés.

Qui plus est, ces règles ont été publiées unilatéralement par les gestionnaires de réseaux allemands, sans attendre les résultats de la concertation et l'accord des deux régulateurs.

Dans ce contexte, la CRE a décidé de publier un communiqué de presse indiquant les problèmes soulevés par la remise en cause du principe de fermeté des capacités journalières et des nominations, notamment par rapport au projet de couplage de marché de la région Centre-Ouest dont le démarrage est prévu le 1er janvier 2009.

Afin de pallier ces difficultés, la CRE insiste sur la nécessité de modifier, dans le cadre du 3ème paquet législatif, le règlement 1228/2003 afin de prévoir l'obligation pour les gestionnaires de réseaux de soumettre aux régulateurs plusieurs mois à l'avance, pour approbation, les règles d'allocation des capacités aux interconnexions ainsi que les modifications ultérieures qui seront apportées à ces règles. Par ailleurs, cela souligne l'importance de trouver un meilleur équilibre, dans le cadre de l'Agence de coopération européenne de régulation (ACER), entre les compétences des gestionnaires de réseaux et celles des régulateurs, qui doivent avoir la maîtrise des codes commerciaux. Je vais suggérer au CEER de soumettre un amendement en ce sens aux projets de la Commission Européenne.

Je vous prie de croire, Monsieur le Commissaire, à l'assurance de mes sentiments les meilleurs.

Ph. de Ladoucette

P.J. – communiqué de presse

Copie : Sir John MOGG
Président du CEER

Annexe 5 : Echange de courriers entre la Commission européenne et le Premier Ministre français en date du 15 septembre 2009

Le Premier Ministre

Paris, le 15 septembre 2009

Madame la Commissaire,

Le Gouvernement français a demandé à une commission, présidée par Paul Champsaur, de formuler des propositions d'organisation du marché de l'électricité conciliant la protection des consommateurs, le développement de la concurrence et le financement des investissements. Fin avril, cette commission, qui a auditionné vos services, a remis son rapport, que nous vous avons adressé.

Cette commission a considéré que la situation actuelle n'était ni économiquement satisfaisante à court terme ni soutenable à long terme. Elle a noté que la collectivité avait intérêt à ce qu'apparaisse le plus vite possible un espace économique suffisant pour permettre à EDF et à ses concurrents de développer l'innovation. Elle s'est de plus penchée sur les spécificités de la production d'électricité en France. Elle a notamment examiné les conséquences actuelles d'une politique entamée dans les années 1970, qui a consisté à développer un grand parc électronucléaire actuellement très compétitif dont la gestion a été confiée, pour des raisons stratégiques et d'efficacité, à un seul opérateur dans un contexte de disparité des mix énergétiques européens. Elle a estimé que l'accès à cette production électrique de base, aux conditions économiques du parc nucléaire historique, était déterminant pour que les fournisseurs alternatifs puissent proposer aux clients finals des offres compétitives. C'est à partir de ces constats et de la préconisation qui en découle que le Gouvernement souhaite mettre en place une nouvelle organisation du marché de l'électricité.

Plus précisément, il s'agit de donner aux fournisseurs alternatifs un droit d'accès à la production électrique de base d'EDF (ci-après "accès régulé à la base"), aux conditions économiques du parc nucléaire historique, en fonction de leur portefeuille prévisionnel de clients en France, dans des conditions équivalentes à celles dont dispose EDF.

Madame Neelie KROES
Commissaire Européen à la Concurrence
Commission Européenne
Rue de la Loi 200
B 1049 BRUXELLES

Le régulateur – la Commission de régulation de l'énergie, qui devrait voir ses compétences renforcées en conséquence – serait chargé, périodiquement, de calculer le volume des droits d'accès à la base régulée à partir des prévisions de portefeuille des fournisseurs de façon claire, transparente et non discriminatoire, sans pour autant avoir à juger de la crédibilité de ces prévisions. Le dispositif sera en particulier ouvert à tout opérateur, en particulier européen, qui souhaite débuter une activité de fourniture de détail en France, sans a priori *sur ses performances futures. Un tel mécanisme faciliterait la dynamique commerciale des fournisseurs, dans la mesure où la mise à disposition d'électricité de base pourrait anticiper sur le développement de leur portefeuille de clients.*

Le régulateur aurait en outre pour mission de vérifier a posteriori *la concordance entre les droits alloués et la réalité du portefeuille de clients finals en France. Si le régulateur venait à constater que les droits alloués pour une période donnée ont excédé le besoin de base du portefeuille de clients effectif du fournisseur au cours de cette même période, un complément de prix, correspondant à la différence entre le prix de gros régulé et le prix en vigueur sur le marché de gros en France, serait appliqué, tenant compte du coût de financement correspondant au règlement différé de cet écart de prix. La référence utilisée pourrait être, par exemple, les prix observés sur la bourse EPEX pour des produits correspondant à des livraisons d'électricité en France. Le complément de prix porterait bien entendu uniquement sur les volumes en excès des besoins de base du portefeuille de clients finals effectif. Le dispositif ne limiterait en aucune manière le potentiel d'exportation d'électricité, puisque les fournisseurs qui auront acquis des volumes d'électricité de base à prix régulé resteront libres de les revendre à des clients finals en France ou sur d'autres marchés.*

Il me paraît essentiel de souligner le caractère incitatif et protecteur du système envisagé pour les nouveaux entrants, qui leur permet d'acquérir de façon anticipée l'électricité de base dont ils estiment avoir besoin. Ce système peut notamment permettre à des acteurs européens actuellement absents du marché français d'y démarrer une activité.

Pour éviter qu'un fournisseur n'utilise le système sans volonté réelle de développer un portefeuille de clients finals (et donc d'assumer les risques inhérents à une expansion commerciale), il semblerait utile de prévoir que le régulateur puisse dissuader, le cas échéant par des moyens financiers ou un ajustement des droits, des comportements tels que celui d'un fournisseur qui demanderait de façon récurrente des quantités d'électricité largement supérieures à celles nécessaires à l'approvisionnement de sa base de clientèle, et sans rapport manifeste avec la réalité du développement de son activité.

S'agissant d'une régulation asymétrique d'un acteur dominant, le dispositif d'accès à la base régulée aurait vocation à être proportionné à l'objectif de développement de la concurrence, c'est-à-dire à traiter uniquement l'avantage incomparable dont bénéficie l'opérateur dominant. Dans cette perspective, le dispositif doit être globalement plafonné. Le plafond ne devrait en principe pas limiter la concurrence qui sera de toute façon contrainte par le rythme habituel de développement de la concurrence sur des marchés récemment libéralisés. Si toutefois ce plafond devait être atteint ponctuellement, il serait distribué au pro rata *des besoins exprimés par les fournisseurs, sans priorité à l'ancienneté.*

Le niveau de ce plafond ne peut cependant être défini précisément à ce stade car il dépendra aussi du traitement des dispositifs déjà existants d'accès à la base : "Virtual Power Plant" *(VPP), contrats historiques sur le parc nucléaire... Toutefois, le Gouvernement souhaite d'ores et déjà s'engager sur un plafond d'au moins 100 TWh par an. Le plafond du dispositif ne pourrait descendre sous ce niveau que si et dans la mesure où la capacité totale du parc nucléaire historique était réduite en raison de la mise à l'arrêt définitif de certaines unités de production. Ce volume minimal permettrait d'alimenter des clients ayant une consommation régulière à hauteur de 120 TWh environ.*

Il reste encore à préciser si les gestionnaires de réseaux pourraient bénéficier de ce dispositif, par le biais de leurs fournisseurs, pour l'achat de leurs pertes. Les conséquences d'une telle décision sur la liquidité du marché de gros doivent être évaluées. Si une telle décision était prise, le volume d'électricité en base de la demande des opérateurs de réseaux serait ajouté au plafond (ce qui est évalué à ce stade à une trentaine de TWh supplémentaires).

Enfin, ce dispositif serait assorti du maintien par EDF, en complément, d'un dispositif de type VPP conforme à l'engagement pris dans le cas EnBW/EDF.

Une clause de rendez-vous, détaillée ci-dessous, garantira en tout état de cause l'adaptation à la hausse du niveau du plafond si celui-ci était atteint de manière répétée ou bien si la concurrence se développait de manière déséquilibrée entre les segments et conduisait à un niveau insuffisant de contestabilité notamment sur le marché de masse. L'analyse concurrentielle devra être complète. En effet, dans l'hypothèse, qu'il juge très improbable, où le plafond devrait être atteint, le Gouvernement estime que ce plafond devrait être relevé afin d'éviter que, dans une telle configuration, le dispositif fonctionne en mode dégradé et agisse comme un frein au développement de la concurrence et de l'innovation.

Le prix régulé d'accès à ces volumes de base traduirait les conditions économiques du parc nucléaire historique. Il serait défini par le régulateur de sorte à couvrir sur la période l'ensemble des coûts du parc nucléaire historique (notamment dépenses d'exploitation, charges de long terme, investissements de maintenance et éventuellement de prolongation de la durée de vie des centrales existant à ce jour), selon une méthode de coût courant économique. Cette méthode sera définie de la façon la plus précise possible lors de la phase de conception technique du dispositif et devra rester la plus stable possible tout au long de la période de fonctionnement de celui-ci. Une comptabilité spécifique sera mise en place afin que puisse être vérifiée régulièrement l'adéquation du prix régulé d'accès aux volumes de base et les coûts courants économiques du parc nucléaire historique. Le prix sera ajusté au fur et à mesure par le régulateur pour tenir compte des éventuels écarts constatés entre les coûts et les prix, l'objectif étant bien de faire coïncider les recettes reçues par EDF au titre de la facturation des quantités d'énergie cédées dans le cadre de l'accès régulé à la base avec les coûts effectivement supportés par l'opérateur pour la production par son parc nucléaire historique des mêmes quantités d'énergie. Avec un tel dispositif, un fournisseur alternatif disposerait d'un accès à la base dans des conditions équivalentes à celles de l'opérateur historique.

Les demandes des opérateurs alternatifs seront entièrement gérées par le régulateur. L'opérateur historique ne recevra que des commandes globales et ne connaîtra pas les demandes individuelles de ses concurrents.

Les concurrents de l'opérateur dominant disposeraient alors des moyens pour faire des offres compétitives par rapport à celles de l'opérateur dominant. Cela permettrait ainsi le développement d'une concurrence effective sur l'ensemble du marché de détail.

Les modalités techniques du dispositif seraient telles que celui-ci n'induira pas de discrimination entre les différents segments de clientèle qui composent le marché de détail français. En particulier, la nature et la proportion relative des différents produits régulés vendus au travers du dispositif ainsi que la méthodologie permettant de déterminer la base électrique du portefeuille de clientèle d'un opérateur – en fonction de laquelle pourra être appliqué un complément de prix a posteriori – *seraient telles qu'aucun type de profil de consommation particulier ne sera privilégié* a priori. *En effet, quelle que soit la composition de son portefeuille de clientèle, un fournisseur devrait avoir accès au travers du dispositif à une portion du profil de production du parc nucléaire historique équivalente à celle qu'utiliserait EDF pour servir ce même portefeuille.*

Actuellement, il serait prématuré de figer de façon arbitraire ces modalités de mise en œuvre. Pour être optimisées, celles-ci nécessitent en effet une concertation approfondie avec les fournisseurs et les consommateurs. Néanmoins, conscient de leur importance et de leur impact possible sur la concurrence, le Gouvernement veillera à ce que la phase de conception technique du dispositif s'effectue en concertation avec les acteurs du marché et vos services.

La mise en place du mécanisme d'accès régulé à la production électrique de base permettrait de réformer profondément le système des tarifs réglementés en vigueur.

Pour les petits consommateurs, notamment au titre des SIEG, la France maintiendrait des tarifs réglementés, afin de protéger ces consommateurs qui ne disposent pas, à ce stade, d'une faculté exhaustive à tirer parti de la concurrence. La réversibilité totale entre les offres libres et les offres réglementées contribuerait à rendre plus dynamique la concurrence. Les tarifs réglementés seraient progressivement établis par addition du coût d'approvisionnement en base régulée tel que déterminé par le régulateur, du coût d'approvisionnement pour le reste de la consommation, évalué par référence aux prix de marchés, des coûts d'acheminement et des coûts commerciaux. L'objectif serait de parvenir à ce mode de calcul, propre à permettre aux concurrents d'EDF de proposer des offres en ligne avec les tarifs réglementés, d'ici 2015. Ces tarifs seraient calculés par le régulateur qui sera ainsi chargé d'assurer la cohérence entre le tarif d'accès régulé à la base et le tarif réglementé, de manière à garantir la pérennité de la contestabilité du marché.

Pour les grandes ou moyennes entreprises, le Gouvernement estime que le contexte particulier du marché français justifie une phase transitoire avant la disparition des tarifs réglementés.

La première étape de cette transition correspondrait à la suppression du TaRTAM dès l'année prochaine. La législation actuellement en vigueur prévoit qu'il doive s'éteindre au 1er juillet 2010. Cette date serait confirmée dans le texte législatif qui serait présenté au Parlement afin de mettre en place la nouvelle organisation du marché électrique. A cette échéance donc, la faculté pour les clients actuellement au marché libre ou au TaRTAM de disposer d'offres régulées serait éteinte.

La transition s'échelonnerait ensuite jusqu'en 2015. Au cours de cette transition, les tarifs réglementés pour les grandes et moyennes entreprises auraient vocation à être progressivement mis en cohérence avec le prix régulé d'accès à la base déterminé selon la méthode des coûts courants économiques. De plus, afin de faciliter le développement de la concurrence, une réversibilité totale entre les offres libres et réglementées serait offerte aux consommateurs n'ayant pas aujourd'hui fait jouer leur éligibilité.

Au-delà de 2015, la phase transitoire serait achevée, et les tarifs réglementés seraient supprimés. Autrement dit, il n'y aurait plus de disposition législative ou réglementaire contraignant un fournisseur d'électricité à livrer de l'électricité à une grande ou moyenne entreprise à un prix déterminé ou plafonné par la puissance publique.

Cette transition qui s'ouvrirait en 2010 pour s'achever en 2015 correspondrait à une phase de "phasing out" *des tarifs réglementés et de convergence des niveaux de prix. Elle serait naturellement mise à profit par tous les acteurs pour adapter leurs outils techniques. Un tel délai est indispensable compte tenu des changements structurels qui ont vocation à intervenir dans l'organisation du marché et de la nécessité de maintenir un rythme d'évolution des prix soutenable par les consommateurs.*

Les différentes étapes de mise en place d'un accès régulé à la base, de mise en cohérence progressive des tarifs réglementés avec le prix régulé d'accès à la base, puis de suppression des tarifs réglementés pour les entreprises grandes et moyennes seraient spécifiées dans la loi et les textes réglementaires qui introduiront prochainement la nouvelle organisation du marché de l'électricité, étant entendu en particulier que l'échéance de 2015 pour la suppression des tarifs réglementés pour les entreprises grandes et moyennes devra être spécifiée dans cette même loi.

Le fondement de la mise en œuvre d'une telle organisation de marché est le caractère déterminant de la compétitivité du parc nucléaire historique. Le dispositif devra donc être maintenu tant que le parc nucléaire historique détenu par EDF sera déterminant et discriminant, en volume et en prix, dans la production électrique de base. En revanche, le dispositif n'a pas vocation à s'éteindre prématurément s'il est déterminant pour la concurrence. A chaque rendez-vous prévu par la loi, une analyse concurrentielle rigoureuse des marchés pertinents permettant de mettre en évidence la nécessité de poursuivre ou non le dispositif d'accès régulé à la base et, le cas échéant, d'adapter le plafond, serait menée. En l'absence d'informations, à ce stade, sur la durée de vie réelle du parc nucléaire historique, qui dépendra essentiellement des décisions de l'Autorité de sûreté nucléaire, il est impossible de fixer dès à présent le terme de l'organisation du marché que le Gouvernement pourrait mettre en place. De façon générale et pour assurer, dans l'intérêt des acteurs, la meilleure prévisibilité au système, il semble essentiel de prévoir des clauses de rendez-vous dès la mise en place du dispositif.

La loi pourrait prévoir un premier point de rendez-vous en 2015, puis un nouveau tous les 5 ans, assortis d'échéances intermédiaires éventuelles en tant que de besoin. A chacun de ces rendez-vous, le Gouvernement remettrait un rapport au Parlement présentant l'état du dispositif et une analyse concurrentielle rigoureuse des marchés pertinents permettant notamment de définir :

- *la durée pendant laquelle le dispositif sera amené à fonctionner ;*
- *l'ajustement éventuel du plafond de base nucléaire historique régulée, pour garantir que celui-ci soit toujours suffisant au regard du développement de la concurrence, et dans le respect de la condition indiquée précédemment concernant le niveau minimum de 100 TWh par an.*

Les autres paramètres du système pourraient également être ajustés à chacun de ces rendez-vous, dans le respect des principes indiqués ci-dessus. Le Gouvernement s'efforcera de donner à ces occasions une visibilité de 10 ans sur le fonctionnement du dispositif, étant entendu que la loi devrait initialement prévoir que le dispositif soit en place pour une durée minimale de 15 ans.

De la capacité des différents opérateurs à investir dans leurs propres moyens de production de base au cours de la période de fonctionnement du dispositif, dépendront de manière sensible le niveau de concurrence et de prix sur le marché français une fois que ce dispositif aura expiré. Le Gouvernement souhaite qu'au cours de la période de fonctionnement du dispositif, les opérateurs qui en ont la capacité technique et économique puissent investir dans des moyens de production de base y compris nucléaire, et puissent disposer dans ce cadre de conditions équitables et transparentes.

La stimulation de la concurrence sur le marché de détail par le dispositif en question devrait contribuer à attirer les investissements dans la production de base dans les années et décennies qui viennent, et renforcer ainsi la sécurité des approvisionnements de la France sur le long terme ainsi que l'existence pérenne d'un parc de production de base compétitif.

Le Gouvernement considère que lors de la phase de fonctionnement du dispositif, les opérateurs alternatifs devraient pouvoir satisfaire une partie de leur besoin en base électrique en concluant avec l'opérateur historique des contrats de gré à gré, éventuellement de long terme, intégrant une part de risque industriel. La part des volumes couverts par de tels contrats qui permettra d'alimenter, en base, des consommateurs finals (calculée selon les mêmes modalités que celles en vigueur pour le dispositif d'accès régulé à la base) serait alors déduite des droits d'accès au dispositif de l'opérateur en question. Seuls les droits d'accès effectivement octroyés (hors contrats de gré à gré) seraient pris en compte pour le respect du plafond global.

Convaincu qu'une telle réforme garantirait le développement d'une concurrence pleine et entière entre de multiples acteurs, au bénéfice des consommateurs, le Gouvernement envisage que des dispositions législatives reprenant l'ensemble des principes et engagements présentés ci-dessus soient présentées au Parlement avant la fin de l'année 2009.

Je vous remercie de bien vouloir me confirmer que l'engagement du Gouvernement à mettre en œuvre les principes exposés est de nature à mettre fin aux contentieux en cours au titre des aides d'Etat sur le TaRTAM et les tarifs réglementés, et de défaut de transposition de la directive 2003/54/CE sur la libéralisation des marchés de l'électricité.

Je vous prie d'agréer, Madame la Commissaire, l'expression de mes respectueux hommages.

François FILLON

Copie : M. Andris Piebalgs

Neelie Kroes
Membre de la Commission européenne

Andris Piebalgs
Membre de la Commission européenne

Bruxelles, 15 SEP. 2009
CAB 25 D (2009) 707

Monsieur François Fillon
Premier Ministre
Hôtel de Matignon
57, rue de Varenne
75700 Paris

Monsieur le Premier Ministre,

Nous vous remercions de nous avoir fait part des intentions du gouvernement concernant le nouveau cadre de régulation qu'il envisage pour le marché de l'électricité. Le gouvernement souhaite le développement de la concurrence sur le marché de détail de l'électricité au bénéfice des consommateurs; nous souscrivons sans réserve à cet objectif qui doit être encadré dans la nécessité de contribuer au développent d'un véritable marché européen de l'électricité. Davantage de concurrence favoriserait l'apparition d'offres innovantes, notamment en termes de mode de commercialisation ou de dispositifs de maîtrise de la demande.

Par ailleurs, plus de concurrence signifie plus d'incitation à l'efficacité pour les fournisseurs d'électricité, et une pression sur les prix. Enfin, nous sommes convaincus que l'essor de la concurrence sur le marché de détail sera de nature à attirer les investissements dans de nouvelles unités de production d'électricité compétitives, dont la France aura besoin dans les années à venir, renforçant ainsi la sécurité des approvisionnements énergétiques sur le long terme et au meilleur coût.

Comme vous le savez, la Commission européenne a ouvert en 2007 une procédure d'enquête approfondie fondée sur les règles relatives aux aides d'Etat au sujet des "tarifs réglementés de vente de l'électricité" et du TaRTAM applicables aux grandes et moyennes entreprises. Cette procédure ne concerne pas les tarifs applicables aux ménages. De façon plus générale, les tarifs réglementés dont bénéficient les entités qui ne sont pas des entreprises n'entrent pas dans le champ de la procédure. Celle-ci ne concerne pas non plus les tarifs offerts aux petits sites de consommation et aux petites entreprises en général. Cette procédure a été étendue au mois de mars dernier de façon à porter également sur les mesures d'extension du TaRTAM adoptées par la France en août dernier. La Commission a fait part en ces deux occasions de ses inquiétudes concernant ces tarifs réglementés déconnectés des prix de marché, qui procurent à certaines entreprises – et tout particulièrement aux grandes entreprises industrielles consommant des volumes très importants – une aide d'Etat qui lui semblait incompatible avec le marché commun européen.

./...

Les explications fournies par le gouvernement français ont mis en lumière la structure particulière du marché de l'électricité en France. Ce marché est caractérisé par l'existence d'un grand parc électro-nucléaire actuellement très compétitif, qui ne paraît pas être remplaçable de manière économiquement rationnelle dans un avenir proche, et dont la gestion a été dans le passé confiée à un seul opérateur. Il apparaît qu'en l'état actuel des coûts de production, non seulement l'existence du système des tarifs réglementés, mais aussi l'insuffisance de l'accès des concurrents d'EDF à des sources d'électricité aussi compétitives que le parc électro-nucléaire historique, et l'existence de contrats de long terme entre EDF et un certain nombre de clients constituent des obstacles au développement de la concurrence sur le marché de détail. Même si les tarifs réglementés étaient supprimés, les consommateurs français ne pourraient sans doute, en l'absence de dispositions spécifiques, bénéficier que dans une mesure limitée des bienfaits de la concurrence.

Cependant, la réglementation des prix de détail, telle qu'elle a été appliquée depuis l'ouverture du marché de l'électricité pour les entreprises et telle qu'il est prévu de l'appliquer dans les années qui viennent, ne saurait être acceptable qu'à titre de mesure transitoire, clairement limitée dans le temps, destinée à accompagner le passage d'un marché de l'électricité fermé à un marché concurrentiel, et pour autant que des mesures efficaces soient prises pour favoriser l'apparition d'un niveau de concurrence suffisant sur ce marché.

En effet, les entreprises grandes et moyennes ne sauraient bénéficier de manière illimitée de prix réglementés inférieurs aux prix de marché qui seraient susceptibles de constituer une aide d'Etat alors même qu'elles ont la possibilité de choisir leurs fournisseurs d'électricité et de faire jouer la concurrence en leur faveur. Par ailleurs, ces entreprises ont aussi la faculté de stimuler la concurrence sur le marché au bénéfice de l'ensemble des consommateurs, y compris les ménages et les petites entreprises. C'est la raison pour laquelle le non-renouvellement du TaRTAM au-delà de 2010 et la perspective d'une loi devant prochainement confirmer l'extinction progressive des "tarifs réglementés de vente de l'électricité" pour les grandes et moyennes entreprises (les actuels tarifs "verts" et "jaunes") d'ici 2015 sont extrêmement importants.

Il est fondamental que ces mesures soient appliquées à la lettre, sans quoi la France court le risque que la concurrence se développe insuffisamment sur le marché de détail de l'électricité, portant préjudice au développement d'offres innovantes et compétitives en faveur de tous les consommateurs, mais aussi, nous en sommes convaincus, à la réalisation des investissements nécessaires dans la production d'électricité. Par ailleurs, d'un point de vue européen, la non-application de ces mesures apparaîtrait comme un avantage indu en faveur de certaines entreprises implantées en France (notamment les grandes entreprises industrielles consommant des volumes importants) alors même que la plupart des entreprises européennes ne bénéficient pas de la protection de prix réglementés, mais doivent faire face à des conditions de marché. S'agissant des grandes et moyennes entreprises, la réglementation des prix de détail et l'ouverture des marchés ne peuvent coexister sur le long terme. C'est d'ailleurs ce que démontre clairement l'expérience du TaRTAM. De tels systèmes de réglementation des prix de détail applicables à de grandes entreprises consommatrices tendent à décourager les fournisseurs d'électricité d'entrer

Les explications fournies par le gouvernement français ont mis en lumière la structure particulière du marché de l'électricité en France. Ce marché est caractérisé par l'existence d'un grand parc électro-nucléaire actuellement très compétitif, qui ne paraît pas être remplaçable de manière économiquement rationnelle dans un avenir proche, et dont la gestion a été dans le passé confiée à un seul opérateur. Il apparaît qu'en l'état actuel des coûts de production, non seulement l'existence du système des tarifs réglementés, mais aussi l'insuffisance de l'accès des concurrents d'EDF à des sources d'électricité aussi compétitives que le parc électro-nucléaire historique, et l'existence de contrats de long terme entre EDF et un certain nombre de clients constituent des obstacles au développement de la concurrence sur le marché de détail. Même si les tarifs réglementés étaient supprimés, les consommateurs français ne pourraient sans doute, en l'absence de dispositions spécifiques, bénéficier que dans une mesure limitée des bienfaits de la concurrence.

Cependant, la réglementation des prix de détail, telle qu'elle a été appliquée depuis l'ouverture du marché de l'électricité pour les entreprises et telle qu'il est prévu de l'appliquer dans les années qui viennent, ne saurait être acceptable qu'à titre de mesure transitoire, clairement limitée dans le temps, destinée à accompagner le passage d'un marché de l'électricité fermé à un marché concurrentiel, et pour autant que des mesures efficaces soient prises pour favoriser l'apparition d'un niveau de concurrence suffisant sur ce marché.

En effet, les entreprises grandes et moyennes ne sauraient bénéficier de manière illimitée de prix réglementés inférieurs aux prix de marché qui seraient susceptibles de constituer une aide d'Etat alors même qu'elles ont la possibilité de choisir leurs fournisseurs d'électricité et de faire jouer la concurrence en leur faveur. Par ailleurs, ces entreprises ont aussi la faculté de stimuler la concurrence sur le marché au bénéfice de l'ensemble des consommateurs, y compris les ménages et les petites entreprises. C'est la raison pour laquelle le non-renouvellement du TaRTAM au-delà de 2010 et la perspective d'une loi devant prochainement confirmer l'extinction progressive des "tarifs réglementés de vente de l'électricité" pour les grandes et moyennes entreprises (les actuels tarifs "verts" et "jaunes") d'ici 2015 sont extrêmement importants.

Il est fondamental que ces mesures soient appliquées à la lettre, sans quoi la France court le risque que la concurrence se développe insuffisamment sur le marché de détail de l'électricité, portant préjudice au développement d'offres innovantes et compétitives en faveur de tous les consommateurs, mais aussi, nous en sommes convaincus, à la réalisation des investissements nécessaires dans la production d'électricité. Par ailleurs, d'un point de vue européen, la non-application de ces mesures apparaîtrait comme un avantage indu en faveur de certaines entreprises implantées en France (notamment les grandes entreprises industrielles consommant des volumes importants) alors même que la plupart des entreprises européennes ne bénéficient pas de la protection de prix réglementés, mais doivent faire face à des conditions de marché. S'agissant des grandes et moyennes entreprises, la réglementation des prix de détail et l'ouverture des marchés ne peuvent coexister sur le long terme. C'est d'ailleurs ce que démontre clairement l'expérience du TaRTAM. De tels systèmes de réglementation des prix de détail applicables à de grandes entreprises consommatrices tendent à décourager les fournisseurs d'électricité d'entrer sur le marché ou d'y accroître leurs activités, et par là-même, réduisent les possibilités de choix des consommateurs et les incitations à l'investissement et au développement d'offres innovantes.

Par ailleurs, nous considérons que le dispositif d'accès régulé à la base que vous vous proposez de mettre en place, suivant en cela les recommandations de la commission présidée par Monsieur Paul Champsaur, est, si l'on considère ses grands principes, de nature à fournir un levier de grande ampleur en faveur de la concurrence , propre à assurer un reflet des coûts du parc électro-nucléaire historique dans les prix de détail. Tous les principes et engagements mentionnés dans votre courrier, y compris la non-existence de restrictions à l'exportation de l'électricité concernée par le dispositif qui seraient incompatibles avec la libre circulation de marchandises sont cruciaux dans la mesure où ils peuvent garantir que ce mécanisme aura une amplitude suffisante pour permettre le développement d'une concurrence effective sur le marché avec la présence de plusieurs fournisseurs européens d'énergie qui achèteraient de l'électricité pour la fourniture et non pas pour l'auto-consommation , que ces différents fournisseurs d'électricité seront traités équitablement, que l'opérateur historique ne pourra pas exploiter le dispositif au profit de ses autres activités commerciales, et qu'aucun segment de clientèle ne sera privilégié a priori. Nous attachons une importance particulière à ce que les clauses de rendez-vous que vous proposez soient l'occasion de mener périodiquement une évaluation du dispositif d'accès régulé à la base et une analyse concurrentielle des marchés de nature à éclairer les décisions sur le niveau du plafond d'au moins 100 TWh pour satisfaire la demande des fournisseurs et, en général, l'adaptation et la durée du dispositif sans en remettre en cause les principes.

Au sujet de ce dernier point, nous sommes sensibles à l'objectif qui consiste à faire bénéficier de ce dispositif l'ensemble des utilisateurs d'électricité, en particulier les petits consommateurs, et notamment les ménages. Il convient en effet de veiller à ce que ni dans ses principes fondamentaux, ni dans ses modalités techniques, le dispositif ne tende à privilégier certains types de profil de consommation, par exemple ceux des grands sites industriels au détriment des entreprises ou des ménages qui consomment des volumes plus limités.

Nous sommes également sensibles au rôle important qui serait dévolu à une instance de régulation indépendante pour la gestion du dispositif.

Si les principes généraux de l'accès régulé à la base, détaillés dans votre courrier, nous apparaissent correspondre au droit communautaire, nous tenons par ailleurs à attirer votre attention sur l'importance des modalités techniques qui seront déclinées à partir de ces principes généraux. Il est en effet nécessaire d'éviter que ces modalités techniques, que vous proposez de définir ultérieurement avec les parties prenantes, s'écartent des principes généraux définis dans le courrier et contreviennent, de ce fait, par certains de leurs aspects, au droit communautaire et en particulier aux règles relatives à la concurrence et au fonctionnement du marché intérieur. Nous pourrions notamment citer à cet égard le respect des dispositions de l'article 29 du Traité CE.

Pour toutes ces raisons, nous sommes satisfaits que le gouvernement prenne l'engagement de définir les modalités techniques qui seront envisagées pour ce dispositif en concertation avec nos services. Ces modalités techniques seront en effet décisives à bien des égards.

Nous sommes par ailleurs sensibles à l'importance que le gouvernement français attache aux investissements futurs et à l'existence de conditions équitables et transparentes pour tous les opérateurs qui souhaitent investir dans leurs propres moyens de production de base y compris nucléaires, et en ont la capacité technique et économique.

A ce stade de la procédure "aides d'Etat" nous considérons que compte tenu de l'ensemble des principes et engagements que vous avez indiqués dans votre courrier, et une fois que sera adoptée une loi reprenant intégralement les principes que vous avez énoncés concernant le TaRTAM, les tarifs réglementés de vente de l'électricité et le dispositif d'accès régulé à la base, les conditions seraient réunies en principe pour proposer à la Commission une décision conditionnelle déclarant les tarifs visés par cette procédure compatibles avec le les règles aides d'état du Traité CE pour une période de temps limitée à 2010 pour le TaRTAM et à 2015 pour les autres tarifs aux grandes et moyennes entreprises, étant entendu que la réversibilité ne s'appliquera, jusqu'en 2015 qu'aux entreprises n'ayant pas à ce jour fait jouer leur éligibilité.

Egalement, nous prenons note de votre résolution que l'examen de la loi mentionnée ci-dessus soit engagé par le Parlement le plus tôt possible à l'automne 2009 en vue d'une adoption avant la fin de l'année 2009. Une fois la loi adoptée, la Commission sera en mesure de considérer la clôture de la procédure d'infraction en cours sur base de la directive 2003/54.

Toutefois, dans la mesure où d'importantes questions doivent être réglées lors de la phase de conception technique, nous devons préciser que, nonobstant les vues préliminaires exprimées dans la présente lettre, la Commission ne peut que se réserver le droit d'examiner la situation en détail dans le futur s'il apparaissait que les principes et engagements que vous avez énoncés ne se traduisaient pas intégralement dans les faits ou bien si des problèmes de conformité au droit communautaire apparaissaient dans la déclinaison des modalités. Elle devrait à notre sens l'indiquer clairement dans la décision à venir.

Nous vous prions d'agréer, Monsieur le Premier Ministre, l'expression de notre haute considération.

Neelie Kroes

Andris Piebalgs

4

Annexe 6 : « Memorandum of Understanding » de la Pentalatérale

MEMORANDUM OF UNDERSTANDING
OF THE
PENTALATERAL ENERGY FORUM
ON MARKET COUPLING AND SECURITY
OF SUPPLY IN
CENTRAL WESTERN EUROPE

The Ministers of the Pentalateral Energy Forum and the High Level representatives of the Regulatory Authorities, Transmission System Operators (TSOs), Power Exchanges (PXs) and the Market Parties Platform of the Central Western European (CWE) region (Belgium, France, Germany, Luxembourg, the Netherlands), herinafter referred to as the „signatories",

Considering

1 cross-border grid capacities in the region of Central Western Europe are not sufficient to allow all cross-border trading interests to be realised at every point in time. Limitation of cross-border exchange of electricity leads to a limitation of market functions in the region and instead of one homogeneous wholesale market price for the whole region, congested borderlines define smaller market regions with converging but still different prices;

2 security of supply is a key issue in the long run, because of the need for substantial reinvestments in infrastructure and to meet an increasing demand, and in real time, because the operation of the grid becomes more and more complex with the increase in cross border flows and the development of intermittent production such as electricity from wind;

Reaffirming

3 the pentalateral initiative to improve cooperation in the field of cross-border exchange. This initiative aims to give political backing to a process of regional integration of electricity markets towards a European energy market in compliance with Directives 2005/89 and 2003/54 and Regulation 1228/2003;

4 following this initiative, the installation and regular meetings of Support Groups consisting of representatives from TSOs, Regulators, PXs, Market Parties Platform and Governments. All participants agree to make their best efforts to share their experience in order to come up with concrete steps for a more integrated market;

5 the Regional Action Plan, published by the Regulators of CWE on the 12th of February 2007, constituting an important step towards regional market integration. It is the intention of all signatories to provide all reasonable resources and support to facilitate its full implementation;

Express

6 the commitment of all signatories – the region's TSOs, Regulators, PXs, the Market Parties Platform and Governments - to provide the reasonable resources and support to achieve the objective set forth in the following, with the overall aim of enhancing market integration and security of supply in the CWE region. The signatories enter into this Memorandum of Understanding in order to state general principles that they will endeavour to implement into legally binding undertakings with the concerned parties. Based on the general principles, the relevant signatories of this Memorandum of Understanding will translate these principles into more detailed Terms of Reference, one concerning market coupling and a second concerning security of supply by Autumn 2007;

Set as an objective

7 the analysis, design and implementation of a flow-based market coupling between the five countries of the CWE region with January 2009 as a target date as well as the achievement of further steps in the field of security of electricity supply, as detailed in the annexes which make an integral part of this Memorandum of Understanding. The achievements should support wider European integration;

Welcome the following organisation

8 the Pentalateral Energy Forum, comprising the TSOs, Ministries, Regulators, PXs and Market Parties Platform in the CWE region, as the prime vehicle to support and review the general progress of the objectives of this Memorandum of Understanding. It will help to resolve upcoming issues and any issue hindering the timely progress of the Memorandum of Understanding projects;

9 the Ministries will regularly review and support the process and help resolve upcoming issues, especially as regards legal or regulatory obstacles;

10 in accordance with their legal competencies, the Regulators will monitor the ongoing development at the technical and regulatory level in particular as follows from the Regional Action Plan. They are committed to a joint and efficient decision-making procedure notwithstanding national obligations and will assist wherever possible and appropriate.

Signed at Luxembourg on 6 June 2007

The Secretary of State of the Ministry for Economics and Technology of the Federal Republic of Germany

The Minister of the Economy, Energy, Foreign Trade and Science Policy of the Kingdom of Belgium

For the Minister for Ecology and Sustainable Development of the French Republic

The Minister of the Economy and Foreign Trade of the Grand-Duchy of Luxembourg

For the Minister of Economic Affairs of the Kingdom of the Netherlands

Table des matières

Structures éditoriales du groupe L'Harmattan

L'Harmattan Italie
Via degli Artisti, 15
10124 Torino
harmattan.italia@gmail.com

L'Harmattan Hongrie
Kossuth l. u. 14-16.
1053 Budapest
harmattan@harmattan.hu

L'Harmattan Sénégal
10 VDN en face Mermoz
BP 45034 Dakar-Fann
senharmattan@gmail.com

L'Harmattan Cameroun
TSINGA/FECAFOOT
BP 11486 Yaoundé
inkoukam@gmail.com

L'Harmattan Burkina Faso
Achille Somé – tengnule@hotmail.fr

L'Harmattan Guinée
Almamya, rue KA 028 OKB Agency
BP 3470 Conakry
harmattanguinee@yahoo.fr

L'Harmattan RDC
185, avenue Nyangwe
Commune de Lingwala – Kinshasa
matangilamusadila@yahoo.fr

L'Harmattan Congo
219, avenue Nelson Mandela
BP 2874 Brazzaville
harmattan.congo@yahoo.fr

L'Harmattan Mali
ACI 2000 - Immeuble Mgr Jean Marie Cisse
Bureau 10
BP 145 Bamako-Mali
mali@harmattan.fr

L'Harmattan Togo
Djidjole – Lomé
Maison Amela
face EPP BATOME
ddamela@aol.com

L'Harmattan Côte d'Ivoire
Résidence Karl – Cité des Arts
Abidjan-Cocody
03 BP 1588 Abidjan
espace_harmattan.ci@hotmail.fr

Nos librairies en France

Librairie internationale
16, rue des Écoles
75005 Paris
librairie.internationale@harmattan.fr
01 40 46 79 11
www.librairieharmattan.com

Librairie des savoirs
21, rue des Écoles
75005 Paris
librairie.sh@harmattan.fr
01 46 34 13 71
www.librairieharmattansh.com

Librairie Le Lucernaire
53, rue Notre-Dame-des-Champs
75006 Paris
librairie@lucernaire.fr
01 42 22 67 13

www.ingramcontent.com/pod-product-compliance
Lightning Source LLC
LaVergne TN
LVHW011214061026
849535LV00001BA/32
9782140483240